西方国家的驯化

——基于财政思想史的视角

刘守刚／著

復旦大學出版社

丛书组成人员

丛书顾问　施　诚　王联合

丛书主编　刘守刚　刘志广

丛书编委会（拼音为序）

曹　希　李　钧　梁　捷　林　矗　刘守刚　刘志广
马金华　马　珺　宋健敏　汤艳文　陶　勇　童光辉
王瑞民　魏　陆　温娇秀　武靖国　解洪涛　徐一睿
闫　浩　杨海燕　杨红伟　曾军平

总序 PREFACE

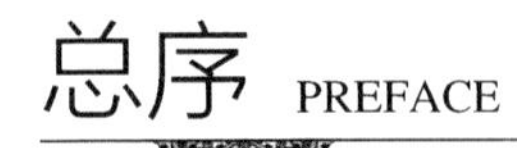

成立于2013年9月的上海财经大学公共政策与治理研究院，是由上海市教委重点建设的十大高校智库之一。我们通过建立多学科融合、协同研究、机制创新的科研平台，围绕财政、税收、医疗、教育、土地、社会保障、行政管理等领域，组织专家开展政策咨询和决策研究，致力于以问题为导向，破解中国经济社会发展中的难题，服务政府决策和社会需求，为政府提供公共政策与治理咨询报告，向社会传播公共政策与治理知识，在中国经济改革与社会发展中发挥“咨政启民”的“思想库”作用。

作为公共政策与治理研究智库，在开展政策咨询和决策研究的同时，我们也关注公共政策与治理领域基础理论的深化与学科的拓展研究。特别地，我们支持从政治视角研究作为国家治理基础和重要支柱的财政制度，鼓励对财政制度构建和现实运行背后体现出来的政治意义及历史智慧进行深度探索。在当前中国财政学界，从政治学角度探讨财政问题的研究还不多见，研究者也零星分散在各高校，这既局限了财政学科自身的发展，又不能满足社会对运用财税工具实现公平正义的要求。因此，我们认为有必要在中国财政学界拓展研究的范围，努力构建财政政治学学科。

呈现在大家面前的丛书，正是在上海财经大学公共政策与治理研究院率先资助下形成的“财政政治学文丛”。作为平台，它将国内目前分散的、区别于当前主流方法思考财政问题的学者聚合在一起，以集体的力量推进财政政治的研究并优化知识传播的途径。文丛中收录的著作，内容上涵盖基础理论、现实制度与历史研究等方面，形式上以专著为主、以文选为辅，方法上大多不同于当前主流财政研究所用的分析工具。

上海财经大学公共政策与治理研究院将继续以努力促进政策研究和深化理论基础为己任，提升和推进政策和理论研究水平，引领学科发展，服务国家治理。

胡怡建

2019.10

目录 CONTENTS

导　论

国家是以公共权力为核心的共同体。对于国家，一直以来人们总是又爱又恨，“如果国家强大，它就会摧毁我们；如果它柔弱，我们也要死亡”[1]。如何寻找到那个既非“过”又非“不及”的“中”，让国家能够有利于人类的生存与繁荣？波拉克的表述是“让人困惑的是，人类社会的繁荣在于国家既不能过于‘弱势’（国家能力不足），也不能太‘强势’（国家进行高压统治），但是，我们很难找到那个恰当的点”[2]。

说到底，国家是人类为了自己的生存与发展而创造出来的。人区别于其他物种的伟大之处就在于创造出国家，并在长期的历史发展进程中让国家逐渐地接近那个既不过于弱势又不过于强势的“恰当的点”或者说“中”，使其日益有助于人类的生存与繁荣。在一定程度上，16 世纪以来首先出现在西方世界并因此向世界其他地区显现出未来景象的现代国家，就是这样的国家。

对于现代国家，已有无数的文献来揭示其性质、构成、运行状况。从财政的视角看，现代国家至少表现出以下三个方面的特征：(1)财政收入主要源于向大众的财产与收入征税，国家直接表现为由民众养活；(2)财政承担起干预经济运行、提供公共产品与基础设施的职能，以提升资源配置效率、促进经济稳定与发展；(3)财政资金大量用于民众福利的保障，用国家的力量保障每一个个体的生命。在下文中，我将把这三方面的特征称为现代国家的三个财政面相，并分别命名为“税收国家”“生产国家”“福利国家”。

---

[1] 戴森：《西欧的国家传统：观念与制度的研究》，译林出版社 2015 年版，第 229 页。
[2] Sheldon D. Pollack, *War, Revenue, and State Building*, Cornell University Press, 2009, p.45.

在西方世界成长出来的这种现代国家，并不是自动出现的，而是经过统治者与被统治者、思想与实践的无数互动形成的。在本书中，我的目的是尝试探讨财政思想对于西方现代国家成长的影响，这样的影响我称为“驯化”。就是说，西方现代国家之所以能够呈现出税收国家、生产国家、福利国家这样的财政面相，并进而有利于人类的生存与繁荣，在相当程度上是因为财政思想对国家制度与行为进行了成功的“驯化”。

那什么是财政思想呢？西方国家在现代发展过程中曾遭遇到各种政治、经济、社会问题，这些问题大多被思想家们转化为财政问题，并尝试着进行思考与解答。他们思考的财政问题，又大多集中在以下三个方面：怎样用必要的财政工具来应对现实世界对国家职能的要求？构建什么样的财政制度才能让国家稳固有效地承担其日益扩大的职能？怎么为安排财政活动以履行应有的国家职能提供合法性辩护？这三方面的财政问题，可分别简称为工具问题、建制问题、合法性问题。所有对这些财政问题的思考与解答，就构成了本书所说的财政思想。因此本书的财政思想并不专指公认的财政学者的思想，而是一切有关财政问题的严肃思考与认真回答。

本章作为导论，主要是介绍一些背景知识以及书中将使用的概念与理论，以便为全书的展开奠定基础。

一、财政视野中西方现代国家的成长

财政制度是国家制度中极为重要的组成部分，通过财政收支及其管理活动，财政行为贯穿于一切国家治理活动中并成为制度运行的基础条件。财政与国家之间的关系，至少有三个方面：一是财政资源作为指标，反映国家运行的健康程度；二是财政作为动因，它对国家的日常治理、制度构建与长期发展产生影响；三是财政作为渠道，国家的各项治理措施经由财政渠道达到目的。因此，研究政治中的国家问题，完全离不开财政；同样道理，研究财政问题，需要回到政治学科并与国家紧密联系起来。所以，要考察西方现代国家的成长，财政是一个非常有效的视角。

为了从财政的视角看西方现代国家是怎么成长起来的，更进一步地说，为了考察财政思想对于西方国家发展的驯化过程，就要先交代几个相关的概念，并揭示西方现代国家成长在财政上呈现出来的阶段性发展状况。

（一）财政工具

在从事国家治理活动时，财政拥有以下几种工具，或单独或组合起来加以运用，并进而构成国家的核心制度。

第一种工具是税收-补贴。税收是国家运用公共权力征收特定对象(法律、行政法规规定的负有纳税义务的单位和个人)一部分收入或财产(资金形式或实物形式)的行为，目的是获取国家运行所需的资源并借以实现国家治理的特定目标。补贴与税收在资金流动方向上正好相反，是由国家给予特定对象一部分资金(或实物)的行为，为的是履行国家职能或改变相关对象的行为等。由国家向特定公民直接发放资金的行为，又常被称为转移支出，以便跟国家购买物资或服务的支出行为(即购买支出)相对。在国家治理活动中，税收更常用，不过补贴也不少见。两者有时甚至配合在一起进行，比如在法律上规定，某种排放污染物的生产行为，如果不符合特定标准就征环保税，而达到特定的标准就给予补贴。

第二种工具是公共提供。公共提供是指，在市场上有一部分商品或服务由国家免费提供给全体或部分消费者消费的行为，采购这些商品或服务的资金由国家依靠税收来承担。这样的商品或服务多数为公共产品，有时候国家也会对部分私人产品实行公共提供。所谓公共产品，是指在消费性质上具有非竞争性(一人使用不影响他人使用)并常常具有非排斥性(不能将他人排斥在消费过程之外或者排斥成本过高)的产品。私人产品正好相反，就是在消费性质上具有竞争性与排斥性的商品。当然，国家也可能实行部分公共提供，就是说国家在提供商品和服务时，向消费者收取一部分费用而非完全免费提供。

第三种工具是公共生产。公共生产是国家在生产领域中拥有某个企业甚或所有企业的全部或主要产权或者控制权，借以获取生产领域的利润，并达到特定的国家治理目的。要注意的是，公共生产与公共提供有时会配合在一起进行，比如国家通过国有企业生产某种商品并免费提供给公众消费，但并非总是如此。公共提供所需要的商品，未必都需要经由公共生产；而公共生产形成的商品，也未必都以公共提供的形式到达消费者手中。

第四种工具为公共管制。公共管制是国家在财政领域利用公共权力强制性地要求相关主体履行除了资金往来以外的责任。公共管制并不完全是财政工具，它还被广泛地运用在国家治理的其他领域，但是财政领域却离不开公共管制工具的使用。特别地，由于从财政资金成本看公共管制似乎极为廉价(仅限于规章颁布与执法行动的成本)，因而在治国理财活动中公共管制的手段常常受到推崇。但事实上，公共管制的成本未必低，因为被公共管制的对象承担了巨大的服从成本，只是它没有表现为财政资金的收付而已。

(二) 财政制度

在表面上,财政只是简单的资金(或实物)的收付行为;但就其实质来说,财政行为围绕着履行国家治理、实现国家职能而发生,也因此形成约束相关行为主体的稳定性制度。就现代国家而言,财政中有三大类制度比较重要。

第一类是围绕税收的筹集与使用而产生的有关收入程序、支出规则与预算管理的制度。它们主要为维持国家正常运转、维护国家安全与内部秩序而设计产生,所履行的财政职能可称为"保护"职能。对于此类与税收相关并履行保护职能的制度,在学术界已有一个相对简单的名称叫"税收国家"。由熊彼特较早使用且着重强调的名称"税收国家"[1],主要是为了完成保护职能,这是国家最低程度的职能。为此职能而征收与使用的税收收入数量,被认为虽属必要但应尽可能地少。

第二类是围绕国家用财政工具接管生产活动或干预经济运行而产生的制度。它们突破了税收国家一度设定的国家最低程度职能,为稳定宏观经济运行、促进经济有效增长或达到其他治理目的而运行。这样的财政职能可简单地称为"发展",而要履行发展的职能,自然离不开税收的筹集与使用,但更为重要的是要找到国家发挥此职能的领域、手段与理由。我将与此生产活动相关以实现发展为目的的国家制度,简单地称为"生产国家"。

第三类是国家围绕着保障每一个个体的安全而建构的制度。它们既突破了税收国家对保护这一国家职能的设定,也突破了生产国家对发展这一国家职能的设定,而关注每一个个体(尤其是暴露于风险之中的个体),为其提供相应的福利,履行的是"保障"职能。此类用来实现国家保障职能的制度,可用一个现成的名词"福利国家"来称呼。

(三) 现代国家的财政面相

从财政视角观察到的现代国家,在国家制度发展上呈现出一种不断演进的状态。在不同的阶段,针对层出不穷的财政问题,当时的思想家与国务活动者提出相应的解决方案,建构出不同的财政制度,由此构成整体国家制度的演进。前已提及,至少有三大财政问题始终贯穿在西方现代国家制度的建设过程中:怎样用必要的财政工具来应对现实世界对国家职能的要求?构建什么样的财政制度才能让国家稳固有效地承担其日益扩大的职能?怎么为安排财政收支以履行应有的

---

[1] 熊彼特:"税收国家的危机",附录于格罗夫斯:《税收哲人——英美税收思想史二百年》,上海财经大学出版社 2018 年版。

国家职能提供合法性辩护？如果说工具问题与建制问题尚属于技术问题的话，那么合法性问题则关乎价值规范，在财政领域中显然属于更为根本的问题。

刚才说到的税收国家、生产国家、福利国家三类制度，是在国家制度演进过程中经由与财政思想的互动而陆续诞生的，并因此构成了西方现代国家制度的不同“面相”。或者说，西方国家制度在现代化过程中因思想与实践的不断互动，陆续显现为不同的财政面相，即税收国家、生产国家和福利国家。国家不同的财政面相，代表的是不同的财政制度建设，应对的是不同历史时期由时代问题转化而来的财政问题。

西方现代国家呈现出来的第一个财政面相就是税收国家，萌芽于中世纪的封建社会，大致成形于现代国家发展的初期(约 17—18 世纪)。在此阶段，国家内外安全是突出的时代问题，在财政上为解决这一问题而展开收支活动成为紧迫的行为与制度建设的关键。于是，在现实中不断地以税收的筹集与使用来应对工具问题，以税收、支出、预算等制度建设来解决建制问题。这一阶段在政治上是从绝对君主制初步走向代议民主制，在财政上正从以君主自家财产收益为主要收入的家财型财政转向征税于大众财产与收入的税收型财政[1]。财政制度的变革推进了政治制度的转型，以大众的财产与收入所供养的税收国家慢慢成为制度的现实。可是，如何解释国家与民众之间的税收关系，或者说，国家为什么有权向大众征税？基于封建社会中的征税理由(必要与同意)，以及以社会契约论为代表的近代思想，为征税的正当性提供了精密化的理论辩护，财政思想家还不断地尝试解决税负公平等问题。

西方现代国家的第二个财政面相是生产国家，在现实中大致产生于 19 世纪中期，并繁荣于 20 世纪 70 年代之前。在这一阶段，西方国家出现了经济发展与宏观稳定等时代问题，需要财政积极地加以面对。比如说，如何纠正市场在资源配置方面的缺陷？如何熨平宏观经济运行的周期？西方世界中的落后国家如何实现赶超？这些问题转化到财政上，就集中体现为财政是否应该具有生产性这一问题。对此，财政思想的回答主要有：①国家不仅是消费主体，而且具有或应该具有积极的生产性；②财政应以税收创造的效用与征税带来的牺牲来衡量税负公平与否，而不应该单纯按纳税能力分配税负；③国家必须超越现有的税收国家阶段，向更高级阶段发展。以此为起点，“生产国家”在思想与现实中得以积极的建构；而这其中，又有弱生产国家(保留私有财产制度但大大增加税收数量以

---

[1] 刘守刚：“财政类型与现代国家构建”，《公共行政评论》2008 年第 1 期。

便由国家提供公共产品、积极地干预经济活动）与强生产国家（没收所有的私人财产，在全面公共生产状态下彻底改造社会）两种竞争性制度构建活动，制度的实践又跟财产正义思想的争辩交织在一起。

西方现代国家的第三个财政面相是福利国家，大致萌芽于19世纪末，真正兴起于1945年以后直至今日。在一定程度上，福利国家是现代国家的宿命，是为了应对现代化过程中出现的个体风险与社会问题（累积性贫困、民众健康恶化、工业风险大增、垄断资本控制、阶级冲突等）而建构起来的。不同的国家经由不同的道路，最终都走向了福利国家。贯穿这一福利国家发展历程的争议是，财政是否应该具有保障性？为实现这一保障性需要建构何种制度？如何证明这种制度的合法性？在西方世界，有三条道路比较典型并进而构成三种类型的福利国家。第一种是英国式福利国家，它以拯救穷人为出发点；第二种是美国式福利国家，它以服务资本为出发点；第三种是瑞典式福利国家，它以劳动解放为出发点。从这三种不同的出发点，西方国家发展出不同的思想路径并建构出不同的社会保障制度，并进而形成社会救济、社会保险与社会投资三类制度体系。对于福利国家制度的合法性，不同的思想流派基于各自的思想资源与论证逻辑，进行了激烈的争论，其焦点在社会正义。

（四）财政视野下西方现代国家的演进阶段

可以将上述现代国家的三个财政面相的形成及其面对的财政问题，简单概括为如表0.1的内容。这些内容的详情，将在后续章节中陆续展开。

表0.1　西方现代国家的三个财政面相

	税收国家	生产国家	福利国家
形成时期	约17世纪初	约19世纪中叶起	19世纪末至20世纪初
时代问题	国家间生存竞争；内部和平与秩序	落后国家的赶超；纠正市场缺陷；实现宏观稳定	累积性贫困、民众健康恶化、工业风险大增、垄断资本控制、社会冲突等
财政问题	财政必须为国家履行保护职能提供必要的手段	财政必须为国家履行发展职能提供生产性手段	财政要为国家保障个体、降低社会风险提供保障性手段
财政工具	以税收的筹集与应用来提供手段	以扩大税收与支出，甚至运用公共生产等手段	以一般税收、强制保险或政府补贴等形式提供保障性手段
制度建构	以税收、支出与预算等制度解决建制问题	建构弱生产国家制度甚至设想强生产国家制度	以社会救济、社会保险、社会投资等制度构建来解决建制问题

（续表）

	税收国家	生产国家	福利国家
合法性论证	以必要与同意的更精密形式社会契约论为主要理论，解决征税正当性问题，以税负与纳税能力的匹配来解决税负公平问题	以财政支出生产性与财产正义理论的发展来回答财政生产性的合法化问题	以英国、美国新自由主义、瑞典为代表的社会民主主义等理论的发展，解决福利国家财政保障性的合法性问题

资料来源：笔者整理。

上述财政视野中现代国家的三个面相，在形成与发展阶段上有先后或同时的关系，一定程度上它也是西方现代国家发展的内在逻辑的反映：

(1) 税收国家是西方现代国家发展的初级阶段，是对中世纪封建国家的扬弃，在财政上主要体现为用税收形式获取的收入来供养国家，以完成基本的保护职能；

(2) 生产国家是税收国家在功能上的扩展，要求财政承担起生产职能，财政活动不再被视为消极的、非生产性的，而是不可缺少的生产性活动；

(3) 福利国家，也是税收国家在功能上的一种扩展，要求财政保障每一个个体。

也就是说，生产国家与福利国家是税收国家因功能扩展而产生的制度，或者说是税收国家在制度上的发展。

需要交代的是，上述三种国家制度或者说国家具有的三种财政面相，在制度演进过程中并非呈现出互相替代的关系，事实上各种制度因素在每一个阶段都存在，只是在不同的阶段某一方面的制度特征更为突出而已。在称为税收国家的阶段，国家的生产功能和福利功能也存在，只是非常薄弱，远不及后来那样突出；而在今天的西方国家，发挥税收国家、生产国家、福利国家功能的制度同时存在，只是我们的目光更多地集中在福利国家制度上。在制度演进的不同阶段，相关的财政问题，尤其是有关财政合法性的三大问题（即税收的合法性、财政的生产性、财政的保障性），也自始至终都存在，挑战着学者们从不同的侧面不断地给予回答。

二、国家概念的重构

上述内容呈现了在财政视野下看到的西方国家现代化过程中的面相及阶段性特征。可是，推动这三种财政面相发生、发展的动力何在？为什么西方国家会在财政上呈现出如此的特征，以至于国家越来越成为借用民众之财并服务于民众的公器？为了回答这样的问题，需要进一步考察“国家”这一概念。当前主要运用经济学方法并以变量相关性为主要内容的财政研究，事实上丢掉了财政学曾经的一个核心话题，那就是“国家”。正如奥地利财政学家葛德雪所言，“财政学主要关心的是国家的经费问题，但它从未停止过询问，谁才是国家?”[1]谁才是国家？国家应该被定义为什么？亚当·穆勒的回答是，“国家拒绝被定义，因为它完全超越了有限思想的掌控，不可定义性是国家观念的标志”[2]。可鉴于国家概念如此重要，学者不能回避这一问题，本书也尝试着解释这一问题。在一定程度上，接下来对国家概念的重构，是我从财政研究领域对政治学界以斯考切波为代表的学者呼吁“找回国家”[3]的回应。

(一) 从有机体视角把握国家

今天学界理解的国家概念，大多源自西欧自 1500 年以后的历史经验。自 15 世纪晚期，西欧人逐渐意识到，有一种不同于过去的新型政治组织或政治现象正在出现，需要寻找一个合适的词汇来描述。戴森认为，是 17 世纪早期的法国人确立了今天国家的观念，“一个由单一主权者统治的领土单位；持续存在的皇家政府，以及与国王的世俗生活相分离的巨大的政府办公机器；因生活在一个共同的主权者之下而享有统一情感的共同体”[4]。这样的国家在相当程度上是一个有机体，它包含了三个要素，即一片疆土、一群有认同感的人、一个拥有主权(能制定并实施法律)的机构。历史学家就常常持有类似这样的有机体看法，因为若没有这样的看法，历史学家就无法书写一个国家的历史。以此为基础，19 世纪德国的浪漫主义哲学进一步地将国家理解为，它是在时间过程中自然成长的、不可分解的有机体。

从有机体角度来理解的国家，自然不会等到 15 世纪或 17 世纪才诞生。在历史的长河中，早就诞生了这样的国家(或国家雏形)，只不过自古以来国家的表现形式不一而已。为了进一步研究国家在历史中的变化或者说发展，学者们尝试着对国家进行类型的划分，并将特定时空中的某个国家归入其中一个类型，以便在国家之间进行比较研究，或者运用转型的概念来描述国家的变化或成长。

在对国家类型进行概括时，学者们又有不同的意见。林尚立先生曾根据国

[1] 马斯格雷夫、皮考克:《财政理论史上的经典文献》，上海财经大学出版社 2015 年版，第 263 页。
[2] 戴森:《西欧的国家传统：观念与制度的研究》，译林出版社 2015 年版，第 181 页。
[3] 斯考切波:“找回国家”，载于埃文斯、鲁施迈耶、斯考切波编:《找回国家》，生活·读书·新知三联书店 2009 年版。
[4] 戴森:《西欧的国家传统：观念与制度的研究》，译林出版社 2015 年版，第 24 页。

家的三要素(人口、土地和主权),将国家分为三种类型:城邦、帝国和现代国家(即民族国家)。这三种国家类型,分别以上述三种要素中的一种作为自己的支撑点,依此形成三种国家类型:城邦以人口为支撑点,帝国以土地为支撑点,现代国家以主权为支撑点。在人类历史上,国家类型的发展,大致从城邦转型为帝国,又从帝国转型为现代国家[1]。因此,目前学术界最为关注的西欧国家转型过程,就是从以土地为支撑点的帝国转向以主权为支撑点的现代国家。本书的探讨,正是以此作为历史背景的。

(二) 从概念的两个环节来把握国家

如果说从有机体视角把握国家,更多地用于研究历史(或者国际法),那么政治学对国家也有自己的理解。国家是以公共权力为核心的共同体,因此国家的概念内在地包含两个环节:(1)行使公共权力的机构;(2)被公共权力支配的人群共同体。下面分述之。

(1) 行使公共权力的机构或者说政权体系。在从组织机构意义上来理解国家时,常会出现用"国家"一词来指称政权组织体系。在此时,广义上的"政府"可以作为同义词来使用。从这个意义来说,过去学界常用的"国家机器"一词显然更为准确。事实上,将国家理解为组织或者工具,在学术界是一种常见现象,本书所引用的学术文献在提到"国家"一词时,基本上使用的都是这一含义。

(2) 特定时期某个地理空间中由公共权力支配的稳定人群共同体。这是一种从共同体意义上理解的国家,更准确地说,这里的共同体指的是从事政治活动、扮演政治角色时的稳定人群。在此意义上,一个在历史发展过程中形成的长期稳定的共同体,被认为是一个"国家",尽管它可能在历史上曾经被不同的政权组织支配过。当康德说国家是一个在正当法律之下一种人类聚集的联合[2]时,他强调就是国家概念的此一环节。

上述对"国家"概念两个环节的说法,事实上抓住的是国家的不同侧面,即前者强调政权组织,后者强调人群共同体。现实中的国家和完整的国家概念,肯定是这两个环节的统一,其统一的结合点就是公共权力。黑格尔就是如此来理解并使用"国家"这一概念的,在他的著作中,国家"首先指整个人民的社会存在,然后尤其指政治安排"[3]。

---

[1] 刘守刚:《家财帝国及其现代转型》,高等教育出版社 2015 年版,第 7—10 页。

[2] 戴森:《西欧的国家传统:观念与制度的研究》,译林出版社 2015 年版,第 94 页。

[3] 同上书,第 13 页。

为了在后面分析时更为明确，我在此处将公共权力支配的稳定人群共同体称为“目的性国家”，这是因为稳定的人群共同体拥有价值与利益等实质性目的，也因此是政权体系服务的对象[1]；而将行使公共权力的政权体系称为“工具性国家”，意在强调其作为组织或机构，没有具体的价值与利益目的，只是履行着工具性的功能（即为目的性国家服务）。由于学术界将工具性国家直接称为“国家”是常见现象，下文在不引起误解的情况下，也会将工具性国家直接称为“国家”。因此，本书书名中的“国家的驯化”，实际上指的是驯化“工具性国家”。不过，需要强调的是，虽然工具性国家履行的应该是工具性功能，但在现实中它的存在与运行具有一定的独立性和自主性，或者说可能具有中立性。

（三）国家成长过程中工具性国家与目的性国家的互动

马克思曾经断言：“国家制度只不过是政治国家和非政治国家之间的妥协，因此它本身必然是两种本质上相异的权力之间的一种契约。”[2]在马克思这句话中的“政治国家”，指的是行使公共权力的政权体系，也就是本书所说的工具性国家，或者黑格尔说的“政治安排”；而“非政治国家”，指的是由公共权力支配的稳定人群共同体，也就是本书说的目的性国家，或者黑格尔理解的“人民的社会存在”；而马克思所说的“妥协”，本书接下来将其表述为“互动”。这样，马克思的上述断言，就可以重新表述为：国家制度是工具性国家与目的性国家互动的结果，是两种不同势力的契约，是从静态意义上理解的国家的具体表现。就是说，在静态上国家就表现为一系列的制度。在动态上，国家则表现为权力的运行。

在一定意义上，若将目的性国家加以人格化理解，它就是被统治者。与此相应，工具性国家的人格化就是统治者。显然，被统治者与统治者共同构成国家共同体，并成为马克思所说的“两种本质上相异的权力”。当然，此处统治者与被统治者仅仅表示一种政治角色，现实统治集团中的成员，可能同时具有统治者与被统治者两种政治角色或两重身份。比如说，某个国家领导人在行使职权时，是工具性国家的成员，扮演统治者的角色；但他在缴纳个人所得税时作为纳税人，是目的性国家的成员，扮演的是被统治者的角色。

---

[1] 需要交代的是，这里说的“目的性国家”，与通常所用的概念“社会”，所指对象基本相同，都指的是具有一定价值与利益取向的人群。之所以不直接采用“社会”这一名词，是因为想强调二者之间有性质的不同，用卢梭的术语来表达就是，目的性国家依“公意”而形成，具有普遍性、受公共权力的支配，而“社会”依“众意”而形成，不具有普遍性、不受或至少不强调受公共权力的支配，比如我们常用的名词“国际社会”。因此，在指向人群共同体而又不强调普遍性及受公共权力支配时，本书也采用“社会”一词。

[2] 《马克思恩格斯全集》（第3卷），人民出版社2002年版，第73页。

从工具性国家与目的性国家这一术语体系来看，马克思刚才的断言，实际上就是指在国家治理过程中，工具性国家与目的性国家进行了如下的互动：工具性国家运用权力去管理、塑造和提升目的性国家；而目的性国家在利益和价值两方面，对工具性国家的功能发挥与组织设置提出要求，在极端的时候干脆加以再造(即革命)；二者互动的结果(即马克思说的“契约”)，就是现实的国家制度，或者说一系列权力运作的规则与程序。

在此处不妨将工具性国家对目的性国家以支配为主的作用方式称为“支配逻辑”，将目的性国家对工具性国家以驯化为主的作用方式称为“驯化逻辑”[1]。就是说，工具性国家对目的性国家的作用方式即支配逻辑表现为：国家形成初期的征服行为；国家正常运行时期的种种强制行为。而目的性国家对工具性国家的作用方式即驯化逻辑，是通过谈判、呼吁、威胁等手段，让工具性国家接受目的性国家的利益与价值要求。当然，目的性国家又是有分层的或者说是分化的，不同的集团或个人都试图掌握或至少影响工具性国家，“任何阶级利益只要能够驾驭它，它就能被用于各种目的”[2]，从而带来工具性国家作用不同的取向与内容。如果目的性国家中不同集团对工具性国家的影响力量大体平衡，那么此时的工具性国家就大致达成了中立状态，实现所谓的“国家中立性”。

如果从权力的有效性和合法性两个维度来理解工具性国家与目的性国家的互动，可以理解如下：工具性国家支配目的性国家最为重要的是要实现有效性(或者称为“理性”)，即作为高效率的工具在发挥作用，这种有效性既来自工具性国家有意识的努力，也来自目的性国家的要求；目的性国家驯化工具性国家最为重要的是要实现合法性，即实现目的性国家对工具性国家的认同(此外还有人群共同体作为民族的自我认同)，这样的认同既源自目的性国家自身的利益与价值，又来自工具性国家有意识的塑造。

三、经由财政制度而发生的国家成长

在上述国家概念的基础上，再来看一看国家成长的内在逻辑及其在财政领域中的展现。

---

[1] “支配逻辑”一词来自许田波所著的《战争与国家形成：春秋战国与近代早期欧洲之比较》(上海人民出版社2009年版，第9页)，“驯化逻辑”一词借用了曼斯菲尔德所著的《驯化君主》(译林出版社2005年版)中的“驯化”一词。

[2] 刘娟凤：《福利国家》，国家行政学院出版社2014年版，第22页。

(一) 国家成长的一般逻辑

从国家成长的一般过程来看,工具性国家与目的性国家的互动逻辑表现如下:起先,工具性国家与目的性国家呈现出征服与被征服的关系,工具性国家支配目的性国家并对其进行强力的塑造,以使目的性国家向工具性国家表示服从并提供相应的资源支持;后来,在目的性国家的驯化下,工具性国家不断地调适其组织与制度安排,对民众的价值和利益要求越来越积极地加以回应,其自身慢慢摆脱征服者的身份,不断增强对目的性国家的服务。在工具性国家与目的性国家支配逻辑与驯化逻辑的双重互动过程中,国家制度不断地产生、发展甚至转型。这样的国家制度发展,一方面体现为制度有效性的提高(侧重于工具性国家层面,即工具性国家行动的效能提升,可用"国家制度的理性化"来概括),另一方面体现为制度合法性的增进(侧重于目的性国家层面,即受到目的性国家的承认,可用"国家制度的公共化"来概括)。

当达到比较成熟的状态时,工具性国家与目的性国家实现和解,表现如下:目的性国家为工具性国家提供资源支持(道义、人力、物力),工具性国家为目的性国家提供服务(为其提供秩序与正义的保障)。当然,目的性国家对工具性国家一定程度上的反对(驯化),工具性国家对目的性国家一定程度的强制(支配),始终存在,并在特定时期凸显出来。

概而言之,工具性国家是目的性国家为了自身而创造出来的工具,但它并非天然就是服务于目的性国家的公器;之所以工具性国家能够为了目的性国家的利益与价值而实施支配,是受到目的性国家长期驯化的结果。现代国家正是在这样的逻辑作用下形成的。

奥克肖特在描述欧洲现代国家的诞生或者说中世纪欧洲国家向现代国家转型时说道,现代国家是中世纪两种基本的政治社会形态融合的结果:一是君主国,一是社会合作团体及相关的领主管辖的封建产业[1]。奥克肖特所说的君主国,相当于"工具性国家";他说的"社会合作团体及相关的领主管辖的封建产业",相当于"目的性国家";二者的融合,就体现为支配与驯化两种逻辑运动的结果。在中世纪晚期发生的这一融合过程,也有人称为"国家与王国的叠加"(即工具性国家与目的性国家的融合),现代国家就是如此造就出来的。

当然,在国家转型过程中,目的性国家是在长时期内发生缓慢的变化,如生产生活方式的变化、人口繁衍、思想演进与价值观变化等,并不引人注目,而工具

[1] 蔡英文:《主权国家与市民社会》,北京大学出版社2006年版,第40页。

性国家在短时期内就可能发生显著的变化,更容易令人瞩目。因此,一般学者关注的现代国家转型,大致上指工具性国家在目的性国家变化基础上向现代转型并获得了以下多个或全部的特征(接下来说的"国家"实际上指工具性国家)[1]:①国家是一个或一组可加以辨认的独立机构,它是如此分殊于其所在社会的其他部分,以至于可以划分为清晰可辨的公共领域和私人领域;②国家在它领土范围内享有主权,或者说是至高无上的权力,并且根据定义享有制定所有法律(即以强制力为后盾的约束规则)的最终权威;③国家主权扩展到一定领土范围内的所有公民个体,甚至同等适用于那些身居高位的政府官员和规则制定者;④国家的多数政府在人事上以官僚制的方式进行更新与管理培训;⑤国家具有从它统治下的人口中汲取财政收入(即征税)的能力,以便为它的活动提供财政支持。

(二)国家成长的财政逻辑

财政制度,既是工具性国家与目的性国家互动产生的结果,同时又成为工具性国家与目的性国家进一步互动的渠道、平台或者说中介。通过财政制度,工具性国家与目的性国家进行着如下的互动:工具性国家贯彻着支配逻辑,管理目的性国家中的经济与社会活动,调整相关主体的利益关系与价值要求,在财政上体现为税收种类水平、财政支出活动与财政管理行为;与此同时,目的性国家也贯彻着驯化逻辑,为工具性国家输送物质资源,对其职能发挥提供相应的信息与要求,体现为财政收入上缴、财政资金给付等活动中公众的服从程度与批评意见的表达程度。

事实上,工具性国家与目的性国家经由财政制度这一中介发生的互动,更为重要的体现是,二者经由互动而达到的共同成长。就是说,通过财政制度,在互动过程中,工具性国家在接受目的性国家的供养与驯化过程中,不断地发生变化,如调适其组织与制度安排,对民众的价值和利益要求越来越积极地加以回应,自身也慢慢地摆脱单纯征服者的形象,不断在财政上增加对目的性国家的服务;目的性国家在工具性国家的支配下,逐渐在财政领域形成服从与秩序,在价值与利益方面得以整合与提升。二者互动如果能产生如此的变化及关系的协调,那就构成了国家整体的成长;但二者的关系如果无法协调,那就会带来国家整体的失败。

学者们更为重视的是在危机时刻,工具性国家与目的性国家经由财政制度发生的互动而实现的成长。正如熊彼特所言,"在用于研究社会转折点或新阶段之时,从财政入手的研究方法效果更为显著;在这样的时期,现存的形式开始陨

[1] 邓利维、奥利里:《国家理论:自由民主的政治学》,浙江人民出版社2007年版,第1页。

灭，并转为新的形式，而且在这一时期里原有的财政策略往往会出现危机。无论是说财政政策具有决定性的作用（就财政事件是导致一切变化最为重要的原因这一意义上），还是说它具有征兆的意义（就所有发生的事情都会在财政上有反映这一意义上），都是真实的”[1]。

在历史发展过程中，存在一些历史学家所谓的“断裂”时刻，这样的断裂时刻往往会带来财政危机，或者至少对财政造成重大挑战。财政危机或财政挑战迫使统治者在行为方面甚至制度方面做出改变，如果这样的改变能够有效地应对危机，工具性国家制度就会发展甚至发生转型，目的性国家也就呈现出成长的态势；如果无力应对这些危机，工具性国家就会崩溃，目的性国家的发展出现停滞。因此，政治发展的财政动因，最为突出地表现在财政危机对国家制度变革的推动作用上。基于此，霍夫曼和诺伯格评论说，“在财政发展和政治发展的道路上，财政危机都是转折点”[2]。玛格丽特·邦尼在概括法国大革命研究的新趋势时，也曾指出“财政危机对于解释旧制度濒临崩溃时（1783—1793）——不然难以解释的——突然分崩离析的重要意义”[3]。

细加区分的话，财政危机至少有以下三种或者说有三个层次：第一种是收支危机，它是通常所说的财政危机，表现为财政收不抵支而出现短期的赤字；第二种是制度危机，它不仅表现为长期的收支赤字，而且表现为制度性和根本性的危机，即该财政制度中的主要收入已无法支持不断攀升的支出，需要将主要收入形式加以更换（即实现财政转型）；第三种是价值危机，它意味着被统治者（财政义务承担者）对财政征收合法性产生怀疑，要求统治者在价值系统方面提供令人满意的解释，或者要求统治者接受被统治者的价值形态。财政的价值危机多数时候会与制度危机、收支危机同时出现，但也可能单独发生。这三个层次的财政危机，共同推进了财政制度乃至国家制度的成长。特别是其中的价值危机及其合法性问题的解决，包含了统治者的自我辩护意见，不过更多的却是被统治者（或者说目的性国家）对统治者（或者说工具性国家）在财政思想上的驯化。

（三）财政契约

在现代国家阶段，工具性国家与目的性国家之间互动形成的某种均衡关系，

---

[1] 熊彼特：“税收国家的危机”，载于格罗夫斯：《税收哲人——英美税收思想史二百年》，上海财经大学出版社2018年版。

[2] 霍夫曼、诺伯格：《财政危机、自由和代议制政府》，格致出版社2008年版，导言第1页。

[3] W. M. Ormrod, Margaret Bonney, Richard Bonney edited, *Crisis*, *Revolutions*, and *Self-sustained Growth*, Shaun Tyas, 1999, p.1.

在财政上可以用“财政契约”来表示。就是说，以拥有权利的独立个人为基础，经过工具性国家与目的性国家之间的互动(特别是有代表性的社会集团与实际统治者之间相对平等的谈判)，在工具性国家与目的性国家之间形成一种现代契约性财政关系，其内容至少包括：

(1) 国家征税由民众定期选举产生的代表来控制，这样的税收可以实现工具性国家的支配有效性并有利于统治者，如降低交易成本，让制度显得更公平，税收与服务间关系更明确；

(2) 民众所纳税收由代议机构决定并运用于经济干预和民众福利，这样的财政支出方案具有真正的公共性，并能取得最大程度的合法性和目的性国家的服从，其现实表现是纳税人对公共服务的满意度越高，纳税意愿就越强[1]；

(3) 征税与用税的过程透明公开并受代议机构的监控等，这样的税收征收与使用方式最为节约也最具有公共性，体现了目的性国家对工具性国家的驯化。

如此形成的财政契约，意味着在现代国家阶段，工具性国家是目的性国家成员实施自我统治的工具，税收是民众用于解决自身问题的经费。也只有这样的财政契约，才能真正为财政权力的有效性与合法性提供最终的论证与支持。正像大岛通义强调的，税收“这种近乎强盗的做法之所以能够被国民接受，是因为所有的行为都是以相应法律程序为前提，并且保证了征收来的税收不会被浪费，而且这些钱会全部使用在国民身上。政府与国民需要事先达成一致，换言之，国民需要对政府行为表示一定的‘谅解’”[2]。大岛先生说的“谅解”，就是此处说的工具性国家与目的性国家之间形成的财政契约。财政契约的达成，意味着驯化国家的任务在现代国家阶段的完成。

四、本书的主题与结构安排

本书的主题是揭示，在目的性国家与工具性国家互动过程中，目的性国家运用财政思想来驯化工具性国家，以及工具性国家成员运用目的性国家能够接受的财政思想为自己的支配行为辩护(或者说自我驯化)。这样的驯化过程，体现在西方现代国家成长过程的始终，并具体表现在财政思想对国家制度建构的深

[1] 布罗蒂加姆、菲耶尔斯塔德、摩尔：《发展中国家的税收与国家构建》，上海财经大学出版社 2017 年版，第 28 页。

[2] 大岛通义：《预算国家的危机——从财政社会学看日本》，上海财经大学出版社 2019 年版，第 2 页。

刻影响上。前面说到的税收国家、生产国家、福利国家等现代国家制度，正是财政思想驯化工具性国家所产生的结果。

美国学者曼斯菲尔德也曾说现代国家产生于驯化的过程。在他看来，维护自由的政府往往倾向于变得软弱，而强大的政府倾向于放弃或践踏自由[1]，这是国家的两难。那么现代国家是如何解决这样的内在矛盾或者说达到本书导论开始说的那个“恰当的点”呢？曼斯菲尔德的回答是，关键在于被统治者用立宪规则成功驯化了原来君主制中君主的执行权(即君权)。曼斯菲尔德举出的成功范例就是美国宪法所建立的执行部门，“执行部门提供了君主政体的力量，但不容许其地位凌驾于法律之上，这样一来，君权不但不会与法治和宪法的至尊地位相抵牾，而且有望为两者效力。进而言之，把君权改造为执行权，才使它变得不但讲法治、行宪政，而且变成了可靠的民主制”[2]。在《驯化君主》一书中，曼斯菲尔德追溯了自马基雅弗利肯定执行权的重要性(即马基雅弗利主义)之后，各种政治思想对执行权的驯化过程，“马基雅弗利主义的历史，首先是一个驯化的过程，马基雅弗利的思想被自由主义宪政所利用和吸收，由此而变得有了规则和正当性”[3]。

曼斯菲尔德强调，“政治科学不能回避暴政”[4]。他所说的暴政，指的是强大的执行权；不能回避是指，必须去驯化和利用暴政中所包含的执行能力。王建勋同样接受“驯化”这一说法，认为“如何驯服统治者，让每个人都获得自由，是一个千古难题。直到近现代，才找到了驯服暴君、驾驭权力的良方——宪政”[5]。他所说的统治者或暴君，显然就是具有强大执行权的统治集团；他认为驯化的关键，是用宪政来约束权力。

本书将要阐明的主题，与曼斯菲尔德和王建勋所说的驯化过程是一致的。只不过本书集中于关注财政思想在驯化过程中的作用，即目的性国家(被统治者)通过财政思想驯化工具性国家(统治者)，让它在保持强大执行能力的同时为目的性国家所用。或者说，最终实现的现代国家制度，能让民众得到强大的执行权的帮助，甚至有效地掌握这种执行权，以实现共同的福祉。

本书文本的展开，将按如下结构来安排。

---

[1] 曼斯菲尔德：《驯化君主》，译林出版社 2005 年版，前言第 5 页。
[2] 同上书，前言第 6 页。
[3] 同上书，前言第 10 页。
[4] 同上书，前言第 21 页
[5] 王建勋：《驯化利维坦：有限政府的一般理论》，东方出版社 2016 年版，第 1 页。

首先是本书的导论，简单地介绍研究目的、研究背景、重要概念及理论，以便引入本书的正文部分。

第一章是背景介绍，从工具性国家与目的性国家这一分析框架来叙述中世纪西欧从封建国家向现代国家转型的过程，以此作为全书叙述的历史背景。

第二章至第六章的主题，集中于税收国家的诞生以及相应财政思想的变迁，包括税收国家的历史形成、从为民征税到由民征税的财政思想变迁、税负公平的思想探索，并特别交代当今学术界对税收与现代国家构建的看法，以此说明在财政思想的驯化下，西方现代国家在税收国家制度方面所经历的成长。

第七章至第十章的主题，集中于生产国家的形成及其财政思想的演变，内容包括生产国家的实践过程、财政理论转向过程中弱生产国家的兴起、财产正义理论对强生产国家的影响、理论界对生产国家的反思等，以此说明在财政思想驯化下，西方国家在生产国家制度方面的成长。

第十一章至第十五章的内容集中于福利国家形成前后财政思想的探索，讲述福利国家形成的背景、三条不同的福利国家形成的思想道路，以及理论界对福利国家的反思等，以此说明在财政思想驯化下，西方国家在福利国家制度方面的成长。

第十六章是总结，在概括西方现代国家制度建设过程中的财政问题、思想演变、制度实践的基础上，提出西方国家经由驯化逻辑而在财政领域获得的成长，并从财政视野考察现代国家的内在危机等问题。

值得说明的是，本书的内容与理论路径，从学科体系上说，属于“财政政治学”。所谓财政政治学，主要是从财政的收支与管理活动过程中，考察其中蕴含的权力来源、权力目标、权力配置、权力运行等多个方面的内容，这些内容涉及财政权力的合法性、公共性、规范性、有效性等多个方面。在我国学术界，倡导这样一种从政治的维度研究财政活动的路径，可以拓宽当前财政学研究的范围，可以使当前众多的财政活动在学术层面上得以理解，使财政理论能够真正指导治国理财活动，并由此促进中国的政治发展和社会进步[1]。

---

[1] 刘守刚、刘雪梅:“财政研究的政治学路径探索”,《江苏教育学院学报》2010 年第 3 期。

第一章　从中世纪向现代过渡的西欧国家

本书的主题是,阐释不断变迁的财政思想在西方国家成长过程中所发挥的驯化作用。这一过程在时间上集中于1500年之后(或者说西方跨入到现代世界的门槛之后),而对1500年之前或者说在中世纪时期西方国家的状况,仍有必要做一点介绍,以作为本书内容展开的历史基础。

要说明的是,在本章叙述中世纪西方国家的状况时,更多讲述的是英国、法国等西欧国家的状况,或者说暂以“西欧”来代表“西方”。这是因为,西方从中世纪向现代的转型,首先是在以英国、法国等为代表的西欧地区完成的,然后才扩展到其他地方。在后续章节中探讨进入现代世界之后的财政思想与国家成长时,讨论的西方国家就不再局限于西欧地区。

之所以在本章以西欧暂代西方,也有方法论上的含义。人类的历史发展,事实上是在一个不确定的世界里努力探索生存的过程,由于成功的方向不知来自何方,因此只能由不同的主体分散地向多个方向探寻成功的机会;在少数人找到之后,再由多数人进行模仿,这样人类就有最大的可能走在成功的道路上。西方世界现代国家制度的发展,一开始是英国、法国这样的先行者对国家制度相对成功的探索,然后才引发其他国家根据各自的国情进行学习和模仿。因此,在探讨西方现代国家发展及其中世纪背景时,研究先行者比研究后来的学习者更能揭示历史发展的内在逻辑。

总体而言,与世界其他地区(尤其是中国)相比,西欧地区在前现代的历史上,工具性国家层面上的发展不算突出,但在目的性国家层面上却有自己的特色;或者说是正是在目的性国家层面上的特质才最终引发了工具性国家的变化,以致在全球范围内率先完成了向现代国家的整体转型。许多学者将西欧地区的这一变化过程称为内生型现代化(以便区别于其他地区的应激型现代化),意思是说西欧国家之所以能实现现代化,是因为在它们的前现代传统中,存在着能够不断自我发展的、有利于现代化的因素;或者,至少可以说西欧在传统性和现代性之间存在着一种较强的兼容关系。当然,这样的说法也受到以彭慕兰为代表的学者的质疑。就实现现代国家而言,在彭慕兰看来,西欧之所以与中国不同,最重要的原因不是欧洲自身的内在特质,而是发现了新大陆这一外因。他认为,新大陆的开发所提供的农产品使西欧不必动员数量巨大的追加劳动力于农业之中,这样就可以缓解生态,并把大量劳动力用于工业之中,此外新大陆提供的贵金属也发挥了作用[1]。本章并不打算探讨西欧国家现代化之所以先发的原因,而主要基于学术界已有的研究成果,运用目的性国家/工具性国家这一分析框架,简单描述一下西欧地区在中世纪的发展,以作为本书后续探讨财政思想与西方现代国家成长的背景。

本书的基本观点是,在目的性国家的层面上,西欧确实存在着内生型发展的状况,它突出地表现在中世纪的西欧有比较明显的经济增长和第三等级的兴起。这里说的明显的经济增长,诺斯称为"真正的经济增长",即"人均收入的长期增长"[2]。在非西欧国家,一定时期内也有经济总量的增长,但却没能实现人均收入的长期增长。一个社会如何组织劳动分工并配置资源,有多种选择。为何西欧会出现比较有效的劳动分工与资源配置方式,以至于出现明显的经济增长?产权经济学给出的解释是,这是因为出现了有效率的产权制度,使个人经济努力所带来的私人收益率接近于社会收益率,这样个人受激励的程度最高。具体到西欧,那就是,在15世纪以前的西欧,产权制度安排使得个人在从事经济活动时,扣除掉一个相对并不高的固定支付之后,个人能够支配剩下来的几乎所有余额(剩余收益),因此个人从事经济活动的积极性非常高,个人财富也相对比较容易积累起来。这种相对有效的产权制度,主要是来自中世纪西欧封建社会所确立的"主体性权利"[3]安排。在一定程度上,此种安排能够保障产权,虽然它与现代产权保障制度不可同日而语,但却能够相对有效地保证当时的经济活动者

---

[1] 彭慕兰:《大分流——欧洲、中国及现代世界经济的发展》,江苏人民出版社2003年版,第247页。

[2] 诺斯、托马斯:《西方世界的兴起》,华夏出版社1999年版,第6页。

[3] 主体性权利这一概念来自学者侯建新。在他看来,中世纪西欧的法律能够保证经济活动者拥有一种"主体性权利",即不同等级的人拥有的权利,包括原始的个人权利、村社权利、市民权利、商人权利乃至不同封建等级的权利。他认为,正是中世纪西欧存在这种以主体性权利为核心的法律制度,保证了生产效率和财产的有效积累,使西欧率先实现了现代意义的经济增长,同时改变了传统的社会结构(侯建新:《社会转型时期的西欧和中国》,济南出版社2001年版,第20—22页)。

(商人、自由民甚至农奴)获取剩余收益,成为经济增长、剩余收益积累和第三等级成长的初始条件。换言之,从主体性权利出发,西欧地区实现了经济积累并创造出第三等级,由此引起了目的性国家层面的类型变化。在此种变化的基础上,处于国家生存竞争之中的工具性国家也不断地发生变化,并因目的性国家的要求而在17、18世纪出现革命性的进展。

一、中世纪西欧的主体性权利及其保障

在西罗马帝国衰亡后,日耳曼部落侵入到原西罗马帝国的领土范围内,建立起许多日耳曼王国。征服西罗马帝国的日耳曼部落,一开始并没有多少公共权力的观念,也不知道如何创建必要的政治组织和机构,权力集中度很低,行使权力的组织也较为原始。经过多年(公元5—8世纪)的战争和混乱,在公元9—10世纪,一种结合了罗马帝国原有的私人财产权观念和日耳曼原先的人身依附关系而形成的封建制度,在西欧地区相对稳定地确立起来。日耳曼君主把土地以及土地上的人口分给自己的部下和侍从,或者将特定名号赐予已实际占据土地的其他武士首领,从而创造出一批大领主;大领主再把土地分给自己的下级,形成小领主;小领主可能再分封下去,直至最低一等的普通骑士。这样一种封建制度,既是一种政治制度,又是一种经济和社会制度。下级领主有责任向上级领主效忠,帮助上级领主打仗,并承担一定的财政义务。在自己领地里,各级领主集政治军事权力、行政权力、司法权力于一身,从法律的实施,到道路的维修、铸币等,都具有完全的自主权,只要参照习惯法即可。各领地对内自给自足,对外处于封闭状态。领地、邦国林立,没有集中的行政系统、财政体制、司法机关,也没有统一的法律,甚至没有隶属于国王的常备军。严格地说,此时并不存在真正意义上的“国家”,有的只是一个众领主分立的疆域,甚至疆域的范围也不固定。只不过因为其中一个大领主拥有了王冠,从而给这样的疆域以今天“国家”的感觉。

西欧后来走向现代国家的进程,正是从这样的封建制基础上形成的目的性国家开始的。此时的目的性国家,突出表现为庄园制生产生活方式与契约性社会组织方式。在封建契约关系中,每一个人根据其身份都获得了一定的权利。这种由封建契约关系保障的主体性权利,在一定程度上成为相对有效的产权保障机制。以此为起点,西欧的目的性国家出现了与世界其他地区不一样的发展轨迹,并进而推动了工具性国家的发展。

(一) 农民的主体性权利

在公元11世纪前后，农村中由封建制度形成的人与人之间的依附关系稳定了下来，彼此的权利和义务也大体由习惯固定下来成为庄园法。在主要的生产生活空间——庄园内，领主亲自或者通过代理人来管理庄园，以庄园的收入来履行他对上级领主的义务，与此同时他也负责维持庄园内部的秩序。庄园制生产方式，波兰尼称其为“自给自足的经济活动方式”，认为它与再分配经济、互惠经济一起构成近代市场经济诞生前的三大经济活动方式[1]。庄园内的主要劳动者是农奴，一度可能超过全部农民人数的1/2至2/3。就人身而言，农奴介于奴隶与自由农之间：与奴隶不同，农奴不能被买卖，能够订立合法的婚约，对房屋、土地和财物也享有某些权利；与自由农相比，农奴必须在领主的土地上劳动，未经主人许可不得离开土地，他们使用和处置土地的权利也受到限制，还需要向领主缴纳实物和货币的租金。农奴除了耕种自己名下的份地、向领主缴纳实物地租或货币地租外，每周还要抽出固定时间耕种领主的自留地（即缴纳劳役地租）。虽然人身自由受到限制，但农奴却有相对有保障的权利，如使用领主土地时每周的劳役时间或应缴的货币地租往往固定为一个不变量，并具有法律效力。一旦领主与佃户（包括农奴）之间发生权利和义务之间的争议，都必须依照庄园法在庄园法庭内解决。庄园法庭由领主或其代理人主持，出席者是庄园内生活的全体男性成员（包括农奴在内）。庄园法庭判决的依据，是传统的习惯。领主要制裁一个农奴，不能直接动手，必须由庄园法庭裁决后才能实施。在理论上，庄园法庭上的被告不是接受领主而是接受法庭出席人全体的审判。因此，在庄园法庭上，虽然也存在着领主及其代理人以恐吓、行贿手段影响法庭出席人的行为，但在相当程度上可以说庄园法庭成了维护包括农奴在内的全体农民的产权和经济利益的场所。就是说，农民的主体性权利是能得到保障的真权利而非不可靠的恩惠。

实际上，通过庄园法庭的维护，西欧农民的劳役量或货币地租越来越严格地被限定为一个常量。就是说，庄园内封建主向农民索要的租金相对稳定。不过这也并非一成不变，特别是在劳役地租转化为货币租金的情况下，地租还是有所增长的。但由于庄园法庭的存在，租金的增长额远远及不上农业的增产部分。陶尼对英格兰27个庄园租金变化的统计表明，自13世纪末实行货币地租至16、17世纪之间，300多年内这27个庄园的租金基本上是稳定的，随着土地产出率的增长，地租在土地产值中所占的比例，由劳役地租时的1/3缩减到1/5、1/6

[1] 波兰尼：《大转型：我们时代的政治与经济起源》，浙江人民出版社2007年版，第44—45页。

甚至1/18[1]。费诺格拉道夫认为:"实际上,农民所获得的利益远过于领主。正因为货币地租很缓慢地代替了为领主耕田和收获的劳役制,前者采取了后者的最重要特征——一致的习惯性;传统还使它们停留在某种水平上,这一水平是很难更动的,即使领主的利益和时代的情况已经大大地改变"[2]。

在上述农民的主体性权利及保障体制下,庄园内劳动者能相对有效地控制个人的劳动剩余,生产的积极性因此提高。这表现为土地产出率的逐渐提高,农民包括农奴逐渐积累起一定的财富。以此为基础,从11世纪到13世纪,西欧广泛存在着农奴通过赎买然后向自由农转化的现象。除农奴外,庄园内还生活着自由农,并因农奴的转化,其数量越来越多。自由农拥有自由权,或者说可以相对自由地支配自己的劳动力,这种权利被称为"现代权利的真正鼻祖"[3]。

显然,农民的主体性权利是由庄园法和庄园法庭为代表的封建制度加以保障的,并得益于当时政治权力分散、司法管辖权竞争的封建体系,即任何人在权利受到侵犯而又得不到自己领主的法庭保护时,都可以向领主的上级领主直至向王室法庭控诉[4]。这样农民的劳动成果不会被领主过分地和任意地侵夺,农业经济因此可以实现连续稳定的有效积累,劳动生产率也逐步提高。农民的个人财富因此逐渐地积累起来,并诞生了一批富裕农民。越来越多的劳动剩余产品和劳动力开始进入流通领域,地方性市场(绝大多数是乡村市场)兴起,商业原则不断地向社会各个领域渗透。

(二) 市民的主体性权利

11世纪前后的西欧,除了大大小小无数个从事农业生产的庄园以外,还有上千个居住着商人和手工业者的城市。城市兴起的前提,当然是农业经济的发展和剩余的出现。只有当广大农村劳动者创造出一定数量的超过基本生存需要的农产品和手工业品,工商业城市的复兴或新建才有了可能。不过,无论某一个特定城市的早期成因是什么[5],推动西欧城市力量壮大并掀起12、13世纪城

---

[1] 侯建新:《社会转型时期的西欧和中国》,济南出版社2001年版,第111页。

[2] 汤普逊:《中世纪经济社会史》(下册),商务印书馆1963年版,第450页。

[3] 勒帕日:《美国新自由主义经济学》,北京大学出版社1985年版,第71页。

[4] Charles M. Radding, *The Origins of Medieval Jurisprudence*, Yale University Press, 1988, Chapter 5.

[5] 汤普逊曾经详细考察了有关中世纪西欧城市起源的理论,并归结为以下几种:(古代日耳曼)农村公社起源说、庄园起源说、市场起源说、(主教)豁免权起源说、卫戍起源说、卡罗林王朝地方(市政)制度起源说、德意志行会起源说。汤普逊认为,以上每一种理论都有不同程度的真理性[汤普逊著:《中世纪经济社会史》(下册),商务印书馆1963年版,第409—414页]。

市运动的基本动力肯定是商业的发展。11 世纪前后，欧洲大陆出现了两个巨大的商业运动圈：西地中海与亚得里亚海；波罗的海和北海。由此商业运动创造了前所未有的财富来源，推动了中世纪欧洲的经济和人口发展，并在 1250 年前后达到阶段性高点。商业运动使商人的经济力量增强，同时也使他们有能力追求自身权利的保障，由此引发了西欧 12 世纪中叶兴起的城市运动。这场运动通常被历史学家称为“城市公社运动”，公社一词既用来指城市居民中的公共誓约（为争取与封建束缚分离而进行斗争的誓约），也指共同盟誓者，还可用来指已宣布可在其中享有劳动和经商自由权利的地域。

中世纪城市发挥的作用，首先体现为它们对自然经济的瓦解。皮朗和斯威齐等学者强调，封建的自然经济墨守成规，整个社会生活存在着一种非常强烈的保持惯例和传统的倾向。倘若没有外力的冲击与带动，它将永远步履蹒跚，迟迟囿于惯性循环而不能自拔。这种外力冲击正来自远距离的通商活动，而城市则为农民提供了逃亡的途径和从事工商业的前景。于是，从乡村向新兴城市的真正移民活动，最终瓦解了封建经济和封建社会[1]。西摩勒是这样评价城市运动的：“这项运动是一个经济革命；我认为它比任何后来的革命更为重要，甚至也比文艺复兴运动和印刷术的发明和罗盘针的发现，或比十九世纪的革命和由此而产生的所有产业上的革命，更为重要。因为这些后来的革命，只是十二到十三世纪伟大的经济社会转化的从属的后果而已。”[2]

城市运动的作用，还特别体现在塑造出市民的主体性权利。这场运动，将城市从依附于主教、贵族以及其他封建领主的地位中解放出来，使商人能够摆脱世俗领主和宗教力量对人身的约束，以及对于经济活动自由的各种约束，从而获得一种基于市民身份的主体性权利。市民具有独立的和自由人的身份，这是一种单独的、特殊的合法身份，既不同于领主也不同于附庸。在中世纪的西欧，个人的权利和义务是按自己在封建秩序中的身份而确定的。取得市民资格，与受封为贵族武士或成为修道士一样，意味着取得一种特殊的法律地位，成为一个与城墙外的人完全不同的人。作为中世纪的商人，市民们出售别人的生产品（葡萄酒、谷物等）或者出售自制的手工制品，依此而生活。因此从一开始，市民与商人这两个名词就是同义语。当然，城市人口并不都由商人和手艺人组成，也有少数从事农业的人。所有这些出身不同的人，在城市中都获得了同样的市民身份。市民身份中最为重要的显

---

[1] 侯建新：《社会转型时期的西欧和中国》，济南出版社 2001 年版，第 44 页。
[2] 汤普逊：《中世纪经济社会史》（下册），商务印书馆 1963 年版，第 407 页。

然是个人自由，没有自由，就没有行动、营业与销售货物的权利。因此，西欧中世纪城市最重要的标志不是城墙和钟楼，而是自由劳动的特权。值得注意的是，作为市民特权的自由，不仅是一种个人的特权，同时也是城市土地所具有的地区特权，一般只需要在城市范围内居住满一年零一天就可以取得这种特权。

市民的人身和财产权利，在城市中得到较为有效的保障，主要体现为以下几个方面。

(1) 法律上的保障。城市中的商人有自己的法院和法律体系，他们摆脱了形形色色的领主法庭以及附属于领主法庭的司法程序与实体规定。

(2) 政治上的保障。城市多为商人共同宣誓建立，人与人之间是平等的而不是上下级的关系，实行民主代议制度以保障市民的权利。

(3) 其他保障措施。如商人们依托城市，通过城市之间的报复制度、城市同盟和各种双边条约(与其他城市、与国王、与封建领主订约)等保证商人的权利；在律师的帮助下，商人们竭力将城市建立时从封建主或者国王那里获得的特许状条款解释为保护市民权利的工具；以城市商业所产生的捐税和商业利益，吸引或赎买中世纪多元竞争权力体系中某一方特别是国王的保护，并在必要时通过武力来表达保卫自身权利的决心和能力。

(三) 资产阶级的主体性权利

作为巨额财富和庞大社会影响的拥有者，资产阶级来源于成功的土地经营者和工商业者，是资本主义进程的推动者，也是向现代国家转型的重要推动力量。一个国家如果缺乏这样的力量，就很难实现国家的转型。

此处所说的资产阶级，是基于布罗代尔对资本主义与市场经济的著名区分而界定的。布罗代尔认为，市场经济与资本主义两个领域应该区别开，市场经济指的是日常生活的海洋(如集市、店铺、商贩、交易集市)，资本主义是支配着前者的高端交易活动，是从顶端的、或伸向顶端的经济活动中衍生出来的高利润领域。从这个定义来看，资产阶级就是掌握资本主义领域的极富有、威望崇高但人数很少的那些大商人。严格地说，资产阶级产生于中世纪中后期，比前述农民和市民的诞生要晚，本章在此处把三者放在一起主要是为了叙述的方便。布罗代尔在评论中国未能实现资本主义的原因时，说明了资产阶级的重要性。他说，“(古代)中国之商品交换是一方无峰无丘、削平了的地盘。这就是中国资本主义未能发展起来的重大原因”[1]。

---

[1] 布罗代尔:《资本主义的动力》,生活·读书·新知三联书店 1997 年版,第 22 页。

那么，在中世纪所诞生的资产阶级，他们具有什么样的主体性权利，以什么样的机制来保护自己，以避免封建主和国王的掠夺，并最终成长为影响国家转型的力量呢？大体上，有以下几种。

(1) 取得贵族身份。在中世纪，个人的自由和特权依赖于自己的身份，资产阶级要保障自己的人身和财产，最好的方法是通过购买贵族爵位或者购买旧贵族的土地而获得封号，最终加入贵族阶层中去。

(2) 与王权结盟。在中世纪的西欧，对资产阶级人身和财产危害最大的并不是国王，而是那些在自己领地里专制暴虐的各封建领主。为此，资产阶级与国王结盟，缴税、捐款或贷款给国王，再利用王权去抑制暴戾的贵族，打击封建割据势力，实施统一的法令，消除有碍于商品流通的政治经济制度，以此获得人身和财产的保护。

(3) 推动法治环境的形成。除上述措施外，资产阶级相信，只有明确的、符合理性的法律运作方式，才是人身安全和自由的保障。在 11 世纪末开始的罗马法复兴运动中，学者们对幸存文本的研究，得到了商界的大力推动和资助。对此，泰格和利维评价道："一个新兴阶级可以抓住某种旧有意识形态，将它转用于对付它的施行者：欧洲资产阶级正是利用已被教会半神圣化了的罗马法，来破除各种贸易障碍"[1]。其实，资产阶级不仅利用和推动罗马法的复兴来保障贸易的进行，还把商人活动的自由提到自然法和自然理性的高度，宣扬自然法的神圣性。按照沃姆斯的说法，英国的法律大约在 15 世纪就已与自然法和理性法联系在一起，并在英国形成法律与国王的"双头统治"(double majesty)[2]。资产阶级还大力推动 16 世纪的立法浪潮，推进法治观念的普及和法律职业阶层的形成，力争创建一个基于契约自由和财产私有的社会，以形成一个能保障自己产权的法治环境。

二、第三等级的兴起与市民社会的初兴

与其他地区相比，中世纪西欧在目的性国家层面上的进展，最为重要的表现就在于兴起了第三等级以及以此为基础的市民社会，由此奠定了现代国家的基础。

[1] 泰格、利维：《法律与资本主义的兴起》，学林出版社 1996 年版，第 278 页。
[2] Francis D. Wormuth, *The Origins of Modern Constitutionalism*, Harper & Brothers Press, 1949, Chapter 22.

在中世纪后期形成的第三等级，是独立于教士和贵族的自由平民等级，它不仅包括工商业资产阶级，还包括富裕农民与拥有土地的贵族，以及数量更为庞大的自耕农和一般市民。第三等级对于政治进步和社会变迁的作用，早已为学者们所肯定。狄德罗就曾向俄国女皇叶卡捷琳娜二世建议，要让俄国进步，就要让俄国人更广泛地参与政治，发展一个更大的中产阶级，鼓励产生一个人数多得多的熟练手工业阶级，从而组成第三等级[1]。

那么，在西欧第三等级又是如何兴起的呢？显然，其应有的前提是上述基于主体性权利而形成的产权保障机制。

（一）农村的变化

由于产权保障机制的存在，中世纪西欧农民手中的剩余产品越来越多，大部分剩余产品被送到了市场出售。在目的性国家的层面上，这有两个方面的后果，即农民富裕程度的普遍提高和农村商品原则的普及。

基于主体性权利而存在的产权保障机制，在 13、14 世纪的西欧特别是英国，带来了农民生产技能、耕作方式的进步，并带来了土地单位面积的产出率、土地播种面积（垦荒）实质性的增长。农产品数量大增，在人口数量增长的前提下，实现了人均产量的大幅度增长。1500 年前后西欧农民群体普遍地富裕起来，绝大多数农民家庭的收获，除了养活家庭、预留种子以外，还有 20%的产品剩余，富裕农民的剩余产品比率更大。因此到中世纪中后期，以英国为代表的西欧相当一部分农民已比较富裕，买得起土地，承担得起相当于乡绅的消费，他们的生活水平和社会地位也不断地提高。在人类历史上，西欧地区第一次实现向不断增加的人口提供不断攀升的生活资料，从而实现真正的增长。逐渐形成的富裕的自耕农阶层，最终成为拥有强大实力的第三等级的一部分。

剩余产品的出现及其持续增长，使得中世纪早期仅限于奢侈品交易的市场，在内容和范围两方面都大大发展，商业化原则开始渗透到盛行封建依附关系的农村，从而为工业化和现代化奠定了基础。在以下几个方面，商业原则开始在农村普及。

（1）产品商品化，即农产品在满足农民家庭需要的同时，开始逐步地走向市场，谷物贸易规模扩大，农村手工业特别是织布业普遍地发展起来。

（2）地租货币化，即随着农产品商品化程度的提高，贸易的种类和范围扩大，庄园经济中原来盛行的劳役地租或劳役义务，在 13、14 世纪逐渐被货币地租所代替。

---

[1] 布莱克：《比较现代化》，上海译文出版社 1996 年版，第 180 页。

(3) 自由劳动力兴起，即在上述从劳役地租向货币地租的转化过程中，庄园主与农民之间的人身依附关系消失，到14、15世纪西欧普遍确立了自由劳动力，从而为城市工业的发展奠定了劳动力基础，也为建立在工资-契约关系基础上的近代社会奠定了基础。

(4) 土地自由买卖，即原来在封建关系下，承载政治功能和职权基础的土地，到15世纪后逐渐被视为仅仅是产生利润的一项资产，能够自由地买卖，由此慢慢形成了土地所有权的概念。1660年英国议会批准的土地"无兵役租佃制"是土地商品化进程中的一项标志性事件，此后慢慢地在英国境内的土地都被免除了封建徭役而成为商品，新兴地主也因此成为独立的个体，与国王基本上没有封建依附关系。

农村的变化，还体现为真正的土地私有制得以实现。本来，在中世纪的土地制度中，封建原则(地产与权利义务相联系)和经济原则(地产作为可变现的财富)的矛盾一直存在。英国直到革命期间，才开始彻底废除土地所附着的种种封建权利和义务关系。也就是说，土地真正的私有制是一个现代现象。按照波兰尼的说法，甚至到19世纪中期英国的土地才被剥离全部的封建关系而成为真正的商品，或者说此时才真正地实现土地的私有制，土地就此完成了商品化的进程[1]。

(二) 城市的新意

西欧第三等级形成并在政治舞台上发挥大作用，关键还在于产生了一批立足于新的经济形态、新的政治形态和新的思想的核心力量，即城市居民和资产阶级。

1. 新的经济形态是不同于农业的工商业

西欧城市的产生和发展，一开始就与商业紧密联系在一起。1400—1600年，工业制造业也慢慢地成长起来，进而最终取得经济中的主导地位。这种工业制造业，是对原先手工业生产进行协调和系统化的结果，体现为两个方面：一方面是从事贸易的商人开始对生产进行直接投资，最终将制造成品的过程和销售过程整合；另一方面，一部分比较成功的手工业生产者积累了资本，开始依照商业原则组织生产和销售，从而冲破了原先封建体制下行会特权的限制。相对于农业，工商业的经济剩余更大，财富积累更多，也因此产生一批拥有巨额财富并进而能够有效影响政治的资产阶级。近代社会所具有的种种商业特征，如身份

---

[1] 波兰尼:《大转型:我们时代的政治与经济起源》,浙江人民出版社2007年出版,第153页。

平等基础上的契约自由等，也逐渐地奠定，并不断扩展到农村，引发或加强了农村中的商业化程度，形成了毁灭旧的经济秩序的燎原之火。

2. 新的政治形态指除了前述城市文明所带来的代议政治的尝试外，重要的还有民族国家的兴起和统治权力的世俗化

一开始市民与国王结盟，利用王室庇护，反对封建领主的特权，以促进贸易。后来在现实中慢慢形成了更适合于工商业发展的民族国家，这是因为民族国家在一国政治疆界内只存在单一的主权，消除了妨碍商品自由流通的封建割据障碍。各民族之间的贸易竞争也由民族国家出面，依靠战争、保护性关税和禁令等手段来进行。在此基础上，目的性国家中产生出一种观念，即政府的合法性不在于所谓的超自然的神意，而建立在为本国公民承担责任、提供服务的基础上。

3. 新的思想形态主要指适应现代政治的思想体系

城市公民本来就靠自己谋生，善于接受新观念，赞扬智力、自由和劳动的性质。他们向传统观念提出挑战，又掌握着钱财，单靠自己就能集中大量的资源来保证市镇的安全，而不依赖于现有的政治秩序。因此，城市成为孕育新的价值观念和意识形态的温床。现代思想正是在这一温床的基础上才得以产生与传播的。当然这一时期政治思想的形成，还得益于西方古代政治思想的遗产，以及文艺复兴、罗马法复兴、宗教改革等运动，也得益于教育的普及和印刷技术的提高。但显然更为关键的动力，是来自工商业者表达的保护私人财产权和人身权、约束政府权力的愿望。工商业者之间所通行的、建立在平等和契约基础上的法律原则（经复兴的罗马法改造后的商人法、城市法），逐渐成为新兴民族国家统一法律体系的基础；以商人自治为核心的社会自治，也成为反对君主专制的重要力量聚合器。

（三）等级结构的变化

在农村经济普遍发展基础上形成的富裕农民，与力量不断壮大的城市市民一道，接受了商业文明和新的思想形态熏陶，融合而成为拥有强大经济实力并独立于教士和贵族的第三等级，从而改变了封建社会的结构，形成了新的社会经济基础，国家整体再也不可能停留在原先的层次和水平。

1. 贵族与教士力量的衰落

在近代之前，教士阶层和贵族阶层的存在，是抑制王权、避免王权专制必不可少的条件，也是西方未形成专制性统一帝国的历史基础。但是教士阶层和贵族阶层所带来的封建义务、人身依附关系和权力割据局面，又不利于按商业原则运行的农业、工商业的发展。因此新兴的富裕农民、城市市民与王权结盟，共谋

削弱教士和贵族的实力。

在农村，王权与农民结盟表现在以下几个方面：国王热衷于建立新城镇，给予逃亡农奴以自由权，既削弱封建主的势力，又获得新的税收来源；国王愿意保护农民的利益，积极受理农民向国王法庭对其领主提出的上诉；国王不断地向富裕农民授予或出售各种贵族爵位，在获取经济利益的同时增加新的政治支持者。在城市，国王更是通过给予反抗封建主特权的城市以王权保护、向资产阶级举债、授予富裕的工商业者贵族爵位等形式，与城市市民紧密地结合在一起，并谋求削弱封建主的势力。

王权与农民、市民的结盟，农民和市民经济实力的增强，再加上一些特别事件的发生和特殊手段的运用[1]，贵族的经济实力和政治势力大大地衰落。封建领主的庄园急剧衰落，克利特对此所做的一项统计说明，从16世纪中叶到17世纪初，样本所涉及的63个贵族，平均年收入降低26%；每个贵族平均拥有的庄园数也从54个下降到39个[2]。领主自用地不断地削减，许多封建领主被排挤出生产管理和商品流通领域，成为纯粹的收租人。由于土地的货币租金比较固定，随着土地产出的增长，作为纯粹收租人的封建领主，获得收益的比例不断地降低。加上通货膨胀的影响，封建领主的经济实力不断下降，许多旧贵族债台高筑，以至破产。经济力量薄弱或陷于贫困的贵族们，要么卖掉了贵族爵位，丧失了参与政治的资格，要么更加依附于王权，不再与国王作对。有一部分贵族摆脱了原来的身份，转而采用新方法经营土地，加入商业活动中去(如养羊业和毛纺织业)，成为新兴地主或市民的一部分，也因此成为商品经济的支持者。摩尔评论说："土地贵族是否转向农业商品经济，是决定政治进程的最关键的因素，如果他们能够实现这种转化，商品经济化就大功告成"[3]。

教士等级的衰落，在英国和法国有所不同。英国在亨利八世时代，通过大规模没收教会的地产、迫使修道院长及其他教士退出议会上院、建立国王控制下的国教等手段，打击了旧的教士阶层，削弱了他们的经济和政治势力。在法国，作为享有特权的第一等级，教会收取什一税和其他税款一度达到国民收入的13%左右，这还不包括教会的土地收入。但是教士的生活遭到知识分子的严厉抨击和嘲笑，人们也普遍关注教会的浪费和什一税制度的不合理性，教士因而丧失了

[1] 比如，英国玫瑰战争摧毁了绝大部分土地贵族。法国自路易十一时起，国王就有意识地吸引贵族到首都享受豪华生活，将贵族变成脱离领地和独立活动领域、依附于国王的寄生人群。

[2] 侯建新：《社会转型时期的西欧和中国》，济南出版社2001年版，第189页。

[3] 摩尔：《民主和专制的社会起源》，华夏出版社1987年版，第339页。

赖以维生的尊严。更为致命的是，教士本身分裂为一小群生活奢侈的大主教和一大批贫穷的教士，贫穷的教士不遗余力地攻击大教士，分裂的教士等级再也无力维持旧制度。

2. 第三等级兴起

随着教士与贵族等级的衰落，第三等级成长为极其重要的经济和政治势力。

第三等级的兴起，源自经济上的繁荣，而这种繁荣既来自农业经济的发展，更来源于工商业的繁荣。如英国伦敦出现了空前的贸易与制造业的集中，在查理一世统治后期，工商业规模比亨利八世时代高出七至八倍，并成为欧洲国家中最大的资本化都市。1700—1789 年，法国虽然农业仍在生产领域中占主导地位，但商业、制造业有长足的发展，工业产量增长了近 60%，纺织行业开始出现真正的工厂，冶铁、煤炭业都有了深厚的基础[1]。

在经济繁荣的过程中，富裕农民、富裕市民、工商业者，以及资产阶级化的乡绅、骑士们，逐渐成为主要的纳税人和发言权越来越大的社会集团。通过以下途径，他们相互交流、彼此融合，成为拥有共同利益和价值观念的“第三等级”。

首先，他们面对同一个市场，促进商业化原则的普及成为共同的目标。虽然在中世纪初期，农村市场与城市市场因行会特权的存在而有所分割，但越往后发展，两个市场就越融为一体。在有些老城市，由于行会的僵化和控制，工商业逐步走向衰落，农村却兴起了新的城镇来代替老城市。农村和城市的那些商品生产者和销售者，服从的都是商业原则，以利润为导向从事经济活动。劳动力、土地、资金等各种生产要素，完全服从商业的原则而流动。市民和农民之间可以轻易地相互转化：成功的城市工商业者，可以通过购买土地，成为农场主；农民也完全可以到城市（或者新建城市）从事工商业。

其次，这些新兴的富裕农民和富裕市民，也共享新的价值观念。富裕农民的子弟，与富裕市民的子弟，甚至贵族子弟一起进入教会学校和各高等学府学习，共同经历文艺复兴和启蒙运动，接受了共同的新观念。现代政治思想从一开始就共同影响他们，为他们反对王权专制，建立一个理性的、充分发挥人类创造力的新社会提供了思想武器。

最后，这些富裕农民和富裕市民，也以各种各样的方式，如购买贵族爵位、因立功而被国王授予爵位，或者单纯作为纳税人的代表，共同参与了政治、司法和军事活动。他们都是地方行政、司法事务的参与者，都在国会有代表或亲自参与

[1] 安德森：《绝对主义国家的系谱》，上海人民出版社 2001 年版，第 106、136 页。

国会，都是新兴的民族军队的主力等。这些共同参与的活动，培养了他们的共同体意识。

3. 市民阶级形成

上述社会经济的变化，为一直处于生存竞争中的工具性国家变化提供了基础。工具性国家的变化，最为重要的表现是专制君主制的壮大。这一工具性国家的壮大，与商品经济的发展和第三等级力量的增强紧密联系在一起，特别是因为第三等级为君主提供了大量的税收(直接税如人头税，间接税如关税)与巨额贷款(多数是为了国王对外发动军事行动)。当然，第三等级对国王的支持也是有利于自身的，比如由国王出面保障财产权利，保证秩序统一和法律公正，或者实行对外军事扩张。这些通常都会有利于本国商人，有利于贸易的发展。城市也可以利用王室的庇护，损害封建领主的权利以扩大自身的权利。第三等级支持国王，还可以换取参政机会，获得接近国王的机会，或者获取国家的采购订单(政府机构常常是一些商人的重要主顾，如军火购买、包税借贷的大笔投资)等。

不断壮大的工具性国家，此时也开始塑造目的性国家，最为重要的是打击了各级封建势力，消除了各种等级和团体的特权，从而将由于身份不同而权利不同的个体，改造成法律面前平等的个人。专制君主凭借官僚制度、权威政治，使所有的人都服从于新的中央集权政府：贵族从军事藩属变成为国王服务的仆从；教士成了国王任命的国家官员；第三等级成为纳税和服兵役的主体。这样，各割据的封地联合而成为统一的王国，各地方团体结合而成为一个民族，一切封建的权利、特权、豁免和对抗的权力统一为一个政治制度，全体社会成员也渐渐形成民众和君主两个相对的层次。第三等级的主体力量，如富裕农民、富裕市民、律师、报人和从事商业化经营的贵族，渐渐融合为具有相似的经济关系(商品经济关系)、相近的社会意识(个人权利的觉醒)和共同的集体行动(参与国家政治)的阶级，即市民阶级。这样，社会经济层面也因此形成具有相对文化同一性的均匀化基础。比如，18世纪法国启蒙思想家论著中，使用公民一词越来越频繁，这说明非等级观念的意识已形成，市民阶级也正是在这种氛围中兴起的[1]。当然，这一市民阶级的形成过程，是一种趋势，也是一个渐进的过程。这个过程在君主专制下并没有结束，要到市民阶级革命之后在新的工具性国家力量的塑造下才最后彻底地完成。

[1] 布莱克：《比较现代化》，上海译文出版社1996年版，第177页。

三、生存竞争中工具性国家的成长

为了让接下来的叙述更清晰，此处对9世纪以来西欧的国家发展阶段做一个大体的划分，将其分为以下四个阶段：领主制国家（9—12世纪）；等级君主制国家（13—16世纪）；绝对君主制国家（16—18世纪）；代议民主制国家（18世纪以后）。在这样四个发展阶段，西欧的工具性国家伴随着上述目的性国家的变化，为了履行保护职能、解决内外安全问题也不断地得以成长。

（一）中世纪西欧地区战争与工具性国家的发展

与同时期世界其他帝国相比，西欧在领主制国家（9—12世纪）时期，工具性国家的发展处于较为落后的状态。不过，在持续不断的战争中，西欧乃至整个西方世界的工具性国家，在领主制国家基础上不断为了实现有效性而重构、发展，直至形成现代国家。

1. 战争与工具性国家

西欧是怎样从领主制国家基础发展出有效的工具性国家的？最为直接的答案是，它由战争推动，即战争的需要创造了军队、君主集权制、官僚制度。有关这一主题，学者们已进行了大量的研究。接下来本章简单地引述几位学者在此方面的研究结论来加以说明，不再展开具体的论述。

战争首先意味着武装力量的创建，工具性国家也因此有能力在更广大区域内施加自己的意志。按照蒂利的说法，现代国家“它们通常或多或少是作为无意识的副产品而形成的，通常来自执行更为直接任务的努力，特别是为了创建和支持武装力量的努力”[1]，这也是蒂利的结论“战争造就国家，国家制造战争”的说明。国家武装力量的发展，主要是应对当时突出的时代问题，即对内处理贵族之间的冲突并防备贵族对王权的篡夺，对外防备外国的入侵或准备入侵别国。正如奥托·欣茨声称的：“把阶级冲突考虑为历史的唯一驱动力，这是片面的、夸大其词的，因此也是错误的。国家之间的冲突远为重要得多，古往今来，来自外部的压力对内部结构总是产生一种决定性的影响。”[2]与同时期其他地区相比，西欧地区国家间冲突乃至战争更为频繁与突出，埃利亚斯将这一时

[1] 蒂利：《强制、资本和欧洲国家》，上海人民出版社2007年版，第29页。

[2] 埃特曼：《利维坦的诞生——中世纪及现代早期欧洲的国家与政权建设》，上海人民出版社2010年版，第8页。

期称为西方国家形成的“自由竞争阶段”[1]。蒂利、欣茨、埃利亚斯他们强调的更多是欧洲国家之间的战争，而维克多·伯克纠正说，与欧洲以外的文明通过战争以及文化、经济的冲突，才是欧洲率先形成现代国家体制的真正原因，欧洲文明兴起的原因在外而不在内，“正是那些非欧洲文明的伟大，才导致了欧洲的兴起”[2]。

为了赢得战争的胜利，西欧封建时期的统治者除了发展军队外，还要致力于发展更有效的政权组织以便汲取资源、动员人力。赵鼎新对此解释说：“在传统型社会中，战争可能是推动国家追求效率的唯一重要的动力，为了赢得战争，不得不采取如下措施：扩充军队、改良武器和军事后勤能力、增加社会财富和提高税收能力。上述措施及其附带后果都为社会生活其他领域中迅速的累积性发展提供了条件”[3]。许田波对欧洲现代国家产生之前的战争情况进行了统计，在此基础上她说，欧洲在进入现代国家前后，战争的频率与规模（相对于人口）远远超过同一历史时期的中国，只有春秋战国时代的中国可与之相当[4]。

战争推动工具性国家的发展，这一因果关系被诸多学者一再强调。蒂利说，“对战争资源的榨取和斗争产生了国家的中央组织结构”[5]，他还说国家构建、军事制度、从大众汲取稀缺资源三者间存在着紧密的关系[6]。邦尼也明确指出过战争与欧洲国家的崛起之间的关系，他说：“在整整一个千年（从 990 年到 1992 年）的时间里，战争一直是欧洲国家占据主导地位的活动。……战争编织起了欧洲民族国家的网络，而备战创建了欧洲国家在这个网络中的内部结构”[7]，财政活动则将战争与国家形成紧密联系在一起，“国家预算、税收和债务都反映了这种现实（即战争）”[8]。

就西方现代国家的形成而言，吉登斯的意见是，战争（军事发展）型构了西方现代国家体系的轮廓，而这又主要体现为三个方面：“其一，武器装备的一系列技术改进，使得传统的地面战争在很大程度上成为过时的战争方式。其二，武装力

---

[1] 埃利亚斯：《文明的进程》（第二卷），生活·读书·新知三联书店 1999 年版，第 111—112 页。
[2] 伯克：《文明的冲突：战争与欧洲国家体制的形成》，上海三联书店 2006 年版，第 9 页。
[3] 赵鼎新：《东周战争与儒法国家的诞生》，华东师范大学出版社、上海三联书店 2006 年版，第 23 页。
[4] 许田波：《战争与国家形成：春秋战国与近代早期欧洲之比较》，上海人民出版社 2009 年版，附录一。
[5] 蒂利：《强制、资本和欧洲国家》，上海人民出版社 2007 年版，第 17 页。
[6] Charles Tilly edited, *The Formation of National States in Western Europe*, Princeton University Press, 1975, p.24.
[7] 邦尼：《欧洲财政国家的兴起（1200～1815 年）》，上海财经大学出版社 2017 年版，第 9—10 页。
[8] 同上书，第 9 页。

量中产生了高度集中的行政力量。其三,欧洲海军力量的发展,自16世纪的某个时刻部分再度由于技术进步,它开始演变成为全球其他地区无法抵制的力量。”[1]伯克运用他的文明冲突模式,这样解释战争与欧洲现代国家体制的形成,“在8至16世纪之间,各种文明之间的竞争斗争十分成功地制约着西欧的国家体制。在这一时期,这种成功开创了一个中央集权化与地方分权化相互波动的新纪元,并随着这种矛盾运动的逐渐发展,一种中央集权化的动力逐步在欧洲形成,并由此而创造出现代与西方二元国家体制的文明以及后来欧洲对西方的扩张。西欧的资本主义国家体制正是诸种文明冲突的附属性产物”[2]。

上述战争、财政收入与国家构建之间的因果关系可以总结如下:由于战争,“国家变成更加集权的政治组织,它创立了强大的官僚机构和军队,通过颁布法规更深地渗入社会,然后从社会汲取大量的收入,从而在更广阔的领土上实施它的司法和权威,去规制私人的经济活动,最后进一步发展成更加强大的组织”[3]。这样一种分析模式,虽然也被一些学者批评为“过度的决定论和机械的因果关系”,“忽视了人本身在创造人类历史中的作用”[4],但用它来描述西欧国家的发展,大体还是可以成立的。

2. 战争经纪人制度与等级会议制

大体上,战争促进国家形成的内在逻辑在于:在战争压力下为了有效地集中权力并动员资源以赢得战争,不得不在三方面作出努力,即暴力手段国家垄断化、行政机构官僚化、税收集中化与全国化等。此处不打算再对战争与西欧工具性国家成长之间的逻辑关系与历史过程再作详细探讨,因为这一结论基本上是学界的共识。不过有一个问题值得关注,那就是,与其他同时期的传统国家相比,在战争与工具性国家发展的关系方面,西欧的不同在哪里?

以9—10世纪封建制度为起点,在战争与工具性国家发展的过程中,西欧的特色在于发展出战争经纪人制度和等级会议制度,而这两者与第二章将探讨的现代税收制度发展有关,即用更有效的制度来汲取财政资源供给战争。

(1) 战争经纪人制度的过渡意义。大约在公元9世纪前后,西欧的主要地方都形成了基于封君封臣关系而建立的武士无偿为封君提供军役服务的制度,

[1] 吉登斯:《民族-国家与暴力》,生活·读书·新知三联书店1998年版,第129页。
[2] 伯克:《文明的冲突:战争与欧洲国家体制的形成》,上海三联书店2006年版,第15页。
[3] Sheldon D. Pollack, *War, Revenue, and State Building*, Cornell University Press, 2009, p.37.
[4] Ibid., p.38.

这被称为军事封建制。可是,由于在客观上战争规模扩大、战争技术变化,在主观上武士提供无偿军役的意愿不足,因而到了12—13世纪,各种无偿军役的封建形式都不断地衰弱,被有偿的军队慢慢地取代。这种有偿的军队可能是国王支付固定薪饷给特定贵族,再由贵族雇佣战士组成,也可能由国王直接支付薪酬给雇佣军首领,购买雇佣军的军事服务。蒂利将这一时期称为经纪人制的阶段,以强调此时雇佣兵在军事活动中的重要地位,以及由包税商提供资金、负责征税等财政特征[1]。不过,1600年以后西欧地区就逐渐进入了常备军制度,即蒂利所谓的民族化阶段(统治者主要从本民族人口中动员与招募军队并将武装力量纳入国家机构管理)。因此,经纪人制是封建军役制与民族化常备军制度之间的过渡;同时它也是财政制度发展过程中的一种过渡,即作为从获取人身服务的财政收入(无偿军役)制度,向货币化税收制度转化进程中的中间阶段。

对于欧洲国家存在这样两种军事制度,许田波从地理空间而非历史过程出发也进行了考察,她将其归因为两种不同改革的后果。经纪人制在她看来是由一种自弱型权宜措施带来的,即依靠军事企业家和雇佣军来建立常备军,通过包税人来征税,以贷款和信用为特别收入,向私人资本持有者出售官职等。而民族化军队则来自自强型改革,即通过增强行政能力来动员资源,如通过国家征兵的方式建立常备军,征收直接税和间接税,提高生产力,以贤能政治代替贵族政治等,这样统治集团可穿透社会直达乡村层次,能够为战争而实施总动员[2]。很自然的,她更赞赏后者。

(2)等级会议制度的过渡意义。由于封建社会的特点,9—12世纪的西欧权力和资源都分散在各级领主手中。当战争威胁迫在眉睫之际,或者为了赢得已发生战争的胜利,君主有必要采取某种形式将分散在各领主与各团体手中的权力和资源加以集中。因此,自12世纪开始西欧国家的国王纷纷利用日耳曼部落原有的集会议事传统,突破封建制度下非传递性的结构特征(即国王的附庸的附庸,不是国王的附庸),召开各等级共同参加的等级会议。一开始,等级会议的主要功能是商议战争行动,并决定给国王缴纳以帮助国王为名的助税的形式和数量,在国王征税人员缺乏或不足的情况下还协助国王征税。后来,等级会议也用

[1] 蒂利:《强制、资本和欧洲国家》,上海人民出版社2007年版,第33页。
[2] 许田波:《战争与国家形成:春秋战国与近代早期欧洲之比较》,上海人民出版社2009年版,第36—38页。

于商讨国事、为国王提供咨询意见，或者成为向国王请求某种法律或权利的讲坛，并进而成为国王团结全国、创造国家意识及实施统治的工具，成为统治者在特定地区或整个领土范围内获取统治合法性的方式。

与领主制国家时期相比，等级会议的召开创造了一种"全国"的国家意识，为近代民族国家的产生奠定了基础，此一阶段的国家也因此被称为"等级君主制国家"。不过，等级会议的出席者代表的往往是许多不同的团体（地方的贵族会议、城市会议、宗教团体、团体协会等）而非个人，至少在一开始出席者本人也是权力的拥有者，有自己的权力工具（官员、法庭、财政，甚至自己的军队）。而且，等级会议本身具有特殊性和临时性，并不是一种制度、政治组织或者政府的常设机构。

西欧等级会议的过渡意义在于，以此为起点，慢慢地发展出后世的议会民主制，并成为现代国家的标志性组织形式，这在世界其他传统国家的发展过程是少见的。当然，准确地说，从等级会议顺利地发展为议会民主制，在欧洲国家中也是少见的，英国是其中成功转型的典范。欣茨对此的解释是，这取决于等级会议是以身份团体为基础还是以领土为基础。在他看来，若以身份团体为基础，只要与会者的特权与身份可以获得保障，他们就愿意放弃集体立法的权利，或者甚至放弃集体征税的权利；若以领土为基础，这样的议会就会鼓励在全体会议层次上的合作，在结构力量上也更强大，更有能力抵制野心勃勃的统治者的招安和诱惑，也会因为被视为地方利益保护者而受到一定的约束[1]。在埃特曼的眼中，只有匈牙利、波兰、瑞典和英国等少数国家发展出了较为有效的议会结构，但由于在匈牙利、波兰这样的国家，统治集团的成员资格是世袭的，国家的力量因此受到了削弱，因而未能成功地发展出后世的议会民主制。只有英国和瑞典这样的极少数国家，才成功地建立起较为有效的议会民主制（他称为"官僚制宪政主义"）[2]。

可见，等级会议制度及其向代议民主制的发展，更多地与（因军事需要产生的）征税行为有关，第二章将予以进一步讨论。需要再次强调的是，在西欧工具性国家的构建过程中，等级会议的发展具有至关重要的地位，正如蒂利强调的，"协商性机构在早期政治中非常重要，中央集权国家兴起后掩盖了这一机构的重要性"[3]。

---

[1] 埃特曼：《利维坦的诞生——中世纪及现代早期欧洲的国家与政权建设》，上海人民出版社 2010 年版，第 18—19 页。

[2] 同上书，第 8 页。

[3] Charles Tilly edited, *The Formation of National States in Western Europe*, Princeton University Press, New Jersey, 1975, p.21.

(二) 近代早期西欧地区工具性国家的壮大:君主官僚制的发展与代议机构地位的提升

在国家间生存竞争的威胁下,为了有效地动员资源应对战争,在等级君主制基础上,西欧地区的先发国家逐渐锻造出两种现代国家的工具,即君主官僚制与代议民主制,这些国家也依此慢慢地率先发展为现代国家。

1. *君主官僚制*

君主官僚制是形成现代工具性国家的关键,君主制所体现的地位独立至上与集权特征是现代主权的要求,而官僚制则是行使主权的有效组织形式。这两个工具是在近代西欧绝对主义国家发展阶段锻造出来的。

(1) 君主制。君主制的发展有一个过程,其动力主要来自因国家生存竞争而产生的对国王军事职能的公共需要(领导全体人民赢取战争胜利)。为了满足这种客观需要,在统治者自身的主观努力下,封建体系内作为众多权力中心之一的君主,逐渐获得了相对于教会、贵族和其他国家君主的独立性和至上性。君主地位的独立性与至上性,最为重要的发展表现为君权神授理论和主权理论的出现。

君权神授思想的兴起,牵涉到教权与王(皇)权(或者说精神权力和世俗权力)的长期斗争。该思想主张,君权有独立的来源(直接源于上帝而非教会),君主在国内可以排除教皇的权威,树立君主至高无上的地位,并从教皇手中夺得主教的任命权,甚至获得教会的财富(特别是土地)、剥夺教会的征税权。君权神授理论也被君主用来反对封建贵族,证明自己在地位上高于贵族,以控制和削弱封建势力,建立统一的国家。基于这个原因,亨廷顿强调,君权神授理论比封建制度更合理,更接近现代,它使得君主制在摧毁封建社会方面发挥了现代化的作用[1]。

主权理论的产生,是复兴罗马法传统的结果,并经马西利乌斯、博丹等人的发展,为君主在全国范围内行使最高的、终极的、遍及的和独立的权力,提供了理论依据。主权理论家们主张:"国王至高无上,国王是自己国境内的皇帝,只要不存在任何外部权力的地方就是至高无上的。"[2]在现实中,主权理论与君权神授论相互配合,共同支持了君主独立至上地位的合法性。从 16 世纪开始,君主逐渐取得了对教会的支配地位以及对封建贵族的优势地位,并在 17—18 世纪发

---

[1] 布莱克:《比较现代化》,上海译文出版社 1996 年版,第 256 页。

[2] 同上书,第 162 页。

展到高峰。君主地位,事实上为现代国家中的主权奠定了基础。

此时君主制的发展,一般被称为绝对君主制或君主专制制度。但应该看到,西欧的君主专制是在文艺复兴与启蒙运动的基础上发展而来的,因而可以成为现代国家发展的基础。正因如此,才有学者说,“离开开明专制,就无法理解现代国家的形成”[1]。

(2)官僚制。官僚制的发展,首先体现在行政机构方面。在中世纪晚期以前,西欧没有集中的行政系统,没有中央派驻地方的机构,也没有统一的税收体制、统一的法律和中央司法机关。在1066年诺曼征服之后,英国国王的集权程度比同时期大陆国家要高一些,但也没有集中的行政机构。通常,政府官员就是几名大臣和侍从,行政机构极为简陋。到了中世纪晚期,按照系统的和等级的分工原则建立起来的行政机构开始成长,常设的、训练有素的、精明强干的行政官员队伍日渐庞大。这些从国王手中领取薪俸的专职官员,多数出身寒微(中下级贵族),服从并服务于君主的利益,并成为君主打击封建势力、树立国王权威的有效工具。在法国,通过17世纪黎塞留和科尔贝尔(Jean-Baptiste Colbert, 1619—1683,又译科尔伯特)等人的努力,形成了以国王主持小型的最高会议(排除王亲国戚的御前会议)作为国家最高行政机关的体制,并向全国派出具有广泛权力的常设官员,即承担不同任务的总监(又称钦差),如司法总监、警察总监、财政总监等。总监在广大的地区内行使权力,由国王亲自任命,其职位不可取消、不可买卖,其中多数由更依赖于国王的中小贵族担任。在英国,从16世纪亨利七世时代开始,就逐步建立了以枢密院为核心的行政机构,通过严格的选官制度和治安官实施监督,王权加强了对地方政权的控制,并运用星室法庭强化对贵族的最高特殊审判权,使原来仅具有政务法院性质的法庭变成了王室镇压叛乱和分裂活动的主要工具。

官僚制的发展,其次体现为常备军的建立。为了加强国王权力,巩固新建行政机构的权威,君主们纷纷建立了常备军,以垄断武装力量。国王出钱雇用士兵,或将流浪者招入军队。在法国国王查理七世(1422—1461年)时代,正规军数目从未超过1.2万人。这样一支武装力量并不能辖制当时的1 500万国民,因此不得不借助于贵族的佩剑,来维持地方的稳定。随着法国君主专制程度的加深,常备军人数也日渐增长。到路易十四晚期,法国已拥有30万常备军。相对

[1] Charles Tilly edited, *The Formation of National States in Western Europe*, Princeton University Press, New Jersey, 1975, p.204.

于法国来说，英国的国土面积小，又是岛国，即使在都铎王朝专制时期，也没有像法国那样坚实的军事结构。这也是英国革命时期，国王轻易地被国会军队战胜的原因。

官僚制发展，还表现在司法权的统一上。司法权的统一，主要是建立统一的司法机构，并以罗马法来统一各种法律体系。12 世纪开始复兴的罗马法，有两方面的特征特别适合于此时工具性国家的发展：一个特征是强调君主在法律上具有绝对的、最高的权力（君主的意愿即是法律），这为打击贵族势力、压制等级特权，实现领土合并和行政集权等提供了法律依据；另一个特征是强调神圣不可侵犯的私有财产在法律上的无条件性，为君主保护第三等级、赢得他们的政治和经济支持提供法律根据。在加强中央权力方面，罗马法成为西方君主们梦寐以求的法律武器。专制君主还启用了一批干练的律师，以充实其行政机构，而这些律师接受的法律教育都是关于君主法定权威的罗马法理论和法律条文统一的罗马法概念。德意志、法国等大陆国家都以罗马法及其精神统一了司法制度。英国情况有所不同，在司法统一方面受罗马法的影响不大。这是因为从诺曼征服以后，英格兰比较早地建立起相对统一的司法制度，国王派出巡回法官以国王的名义，在各地依照遵从先例的原则展开审判。英国的统一司法制度，在都铎王朝时期（1485—1603）得到进一步强化，地方领主的自治权和司法权遭到取缔。

2. 代议民主制

在 18 世纪的欧洲知识分子的想象中，最为成功的国家不是君主专制达到高峰的法国，而是具有代议制政府形式的英国。直至今日，波齐仍赞叹地说："既不是普鲁士也不是奥匈帝国，为欧洲民族国家建设的下一个主要阶段提供了基础，而是欧洲相对边缘的岛国——英格兰"[1]。这是因为，从长远一点的眼光看，只有能够从自己的国度中获得最大程度人口支持与最大限度资源支持的国家才有军事优势，而英国从等级会议发展起来的代议民主制就符合这样的要求。

代议机构主要是作为征税与控制征税权的机构发展起来的，下一章将结合税收的兴起过程来加以说明。从事后的结果看，领土面积狭小的英国，正是在代议机构的帮助下，才屡屡战胜欧洲强国。受此影响，并在国家发展进程的实际推动下，代议机构很快成为现代国家的主要特征。

[1] 波齐：《国家：本质、发展与前景》，上海人民出版社 2007 年版，第 51 页。

四、小结

相对于中华帝国的国家发展进程来说，中世纪早期西欧的工具性国家发展状况并不突出，不能成功实现长期稳定和平的帝国秩序。不过，国家间激烈的生存竞争，也在一定程度推动了各个国家的工具性国家发展，以便能更大程度地支配民众，获得更多的资源与道义支持，维持国家共同体的生存。相形之下，目的性国家层面上的先行发展，是西欧地区的特色，也是它先于中华帝国向现代国家转型的历史基础。到了中世纪晚期，先行发展的目的性国家（以较为发达的商业经济及兴起中的第三等级为标志），对君主所掌握的工具性国家（以君主官僚制为标志）的变革提出了要求，甚至不惜发动革命予以再造，同时也为这种变革准备了资源与条件。最终，在上述工具性国家与目的性国家的互动下，西欧地区实现了从传统国家向现代国家的转型。这样的互动与转型过程，是经由财政制度的中介（渠道、平台）作用而完成的，突出表现为税收国家的形成。

第二章　税收国家在西欧地区的诞生

现代国家的重要面貌，是在西欧地区首先形成的。但这样的国家类型在西欧地区诞生，并不存在单一的模式，更非出于有意识的理性设计。前面已提及，在相当程度上，它来源于战争的推动。要应对战争，工具性国家就必须通过财政制度从目的性国家中筹集足够的财政资源；而先期不断现代化的目的性国家在供应财政资源的过程中，又在价值和利益方面对工具性国家提出要求，并在相当程度上塑造了国家（工具性国家）[1]的形态。正因财政制度在国家形成中的重要作用，利瓦伊才说，"国家岁入的生产史就是国家演化的历史"[2]。迈克尔·曼对此的概括也是相似的："国家成长与其说是有意识扩张权力的结果，不如说是为了避免财政崩溃而竭力寻求权宜之计的结果"[3]。从财政的视角来看，国家要筹集资源首先遇到的问题是选择收入形式。正如我们今天所知，最终被选定的收入形式是税收。因此，现代国家的诞生与税收国家的来临几乎是一回事，就像马克思所说，"强有力的政府和繁重的赋税是一回事"[4]。

财政收入是维系国家生存的生命线，但以税收形式广泛地从普通公众身上征收，在西欧却是现代现象。在进入到现代国家之前，西欧国家的财政收入，主

---

[1] 正如在导论中交代的，学术界将本书界定的工具性国家直接称为"国家"是常见现象，接下来的几处引文都是如此。在不引起混淆的情况下，本书在后面也会将工具性国家简单地称为"国家"。在国家转型过程中，目的性国家在长时期内缓慢地变化，而工具性国家在短时期内就可能发生显著的变化。因此，在探讨现代国家转型时，只关注工具性国家的变化是可行的。只不过需要注意，工具性国家的变化是在目的性国家演化基础上发生的，并受到了目的性国家的驯化。

[2] 利瓦伊：《统治与岁入》，格致出版社、上海人民出版社2010年版，第1页。

[3] 曼：《社会权力的来源》（第1卷），上海人民出版社2002年版，第584页。

[4] 《马克思恩格斯选集》（第1卷），人民出版社2012年版，第766页。

要来源于君主家庭所拥有的财产(土地)收入,是一种私人性的收入,并不是今天具有公共性的税收。不过,今天的学者常把所有的财政收入形式都简单地称为"税收",并将所有获取财政收入的活动都简单地称为"征税"。这样一种广义的做法,在19世纪德国财政学巨头斯坦因看来并不妥当。他认为,不是所有的财政收入形式都可以称为"税收",因为税收的首要特征是纳税人的同意。据此他认为,税收是仅存于由自由公民组成的现代国家中的财政收入形式[1]。本书在使用税收一词时,基本上采用斯坦因的狭义含义,把它界定为一种基于大众的财产与收入并以普遍、平等、直接、规范等标准征取的财政收入。从这一定义出发,可以比较清晰地看到税收在西欧地区从萌芽到真正兴起的全过程。后续的章节将说明,这一历史过程具有重大的意义,因为统治者向被统治者的收入与财产征税以获得自己的主要收入,意味着在实质上放弃了"国王自营其生"这一封建原则。于是税收就标志了重要的历史转折意义,它意味着现代国家在财政上的诞生。要知道,在西方现代国家的诞生过程中,并非没有考虑过其他收入形式。直到18世纪,德国官房学派仍有不少学者认为,国有土地、王室领地和一些特权收入是公共财政的真实基础,国家收入应该主要来源于国家的财产,而税收仅仅是最后的补充性收入手段[2]。

本章将从税收的视角叙述西欧地区现代国家诞生的全过程,即税收国家的形成。在此过程中,围绕着税收问题并经由税收制度,工具性国家不断地尝试支配目的性国家,目的性国家反复地驯化工具性国家。本书的主题集中于探讨目的性国家通过财政思想驯化工具性国家的过程,而税收国家的形成正是驯化过程的一个结果,本章的内容将为此主题提供制度史的背景。

本书在探讨西欧税收国家形成时,认为大致从9世纪开始。这样的起点设置,也是西方财政史学界的通用做法,因为"罗马帝国的财政实践因为帝国的分崩离析和西方野蛮王国的崛起而几乎消失殆尽。从7世纪到9世纪在西罗马发展起来的诸德意志(日耳曼)王国提供了一个更加可行的起点"[3]。对应于第一章提及的西欧国家发展的四个阶段,即领主制国家(9—12世纪)、等级君主制国家(13—16世纪)、绝对君主制国家(16—18世纪)、代议民主制国家(18世纪以后),西欧地区的财政发展也可大致区分为领主制财政、等级君主制财政、绝对

[1] 马斯格雷夫、皮考克:《财政理论史上的经典文献》,上海财经大学出版社2015年版,第53页。
[2] 坂入长太郎:《欧美财政思想史》,中国财政经济出版社1987年版,第77页。
[3] 邦尼:《经济系统与国家财政》,上海财经大学出版社2018年版,第56页。

君主制财政、代议民主制财政四个阶段。前两个财政阶段属于西欧历史演进过程中的封建国家时代，而后两个阶段已属于现代国家时代。从封建国家的财政到现代国家的财政，构成了财政的转型，进而成为整体国家转型的一部分。

一、表现为“私人收入”的领主制财政收入

在领主制国家阶段，从财政的眼光看，此时并不存在国家的公共收入，只有各级领主的私人收入。尤其在欧洲很多地方，从 9 世纪末至 11 世纪，普遍出现了中央政权的崩溃和政治分裂的加剧问题，“不可避免地产生了重大的财政影响”[1]。在法国，甚至可以说不存在“国家”，“在 11 世纪的法国，王权也只是一种领主权，而不是君主权……11 世纪的法国并不是君主国家，而是一些大封地”[2]。在王室领地以外的贵族，往往仅只承认国王是名义上的宗主，他们在各自领地内保持着近乎独立的统治。每一个封建领主（包括国王在内），都认为自己应该根据封建原则依靠领地（家庭财产）收入过活，即所谓“国王自营其生”（也译为“国王靠自己的收入过活”或者“国王自食其力”）的原则。在多数时候，国王的领地比大多数封臣的领地更富饶、人口更稠密，但并非总是如此。君主（以及各级领主）的收入形式主要有两种：一种是来自庄园内土地和森林的收入（性质上为租金，最初大多为实物形式）；另一种是来自下级领主和自由民的收入（性质上为特权收入，多为货币形式）。马克斯·韦伯从权力特征出发，将前者称为君主对其直接领地的支配，将后者称为政治的支配[3]。

显然，来自自有领地内的租金收入，如农奴劳动所生产的农作物（即劳役地租）、自由农所缴纳的实物地租、器具出租收益以及森林采集物、捕获物等，是领主制时期各封建领主（包括国王）的主要收入。要扩大租金收入，就要通过武力来夺取或兼并土地，这也是中世纪各封建领主间战争频繁的原因之一。来自君主家庭财产的收入，我称为“家财收入”[4]。有时候国王还会向自己领地（“王领”）内的居民征收一种相当于现代财产税的“税收”，但这种“税收”并非现代税收，而是基于国王作为地主身份而向租种自己土地的民众索要的“礼物”，在性质上与即将讨论的“助税”不同，也因此它由国王决定，无须经过贵族大会议的同

[1] 邦尼：《经济系统与国家财政》，上海财经大学出版社 2018 年版，第 61 页。
[2] 同上书，第 64 页。
[3] 黄小勇：《现代化进程中的官僚制——韦伯官僚制理论研究》，黑龙江人民出版社 2003 年版，第 71 页。
[4] 刘守刚：“家财型财政的概念及其运用”，《经济与管理评论》2012 年第 1 期。

意。比如英国国王对不需交纳盾牌钱(对应当服役的武士征收的代役金)的王室土地耕种者征收的“任意税”就是如此,它常常与向其他贵族征收的盾牌钱同时征收。前已提及,“国王自营其生”的封建原则,意味着国王需要依靠自有土地的收入来维持王室的生活、支付日常行政开支。这一原则在英国特别流行,反映在11—12世纪英王的财政实践中就是,国王来自领地的租金收入远高于其他收入,国王大体能够“靠自己过活”。不过,有意思的是,正如施诚先生的研究表明的,虽然该原则早已存在,但在实践中对该原则的特别强调,却发生在15—17世纪封建制度日趋瓦解的过程中[1]。

除了租金收入外,各领主基于特权而获得的收入还有:封臣提供的一定期限的无报酬军役和宫廷服役,有时国王以征收代役金的形式代替封臣的亲身服役(即盾牌钱);敕封采邑时,封臣缴纳的封建赋税和特殊间接税;封臣死后,继承人交纳的封地继承金;向集市、商路征收的封建捐税;在紧急情况下对教会的征税;以科罚金、没收等形式获得的司法权收入[2]等。此外,领主尤其是国王还有权按优惠价格从下级领主或市场采购食品(王室食品征发权)或其他物资,由此形成部分收入。这些收入,在形式上与今天的税收有些像,某种程度上也是后世税收发展的基础。但在当时,它们都是一些特权收入,根源于各领主对土地的实际占有形成的特权,而不是今天在公法意义上源于公共权力的收入。当然,领主特别是国王还可以获得一些临时性的特权收入,如筹集战败被俘的赎身费,因长子受封为骑士、长女出嫁等从下级领主或臣民那里收取的费用等。

领主制国家的财政收入,可以用英国作为例子来说明。与同时期的大陆国家有所不同,英国的王权相对而言比较有力,特别是1066年诺曼底公爵威廉征服英格兰后,确立了国王在整个王国的君主地位。表现在财政上,英国比较早地拥有了某种形式的全国性税收制度,其中最为重要的是按土地面积征收的丹麦金。它最早在公元991年以抵御维京人入侵为名义征收,后来经常被国王用作征税的名义。如1083—1084年冬春之交,威廉一世以每海德田土6先令的标准征收,1096年威廉二世以每海德4先令的标准征收,亨利一世时将其定为每海

[1] 施诚:“论中古英国‘国王靠自己过活’的原则”,《世界历史》2003年第1期。

[2] 在中世纪早期,庄园法庭、领主法庭、教会法庭与王室法庭林立,它们纷纷以获取审判费用为目的争夺有关裁判权,竞争性地提供司法服务。因此,此时的王室法庭并不具有今天意义上的公共权力的特征,司法收入是国王的特权收入,属于私人收入。与其他国家相比,英国的司法体制在亨利二世以后,率先变得集权起来,重大刑事和民事案件渐渐都被划归王室法庭审理。英国王室法庭也逐渐演进成为王国所有臣民皆可求诉的最高国家法庭,突破了封建原则,具有了一定的公权性质。

德 2 先令的年税。不过，这一收入由于受到各封建主的反对，以及以海德为单位的计税方法紊乱过时，于是在 1169 年被废止。但这一早期的税收，“对于早期国家财政史具有非常重要的意义……证明了 9—11 世纪欧洲各国国王出于公开宣布的防御外敌侵犯这个目的向其子民征收一般税收的能力”[1]。在 12 世纪，西方很多国家统治者以供应十字军东征为理由，向全体民众课税，征收依据与此相似。正如财政史学者指出的，“法国和英格兰在 1146 年和 1166 年下令课征的十字军东征税，据我们所知，是世俗统治者最早课征的此类税收”[2]。当然，收取丹麦金以及为十字军东征征税，“真正意义在于它们的征收依据，而不是具体征管，因为就是在这些创举中我们也许可以识别某些后来成为重要理念和政治应急原则——那些证明为特别用途课征非常税合理的原则——的东西的最早实际用途”[3]。在第一章说到的 12—13 世纪的商业复兴，也使征税具备了一定的市场、货币和信用的基础。

表 2-1 是当时英国的最高领主英王亨利二世，在两个财政年度内的财政收入估计。从总量来看，这一收入即使在当时也不算多。按此后不久的国王约翰的估计，他的财政收入甚至少于坎特伯雷大主教的收入。从结构上看，英王的收入都是封建性收入：首先来自自己私人领地的地租，实际上直到 13 世纪 70 年代英王爱德华一世征收关税之前，王室领地地租一直是国王的主要收入；其次是封建特权收入，包括对因主教去世而保护性地暂领其领地而获取的地租和什一税、允许下级领主免服封建兵役义务而获得的代役金收入、王室法庭提供裁判服务而获得的收入（司法罚款与诉讼费），以及牟取国王特别恩惠（如国王主媒、授予生产方面某种垄断地位等）而获得的上贡，等等。

表 2-1　英王亨利二世的财政收入

收入来源	1171—1172 财政年度		1186—1187 财政年度	
	镑	%	镑	%
王室领地地租	12 730	60	15 120	62
空缺主教领地地租	4 168	20	2 799	11
兵役免除税（战争捐）	2 114	10	2 203	9

[1] 邦尼：《经济系统与国家财政》，上海财经大学出版社 2018 年版，第 60 页。
[2] 同上书，第 72 页。
[3] 同上。

（续表）

收入来源	1171—1172 财政年度		1186—1187 财政年度	
	镑	%	镑	%
城市和王室租佃人税	—	0	1 804	7
司法罚款与捐税	1 528	7	1 434	6
恩惠费	664	3	1 219	5
总收入	21 204	100	24 579	100

资料来源：曼，《社会权力的来源》（第 1 卷），上海人民出版社 2002 年版，第 565 页。

值得注意的是，上述代役金（又称兵役免除税、盾牌钱、战争捐）是在亨利二世即位（1154）以后逐渐增多的。在封建制度下，一切权利和义务都附着在地产上，而地产又是当时最大的财富，在现实中不可能杜绝根据经济原则对它进行买卖、继承、转让、分割等。但这样做，原来附着在地产上的权利和义务就会失去根据。在这种情况下，要求骑士亲身服役这一封建原则，渐渐不能贯彻下去。于是从亨利二世时起，国王经常免除封臣亲身承担的军役，改征代役金，一般为每骑士领（每领的土地至少能养活并装备一名骑士）交 2 马克（1 万马克约合 6 666 英镑）[1]。在亨利二世时期，盾牌钱被征收了 9 次，平均税额为 1 327 镑，约占国王收入的 8%；理查德王时期，盾牌钱被征收了 3 次，平均税额为 1 666 镑，约占国王收入的 9%。为取得更多的财政收入，亨利二世采取了另一个创新，在 1166 年以十字军东征为由征收动产税，每镑动产征收 6 便士。不过，这一临时性税收因贵族抵制而未能实施。1188 年，亨利二世以同一理由，向未参加十字军的人征收"萨拉丁什一税"，要求按个人动产和收入的十分之一缴税。这一举措开启了英国财政史的一个先例，即国王可以以收入和动产为基础征收临时性税收。

二、在等级君主制形成时期，财政收入从"私人收入"向公共收入转化

封建国家的财政收入，之所以出现从君主的"私人收入"向国家的公共收入转化，主要是因为此时出现了对公共职能的需要。这种需要体现为两个方面：一是对安全的要求（即对外防范侵略）；二是对正义的要求（即内部裁断是非）。于是从前者逐步产生了君主领导全体自由人作战的权力，而由后者产生了对所有人行使司法裁判的权力。在当时的历史条件下，前一个需要显得更为重要，并因

[1] 施诚："论中古英国'国王靠自己过活'的原则"，《世界历史》2003 年第 1 期。

战争代价渐增而不断上升,于是封建军事制度(附庸有限期亲身服役)不断衰亡,对财政收入的需要因此越来越迫切。

在封建传统中,一开始从事战争是国王的事情,也由国王承担费用,他的附庸只承担亲身服军役的义务。不过后来随着战争规模扩大,战争费用提高,国王渐渐无力负担。于是国王强调,战争是涉及所有人的事情,战争费用自然不该由自己一人来承担,而应由所有人来分担。在英法百年战争(1337—1453)期间,英、法两国国王都这样强调;而15世纪的神圣罗马帝国皇帝更是明确地说,抵抗土耳其人是"共同的"事务,军费应该由各诸侯来分担。

在当时的历史条件下,国王并没有向全国收集战争费用的机构和人员。于是国王纷纷利用日耳曼部落原有的集会议事传统,召开各等级共同参加的等级会议,商议为国王领导的战争交纳助税。一开始,等级会议的作用,主要是对国王的某次战争行动表示同意,并决定助税的形式和数量。在国王征税人员缺乏的情况下,等级会议也帮助收集税收,按核定的财产价值(主要为土地)或货物价值征收间接税,有时甚至根据壁炉数量收税(一般每户一个壁炉,因此相当于户税)。

商议并审批缴税这一程序,赋予了等级会议巨大的政治权力。参加会议的贵族或自由民代表,很自然地借此表达或提出与政府增加税收有关的呼声或者对国事发表意见。国王在听到这样的呼声后,往往会借此机会在与会者的同意下通过立法来补充原有封建习惯法的不足,或者就国事处理取得与会者的共识。这样,只有经过议会同意后才能立法,或者施政行为才有合法性,慢慢成为一种共识。换言之,为战争税而召开的等级会议变成了商讨国事、商定某种法律或请求权利的讲坛,成为国王创造国家意识并实施统治的工具,也就奠定了今天"议会"的基础。因此,审议战争税开启了议会立法。

以英国为例,在爱德华一世治下(1272—1307),由于战争支出大幅增加,王室不得不依靠征税来应付开支,于是从13世纪90年代开始,召集等级会议开会已成为一种常态。特别是1295年的等级会议,奠定了后世议会的基本形态,被称为"模范议会"或者说"议会之母"。在14世纪头25年里,法国也经常召开三个等级的会议,在会议上"国王为了给可能产生争议的政策争取有利的支持('善意的忠告')而进行努力"[1]。神圣罗马帝国的发展进程稍晚一点。在1495年,皇帝马克西米利安召开了帝国内的三级会议,获得了10万弗罗林的财政援

[1] 邦尼:《欧洲财政国家的兴起(1200～1815年)》,上海财经大学2016年版,第104页。

助（“匆忙援助”）用来抵抗土耳其人[1]。在16世纪，帝国三级会议还通过了两种旨在为征讨土耳其人的战争征集资金的特别税：再分摊税；作为比例分级税的直接税。参加会议的诸侯，在领地内再把税收分摊额转嫁给自己的属民。

国王此时获得的助税（aides feodales），在相当程度上只是贵族与自由民缴纳的一次性补助金，主要为战争用途而征收[2]。比如前面提到过的，法国国王腓力二世为十字军东征，在1188年特别征收撒拉丁什一税。因而国王在此时行使的权力，尚非今日意义上的公共权力，而是基于封建领主基础的传统特权。此时的税收总是与战争状态联系在一起，在征税之前也常常进行战争的总动员。虽然在实践中，国王试图突破补助金的临时性质，但常常因贵族与自由民的强烈反对而不得不让步。由于西欧从12世纪开始商业兴起和城市成长，市民不愿为国王服兵役但愿意出钱，于是国王（及大封建主）向市民征收兵役免除税成为惯例。这样的助税，原来是偶尔为之的、扶助性的钱款，而长期战争（如英法百年战争）使得助税成为经久的现象。

在表2-2中可以看到，这一时期英国国王的财政收入总量不断增加，在100年间增加了1倍。事实上自13世纪下半叶以后，已经没有一个英国国内教士或贵族的收入超过国王。就财政收入的结构来看，王室传统收入（地产地租和司法收入）已不足国王总收入的一半，关税和捐税已远远超过一半。表2-2中的关税，于1275年创立，起先主要是针对羊毛出口征税，后来扩大到其他一些商品。表2-2中所列捐税和特别税，基本上都是为了军事目的而临时征收的一些税种（即助税），包括兵役免除税、对市民特别征收的税、财产税、人头税等。

表2-2　英国三个国王平均年度财政收入的来源　　单位：%

财政收入来源	爱德华一世（1271—1307）	爱德华二世（1327—1377）	理查二世（1377—1399）
传统的王室收入	31	18	28
关税	25	46	38
俗界捐税和特别税	24	18	25
僧侣捐税和特别税	20	18	9
总百分比	100	100	100
平均年度总收入 单位：镑（实际价格）	63 442	105 221	126 068

资料来源：曼，《社会权力的来源》（第1卷），上海人民出版社2002年版，第576页。

[1] 邦尼：《欧洲财政国家的兴起（1200～1815年）》，上海财经大学2016年版，第264页。
[2] 埃利亚斯：《文明的进程Ⅱ》，生活·读书·新知三联书店1999年版，第238—239页。

在这一时期，其他国家的王室也同样越来越多地用税收来履行对外的军事职能。比如，法国王室在很大程度上依靠向巴黎商人征税及借债，并对某些货物征税（如盐税），当然还征收人头税。在欧洲的其他地区也是如此。西班牙卡斯蒂利亚王室的财政收入，很大一部分来自牧羊人行会缴纳的税收。德意志诸邦境内，更是税卡林立，以便征收通行税。

三、财政收入从临时性税收向永久性税收的发展

尽管西欧地区的国王宣称，自己征收的是临时性助税，是为了战争的一次性征收，或者承诺战争结束后就停止征收。但问题是，中世纪西欧国家面临的战争是连绵不断的。频繁发生的战争，使税收也不断地征收。名义上各等级代表可以对这些助税收入进行监督，看是否用于战争。但这样的做法实际上很难执行，不同收入之间的相互流用很平常。再说国王（比如从查理五世起的法国国王）并不打算严格地按征收助税时宣布的目的行事，他们支配着存放这些助税资金的金库，只要有必要就会拿这些钱款来支付王室的开支，或者从中取钱赏赐给宠臣。不过在当时，贵族和自由民坚持认为，虽然国王可以在某种紧急状态下决定征税，但一定要遵循某种程序（主要是召开等级会议）并征得受影响人群的同意。有些国家（如英国）经常召开这样的等级会议，有些国家（如法国）很少召开。其中至少有一个原因是，英国的贵族一般没有免税权（非常罕见时才有），高级教士和贵族都有义务缴纳传统的直接税，因而有动力要求召开会议以保护自己的财产，而法国的贵族往往享有免税待遇，没有召开等级会议讨论征税问题的迫切要求。就法国的教士阶层来说，在中世纪，国王不能向教士个人直接征税，但可以向教会提出要求，由教会“自行”在内部征税，然后再单独地向国王“自愿捐献”。

一次性征收的助税，如果在实践中频繁地征收，就可能变为常规性的税收。英法两国在此方面起决定性作用的，是长达百年的英法战争（1337—1453）。在如此长时间的战争中，原先封建制度下宗主召集附庸、骑士有限期服役的作战体系不再可行，需要的是领取薪俸的正规军队。由此决定了无论在法国还是英国，国王都要征收长期税收。

1. 法国

在法国，一次偶然性的突发事件，加速了它孕育已久的向永久性税收的发

展进程[1]。1356年,法国在普瓦蒂埃战争中被英国打败,法王约翰二世被俘,英国人要求法国缴纳巨额赎金,该事件被认为是“中世纪法国税收史上最关键的单一事件”[2]。为此在法国财政史上,1360年12月5日的征税法令具有里程碑的意义。这项法令规定,对大多数商品按交易额课征5%的税收,但对葡萄酒交易额一开始征税8%,后来提高到25%。这笔税收是为救赎国王而支付的赎金,因而被称为“贡金”(盐税、饲料税不在其列),后来“贡金”在法国就变成了一般间接税的统称。为此次赎金而征收的税收,第一次不是在一年即告完成,而计划长达六年。由于税款一再被挪作他用,这一税收实际上被连续征收了二十年,甚至部分税收后来又延长征收了57年。因此,整个社会的心理与市场的流通,已习惯于这样的税收。就是说,税收已不再被视为是一次性的、需要等级会议特别批准的事务,而在社会公众的心理上成为一种常规。于是,税收慢慢就具有了一种与先前截然不同的性质,甚至有人称其为“发生了一场名副其实的革命”[3],原因如下:

第一,这样的税收是在和平时期而不是因战争状态紧急征收的,可是无人否认税收的必要性(赎回国王、结束战争),税收的必要性开始具有长期的性质;

第二,这些税收大大促进了税务机构的发展,因为过去为筹措军费而征收的助税,由各地自己决定办法,而此次则由三级会议指定负责人(被称为“贡金总参事”)到地方代表王室征税,参与其中的官员组成的机构后来甚至获得了司法的职能,效率与责任大大提高。

因此,从1356年开始的60年,是法国王室由主要依靠家财收入转变为依靠税收收入的关键转型时期。从更宏观的历史来看,在百年战争这一阶段,法国的“助税”,逐渐变成了一种长期的、持续的现象。此后三级会议又陆续批准国王多次征收“贡金”,但必须用平民税(又译军役税,贵族不用纳税,因为名义上要服军役)这一名称来代替。在此期间,最为重要的是1435年、1436年三级会议连续同意征收平民税,以至于1436年法王查理七世(1403—1461)宣布,没有必要就税款的种类与多寡和纳税人协商了,因为召开等级会议的旅费花销太大。这就意味着长期税收就此确立,法国财政史上将1435年之后的10年认定为“标志着法国国家财政的

---

[1] 曼:《社会权力的来源》(第1卷),上海人民出版社2002年版,第567—569页。
[2] 邦尼:《欧洲财政国家的兴起(1200~1815年)》,上海财经大学出版社2016年版,第109页。
[3] 同上书,第111页。

永久性确立”[1]。美国经济史学家道格拉斯·诺斯则认为,三级会议在此期间“丧失征税权其后果是严重的”[2],一定程度上它标志着法国专制主义的发展。

2. 英国

与法国相比,英国从临时性税收发展为永久性税收,最为典型的是关税。由于岛国的环境,英国可以方便地在数量有限、相对封闭的港口对进出口商品征税;又因为欧洲大陆对英国优质羊毛的需求一直比较旺盛,所以相对于其他国家来说,英国能够比较早地将关税发展为长期的税收。

关税最早是羊毛商人(主要是来自低地国家或意大利的外国商人),为了感谢国王的海军保护航海安全而“自愿”给国王献的“礼物”。在约翰王时代,这样的关税就已有了先例。到爱德华一世时期,关税得到重视。一开始关税比较多地对羊毛出口征收(1275 年起);到后来(1303 年开始),羊毛制品呢绒也要缴税(每匹 1 先令)。1308 年起,关税扩大到对从法国进口的葡萄酒每吨征收 2 先令的关税,这被称为“吨税”。1337 年以后,英国国王还在羊毛出口税之外征收高于出口税的羊毛补助金(一种出口特别附加税)。1347 年起,国王对其他进出口商品也按其价值每英镑征收 6 便士的关税,这被称为“镑税”。在所有这些关税中,羊毛出口关税(含补助金)始终为最大宗。在起初,由于关税是商人“自愿”的奉献,是国王的特别收入,无须议会的批准。但到 14 世纪中期,议会控制了羊毛出口关税的批准权。不过,在 1398 年,英国议会批准国王理查二世终生享有征收各种关税的权力。到了 15 世纪,每当新国王即位时,议会就批准国王终身享有征收关税的权力,这样关税就成为历任国王常规收入的一部分。

关税征收起来比财产税方便,而且大多由消费者负担,对多数成员是土地贵族的议会来说,批准起来没有什么困难。关税在英国政治史上,除了提供财政收入外,还发挥了其他作用,比如关税的征收和对关境的控制,有助于形成统一的地域性国家(民族国家),有助于民众认同集体利益。

需要说明的是,英国国王征收其他税收仍然需要召集等级会议,需要充分陈述征收缘由并在被批准之后才能开征。就是说,这些税收仍是基于“一事一议”而征收的。在此期间,英国国王十分注意扩大王室领地的收入,避免过多地求助于议会。

---

[1] 邦尼:《欧洲财政国家的兴起(1200～1815 年)》,上海财经大学出版社 2016 年版,第 115 页。
[2] 诺斯、托马斯:《西方世界的兴起》,华夏出版社 1999 年版,第 106 页。

四、税收大幅增长，并成为绝对君主制时期国家构建的工具

西欧现代国家制度建设的阶段，一般分为绝对君主制时期(16—18 世纪)和代议民主制时期(18 世纪以后)。当然，代议民主制国家才是真正意义上的现代国家，而绝对君主制国家(或称绝对主义国家)则是封建国家向现代国家的过渡。正是经过绝对君主制阶段的过渡，西欧的财政才从家财型转向了税收型。

在国家生存竞争的威胁下，16—17 世纪，西欧各国纷纷开始君主集权化的工作。历史学家特别强调，在 16 和 17 世纪因军事装备、军队组织、战争规模提升而引发了"军事革命"，这样的军事革命"导致君主权力在依靠国内资源来供养现代军队的国家得到了巩固"[1]，于是君主既有动力又有能力去获取财政资源，由此引发了政治、经济和社会的一系列后果。此时的君主获取财政收入，越来越依赖常规化、普遍化的税收，而不是临时性、特殊性的收入。社会公众(包括各封建等级)也普遍接受了将税收作为常规的、义务的、为了公共目的而针对私人财产及收入进行的征收。在税收的支持下，各国君主建立起常设的、专业的、附属的官僚机构、司法机构和军队。据估计，法国在 1515 年有 7 000—8 000 名官吏为国王效力，到了 1665 年，行政机关工作人员差不多已经达到 8 万[2]。此时民政官员和军事官员的权力和地位，来自君主所授予的职务，而不再是自己占有的地产或者特权。这是西欧绝对君主制的时代，也是财政收入大幅增长的时期。英格兰的年平均财政收入从 1485—1490 年代的 5.2 万英镑增加到了 1598—1600 年的 38.2 万英镑。法国缴入国库的收入，从 1500 年前后的 346 万里弗尔，增加到了 1608 年的 2 030 万里弗尔[3]。

在此阶段，一个非常突出的现象是，王室土地提供的财政收入逐渐下降到可有可无的地步，而来自一般纳税人的税收收入则越来越成为主要的收入形式。比如在英国，16 世纪的大部分时间里，王田及王室其他形式的财产提供的收入，约占总支出的 35%。这个比例在 17 世纪开始下降，到 18 世纪的头 10 年里跌到 5%以下。

1. 法国

在 17 世纪前后，法国成为一个绝对君主制国家，并于路易十四时期达到了

---

[1] 邦尼:《经济系统与国家财政》，上海财经大学出版社 2018 年版，第 5 页。
[2] 同上书，第 276 页。
[3] 同上书，第 277 页。

高峰。表现在财政上，就是收入规模大幅度增长，税收收入的地位越来越重要。1610年，仅人头税一项，国家财税机关就收到1 700万锂，到1644年此项税收增加了三倍达到4 400万锂。在1630年后的十年中，总税额实际上增加了4倍。特别值得一提的是1604年，引进了官职税（卖官鬻爵收入），即只要每年按买价交付比例不大的款项，就可以世袭目前的官职。卖官鬻爵后来成为法国财政的重要应急措施，并被系统化和制度化。在絮利掌管财政时期（1596—1610），法国卖官鬻爵的收入在财政收入中仅占8%，到1620—1624年，卖官鬻爵收入已占王室财政收入的38%。卖官鬻爵行为的一大政治后果是，官僚机构不再控制于大贵族手中或受大贵族操控，一大批市民阶级成员通过官职购买，进入了国家专业化官吏行列，与国家机构结成一体。如此一来，贵族与国家的关系得以改变，国家内部再也无法形成封建的庇护体制。

不过，与工商业经济较发达的英国相比，即使到了18世纪90年代，法国的税收来自土地收益的比重仍然很高，形式多为传统直接税（如军役税、人头税以及廿一税），征收既不普遍也不规范。1710年，为了应付西班牙王位继承战争的巨大开支，法国政府决定开征新税种——廿一税，数额因地而异，必须以实物缴纳：对四种主要谷物（小麦、黑麦、大麦、燕麦）征收的税，称大廿一税；对其他作物（如蔬菜、水果、大麻等）征收的称小廿一税，对家畜（羊、猪）、家禽等征收活口廿一税，对已开垦土地征收的原有地廿一税和新辟地征收的新开垦地廿一税等。间接税当然同时也征收，主要通过包税商来进行，有盐税（年满7岁的臣民每年必须按规定价格向官商购买食盐四斤半），还有对货物的销售、运输以及对进出口货物征税等。此外，农民仍承担封建的义务，以此提供一些实物性财政收入，如为国王或领主服徭役（耕种土地、修整道路、桥梁、城堡等工程）等。在国王路易十四时期，财政大臣科尔贝尔主持税制改革，试图减轻传统的直接税（比如减少佃农缴纳的年贡），而更多地转向依靠间接税（关税和国内消费税）。为了弥补征税能力的欠缺并保证国库收入，1668年科尔贝尔还将原来主要用于传统直接税的包税管理制度引入国内消费税的征收。

2. 英国

在16世纪，英国先于法国进入绝对君主制时代。英国在等级君主制下发展起来的临时性和特别性的税收，大约自1530年起就差不多发展成为常规性的财政收入，并被全部用于补救通货膨胀的损失和支付一般性军事费用（而不是用于某次战争的特别支出）。此时，只有在增加新税种时，才需要国会同意。表2-3反映了英国绝对君主制时期的财政收入状况。

表 2-3　英国 1502—1688 年间部分年份的财政收入　　单位:千镑

朝　代	年　代	年度财政收入		物价指数
		按实际价格	按不变价格	
亨利七世	1502—1505	126.5	112.9	112
伊丽莎白	1559—1570	250.8	89.9	279
	1593—1602	493.5	99.5	496
詹姆士一世	1604—1613	593.5	121.9	487
查理一世	1630—1640	605.3	99.4	609
查理二世	1660—1672	1582.0	251.1	630
	1672—1685	1634.0	268.7	608
詹姆士二世	1685—1688	2066.9	353.3	585

资料来源:曼,《社会权力的来源》(第 1 卷),上海人民出版社 2002 年版,第 609 页。

从财政收入的总量来看,16—17 世纪英国国王的收入大幅增长,自亨利七世时代的每年 126.5 千镑增长为詹姆士二世时代的每年 2 066.9 千镑。王室财政收入规模越来越大,相形之下,同一时期贵族的家庭收入已显得微不足道。诺森伯兰伯爵九世的收入在 1598—1604 年每年大约 7 千镑,1615—1633 年增加到大约 1.3 万镑,索尔兹伯里伯爵 1608—1612 年收入大约是每年 5 万镑。君主已取得了远远超过贵族的财政实力,以及伴随财政实力而成长起来的巨大权力,这是中世纪所没有的现象。

表 2-3 还反映出一个情况,就是 16—17 世纪惊人的通货膨胀,或称“价格革命”。价格革命首先在西班牙爆发,随后波及西欧主要国家。这一价格革命主要是因为大量美洲金银的流入(从 1500 至 1650 年 181 吨黄金和 16 000 吨白银输入欧洲[1]),使欧洲货币存量从 1500—1600 年增长了 4 倍多。就欧洲物价总水平而言,1600 年比 1500 年增长了 3 倍以上[2]。价格革命最为关键的后果是,那些按照传统方式靠固定货币地租收入“坐享其成”的土地贵族阶级,实力大幅削弱,商人和企业主们(即市民阶级)的经济实力大增,从而为现代国家的来临奠定了经济基础和阶级结构。

从财政收入的结构来看,税收在财政收入中的地位越来越重要。亨利七世时期的财政收入,主要来自三个方面:王室地产的地租、关税和议会议定的捐税。这

[1] 邦尼:《经济系统与国家财政》,上海财经大学出版社 2018 年版,第 275 页。
[2] 张宇燕、高程:《美洲金银和西方世界的兴起》,中信出版社 2004 年版,第 38 页。

一收入结构仍保留着传统等级君主制时期的一些特征，但是税收的比重开始增大，特别是关税已不需要议会的特别批准而成为国王的固定收入。在战争费用和通货膨胀的双重压力下，亨利八世、爱德华六世和玛丽女王的政府都努力寻求用传统收入形式来解决问题，如没收教会地产、降低铸币成色、出售王室土地以及向商人无条件地借款等。在这些传统形式不能解决王室的财政困难之时，亨利八世统治时期(1509—1547)就不用战争作为借口，而径直在和平时期大量征税，这一做法决定性地突破了中世纪的传统税收原则。就是说，此时税收的目的已不再用来满足政府的非正常开支，而主要用于满足政府的正常开支需要。例如，亨利八世把维持国内秩序、对外防御、维护王权尊严、偿还国王债务等政府日常开支，都作为征税的特别理由。这样，到16世纪中期，大部分税款都被用于政府日常开支；没有这些税款，国家机构就无法运转。伊丽莎白一世时期是税收大幅增长之时，她也因此成为非常成功的征税者。1558—1601年，她断断续续征收十分之一和十五分之一税达37次，俗人补助金20次，教士补助金22次，总的征税量达315万英镑。

在此期间，英国王室大量出售土地以增加收入。仅1558年出售的土地就价值12.6万镑，而1599—1601年出售的土地价值达到21.6万镑。到詹姆士一世即位前，王室出售的土地占总数的1/4。詹姆士一世出售的土地数量，更是远远超过了他的前任。王室土地被大量出售后，国王的收入越来越依赖于税收并受制于议会的批准，这一现象在英国向现代国家转型过程中具有极为重要的意义。特别地，资产阶级日益感到，自己的政治地位与经济实力不相称。他们对关卡制度、行会条例和不公平的征税制度尤为不满，激烈反对贵族和教士在税收方面的特权。

继詹姆士一世之后的查理一世，曾想利用传统封建手段来增加收入来源，以支持扩大了的国家机器，如恢复对佃户幼年子女及财产的监护权、对骑士课以罚金、使用王室食品征发权、扩大专卖权种类、扩大荣衔授受范围、卖官鬻爵(某些年份其收入甚至能占财政收入的30%—40%)等。他的最后举措是，力图恢复英国一种传统的国防税，即由港口支付用于维持海军的船费。查理一世的努力是失败的，传统形式不能给他提供充足的财政收入，而征收新税又使国王与国会处于对立状态，最终导致英国内战。

3. 普鲁士[1]

普鲁士不算是西欧国家，不过它也同样经历了向税收国家的转型之路。在

[1] 实际上直至1701年，神圣罗马帝国的皇帝查理六世为取得霍亨佐伦家族的支持，才授予该家族普鲁士国王的头衔。因此本章将1701年之前霍亨佐伦家族称为王室，其所控制的领域称为普鲁士，只是一种方便的说法。

17—18 世纪普鲁士进入绝对君主制国家的建设行列，但其路径和方法却有自己的特色：一方面它的绝对君主制国家的建设，与军队建设一体进行并受军队建设的推动；另一方面，绝对君主制建设所依赖的力量主要是容克地主而非市民阶级。

从财政上看，普鲁士绝对君主制国家的建设，是从勃兰登堡选帝侯兼普鲁士公爵弗里德里希·威廉(1640—1688 年在位)开始的，他试图建立强制性征税方式，以确立一种稳定的财政基础，而征税的目的在于建立一个能够保卫和统一自己领地的常备军。1652 年，他在勃兰登堡召集了等级会议，要求所有的贵族和边界地区的所有城市都出席。会议的目的是建立一个新的财政制度，以供养一支王国的军队。第二年，等级会议通过了著名的"1653 年协定"。该协定拒绝弗里德里希·威廉征收普遍性国内货物税的要求，但同意在六年里向君主提供 50 万塔勒建立一支军队。正是这支军队成为未来官僚制国家的核心，并在相当程度上造就了普鲁士国家。1656—1660 年波罗的海战争期间，弗里德里希·威廉在未经地方议会同意情况下，以军事紧急状态为由，强行征税，建立起一支约 2.2 万人的军队。1661—1663 年，王室强行征收一种国内货物税，以维持军队。但在国内贵族的压力下，王室被迫许诺维持三年一届的等级会议，并且承诺今后未经等级会议同意不征税。1672—1679 年的战争，促进了普鲁士绝对君主制的制度建设，东普鲁士被迫在未经其代表同意的情况下，接受了土地税和国内货物税。17 世纪 80 年代，在勃兰登堡强制征收了城市货物税。这种货物税很快就变成永久性消费税，城市代表此时已不能在三级会议中表示反对。

在此时及此后很长时间内，普鲁士王室的财政收入，主要的部分仍来自王室地产的高收益(直至 1740 年，普鲁士 45.7%财政收入仍来自领地)，此外才是向农民和市民的征税。由于宫廷开销受到严格的限制，普鲁士君主能够以相对有限的财政收入来支持巨大的军事机器。比如在弗里德里希二世(即腓特烈大帝，1740—1786 年在位)即位时，普鲁士军队数量就已达到 8 000 人，与人口比例极不协调，80%的国库收入用于军队。而新国王即位后，军队数量增加了一倍以上，普鲁士人口的六分之一从事与军事相关的服务工作，难怪人们形容普鲁士为"三流的国家资源支撑着一流的军事力量"[1]。直到 18 世纪后半期，普鲁士仍无须借债就能从事战争。

[1] Charles Tilly, *The Formation of National States in Western Europe*, Princeton University Press, 1975, p.275.

五、代议民主制国家现代税收制度的成型:以英国为例

因18—19世纪以市民阶级为主导力量发动的政治革命或政治改革,西欧建立起或者巩固了代议民主制。从财政收入看,由于王室领地丧失(被王室出售或者在革命期间被没收),传统土地收入基本消失,特权收入要么消失要么转向,普遍性的(向众人征收)、常规性的(不再针对特定事项)税收成为基本收入形式。而且,随着现实经济中收入、生产和贸易水平不断提高,税收越来越容易选择、评估、征收。特别是因货币经济的发达、股份公司的成熟、簿记技术的发展,所得税成为重要的税种[1]。当然,此时建立起来的代议民主制对财政也有深刻的影响。这是因为,代议民主制公共性强、信誉好,所以议会可以基于未来税收而批准发行公债,以此获得的收入极大地巩固了财政的基础。财政收入来源与形式从家财收入到现代税收的这一变化过程,不但体现了国家制度的理性化(更为有效地获取财政收入),也体现了政治权力的公共化(收入建立在更为广泛的公众基础上)。

1. 代议民主制时期英国税制的变化

英国是最早进入绝对君主制的国家,也是最早(17世纪下半叶至18世纪初)实现代议民主制的国家,同时它也是现代税收的诞生地。

如前所述,英国的税收尤其关税,一直以来就是非常重要的财政收入形式。在英国革命时期,由于军事原因,开支不断增大,而议会又不配合军队领导者,不愿意制定常规的税则以提供固定收入。于是,克伦威尔政府超出原有的封建惯例,撇开议会用一切手段去征税:对人征收直接税(人头税或所得税),对进出口商品在关境征收关税,对国内商品流通征收消费税(或称货物税)。这三种税收彻底取代了原来的封建协助金、十五分之一税、十分之一税等封建性直接税,并进而成为英国后来税收的基础。

此处简要介绍一下英国国内消费税的诞生过程。在内战前,英国没有国内

[1] 后勤条件对征税有广泛的影响,尤其在现代经济中,有学者将其概括为:“广泛的经济交易的文字或电子记录能帮助征税者精确追踪纳税人并能有效检查税收管理机构中滥用或侵吞税款的行为;绝大多数经济与收入业务不受季节与气候的影响,因此在全年任何时候都可以采用定期缴税形式;由于普遍使用了银行和其他间接转账系统,征税人不必亲自面对纳税人收取税款;官僚组织机构的普遍存在为非个人化以及半自愿性的缴税过程提供了发展机会,这种模式构成了现代公司税收和员工个人所得源泉征税制度的理论基础。”(布罗蒂加姆、菲耶尔斯塔德、摩尔:《发展中国家的税收与国家构建》,上海财经大学出版社2017年版,第38页)。

消费税。内战开始后，英国效法荷兰将消费税作为新税种来开征。一开始，长期议会只授权克伦威尔对酒类产品征收消费税，并明确规定该税种仅适用于战争时期。但由于英国内战持续进行，消费税被不间断地征收，征税对象也很快延伸至日常生活领域，如服装、面包、肉类等领域。甚至在1653年长期议会解散后，该税种依然存在，并成为非常重要的现代税种。查理二世复辟之后，议会授权继续征收内战时期开征的消费税。到1713年以后，英国开始对麦芽、蛇麻草、盐、蜡烛、皮革、纸和其他品种开征消费税。在接下来的和平时期，国内消费税的征收虽然也有过起起落落，但总体而言，对生活物资与生产资料征税成为英国政府极其重要的收入来源，其中最重要的是酒类消费税。当然，需要说明的是，英国国内消费税的开征及重要性提高，也与英国商业发展与城市化进程有关，此时“允许对更多商品、商品生产和消费课税，这在纯粹的土地经济中是不可能做到的”[1]。

革命期间的征税行为，还打破了过去穷人不纳税的传统[2]，税收的普遍性因此提高。1721年之后关税制度也进行了改革，征收目的改为以鼓励出口、限制进口为导向，对许多出口商品免税，对英国手工工场需要的一些原料产品则免除或降低进口税，对致瘾品（酒类、茶叶、咖啡、可可等）征收高额进口税。以1800年为例，酒类进口税占关税收入的60%以上。这种为了经济和社会目的而牺牲财政收入目的的关税，体现出税收公共性大大增强。

表2-4　1736—1738年英国税收　　单位：镑

传统税收	
土地税	1 000 000
窗户税、年金和职业团体捐纳	135 000
商业税收	
关税	1 400 000
货物税	3 000 000
印花税	150 000

资料来源：曼，《社会权力的来源》(第1卷)，上海人民出版社2002年版，第204页。

[1] 邦尼：《经济系统与国家财政》，上海财经大学出版社2018年版，第10页。

[2] 实际上直到汉诺威王朝(1714—1901)初期，政府还曾极力维护穷人不缴大众消费品税的传统。比如说虽然一再增加烈酒、葡萄酒、丝绸和烟草等商品的税收，但努力调整啤酒、糖果、肥皂、淀粉浆、住宅、马匹和马车税的税率，以确保低收入家庭有可能消费的商品税负较轻(邦尼：《欧洲财政国家的兴起(1200～1815年)》，上海财经大学出版社2016年版，第63页)。

从表2-4可见,来自商业的税收已占财政收入的主要地位,数量上达到了传统税收的4倍。值得一提的是,此处的土地税虽有传统的渊源,但已不再是原有的封建土地收入。在内战中,王室与众多贵族的土地被频繁地买卖。到战后,大量的土地与爵位、封建义务分离而成为相对单纯的财产。1692年,英国政府在这种新的土地私有权基础上,以全国均一的税率征收土地税。该税收不具有封建性,也不再使用包税人,基本上是一种单纯的收益税。传统税收中的窗户税(一种财产税)、年金和职业团体捐纳等,在财政收入中地位已不再重要。表中货物税就是前文说到的国内消费税,从表2-4可以看出,到18世纪30年代它已成为最重要的税收,在金额上与其他税收的总和相当。

2. 英国财政革命

事实上,光荣革命之后,在代议民主制下的英国财政领域,与前述税收制度的发展相应,发生了一系列深刻的变革。虽然对这些变革的起讫时间意见并不一致,但许多学者赞成将这样的变革通称为财政革命(Financial Revolution)[1]。财政革命对英国财政的影响至关重要,它增强了英国的国家能力,使其在18世纪始终居于竞争对手法国的上风。学者们对英国财政革命的描述,大致上可以概括为以下几个方面[2]。

(1) 税收的常规化与税收机构的官僚化。过去的临时性、辅助性或仅限于国王一身的直接税和间接税,变成了常规性税种,按事先规定的标准普遍地加以征收。税收方面这些变化,大多在上文已经述及。需要提及的是英国财政革命期间的一个标志性事件,那就是詹姆士二世即位后,未经议会同意,就把议会拨给查理二世的那些收入项目收为己有。这一没有议会支持就延长税收征收期限并增加收入的行为,突破了原来税收的本意(即议会特别地允许国王征收、最多终其一身使用),自此税收具有了常规性和永久性的特征。另外还想要强调的是,在税收常规化过程中官僚机构也在不断地兴起,就是说,从原来依靠等级会议代表或包税商收税,发展到用常任的、专业的机构和雇员来征税。以1797年为例,英国政府共设大小75个机构,雇用文官16 267人,年度支薪共计137万镑。在这些文官中,绝大多数属于国家财政系统,隶属于财政部,其中征收关税和消费税的官吏(分别为6 004人和6 580人)就占文官总数的77%[3]。税收

[1] Henry Roseveare, *The Financial Revolution: 1660—1760*, Longman Inc., 1991.

[2] 刘雪梅、张歌:"1660—1799年英国财政革命所带来的划时代变化",《现代财经》2010年第7期。

[3] 阎照祥:《英国政治制度史》,人民出版社1999年版,第228页。

制度的上述变革与军事制度、战争行动紧密联系在一起，大大加强了英国的国家能力。

（2）英格兰银行的建立。英国的中央银行（英格兰银行）的产生，是财政需求的创造。光荣革命后的英国，由于陷入了连年的战争中，政府始终无法摆脱财政困境。1694 年英格兰银行成立[1]，由它不断借款给政府以供应战争，大大降低了政府借款的利率（从最初的 8%稳定地降至后来的 4%左右）。另外，英格兰银行还创造了一种信用凭证制度（纸质银行票据），它是后世中央银行发行纸币的起源。用中央银行发行的纸币代替金属货币，事实上是将货币的控制权转移到市场之外，并将货币政策引入到政治领域之中。在波兰尼看来，这是现代国家的特征[2]，因为它增强了国家的独立性和干预经济的能力，促进了投资的扩大、工业的成长和经济的发展。

（3）公债的发展。公债的产生在时间上很早，之所以在此时才得到大发展，其原因在于政府信誉度的提高。英国财政革命期间，政府借债后还本付息已不依赖于国王个人的信誉，而依赖于有征税权的国会的保证。因英格兰银行的成立和国会的保证，政府债券信用日益提高。在此前提下，经财政大臣沃波尔和他的继任者亨利·佩尔汉姆的努力，英国公债得到了灵活的管理，昂贵的旧债被转为较便宜的新债，并由英格兰银行进行集中管理。佩尔汉姆对公债的转化和整合，将英国财政革命在 18 世纪中期推到顶峰。公债本身，以及伴随公债而产生的一些机制，如登记、转让、利息股息支付等，让政府获得充足有弹性的资源去应对各种危机。

（4）预算制度的成长。英国的预算制度，起源于封建制度下议会与国王就

---

[1] 中世纪英国国王在财政紧张之时，常以自己的土地财产或未来收入为抵押向银行家或富商借款，这些借款的利息都很高。直到 1660 年斯图亚特王朝复辟以后，英国政府的借款利率，仍要高出 6%的法定利率 4 个百分点。于是，1694 年 4 月财政大臣蒙塔古提出了一个方案。该方案的内容是，政府向一个贷款集团借款 120 万，约定年利率 8%。对这个贷款集团，政府给予的承诺是：它有权成立一个银行，在政府还债之前发行金额相等的纸币；政府将每年航运税和酒税（共 14 万）中的 10 万，用于支付贷款利息（9.6 万，另外 0.4 万元用于支付银行的管理费用）；本金则由关税款项来归还，如果最终关税收入不足以偿还，那么财政部必须用其他税收来补足差额，无须议会再另行通过筹款法案。这样的措施，事实上使政府的债权人得到了可靠的保护，因此只用了十天的时间，政府就筹集到了 120 万镑，并因此成立了英格兰银行。英格兰银行在设立早期，为了证明自身的存在价值，开展了一系列面向政府的主要业务。它持续借款给政府，甚至超过了议会规定的限额，这使其饱受争议。更为大胆的是，它还借款给军方以支持佛兰德战争。在一个不断恶化的汇率环境下，这些业务是不赚钱的，银行股东不得不向荷兰人借入资金来渡过难关。但这种在私人银行运营上看来不当的管理，却帮了政府大忙。

[2] 波兰尼：《大转型：我们时代的政治与经济起源》，浙江人民出版社 2007 年版，第 168—214 页。

征税权的控制所进行的长期斗争,并正式确立于财政革命期间。在中世纪,议会对国王用款在原则上是要进行控制的,表现为在开会期间就拨款和审计问题要进行投票。但在现实中,由于会期不定、制度缺乏,议会对于国王用钱的控制不可能做到真正的严格。光荣革命后,议会活动逐渐变得定期与频繁,尤其在1677和1679年间,由于国家面临严重的危机,查理二世不得不接受议会施加的严格的拨款条件,甚至借给王室的钱也要被指定用途。这样议会对王室财政的控制日趋严格,并在1681年1月7日议会决议中达到了高潮。该决议声明,任何未经议会授权就借款给政府或者经营政府债券的人都是议会的敌人。于是议会对财政权的控制在此基本成形,不仅征税和借款要征得议会的同意,而且钱款使用也由议会规定用途。当然,英国现代预算制度的真正成熟要到18世纪,本书将在第六章再予以阐述。

六、税收种类发展的历史轨迹

以上文本呈现出来的是西欧地区税收国家诞生的大致过程,接下来简单介绍一下在此过程中税收种类的发展轨迹。税收种类组合的不同,会带来不同的税制结构。如果财政收入的主要部分来自间接税(即负担可以转嫁的税收,主要为消费税),这样的税制结构被称为间接税制;如果主要财政收入来自直接税(即负担不能或很难转嫁的税收,主要为所得税和财产税),这样的税制结构被称为直接税制。

就西欧国家在税收种类发展的过程而言,大体上可区分为两个阶段:一是从传统直接税向以消费税为主的现代间接税制转型(大约在17—19世纪上半叶);二是从现代间接税制向现代直接税制转型(大约在19世纪下半叶至20世纪)。英国是最为明显地表现为这样两个发展阶段的国家。

(一) 从传统直接税制向现代间接税制的转型

如前所述,在中世纪封建税收逐渐兴起之时,税收基本上依托于国王作为封君的特权而征收。按今天的眼光看,这样的征税权更多地具有私权利的性质而非今天的公共权力。在现代国家不断形成、公共权力逐渐成长过程中,封建性税收也不断地现代化。在此过程中有一个标志,那就是传统的财产税在相当程度上被现代的消费税代替。大体上,在从中世纪封建国家向现代国家转型的过程中,西方国家的税收制度也从传统的直接税制转向了现代的间接税制。

1. 英国

从全世界范围来看，英国几乎是最早成为税收国家的，在实践中也几乎最早实现了向间接税制的转型，其关键时间点是从内战、共和国到光荣革命这一段相对纷乱的时期。

如前所述，在中世纪，英国国王的收入主要来源于自有土地租金与封建特权收入，在必要时经议会的同意可以向贵族与自由民就其财产价值征收助税，而这种助税是今天直接税的雏形。从中世纪晚期至近代早期（即从亨利八世到查理一世国王统治期间），为了应对国家间生存竞争及日益增加的公共服务需求，英国国王为增加财政收入而采用的方法主要为：出售土地；扩大特权收入；进一步增加税收收入。此时增加的税收收入，最为重要的是增加消费税（国内货物税、关税）的收入。而英国消费税之所以在后来能成为政府的主要税收收入，是由于经历了英国内战及共和国时期对它的选择与实验。即使在查理二世复辟后，内战时期开征的消费税仍继续被议会授权征收，并且进一步扩大征收范围。在后来的和平时期，对生活物资与生产资料征税，成了英国政府极其重要的收入来源。除了国内消费税外，关税也是极其重要的间接税，甚至一度是英王最重要的税收收入。到1721年沃波尔当政时期，关税制度进行了重要的改革，将原来主要以获取财政收入为目的的关税改为主要为经济目的服务，而这奠定了从财政关税向经济关税转变的基础。以1750年为例，在这一年来源于直接税的税收比例为28%，而来源于间接税的比重为72%[1]。到了19世纪，间接税比重仍然远远超过直接税。

2. 法国

法国在建构现代国家的过程中，始终在跟英国进行着生存竞争，经济上也一直在追赶英国的步伐。税制结构的现实变化，可以基于这一背景来加以考察与理解。

前已述及，法国一开始像英国一样征收传统的直接税，依托于国王的特权。但在中世纪，法国比较早地在部分城市征收消费税，只是并未将其作为主要的收入形式。路易十四时期，科尔贝尔在主持税制改革时，将重点放在减轻传统的直接税、更多地依靠间接税（关税和国内货物税）上。不过，旧制度下的传统直接税仍在大量地征收。另外，卖官鬻爵收入（或官职税）也是大革命前法国重要的财政收入措施。

[1] 唐顿：《信任利维坦：英国的税收政治学（1799～1914）》，上海财经大学2018年版，第45页。

与英国在革命后逐渐地从传统直接税制转向间接税制不同，法国在大革命之后的间接税比例反而在下降。与此同时，原有的许多封建义务也被废除。比如，原来的国内货物税（盐税、果汁饮料税、烟草专费等）及国内关税被取消，只有国境关税、登记税等收入比较少的间接税得以保存。相反，直接税制得到了更多的重视与大幅度的改革，具有现代色彩的四种直接税成为主要的税收形式，即地产税（或称新地租）、对人的动产税、营业税、门窗税等。这就是所谓的"老四税"，它们持续了近一个世纪。按1795年宪法的规定，督政府还先后设置了直接税税务局，该税务局直属财政部，负责与纳税人代表协商确定课税基数、制表造册，使纳税公正、公开。税收征管机构与行政机构分设后，工作效率明显提高，税收法令得以迅速贯彻执行，拖欠税款现象也基本消失。

在19世纪，法国也发生了工业革命，基于工商业经济的税收在代议制下得到长足的发展。1872年法国通过登记税改革，开启了征收现代所得税的大门，并于1914年创设了新税种（即综合所得税），从而以所得税取代了过去的老四税的地位。总体上说，19世纪的法国在税制上与同时期英国的表现不同，它的税制结构以直接税为主或者至少占据重要的地位。以1840年为例，当年法国的直接税占中央政府税收总额的37.9%，而英国这一比重连7.9%都不到。究其原因，至少有以下两方面：①为了贯彻大革命期间整个国家对于平等的向往；②为了发展商品经济、扩大市场，以追赶英国的产业革命步伐。

3. 德国

如前所述，德国虽不是西欧国家，但国家发展进程跟随着西欧的脚步，只是不仅落后于英国，也落后于法国。在德意志帝国建立之前的18—19世纪，各邦国的财政收入主要来自君主的特权收入（许可费、诉讼费、入市税、关税等）与国有土地收入，这两项一直是主要的收入形式。其中德意志诸邦君主的许可费，是他们以领主特权身份向市场、面粉厂、重量长度计器、狩猎区、造币厂、矿山等使用者收取的费用。在普鲁士，因其对官产（主要是土地）收入管理有方，官产收入在比例上能达到财政收入的一半左右。此时各邦国的税收大多仍带有临时税的性质，包括向土地所有者征收的土地税（贵族、教士有免税特权）以及面向所有人的消费税。由于新兴起的消费税具有普遍性，又可以保证君主的收入，因而受到大力的推崇。在征税逐渐成为一种经常性活动的同时，社会上也兴起了反对贵族、僧侣免税特权的运动。1871年德意志帝国成立后，作为国税的只有关税（因保护关税政策而税率颇高）、消费税和印花税，所得税收入很少。与此同时，国营企业和国有财产提供的收入仍占国家收入的一半。大体上，到一战前，在德国的国税制度中，间接税的比重超过直接税。

（二）现代直接税制的兴起

在现代税收国家诞生初期，消费税得到广泛征收，最为重要的原因是它征收简单、具有普遍性。但到了19世纪下半叶至20世纪初，由于社会平等问题日益突出，西欧国家在税制实践方面出现的一个趋势是，转向直接税制。

1. 英国的经验

从历史上看，英国建立起现代直接税制比较早。自1688年后，政府就每月派员根据地产价值（由地方土地委员会调查）征收现代土地税，它也成为常规税种。人头税在此前后也进行了现代的改造（具有公爵爵位的人每年缴税100镑，其他等级递减，最低爵位缴纳10镑；没有爵位的平民按照年收入的5%征收），没有爵位的平民也被划入纳税的范围，使得该税在相当程度上已接近于财产税。从1799年起，英国为了应付反法战争的开支而开征了所得税。虽然此后起起落落（拿破仑战争结束后被废除，1842年英国再次引入并永久化），这一所得税在英国仍处于不断增长的过程中。要看到，此时的直接税（所得税、财产税）不但在形式上不同于传统的直接税，而且在目的上也不尽相同（除了财政收入目的相同外，此时的直接税担负起调整收入分配的重要职能），因而是一种现代的直接税。不过，大体上，直到19世纪30年代，英国的税制结构仍以间接税为主，通过关税和货物税形式获得的财政收入占据一半以上。

随着英国产业革命的完成和现代国家建设的深入，社会问题越来越突出，失业问题、贫富差距问题、民众福利问题等难以解决。此时运用税收手段（尤其是所得税与遗产税）来解决社会问题的呼声越来越强烈，在实践中英国政府也尝试引进累进性所得税。到19世纪后期，英国建立了以所得税为中心并对某些商品辅助性课征关税及消费税的税制。唐顿在《信任利维坦：英国的税收政治学（1799～1914）》一书中描述了税收（尤其所得税）在19世纪的变化过程：所得税先受到英国人民的反对而遭废除（税收总量也实质性地下降）后，又逐渐为人民接受并在20世纪初大幅增长成为英国自由和稳定的象征[1]。特别是所得税的累进税率体系，得到那时财政学家的高度支持，认为它是再分配的重要工具。

英国从17世纪末至20世纪初税收结构变化情况，可从表2-5清楚地看到。

到了20世纪，英国所得税征收不断加强，在阿斯奎斯任财政大臣时（1905），所得税已成为稳固的无可撼动的主体财政收入形式。英国还于1907—1908年

---

［1］唐顿：《信任利维坦：英国的税收政治学（1799～1914）》，上海财经大学2018年版，第2—4章。

表 2-5 17 世纪末至 20 世纪初英国中央政府税收结构　　单位:%

年份	对财富和收入征收的直接税					对产品征收的间接税		
	土地税/估定税	印花税	遗产税	所得税	合计	关税	消费税	合计
1696—1700	40.1	1.8	—	—	41.9	29.2	28.9	58.1
1711—1715	32.3	2.5	—	—	34.8	27.6	37.5	65.1
1731—1735	17.6	2.6	—	—	20.2	28.2	51.7	79.9
1751—1755	22.3	1.9	—	—	24.2	24.2	51.5	75.7
1771—1775	19.0	3.5	—	—	22.5	26.8	50.7	77.5
1791—1795	17.4	8.4	—	—	25.8	22.7	51.5	74.2
1811—1815	11.1	8.9	—	19.8	39.8	20.4	39.8	60.2
1831—1835	10.5	14.7	—	—	25.2	38.3	36.4	74.7
1851—1855	6.5	12.5	—	12.4	31.4	40.1	28.5	68.6
1871—1875	3.8	6.3	8.2	10.3	28.6	31.7	39.7	71.4
1891—1895	3.0	6.7	12.7	17.2	39.6	24.1	36.2	60.3
1910—1914	1.8	6.5	17.0	27.1	52.4	22.3	25.4	47.7

资料来源:唐顿,《信任利维坦:英国的税收政治学(1799～1914)》,上海财经大学出版社 2018 年版,第 35 页。

开始区分劳动所得税和非劳动所得税,1909—1910 年正式实行累进性所得税制。遗产税在财政收入地位上虽然没有所得税高,但其调节收入分配的象征意义更大。1894 年哈考特对英国遗产税进行的改革,不但提高了遗产税率,而且使用了累进形式。唐顿在《信任利维坦:英国的税收政治学(1799～1914)》一书中提醒说,英国财政制度从对消费征收的间接税为主,向对收入和财富征收的直接税为主的整体转变过程中,遗产税具有非常大的重要性,它“不仅在于其提供了税收,更在于它对所得税的成功做出了重要贡献。遗产税起到了一个均衡作用,为所得税营造了平等和公平氛围,有助于缓和其他政治冲突”[1]。

以 1914 年的预算为例,所得税、超额累进所得税和遗产税的收入已成为主要的收入来源。直接税的扩大,不仅为 1914—1918 年的战时财政而且也为战后的预算提供了强有力的支持。以 1901/1902 财政年度为例,在这一年来自间接税的税收占 47.5%,而来自直接税的税收已占 52.5%;在 1919/1920 财政年度,

[1] 唐顿:《信任利维坦:英国的税收政治学(1799～1914)》,上海财经大学出版社 2018 年版,第 2—4 章,第 227 页。

直接税比例为75.1%,而间接税比例为24.9%[1]。就是说,到了20世纪初期,英国全面转向了直接税制,并成为西方国家税制转型的典型代表。唐顿将这一过程概括为创造政治合法性的过程:英国政府在19世纪上半叶严格财政管理、降低税收总水平(税收占国民收入的比重从拿破仑战争时期的20%下降到一战前的10%)以构建民众的认可度,而到19世纪下半叶至20世纪初又提高直接税水平、增加税收总量,以提供更多的福利来赢得民心(一战期间财政收入水平提高至国民收入的25%,此后不曾降低,并在第二次世界大战期间提高至40%)。唐顿认为,在财政上要让民众信任政府,关键在于,一要让民众相信政府是负责任的财政管理者,二要让民众相信财政确实是为民服务的[2]。

2. 法国的经验

由于追赶英国经济发展进程的需要以及大革命期间对平等的渴望,法国比较早地建立起直接税制,大革命期间设立的四种直接税(地产税、对人的动产税、营业税、门窗税),在法兰西第二帝国(1852—1870)和法兰西第三共和国(1870—1940)时期得以延续。但是这四种税在性质上并不是完全的现代直接税。

如前所述,1872年登记税的改革,开启了法国对所得征税的大门,并标志着法国现代直接税的开端。1907年,法国又以新原则改革了旧直接税,在此期间以分类所得税取代了老的四种直接税。1914年7月15日法国实行综合所得税立法,1916年正式开征,从此一个新税制开始诞生。综合所得税以纳税人收入的实际情况为基数,自行申报纳税,并采用累进税率,最低税率只有1.5%。综合所得税推动了法国直接税的改革,老的四种直接税在国税方面渐渐退出了历史舞台,但原税额仍以虚拟的方式存在了一段时间,以便计算各省作为附加税征收的地方税。此外,1917年法国通过法令创设了"分类收入"的新概念,它与综合税具有相同的主导思想,税基扩大到当时尚未征税甚至免税的领域,对工商收益、农业收益以及对退休金、工资、年金、非商业的职业收入等都予以征税。总之,在19世纪末20世纪初,法国拥有的也是以所得税为主体的现代直接税制。

不过,自1954年,法国创立并推行了增值税。增值税是对原来企业缴纳的货物税(或营业税)的一种改进,在计征时不再对商品或劳务的全额而只对增值额征税,因而理论上可以在所有环节、对所有商品和劳务征收。增值额在计算上是以销售额(营业额)扣除法定标准(购进的材料、设备、劳动力成本或其他项目

[1] 唐顿:《公平税赋:1914—1979年英国税收政治》,经济科学出版社2017年版,第38页。
[2] 卡多佐、莱恩:《为自由国家而纳税》,上海财经大学2018年版,第1章。

成本),因而允许扣除得越少,越接近于传统的货物税,而允许扣除越多,越接近于企业的所得税。由于增值税可以对所有商品与服务在所有的环节或地点征税,有利于增加收入,而且对企业来说因重复征税少、易于转嫁而乐意接受。再加上增值税在税务管理方面便于出口退税,也有利于欧洲内部的产业分工,因此很快成为法国政府的主要财政收入形式。由于增值税的上述特点及欧盟合作的需要,它很快就流行到欧洲其他各国。但在多数西方国家,增值税并未像在法国那样成为主体的财政收入形式。

3. 德国的经验

如前所述,德国在国家统一后的一段时间内,仍以间接税作为自己的主要财政收入形式,并按传统方式征收。到 19 世纪末,德国产业革命基本完成。由于在迅速现代化过程中出现了严重的不平等,社会矛盾日趋激烈,依托于收入与财产的直接税得到大力推崇,以便通过累进税率实现财富的平等分配。

1891 年,德国一般所得税(征收时仍考虑城乡差异与阶级差异)的引进,标志着德国建立现代直接税制的开始。马克思下面一段话,清晰地揭示了税制变迁过程中的历史变化:“后来,城市实行了间接税制度;可是,久而久之,由于现代分工,由于大工业制度,由于国内贸易直接依赖于对外贸易和世界市场,间接税制度就同社会需求发生了双重的冲突。在国境上,这种制度体现为保护关税政策,它破坏或阻碍同其他国家进行自由交流。在国内,这种制度就像国库干涉生产一样,搞乱各种商品的相对价值,损害自由竞争和交换。鉴于上述两种原因,消灭间接税制度就越来越有必要了。直接税制度应当恢复。”[1]

在 20 世纪,德国税制大致以直接税制为主。不过在 20 世纪 50 年代以后,受法国增值税制实践的影响以及欧洲统一市场的需要,间接税收入有所增长,但直接税仍基本占主体地位。

七、小结

综上所述,自中世纪以来,西欧国家在不断增长的公共需要的推动下,财政收入从具有私权性质的封建收入(土地和特权收入)向公权性质的常规性税收与依赖于税收的公债转化。伴随着从家财型财政向税收型财政转型的,是国家的不断成长。起先,公共需要主要集中于军事领域(防备外来侵略或对外掠夺领

---

[1]《马克思恩格斯全集》(第 11 卷),人民出版社 1995 年版,第 579 页。

土),由封建贵族通过临时性的等级会议,向国王提供辅助性税收来解决君主的军费需要。随着战争的频繁,以及国王承担的公共职能(司法裁断、干预经济、稳定社会)的不断扩张,财政收入要求大量增加,原有的临时性、特别性税收被转化为常规性、普遍性的税收。随着税收的常规化,国家官僚机器建设的正规化,君主日益行使超越于任何团体和个人的主权,国家也走向现代国家,并成为税收国家。在市民阶级政治革命之后,代议制政府接管了王权政府的官僚机器,获得了选民的政治认同,公民愿意为国家提供各种财政支持,政府也在税收和公债等收入的配合下,为公共利益有效地行使权力。在此过程中,税制结构经历了从传统直接税向现代间接税再向现代直接税的转型,反映了国家转型过程中经济形态与社会观念的变迁。

由此过程可以看出,税收制度在工具性国家与目的性国家互动过程中发挥了中介的作用:经由税收制度的作用,目的性国家供养工具性国家并要求它实现合法性,工具性国家为目的性国家提供一系列公共服务并对其实行支配。西方的国家制度,因此呈现出税收国家的面相。不过,这样的税收国家面相并不是可以设计的结果,也非一蹴而就能形成,在其中充满着财政思想的驯化作用:工具性国家为自己的征税行为提供辩护理由,目的性国家对征税行为提出批评与呼吁,进而带来财政思想的发展以及驯化国家作用的发挥。具体过程将在第三至五章再进行叙述。

第三章　为民征税：对征税正当性的理论论证

上一章讨论的是，税收是怎样在中世纪成为工具性国家与目的性国家互动的中介并进而形成税收国家的，或者说当时的政治家是怎么用税收及税制建设来解决那个时代由安全需要转化而来的财政问题的。接下来需要探讨的是，从那个时代直至近现代，思想家们是如何解决税收合法性问题的，或者说财政理论界与实务部门如何运用有关税收合法性的思想来驯化国家，并进而将税收国家奠定为现代国家的初步形态。

税收合法性思想，大致又可分为两个部分：①征税正当性问题，即国家为什么有权征税？②税负公平性问题，即怎样的税负分摊方式是公平的？只有在理论上说明国家确实有权征税，而且纳税人缴纳的税收也是公平的，这样的税收才算具有合法性，据此征税的国家才是合法的国家。在这样的财政思想中，既有统治者（工具性国家）对自己征税行为的辩解，又有被统治者（目的性国家）对征税行为的要求与期望。本章与第四章主要讨论财政思想家们对征税正当性问题的理论论证，第五章将讨论有关税负公平性的财政思想，所有这些思想最终都参与驯化形成税收国家。

那么，思想家们是如何为不断兴起并最终成为主体收入形式的税收提供正当性说明的呢？大体上，中世纪的思想家基于时代资源，从必要与同意两个方面来论证处于雏形中的税收具有的正当性，即税收因战争的必要而兴起，又因司法性质而发展出对税收表达同意的形式与组织。到了近代早期，社会契约理论吸收了从必要与同意两方面对税收的论证，并给予更加精密的表达。这一理论及其对税收正当性的论证，特别呈现在霍布斯与洛克的著作中。

一、征税正当性论证的中世纪起源:必要与同意

如前一章所述,在现实运动中,税收国家已逐渐展现在西欧地区的历史中。在思想运动中,与现实相伴相生且日益凸显的一个重大财政思想问题是:国家为什么有权力征税?或者说,在财政上正处于转型过程中的西欧国家,于渐渐抛弃"国王自营其生"的原则而改用税收来供养国家之时,是如何证明自己的行为具有正当性的?国家用什么样的理由来要求民众拿出一部分财产作为税收上缴?显然,税收国家的现实发展并不能消解对征税正当性问题的追问;而且,如果不能解释征税正当性的话,税收国家也无法在现实中取得进一步的发展。正像15世纪法国一位大主教所说的,"如果是为了国家和公共利益,我们不应该拘泥于税负。但是我们需要征税方的解释"[1]。就是说,私人可以将自己的部分财产交出来作为税收,但国家必须先拿出私人可以接受的正当性证明。事实上,这样的证明往往更多的是以民众的名义提出来的,因而在相当程度上它是民众经由税收而对工具性国家进行的驯化。

正如我们所熟知的,在西欧现代国家诞生的早期(16—17世纪),对国家合法性进行说明的理论是社会契约论;对于税收合法性或者说征税正当性的论证,大多也是通过社会契约的形式或某种变体进行的。就是说,公民为什么要纳税?从下文将详述的社会契约论的框架来说解释如下:首先是因为国家为你提供保护或者给予了某种利益,而你必须为此支付一定的代价,这样一种保护与代价关系就构成了契约上实质性的必要;其次,形成保护与代价之间的契约关系,是经由纳税人自己同意的,这满足了契约形式上的要求。

接下来要说明的是,社会契约论用以论证征税正当性的两个核心内容(必要与同意),是怎样在社会契约理论诞生前的历史中奠定基础的。税收是在封建社会中经过长期的酝酿与发展才成为现代的,对于这种征税正当性的论证也就因此有一个萌芽与成长的过程。在此过程中,当时的思想家们不断地利用封建社会中已有的理论资源进行论证;而这样的论证,帮助了雏形中的税收不断地成形,并进而促进了现代国家的诞生,其论证内容后来也成为社会契约理论的一部分或至少为其奠定了基础。

---

[1] 大岛通义:《预算国家的"危机"——从财政社会学看日本》,上海财经大学出版社2019年版,第115页。

(一) 论证征税正当性的西欧封建制基础

尽管希腊哲学与罗马法律作为历史记忆,对中世纪西欧国家的发展以及税收的出现,在思想和制度上有一定的影响,但此一时期西欧国家的发展基础主要还是中世纪初期形成的封建制度。对处于雏形中的税收而言,其正当性的论证,思想上也渊源于此。

大体上,封建制度是一种非常混杂的制度体系,同时存在着无数种思想为政治权力提供正当性证明:比如君权神授(又可分为君权经由教会转授和直接来自上帝授予两种)、人民主权(经由自由人或者贵族选举来表达)、血统世袭(君位或君权必须由特定的具有一定神圣性血统的家族来继承)、封建契约(君权来自同等身份贵族的认可)等。当然,最契合当时封建社会性质并奠定近代早期社会契约理论的,是封建契约理论。

就当时的封建社会而言,法兰克帝国崩溃之后才真正在西欧逐步发展起来的封建制度,今天我们给予的名称只有一个,但在制度表现上却并不统一,而且在不同时空中的发展也不平衡。在多样性的背后,有一些制度安排和思想原则是共通的,主要表现在封建契约关系上,它具有以下两个方面的要点。

第一,政治制度中人与人之间的关系是私人性质的。在封建关系中,国王和各封建主的权力来源是相同的,都来源于土地财产;他们之间的关系(领主给予封臣保护并主持正义,封臣效忠于领主并携带武器为其作战)并非现代国家中上下级权力隶属关系,而是私人与私人的关系。例如,在 13 世纪时的法国,根据博马努瓦尔的说法,国王对王国拥有主权,与男爵对领地拥有主权,完全是一个道理[1]。这种私人性质,奠定了用契约关系来理解人与人之间关系的基础。

第二,领主与附庸、自由民之间的关系是"契约"性质的。就是说,封君封臣关系的实质是以相互负责为前提,整个国家是一个松散的"契约"性质的社会有机体。在这个让双方各自获得身份的封建契约中,领主和封臣之间的权利义务并不是任意的;权利义务关系主要根据日耳曼人的习惯法确定,一般不能按当事人双方的意志加以改变。

用今天的眼光看,这样一种以契约关系连接而成的私人性质浓厚的封建制度,既是一种有关权力分配的政治制度又是一种身份获得的社会制度,同时还是经济制度、军事制度与财政制度。在此私人性质的制度基础上,那种具有公共性的现代国家制度是如何成长起来的呢? 答案是源自军事与司法的需要。封建契

[1] 麦基文:《宪政古今》,贵州人民出版社 2004 年版,第 49 页。

约在本质上建立起来的是一个庇护体系，而作为领主为附庸提供的庇护主要有两种：一是在封臣受到外部侵犯时给予军事支持，保护其不受侵害；二是对封臣之间的内部争端进行公正的裁判。正如布拉克顿所言："国王之为国王，端赖和平与正义"[1]。正如第一章所述，对于军事及司法这两种公共职能的需要，事实上推动了封建制度从私人制度向公共制度的演化，包括财政制度在内的现代国家制度也正是在此基础上产生的。就征税正当性的思想论证而言，在一定程度上，从军事理由出发论证的是征税的实质性理由即必要性，而从司法活动出发论证了征税的形式要求即集会同意。换言之，在封建契约下，只有符合"必要"且"同意"的标准，才能对贵族和自由民的财产或收入征税；而这又为后来用社会契约理论来论证现代税收的正当性奠定了基础。

（二）从军事上的必要来论证征税正当性思想

封建时期的国王，实际上兼具公私二重性的特征：他既象征着国家的公共权威（一国之君）又具有封建的私权（最高封建主）。国王获得的财政收入也因此是公、私二重性的，既有纯属私人性的自家领地内的收入，又有带公共性色彩的领地外的收入。国王来自领地内的收入，在相当程度上是作为大地主的收入，此处不再讨论。而来自自有领地之外的收入，则带有一定的公共性，有不少收入后来转化为现代的税收。

1. 由军役兴起的财政收入

对于国王而言，自领地外获得的财政收入，至少一开始主要是基于封君封臣关系而获得的武士精英无偿提供的军役服务。以英国为例，国王的直接封臣应该根据其所占有的骑士领的数量，每年为国王提供相应数量的骑士并为国王免费服役 40 天。不过，由于客观上战争规模的扩大和战争技术的变化，主观上无偿军役提供者的意愿不足等原因，由国王临时征召、骑士亲身短期服务的军事制度慢慢衰落，国王越来越多地将军事义务转化为骑士阶层的纳税义务。前已述及，在英国从 12 世纪初开始，国王就对不亲自服役或服役骑士数不足的直接封臣（也称总佃户）征收免役钱（即"盾牌钱"），原先作为提供 1 名军役单位的骑士领逐渐变成缴纳 2 马克盾牌钱的财政单位，国王再用盾牌钱招募其他人服役。按照今天的眼光看，国王依托军役服务或盾牌钱获得收入，形式上有点像税收，但在性质上具有私人性，是基于土地财产关系获得的，并非今天纯粹依据公权力获得的税收。除了实物性军役服务或免役钱外，依据具有私权特征的封君封臣

[1] 麦基文：《宪政古今》，贵州人民出版社 2004 年版，第 69 页。

理论，国王还可以获得封臣的土地继承金、监护（未成年封臣继承人封地）土地收入、出售婚姻权收入等。国王还有可能扩大运用军役制度来获取收入，比如说英国国王曾经强封骑士（强行册封土地价值超过20英镑的地主为骑士），然后要求他们按封建义务关系缴纳盾牌钱、继承金、监护土地收入和出售婚姻权收入等。

除了上述根据军役制度获得的收入外，封建制度还支持在军事紧急需要或确有必要时，封臣有义务向封君提供财政帮助。这种紧急需要或确有必要等理由，事实上构成了后世税收发展的基础。当然，国王提出的理由要能成立才构成必要，而这在形式上需要封臣的认可，由此形成了后世税收理论一再强调的"纳税人的同意"。按照1215年《大宪章》第12条的说法，国王被俘后的赎身费、国王的长子被封为骑士和长女出嫁等三种理由属于不必讨论的、确有必要的事项，除此以外是否确有必要则需经过封臣们的协商。确有必要的主要理由是军事上的"必要"，即王国面临军事上的紧急状态，比如正处于外敌入侵的危险中，此时所有的成员都有责任来帮助国王。

2. 军事必要与共同利益

按照伊斯曼的说法，类似军事必要这样的需要，到底算是君主个人需要还是子民的共同需要，这样的论点曾经"游移不定"[1]。至少在一开始普遍的看法是，军事必要是国王的个人需要，应由国王承担军事所需的费用（当然是在武士亲自提供有限期军役的前提下），在12世纪末、13世纪初的英国人就这么看。直到后来英国人才慢慢承认，外敌入侵这样的紧急事件构成军事必要，而且是所有人的共同需要，并因此构成征税的"必要"。在1207年英国约翰王向各地发布的税收征收令中，情况有了变化。他把"保卫我们的王国"称作所有人的共同需要，为此征税是国王保卫王国安全的责任和臣民支持防卫的义务，而不是他作为封建领主的个人权利。到了13世纪20年代，"共同需要"的理论促进了税收是王国重要事务这一观念的发展。于是，国王可以以国家或统治者的安全受到威胁为由，强迫所有的臣民为了共同利益贡献自己的财富（临时性税收）。到爱德华一世时期（1272—1307），"共同利益"和"共同需要"的含义已等同于国家的共同危险（即外敌的威胁），战争成为征税的"必要"理由，发动战争或进行防御等同于维护共同利益。

在这里有一个非常关键的环节是，国王既代表王国的共同利益，又代表国王个人（及其家族）作为地主的私人利益，在性质上二者是不同的：在获取收入时，

[1] 邦尼：《经济系统与国家财政》，上海财经大学出版社2018年版，第33页。

前者应该面向所有人民(在当时指贵族与自由民)征税,后者应是从国王领地内佃户身上收取租金。不过,在封建社会的初期,并不存在明确区分这两种性质收入的适当名称,有些收入也很难从今天公共收入与私人收入的视角来加以区别。比如说盾牌钱,它并非来自国王领地,似乎具有公共性,但它又是基于国王与贵族的私人庇护与土地分封关系形成的收入,又具有私人性。国王获取收入具有公私二重性,在当时的财政思想中就已有认识。比如说在12世纪末13世纪初,英国思想家们试图区分王位与国王,认为王位是永恒的,国王不能随意转让属于王位的东西,因此它具有今天的公共性;但国王的寿命是有限的,具有私人性。在此框架下,这些思想家强调王室领地属于永恒的王位,国王不能像处理私产那样对待王领。亨利二世时期的国库长理查·菲茨尼尔在《财政署对话集》中,就区分了"属于王位的总佃户"和"属于国王的总佃户"。12世纪末期法学家格兰维尔在《论英格兰王国的法律和习俗》的开篇,也区分了王位与国王,认为王位属于公共领域和共同利益[1]。

中世纪的纳税人逐渐感觉到,将战争作为最初的征税正当性理由大致是成立的,因为战争极具公共性。由于外部威胁是对整个共同体利益的侵害,因而需要共同体全部的力量而不仅仅是国王或贵族的力量去应对。比如,英王爱德华三世统治时期(1327—1377),通过一系列宣传普及了这样一种观念,即无论防御性战争还是进攻性的战争,都被认为属于"共同利益"和"共同需要",并使之深入人心。就这样,战争作为国王征税的理由已基本正当化,只是此时的税收仍是临时性的和一次性的。如前所述,英法百年战争爆发后,连续征税在一定程度上不可避免,也因此传统上列举的征税理由就不再成立。英法百年战争期间,共同利益和共同需要的战争宣传以及臣民对财政义务的承担,在英法两国都得到了发展。

欧洲大陆的征税正当性论证同样经历了类似的理论发展。托马斯·阿奎那(Thomas Aquinas,约1225—1274)的下述说明,反映了那个时代学者的认识:"当君主没有足够的资源反对敌人的攻击时……公民为了促进共同利益而作出必要的贡献是公平的。因此,一个为了王国利益而战斗的国王能够通过正常的税收形式调集全国的资源,当这样还不够时,国王可以对臣民加以特别的负担"[2]。阿奎那甚至提出,"君主以收取保卫国家的费用为由,甚至动用武力向

[1] 施诚:《中世纪英国财政史研究》,商务印书馆2010年版,第126页。
[2] 同上书,第133页。

其子民催讨‘欠费’，并不构成犯罪”[1]。

不仅贵族与自由民因战争原因并出于必要而缴纳税收外，教会也同意为此缴税。1197 年罗马教皇召集的第三次拉特兰宗教会议承认，在世俗国家紧急需要时，教士应缴纳世俗税收，因为这种需要不是来源于统治者个人的意志，而是来自对国家安全的共同利益的威胁，所以统治者有权从他的人民那里取得支持，包括财政协助，即缴纳税收[2]。

3. 对基于共同利益而扩大征税的论证

由于军事上的“共同利益”标准逐渐成为征税正当性的共识，于是贵族和自由民就会以“共同需要”为标准来评判国王的税收需要，驯化过往的行为。比如说，1254 年，英王亨利三世决定为王子购买西西里的王位，要求贵族们缴税。贵族们认为，这不是王国的共同利益而是国王的个人利益，因此不同意。就是说，此一时期，王国共同利益或共同需要的概念已经与国王个人利益或个人需要区分开来。在英国，保卫国王在欧洲大陆的领地也成为王国的共同利益和共同需要，如 1295 年、1296 年议会在批准国王的税收时说：“为了援助国王反对法王以恢复被法王占领的加斯科涅领地”。[3] 14 世纪英国思想家尼古劳斯进一步提出：“共同利益或者人民的利益重于局部利益或者部分人的利益；因此部分人必须自愿为整体牺牲自身和自身的利益；在出现‘紧急需要’的情况下，公民个人的利益必须服从社会整体的利益”。[4]

如前所述，在由战争等紧急性共同利益决定的“必要”理论支持下，等级君主制时代的税收从临时性、偶然性逐渐变得常规化。到了 15 世纪末 16 世纪初，英格兰每一个征税法案之前都会加上一个导言，说明授权征税的必要，即共同利益的需要。随着对共同利益的理解从军事领域逐渐向其他领域扩展，君主们乐于扩大解释共同利益的含义，以扩张自己的权力。比如到 16 世纪中期，英国王室要求民众提供资金的理由已不限于军事需要，而扩大到为了好服务而支付的一般成本。15 世纪的思想家福蒂斯丘把王位比作“一个保卫王国和主持公道的职位，由于国王是一个公仆，因此接受他服务的人（全王国的子民）就应该负责他的生计”[5]。伊丽莎白一世 1601 年“金色演讲”指出，君主有一种神圣职责，要保

[1] 邦尼：《经济系统与国家财政》，上海财经大学出版社 2018 年版，第 32 页。
[2] 施诚：《中世纪英国财政史研究》，商务印书馆 2010 年版，第 126 页。
[3] 同上书，第 136 页。
[4] 邦尼：《经济系统与国家财政》，上海财经大学出版社 2018 年版，第 31 页。
[5] 同上书，第 45 页。

护王国免受“危险、不名誉、耻辱、暴征和压迫”，它们既来自王国内部，也来自王国外部。可见，对税收必要性的说明，已超出了战争这个过去几乎唯一的公共需要。

扩大解释共同需要，也得到12—13世纪开始复兴的罗马法[1]的支持。欧陆国家的君主常常以战争之外的“共同利益”和“共同需要”为由扩大征税范围，并从罗马法出发来予以论证。如在14世纪初，以罗马帝国继承人自居的神圣罗马帝国，其皇家法律顾问援引罗马法正统理论，认为主权的作用就是代表并服务于公共福利。与此同时，在12世纪亚里士多德的政治哲学复兴后，西欧学者和思想家们更深刻地思考共同利益的问题，并逐渐承认共同利益不仅仅是战争的需要。如深受大陆思想家影响的英国学者索尔兹伯里的约翰(1115—1180)就表达过，由相互依赖的个人组成国家，目的就是为了实现共同利益，这在相当程度上已在说明国家的起源问题。

大体上，12世纪罗马法的复兴为此一时期国王扩大征税范围、增加税收收入提供了理论依据，国王代表着公共权威(而不仅仅作为以私人面貌出现的领主)和公共利益在理念上得到了长足的发展。虽然国王有个人的利益和来源于私权(土地分封)的权威，但其主要权威来源于或者应该来自王国的公共需要，即保卫王国、满足公共利益，也因此取得臣民的支持并从臣民那里获得财政帮助。当然，反过来说也同样成立，正因为从12世纪末期开始国王征收的税收数量和范围越来越大，才促使人们从更广泛的角度考虑国王和国家的需要以及自己的财政义务；在此基础上，必要理论才逐渐得以发展与成熟，公共需要与公共权威也从国王作为最大及最高领主的私人需要基础上发展起来。

从公共需要与公共权威方面论证征税正当性，实质性地跟论证西欧国家公共性联系在一起。中世纪学者在讨论国家公共性时，将其表达为君主如何才能既超越法律又服从法律这一问题。就是说，作为自然人的国王，具有私人性，应服从法律；而作为王国代表，则具有公共性，超越于现有的法律。都铎王朝时期的学者普洛登提供了下述解决方法，国王除了具有自然身体(私人性)还具有政

[1] 对于12—13世纪罗马法的复兴，马克思和恩格斯曾有过评论：“当工业和商业——起初在意大利，随后在其他国家——进一步发展了私有制的时候，详细拟定的罗马私法便又立即得到恢复并取得威信。后来，资产阶级力量壮大起来，君主们开始照顾它的利益，以便借助资产阶级来摧毁封建贵族，这时候法便在所有国家中——法国是在16世纪——开始真正地发展起来了，除了英国以外，这种发展在所有国家中都是以罗马法典为基础的。即使在英国，为了私法(特别是其中关于动产的那一部分)的进一步完善，也不得不参照罗马法的原则。(不应忘记，法也和宗教一样是没有自己的历史的。)”[《马克思恩格斯选集》(第一卷)，人民出版社2012年版，第213页]。

治身体(公共性),“他的政治身体是看不见摸不着的,由政策和政府所构成,指挥人民,经营公共幸福,这一身体完全没有自然身体所具有的初生和老迈的无知以及其他自然缺陷,而且正因为如此,国王在其政治身体中的所作所为,不能因其自然身体的任何残疾而无效或被阻挠”[1]。

(三) 源于司法的“同意”而论证的征税正当性思想

如果说从军事必要出发逐渐形成征税正当性的实质性理由,那么征税正当性在形式上要求的“同意”起源于何处?是什么样的思想在支撑着征税正当性论证中的“同意”?

1. 同意的来源

就同意原则的来源而言,施诚先生曾经概括介绍过两种不同的意见[2]。一种意见以研究中世纪英国税收史的学者(如研究中世纪英国税收史的米歇尔和研究税收理论的克拉克)为代表,认为征税正当性的同意原则起源于封建法。就是说,根据封建习惯法,领主面临紧急而巨大的需要时,可以向附庸要求特别协助金,但必须征得附庸的同意,在封建法中,这种特别协助金称为“自愿的协助金”(gracious aid)。另一种意见认为,税收同意来源于罗马法,如中世纪法律史家波斯特和英国学者哈里斯都认为,征税正当性的同意原则起源于罗马法。在他们看来,罗马法有一项原则是“涉及众人之事必须经过众人同意”,而税收显然是为了众人的利益(共同利益)而向众人(所有人)征收的,按照罗马法要求这当然需要众人的同意。

一个大致的判断是,在今天世界各国以集会形式表达对税收的同意很大程度上受英国议会的经验影响,而就英国的经验来看,税收同意应该首先来自封建习惯。这是因为,罗马法对英国的影响非常有限。12 世纪开始复兴的罗马法,在 13—14 世纪对英国虽有影响但并不大;再者说,此时英国议会表达对税收的同意已具有雏形。即使在大陆其他国家,用来表达同意的集会也应该更多地来源于封建的习惯。正像法国国王查理七世(1403—1461)时期,一位来自兰斯的主教尤文纳尔致书国王所说的,“陛下的先王每进行一次征战,都要将三个等级的人士招来议决,这已成为惯例……请求大家共商如何进行此次战争之大计;然后商讨如何缴纳税款以对此次战争加以协助……一国之君的陛下您若为着捍卫王国和公共事务这一类的特殊时段,当然有权向臣民索取和征收助税,但必须以

[1] 利瓦伊:《统治与岁入》,格致出版社、上海人民出版社 2010 年版,第 108 页。
[2] 施诚:《中世纪英国财政史研究》,商务印书馆 2010 年版,第 138 页。

理智的方式对此加以协商……国王应从其庄园从其领地收入中支取其用度,而不应随意占有来自全国的税收"[1]。

2. 司法在封建制度中的核心地位

如果说对税收表示"同意"主要基于封建习惯而在议会中进行,那么议会又是怎么起源的呢? 为什么它有权来表达这种同意?

本来日耳曼国家在形成之前,部落习惯中就有遇到大事召集全体武士集会商议,并运用呼声或敲击武器的做法来表达同意。在日耳曼各部落占领原西罗马帝国领土并逐渐建立各自的王国后,有一些地方或者在一些特定时候,仍保留着这种贵族或自由民集会的传统。以英国为例,在诺曼底公爵威廉在 1066 年入侵之前,英国就有所谓的"贤人会议",由国王特别召集一些高级贵族来商议国事,地点并非一定,言论也不必有效果。另外还有所谓的评议会,主要召集中小贵族或地主参加,就有关生民利害的事务进行商量。

不过,应该看到,后世议会尽管有这样的"贤人会议"或"评议会"的渊源,但议会主要的来源却是司法性的,即议会更多地被作为司法机构而获得成长的机会。以议会发展最为典型的英国为例,直至 17 世纪内战时期,英国人仍然把议会视作一个法庭。

在前述领主与附庸(或者说封君与封臣)的关系中,附庸对领主的义务除了上面提到的服军役、提供紧急财政帮助等义务外,还有一项重要的义务就是参加领主法庭、担任陪审员。在封建社会的治理中,各级领主法庭构成了日常社会治理的核心。在领主法庭中,领主主持法庭,附庸根据义务出席法庭参加陪审,并给予决定性的意见;而且,附庸有权只接受与他同一等级的贵族的审判。对于处于封建体系最高级的国王来说,除了前述战争的职责外,有一个重要职责就是维护国内秩序。在领地各归领主治理的前提下,国王维护国内秩序主要体现为审理附庸之间的争讼。国王正是通过召集自己的直接附庸(封臣)来共同审理、裁断是非,才彰显他在国内(不仅在自有领地)治理中的地位。因此,至少在封建社会的初期,司法是当时社会"政治权力的核心形态"[2]。

换言之,虽然封建等级最初并不具有传递性(国王的附庸的附庸并非国王的附庸),但通过司法上的层层上诉机制(任何等级在权利受到侵犯而又得不到自己领主的法庭保护时,都可以向领主的上级领主法庭直至向王室法庭申诉),国

[1] 埃利亚斯:《文明的进程Ⅱ》,生活·读书·新知三联书店 1999 年版,第 239 页。
[2] 陈颐:《立法主权与近代国家的建构》,法律出版社 2008 年版,第 9 页。

王可以向全国人民行使权力。国王发现，要维持和增强自己的权力，最好的办法是尽力满足人民对法律和秩序的要求。因此，国王尽力通过法庭去镇压暴乱，强迫有权势的人服从法庭作出的解决争端的决议，由此取得对封臣和民众更大程度的控制。在此基础上，国王发现，要更好地通过司法来行使权力，就必须发展现有的法律体系，并建立起能正规地行使职能的法庭、法官与行政人员队伍。于是在法国这样的欧陆国家，大致上在 11、12 世纪，通过司法职能的发展（法庭组织正规化、法官及行政官员队伍建设以及法律制度的完善），慢慢发展出国家制度。立法方面也是如此。在今天立法权一般高于司法权（至少居于平等的地位），但在中世纪，立法却附随于司法，立法的权力依赖于司法的权力。在法国，甚至到 16 世纪初，人们仍然普遍认为国王本质上是一个法官，国王立法是符合至高的、公正的理想司法的一部分。大概在博丹明确表达主权的概念之后，理论上国王才被视为立法者，可以统治王国的任何一个角落、任何一个臣民，而不必受制于层层分封的封建结构的限制[1]。直到此时，国王以司法方式向全国行使权力这一基本的治理格局，才被“立法控制的行政治理”所取代。所以说，“中世纪晚期以来的国家建构进程是一个司法史的进程，而非政治史的进程”[2]。

3. 作为司法机构的议会表达同意的发展

在如此的历史背景下，由领主主持、附庸集体参加的法庭来商议并决定重大事项、实现对社会的治理，在当时是最为合法且最为自然的方式。突破封建制结构而由各等级（或其代表）共同参加的等级会议就起源于此，针对国王军事行动给予税收支持自然也应该利用这一组织形式。在法国，由于长期不召开三级会议，在现实中表达税收同意就由贵族组成的高等法院来进行（未经高等法院注册不得征税）。当然，在这方面英国的情况与法国稍有不同。由于威廉公爵武力征服了英格兰，英国的国家机器相对来说更为发达，国王的权力也就比较强大。不过，即使如此，12 世纪英国的法学家格兰维尔依然认为，对协助金给予同意的最佳地点是领主的法庭，因为这样给予的同意能够对所有的人产生约束力[3]。这样的观点对议会（给予国王征税“共同同意”的机构）的演变产生了重要的影响。后来，在理论上英国人一直将议会视作法庭而非立法机构，一直至 17 世纪

[1] 虽然博丹认为国王征税权不受封建法律的限制，但他依然表示，“世界上任何国家的君主都无权随心所欲地对民众横征暴敛，就如同无权随便拿别人的东西”（邦尼：《经济系统与国家财政》，上海财经大学出版社 2018 年版，第 173 页）。下文将会说到，这一论断被称为税收的“博丹悖论”。

[2] 陈颐：《立法主权与近代国家的建构》，法律出版社 2008 年版，第 26 页。

[3] 施诚：《中世纪英国财政史研究》，商务印书馆 2010 年版，第 139 页。

内战以后才有变化。在15世纪，福蒂斯从司法这一角度这样表述："国王根据其人民同意的法律来统治人民，因此在没有他们同意的情况下，不能对他们征税。"[1]

不过，英国议会对国王征税表达同意，有一个"从个别同意向集体同意"发展的过程。就是说，一开始国王召集贵族会议，是与每一个贵族(国王的直接封臣或者说总佃户)单独商议并寻求同意，后来才由贵族会议共同协商并集体表示同意，贵族会议发展的结果就是真正意义上的议会。在此过程中最为重要的是，不仅贵族可参加会议，而且平民也选派代表参加，这样才能算得上全体自由人对涉及所有人财产的税收问题发表意见[2]。这体现在1295年当时的爱德华一世国王召集完整的议会(史称"模范国会")时的诏书所言："凡利害及全国民者，不可不得全国民之同意也。"[3]

当然，应由等级会议或议会来表示是否同意国王的征税，不仅存在于英国，也广泛存在于这一时期的欧洲其他一些国家。例如，法国三级会议给国王的大多数陈情书声称，"只有等级会议审查和批准的税收才是合法的"[4]。构成现代西班牙一部分的卡斯蒂尔王国，在其《王国法典》(1567)中也宣称："如果没有召集国会并取得议员的批准，就不得对整个王国征收任何课税、贡纳或其他税收。"[5]因此，"中世纪晚期，几乎所有的中欧和西欧国家的议会都获得了发展，而这些国家的议会也主要关注一些重大的政策问题：统治者的收入，或许以及更现代意义上的统治者'预算'；立法；统治者在这些和其他方面的权利"[6]。

不过，在议会控制征税权方面是否成功，不同国家的议会或者三级会议之间

---

[1] 霍夫曼、诺伯格：《财政危机、自由和代议制政府》，格致出版社、上海人民出版社2008年版，第2页。

[2] 英国平民院(下院)的发展历程大致如下。1254年，英王亨利三世在欧洲大陆镇压贵族叛乱，要求国内增拨军费。当时的摄政通知各郡选派2名骑士代表到威斯敏斯特参加议会，以决定税收数量。摄政之所以要召集平民代表，是因为贵族曾经多次拒绝亨利三世的征税要求，为了削弱贵族的力量才不得不召集地方代表与会。1265年控制了国家政权的贵族首领西门·德·孟福尔为了寻求全国支持，除教俗贵族外，还遵循1254年议会的做法，要求各郡选派2名骑士并要求各城市选派2名市民代表与会，这是英国议会发展史上的一次突破。1290年英王爱德华一世在召开议会时同样召集了地方代表，要他们来"协商和同意贵族已同意的事情(即税收)"，理由是征收动产税是面向全体自由人的，因而需要全体自由人同意。还有一个重要的方面是，国王当时并没有自己的税务官员，由地方平民推举的代表承担了在各地估税和征收的工作。到1295年，爱德华一世再次分别召集贵族与平民，于是分院开会真正形成传统，并奠定了英国议会两院制的格局。

[3] 比几斯可脱：《英国国会史》，中国政法大学出版社2003年版，第10页。

[4] 同上书，第318页。

[5] 霍夫曼、诺伯格：《财政危机、自由和代议制政府》，格致出版社、上海人民出版社2008年版，第150页。

[6] 邦尼：《经济系统与国家财政》，上海财经大学出版社2018年版，第273页。

千差万别。最为成功的显然还是来自具有强大议会传统的英国。16世纪英格兰议会继续扩大自己的权力，并且坚持奉行它的“国王必须自食其力”的传统政策：在正常情况下，王室的支出必须要用王领收入和关税收入来支付。在17世纪早期英国的财政思想中，就已出现了“绝对财产权”原则，它以某种形式坚持“没有国会的同意，国王的绝对权威不能也不应该改变任何人对物品和牲畜的产权，也不应该对同样的物品和牲畜进行任何的课费”[1]。赫德利在1610年演讲中进一步表达为，“一个国王在未经本人同意的情况下拿走其臣民的财产，损害了这个政治共同体赖以维系的道德生命线，因为这个王国不再依靠统治者与被统治者之间自愿交换服务与善意”[2]。因此，英格兰国王并没有能从议会那里获得经常税征收权。相比之下，法国的平民人头税在1439年就变成了常设税，并且在16世纪之前已经成了一个固定的收入来源；而且三级会议的会期不定，长年不开会，即使开会也极少反对国王的要求。于是，在15世纪70年代福蒂斯丘就总结说，“法国君主能够随意征税，而英格兰君主必须征得议会的同意”[3]。西班牙诸王国虽然保留了传统议会，但它们的议会在1522年以后就不想再继续与查理五世或者他的儿子腓力二世对着干，卡斯蒂利亚的议会对国王将原来的紧急拨款贡赋转为定期的特别津贴也没怎么反对。

可见，在这个过程中，遵从领主法庭的习惯，由全体附庸共同参加并决定重大事务的习惯，形成了议会对税收表达同意的渊源。由作为司法机构的议会批准税收，在英国的发展最为典型。这一点已充分反映在1340年英王爱德华三世的法令中，“不经过全国的教士、伯爵、男爵和其他贵族、下议院在议会给予的一致同意”[4]，国王不能征收任何直接税。从此这个原则就难以被动摇，英国议会获得了对税收的批准权，议会的其他权力也是在此基础上逐渐取得的。詹姆士·怀特洛克在1610年宣称：“不经议会批准的税收违反了王国政体的自然结构和宪法，即王国的公法，因此颠覆了该领域的根本法，引入了新的国家和政府形式。而且违反了王国的自治法即私法，包括财产法和私权立法”[5]。与中世纪其他国家相比，英国税收制度的最大特点就是没有什么人有税收豁免权[6]，

[1] 霍夫曼、诺伯格：《财政危机、自由和代议制政府》，格致出版社、上海人民出版社2008年版，第44页。
[2] 同上书，第50页。
[3] 邦尼：《欧洲财政国家的兴起（1200～1815年）》，上海财经大学出版社2016年版，第19页。
[4] 施诚：《中世纪英国财政史研究》，商务印书馆2010年版，第142页。
[5] 麦基文：《宪政古今》，贵州人民出版社2004年版，第11页。
[6] 邦尼：《欧洲财政国家的兴起（1200～1815年）》，上海财经大学出版社2016年版，第41页。

授予免税权的行为非常罕见，高级教士和贵族都有义务缴纳直接税，修道院和其他主要的教会土地所有者也都必须缴纳俗人和教士税，这也是英国的贵族与教士积极参与议会商议税收问题的动力所在。

正因如此，斯塔布斯才感叹道："对王权的成功限制通常是以金钱为代价的，许多自由都以纳税为条件，纳税人和接收人都不以之为耻。"[1]这一原则尤其在英国根深蒂固并成为根本性的政治原则，哪怕是在处理殖民地事务时也被加以运用并特别强调。老皮特在 1766 年 1 月 14 日下院会议上说："王国没有权力对殖民地征税……征税不是统治或立法权的一部分。税收是平民的自愿赠予而且只有下院才能授予……（由于下院没有殖民地的代表）在美洲的税收中……我们在美洲赠予和授予的……不是我们自己的财产……而是陛下的属民的财产。"[2]正因为有这样深厚的历史基础与民情，殖民地人民才会以"无代议士不纳税"为理由发起抗议并进而发动独立战争，现代政治也因此牢固地确立起纳税必得同意的原则。

二、作为压倒性论证方式社会契约论的兴起

向民众的私人财产征税为什么是正当的？封建时代的论述主要集中于两个方面：在实质上是帮助国王在特殊时期完成保卫王国和其他责任的必要；在形式上是经纳税人（自由民）的同意。到了封建社会末期，税收已不再局限于临时性地帮助应该自营其生的国王，而成为经常性、大规模和主要的收入形式。此时不仅要对这样的税收进行论证，更为重要的是要对行使征税权的国家的合法性进行论证。

对那个时代的思想家而言，以下有关税收国家的问题是紧密关联在一起的：为什么我们要服从国家以至于需为它履行必要的职能去纳税？我们应该服从怎样的国家？或者说，怎样的国家才是正义的以至于我们有服从的义务？在 16—18 世纪这一近代早期，不同学者分别从神学（如君权神授理论）、生物学（如洛克在《政府论》上篇所批评的菲尔麦的父权论）等角度加以论证，而社会契约理论在所有的论证中显然占据着主导性地位。正如麦克里兰的评价，"这并不是说所有

[1] 施诚：《中世纪英国财政史研究》，商务印书馆 2010 年版，第 143 页。

[2] 霍夫曼、诺伯格：《财政危机、自由和代议制政府》，格致出版社、上海人民出版社 2008 年版，第 291—292 页。

重要的政治理论都是社会契约理论，而是说，凡是政治理论，如果本身不是社会契约理论，则若非必须将社会契约说纳入考虑，就是必须对之加以抨击”[1]。

大致说来，社会契约论是这样一种理论：它用契约来证明国家或者说政治权威的合法性（并以此对政治权威施加一定的限制）；政治义务（包括纳税义务在内）并非天生的，而是契约的结果。换言之，为什么要服从政治权威，为什么要纳税？答案是，因为你自己在曾经的契约中同意的，是你自愿选择的结果。在中世纪思想界达成的普遍性认识是，“一项义务要具有真正的约束力，就必须由受约束的各方当事人自由地加以承担……归根到底，义务是不能用武力强设的，而始终是自我设定的”[2]。此处不打算详细地探讨社会契约理论，而只想做一点简单的介绍，以此为基础来探讨近代早期的学者是怎样用社会契约理论来论证国家的合法性与征税的正当性的。

（一）社会契约论的历史渊源与现实契机

作为近现代政治制度构建中最为突出的思想工具，社会契约论显然具有深厚的历史渊源。概而言之，学者们将社会契约论源流追溯到以下几个方面。

（1）中世纪封建制度和封建君主制的契约性特征。如前所述，封建社会在相当程度上是契约性的，其政治社会结构是由复杂的契约式效忠与庇护的网络构成的。依照封建传统形成的理念，上位者对下位者一定程度的支配（一开始主要是军事指挥与法庭裁判），是经过下位者的同意的；若上级领主违反契约，下级可撤回忠诚。这一封建理念，在教皇党（支持教皇对抗神圣罗马帝国皇帝的贵族）的宣传下，被改造成某种社会契约的早期版本如下：由于混乱缺乏秩序，人类通过某种社会契约形式心甘情愿地建立起君主政体，君主的权威是因为君主制来自这一契约；如果君主对他的臣民残忍暴虐，就必然导致人民摆脱他的统治和对他的臣服，因为是君主首先违反了契约。比如支持教皇的耶稣会学者胡安·德·马里亚纳就宣称，国王的权力源自其同人民所缔结的契约，人民仍保有修改法律的权力，国王可以因违背根本法而被罢免[3]。

（2）宗教教义及教权政权斗争。社会契约显然也具有深厚的宗教渊源，当时正努力从神权笼罩下摆脱出来的政治理论无不带有基督教神学的性质。在《圣经》中有无数个“约”，而最早具有政治含义的莫过于以色列长老与大卫在希

[1] 麦克里兰：《西方政治思想史》，海南出版社2003年版，第202页。
[2] 萨拜因：《政治学说史》（下卷），上海人民出版社2008年版，第107页。
[3] 同上书，第63页。

伯伦于耶和华面前立约，大卫因此成为以色列人的王。基督教在传播过程中以及教会在活动过程中，通过契约形成互助与自我管理的团体则是常见现象。特别是16世纪以后，那些摆脱带有强制性的罗马教会的新教团体更是如此，为了显示区别，它们纷纷用契约论的术语来构想基于自愿的新教组织。在16世纪末至17世纪上半叶，一些新教运动更是明确主张，国家的治理应该像新教教会那样，以被治者之自愿为基础。正如清教徒组成的移民在《五月花号公约》中所说："我们在上帝面前一起庄严地盟誓签约，自愿结成民众自治团体。"[1]

(3) 罗马法的遗产。在罗马私法中，本来就有适应于罗马帝国商业环境非常发达的契约观念。而在罗马公法中，也明确提出罗马皇帝的权力来自人民的授予(权力最初存在于人民之中)，皇帝为了民众的利益而行使权力(罗马法的箴言："人民的福祉是最高法则")。前已述及，在12世纪之后，罗马私法不断得以复兴。与贵族争夺权力的君主，不断地利用罗马法并模仿罗马皇帝实现集权，以确立主权的地位。与此同时，为了与教皇宣扬的君权神授论相抗衡，各国君主还利用罗马法"主权在民"的字眼，强调自己的权力来自人民而非教会。在这一过程中，政府起源于被统治者的同意得到进一步的强调。

(4) 古希腊以来的国家(社会)契约论思想。将国家看作人为契约(或约定)的结果，或者说来自人类有意识的努力，而不是来自上帝的意志(君权神授)或者自然生长的结果，是从古希腊以来一直就有的政治理论。古希腊城邦末期的伊壁鸠鲁、中世纪的曼尼戈德、十七世纪的阿尔色修斯都提出过类似的观点。当然，这样的思想在中世纪又和前述封建契约、宗教传统以及罗马法紧密结合在一起。

虽然有上述渊源，但社会契约理论之所以在近代早期能够成为压倒性的政治理论，还因为有现实的契机，这样的契机至少有两个。

一个契机是越来越商业化的环境。自12世纪城市复兴和商业发展以来，整个社会的经济和社会活动越来越依赖于契约的安排。以买卖为日常活动的人，会习惯性地以契约的眼光来看待他们与国家的关系。基于此，苏力评论说，"一种思想之所以为人们所接受，与作者关系也许并不那么大，而是与读者的知识结构有关"[2]。就是说，此时公众经由日常经验而形成了接受社会契约论的基础。

[1] 艾柯：《感动一个国家的文字》，天津教育出版社2006年版，第3页。
[2] 苏力："从契约理论到社会契约理论"，《中国社会科学》1996年5月。

另一个契机是英国在16—17世纪的政治斗争。在这样的斗争中，国家契约论或社会契约论的观点越来越经常地被使用，以至于成为政治意识的一种常态。如1567年新教贵族强迫苏格兰女王玛丽退位，就有人用社会契约论的语言对此加以论证（国王和人民之间存在着一个相互的契约，无论谁违背了这一契约，就等于解除了对方的义务）。光荣革命发生后，英国下院以决议的方式为自己的行为辩护，认为是詹姆斯二世“违背了国王与人民之间的原始契约”。可见，此时社会契约学说已成为正式意识形态的一部分。

（二）社会契约论在理论上的优势

除了上述历史渊源与现实契机之外，社会契约论的兴起当然与此种理论本身的特质也有关，即罗尔斯所强调的，在解释社会政治现象时契约术语自身具有的优点：有理性的人们共同、公开、自愿进行的选择[1]。这样用契约论来解释国家政治活动（包括征税活动），与中世纪曾经流行的神学论以及现实政治中盛行的强力支配论就显得截然不同，它隐含了那个时代的人们（至少知识阶层）已广泛接受或者说认同世俗、平等、自由、理性等价值。因此，以社会契约论来解释政治权威的合法性或证明征税权的正当性，显得简单而清晰。

当然，严格说来，社会契约理论的发展有一个从国家契约到社会契约的变化过程。就是说，中世纪的契约理论描述的是统治者与人民（整体）之间的契约关系（即一种国家契约论，统治者是契约主体之一），以此来论证政治权威的合法性，为理解政治提供便捷的途径。后来（17世纪以后）的社会契约理论描述单个公民之间的契约关系，以解释政治社会是如何诞生的，统治者不在契约过程中；当个人之间经由契约形成政治社会后，政府（及统治者）才得以诞生，承担民众经由工作契约或委托协议而赋予的工作。奥托·祁克用来区分的名称是“统治契约”（人民与统治者之间的协议）和“社会契约”（个人之间达成的建立政治社会的协议），而高夫和巴克则分别称为政府契约与社会契约（本身）[2]。按照莱斯诺夫的考察，是1511—1513年萨拉莫尼奥在《论君主》一书中，首先将订立契约的各方不再描述为人民与统治者而是单个的公民，他认为一个民族事实上不可能真的作为一个单独的人而与统治者订约，它被视为一个单独的人完全出于虚构，实际上“只能是一定数量的人”[3]。这样的看法标志着从国家契约

[1] 罗尔斯：《正义论》，中国社会科学出版社2009年版，第13页。
[2] 莱斯诺夫等：《社会契约论》，江苏人民出版社2005年版，第45—46页。
[3] 同上书，第41页。

论到社会契约论的重大发展。萨拉莫尼奥还明确提出，法律可以比之于“商业合伙中订立的契约”[1]，这显然是一个高度个人主义并契合当时日益发展的商业环境的类比，彰显出社会契约理论在日益个体化生存的新时代所具有的优势：从商业契约的现实经验来理解社会契约的理论价值。

归根到底，以社会契约论来解释国家的起源并由此论证政治权威（包括征税权在内）的合法性，其魅力集中于以下几个方面。首先，它基于自由意志来解释政治权威，契合现代社会对个人自由的基本设定；其次，它从一致同意来解释政治权威的合法性，这在现代商业契约环境中最具有说服力；再次，它是高度个人主义的理论，将政治权威的合法性置于个人对它的认可上，符合现代人的基本生存状况；最后，它是理性主义的，认为关键是要让个人依据理性充分思考并加以选择，这显然也是现代社会对人的基本界定。

需要交代的是，社会契约论在此时承担论证政治权威合法性的任务，实际上是西方政治在思想上长期寻求政治正义或国家正义的一个阶段性结果，尤其是自然法发展的结果。自然法既与古希腊时代对自然的信仰（即认为自然高于人为），更是直接与罗马时代官方哲学斯多葛主义认为理性（也就是宇宙秩序）就是自然法并高于人间一切法相关[2]。社会契约论延续了这样的说法，同样认为国家（或法律）符合自然法才是正义的，认为社会契约是人类理性对自然法的揭示，因而也高于政治权威。从这个意义上来说，社会契约论是正义论（至少对每一个立约方是个人的契约论而言）的延续。因此，国家征税行为是否正义，由国家本身是否正义决定，而国家的正义性在社会契约理论看来，又由是否符合社会契约过程中订立的条款决定。在社会契约论眼中，个体才是最重要的，人的权利是道德、法律、国家的基础。

三、霍布斯在征税正当性问题上的论证

在近代早期，托马斯·霍布斯是奠定社会契约论及现代国家政治哲学基础的关键学者，因而也是奠定现代征税正当性论证的重要人物。他对国家哲学基础的论证与对征税正当性的论述，在内容上是紧密结合在一起的。在霍布斯看来，国家拥有征税权非常重要，君主必须拥有集结军队并且征税供养军队的权

[1] 莱斯诺夫等：《社会契约论》，江苏人民出版社2005年版，第43页。
[2] 刘守刚：“自然法学”，载于何勤华：《外国法学流派撮要》，中国政法大学出版社2003年版。

力。征税权甚至是最为重要的国家权力，他说："某些权利，象铸币权、处理未成年继承人的财产与人身的权利、市场先购权以及其他明文规定的特权，主权者都可以转让而仍然不失去其保卫臣民的权力，但他如果将国民军交出去，保留司法权就没有用了，因为法律将没法执行；要是他把征税权让出去，保留国民军也就是空话。"[1]霍布斯在这里强调的征税的必要(即供养承担保护功能的司法部门与军队)一定程度上是传统的，但在主权者这个概念中，则带来了新时代的特征，用霍布斯的原话说，主权者就是"一大群人相互订立信约、每个人都对它的行为授权，以便使它能按其认为有利于大家的和平与共同防卫的方式运用全体的力量和手段的一个人格"[2]。显然，这样订立的信约，就是社会契约。

(一) 霍布斯以社会契约来解释主权者(国家)的诞生

如前所述，社会契约理论有深厚的历史渊源，也有实践中的现实契机，因而在霍布斯之前已有无数个社会契约的版本，以试图回答政治权威的合法性问题。这些回答，都在用某种契约形式来表达国家的政治权威来自民众的"同意"。与之前的学者相比，霍布斯的贡献主要在于论证方式，他"是第一个试图把政治理论同一种完全现代的思想体系密切勾连起来的伟大现代哲学家……他的思想中有着某种只能称为政治科学的东西，而这是他有关自然界的整个观念(即唯物主义)中的一个不可分割的部分——自然世界乃是一个纯粹的机械系统，其间发生的一切都可以根据彼此相关的物体的位移并以几何学般的精准方式加以解释"[3]。正如霍布斯自己所说的，他是模仿欧几里得几何体系和那时物理学的一些术语，来建立精密的政治科学，其中最为重要的就是阐明国家(主权者)产生的机理。

霍布斯以孤立的、个体的人作为研究的起点，认为这样的人具有恶的本性(自私自利、残暴好斗、趋利避害)，受自己内心无止境的欲望所驱使，同时还具有理性。在他看来，政治社会的建立必须以这样的人性为基础，以满足人的欲望为目的。判断政治好坏的标准，就根本而言，是人的欲望或者说快乐(霍布斯理论中的快乐，更多强调的是自我保全)，而不再是古典哲学所强调的人性的完善。应该看到，霍布斯的这一假定事实上契合了现代社会的需要，即从孤立的个人出发思考政治体系的建设，对此黑格尔也予以充分肯定："霍布斯试图把维系国家统一的

[1] 霍布斯：《利维坦》，商务印书馆1985年版，第139页。
[2] 同上书，第132页。
[3] 萨拜因：《政治学说史》(下卷)，上海人民出版社2008年版，第137页。

力量、国家权力的本性回溯到内在于我们自身的原则，亦即我们承认为我们自己所有的原则。”[1]萨拜因的评论是，“这种个人主义乃是霍布斯思想中彻头彻尾的现代因素，也是他以最明确的方式所把握住的下一个时代的特征”[2]。

在理性人的基础上，霍布斯推导出一系列的定理，如自然律、社会契约，以及绝对主权等。就其中的社会契约而言，霍布斯首先将政治社会产生之前、没有公共权力为后盾、普遍存在的是孤立自私的个人这一状态，称为自然状态。霍布斯认为，处在“自然状态”中的个人，在身心两方面的能力都十分平等；能力的平等使人们希望达到目标的平等。但是，自私的本性和无止境的欲望，很容易造成每个人想获取同样的东西，却不能同时享用的情形，如求利、求安全、求名誉，这就分别引起竞争、猜疑、争夺荣誉。于是，人与人彼此就成了仇敌，像狼与狼一样争斗。在没有公共权力的情况下，人性的自私与争斗无限制膨胀，带来每个人对每个人的战争。这种战争状态使产业无法稳定，“最糟糕的是人们不断处于暴力死亡的恐惧和危险之中，人的生活孤独、贫困、卑污、残忍和短寿”[3]。时刻处于暴力死亡恐惧中的个人，最强烈、最根本的欲望显然是自我保全。

人们对于自然状态中普遍存在的死亡状态感到恐惧，希望过一种舒适的生活，这就促使他们产生追求和平的激情。理智于是提示人们，存在着一些简便易行的和平条件。这些条件具体包括：寻求和平、信守和平，以及利用一切可能的方法来保卫自己；让渡的权利必须与得到的权利相等；履行信约，顺应他人，平等让利，分配争议，秉公裁断等。霍布斯将这些条件称为自然法（自然律），这样的自然法不是神的意旨，而是人的理性在自然状态中发现的一些导致和平的条件或原则。这些原则表现为一系列的权利，是一系列起始于人类意志的主观诉求。

霍布斯认为，自然法在人的内心是有约束力的，但在人们行动的时候，如果没有权力作为后盾或者权力不足，它就会成为一纸空文。人们的安全因此依旧无法保障，人类仍会陷入自然状态中。只有一条路可以满足人类和平的需求，那就是彼此放弃自我管理的权利，大家放弃权利的行为是相互平等的和毫无保留的，放弃的权利被授予一人或由多人组成的一个集体来代表，大家都服从这个人或这个集体所代表的人格（主权者），统一在一个人格之中的一群人就被称为国家。在霍布斯看来，“权利的互相转让就是人们所谓的契约”[4]，但是“没有强

[1] 黑格尔：《哲学史讲演录》（第四卷），商务印书馆1978年版，第157页。
[2] 萨拜因：《政治学说史》（下卷），上海人民出版社2008年版，第156页。
[3] 霍布斯：《利维坦》，商务印书馆1985年版，第95页。
[4] 同上书，第100页。

力支撑的契约不过是一纸空文，它们根本就没有力量确保一个人的安全"，"如果没有人们对某种强制力的害怕，那么一纸契约也就太软弱无力了，根本不足以制约人的野心、贪婪、愤怒和其他种种激情"，此时就需要行使强力的主权者，"一大群人相互订立信约、每人都对它的行为授权，以便使它能按其认为有利于大家的和平与共同防卫的方式运用全体的力量和手段的一个人格。承当这一人格的人就称为主权者，并被说成是具有主权，其余的每一个人都是他的臣民"[1]。霍布斯将由此产生的主权者（国家）的地位看得非常高，"这就是伟大的利维坦的诞生——用更尊敬的方式来说，这就是活的上帝的诞生；我们在永生不朽的上帝之下所获得的和平和安全保障就是从它那里得来的"[2]。

显然，在霍布斯眼中，产生主权者的社会契约是臣民相互之间签订的（而不是主权者与臣民）社会契约，臣民放弃自己权利的行为是自愿的、平等的、互利的，彼此之间没有卑贱高下之分。主权者不在当初共同签约放弃权利的人群之中，它的权力来自社会契约之后的社会的授予。主权者拥有全部权力而不受任何限制，因为主权是至高无上、不可分割、不可转让的，主权者的地位也是崇高的不可侵犯的。臣民得不到君主的许可，就不能抛弃现存的政府，他们无权返回到自然状态，重新选择主权者。臣民必须无条件地服从主权者，没有借口去反对主权者，否则就是不义。国家虽然是人用契约建立起来的，但它仍是道德至高权力的象征。因为在国家之前，没有所谓的善恶、正义或非正义的概念；国家是人的必然选择、唯一的出路，也就成了判断是非的唯一标准，是道德的基础。

在霍布斯看来，最为理想的制度是君主制，权力掌握在一个人手中。因为这样公共利益和私人利益能够最和谐地融为一体（即君主身上），可以最大限度地消除内乱和无政府状态。虽然他也看到了君主专制的若干弊端，也不完全反对民主国家（他的表述是"把大家所有的权力和力量托付给某一个人或一个能通过多数的意见把大家的意志化为一个意志的多人组成的集体"[3]），也强调法律面前人人平等、人们可凭理性在法律没有禁止的领域做有利于自己的事情，但是他仍然认为除君主专制外，其他制度都难以保障和平。就这一点来说，后世研究者普遍认为，霍布斯可以说是个人主义者，但不是自由主义者。

---

[1] 霍布斯：《利维坦》，商务印书馆 1985 年版，第 131—132 页。
[2] 同上书，第 132 页。
[3] 同上书，第 131 页。

（二）霍布斯从社会契约论来论证税收的合法性

在逻辑上，税收要具有合法性，取决于拥有征税权的国家必须具有合法性。霍布斯运用社会契约论，在相当程度上论证了国家所具有的合法性：第一，因为它承担了必要的功能（主要是安全）；第二，因为它来自人们的同意。如前所述，必要和同意是中世纪就普遍流行的对征税正当性的论证，而霍布斯的新意在于，他发展了社会契约论并在此基础上对征税的正当性问题进行了讨论。

首先，霍布斯对税收的本质给予了清晰的说明。霍布斯说，税收是一种通过供养国家来供养民众的"营养"，这种营养可能是国家提供的某种服务，也可能是通过国家渠道而转移的物资。他说，"国家的营养包括生活物资的数量与分配，同时也包括其调理或制备，调理好了之后则包括通过便利的渠道输送给公众使用"[1]。

其次，霍布斯重点强调税收应该发挥的功能是安全。他说，"主权者向人民征收的税不过是公家给予保卫平民各安生业的带甲者的薪饷"[2]。带甲者要做的显然是保障安全，不过霍布斯所说的安全，还包括生活的满足。他说："主权者不论是君主还是一个会议，其职责都取决于人们赋予主权时所要达到的目的，那便是为人民求得安全……但这儿所谓的安全还不单纯是指保全性命，而且也包括每个人通过合法的劳动、在不危害国家的条件下可以获得生活上的一切其他的满足。"[3]

再次，霍布斯也注意到现代税收所承担的福利职能。对于福利，他的说法是，要针对无以为生的人提供社会救济，这是今天福利制度的雏形，"许多人由于不可避免的偶然事故而无法依靠劳动维持生活，我们不应当任其由私人慈善事业救济，而应当根据自然需要的要求，由国家法律规定供养。因为正如同一个人抛弃那些无能为力的弱者不管是忍心一样，国家的主权者让他们仰赖于这种靠不住的慈善事业朝不保夕地生活也是忍心"[4]。

最后，霍布斯注意到税收管理过程中人们对于税收的抵制或不服从以及征税机关的应对政策，这也是税收管理必须应对的问题。统治者在税收管理过程中的压力，"来自人民本身的抗拒情绪，他们为自己的防卫而纳税是很不情愿的。这样就使得统治者不得不在平时尽量从他们身上征敛，以便在任何紧急时期或

---

[1] 霍布斯：《利维坦》，商务印书馆1985年版，第191页。
[2] 同上书，第269页。
[3] 同上书，第260页。
[4] 同上书，第270页。

突然有需要的时候御敌制胜”[1]。当然，除了强调征税机关平时的征税努力(尽量征敛)外，霍布斯还强调民众应该对于这种因社会契约而形成的国家给予服从(因为这是我们同意了的)，“任何一种国家，人民要是不服从，因而不协调的话，他们非但不能繁荣，而且不久就会解体。不服从而光要改革国家的人将会发现他们这样一来就把国家毁了”[2]。当然，纳税服从归根到底还是依赖于强力对民众激情的压制，“因为所有的人都天生具有一个高倍放大镜，这就是他们的激情和自我珍惜；通过这一放大镜来看，缴付任何一点点小款项都显得是一种大的牢骚根源。但他们却不具有一种望远镜(那就是伦理学和政治学)，从远方来看看笼罩在他们头上，不靠这些捐税就无法避免的灾祸”[3]。

(三) 霍布斯在征税正当性论证上的转折意义

在严格的意义上，霍布斯并不是专业的财政学家(当然那时的学科界限还没有形成)，但他在思想上用社会契约将自然状态中的个人组织成政治社会，这样的思想却奠定了后来人们思考国家权威及征税行为正当性的基础。至少在以下几个方面，后世对政治权威与征税权的思考与他相关。

(1) 在目的论与方法论上，从个人主义出发通过严密的逻辑推导来寻求道德和政治思想的逻辑基础。在霍布斯的理论中，社会是为人而组成的，而不是人为了社会，个人本质上独立于公民社会。在这种高度个人主义的目的论与方法论下，人是目的而不是手段，人的权利是道德、法律和国家的基础，人的权利优先于义务，国家的职能只在于保卫或维护个人的权利。显然，征税权的设立与行使，也应该以人的权利而不是义务为基础。

(2) 在语言上，利用特定的社会契约语言来讨论社会与政治结构的形成与正义性。霍布斯对于自然状态的界定、对社会契约与国家契约的区分、对经由社会契约过程形成的国家的权威性，以及暗含其中的社会革命含义(政府若不能保护个人安全则应被推翻)，都给以洛克为代表的后世学者讨论政治权威问题奠定了基础性框架。征税权何以合法？因为在社会契约过程中你承诺将财产权(一部分或全部)交出来，以便为了你的利益而由主权者统一使用。

(3) 在政治目的和正当性依据上的变化。在古代政治哲学中，政治服从于道德，政治的目的是完善人的灵魂、培养公民的德性，而国家则具有极强的道德

[1] 霍布斯：《利维坦》，商务印书馆1985年版，第141页。
[2] 同上书，第263页。
[3] 同上书，第141页。

和宗教功能，政府也具有一种超人的和神圣的权威。从马基雅维利开始并在霍布斯这里完成的观点是，道德应该服从于政治，政治的目的在于保护公民的权利，维护公民的利益。因此公民的权利高于政治（政府），政治又高于道德。政治正当性的依据，不再是这些神性的根据，而是所谓社会契约，即以个体的自然权利为基础形成的社会协议。政治正义与否，关键看社会契约的条件，政府的合法性来自人民之中世俗力量的认可。在此前提下，征税权的正当性在于，它为个体的利益或权利而使用税收，而不在于政治权威或征税权自身。

因此，霍布斯运用他精心构建的社会契约理论，在征税正当性论证上至少完成了以下两个方面的转折。

第一，从中世纪借助于封建惯例的必要与同意论证，转向具有革命性的构建新社会或新国家的理论，强调征税权必须符合签订社会契约时的目的。

第二，从古典政治哲学中整体主义的目的论（即只有符合整体目的的政治才是正义的），转向新时代个体主义的政治目的论（即只有以实现个体权利为目的才是正当的），强调征税权必须有利于个体的安全与福利。

四、洛克对现代国家及其征税权正当性论证的完成

英国在"光荣革命"之后，现代国家于实践中得以进一步地构建起来。特别是在詹姆士二世国王逃离伦敦后，人们看到，似乎以君主为代表的国家可以暂时缺位但社会并不因此崩溃。这一事实，促发思想家们进一步地从社会契约的角度思考政治权威合法性的问题。约翰·洛克是这些思想家中非常突出的一位，不单是因为他思想深刻、分析透彻、体系完整，而主要是因为他的理论是一种很容易了解的、平凡的哲学，中庸而实际，不违背常识，具有"普通人的理性"[1]。因此洛克的著作获得了更多人的阅读和欣赏，并取得了巨大的现实影响力。众所周知，制定美国宪法的那一批人深受洛克的影响。

（一）洛克的社会契约论

包括征税权在内的政治权力，其合法性的依据何在？洛克的回答与霍布斯

[1] 萨拜因是这样评价洛克的："他的天才的主要标志既不是他的学识渊博，也不是他的逻辑缜密，而是他所拥有的一种无与伦比的常识；正是依凭这种常识，他得以把以往的经验在他这一代较为开明的思想中所产生的关于哲学、政治、伦理和教育的主要信念集合了起来。通过简明朴实而有说服力的陈述，他又把这些信念传给了18世纪，进而成了英国和欧洲大陆此后政治哲学赖以发展的渊源"（萨拜因：《政治学说史》（下卷），上海人民出版社2008年版，第209页）。

相似之处在于，二人都不认为它来自上帝的赏赐（在《政府论》上篇洛克专门驳斥了菲尔麦有关君权神授的说法），而主张它来自被统治者出于自由意志的同意。洛克同样使用了社会契约的形式，认为是自然状态中的人们订立社会契约、组成社会和设立政府，因而个人是第一位的，是本源和目的，社会和国家是第二位的，是派生的和手段。不过，与霍布斯不同的是，洛克认为，所有的人（包括主权者在内）都在社会契约过程中，都因此进入了公民社会。洛克之所以形成这样的结论，是因为他改造了霍布斯理论中的一些概念，构建了他自己的社会契约理论。洛克的社会契约理论后来成为现代政治的常识话语，后世政治即使不使用“社会契约”这样明确的字眼，但精神实质与话语体系也与洛克具有共通性。

1. 改造自然状态、自然法与自然权利

洛克接受霍布斯摆脱宗教色彩的自然状态概念，但不同意他基于人性恶而将自然状态等同于战争状态。洛克明确反对将自然状态和战争状态混为一谈[1]，他认为自然状态绝不是霍布斯所说的充满恶意、暴力和互相残杀的战争状态，而是人类自由、平等、和平的状态。在自然状态下，人们不必服从于任何他人的意志，只需要按照他们自己认为合适的方式行动；人人具有理性，能够理解自然法，没有一个人享有多于其他人的权力。洛克认为的自然状态，是不存在拥有权力的共同裁判者的状态；即使存在国家，只要没有针对国家进行裁判的权力，国家之间就仍旧处于自然状态。在这样的自然状态中，虽然人与人之间处于自由、平等、和平状态，但存在着重大的缺陷。在有人侵害他人的生命、健康、自由或财产时，人们会发现此时缺少明确的成文法作为判断是非、仲裁纠纷的共同尺度，缺少一个依法办事的共同裁判者，缺乏权力来支持公正的判决，使之得到执行。受害者只能自己惩罚侵害者，这样个人就在自己的案件中充当了证人（受害者）、控告者、裁判者、执行者。出于自私，人们会偏袒自己（或朋友），过分地惩罚别人，这样的惩罚就不会合理，从而引发混乱和无秩序，这样的自然状态会变得让人恐惧。

在霍布斯那里，自然法仅仅是自我保存的条件，是人的理性所揭示的一些导致和平的原则。这些原则只是一种道德法，没有实际的约束力，人们往往不受自然法的约束而直接诉诸暴力，并不可避免地使人进入战争状态。但洛克从人的理性和社会性天性出发，认为自然法是从人性原则中引申出来的浅显而易于理解的、符合理性与公道的规则，简单地说就是“人们既然都是平等和独立的，任何

[1] 洛克：《政府论》（下篇），商务印书馆1964年版，第14页。

人就不得侵害他人的生命、健康、自由或财产"[1]。与霍布斯不同,洛克认为,自然法不仅仅用来实现自我保存(保护生命),它还用来保护健康、自由和财产。不过洛克承认,人人拥有自然法的裁判权和执行权确实不方便,这也是政府后来得以产生的原因。但是洛克反对霍布斯推崇的君主专制,他认为专制君主同样会出现君主"充当自己案件的裁判者"的情况,而且专制君主将人民置于自己的绝对权力下,这种状况等同于战争状态,只会比自然状态更糟糕。

在霍布斯那里,自然权利比较抽象,实际上也就只有自我保存的权利。洛克将自然权利概念由抽象变为具体,包括生命权、自由权和财产权。生命权即生存权,也就是霍布斯一直强调的自我保存的权利。自由权,指的是每个人在遵守自然法情况下,可以做自己想做的一切事情,不受绝对的、任意的权力约束。他认为,政府出现以后,约束人们的不再是自然法,而是由政府中的立法机关所制定、为社会一切成员共同遵守的长期有效的规则。显然,洛克反对霍布斯所说的,人可以放弃天赋自由而受制于专制君主。财产权被洛克认为是生存权和自由权的基础,这是洛克所重点强调的自然权利的内容。为此他不惜花费大量的篇幅,来说明最初由劳动确立了财产权,并成为维持人的生存权和自由权的基础。本书将在第八章讨论洛克这一劳动确立财产权的理论。

2. 社会契约的缔结过程

从上述自然状态、自然权利和自然法的逻辑起点出发,洛克认为,为了避免在自然状态中的不便,保护人们的生命权、自由权和财产权,经所有人的一致同意,人与人相互之间签订契约组成一个政治社会(他称之为"公民社会"),人们放弃自然法的裁判权和执行权,把它交给社会;再由政治社会中的成员,依多数原则,成立一个服务于社会的信托机构即政府(统治者拥有最高统治权,拥有人们可以向其申诉的裁判权力),社会向政府授权来保护公民的生命、自由和财产。起初的人,通过明白的同意形成社会;后代的人,通过默认的同意(财产或人身处于该领土范围内而没有提出异议即为默认同意)而加入该社会。

洛克是这样描述他的社会契约过程的:"当某些人基于每人的同意组成一个共同体时,他们就因此把这个共同体形成一个整体,具有作为一个整体而行动的权力,而这是只有经大多数人的同意和决定才能办到的。"[2]在这里洛克明确区分了经一致同意而成立共同体和经多数同意而行动两个过程,换言之,洛克的社会契

[1] 洛克:《政府论》(下篇),商务印书馆 1964 年版,第 6 页。
[2] 同上书,第 60 页。

约理论中有两次缔约过程：首先是每个人经一致同意、相互缔约成立政治社会；再由政治社会与政府（经多数人同意建立起来的信托机构）之间缔约，授权政府行使原来自然法中的裁判权和执行权。洛克还明确提到要把政治社会的解体和政府的解体区别开来，人民废除政府只是导致政治权威的更替，不会造成政治社会的解体，政治社会只解体于外来武力的入侵[1]。当然，这样的两次缔约过程并非由洛克首先提出，如前所述，霍布斯的理论中就有，同时一些大陆学者阿尔色修斯、普芬道夫等人，也都假定了有两种契约（个人之间缔结产生政治社会的契约；政治社会与政府之间再缔结契约）。在相当程度上，洛克只是沿用了他们的观点。

可见，洛克通过两次缔约过程，明确区分了政治社会与政府。在他看来，人只要出于理性就会承认他人与自己同样拥有自然权利，也因此会一致同意结成政治社会；再由政治社会（表现为多数人的意见）来决定政府（或者说国家）的形式，或者决定是否改造现有的政府形式。其中所包含的政治社会分离于且高于政府（国家）的内容，是后来自由主义思想推崇社会优先于国家的精华部分。用本书的术语体系来衡量，洛克说的政治社会相当于目的性国家，而政府（国家）相当于工具性国家。

3. 人民的权利与政府的权力

在缔约过程中，洛克主张，交出去的是自然状态中人人持有的自然法的裁判权和执行权，而霍布斯主张交出去的是自我管理的权利。洛克绝不同意霍布斯所说的，人民为换取主权者的保护而交出了全部的权利。他认为，在缔约过程中，人民放弃的只是一部分权利（自然法的裁判与执行权），委托给政府用来为他们谋福利和保护他们的财产。人民依然保有最基本的权利，即生命、自由、财产权，这些权利是不可转让、不可剥夺的，只能因自身的原因，在符合自然法的条件下受限制。社会契约既约束人民（人民不能自己去实施自然法的裁判权和执行权），也约束政府。如果政府不能服务于政治社会、滥用权力或者拥有权力的人玩忽职守，政治社会就有权、也有能力废除政府，并由政治社会重新建立政府。“统治者如果不以法律而以意志为准则”，就是暴政，人民有权反抗暴政[2]。握有最高执行权的人如果玩忽职守，剥夺立法机关的自由或者侵犯人民的财产，政府将解体。立法机关变更或擅自立法，违背人民的委托，都将导致政府解体。不

[1] 洛克：《政府论》（下篇），商务印书馆1964年版，第128页。
[2] 同上书，第123页。

过，洛克也强调，“人民并不易于摆脱旧的组织形式”[1]，往往多数时候选择“宁愿忍受而不愿用反抗来为自己求公道”[2]，这保证了政府一定程度的稳定性。

因此，洛克设计的政府是有限政府，它的权力只来自人民的授权，政府的职能仅仅在于为人们提供安全、自由和财产的保障。在霍布斯那里，行使主权的主权者，一切行动都应被当作法律；而在洛克这里，立法权与执行权分开，立法权是最高权力，君主行使的执行权并非最高权力，而立法权掌握在民众代表手中。这样，个人在组成政治社会后，并未丧失自己的基本自然权利，这些自然权利作为个人保留的权利被带入政治社会（由明确颁布的法律予以保障），构成今天所谓的人权。也就是说，一方面，政府的权力在外延上受个人天赋的、不可转让的自然权利的制约，在任何情况下都不得侵犯个人的自然权利；另一方面，政府在行使自身那些有限的权力时，也必须基于组成政治社会的人们的同意。

（二）洛克对征税正当性论证的完成

洛克运用社会契约论为现代国家建构起一套比较有说服力的理论说明，个人权利先于政府而存在，政治权力来源于被统治者的同意，政府若不为民众利益服务则应解体等自由主义的核心理念至此形成，并发挥出越来越大的影响力。就现代税收而言，至少在以下几个方面，洛克完成了征税权合法性的论证。

1. 税收的本质

到了洛克的时代，政府必得税收方能生存（国王再也不能自营其生），“对任何一个政府而言，政府没有巨大的经费就不能维持”。税收代表的是政府与民众之间的一种“保护与供养”的关系，“凡享受保护的人都应该从他的产业中支出他的一份来维持政府”[3]。但从洛克的社会契约理论来看，将税收说成是这样的关系还不够，还需要看到税收本质上是私人财产权的一种让渡，而私人财产权先于政治社会、先于政府、更先于征税机关而存在，这与洛克对个人优先于社会，社会优先于政府，立法机关优先于实施征税的行政机关的看法是一致的。洛克强调，“这种财产权的性质就是：未经本人同意，不能剥夺任何人的财产”[4]。

因此，税收的本质是用来保护私人财产权的经费，其自身是私人财产的一部分；政府并没有自己的财产（作为私人的国王有自己的财产），其本质只是一组权力（仅限于用来保护每一个人及其财产），而这种权力也是派生性的，无论是立法

[1] 洛克：《政府论》（下篇），商务印书馆1964年版，第135页。
[2] 同上书，第139页。
[3] 同上书，第88页。
[4] 同上书，第118页。

权和行政权都只不过是每个人把他的天赋权力或自然权力"让渡给社会"或"让渡给公众"的那种权力。

2. 征税权的正当性

在洛克的理论中,什么样的征税权才是正当的或者合法的?洛克沿用的显然还是"必要"与"同意"两个理由,只是运用了社会契约论语言加以表述。就必要性来说,那就是征税的目的必须合法,即税收供养的国家必须因保护财产权(包括生命、自由和财产)而产生,并为此目的而运行。他强调,国家的权力"没有别的目的,只是为了人民的和平、安全和公众福利"[1]。就同意来说,那就是一定要有纳税人的同意,洛克反复强调,"最高权力,未经本人同意,不能取去任何人的财产的任何部分……未经他们本人的同意,任何人无权从他们那里夺取他们的财产或其中的任何一部分,否则他们就并不享有财产权了。因为,如果别人可以不得我的同意有权随意取走我的所有物,我对于这些东西就确实并不享有财产权"[2]。

3. 征税权的限制

在征税权的日常运行中,显然不可能次次都经过全体一致同意,甚至也不会经常诉诸多数民众的同意,而是由常设的立法机关和行政机关来作出决定。不过,在洛克的社会契约理论中,这样的征税权仍受到严格的限制。

第一,权力的行使目的是明确而有限的,不能超出这样的目的(即保护财产权),或者说私人财产权的不可取消性构成了政府和社会权力的最终限度。他说,"政治权力就是为了规定和保护财产而制定法律的权利,判处死刑和一切较轻处分的权利,以及使用共同体的力量来执行这些法律和保卫国家不受外来侵害的权利;而这一切都只是为了公众福利"[3]。

第二,他认为立法权是最高权力(高于行政权),但本身必须受到限制。为此,他给立法机关的权力施加了四重的限制:它们应该以正式公布的、既定的法律来进行统治,这些法律不论贫富、不论权贵和庄稼人都一视同仁,并不因特殊情况而有出入;这些法律除了为人民谋福利这一最终目的之外,不应再有其他目的;未经人民自己或其代表同意,绝不应该对人民的财产课税;立法机关不应该也不能够把制定法律的权力让给任何其他人,或把它放在不是人民所安排的其他任何地方[4]。

[1] 洛克:《政府论》(下篇),商务印书馆1964年版,第80页。
[2] 同上书,第86页。
[3] 同上书,第4页。
[4] 同上书,第88—89页。

五、小结

上一章叙述了税收在西欧地区从中世纪至近代的诞生过程,西欧的国家也因此成为税收国家。本章阐明的是,在此历史过程中,行动者是怎样运用手头的知识来解释征税的行为并构建包括财政制度在内的国家制度的。在中世纪的封建契约关系中,为本应“自营其生”的国王转而依靠税收获取收入这一行为提供辩护的理论,是“必要”和“同意”这两个封建原则。到了近代早期,随着税收逐渐成为政府的常规与主体收入,同样基于必要与同意两个原则但予以更精密化表达的社会契约理论,成为主要的解释理论,为征税提供正当性的证明。在被称为“古典社会契约理论”的学者中,霍布斯与洛克是两位典型的代表,他们从自然状态出发,为国家诞生与征税正当性提供基于自愿契约的证明。不过,霍布斯认为,在社会契约过程中,人们除了生命权之外将其他权利几乎都交了出去,因而他设想的税收国家是一个专制国家。但洛克认为在社会契约过程中人们保留了生命、自由与财产等权利,因而他为之提供正当性证明的税收国家,在相当程度上是一个权力有限的国家。以今天的眼光看,中世纪征税的必要且同意原则要求、社会契约理论对征税正当性的论述,都是目的性国家驯化工具性国家的过程,并进而构成税收国家形成的一部分。

不过需要注意的是,在洛克那个时代,所谓的民众是相对抽象的,并不指人人或所有人。那个时代的国家,并不掌握所有人的姓名,甚至连确切的民众数量与分布状况都搞不清楚。参与国家管理的只有部分贵族或者精英人士,在地方层次上充当陪审员、充当民兵的普通人数量很少。在那时,甚至也不是所有的人都纳税,提供主要财政收入的合法税种仍是传统的财产税(各等级依其地产而纳税),穷人按惯例不需要纳税。那时的思想家,普遍地持有一种如下的贵族理性主义的观点:在政府的征税行动中,虽然“同意”很重要,但表达同意只需要部分能参与政治的有产者就可以了;就“必要”而言,重要的不是去发现人民需要什么,而是要发现什么对人民有利。在这些思想家看来,只有少数精英才拥有智慧去发现什么东西对人民有利,普通人并没有这样的智慧,也不可能对人类生活的重要领域做出贡献。因此,这些思想家认为在生活中人民只需要服从少数人的智慧即可。

就当时而言,多数知识分子事实上赞同的是君主开明专制,认为君主的责任在于保证人民的人身和财产安全(君主的权力受此限制),而人民应该成为专制君主忠诚而驯服的臣民。在如此思想主导下,对征税正当性的论证,可以称为"为民征税"。在19世纪末,维克塞尔对财政学中广泛存在的开明与仁慈的专制君主的假设,即倡导"所有的事情都为了人民,但没有事情经过人民"[1],做出了批评。他的这一批评,实际上是对18世纪卢梭等学者对仅仅停留于"为民征税"思想批评的呼应。

[1] 马斯格雷夫、皮考克:《财政理论史上的经典文献》,上海财经大学出版社2015年版,第122页。

第四章　由民征税:征税正当性的民主要求

向民众的私人财产征税为什么是正当的?在上一章说到,封建时代对征税正当性的论述主要集中于两个方面:实质上是有必要征税以帮助国王履行责任;形式上是征税经过了纳税人(贵族与自由民代表)的同意。到了近代早期,以霍布斯和洛克为代表的思想家,在日益个体化的生存环境中为新来临的税收国家辩护时,运用了孕育已久的社会契约理论并予以精密化的发展,从而论证了征税的如下正当性:税收是在社会契约过程中所有签约者为了自己的利益而同意征收的;征税法令是由经多数人同意而产生的议会发布的。在一定程度上,这是运用起源理论(社会和国家是如何起源的)来论证合法性(符合国家从自然状态起源时给它规定的条件),这样的论证与封建社会中的必要与同意的要求是一致的,只是进行了更为精致的表述:国家的诞生确有必要并因一致同意而诞生,因此为了维持国家而征税就有必要;经议会多数同意颁布征税法令也是正当的,因为在签订社会契约时大家都同意过这样的操作。

但起源的正当性并不能保证征税权在日常行使时的正当性,因为从事税收立法的议会虽说应当为民征税,可并不能保证必定如此。特别地,在本章要讨论的卢梭看来,征税的正当性不仅需要经多数人同意、由选举产生的议会来颁布征税法令,而且要确保议会法令在制定与执行时也真正体现民众的意志,或者说要由民众的意志来决定征税与用税。卢梭的意思实际上是说,在制度上不仅要实现为民征税,而且要实现由民征税,征税权才算是正当的。卢梭的这一思想以及其他学者的思想,与中世纪以来的代议制实践展开了互动,最终形成了现代民主制度,实现了由民征税的要求,并因此取得了征税的正当性。由此也可以看到,征税正当性论证与民主的理论与实践不可分割地连接在一起,并奠定了税收国家在现代世界的正当性基础。

一、从“为民”征税到“由民”征税

如前所述，霍布斯、洛克对征税正当性的证明，说明了为民征税的正当性。可是让-雅克·卢梭(Jean-Jacques Rousseau, 1712—1778)对此不以为然。在他看来，从事税收立法的议会议员，虽然是经民主选举产生的，从起源来看是合法的，但并不能保证从事政治决策、颁布税收法令的议员必定遵从人民的意愿。在《社会契约论》一书开始没多久，卢梭就说明自己并不关心施加强制的政治权力是怎么起源的，因为真正重要的是让包括征税权在内的政治权力正当化。他说，强制的出现“这种变化是怎样形成？我不清楚。是什么才使这种变化成为合法的？我自信能够解答这个问题”[1]。政治权力的正当化，并不能由选举议会成员这种来源合法性进行保证。他强调说，英国人民“只有在选举议会议员的期间，才是自由的；议员一旦选出之后，他们就是奴隶，他们就等于零了”[2]。就是说，人民不但要有能自由选举议员从事立法的权力，而且还要在立法过程中贯彻自己的意志，以便实现自己的自由。

从财政的视角来看，卢梭想表达的是，由定期选举产生的议会通过的征税法令(即满足“同意”的要求)，不但应该要做到“为民”(即以增加民众的幸福作为必要性)，而且应该做到“由民”，即由民众的意志支配征税权的行使，征税权始终控制在民众的手中。换言之，像征税这样的政治行为，如果只是显示出在客观上正确是不够的，还必须是时时刻刻(而非只在国会议员选举期间)表明权力来自人民。卢梭说的人民，下文将说到，指的是所有的人，包括普通人在内。就是说，每一个人都应该是这个政治社会负责而活跃的成员。与那个时代的其他思想家相比，卢梭显然更信任普通人的能力，认为他们能够有效地参与政治制度运作和政治生活过程。他的由民征税思想，包含着对普通人政治智慧与政治行动的肯定，以及对贵族精英代替民众执政的否定。就这一点而言，卢梭远超当时的政治学者，并因此成为现代普选民主制的奠基人。事实上，直到维多利亚时期(1837—1901)的学者巴贝奇仍坚持认为，引入普选制度是“不安全和不公正的”[3]，因

---

[1] 卢梭:《社会契约论》，商务印书馆1980年版，第8页。

[2] 同上书，第125页。

[3] 唐顿:《信任利维坦:英国的税收政治学(1799～1914)》，上海财经大学出版社2018年版，第150页。

为这将导致工人阶级控制选举结果，并带来不好的后果。沃特金斯在评论康德时就揭示过卢梭这一思想的重要意义："康德本是贵族理性主义者，深信只有少数人采用理智这种最高天赋，一般人无法对人类生活中之重要层面提供贡献。认识了卢梭的著作后，康德改变了观点，对常人的尊严与能力产生了新的敬意"[1]。19世纪以来西方现代国家的实践历程也证明，普通民众完全能够参与政治，贵族理性主义是一种傲慢与无知。

从为民征税到由民征税的发展，还涉及税收理论史上的"博丹悖论"。法国思想家博丹(Jean Bodin, 1530—1596)一方面认为，国家主权是一个国家最高的、绝对的、永久的权力，在主权中包括对臣民课税的权力，因而征税权是国家绝对的、最高的权力；另一方面他又认为，只有在国家面临财政危机又没有其他办法的情况下，在征得三级会议同意后才可以依靠征税来获取收入，由此看来征税权又并非国家的绝对的权力，财产权才是更高的权力。征税权既是绝对的权力，又不是绝对的权力，有人称博丹的这一论述为"博丹悖论"[2]。显然，这一悖论之所以存在，是因为在博丹那个时代，国家主权掌握在君主手中而财产在民众手中，君主自上而下征税与民众自下而上同意，二者并不一致，由此带来征税权是否最高权力的悖论。现代民主制度消除了这一悖论，因为现代民主中实行的是由民征税，即由民众(及其代表)行使主权对自己的财产征税，征税权(主权的一部分)与财产权属于同一批人，不需要争论谁高谁低。或者按照卢梭的说法，对自我的强制是唯一合法的强制，"唯有服从人们自己为自己所规定的法律，才是自由"[3]。而民众对自己的财产征税，事实上就是对自己行使强制权，这样的征税权当然是正当的。

卢梭对由民征税理论的建构，是通过下文将说到的进一步改造社会契约论来完成的。由此形成的理论，在今天被通称为民主理论，即权力不仅"为民"使用，而且要"由民"使用。卢梭实际青睐的是像日内瓦城邦这样由全体公民(所有的成年男子)集体立法，但在超出城邦范围的现代国家中，只能通过普选产生的代表时刻根据民众的意志(即下文将说到的公意)来行使立法权。而通过代表行使立法权，又与选举代表、投票决策等制度紧密结合在一起。其实早在中世纪的理论中，税收已经与我们今天视为民主标志的选举制度结合在一起，比如第二章

[1] 沃特金斯：《西方政治传统》，吉林人民出版社2001年版，第70页。

[2] Wolfe, *Jean Bodin on Taxes: The Sovereignty-Taxes Paradox*, reprinted in: J.H. Franklin ed., *Jean Bodin*, Ashgaten, 2006.

[3] 卢梭：《社会契约论》，商务印书馆1980年版，第30页。

说到的第三等级或者平民参加等级会议决策税收问题时，派出的代表都是经选举产生的。虽然卢梭对通过代表行使立法权并不满意，但在现代民主理论影响下，也在现实民主实践的推动下，征税正当性问题日益与普选基础上的代议民主制结合在一起。接下来要说到，19—20 世纪逐步深入人心的理念及制度构建是，只有以包括普通人在内的竞争性普选基础上产生的代议制，以及在代议机构中竞争性地表达私人利益（私人意志），最终才能真正地实现由民征税并带来公意（公共利益）的实现。

二、卢梭对社会契约论的改造与由民征税问题

任何政治思想都要处理政治社会中的个体与集体之间的关系问题。在现代社会，这一问题被转化为：怎样协调个体与集体之间的关系，以便既保证政府的强制能力以实现集体行动（保障秩序与供给福利），又能保持个人的权利与意志自由？卢梭改造社会契约理论，正是为了协调这一个体与集体的关系，并因此完成了征税正当性的论证，即税收不仅应当“为了”民众而征收，而且必须“经由”民众来征收。

（一）卢梭改造社会契约论

洛克之所以提出他自己的社会契约论，最初是要把社会契约作为限制现有政府权力的工具（不得侵害民众的生命、自由和财产，因为建立政治社会的目的就是保护生命、自由与财产），而对现有的政府怎样才能作出有效的集体行为，当下的个人行动与集体秩序该怎样协调并没有说什么。特别地，在他的理论中，如果以契约来理解个体与整体关系的话，那么签订契约就完全出于个人的意志，而这就意味着个人出于自由意志可以随时撤销契约，这么一来任何一个政治社会都无法保持稳定。这就是洛克理论中存在的难题。

在苏格兰启蒙运动期间，休谟对洛克的理论进行了修正，以应对上述难题。在他看来，政治社会应该是这样产生的：在没有政府的自然状态中，人们的生活感到极端不便；有人针对某一具体紧迫的情况行使特殊权力（如对争议进行裁判或者以武力压制某种破坏行为等），给这些人带来了感觉到的好处（如人身安全和裁判公正）；在他们的默认下，此人频繁使用这种特殊权力，于是他们不断地得到好处并慢慢形成习惯，此人也就慢慢地成为掌握特殊权力的首领；有一小部分人协助该首领行使特殊权力，于是就形成了政府，并通过习惯形成约束人们行为的传统（法律），为大家提供安全保障。这样，政治社会就从自然状态中产生了。

可见，在休谟这里，政治社会是从一系列共同经历的事件中逐渐演进出来的，政府虽然是洛克所说的人类的创造物，但它的基础是人的自我利益和习惯。换言之，休谟是以传统（习惯）来沟通个体与集体，要求个人服从传统所积累的智慧（体现在法律中），尊重现存的权威，认为人的自由是在法律之内（或法律之下）的自由[1]。在他看来，传统是人类长久以来行之有效的、出于自由意志行动而形成的结果，它们既源于个人行动（是人造物，是个人行动的结果），又非单个人可以刻意改变（作为人类文明的结晶和社会进步的基础，单个个人应该尊重和服从）。这样兼有个体与集体两方面性质的传统（法律），协调了个体与集体的关系，既能保证人的自由（各种保障权利的法律措施）又能保证法律秩序的稳定（人服从传统带来的秩序）。

用卢梭的理论来看，休谟理论仍然存在问题，因为它干脆取消了人相对于法律的自由意志，“并没有而且也不可能有任何一种根本法律是可以约束人民共同体的，哪怕是社会契约本身”[2]。在卢梭看来，人具有自由意志，人的自由不仅应该在法律（由传统智慧结晶而成）之下、受法律约束，而且人还应有相对于法律本身的自由。人应有权修改传统形成的法律和制度形式，这样公民服从法律就像服从自己的自由意志一样；否则，法律就变成了王权、上帝或社会中的特殊利益的产物。当然，卢梭之所以持有与休谟如此不同的看法，至少部分原因是源于英法两国法律实践的不同：英国形成了一套较为保护个人权利的传统法律（即能相对有效地保护英国人权利的普通法），而在当时的法国这样的传统法律不存在或者不令人满意。

卢梭相信，政治生活有赖于整个社会的意愿与积极参与，个人是自由的，只有保证个人自由的政治才是正义的，以此出发的集体行为才是正义的；政府所做的事情，必须也是社会每个成员想做的事。因此，在卢梭看来，问题的关键不在于政治社会是怎么产生的，而是如何可以使之变得更好，或者说如何使它变得更加正当，“这标志着契约理论史上的一个重大转折，因为到目前为止，契约论一直都在试图从公民社会真正所产生的（一个或多个）契约中，推论出合法统治的条件”[3]。如何让政治社会或者说权力正当化？政治权力至少要满足以下两个条件才真正地正当：首先是政府的产生必须源自人民的意志，不是遥远过去的意

[1] 刘守刚：“近代英法立宪主义之分野与融合”，《上海财经大学学报》2006 年第 2 期。

[2] 卢梭：《社会契约论》，商务印书馆 1980 年版，第 27 页。

[3] 莱斯诺夫等：《社会契约论》，江苏人民出版社 2005 年版，第 107 页。

志,而是由定期选举甚至时时刻刻表达的意志;其次是政府的实际运作应该遵循民众的意志,以增加人民幸福为根据,不能实现这一点就没有正当性。

卢梭对此的论证,仍然借用了社会契约论的形式。不过他关注的不是过去的国家(或者说政府)是怎样产生的,而是怎么才使未来的国家正当,他给出的答案是政府必须时时刻刻接受公意的指导。

1. 卢梭社会契约论的起点:不一样的自然状态

卢梭承认以前思想家的观点,即公民社会不是自然的,而是约定的,"社会秩序乃是为其他一切权利提供了基础的一项神圣权利。然而这项权利绝不是出于自然,而是建立在约定之上的"[1]。之所以需要这样的约定,是因为"自然状态中不利于人类生存的种种障碍,在阻力上已超过了每个个人在那种状态中为了自存所能运用的力量"[2],以至于人类要改变生存方式,结成社会。但是他认为,前人所描述的在社会产生之前的自然状态是不真实的,因为他们所说的自然状态中的人,具有理性和财产,但这实际上是公民社会中的人,因为价值、关系、制度等都是在社会生活的交往中产生的。卢梭声称,运用人类学知识特别是通过自省,能够获得关于人的自然状态的知识。自然状态中的人是绝对孤立的,人人平等而自由,服从自爱心和怜悯心的本能,没有正义、非正义的观念,也没有贪婪、压迫、欲望和骄傲,保持着简朴、单纯、孤独的生活。

可见,卢梭的自然状态不是真实的历史状态,而是一种思想实验或假设状况。这样的自然状态比洛克描述的更美好,卢梭的说法是它代表了人类没有被文明社会玷污前的状况。在此基础上,卢梭认为,一个正当的政治社会,必须能够克服自然状态中的不便,与此同时保持平等和自由,用卢梭自己的话来说,就是:"要寻找出一种结合的形式,使它能以全体共同的力量来卫护和保障每个结合者的人身和财富,并且由于这一结合而使每一个与全体相结合的个人又只不过是在服从自己本人,并且仍然像以往一样的自由"[3]。就是说,要找到一种人类结合的形式,在其中人能保持着与自然状态中一样的自由,同时还能克服自然状态中的不便。由此产生的人类结合形式(即国家),才最为正当或最具有合法性。

2. 社会契约的过程:以公意来统一个体与集体

卢梭的社会契约理论不但要解决社会合作与个人自由之间的关系,而且要

[1] 卢梭:《社会契约论》,商务印书馆1980年版,第8页。
[2] 同上书,第22页。
[3] 同上书,第23页。

保证政治社会的稳定(克服洛克理论中契约自由可能导致的社会秩序不稳定等难题)并保证人相对于法律或传统的自由(克服休谟理论中否定人相对于法律的自由问题)。卢梭提出的解决方案是签订这样一种社会契约,将个人一切权利转让给代表公意的整个集体,即"我们每个人都以自身及其全部的力量共同置于公意的最高指导之下,并且我们在共同体中接纳每一个成员作为全体之不可分割的一部分"[1]。

具体来说,这句话有以下四个方面的要点。

第一,所谓的公意(general will,又可译为"普遍意志"),代表了每个人的共同利益,由每个人个别意志中共享的部分构成。卢梭一再强调,公意不是众意,公意只着眼于公共利益,而众意则是个别意志的总和。他说,"除掉这些个别意志间正负相抵消的部分而外,则剩下的总和仍然是公意"[2]。在另一处,他又说:"国家全体成员的经常意志就是公意"[3],或者说是那种稳定的共同的意志。在卢梭看来,人们总是愿意自己幸福,而公意以公共利益为依归,因此永远正确,"公意永远是公正的,而且永远以公共利益为依归;但是并不能由此推论说,人民的考虑也永远有着同样的正确性。人们总是愿意自己幸福,但人们并不总是能看清楚幸福"[4]。

第二,社会契约依公意而成立,由主权者来代表共同体全体成员的公意。当个人服从代表公意的社会契约(即法律)时,个人服从的是本人共享的公共利益,个人的意志参与到了公意的形成,服从公意也就是服从自己的意志,因此个人实现了自由意志,也实现个人利益;当代表公意的主权者创立制度或修改法律时,说明全体成员的公意相对于法律本身是自由的,因而也体现了人的自由意志或者说人相对于法律的自由。因此,卢梭克服了前面说的休谟难题。而且,卢梭认为,经由这样的公约,人会更加平等,"基本公约并没有摧毁自然的平等,反而是以道德的与法律的平等来代替自然所造成的人与人之间的身体上的不平等;从而,人们尽可以在力量上和才智上不平等,但是由于约定并且根据权利,他们却是人人平等的"[5]。

第三,卢梭强调,在依公意形成社会契约以后,每个人将自己的一切权利全

[1] 卢梭:《社会契约论》,商务印书馆 1980 年版,第 24—25 页。
[2] 同上书,第 39 页。
[3] 同上书,第 140 页。
[4] 同上书,第 39 页。
[5] 同上书,第 34 页。

部转让给全体;任何人不服从公意,全体就要迫使他服从,或者说人若不自由就强迫他获得自由,这样受公意指导的政治体(即主权者)对它的每个成员都有绝对的支配权力。因此,签订社会契约后的个人,必须服从公意,这在相当程度上可以保证政治社会的稳定性,从而克服了洛克的难题。他说:"为了使社会公约不至于成为一纸空文,它就默契地包含着这样一种规定——唯有这一规定才能使其他规定具有力量——即任何人拒不服从公意的,全体就要迫使他服从公意。"[1]

第四,卢梭区分了主权者和政府。他认为,每个成员转让自己全部权利的对象,是主权者而不是政府。主权者是"由全体个人的结合所形成的公共人格"[2],每个成员将自身权利全部转让给主权者,无非表明各成员应平等地参与共同体。主权者代表公意所执行的职能纯粹是规范性的,其任务是在立法行动中达成道德共识,因为在立法过程中,人类往往能够超越特殊利益与偏见,致力于考虑普遍问题。所以唯有立法,才可以真正说是公意的行动。政府是行政机构,致力于行政过程,行政行为只不过是特殊意志的行为,因此政府必须受主权者的监督,执行主权者的立法。在此情况下,个人的自由并没有转让给政府,当主权者不满政府对其命令的执行时,它有权解散政府,以另一政府取代。因此,主权者(国家)由社会契约产生,"国家的生存不是依靠法律,而是依靠立法权"[3],而政府只是通过法律而实施的一项委任,"创制政府的行为绝不是一项契约,而只是一项法律;行政权力的委任者绝不是人民的主人,而只是人民的官吏;只要人民愿意就可以委任他们,也可以撤换他们"[4]。

(二)卢梭确立现代人民主权理论

前已述及,在罗马法中就已有人民主权的表述,在中世纪晚期近代早期的思想家那里(特别在加尔文那里)也已有比较明确的人民主权的说法。但总体来说,这些人民主权理论并非现代人民主权论,未分清人民主权和人民代表的主权的区别。在英国,许多人将人民主权与议会主权相混同。基于卢梭的上述社会契约设想,许多学者相信卢梭在此处确立的是真正的人民主权。这是因为,在洛克的社会契约理论中,缔约人在缔约前已经拥有了财产权(财产权是自然权利的一部分),因此在第二次缔约组成政府时的人民主权,实际上是有产者主权而不是所有的人的主权,这样形成的议会并不代表无财产者。在卢梭看来,自然状态

[1] 卢梭:《社会契约论》,商务印书馆1980年版,第29页。
[2] 同上书,第25页。
[3] 同上书,第132页。
[4] 同上书,第132页。

中不存在财产权的概念（虽然可能已有财产），财产权是社会契约的对象而不是社会契约的前提。因此，缔结社会契约的人民应包括所有的人在内，换言之，没有财产的劳动者，其意志（利益）也包含在公意内。这样，所有的人，而不只是洛克理论中的有财产的人，都有参与政治（缔结社会契约）的权力。这就是卢梭开创的真正的人民主权理论，标志着现代民主理论的诞生。

在卢梭的人民主权理论看来，主权是共同体的最高权力，必须由全体人民的公意决定，并以此成为立法的基础。主权不能转让给代表而应由人民亲自行使，这就否定了孟德斯鸠（Baron de La Brède et de Montesquieu，1689—1755）所总结的英国的经验，即人民权力只限于选代表，除此之外不应分享政府的任何权力。卢梭认为，公意不可分割，因此主权也不可分割，这就突破了传统在各个阶级之间分割权力的混合政体理论。当然，卢梭并未否认政府机构的行政权力可以依各国情况，而采取不同的形式和分工方法。这种政府形式的不同，并不动摇全体人民公意构成的主权。

可以看到，基于社会契约论，卢梭的理论是符合逻辑的：既然需要同意，那所有人都同意的国家就是最为正当的国家；唯有当人民集合起来的时候，主权者才能行动；更为关键的，政府的行为必须由民众（集合起来）的意志决定，或者说政府的行动就应该是人民的行动，这样的政府才是民主的政府。因此在今天，说一个国家是民主国家，至少有两层含义：一是包括所有的人在内的人民的意志成为政治正当性的基础；二是人民的意志（公意）而不是议员的意志决定政府的实际运作。这就引出什么是人民的意志或者说公意的问题。

卢梭在他的著作里，并没有清楚地说明人民意志或者公意到底如何产生，因而他的公意观念便成为思想史上无休无止争论的起点。看卢梭对公意的相关表述，他有时将公意看作一个民族稳定的常态的意愿，有时将其说成好像是普遍的幸福或者公共的利益（像后来功利主义学派那种），有时意思又像康德的“善的意志”（不指向特殊、立即的利益，而是自问所有的人在此情况下应该怎么做的意志）。在第十二章将会说到，鲍桑奎将公意解释为跟实际意志（当下的、特殊的意志）不同的真实意志。在卢梭的眼中，公意不能以任何先在的道德法则为依据（因为这样的话就限制了民众的自由意志）。他认为公意的可能来源，主要是我们今天所谓的民族文化，而民族文化往往由一个理想的局外观察者来表达最佳，因为局外人看一个民族的文化，会比已深染那个文化的人更清楚。不过，从卢梭强调在立法过程中人们是从普遍的而非特殊的观点来思考问题来看，他赞成立法行为是真正可以表现公意的行动方式。正因如此，在现实中承担立法功能的议会，可被理解为表达公意的机构。显然，承担表达公意的议会，一定是经过包括普通人在内的普遍选举产生的，这样选举制度就成了表达公意的制度：一方面它最为直接地体现了由人民意志决定政府体制及人员构成，另一方面它成为人民对政府实际功能的决定权（通过对领导人甚至政党的更换来表达人民对上一届政府政策与行为的满意程度，并挑选新的体现民众意志的政府政策与领导人）及正当性的试金石。因此，可以说，卢梭的社会契约论在相当程度上为现代以普选为基础的议会制奠定了基础。

那么，经普选产生的议会有能力表达公意吗？按卢梭的看法，答案似乎是否定的。其实卢梭本人并不喜欢代议制。他认为，代表的观念“起源于那种使人类屈辱并使人这个名称丧失尊严的、既罪恶而又荒谬的政府制度”[1]。在他看来，公意无法由任何人或机构代表；如果一定要有机构来代表的话，他青睐的是公民全体参与表决的直接民主而非代议制民主。但现实中的国家，基本上都远远超过城邦的范围，以至于不可能实行这样的直接民主。所以，由议会这样的代议机构来代表公意，是现实的要求，也是后人对卢梭理论的理解或发展。用马斯泰罗内的话来说，“思想史学家总是力图搞清某位政论家的政治思想的真正含义，但是为了跟踪一种政治思想的历史发展进程，还必须考虑当代人是如何去阅读这些政论家的著作的，是如何把这些作家的思想付诸自己时代的政治现实的”[2]。接下来会说到，按照熊彼特等人的理解，竞争性地选举议员及议会内竞争性投票活动，能够导向公意（公共利益）的实现。

此外，卢梭强调公意代表着公共利益，公共利益是包含无财产者在内的所有人民的利益，这实际上代表了一种新的国家理论。这样的国家，可以干预财产分配与财产使用，因而事实上包括了经济和社会内容。或者说，卢梭理论中的国家，可以进一步地发挥调节经济职能、调整财产不平等状况等职能。换言之，以公意为依归的国家，权力可以扩大到经济和社会领域，这事实上也为接下来本书即将探讨的生产国家与福利国家的发展奠定了理论基础。

（三）卢梭眼中征税的正当性

在那个时代，卢梭属于比较早地明确阐述税收起源问题的学者。他说：“在全世界的一切政府中，公家都是只消费而不生产的。那么，他们所消费的资料从何而来？那就来自其成员的劳动。正是个人的剩余，才提供了公家的

[1] 卢梭：《社会契约论》，商务印书馆 1980 年版，第 125 页。
[2] 马斯泰罗内：《欧洲民主史》，社会科学文献出版社 1998 年版，第 17 页。

所需。由此可见，唯有当人类劳动的收获超过了他们自身的需要时，政治状态才能够存在。”[1]也就是说，国家的生存依赖于税收，而税收依赖于生产发展到一定阶段后出现的经济剩余。

当然，卢梭关心的重点并非税收的起源，而是如何让在现实中已实现的税收国家合法化或者说使征税正当化。在这方面，卢梭说得很对，“强力并不构成权利，而人们只是对合法的权力才有服从的义务”[2]。那么，在现实中已经发展成为税收国家的国家，其合法性的依据何在呢？如前所述，在洛克那里，虽然他用社会契约论来说明了国家的起源，但其重点在于论证现有国家的合法性应该是它的行为而不是起源，即它的行为应该是消极的、限制性的，不侵犯且要保护公民的生命、自由和财产。在卢梭看来，这样的国家还不够，只有在基于所有人意志形成的公意指导下的国家、每一个人的意志都能参与其中的国家才是合法的国家，而这样的国家自然就是民主国家。换言之，只有在民主国家内，征税才真正具有正当性，才符合由民征税的要求。在制度上这样的正当性至少包括两部分内容：法律与统治者由所有的民众选择（普选制度与议会决策）；国家平等地为每一位公民的幸福服务（不仅是保护生命、自由与财产，还要提供干预经济、提供福利）。在此之前的封建国家，政府也多多少少地宣称自己关注民众的幸福（或者为民谋福利），但并不认为民众的意志与幸福，是决定自己生死存亡的唯一因素，更不认为普遍选举才是表达民众满意程度的最佳途径。在接受了卢梭的理论之后，人们很容易就能接受这样说法，即经普选产生的议会才可代表公意，由这样的议会征税才符合由民征税的正当要求。于是，选举产生的议会可借此成功地发展出凌驾于政府机构之上的权威，并以公意的名义指挥政府机构执行立法标准与法律。

那么，税收国家除了必须是民主国家外，在运行中还需要具备什么样的特征或条件才是正当的呢？

第一，必须确认政府获得的税收来自个人的财产，政府（或集体）通过支配和保管税收完成国家的目的（把民众的自然权利变为真正的法律权利）。卢梭其实并不反对个人财产权，他甚至认为“财产是政治社会的真正基础，是公民订约的真正保障”[3]。在他看来，“集体在接受个人财富时远不是剥夺个人的财富，而

[1] 卢梭：《社会契约论》，商务印书馆 1980 年版，第 104 页。
[2] 同上书，第 13 页。
[3] 同上书，第 31 页。

只是保证他们自己对财富的合法享有,使据有变成为一种真正的权利,使享用变成为所有权。于是享有者便由于一种既对公众有利、但更对自身有利的割让行为而被人认为是公共财富的保管者"[1]。

第二,必须确认税收的使用一定是为了民众的利益这一目的,这样的税收才没有负担。他说,"政治结合的目的是为了什么?就是为了它的成员的生存和繁荣"[2]。当然,生存和繁荣这样的公共幸福由公意来表达,"唯有公意才能够按照国家创制的目的,即公共幸福,来指导国家的各种力量……治理社会就应当完全根据这种共同的利益"[3]。"公共赋税距离它们的来源愈远,则负担就愈重。衡量这种负担,决不能只根据税收的数量,而要根据税收转回到原纳税人的手里时所必须经历的路程。如果这一流转过程既简捷而又规定得好,那么无论人民纳多少税,都是无关紧要的:人民总会是富足的,财政状况总会是良好的;反之,无论人民所缴纳的是多么地少,如果连这一点点也永不再回到人民手里的话,那么由于不断的缴纳,人民不久就会枯竭,于是国家就永远不会富足,人民就永远都是贫困的。"[4]因此,国家统治权的直接基础在于它们是否有能力为民众创造共同幸福,征税的正当性在于税收能否为民众创造幸福。征税的正当性与追求民众的幸福直接联系在一起,它是现代民主及税收国家的本质;这样的国家:"最下能使政府谨记不能造成人民不幸,最上则相当能造成政府必须向被治者负责。"[5]

第三,国家有权为了民众利益而支配一切财富,或者说可以基于公意而支配全部财富。他说,"因为就国家对它的成员而言,国家由于有构成国家中一切权利的基础的社会契约,便成为他们全部财富的主人"[6]。当然,这样一种支配,并不侵犯个人财产权。在卢梭看来,由于所有的税收都用于民众,因而"他们是获得了他们所献出的一切";而且国家的支配与民众的财产所有权不是一回事,"只要区别了主权者与所有者对同一块地产所具有的不同权利,这个两难推论是不难解释的"[7]。卢梭的这一看法,事实上为后来的福利国家以共同体的名义支配个人财产(如养老金)奠定了理论的基础。

---

[1] 卢梭:《社会契约论》,商务印书馆 1980 年版,第 33 页。
[2] 同上书,第 111 页。
[3] 同上书,第 35 页。
[4] 同上书,第 104 页。
[5] 麦克里兰:《西方政治思想史》,海南出版社 2003 年版,第 394 页。
[6] 卢梭:《社会契约论》,商务印书馆 1980 年版,第 31 页。
[7] 同上书,第 33 页。

第四，决策程序依重要性而诉诸投票人的数目。最为重要的决策，当然是产生政治社会的契约行为，“唯有一种法律，就其本性而言，必须要有全体一致的同意，那就是社会公约”[1]；其他法律依重要性而人数递减，“讨论愈是重大，则通过的意见也就愈应当接近于全体一致。所涉及的事情愈是需要迅速解决，则所规定的双方票额之差也就愈应该缩小”[2]。事实上，这一论断是后来瑞典财政学家维克塞尔要求对重大税收与预算问题实行一致同意表决的理论先声，而维克塞尔又影响到詹姆斯・布坎南在公共选择理论方面的研究。

三、现代民主制构建与征税正当性表达

如前所述，经过卢梭的改造与其他学者的发展，财政思想对征税正当性的论证如下：根据民众的公意并经由立法机构来决定税收的筹集与运用，以便促进民众的幸福；税收决策程序，依重要性而诉诸决策人的数目。这样的正当性论证，跟现实世界民主制度的发展紧紧结合在一起。民主制度的雏形其实产生得很早，从一开始该制度最为重要的原则就是，当影响众人生活与利益的事情发生时，受影响波及的人有权为自己做决定。这一原则与前文所述税收产生与发展过程中形成的原则（即征税必须得到纳税人的同意）是高度一致的。因此，现代民主制度是对是否征税、如何用税进行决策的唯一正当形式。这样的民主制度，有弱和强两种形式：弱的民主制度，是民众的权力局限于经由普选来挑选统治者，再由被选出来实际负责的政治家来为人民做那些自己不能做的事情；而强的民主制度，是政治决策权力始终掌握在民众（被统治者）手中。前者体现在当今西方国家的民主制度实践中，尤其体现在议会的运行中；后者体现在马克思对人民亲自行使权力的制度设想以及人民民主国家的制度构建中。鉴于本书的主题集中于西方国家，因此接下来只讨论前者。

（一）现代民主制的理论进展

以萨托利为代表的众多学者，都曾从词源学追究过“民主”一词的含义[3]。英文中的democracy（民主）一词，来自希腊文的demokratia，16世纪由法语的democratie引入英语。从词源上看，demokratia（民主）由两部分组成，即demos

[1] 卢梭：《社会契约论》，商务印书馆1980年版，第139页。
[2] 同上书，第141页。
[3] 萨托利：《民主新论》，东方出版社1998年版，第23—24页。

(民)和 kratos(主),表面意思似乎很明确,即由人民来统治或者说人民不间断地参与行使权力。卢梭理论告诉我们,人民应该包括每一个人,现实中仅仅需要排除未成年人、精神不健全者和被依法剥夺政治权利的服刑犯人等数量有限的人。不过,在政治实践中,当我们衡量什么是人民的意见或人民的决策时,不可能由所有人一致同意,而只能由人口数量上的多数来代替人民,也不可能所有的政治决策都交由人口的多数(直接民主)来进行,而只能采用某种代议制形式(间接民主)。这样,民主制度的发展与卢梭理论的要求,一起造就出现实政治中基于普选的代议制。

不过,即使是普选或代议机构决策,也不可能完全交由多数人决定。正如思想家们一再指出的那样,像雅典公民大会或法国大革命期间的国民公会那样简单地以多数人的意见来代替人民,可能会导致多数的暴政。因此现代民主制度中的人民,并不是为所欲为的多数人,而是在决策时受某些基本原则限制的多数人,这些基本原则包括不得侵犯少数人的生命、自由和财产权利等。这样的民主,在很大程度上是一种对权力的限制和监督体系,并主要运用普选基础上产生的代议制形式。因此,现代民主制度是指由普选产生的代议机构决策制度,只在特定场合下才会用普遍投票决策制度,而且普选或代议机构中多数票决定也严格地受到保护少数人权利的原则的制约。

萨托利就是这样看待现代民主制度的。他说,在现代国家"代议制民主就是唯一可能的形式"[1],它的目的是防范和制约权力的滥用、确保政治运行有积极的结果以及避免制度失衡。他指出,现代民主与古代民主是同名而异质,"今天的民主概念与公元前 5 世纪发明出来时的这个概念,即使还有什么相似之处,也只是极其微小的相似"[2]。古代民主是公民和城邦组织形式的一体化(直接民主),而现代民主保护的是个人的自由。法国学者贡斯当(Benjamin Constant,1767—1830,又译孔斯坦)用古代人的自由与现代人的自由作对比,进行过类似的区分。他说,古代人的自由在于,亲自参与公共事务的辩论和决策,积极而持续地参与集体活动,以集体的方式直接行使完整主权的若干部分,但是古代人的自由要求个人对集体权威完全服从,不保证任何个人或私人权利不受侵犯。现代人的自由指的是享有一系列受法律保障的、不受政府干预的个人权利,同时意味着公民权的淡化。贡斯当认为,这两种自由都有些问题。古代自由的危险在

[1] 萨托利:《民主新论》,东方出版社 1998 年版,第 317—318 页。
[2] 同上书,第 312 页。

于社会生活"过度政治化",现代自由的危险在于"过度私人化"。因此,正确的做法是,学会将两种自由结合在一起,"一方面,制度必须尊重公民的个人权利,保障他们的独立,避免干扰他们的工作;另一方面,制度又必须尊重公民影响公共事务的神圣权利,号召公民以投票的方式参与行使权力,赋予他们表达意见的权利,并由此实行控制与监督"[1]。这样的代议制民主在运行时,应该运用严格的选举程序保障竞争性普选,由此产生一部分代表(即社会精英)来行使权力。达尔将其称为"多重少数人的统治",即多重的集团或多重的少数人,在普选中竞争性地争取行使权力的机会[2]。夏皮罗认为,这样的竞争行为与可能的轮替,有利于促进观念竞争,也有利于政治稳定[3]。

作为现代民主,代议制是如何取得今天这一地位,并成功地发挥出它的功能特别是实现由民征税功能的呢?对于这一问题,邓恩的说法是,到今天为止学者们并不特别清楚[4]。

大致上,以英国议会为模本且在多个国家或多或少都存在的等级会议的选举活动、国政商议、立法实践等,是代议民主在实践中诞生的历史因素,而自古希腊、罗马以来流传的人民主权的观念则是理念方面的渊源。不过,在18世纪以前,人民主权在很大程度上只具有象征的意义。这是因为,在实践中大多认定,人民已永久性地把权力授予君主或者元老院,或者授给了经选举产生的类似机构。到18世纪,学者们对民主一词仍持有传自柏拉图、亚里士多德等人的负面看法。按照马斯泰罗内的说法,是孟德斯鸠对民主的定义(即民主就是立法权委托给代议制议会),"成了对欧洲民主演变过程进行系统研究的不可避免的出发点",标志是在《论法的精神》出版后,当人们谈论"民主"的时候,"对柏拉图或亚里士多德的提及越来越少,相反,对孟德斯鸠的引述却占据了上风"[5]。孟德斯鸠一再驳斥有些学者怀疑人民行使权力的能力,"他只要一看雅典人和罗马人所做的一系列使人惊异的选择就够了。无疑,我们不能把这些选择都说是凑巧",而且人民不仅善于选择,而且"有足够的能力听取他人关于处理事务的报告",尽管他们自己并未直接进行管理,也确实不适于处理具体的事务[6]。在

[1] 贡斯当:《古代人的自由与现代人的自由》,商务印书馆1999年版,第46页。
[2] 达尔:《民主理论的前言》,生活·读书·新知三联书店1999年版,第三章。
[3] 夏皮罗:《政治的道德基础》,上海三联书店2006年版,第251页。
[4] 邓恩:《民主的历程》,吉林人民出版社1999年版,第253页。
[5] 马斯泰罗内:《欧洲民主史》,社会科学文献出版社1998年版,第7—8页。
[6] 孟德斯鸠:《论法的精神》,商务印书馆1961年版,第9—10页。

孟德斯鸠的设计中，经选举产生的议会及其代表（而不是世袭的君主或贵族）才是反映民意并进行立法（包括税收立法）的合法机构，这样的设计就是可以在现实中加以实践的民主制。

（二）代议制是征税正当性表达的唯一可靠的制度形式

熟读孟德斯鸠著作的美国政治学者与领导人，在承自母国经验而建立的殖民地议会实践中，发展出了关于公共利益或人民意志的新看法，即并不存在独一无二的公共利益（共同福利），现代民主建立在私人利益基础上。这样的看法成为现代代议制运行的关键，也是代议制能够成为表达征税正当性制度的关键。在经历了大革命之后的19世纪法国，由贡斯当发展出重视个人权利的代议制理论，英国学者约翰·密尔（John Stuart Mill, 1806—1873，密尔又译穆勒）则肯定代议制政府是最理想的政体，将代议制理论推向高峰。

1. 美国代议制实践中对公共利益的看法

如前所述，支持代议民主制的学者持有的普遍看法是，“民主方法就是为现实共同福利作出政治决定的制度安排，其方式是使人民通过选举选出一些人，让他们集合在一起来执行它的意志，决定重大问题”[1]。这样的共同福利或者说公共利益反映了卢梭强调的公意，它是指导政府所有行为的明灯。可是，在现实议会制度运行中，怎么样才能产生公意指向的共同福利（公共利益）呢？熊彼特评价说，“即使民主过程使用的每个公民的意见和愿望是充分明确而独立的可以作为根据，即使每个人都以理想的理性和敏捷性按照这样的意见和愿望行事，也不一定能推论说，这个过程用这些个人意志为原料而生产的政治决定，可以有说服力地称为代表人民意志的东西”[2]。换言之，代议民主制过程并不能保证产生公意或者说共同福利，并以此指引实际的立法与行政过程。

在殖民地议会的实践过程中，美国人发现，现实政治运行中并不存在全体人民都能同意或者可用合理论证的力量使人民同意的独一无二的共同福利；对不同的个人和集团而言，共同福利必然意指不同的东西。殖民地的民众也发现，要使自己在政府中能得到公正、确切的代表，那么“有一个像他一样的人，与他有同样的利益，可以在政府中为他说话，这是唯一的途径”[3]。正如1786年宾州议会的芬德利所表达出来的，要议员推进一种与一切私人利益都截然有别、唯我独

[1] 熊彼特：《资本主义、社会主义与民主》，商务印书馆1999年版，第395页。

[2] 同上书，第376页。

[3] 邓恩：《民主的历程》，吉林人民出版社1999年版，第122页。

尊的公共利益,那是办不到的;选举产生的代表,职责是实现选民的特殊利益和私人的事业,把这些代表看作毫无私心的绅士和显贵,认为他们出于责任的驱使,以"为人民服务"为己任,这种看法过时了。芬德利主张,在政治中,追求个人利益的实现完全合法,只要它做得光明正大,只要它不用贵族的公正无私这一类冠冕堂皇的说法作掩饰[1]。

由这一理论出发,现代民主的运作就可以建立在私人利益的基础上,立法过程可以公开地追求私人的利益,各个集团直接派代表通过选举制度进入政府。这也意味着选举政治及议会立法活动的竞争程度会越来越高。对此,熊彼特给予高度的肯定,并将其与经济过程中的市场竞争相类比。他的意思是说,市场竞争将市场中追求个人私利的行为导向实现社会利益,而政治中各个集团在选举与立法中的竞争行为也会导向公共利益的实现,公共利益(公意)不是客观可辨认的结果,而是通过充满主观性的竞争过程来实现。正因如此,熊彼特从竞争这一侧面来定义现代的民主,"民主方法就是那种为作出政治决定而实行的制度安排,在这种安排中,某些人通过争取人民选票取得作决定的权力"[2]。现代民主制度的一系列发展,正是建立在这一对私人利益肯定的基础上。换言之,实现个人的利益(或者用下文将述及的托克维尔的术语来说就是"正确理解的自利")成为美国民主政治的全部内容,由政治竞争过程导向公共利益的实现。邓恩说,由此带来一种后果,"古典共和主义的理想,认为社会中存在一种公共利益,它与社会中各种私人的市场利益毫无关系,立法者应当毫无私心地推进这种利益,这种看法倘若不是完全被人否定,最终却是衰落了"[3]。

正是基于这种对个人利益的肯定,美国人在民主实践中不断地扩大选举权、增强政治中竞争性,到1825年美国所有的州都实现了白人成年男子的普选权。那时美国人普遍的看法是,一个人如果没有投票权,他的利益就不可能在政府中得到代表;普通人(店主、工匠、商人)不仅应当以投票者,还应当以统治者的身份参与政府进入政治领导层,在州立法机构里尤其如此[4]。

2. 法国学者贡斯当在代议制理论中对个人权利的肯定

在代议制政治实践中,美国人吸收并大力改造了卢梭公意理论所包含的共同福利(公共利益)概念;直接接收卢梭民主理念并运用在大革命实践中的法国

[1] 邓恩:《民主的历程》,吉林人民出版社1999年版,第123页。
[2] 熊彼特:《资本主义、社会主义与民主》,商务印书馆1999年版,第395页。
[3] 邓恩:《民主的历程》,吉林人民出版社1999年版,第125页。
[4] 同上书,第122页。

人，也发展出了代议民主制，“那些从革命法庭和断头台上侥幸逃生的人们，非常清楚地意识到，为了能够落实普遍的人权，需要有效的代议制度的支撑”[1]。在法国的政治实践中，间接民主或者说代议制的建立与完善，最为重要的是要突破由卢梭“公意永远正确”理论发展而来的议会专制或者说多数人暴政的问题。贡斯当在此方面做出了卓越的理论贡献。

在贡斯当看来，法国大革命所倡导的人民主权的原则，亦即公意高于特殊意志的原则是不容置疑的；只有按人民主权原则建立起来的权力才是合法的权力，否则便是非法的暴力。“一个建立在人民主权基础上的社会，当然没有任何个人、任何阶级应当屈从于其他人的特殊意志”[2]。但是接受了苏格兰启蒙思想影响并亲眼见识过法国大革命中狂暴行为的贡斯当，认识到人民主权原则可能被误用来论证某种前所未有的暴政。他认为，多数的同意并不能使一切行为都合法化，有些行为永远也不可能合法化。主权在本质上必须是有限度的，这个限度就是个人的独立与存在。不论是民主的政府还是少数人控制的政府，都不应企图跨越个人权利所要求的界限；如果跨越界限，政治统治就会成为专制统治，“认为作为整体的社会可以对它的成员行使无限权力，却是错误的……人类生活的一部分内容必然仍是属于个人的和独立的，它有权置身于任何社会权能的控制之外”[3]，“世上没有不受限制的权力，不管是人民的权力，还是那些自称人民代表的人的权力……公民拥有独立于任何社会政治权力之外的个人权利，任何侵犯这些权利的权力都会成为非法权力。公民的权利就是个人自由、宗教自由和言论自由，包括公开表达自己的自由、享有财产及免受一切专横权力侵害的保障”[4]。民主是必要的，但企图通过民主方式来保证主权的绝对权力不侵害个人利益，只能是一种幻想；对个人的真正保护，不仅在于对人民主权的承认，而且在于对其范围的限制。

因此，贡斯当推崇代议制度，认为代议制是十分必要的，一个国家可以凭借这种组织，安排少数个人去做国家(整体)自身不能或不愿做的事。他强调，在代议制下，为了与当时王政派的反动作斗争，必须建立起牢固的政治集团即政党。贡斯当颇具先见之明地指出，当时的法国正进入一个政党时代。

---

[1] 邓恩：《民主的历程》，吉林人民出版社1999年版，第139页。
[2] 同上书，第57页。
[3] 贡斯当：《古代人的自由与现代人的自由》，商务印书馆1999年版，第57页。
[4] 同上书，第61页。

3. 英国学者密尔对代议制政府的推崇

在奠定现代民主制即代议制这一理论的学者中，英国学者密尔也作出了巨大的贡献。

密尔认为，只有代议制政府才是现实世界中可行的民主制形式。社会从文明的低级阶段向高级阶段的进步，其顶点就是代议民主制，普遍选举权是每一个自由社会的终极目标。只有在这一制度下，统治者和被统治者的对立消失，个人自由才成为可能。因此，他说："代议制民主才是真实的民主，它为少数派提供了发言的机会，可以保证被统治者的福利。如果仅仅由多数人强制作出决定，那是一种虚假的民主。"在他看来，实行代议制最为重要的理由是，这种制度不仅维护了个人权利，而且有助于人民本身的训练，提高了人民的道德和智慧。政府的目的不仅是提高人民的福利，而且更重要的是造就更好的人民，一个政府好不好，重要的检验标准是能否教育和促使人民达到最高的品质[1]。参与代议制政府工作，是个人教育的重要手段。在代议制度下，个人参与选举和议会辩论，可以增长智慧与经验，可以对同胞的需求有更深一层的了解，从而增进个人的道德心。

因此，密尔指出，代议制政府是最理想的政体，"一个完善政府的理想类型一定是代议制政府了"[2]，它促进人们最高的道德和智力发展，最有助于社会和人类进步，亦即保证人们的思想言论自由、个性自由、经济行为自由等。另外，代议制还能产生与美德、智慧相应的最好的法律，以及具有最纯洁和最有效的司法、最开明的行政管理、最公平和最不繁缛的财政制度等。

四、现代民主制与征税合法性在美国的完成：托克维尔的论证

在 19 世纪，鉴于法国大革命的教训，反民主的思潮一度甚嚣尘上。许多学者对于大众的德性与民主的稳定性，持有高度怀疑的态度。就思想的发展来说，正是出身贵族的阿历克西·德·托克维尔（Alexis de Tocqueville，1805—1859）借由对当时最为成功的民主国家美国的分析，揭示了现代国家的民主本质，也指出了民主可能存在的缺点及其克服的方法，从而加强了人们对民主制度的信心，并因此完成了对征税正当性和税收国家的论证。

[1] 密尔：《代议制政府》，商务印书馆 1982 年版，第 27 页。
[2] 同上书，第 55 页。

(一) 托克维尔眼中的现代民主制

托克维尔对在美国完成的现代民主制进行了深入的研究与总结,至少在以下几个方面的论证,仍值得今天的我们在构建包含民主制度在内的税收国家时关注。

1. 托克维尔肯定了民主制的优点和不可避免的发展趋势。

在托克维尔看来,只有美国以"最直接、最无限、最绝对的形式"实现了人民主权,并在政治制度中呈现出走向人人平等(即民主)的趋势。这样的民主,不仅是一个政治制度的范畴,同时是甚至首先是社会、文化、习俗、家庭、婚姻,以至于知性活动方式、感性活动方式及基本心态结构等人类生活一切方面的普遍性范畴。他特别敏感地提出,民主将永不会在某一阶段或某一领域就停步不前,它将构成对现代人和现代社会永无止境的挑战。在法国大革命之后,特别是在英国思想家埃德蒙·伯克(Edmund Burke, 1729—1797)和法国思想家约瑟夫·德·梅斯特尔(Joseph de Maistre, 1753—1821)等保守主义学者的攻击下,在当时的思想界有许多人都对民主表示恐惧和抗拒。可是托克维尔断定,由美国发轫的民主制度代表了历史发展的潮流与趋势,欧洲传统的君主制将无法抵御民主制的冲击,不管特权阶层的抵抗多么顽强,民主制度终将胜利。因此,民主将在全世界范围内不可抗拒地普遍来临。为什么旧式贵族精英式的政治制度不能应对民主时代提出的挑战?为什么是民主而不是贵族精英成为未来社会通行的主流原则?托克维尔的解释是,身份平等的民主制,可能不像贵族制那样富丽堂皇、讲究文雅、欣赏艺术,会忽视人的最高尚的东西,但是它至少能为绝大多数人解决适度的福利问题,苦难不会太多,享乐不会过分。在他看来,由民主带来的人与人之间的平等,"也许并不怎么崇高,但它却是非常正义的,它的正义性使它变得伟大和美丽"[1]。

他说,民主立法的目的比贵族立法的目的更有利于人类,民主的法制一般趋向于照顾大多数人的利益,"因为它来自公民之中的多数。公民之中的多数虽然可能犯错误,但它没有与自己对立的利益。贵族的法制与此相反,它趋向于使少数人垄断财富和权力,因为贵族生来总是少数"[2]。托克维尔的结论是:"民主政府尽管还有许多缺点,但它仍然是最能使社会繁荣的政府。"[3]与此同时,托

[1] 托克维尔:《论美国的民主》,商务印书馆1988年版,第884页。
[2] 同上书,第264页。
[3] 同上书,第265页。

克维尔还驳斥了民主会带来革命和动乱的保守主义观点。他认为,只是在民主刚刚实行初期,可能会暂时有动乱现象,但这并非民主的本质,因为民主与革命的真正关系是:民主越发达,动乱越少,革命就越不可能。

2. 托克维尔看到了民主制的缺点。

在托克维尔看来,以个人主义为基础的民主,缺陷至少有以下几点。

(1) 可能陷入多数的暴政。就是说,随着人民之间日益平等,人们对超自然的东西开始持有一种本能的不信任,原来盲目相信某一特定的人或特定的阶级的倾向现已减少,而相信群众的趋势开始增强,并逐步成为支配社会的观点。其结果是,人民整体的形象高大起来,形成一种以多数为先知的宗教,而个别人的价值受到轻视,形成这样一种思想,"社会的利益是全体的利益,而个人的利益不足挂齿"[1]。因此,政府在制定公共政策、进行集体行动时,就可能不是用说服,而是将多数人的意见强加于人们的头脑中,强迫人们遵从和加入。于是,暴政与表面上的民主形成共存的关系,这就是多数的暴政。托克维尔认为,多数的暴政危害性比君主的专制主义更严重。因为国王的权力至多仅仅是政治强力,不可能实施社会的暴政,国王惩罚不同意见者的措施,最多是将其投入监狱,但无法控制反对者的思想。而民主制下的多数,是真理的化身,是道德的体现,既拥有政治权力,又拥有社会的乃至道德的权力。"多数既拥有物质力量又拥有精神力量,这两种力量合在一起,既能影响人民的行动,又能触及人民的灵魂"[2],"民主政府的本质,在于多数对政府的统治是绝对的,因为在民主制度下,谁也对抗不了多数"[3]。由多数构成的暴政,代表了对个人人格的根本否定,代表了对人的尊严的蔑视。

(2) 公民道德的蜕化。民主带来的平等和个人主义,是现代人无法阻挡的心灵趋势,它摧毁了等级制度,增进了社会福利。但是,19 世纪的托克维尔如先知般地指出,在民主制度下,身份平等使人们愿意从一己的理性来思考个人的命运,而不愿盲从人类之外的权威,由此宗教信仰的权威丧失,贵族有机体式的社会链条崩解,个人命运的渺小和软弱因此显得触目惊心。"在平等时代,每个人自然是孤立无援的。他们既没有可以求援的世代相传的朋友,又没有确实能给予同情的阶级。他们容易被人置之不理,受到无缘无故的轻视"[4]。由于人们

[1] 托克维尔:《论美国的民主》,商务印书馆 1988 年版,第 841 页。
[2] 同上书,第 292—293 页。
[3] 同上书,第 282 页。
[4] 同上书,第 875 页。

普遍地对他人命运漠不关心，整天追逐他们心中所想的个人的庸俗享乐，逐渐拒绝参加社会政治生活，个人也不再运用其自由意志，而失去自我活动的能力。这样每一个人都是小宇宙的中心，个人沉溺于小宇宙中，而丧失了对社会的洞见。人的心灵之自由、伟大和统一，会逐渐被腐蚀，公民道德将因此蜕化，人们将不再追求人的优秀、公共美德及高尚的行为。这就是托克维尔提出的现代民主的一个重要问题，即贵族社会被摧毁后，在民主国家中，公民道德可能蜕化。公民道德蜕化的后果，就是个人将所有的政治权利和公益工作都推给国家，由此将产生新的专制主义。也就是说，政府当局将更进一步地想办法让人们去享乐，而把所有的政治权力集中在手中。这样，在人民主权旗帜下，就建立起来一个耸立在人民之上的、让人民精神颓靡、意志消沉和麻木不仁的专制当局。这种新专制主义迟早会吞噬整个社会，给所有的人带来灾难。

3. 托克尔维提出了克服民主缺陷的办法。

托克维尔认为，要克服民主的缺陷，就要在精神和制度两个方面着手，防止多数的暴政和纠正公民道德的蜕化，而美国在这两方面做得都不错。

(1) 精神方面。在托克维尔看来，美国民主之所以成功，关键在于宪法背后的精神。他说："美国的联邦宪法，好像能工巧匠创造的一件只能使发明人成名发财，而落到他人之手就变成一无用处的美丽艺术品。墨西哥的现况，就是说明这个问题的例证……他们只抄来了(美国)宪法的条文，而无法同时把给予宪法以生命的精神移植过来。"[1]赋予宪法以生命的精神，最重要的是正确理解的自利原则，即强调个人不仅着眼于眼前，而且更重要的应着眼于长远的利益来追求个人的利益。坚持这一原则，会使人变得有德、克制、温和与稳健，使他们习惯于结社和合作，从而有利于社会的道德与繁荣。除此之外，托克维尔还强调，政府及其领导人有责任对于民主制下的公民进行道德教育，唤起和培育公共精神，树立他们对民主的宗教信仰，克服公民道德的蜕化。他说，"在我们这一代，领导社会的人肩负的首要任务是：对民主加以引导；如有可能，重新唤起民主的宗教信仰；洁化民主的风尚；规范民主的行动；逐步以治世的科学取代民情的经验，以对民主的真正利益的认识取代其盲目的本能；使民主的政策适合时间和地点，并根据环境和人事修正政策"[2]。

(2) 制度方面。托克维尔认为，有助于美国民主制度成功的原因，除了自然

---

[1] 托克维尔：《论美国的民主》，商务印书馆 1988 年版，第 186 页。
[2] 同上书，第 8 页。

环境、法制外，民情是最为重要的。这里的民情，指的是美国广泛存在的乡镇自治制度、结社和公共舆论。扎根于历史的新英格兰乡镇自治制度，早在17世纪就开始形成，后经基督教新教的地方教会自治思想培养壮大，促进了美国独立运动的发展，提高了人民积极参加公共事务的觉悟，并为后来由联邦宪法肯定下来的中央和地方分权制度奠定了基础。托克维尔认为，乡镇自治传统是人民主权和美国人在实践中确立的公民自由原则的根源。结社就是在公民和政权之间人为仿造出一种中间权力，托克维尔认为，"贵族时代保障个人独立的最大原因，是君主不独揽治理公民的任务。他把这项任务部分地交给贵族的成员，所以中央政权总是分权的，从不全面地和以同一方式管理每个人"[1]。因此，如果中间权力消失，以其财富和地位而成为一种抵抗君主侵犯人民自由的堡垒不复存在，个人就赤裸裸地暴露在国家权力这一畸形怪兽的侵扰和压迫下。在民主制度中，贵族等级消失后，必须创造某种人工替代物来保障个人独立。"普通的公民联合起来，也可能建立非常富裕、非常有影响、非常强大的社团，即建立贵族性质的法人"[2]。结社而成的社团，集中了一部分拥有财产和力量的公民，就能比较有效地反对政府的无理要求、维护自己的权益。同时，结社还保证了民主制中少数人的权利，以反对多数的暴政，因为独立无助的个人，只有联合他人才能坚持自己与多数人相反的观点。托克维尔还认为，在平等的时代，个人的孤立无援还必须依靠报刊和出版的自由，让个人向本国的公民和全人类求援。"我不相信大规模的政治集会、议会的特权和人民主权的宣言能够保证民主国家人民的人身自由。所有这一切，在一定程度内可以和解对个人进行的奴役，而如果出版是自由的，这种奴役就不能随意进行。报刊是保护自由的最佳民主手段"[3]。此外，托克维尔还称赞美国司法制度中的陪审团，认为它可以教育民主制度中的人民接受正义与责任，使法治精神渗透到社会的最底层。

(二) 现代民主制下的征税正当性

由以上可见，现代民主制度就是代议制民主，在此制度下具有正当性的税收必然具备以下的特征：①由民众决定税收(表示对征税的同意)，在形式上通过选举产生的代议制政府来运行，并有一系列精神和制度的配套；②税收的征收与使用，虽然由多数人决定(多数人利益优先)，但一定要确保少数人的权利(人身与

[1] 托克维尔：《论美国的民主》，商务印书馆1988年版，第874页。

[2] 同上书，第875页。

[3] 同上书，第876页。

财产权利),防止多数人的税收剥削。

对于在现代民主制基础上形成的税收国家,托克维尔指出它至少有以下几项特征。

第一,这样的税收国家总是富足的。它不会像专制国家那样妨碍人民生产、夺取人民的生产成果,而重视保护现有的财产,因此“它生产出来的财富比它所毁掉的多千百倍”,“其财源总比税收增长迅速”[1]。托克维尔提出了一个查明人民的公共开支负担与他们的财富是否相称或者说税负是否过重的衡量指标,那就是“观察这个国家在物质上是否繁荣,观察人民在向国家缴纳税款之后穷人是否还能维持生计,富人是否更加富有,双方是否对自己的命运感到满意,双方是否每天又在继续改善自己的生活,从而资本是否缺乏投资的场所,而需要投资的产业是否需要资本”[2]。

第二,这样的税收国家带来的政府是最节约的政府。在代议制下,穷人的代表有可能会独揽立法大权,由于这些代表在立法征税时自己可能不纳税,或者设法不让赋税的负担落到自己身上,由此造成政府的开支可能巨大。不过,托克维尔相信,税收国家“随着人民日益富有,民主造成的浪费将按比例地减少其可怕性,因为人民富有以后,一方面不再需要穷人出钱,另一方面如要增加赋税,自己难免不受损失”[3]。托克维尔以美国为例说明,在这个国家由于绝大多数人都有财产,当选的人因此就是中间阶级的代表,由此产生最节约的政府。当然这样的节约指的是用于统治者方面的费用少,可用于被统治者方面的金钱并不少。这与贵族制度相反,贵族制下,国家的大量收入主要用于主持国务的阶级身上了。托克维尔还举了一个例子来说明,那就是美国人不把国家的钱花在公共庆典上,“这不仅是因为美国的税收要由人民投票决定,而且是因为美国人民不喜欢隆重的庆祝”[4]。

第三,这样的税收国家带来的是在支出上最符合公益、最能兴利除弊的政府。托克维尔说,这是因为人民掌握了大权,他们受过痛苦,了解百行百业的细节,愿意并且能够在需要花钱的事业上发挥自己的积极性。他进一步地认为,“在民主社会,还有一种目标并不明确的奋进精神,和一股不断追求几乎总是要

[1] 托克维尔:《论美国的民主》,商务印书馆1988年版,第237页。
[2] 同上书,第249页。
[3] 同上书,第238—239页。
[4] 同上书,第244页。

花钱的各种革新的热情"[1]。相对而言,在君主政体和贵族政体下,野心家们迎合的是主政者的好大喜功心理,办的是劳民伤财的事业。

第四,这样的税收国家将是一个税收与支出不断增长的国家。托克维尔认为,在穷人主政的民主国家,主政者过的只是差强人意的生活,但为了满足人民的需要和便于人民安居乐业,却不惜耗费巨资。"主政者只会在增进社会福利的事业上表示慷慨,而这种事业几乎总是要耗费的"[2]。此外,当人民自己来开始考虑本身的处境时,总会产生许许多多起初并未意识到的需要,而为了满足这些需要,就不得不依靠国家的资助。当然,这些开支主要来自税收,但托克维尔强调,这样的税收虽多却没有被浪费。因此,托克维尔的结论是,"一般说来,公共开支总是随着文明程度的提高而增加,赋税则随着教育的普及而增加"[3]。托克维尔的这一结论,事实上是后来瓦格纳公共支出不断增长法则的先声,也为福利国家的来临埋下了伏笔。

五、小结

由于洛克理论中的难题、博丹悖论的存在、休谟理论对民众自由意志的限制等问题,在征税正当性证明中,事实上存在着对于包括所有人意志在内且由民众自己行使征税权的民主制度的要求。这样一种基于公意而形成的由民征税的税收国家,卢梭在理论上给予了正当性说明。卢梭理论中的税收国家,是为了人民并经由人民而行使公共权力的民主国家;它遵从的是公意,因而包含了无财产的人的意志在内。这样的税收国家,必然要为无财产者的利益服务,这在事实上奠定了后世福利国家的基础;它也必然是尽可能将所有人包含在公意形成中,这为后世实行最大可能的普选制度奠定了基础,并给现实中早已存在雏形的代议制民主的发展指明了方向。

在此基础上形成的现代民主,还与美国代议制民主制度的实践有关。自殖民地以来美国民主的发展表明,由民征税的税收国家,在制度上只能是代议制民主而不是卢梭设想的直接民主国家,更不是法国大革命期间出现的多数人的暴政。这样的代议制民主,表现如下:由竞争性普选产生的代表组成议会;议员在

[1] 托克维尔:《论美国的民主》,商务印书馆1988年版,第240页。
[2] 同上书,第240—244页。
[3] 同上书,第244页。

议会中竞争性地服务于选民的特殊利益和私人事业。于是,保护人权尤其是少数人权利的代议民主制,成为税收国家的制度形式,并被密尔推崇为人类文明发展达到顶峰的标志。托克维尔基于美国民主实践所作出的研究,进一步丰富了民主的理论,并指明了在民主制基础上所形成的税收国家应该具有的特征。

上述对税收国家从为民征税到由民征税发展的理论论证,事实上是目的性国家对工具性国家在思想上的进一步驯化,也因此奠定了税收国家在19世纪至20世纪发展的基础。

第五章　税负公平标准的理论探索

以税收国家面相出现在历史舞台上的现代国家，它所涉及的税收合法性问题，不仅包括前已述及的征税正当性，还包括税收形式自身的正当性。就是说，不仅在宏观上或者说在抽象意义上征税必须具有正当性，而且在微观上或者说在具体意义上税收自身还必须是优良税收。而所谓的优良税收，其实质上的标准是指税收应该发挥良好的功能，而形式上的标准是税收应具备普遍、直接、规范、平等等理性特征。税收应该发挥的良好功能，实际上就是前已述及的财政发挥的保护职能以及后文将陆续讨论的发展职能、保障职能，本章对此暂不讨论，而只探讨优良税收应符合的形式标准。

对于优良税收形式标准的理论，财政思想史上有一个探索的过程。到 19 世纪前后，思想家们将优良税收的探讨重点逐渐落在税负平等上。在探讨税收合法性时，税负公平或者说税负平等[1]成为并列于征税正当性的另一个重要问题。要落实税负平等的话，什么样的具体税种才能实现平等？如果回答说所得税能实现平等，那么具体该如何设计负担平等的所得税制？这些问题是财政思想家们需要回答的，工具性国家的发展也正是因为受到了这些答案的进一步驯化。

一、优良税收标准的发展：终点落在税负平等

如前所述，税收国家的来临，是目的性国家借助于财政思想不断驯化工具性

[1] 虽然公平与平等这两个词的含义有差别，但在有关优良税收的讨论中，税负公平与税负平等这两个词学者们在使用时含义基本一致。接下来本书也交叉使用这两个词，在含义上不做区分。

国家的结果。在此过程中,财政思想不仅要论证什么是征税正当性以及怎样才具有这样的正当性,还必须提出有关优良税收的标准。优良税收的标准,在历史上有一个变化和发展的过程,不过到最后学者们将重点落到了对税负平等的强调上。

(一) 从税收原则发展过程看优良税收标准的变化

第三章与第四章的内容已说明,在近代早期思想家论证新生的税收国家的征税正当性之时,最广为人接受的理论是社会契约论,该理论尝试基于人的理性而思考国家制度的建构。学者们也在这样的大背景之下,试图运用人的理性来设计优良税收的标准,以此作为判断税收好坏的原则。

英国学者托马斯·曼(Thomas Mun, 1571—1641)在他的代表作《论英国与东印度的贸易》一书中,就提出了优良税收的标准,主要有节约原则(国王应节俭以积累财富)与民主原则(国王课税应取得议会的同意,临时征税应取得人民同意)。不过,一般认为,是威廉·配第(William Petty, 1623—1687)在《赋税论》和《政治算术》等著作中最早提出了近代税收的原则,即公平、确定、缴纳方便和最少征收费用等标准或原则。彼得罗·维利(Pietro Verri, 1728—1797)在他的《政治经济学思考》(1771)一书中,也提出了有关优良税收的五原则:税收不应该直接落在穷人头上;税收应该采用费用最低的方式征收;税收立法必须清晰、准确、神圣和公正;税收绝不应该提高运输费用;税收绝不应该惩罚产业增长[1]。当然,最为著名、影响也最大的优良税收标准由亚当·斯密给出,即平等(国民必须在可能范围内按照各自能力的比例,即按各自在国家保护下享得的收入的比例上缴税收)、确定(赋税确定,不得随意变更,完纳的日期、方法、数额都应让人了解得清楚明白)、便利(赋税完纳日期与方法须给纳税者以最大的便利)、最少征收费(人民所付出的尽可能等于国家所得收入)。斯密提出来的这四项原则,被《税收哲人》的作者格罗夫斯教授称为“斯密教义”(the Smith canons)[2]。由上述税收原则的讨论可以看出,近代早期的那些思想家关注的主要还是税收自身形式的理性化,其次才是税收要发挥的实质性功能。

随着税收国家逐渐确立,税收不仅发挥着供应财政收入的作用,而且还被国家用来影响经济与社会。于是,学者们开始进一步地强调优良税收的标准应扩展到税收发挥的经济与社会功能上,对此法国与德国的学者尤为强调。如萨伊

---

[1] 邦尼:《经济系统与国家财政》,上海财经大学出版社 2018 年版,第 442 页。
[2] 格罗夫斯:《税收哲人——英美税收思想史二百年》,上海财经大学出版社 2018 年版,第 19 页。

提出的税收五原则：①税率最适度；②在最低程度上造成只烦扰纳税人而不增加国库的状况；③各阶层人民负担公平；④在最低程度上妨碍再生产；⑤有利于国民道德的增进（反对以彩票、赌场收入取代赋税）[1]。法国学者西斯蒙第则从国民经济角度提出四个税收原则：①税收不可侵及资本；②不能以总收入为课税对象（避免侵蚀资本金）；③税收不可侵及纳税人最低生活费（保证劳动力正常供给）；④税收不可驱使资本流向国外[2]。19世纪德国财政学大师瓦格纳在其代表作《财政学》一书中提出的税收原则，在内容上可能最为全面，而且其影响力不亚于斯密的四原则：①财政政策原则或财政收入原则（收入来源充分，能有弹性地供应国家所需）；②国民经济原则（税源选择要有利于保护资本，税种选择要考虑转嫁问题）；③社会正义原则（税收要能改善社会分配，这又包括普遍原则和平等原则）；④税务行政原则或征税技术原则（符合确实、便利、节省等要求）[3]。

综观上述对税收原则的讨论，可以看出学者们认为优良税收实质上的标准就是税收在保护、发展与保障等方面发挥功能，而在形式上的标准主要就是普遍、直接、规范、平等等要求。实质上的功能标准在后续章节中再讨论，本章专就形式标准而言，可以将有关学者论述的内容概括在以下四个标准中：①普遍标准，指课税对象和纳税人应尽可能遍及一切人和物而排除特权（符合法定减免标准的除外）；②直接标准，指由国家机构实现直接征税，而不经过中间环节（如包税人）；③规范标准，主要指经由立法程序颁布统一的、确定的税法来征税，摒弃临时性征收与非法征收；④平等标准，主要指纳税人相互之间的税收负担平等。之所以用这四个标准作为优良税收的形式标准，是因为自中世纪以来直至19世纪初期，财政思想家的批评对象主要是封建税收（或称“旧税”），而这些封建税收大多是在历史发展过程中经“一事一议”形成的，因而显得零散、混乱、缺乏规范，并因征税能力与征收机构的欠缺而不得不动用包税人或代理人。在财政思想家们的反复批评下，现实中的税收逐渐变得可以满足普遍、直接、规范等要求。于是，到了19世纪，优良税收的标准逐渐集中于对税负平等的要求，并将其作为促进社会平等的工具。事实上，在社会领域对税负平等的要求和在经济领域对效率的要求，最终在20世纪成为现代财政学判断优良税收的两大标准。

---

[1] 坂入长太郎：《欧美财政思想史》，中国财政经济出版社1987年版，第269页。
[2] 张馨等：《当代财政与财政学主流》，东北财经大学出版社2000年版，第129页。
[3] 马斯格雷夫、皮考克：《财政理论史上的经典文献》，上海财经大学出版社2015年版，第29页。

接下来先简单叙述一下思想家们对税收普遍、直接、规范等标准的探讨及这些标准在历史上的实现，然后再集中看一看平等标准的历史发展过程。

（二）税收的普遍、直接、规范等标准

在税收国家形成的过程中，由于各国的国情与进展不一，因此不同国家、不同时期的学者对于税收的普遍、直接、规范等标准关注的内容与侧重点也不尽相同。

1. 征税的普遍标准

近代早期思想家们对普遍征税的要求，主要针对封建社会末期和近代早期仍然存在的拥有免税待遇的特权阶层，以及因一事一议而逐渐累积的、差异极大的商品课税中存在的问题。要交代的是，对所有阶层和所有商品普遍课税（符合法定减免标准的除外）的要求，有时候又与下文将探讨的平等征税要求联系在一起。

对于在封建时期逐渐形成的税收体系所表现出的混乱状况，达芬南（Charles Davenant，1656—1714）表示严重的不满，因为这样的征税不能实现普遍性，漏损极大又不公平。他说，“从前，赋税是以土地以及国外贸易为主要对象计算的，这只不过占英格兰整个国力的三分之一，下余的三分之二漏掉了。高利贷业者、法律家、工商企业家、零售商人，以及其他从人民的恶习与浪费中很容易获得利益的一伙人，对维持国家没有贡献”[1]。因此，他主张实行普遍性的国内消费税，让所有的人尤其是富裕阶层承担必要的税收。同时他还主张，在征收国内消费税时，对富人消费的奢侈品应课以重税，对贫民阶级所消费的生活必需品征收轻税。威廉·配第（William Petty，1623—1687）也在他的《赋税论》一书中，大力批评封建收入中的国王领地收入与特权收入，主张用近代的地租收入（即现代的土地税）和其他普遍性的税收来代替，认为这有利于国家资本的生产力发展[2]。

英国是最早在真正意义上成为税收国家的国家，其标志之一就是最早实现了普遍征税，而这在相当程度上又是于17世纪内战及共和国期间完成的。前已述及，在英国内战前及内战初期，国王进一步地运用传统封建收入或旧税（出售王室领地、获取封建特权收入如继承许可费、保护人费、出售垄断权、附加关税等）来增加收入、应对危机，并用征集金器、戒指、插簪之类贵重品来救急。与国

[1] 坂入长太郎：《欧美财政思想史》，中国财政经济出版社1987年版，第60页。
[2] 同上书，第50—54页。

王处于敌对地位的议会，一开始把教会、贵族及王党领导人的领地扣留或没收，出售后获取收入来抵充军费。由于这些收入不可持续，议会转为向新兴的市民阶层筹措军费，其手段就是创建统一的普遍性税收，既有直接税（按月分摊税款，monthly assessment，1644），又有间接税（国内货物税，excise tax，从荷兰学得，1643），并将关税从基于国王特权的财政性关税逐步改造为以扩大对外贸易为目的的保护性关税。可以说，内战时期议会的胜利，在相当程度上是因为成功地实现了税收制度的现代化，而其标志在于彻底终止了混乱、零散的封建赋税制度，建立了相对来说比较统一的普遍性税制，国民普遍地成为纳税人，税收来源由此显得广泛而可靠。在1660年王政复辟之后，英国税收现代化的进程又出现一些曲折，普遍性税收的完成，要等到第二章曾提及的财政革命之后才真正得以实现。

与英国相比，法国的现代化步伐要落后得多，不过也因此可从先发的英国那里获得经验。法国税制的现代化，在一开始与王权为中心的工具性国家的发展联系在一起，即通过减少传统直接税（教士与贵族拥有免税权的不动产税）、增加货物税（饮食商品税、盐税以及国内消费税等，大多靠包税人来征收），来增强税收的普遍性并增加财政收入。与此同时，法国还建立起统一的财政机构，以尝试削弱封建贵族的权力（如1661年11月设立税收法庭、强制财会管理人员遵守法定的会计记账方法等）。不过，直至1789年革命之前，法国的税收大部分仍由平民阶级负担，农民境况悲惨，贵族与教士承担的税负极轻。对于现实中税收缺乏普遍性的问题，马魁斯·德·沃邦（Marquis de Vauban，1633—1707）在《王国什一税案》一书中强调："既然是国家臣民，就有义务按其全部所得与劳动的一定比例纳税，任何人都不得偷税漏税，要承认免税特权是不正当、不合理的。免征特权流行只能对国家有害。"[1]他提出废除封建贵族、僧侣的免税特权，主张征收什一税，方案是：从土地所得、房屋建筑所得、养老金、工资等所得中课征收益税，所得的种类不同，税率也不同，最低税率为百分之五，最高为百分之十。以今天的眼光看，这种什一税实质上是一般所得税。此外，沃邦还建议改革盐专卖制度和商品税制度（包括废除包税人制度）。沃邦的这一财税改革方案威胁到贵族、僧侣等阶级的特权，于是枢密院将这本著作列为禁书，并断然否决了沃邦的改革方案。杜尔哥（Anne-Robert-Jacques Turgot，1727—1781）在出任法国财政大臣后实行了大规模的税收改革，重点就落在实现税收的普遍性。他于1776

[1] 坂入长太郎：《欧美财政思想史》，中国财政经济出版社1987年版，第95页。

年 2 月宣告，废除税收特权，撤销谷物出口税。不过，因招致贵族、僧侣及特权阶级的反对，杜尔哥改革最终失败。

以普鲁士为代表的德意志诸邦的税收国家之路，也是以增强税收的普遍性为先导的，而这又以推广具有普遍性的间接税为代表。1820 年普鲁士断然实行了划时代的税制改革，开征了营业税、印花税等新税，在大城市还实行了间接消费税。在其他邦国，税收普遍性的重点也是以啤酒、葡萄酒消费税与关税为中心的间接税改革为主。在 1871 年德意志帝国成立后，作为国税的只有具有普遍性的关税、消费税和印花税。从 19 世纪后半叶到一战前，德国的国税制度依赖间接税多于直接税。其原因正如约瑟夫·冯·宋能非尔斯（Joseph von Sonnenfels，1732—1817）的下述表述：间接税（消费税）更具有普遍性，消费税对国家、纳税者都有利，因为有免税特权的阶级在消费税下也间接承担了纳税义务[1]。

当然，普遍征税并不意味着不能实行特定目的的减免（如对最低生活费实行税收减免），而这又与下文将说到的税负平等的要求联系在一起。

2. 征税的直接标准

在封建时期兴起的税收制度，一开始依赖于贵族和等级会议的代表协助国王征税，这样做，征税效率既低、收入又不可靠。在自身缺乏征税机构与人员而又常常急需税收的情况下，国王不得不将某一种类的税收（比如某种商品的销售税）或某一地区税收的征税权，出售给包税人以获取相对固定和可靠的收入。在特定历史时期，这一包税制度有其积极意义，它保证了国王的税收收入以便履行必要的国家职能，也使得征税技术得以试验与发展。但这一制度的缺陷也很明显，那就是它混淆了公权力与私权力的界限，而且纳税人所出与国库所得之间的漏损太大。从政治的眼光看，包税制意味着国家不能对民众实施有效的直接统治。

在英国，早在 1604—1641 年期间，包税制就因相关法律复杂及运行过程中充斥腐败与徇私而声名狼藉。在革命期间，长期议会宣布废除包税制（1643），原来控制在国王手中的关税征收权也由国家财政收回。不过，英国的关税包税制和消费税包税制的真正废除，要分别到 1671 年和 1683 年[2]。

在法国，魁奈（Francois Quesnay，1694—1774）早就强调说，如果广大的农

[1] 坂入长太郎：《欧美财政思想史》，中国财政经济出版社 1987 年版，第 83 页。
[2] 邦尼：《欧洲财政国家的兴起（1200～1815 年）》，上海财经大学出版社 2016 年版，第 71 页。

村居民能从包税人的专横和暴敛中解脱出来的话，那将会带来一切奇妙的和令人向往的好处。对于包税制度的批评，应该说以孟德斯鸠最为深刻而全面。他说："如由国家直接征税，君主可以把包税人所获厚利省掉。包税人用无数的手段使国家穷困……一个有钱人通常成为他人的主人，因此包税人连对君主也施行专制了。包税者并不是立法者，但他已是立法的一种力量了……君主国家的历史充满了包税人罪恶行为的记录"[1]。在大革命期间，政府作出决定，从1794年5月起废除包税制，并且以不择手段敲诈勒索法国人民的罪名判处最后一批28个总包税人以绞刑。这一做法，"是对一种似乎处于失控状态并导致间接费用过高的征税方式做出的最后判决"[2]。

直接征税问题还涉及国家获取财政收入应该直接运用税收形式而不能利用其他间接的形式。正如亚当·斯密明确提出的，不应该将国营企业和国有财产收入充当国家的主要收入，国家经费应主要依靠税收解决。这样的看法在相当程度上否定了在当时的理论与实践中仍存留的以王室财产或国营企业为财政基础的看法，这"可理解成是把由有公产国家向无公产国家过渡的理想引进到国家财政中"[3]。当然，这种过渡是以近代社会确立了私有产权制度为前提的。

3. 征税的规范标准

在以社会契约形式解释政治权威的来源之后，要求税收法定或者说税收必须经由民意代表(即议会议员)运用法律的形式来决定就成了题中应有之义，并且必须符合法律形式所要求公开性、完整性、确定性、合逻辑性等。这样的税收，避免了过去临时性财政征收或各色名目的封建特权收入中的不规范性，而成为一种规范性的税收，并因议会的权威而获得效力。规范性税收，也往往被当作现代政治的象征或者说现代民主的表现。

税收的规范性或者说税收法定，在英格兰政治实践中是议会与国王斗争的主线，也得到从中世纪到近代早期思想家们的高度重视。英国著名重商主义学者托马斯·曼反复强调，征课税收必须取得议会的同意。约翰·洛克在《政府论》中也极力主张政府只能按照法律规定的税收条例行使课税权。詹姆士·斯图亚特(James Denham Steuart，1712—1780)在1767年的《政治经济学原理研

[1] 孟德斯鸠：《论法的精神》，商务印书馆1961年版，第225页。
[2] 邦尼：《欧洲财政国家的兴起(1200～1815年)》，上海财经大学出版社2016年版，第154页。
[3] 坂入长太郎：《欧美财政思想史》，中国财政经济出版社1987年版，第148页。

究》中阐述的税收原则，第一条就是税收法定主义，即税收的基本条款必须经过立法机关的同意或法律程序认可[1]。

(三) 征税的平等标准之发展

按普遍、直接、规范等标准征税，在一定程度上是税收国家诞生时的话题，这些标准在18—19世纪西方现代国家制度建设过程中逐步得以实现。而平等征税问题，或者说落在纳税人身上的税负应该公平的要求，相形之下历史显得更为长久。它是自古以来众多税收抗争的主要理由，其重要性越到现代政治阶段就越显得突出。

中世纪早期乃至更早时期对于税收平等的要求，因过于久远而不再讨论。仅以神圣罗马帝国1474年的税收法规为例，在此就已经明确规定了5项税收公平原则："税收必须普适；税收必须由社会各阶层平等承担；税收必须与个人纳税能力相称；税收必须可以忍受；税收预计收入相对于税收用途必须充分"[2]。就近现代税收而言，早在达芬南时期，他就反复强调税收负担的平等或者说公平原则，并说"为了支持长期战争，必须设法使赋税做到公平负担。在尔后公平征税时，更加轻而易举并且持久，还要十分注意防止偷漏"[3]。可什么是税负平等，却存在众多的说法。大体说来，用今天的术语来表达，所谓的税负平等有受益原则和量能原则两个方面，前者认为纳税人受益多少应与税负大小成比例，后者认为税负大小应与纳税能力成比例。

衡量税负平等的受益原则和量能原则，同时出现在亚当·斯密所表述的税收原则中。他强调说，税收应该平等地或公平地落在每一个人身上，每个人都应为支持政府提供资金，在比例上应尽可能接近他们的能力，或者说与他们各自从国家保护中所获利益成比例[4]。在亚当·斯密那个时代，由于在理论上认为穷人不需要纳税(或者认为他们即使纳税也可以将税负转嫁给雇主)，而以穷人为受益对象的财政转移支出在当时几近于无，因此富人既是主要纳税人又是主要受益者(他们的财产受国家的军事与司法保护)，既有纳税能力又获益。因此，在此时量能原则与受益原则并不矛盾。不过，随着间接税逐渐成为税收的主体以及穷人受财政支出的益处越来越大，这两个原则的差异也显得越来越大。

大体上，在税收国家发展初期(17—18世纪)，税负平等的受益原则更占上

[1] 坂入长太郎：《欧美财政思想史》，中国财政经济出版社1987年版，第66页。
[2] 邦尼：《经济系统与国家财政》，上海财经大学出版社2018年版，第40页。
[3] 坂入长太郎：《欧美财政思想史》，中国财政经济出版社1987年版，第60页。
[4] 马斯格雷夫、皮考克：《财政理论史上的经典文献》，上海财经大学出版社2015年版，第3页。

风,或者说处于黄金时期。显然,这一原则与此时用社会契约论来论证国家的合法性相关:国家是保护民众权利的工具,纳税人根据自己所获利益来承担税负自然是题中应有之义。霍布斯在《利维坦》中就给予了清晰的说明,他说:"公平征税也属于平等正义的范围,税收的公平则不依赖于财富的平等,而依赖于每人由于受到保卫而对国家所负债务的平等……因为主权者向人民征收的税不过是公家给予保卫平民各安生业的带甲者的薪饷。"[1]对于衡量政府给予民众的利益,霍布斯不像后来的斯密那样,将财产多少视为受益大小,而将消费多少视为受益的标志。他说:"征税的平等性体现在对消费品征税而不是对人群中消费同样消费品的富人征税,原因在于,如果对富人征税,不就意味着对一个拼命劳动、节约劳动收入,很少消费的人多征税,而对那些懒惰的、收入少的并将所有收入消费掉的人少征税吗?前者并没有比后者从国家保护中获益更多啊?"[2]

法国思想家马奎斯·米拉波(Marquis de Mirbeau, 1715—1789)在他的《赋税论》中也同样持有受益原则的立场,他说:"每个人都需要保卫自身活动的权力……每个人都同意各自应对公共权力作出贡献。赋税是由事实上的同意而成立的,每个人在其贡献中考虑的是各自的切身利益","每个人在纳税时考虑的是自己的利益。减少这种利益,市民的纳税就要少。完全取消这种利益,市民也就会不缴赋税。一言蔽之,和所有货物同样是一种交易"[3]。不过,米拉波不同于霍布斯,而和斯密一样认为衡量受益的指标是财产,"君主为国家主人,但是君主不是国家,也不可能是那样。君主作为保护所有的私有财产的庇护权者,因此具有分享财富的权利。可是他绝不是唯一的所有者","国家对人民的吸引力无他,财产与报酬而已,财产匮乏即无报酬可言,这种地方已经不存在国家了"[4]。不过,在法国大革命期间通过的《人和公民权利宣言》第 13 条明确宣布,税负公平的标准是根据公民的支付能力在公民中间平等分摊。显然,量能原则在此时法国制宪会议上更占上风。

在英国,到了 19 世纪下半叶,随着税收总量的上升(总税负提高),间接税(消费税为主)对低收入群体的不利影响越来越严重,社会公众对平等的呼声也越来越强烈。正如曼彻斯特学派代表人物理查德·科布登在 1848 年所说,"当一个政府在税收方面不能公平对待人民时,这就构成了政府和人民之间问题的

[1] 霍布斯:《利维坦》,商务印书馆 1985 年版,第 269 页。
[2] 同上。
[3] 坂入长太郎:《欧美财政思想史》,中国财政经济出版社 1987 年版,第 114 页。
[4] 同上书,第 115 页。

全部。那几乎是这个国家所有革命的根源”[1]。此时,思想界越来越多地从量能原则来衡量税负的平等。量能原则,就其起源而言也比较早。在早期,衡量应税能力的指标主要集中在客观的财产或者消费行为上。德意志邦国时代的财政学者尤斯提(Johann Justi, 1705—1771,又译尤斯蒂)也是这样认为的,他说在设计新税时应按阶级区别对待公众,社会地位越高者所征收的临时非常税的税率也越高,这就把地位、财产(土地)和税负联系在了一起[2]。在 19 世纪,英国曼彻斯特学派成为量能原则的重要支持者。不过,曼彻斯特学派之所以支持量能原则,是因为他们设想政府支出的理想水平应该是维持治安需要的最小必要量,在此前提下只要考虑将这一最小水平的税收负担如何分配出去即可,而这样的分配标准显然应该是量能原则。在此期间,一些倡导社会改革的学者也主张量能原则,但原因却与曼彻斯特学派不同,他们要求的是通过落实量能原则以使税负落在有能力的人身上。正如现代财政学者马斯格雷夫(Richard Abel Musgrave, 1910—2007)强调的,如果政府的支出水平不能维持在最小必要量这一理想的水平上,那曼彻斯特学派也不再拥护量能原则,而会转而支持尊重个人选择的受益原则[3]。

到 19 世纪下半叶特别是在经济学边际革命[4]发生后,学者们越来越多地运用主观的牺牲原则来衡量纳税能力并依此实现平等。密尔明确宣布,他排斥税负分配的受益原则,而主张按平等牺牲理论来寻求课税的平等,并认为这样可以达到最小牺牲。密尔的观点被巴斯塔布尔所继承,在《财政学》一书中巴斯塔

[1] 唐顿:《公平税赋:1914—1979 年英国税收政治》,经济科学出版社 2017 年版,第 1 页。

[2] 坂入长太郎:《欧美财政思想史》,中国财政经济出版社 1987 年版,第 81—82 页。

[3] 马斯格雷夫、皮考克:《财政理论史上的经典文献》,上海财经大学出版社 2015 年版,第 5 页。

[4] 在 19 世纪 70 年代,经济学领域发生了一场方法论方面的革命。这一场革命的发动,一般归功于英国经济学家威廉・杰文斯(William Stanley Jevons, 1835—1882)和奥地利经济学家卡尔・门格尔(Karl Menger, 1840—1921)在 1871 年几乎同时分别出版的著作。另外,1874 年法国经济学家莱昂・瓦尔拉斯(Léon Walras, 1834—1910)出版的著作,也被视为这场革命的标志之一。事实上,德国学者赫尔曼・戈森(Hermann Gossen, 1810—1858)出版于 1854 年的著作,已经提出了经济学边际革命的主要观点,只不过该书有点生不逢时,在出版后并没有引起多少重视。简单言之,这场经济学边际革命的主要内容有两个:一是方法上的,即引进了数学中的边际分析方法来讨论经济学问题;二是价值论上的,即从市场消费过程中个人的主观效用角度来衡量商品的价值。经济学边际革命提倡的这一主观价值论分析方法,挑战了当时从生产成本(比如劳动量)来讨论价值问题的客观价值论。在主观价值论看来,伴随稀缺而来的个人满意程度(即效用),才是决定商品价值的力量;商品消费数量的多少,影响着个人对商品价值的主观评价,这一主观评价或者说效用随商品消费量增加而呈现出边际递减的趋势。到后来,经济学家们还用边际分析方法与主观价值论来解释生产要素的效率与报酬。在经济学边际革命发生之后,主观价值论最终代替了客观价值论,成为经济分析的标准方法。

布尔(Charles Francis Bastable, 1855—1945)明确提出,税负的受益原则是对税收本质的错误解释,因为测定从国家服务中获得的受益量既困难又不现实,所以他提倡"以最为人所知,最为广泛承认的能力(即收入能力)——财力——来作为课税尺度的原理"[1]。与此同时,巴斯塔布尔接受了密尔将能力与牺牲联系起来的做法,认为"均等牺牲原则不过是均等能力原则的另一种表现。均等能力意味着负担牺牲的能力均等。均等负担应使均等能力的纳税人们所感觉的牺牲相同,能力不均等时,应相应规定不均等的课税额以达到这一均等牺牲的目的",不过他又强调,"但是能力与牺牲这两个词之间稍有不同。能力使人想到的是纳税力这个积极的因素,牺牲使人想到的是由于纳税所受的损失这个消极的因素。前者由某种客观的标准测定,而后者则属于纳税人的感情,所以从哪一方面来说都是主观的"[2]。

在19世纪,平等征税问题仍侧重于消极地考虑将既有的税收额平等地分摊出去,可到了20世纪,平等征税的标准更多地转为积极地运用税收手段改善市场形成的收入分配状况以达到社会公认的公平标准或者说社会正义认可的结果(一般用更低的基尼系数来表示)。正如英国工党在1973年所表达的,在税收方面"工党运动独具的平等主义哲学……这里的平等主义不是指按照个人的纳税能力来分配税赋,而是指运用税收工具实现更大的社会公平"[3]。为达到这一目的,财政上有两种做法,可以分别应用或者同时配合进行:一是在收入方面通过累进性所得税等直接税,尽力从负税能力高的纳税人那里获得更多的税收;另一是在支出方面,用税收资金为穷人提供社会福利,创建更为人们认可的公正社会。平等征税问题在理论上向社会公平(或者说社会正义)的这一转折,与本章开头说到的优良税收的实质性标准相关,不在本章讨论范围内,本书将在福利国家理论中讨论。

二、主要为实现税负平等而对税收种类选择的思考

如前所述,自17世纪至19世纪,西方财政思想家们大致形成了一种意见,那就是普遍、直接、规范、平等等理性标准应成为优良税制的原则。到了19世

[1] 坂入长太郎:《欧美财政思想史》,中国财政经济出版社1987年版,第367页。
[2] 同上书,第367—368页。
[3] 唐顿:《公平税赋:1914—1979年英国税收政治》,经济科学出版社2017年版,第283页。

纪，鉴于普遍、直接、规范等标准在税制中已大体实现，那么如何实现税负的平等呢？要回答这一问题，就涉及选择什么样的税收种类来实现税负平等[1]。不同的税收种类组合，就产生出不同的税制结构；这样的结构又大体可分为间接税为主体的税制（间接税制）和直接税为主体的税制（直接税制）两种。

在税收种类选择方面，思想的演进过程与第二章所述现实税制发展进程基本一致，大体上可以区分为两个明显的阶段：一是从传统直接税向消费税为主的间接税制的转型（大约在17—19世纪上半叶）；二是从间接税制向现代直接税制的转型（大约在19世纪下半叶至20世纪）。除此之外，还有其他一些关于税收种类的设想。

（一）从传统直接税制向现代间接税制的思想转型

如第二章所述，在中世纪封建国家向现代国家转型的过程中，西方国家的税收制度也从传统的直接税制转向了现代的间接税制。税制的这一转型过程，始终伴随着思想家们基于税负平等及其他标准而对税收种类选择的思考。

1. 英国向现代间接税制转型的思想支持

在实践中，英国几乎是最早实现向间接税制成功转型的税收国家。这一税制结构的转变，得到了此一时期学者们提供的思想支持。他们之所以赞成以消费税（国内货物税、关税等）为主要财政收入形式，主要基于以下几方面的考虑：

（1）消费税具有普遍性与平等性，不论贫富与阶级，只要消费都需纳税，而且随着消费数量增加会多纳税款；

（2）对消费征税，商品价格会提高，这将减少消费、增加储蓄，从而培养人民的勤劳习惯，尤其是可以减少不良物品（如酒类）的消费；

（3）消费征税比较简单，征收管理费低等。

在这方面，威廉·配第给出了征收消费税最为完整的理由。在《献给英明人士》一文中，他指出，为了增加国家财富以及增加税收，最好的课税方法是实行面向全民的国内消费税，理由有：(1)每个人按其实际享受缴税，符合自然的正义（对任何人都不强制）；(2)这种税收如果不给包税商而由国家直接征收且征收合理，就能

[1] 就税负平等而言，其实还需要考虑财政思想史上学者们对税负转嫁与归宿的考虑。只有区分出税收负担的法定归宿（税法规定的纳税主体）与经济归宿（实际承受税负的经济主体），才能真正讨论纳税人的税收负担与税负公平的问题。不过，由于税负归宿在相当程度上属于实证经济学的内容，再加上学者们对这一主题的思考已由马斯格雷夫进行了非常好的总结，因此此处不再叙述此方面的内容。具体可见马斯格雷夫："财政原则简史"，载于《公共经济学手册》（第1卷），经济科学出版社2005年版。

促使人们勤俭,增加国家财富;(3)任何物品只能消费一次,人们不至于对同一物品缴纳两倍或两次税;(4)实行这种税制,能随时对国家的财富、出产、贸易及实力作出精确的计算;(5)国内消费税可以使人明了家庭开支和浪费情况[1]。

如前所述,达芬南从税收的普遍性、公平性入手主张实行国内消费税,并认为课税虽然提高了生活必需品的价格,但是可以矫正贫民的懒惰习惯,而且征收消费税可以减轻地租与进口关税。他还认为,国内消费税是最公平的税收,与群众的欲望成比例,所以是合适的财源。他主张,在制定国内消费税时,应该对富人课征奢侈税,而对贫民阶级所用生活必需品应从轻征收[2]。

前面也已提及,霍布斯在《利维坦》一书中认为,要使税收负担平均的话就要实行国内消费税,因为这样可使各人承受的负担与他从国家那里享受到的利益成比例,而这又可减少人民的痛苦与纠纷。所以,他从税收的受益原则及税收负担的普遍性要求出发,强烈主张实行国内消费税。

对于税收种类的选择问题,亚当·斯密同样认为,消费税的税负与人民的收入成正比,因此有必要采用消费税。不过,他仔细区分了消费品中的必需品和奢侈品,然后说,对必需品征消费税的话,会产生同工资税相同的结果,即税负转归企业主负担,这对生产不利。斯密的结论是,应尽量对奢侈品征税。与斯密同属于苏格兰学派且为终身好友的休谟,也反对直接税,主张间接税和普遍征税,理由是这样做人民乐于缴纳、国家也会强大。他宣称,"最好的税收是课征于商品的税收,尤其是课征于奢侈品的税收,因为这样的税收最不容易被人们感觉到。从某种程度上说,它们就是自愿缴纳的,因为我们可以选择消费多少被课了税的商品。这种税收是在不知不觉中逐渐缴纳的,倘若征收得当,还有利于节俭。这种税是与商品原来的价格混在一起,因此,消费者不容易感觉到。它们的唯一缺点就是征收成本较高"[3]。事实上,"整个 18 世纪,英国政治阶层和知识阶层仍然极力抵制任何形式的直接税收根本改革"[4]。到了 1845 年,麦克劳(John Ramsey McCulloch, 1789—1864,又译麦卡洛克)还在谴责各种不同的所得税,说"它们要求经常干预并查询个人私事;因此除了会造成不公外,它们总让人觉得讨厌"[5],并因此主张消费税。19 世纪的约翰·密尔,在《政治经济学原理研

[1] 坂入长太郎:《欧美财政思想史》,中国财政经济出版社 1987 年版,第 54 页。
[2] 同上书,第 60 页。
[3] 邦尼:《经济系统与国家财政》,上海财经大学出版社 2018 年版,第 207 页。
[4] 同上书,第 86 页。
[5] 同上书,第 450 页。

究》中提出赋税原则时仍坚持消费比例原则，就是说应实行消费税，这样税负可与收入成比例[1]。

当然，在此期间不是没有人反对过消费税。在以消费税为主的间接税逐渐扩大的同时，出现了更多的批评和抵制的声音。其中最为重要的反对理由是，消费税抬高了商品的售价，不利于经济的发展，也会削弱商品在国际市场上的竞争力。例如，英国大众消费的新型产业陶瓷器业、玻璃工业，就因 1697 年的消费税而受到了沉重打击。有意思的是，随着英国工业生产能力的增强和市场的扩大，到 18 世纪上半叶，虽然传统的酒税、盐税和其他更多普通商品的税收都在增加（比如 1709 年开征蜡烛税，1710 年开征肥皂、皮革、糨糊、酒花、纸张、印花税等），但反对消费税的声音却反而在减少。

当然，以什么样的消费品作为课税对象，思想家们也有过反复的讨论。几乎所有的学者（包括配第），都赞成对奢侈品（尤其是进口奢侈品）征税；对于必需品，多数学者将其排除出征税范围（如斯密），以便将税负更多地落实在富人身上。他们认为如此做，还可以达到抑制消费、促进勤俭风气或增加储蓄的目的。但也有学者的意见正好相反，他们主张对生活必需品征收特别税收，认为这样会促进节约与谨慎的习惯，并提高劳动效率。威廉·坦普尔有一段话可作为例子："为了让共同的生活必需品更多，就要让穷人勤奋工作，唯一的方法是让他们时刻处于劳动的必要性中，否则他们会将时间花在吃饭、睡觉上"[2]。事实上，在思想史上这样冷酷的理性声音一直存在。就是说，这些学者从某种进化论的角度论证，为穷人考虑或者尝试给他们帮助，会破坏最佳生存原则，鼓励懒惰和浪费，提高生育率，最终破坏经济发展，甚至伤害那些想帮助穷人的那些人的积极性。前文提及的英国学者约翰·麦克劳，也支持这样的看法。

2. 法国税制变化的思想背景

如第二章所述，在中世纪，法国比较早地在部分城市征收消费税（货物税），路易十四（1643—1715 年在位）时期由科尔贝尔主持的财税改革，更进一步地征收间接税（关税和国内货物税）。但在法国大革命后，法国的税收种类与英国不同，反而更多地依靠直接税。

就税制思想来说，科尔贝尔时期财税改革的目的在于，努力振兴工商业而对农业有所歧视，同时又因禁止谷物出口、对农产品实行价格管制而加重了农民的

[1] 坂入长太郎：《欧美财政思想史》，中国财政经济出版社 1987 年版，第 66 页。
[2] 格罗夫斯：《税收哲人——英美税收思想史二百年》，上海财经大学出版社 2018 年版，第 15 页。

负担。因此,此一时期法国的学者大多批评科尔贝尔的政策,要求减轻农民负担、减少国家对经济和价格的干预政策。重农学派正是在这一背景下产生的,它认为农业是唯一的价值来源,国家不应干预经济的运行。该学派的许多学者甚至进一步主张,应以土地税(直接税)为唯一的税收形式,实行单一税制。

在这一时期活跃的法国学者,即使不属于重农学派,也大多受到重农学派的影响,虽然并非所有的学者都赞成单一土地税。比如,布阿吉尔贝尔(Pierre Boisguillebert, 1646—1714)就是这样。他大力批评科尔贝尔的财税政策,认为国家富强的基础不是沉溺于奢侈生活的城市工商业者,而是健康的农民,因而国家必须保护农业。布阿吉尔贝尔提出,税制应该避免对农民课税过重,必须扶植农业健全发展,这就需要以直接税来代替间接税,根据量能原则在民众中平等地按比例地征缴直接税,与此同时废除工商业的国家垄断与限制政策,实行谷物自由贸易,以扩大国内的商业和促进行业的分工[1]。

沃邦同样对农民的贫穷状况表示深切的同情,认为农民贫困的原因在于赋税负担过重,以及税负分配与征税方法不合理。前已述及,他在1694年向政府提出了著名的财税制度改革方案,要求对每一个人的全部所得与劳动按一定比例征税。他用的是古老名称“什一税”,但实质上主张的是现代的一般所得税[2]。米拉波在18世纪中期也极力要求关注经济自由与农业的重要性。秉承重农学派的看法,他视土地为赋税的源泉,不过并不赞成重农学派的单一土地税方案,认为需要征收其他税收(对盐、烟草等征收间接税,对住宅征收直接税)来配合和弥补,才能满足财政的需求。由此可见,在大革命后法国之所以没像英国那样转向间接税制而转向了直接税制,有其深厚的思想基础。

18世纪著名的思想家孟德斯鸠则从政治上提出了著名的税负与自由、政体与税收之间关系的命题,该命题也是后世税收思想的经典话题。在《论法的精神》一书中,孟德斯鸠指出:“大多数共和国可以增加赋税,因为国民相信赋税是纳给自己的,因此愿意纳税,而且由于政体性质的作用,通常有力量纳税……专制国家是不能增加赋税的,因为奴役已经到了极点,无法再增加了。”[3]不过,就具体的税种选择而言,孟德斯鸠最为赞成的是课征消费税而不是当时多数法国学者支持的直接税。他说,“从性质上说,人头税较适合于奴役;商品税较适合

[1] 坂入长太郎:《欧美财政思想史》,中国财政经济出版社1987年版,第93页。

[2] 同上书,第95页。

[3] 孟德斯鸠:《论法的精神》,商务印书馆1961年版,第221页。

于自由……最适合于宽和政体性质的赋税是商品税”[1]，而且在管理上，“商品税最不为人民所察觉到，因为征收这种税的时候国家并不向人民提出正式的要求。这种税可以安排得十分巧妙，人民几乎不知道他们纳了这种税”[2]。

3. 德国税制变化的思想资源

德国的现代国家成长进程不仅落后于英国，也落后于法国。到19世纪尤其是1871年德意志帝国成立后，间接税的比重才慢慢超过传统的直接税。

税制结构逐渐转向间接税制，这一状况得到了那个时期学者的支持。他们认为，消费税对国家、对纳税人都有利，拥有免税特权的阶级在消费税下也间接承担了纳税义务，增强了普遍性与公平性。比如以国库原则为税收最高原则的尤斯提，将国内消费税的优点总结如下：①把公共负担分派到每一个人身上；②人们通过对个人消费支出的调节，有可能减少这种负担；③国内消费税的负担只占个人收入的极小部分；④对每个人来说负担很小，多不在意，但是却能增加国家收入；⑤征收上不需要强制执行；⑥外国人也可以负担消费税；⑦国内消费税既能控制商业，又能促进制造工业。这些优点相当程度上也是消费税在德国和欧陆国家普及的原因，虽然尤斯提本人因消费税征收费用高、不利于商业活动而在态度上有所保留与折中[3]。宋能非尔斯不像尤斯提那样视国库需要为最高财政原则，而更接近经济自由主义的思想。他强调，税收对国民经济影响的重要性超过了国王领地收入与特权收入，因此高度赞成征收消费税（特别赞成对奢侈品课税）。虽然宋能非尔斯也承认消费税存在尤斯提所说的征收费用高等缺点，但强调它有三个优点足以掩盖缺点：(1)征收量与纳税者所得相适应；(2)商人可将税金转嫁于商品价格；(3)纳税人每天几乎在无意中就交付了税金[4]。

(二) 现代直接税制思想的兴起

如前所述，在现代税收国家诞生初期，学者们之所以更多地赞成消费税，是因为当时脱胎于中世纪的传统直接税有很多缺点，比如不具备普遍、直接、规范、平等的特征。他们之所以赞成消费税（或货物税），主要是因为他们觉得只有消费税才具备这些特征：遍及于全体人民（人人消费，因而人人纳税），无须传统的贵族或教会代收（可由政府官员来进行）而具有直接性，经批准后就可以根据法

[1] 孟德斯鸠：《论法的精神》，商务印书馆1961年版，第221页。
[2] 同上书，第217页。
[3] 坂入长太郎著：《欧美财政思想史》，中国财政经济出版社1987年版，第82页。
[4] 同上书，第83页。

律长期规范地征收（不需要一事一议），消费还因代表了纳税人的能力（消费多者，负税能力大）而符合税收平等的要求。

到了19世纪下半叶，普遍、直接、规范等征税问题已经基本解决，但是社会平等问题日益突出并反映到税收思想中，成为税制设计需要应对的主要问题。密尔说出了那个时代的呼声："为什么平等应该是征税的原则？因为在一切政府事务中都应遵循平等原则"[1]。在多数学者的心目中，消费并不是衡量负税能力并以此实现社会平等的好标准，收入和财产才是衡量纳税能力更好的标准，尤其是在市场经济日益发展、金融不断深化的现实背景下。于是在19世纪中叶直至20世纪上半叶，西方国家（包括美国在内）在税制的思想与实践方面出现的一个趋势是，转向直接税制。

在19世纪40—50年代，以倡导自由放任的曼彻斯特学派为代表，其灵魂人物科布登（Richard Cobden，1804—1865）就认为有必要降低甚至废除间接税，认为这种依赖消费或"肚子"的税收，"使得相对于自身收入的比例而言，穷人的负担远远超过富人"[2]，从而不可避免地引发阶级冲突。科布登还认为，直接税还有一个好处，那就是"激怒人民，增加政府征税的难度，这样就会形成持续的共同压力，迫使政府将支出削减到最小"[3]。他们甚至还从经济效率角度反对间接税制，认为间接税阻碍了工业和企业发展，阻止了"资本的自由流动"，如果改用直接税取而代之，就会迎来商业自由发展大繁荣[4]。而立志于社会改革的英国工党，更是在1909年大会上声明，"社会改革应该要确保所有社会创造的财富都用于公共利益。在一个民主政府手中，财政是实现这一目标的一件非常有效的工具"[5]。第十二章将会重点讨论的霍布豪斯（Leonard Trelawney Hobhouse，1864—1929）则从另一个角度为直接税辩护，他认为富人财产的获得既有个人努力的因素也有社会提供的条件，因此用所得税取走富人一部分财富是公平的："经济学的基本问题不是如何摧毁财富，而是如何正确认识财富的社会内涵，使其适合现代需要……应该通过下述方式实现这一目标：区分财富中的社会因素和个人因素，社会因素带来的财富应该由大家共享，由社会使用和管

[1] 穆勒：《政治经济学原理》，华夏出版社2013年版，第378页。
[2] 唐顿：《信任利维坦：英国的税收政治学（1799～1914）》，上海财经大学出版社2018年版，第164页。
[3] 同上书，第168页。
[4] 同上书，第165页。
[5] 同上书，第336页。

理，满足社会成员的基本需求"[1]，"税收的真正功能是确保社会可以获得社会因素创造的财富，或者从更广泛的角度来说，不能将社会因素与活跃个人的努力混为一谈……税收将会确保国家从社会价值中获得一定份额，税收不是从纳税人声称自己有无限权力的收入中扣除了某些东西，而应是纳税人支付了本应属于社会的某些东西"[2]。显然，此处的税负平等或税收公平已不仅仅是一个形式标准问题，而是一个发挥社会改革功能的工具。

在思想上，运用直接税来纠正社会不平等，不仅受到有关社会问题与福利政策的学术资源支持，也得到此时从主观效用研究税收量能负担的学术支持。在19世纪70年代经济学边际革命发生后，学者们热衷于将边际效用这样的概念引入到财政税收领域。以约翰·密尔为首的一批学者，他们把税负平等解释为纳税人因纳税而付出的牺牲平等。在密尔开创的基础上，学者们又纷纷地在理论上加以补充，最终由埃奇沃思决定性地将税负平等等同于边际牺牲相等（即最小牺牲），并进而形成征收累进所得税理论的根据[3]。

不过，密尔虽然引入了税负平等牺牲的理论，但他个人却并不赞同累进所得税而主张比例商品税，因为他觉得对于较高的收入适用较高的税率，相当于是对勤劳节俭征税，而间接税让纳税人感觉不明显，可以减少纳税抵抗，而且可以对富人消费的奢侈品征收高额消费税来促进平等。虽然密尔坚持认为应该征收比例商品税，但他也承认缩小贫富差距在财政上的重要性以及征收直接税（特别是遗产税）的必要性，只是他指出若要所得税不违背正义原则就需要接受以下限制条件："第一，一定额度以下的所得，应完全免税。这最小额可使所得者恰好够购买现在人口生活必需品。第二，限度以上的所得，仅应比例于限度以上的剩余部分来课税。第三，在所得中，被储蓄起来的投资数额，应准免纳所得税。"[4]

当然，从均等牺牲原则出发，更多学者得到的结论是应该实行累进性的直接税（主要是个人所得税，另外还有遗产税），正如前述埃奇沃思的意见。谢夫勒在表达赞成累进课税时发表的意见是："对少数的高额所得及大财产采取累进课税，而对低额所得采用递减课税的方式，这种做法不是不平等而是均衡性所要求的。"[5]

---

[1] 唐顿：《信任利维坦：英国的税收政治学（1799～1914）》，上海财经大学出版社2018年版，第353页。

[2] 同上书，第354页。

[3] 埃奇沃思："税收的纯理论"，载于马斯格雷夫、皮考克：《财政理论史上的经典文献》，上海财经大学出版社2015年版。

[4] 坂入长太郎：《欧美财政思想史》，中国财政经济出版社1987年版，第231页。

[5] 同上书，第296页。

在那个时代的德国学者中,瓦格纳也许对直接税制给予了最为清晰的说明。为了纠正收入分配的不公平现象、解决社会问题,瓦格纳要求税收必须对所得和财产分配进行干预与调整,并主张在一定程度上牺牲富裕阶级、保护劳动大众,“从社会政策的意义上来看,赋税是在满足财政需要的同时,或者说不论财政有无必要,以纠正国民所得的分配和国民财产的分配,调整个人所得和以财产的消费为目的而征收的赋课物”[1]。

著名经济学家凯恩斯同样表达过对于现代直接税制的坚决支持,他说,“自从19世纪末叶以来,所得税、超额所得税、遗产税等直接税,在去除财富与所得之绝大差异方面已有长足进步,尤以英国为然”[2]。1954年,英国皇家委员会确认了英国对所得税累进性的承诺:“我们对当今公众意见表示满意,为了符合公平分配的理念,不仅需要累进税率而且需要陡峭级距的累进所得税,这样的看法被广为接受”[3]。在这方面,美国学者加尔布雷斯也许给予了直接税制最为清晰的辩护意见,在他看来,随着收入和购买力的提高而超比例地提高的累进所得税制,有利于实现权力的均等化,促进收入的均等化[4]。

(三)关于税种选择与税制结构的其他一些设想

综上所述,到了19世纪末20世纪初,为了实现税负公平就必须在分配税收负担时贯彻平等原则;而要满足平等原则,就要在税种选择时以直接税(所得税及财产税等)为主,并根据最低生活水平与个人家庭经济状况采取适当的减税措施,这样的想法与做法成为财政领域普遍的要求。出于平等的理由,具有累退性质(即收入越高,用于消费的比例越小,缴纳的消费税占收入比重就越低)的间接税制受到了较为普遍的反对。特别是针对消费税,20世纪上半叶的亨利·西蒙斯(Henry C. Simons, 1899—1946)给出了另一种反对理由。他说,消费税所宣称的简易性是一个幻觉,因为绝大多数民众不参与征税的技术过程,这样的消费税“有助于造成不负责任的政府,因为它是过于简单的税制方案;好税制(虽然也许缴纳时有困难)是对不良公共支出的良好防御措施”[5]。

有关税种选择和税制结构的思想,除了上述内容外,还有其他的一些设想值得注意。

---

[1] 坂入长太郎:《欧美财政思想史》,中国财政经济出版社1987年版,第304页。

[2] 凯恩斯:《就业、利息和货币通论》,商务印书馆1983年版,第321页。

[3] 格罗夫斯:《税收哲人——英美税收思想史二百年》,上海财经大学出版社2018年版,第103页。

[4] 同上书,第119页。

[5] 同上书,第89页。

第一种设想是以直接支出税为主体形式来获得税收收入。这种直接支出税介于所得税与消费税之间，吸收了前者的考虑（税收应该是个人的、直接的或许是累进的）又考虑到后者的要求（不应对所有的收入征税而只该对用于消费的那部分征税，目的在于支持储蓄，在道德上似乎也更合理）。构想中的支出税是这样征收的：将消费者一定时期的支出额进行累计，并对累计额征税（可以实行累进征税）。支出税的思想实际上有久远的历史，在现代也有支持者。密尔、马歇尔、阿瑟·塞西尔·庇古（Arthur Cecil Pigou，1877—1959）和欧文·费雪（Irving Fisher，1867—1947）等著名学者，在一定程度上都是这一税种的支持者。不过，正像庇古在评论密尔的支出税设想时指出的，支出税最大的问题是会遭遇到不可克服的管理难题（需要非常能干的管理队伍，以及可受纪律约束的纳税公众）[1]。尽管在西方国家对支出税有兴趣者仍集中于学术界，支出税本身目前也仅停留在设想阶段，但在当代电子交易越来越普及、支出记录变得越来越可查的前提下，至少在实践方面支出税的难度已不断地降低。

第二种设想是以土地税作为单一税种。这种思想有比较久的渊源，至少在法国重农学派那里就得到清晰的阐明。如前所述，以魁奈为代表的重农学派主张，土地是财富的唯一源泉（农业进行生产，工商业者仅限于再生产），唯有土地能够增加国民收入、提供纯收益，因此“最简单，最合理，对于国家最有利，对纳税者负担最轻的课税形式，是比例于纯产品，对继续再生产的财富源泉的直接课税”[2]。19世纪的亨利·乔治（Henry George，1839—1897）基于不同的理由，同样论证了单一土地税的合理性。在他看来，美国随着工业的进步，土地不断升值，升值部分全部被地主拿走，可地主从社会中拿走太多却一无贡献。他认为，土地是所有人的自然权利，应该将土地的所有经济租金以税收形式拿走，这样就可以废除其他所有税收。相对而言，亨利·西蒙斯也接近于赞成单一税制，不过他赞成的不是单一土地税而是以个人所得税为联邦政府的唯一财源（地方政府可以征收财产税和机动车税）。

第三种设想是定性税（qualitative tax）或定向税。这一设想重视的是税收的某种非财政的功能，认为税收应该发挥某种特定的道德、政治或其他功能。比如说，应该对不需要勤劳就能获得（不劳而获）的“倘来”利得、遗产以及战争期间的“超额利润”等征收重税。对这些非勤劳所得征收特别重税，还受到强调机会平

[1] 格罗夫斯：《税收哲人》，上海财经大学出版社2018年版，第136页。
[2] 坂入长太郎：《欧美财政思想史》，中国财政经济出版社1987年版，第111页。

等的思想的强力支持。20世纪初成立的英国工党，就特别强调这一点。工党领袖麦克唐纳强调，工党税收政策的基本目的是“对寄生者而非提供劳动的人征税”，公平的税收应该区分寄生者和生产者[1]。庇古在1937年建议使用累进性的死亡税和所得税武器，“不仅把它们当作财政收入的工具，而且更多是用它们来减轻财富与机会明显的不平等，这样的不平等使我们现有的文明丢脸”[2]。直至20世纪末，仍有不少学者从机会平等的角度赞成遗产税的征收。在一定意义上，凯恩斯学派主张的发挥宏观调节功能的税收(经济膨胀时增税、经济萧条时减税)，也属于定向税性质，只不过这已不属于税收种类问题而是税收总量问题。

三、探索负担公平所得税制的技术特征

19世纪的西方国家已是税收国家，税收成为财政收入的主体形式，税制是否优良决定了西方现代国家制度建设能否成功。如前所述，在这一时期，西方财政思想界探索优良税制的焦点是建立以所得税为主的直接税制。这是因为，社会公众在当时对消费税这样的间接税所具有的累退性(即收入越高的人缴纳的消费税额占收入额的比重越低)日益不满，而对使用所得税制干预收入分配、实现社会平等的可能性表现出巨大的兴趣。

这样的思考显然不同于亚当·斯密时期通行的国家不干预立场。对此，阿道夫·瓦格纳说，古典经济学家们之所以反对运用税收手段去矫正收入与财富的分配，是因为在逻辑上把市场决定的收入与财富分配状况视为唯一正确与正义的，而这一逻辑前提在现实中并不存在。所以瓦格纳说，让税制去矫正收入分配、履行社会福利职能，是时代发展的要求，“对于何为税收‘正义’的解答，开始不同于个人主义政治权利时期的答案，正如个人主义政治权利时期的答案不同于过去城市行会制度时期一样。正义这一概念的含义出现了变化，也因此可以说明正义是一个历史的概念。正义概念的含义变化越大，就越能被民众自觉地、清楚地接受，也就越会引起税收及其分配能力的变化，进而用一种新的方式来实现税收的普遍性与平等性要求”[3]。

[1] 唐顿:《信任利维坦:英国的税收政治学(1799～1914)》,上海财经大学出版社2018年版,第363页。
[2] 格罗夫斯:《税收哲人——英美税收思想史二百年》,上海财经大学出版社2018年版,第75页。
[3] 马斯格雷夫、皮考克:《财政理论史上的经典文献》,上海财经大学出版社2015年版,第33页。

可是，为了实现税负公平这一目标，该怎么具体设计所得税制，以便让纳税人承担适当的负担呢？在这方面学者们的意见并不一致，得到他们公认的无非是一种原则性的意见，正如瓦格纳所表述的，“社会上所有人都应当按其能力大小纳税，能力大的人多纳税，能力小的人少纳税，无能力的（贫困者）不纳税”[1]。但是，有没有什么科学的标准，可以用来设计一种负担公平的所得税制？学者们在此方面的探索，大致集中在三点：①税率的特征；②所得税负分配方式；③税基的选择。

需要说明的是，此处对公平税负所得税制的探讨，在内容上主要集中于19世纪英美财政学界对税负分配之量能原则的探索，未涉及他们对受益原则的探讨。这是因为，这一时期英美学者对于受益原则考虑得很少。在他们的眼中，财政问题的重点是收入（即税收）而非支出（在理念上他们认为支出越小越好因而可以不用讨论）；与此同时，财政收入方面的重点又是基于量能原则探寻税负公平分配的方式。马斯格雷夫和皮考克曾经揭示过这一状况，“19世纪大多数时候，让英语国家的学者们忙碌的事情是，寻找更为准确的‘支付能力’的定义。他们认为，税收问题或多或少地独立于公共支出的决定。因此，他们更关注用什么样的模式把量能原则转化为实际的税收分摊方式”[2]。

（一）寻找公平所得税制的税率特征：比例所得税还是累进所得税？

所得税在征收时，应纳税额与应税所得（或者说纳税能力）的匹配有两种方式：一种是比例税，即每个人应缴纳的税额占应税所得的比例相同；另一种是累进税，即应纳税额比应税所得增长得更快。问题是，哪一种税率特征在分配税收负担时更为公平？

在近代早期的学者中，西斯蒙第、卢梭、孔多塞等学者出于公平的目标支持累进税，认为累进税在分配税负时更加公平。可罗伯斯庇尔反对累进税，认为它是对低收入者的侮辱。在后来的学者中，累进税率原则逐渐得到了多数学者的支持，如前面提及的19世纪下半叶德国学者谢夫勒就赞成累进课税，他表达了那个时代学者普遍性的意见：“对少数的高额所得及大财产采取累进课税，而对低额所得采用递减课税的方式，这种做法不是不平等而是均衡性所要求的”[3]。在同一时期瓦格纳也有这样的看法，他认为，税负的平等性应该具有

[1] 坂入长太郎：《欧美财政思想史》，中国财政经济出版社1987年版，第296页。
[2] 马斯格雷夫、皮考克：《财政理论史上的经典文献》，上海财经大学出版社2015年版，第4页。
[3] 坂入长太郎：《欧美财政思想史》，中国财政经济出版社1987年版，第296页。

的"含义是'尽可能根据经济能力来征税'。既然比起绝对收入与财富,经济能力增长得更快,那就应该对高收入者实施累进税率,而不该采用单一比例税"[1]。英国政治家张伯伦在1885年演讲中提出:"税收应该满足牺牲的平等性,我不知道除了通过某种形式的累进税——税率随着纳税人收入的提高而增加,如何实现这一目标"[2]。

由于从公平方面支持累进税率的学者较多并且是主导性意见,此处不再多加叙说。需要提醒注意的是,反对累进税率的学者虽然人数少一些,但并非不重要。他们之所以表示反对,一方面是认为累进税未必能实现公平的目标,另一方面则认为累进税会因减少资本而破坏经济增长,并最终损害公平。

英国学者约翰·密尔就发表过著名的反对意见。他认为,累进所得税率"极具争议,就算它是真理,它的真理性也尚未达到可以成为税收原则基础的地步"[3],他认为所得税的级距既不公平又不可取。由于累进税税率与税级并没有客观、科学的规律可循,为了避免因此带来的危险,19世纪末英国学者巴斯塔布尔坚决赞成比例课税(但附有一定的条件)。他认为,所谓的公平纳税是,"在避免无规律累进税的危险的同时,应考虑维持牺牲的平等。这就必须对所得规定一定的限制,超过者则按同一税率课征,而低于该限制者全额免税或部分课征,此即所谓的累进税"[4]。美国学者哈里·拉兹反对累进所得税的理由是:"任何有关税率的尺度都只是猜测,或者是出于政治和财政方便的结果。哪里的政策建立以方便为基础,哪里的不公正就难以避免"[5]。不过有意思的是,他同样也认为比例税武断和不公。在美国学者布鲁姆和卡尔文两人看来,累进税增加的财政收入并不多,但大大增加了管理的复杂性,并且易为政治势力滥用。尤其在经济方面,他们认为累进所得税阻碍了经济增长(削弱激励性、减少储蓄能力),虽然作为内在稳定器有其价值,但在经济状况不佳时完全可由减税政策来代替[6]。

由此可见,反对累进税率的主要理由是,采用何种税率以及级距的大小多少,其实并没有科学的标准,在相当程度上它是基于主观性甚至政治考虑而得到

[1] 马斯格雷夫、皮考克:《财政理论史上的经典文献》,上海财经大学出版社2015年版,第32页。
[2] 唐顿:《信任利维坦:英国的税收政治学(1799～1914)》,上海财经大学出版社2018年版,第137页。
[3] 格罗夫斯:《税收哲人——英美税收思想史二百年》,上海财经大学出版社2018年版,第37页。
[4] 坂入长太郎:《欧美财政思想史》,中国财政经济出版社1987年版,第368页。
[5] 格罗夫斯:《税收哲人——英美税收思想史二百年》,上海财经大学出版社2018年版,第114页。
[6] 同上书,第69页。

的结果。事实上,支持和反对累进所得税的话题直到20世纪末仍在进行。在1998年在德国召开的研讨会上,马斯格雷夫与布坎南两人,分别表达了对累进所得税与比例所得税的支持[1]。在马斯格雷夫看来,累进税除了具有自动稳定器这样的宏观经济功能外,更为重要的是可以贯彻横向平等与纵向平等。而布坎南则认为累进税容易带来寻租的空间与税收的剥削,因而赞成单一比例所得税。20世纪末期反对累进所得税的意见汇合起来,再加上累进所得税在实践中存在的种种问题,促发了单一比例所得税(即平税)主张在21世纪初风头大盛,在部分国家(比如俄罗斯)甚至成为制度的现实。

(二) 探索公平的所得税负分配方式:从客观标准转向主观标准

什么样的所得税税负分配方式是公平的?在19世纪下半叶,根据收入和财产征收直接税并实行累进税率,成为深入人心的要求。一开始,按照个人收入(以及财产)的客观数量来分配所得税的税负,被人们广泛认为是公平的分配税负的方式。可是,在19世纪70年代经济学边际革命发生后,学者们逐渐地开始从主观感受的角度来衡量纳税能力的大小,即从税收给纳税人造成的牺牲(主观感受到的负效用)的角度来衡量税收负担的大小,认为它才是真正科学的标准。

一般认为,是密尔首先将主观牺牲原则引入到税负的研究中。他从政府施政的平等目标出发,认为课税公平的含义应该是牺牲的平等,即所有的人因纳税而造成的牺牲必须相等(即均等牺牲)。他说:"政府是广大人民和阶级的政府,强烈要求对人民和阶级无差别地同等看待……因此,在政治原则上,税收平等意味着牺牲平等。这意味着在所有人中分配政府所需的经费时,每一个人在承担他的份额时所感觉到的不利,与其他人相比,既不多也不少","要求一切人均等牺牲的格言"就叫平等原则[2]。如前所述,在密尔眼中,均等牺牲的主要内容是对(超出基本生活需要的)收入按比例课税而不是累进征税,因为累进所得税将会抑制经济发展的效率。与此同时,密尔还认为,均等牺牲的税收将会带来总牺牲的最小,"正如政府应该一视同仁地对待个人或阶级的要求那样,政府也应该做到将税收压力同等地加在每个人或阶级身上。这样的课税方式,给全体带来的牺牲最小"[3]。马斯格雷夫对此的评价是,"他的这一看法是领先于时代

---

[1] 马斯格雷夫、布坎南:《公共财政与公共选择:两种截然不同的国家观》,中国财政经济出版社2000年版,第61、93页。

[2] 约翰·穆勒:《政治经济学原理》,华夏出版社2013年版,第222—223页。

[3] 格罗夫斯:《税收哲人——英美税收思想史二百年》,上海财经大学出版社2018年版,第36页。

的，尽管在技术上并不正确，因为密尔设想的均等牺牲是总量的而不是边际的”[1]，不过仍肯定说：“密尔这一先驱性的想法，引起了税负分配领域内思想重点的变化，即原先设想通过均等牺牲来促进公平分配，现在设想的是通过最小牺牲来促进有效分配”[2]。

在密尔之后，巴斯塔布尔在有关税负公平的衡量上，也倾向于密尔提出来的税收牺牲说与均等牺牲原则。他认为，社会的最大幸福是使全体纳税人负担最少、牺牲最小，这种“最小牺牲”可以通过对收入扣除必要费用后按统一税率课征所得税达到。当然，巴斯塔布尔还补充说，税负的分配，除了根据民众所得的多寡外，还需要考虑：①支出的目的（如果是用于经济活动，税收总额高一点也没关系）；②财富的分配与财富的种类[3]。

自从密尔把纳税能力解释为牺牲后，有许多学者跟随他使用边际效用分析的方法来探讨税负公平。只不过，密尔主张的是比例所得税，但他的追随者大都主张累进所得税。这是因为，密尔主张的均等牺牲实际上是绝对额均等牺牲（即富人与穷人的牺牲总额相等），在技术上被认为不合理。后人又分别提出比例均等牺牲原则（富人和穷人因税收造成的牺牲占各自税前收入效用比例相等）与边际均等牺牲原则（富人和穷人分别交纳的最后一块钱税收的边际牺牲相等）以进一步合理化。尤其是从技术上来说，众多学者指出，只有遵循边际均等牺牲原则才会带来社会牺牲的最小、社会的幸福最大。

在主观牺牲与边际分析基础上，19 世纪末期的多数学者认为边际效用递减原理肯定导致累进性税收。比如在欧陆学者中，萨克斯就比较早地根据边际效用递减规律，认为课税时每个人所牺牲的财富价值，应该在个人之间平等负担，并因此主张累进税，认为这样可实现税负的均等牺牲[4]。但这一结论的弱点被一位荷兰数理经济学家科恩-斯图尔特（Cohen-Stuart）于 1889 年揭示出来，他认为要实现税负的均等牺牲，到底该征收累进、比例或累退税，取决于所得的边际效用下降（或边际效用曲线下倾）的具体情形，而不是简单地征收累进税，他自己支持的是比例均等牺牲原则[5]。

在衡量所得税负是否公平方面，埃奇沃思做出了决定性的贡献。他断言，

[1] 马斯格雷夫：“财政原则简史”，载于《公共经济学手册》（第 1 卷），经济科学出版社 2005 年版。
[2] 同上。
[3] 坂入长太郎：《欧美财政思想史》，中国财政经济出版社 1987 年版，第 365 页。
[4] 张馨等：《当代财政与财政学主流》，东北财经大学出版社 2000 年版，第 133 页。
[5] 马斯格雷夫、皮考克：《财政理论史上的经典文献》，上海财经大学出版社 2015 年版，第 79 页。

“最小牺牲,是纯粹功利主义原则的直接产物,是税收的最高原则”,而税收造成的最小牺牲原则等同于税后的总效用最大原则,即课税应该使得“税后产生的总净效用最大化”。他认为,这进一步地要求税收的“总负效用最小”(即密尔所说的使税收造成的总牺牲最小);而要使得总负效用最小,数学上就必然要求“每个人的边际负效用应相同”(即每个人的边际牺牲相同)。换言之,从效用最大化原则出发,可以得到的自然逻辑结果就是边际均等牺牲;绝对均等牺牲与比例均等牺牲两个原则若要能成立,就必须要求效用函数具有特殊的形式(如遵守伯努利法则)。因此,埃奇沃思的结论是,边际均等牺牲是符合密尔提出的牺牲总量最小化的方法,这一原则是税收负担分配的最好解决方案[1]。

从技术上说,如果承认收入边际效用递减、所有人的收入效用函数相同这两个假设条件,那么边际均等牺牲会带来累进性最大的税制,这样的税收将把收入分配得最终人人均等(即达到收入平均化)。埃奇沃思认为,这样的税收方案虽然是均等牺牲原则的逻辑后果,但会带来现实的问题,如产出率的下降以及对个人自由的威胁等[2]。事实上在埃奇沃思之前,西奇维克(Henry Sidgwick, 1838—1900)就已经提出了这个问题并为埃奇沃思所注意。西奇维克认为要使得所得税税负公平,首先应该尽可能按照受益原则来征税(尽管适用范围极其有限),然后再运用均等牺牲原则征税(即税收让每个人的牺牲相同),不过需要扣除生活必需的最低收入额。西奇维克的结论仍然是主张累进税,但与埃奇沃思相似,他也认为累进税虽然更公平,但可能会不适当地抑制资本的形成(即影响效率)。

根据马斯格雷夫的说法,最小牺牲原则的最后繁荣,出现在20世纪庇古的著作中,尤其是他进一步地将税收宣告效应(announcement effect)引起的负担(即后来的财政学所说的“超额负担”)包括在内。庇古宣称,税制设计应使纳税人的经济损失最小,如此社会总福利才最大,“根据政治原理关系,在达到最大总福利时,被认为是政府的正确目标……课税这个特殊部门的一般原则应与最小牺牲原则一致”[3]。

可见,在思考公平负担的所得税制方面,财政思想以密尔为转折点,在技术上有一个从客观向主观的变化过程:衡量所得税负担是否公平或者是否与应税能力相匹配,不看客观的收入或财产量的多少,而看主观上纳税人所感觉到的牺

[1] 马斯格雷夫、皮考克:《财政理论史上的经典文献》,上海财经大学出版社2015年版,第161—164页。
[2] 同上书,第164—165页。
[3] 坂入长太郎:《欧美财政思想史》,中国财政经济出版社1987年版,第386页。

牲(心理痛苦程度)大小。对于这样的一种变化,格罗夫斯评论认为,累进税收理论被密尔开了一个坏头,他运用快乐的牺牲来引入税收中的平等理念,很快"这个观点就被边际效用原则的迷宫所吞噬。由此观点得到的政策含义是,富人缴税额应该超过穷人缴税额,以至于达到税收心理痛苦均等化(或最小化)的那个点。从此以后,税收研究就开始了一个漫长而无用的寻找测量心理痛苦方法的历程"[1]。格罗夫斯指出的问题就是后来序数效用理论一再批评的,心理痛苦程度在实践中其实并无可靠的测量标准,即使单个人可以对此进行排序(即序数效用),我们也无法进行人际的效用比较。另外,这一牺牲原则还依赖于对统一的收入边际效用曲线的假定(即向下倾斜且所有纳税人都相同),但这一假定实在没有什么依据。可是一旦放弃收入边际效用曲线统一这一假定,那对于什么样的税负分配更为公平这一问题,就不再有一般性的结论。

总之,衡量所得税公平的牺牲原则所依赖的主观基础在事实上难有现实的意义。在此前提下,量能原则也不再能找到主观效用论所主张的"科学"的基础。在实践中,税收制度仍不得不回到客观基础,将收入(或财产)的客观数量与累进税率联系起来并作为实现税负公平的制度标准。只不过,在理论或者说哲学层面上,税收负担仍被视为是一种主观牺牲,只是在税收实践中不再去寻找测度主观牺牲的指标。就像赞成主观牺牲说的巴斯塔布尔的做法,他建议在现实中公平所得税"以最为人所知,最为广泛承认的能力(即收入能力)——财力——来作为课税尺度的原理"[2]。而且,需要注意的是,虽然不能找到精确的度量方法,但查普曼下面一段话仍被当作今天税收实践的指导原则:"就社会观点而言,由刚开始获得的收入所满足的欲求,通常比后来获取的收入所满足的欲求更重要,而不论前者实现的满足是否带来更大的效用……贫困者的平均支出,较之富裕者的平均支出,更加有价值"[3]。因此,对于穷人和富人的应税能力与税负感受,无论我们是否喜欢,也不管在技术上是否可以准确地度量,社会都会不可避免地进行一定的主观评价与比较。

(三)确立公平税基的计算技术:财产、增值、才能

到20世纪早期,从所得税负公平的目标出发,按纳税能力来承担税负已成为所得税制的基本原则。可是,用什么样具体的、客观的技术标准来衡量此种

---

[1] 格罗夫斯:《税收哲人——英美税收思想史二百年》,上海财经大学出版社2018年版,第175页。
[2] 坂入长太郎:《欧美财政思想史》,中国财政经济出版社1987年版,第367页。
[3] 格罗夫斯:《税收哲人——英美税收思想史二百年》,上海财经大学出版社2018年版,第72页。

"能力"？这就涉及选择与计算税基的技术问题。

1. 税基从财产到个人所得的变化

用什么客观技术标准来衡量所得税的纳税能力？在近代税收兴起的早期，衡量能力更多地运用"财产"额，这也是传统直接税的税基。但在当时市场尚未深化的经济环境中，并不存在有关财产的确切估值技术。于是，地产、牲畜、窗户、马车、火炉、仆人等数量，都曾充当过财产估值的某种指标。随着经济近代化进程（工业化、市场化和金融深化）的加快，流量收入而非存量财产越来越成为纳税能力的标志，就是说所得越来越被当作能力的标志。但是，什么才应被认定为是一个人的"所得"？对此种税基的技术问题，探讨仍在不断地进行。

探索某个人所得的确切内容，至少可以追溯到亚当·斯密时代甚至更早。在那个时期，重农主义者认为土地租金是唯一可行的税基，因为他们认为地租才是个人所得的唯一真正内容。在古典学者如斯密和李嘉图等人那里，他们普遍持有工资基金的观点（即资本家在使用资本时，只会留下仅够工人维持生活的金额作为工资基金，也因此工资基金数量只够工人维生），认为对工资征税就是对生活费征税，工人事实上没有承担能力，最终这些税负都被转嫁给租金或利润。基于此，这些学者不赞成对个人工资收入征税。由于他们又认为对利润征税会产生对市场行为的过度干预，造成资金外逃，不利于经济增长，所以斯密和李嘉图等人也不赞成对企业收入征税。这样一来，他们主张的税基就跟重农学派一样，局限于土地租金和用于奢侈品消费的收入（可运用特定消费税形式来征税）。当然，严格地说，斯密等人探讨的并不是今天所得税的概念。不过斯密有一个看法，所有的税收都取自收入，"不论是对租金、薪资或利润征税，还是对所有的收入来源无差别地课税（人头税和消费税）"[1]，因此斯密的名字仍然跟所得税连在一起。

随着现代工商业经济的不断发展，学者们摆脱了古典学者的看法，赞成将个人工资性收入作为所得的一部分，并且一致主张应该从所得税基中扣除维持最低生活所需的收入（具体扣除多少当然还需探讨）。可是，对资本的增值或财产的增加部分又该如何征税呢？此部分是否应该纳入个人所得税的税基？学者们在这个问题上，又从以下几个方面分别进行考虑：①为了鼓励资本发展，是否应对进一步用于投资的所得免征所得税（仅对用于消费的部分征税）？②是否应该对工资所得、资本所得等区分不同来源征收分类所得税？③是否应该区分经常

[1] 格罗夫斯：《税收哲人——英美税收思想史二百年》，上海财经大学出版社 2018 年版，第 25 页。

性、规律性的资本所得和非经常性、不具规律性的资本所得？④是否应该区分勤劳性(或需冒风险)的资本所得和不劳而获的资本所得并分别予以征税？

不同的学者对上述问题有不同的回答,有些设想已体现在所得税实践中,而有些设想在今天仍只具有理论的意义。比如说,很多国家在所得税制实践中都选择对非勤劳所得使用特别的税收予以处理(或适用比较高的税率),这些非勤劳所得包括土地增值收入(以亨利·乔治为极端代表,他主张土地增值应成为唯一的税基)、垄断利润、遗产(或赠予)、倘来利得等。

2. 以"增值"来衡量个人所得并寻找衡量"增值"的技术

正如马斯格雷夫所指出的,以往的英语财政文献并不包含"增值(accretion)"这一概念,英国税收实践采用的是分类所得税,对不同所得分别征收不同的所得税。马斯格雷夫认为,将个人综合的或全部的所得作为个人所得税的税基,这一思想直到19世纪末期才出现,特别是在"增值"这个概念得到深入讨论之后。他说,这一概念由德国学者乔治·香兹(1896)最早提出,黑格又在1921年将它引入了美国的文献[1]。在黑格看来,所得就是增值,因此"所得"的定义是:"所得是某人在两个时点之间净增加的经济能力的货币价值"[2]。

格罗夫斯将美国学者亨利·西蒙斯之前有关所得的观点概括为三种[3]。一种观点认为,所得必须是那种经常性的重复出现的收入流(排除偶然所得),卡尔·普莱恩在1923年就任美国经济学会主席所发表的演讲中,就将所得的特征界定为可获得性、可消费性(不伤害未来收入的可获得性)、可重复性(recurrence)。另一种观点认为,所得是一段时期内商品和服务的产出价值扣除折旧及资本消耗后的价值,这一概念被统计学家用来估计国家的或社会的总收入。第三种观点和欧文·费雪等人有关,说的是除储蓄外的其他收入都是可税的净所得,认为所得必然与消费相等(即储蓄部分不应该征税),这样所得税就等同于消费税(密尔早就表述过类似的观点)。英国学者卡尔多的主张类似于第三种观点即费雪的看法,不过他补充说把储蓄排除出所得税之后,毫无疑问会加剧财富积累并使有财产者获取过分的权势,因而建议使用遗产税以约束这种趋势。

西蒙斯(Henry C. Simons, 1899—1946)对以上这三种定义都不满意。他的看法是:第一种定义的问题是,收入流的重复出现总是一个程度的问题;第二

[1] 马斯格雷夫:"财政原则简史",载于《公共经济学手册》(第1卷),经济科学出版社2005年版。
[2] 格罗夫斯:《税收哲人——英美税收思想史二百年》,上海财经大学出版社2018年版,第93页。
[3] 同上书,第93—94页。

种定义(如同第一种)的问题是,它忽视了纳税能力的重要因素;第三种观点的问题是,储蓄通常以自身为目的(而不仅仅是推迟消费),对储蓄免税可能会对财富和能力的分配产生可怕的影响。西蒙斯觉得,所得的定义需要完全反映个人的纳税能力并且能揭示出经济能力在两个时点之间的全部变化。在吸收了黑格从增值来定义所得的方法后,西蒙斯将"所得"[1]定义为下面两项的代数和:①在市场消费时反映出来的权利价值;②在起始点之间存量财产价值的变化额。可见,西蒙斯的所得概念基本也等于增值,他对所得的定义事实上包含了投资所得与偶然所得。在此基础上,他还赞成对所有这些所得都适用累进税率。西蒙斯注意到了其他作者对累进税收可能影响资本供给的担心,不过,他认为他们夸大了税收对纳税人积极性的伤害。而且,西蒙斯觉得就算他们说的伤害确实存在,可是通过累进税收达成的税负公平也远比资本供给带来的经济进步更为重要,"进步和正义都是非常昂贵的——最重要的是,二者都以对方为高昂代价"[2]。

威廉·维克瑞在一定程度上继承了西蒙斯的所得即增值的思想[3],只是在衡量增值的技术标准上,将时间扩展至人的一生。就是说,他把纳税人终身(从成年起直到死亡)的收入累计平均化作为所得税的税基。所谓累计平均化的收入,指的是将迄今每年收入与过去所纳税收的利息相加;在计算税收时,以此总额为基础,扣除过去所纳税收及其利息。

总之,按照马斯格雷夫的说法,在"增值"这一概念的引导下,税基问题可以统一地加以处理,综合的或完全的税基设计范围包括经常性所得,还包括未实现的资本收益、源于企业的所得、折旧等。这样的综合所得税基曾经是美国税制改革的旗帜,其目的在于保障税负的横向公平与纵向公平,实现西蒙斯所说的税收正义。马斯格雷夫评论说,美国的这项改革对所得税实践有多大的影响是另外一个问题,但它确实为美国一代税收理论家提供了研究的重点与启示[4]。

(三) 用才能(faculty)这一主观标准来更准确地衡量纳税能力

西蒙斯在讨论所得税基时,除了用他建议的技术标准来衡量"增值"并作为所得税基外,他还考虑对非经济活动中的收益、心理上的收益(如工作声望的价值)、赚钱能力等征税。因为在他看来,这些主观性质很强的收益或能力,才是承

[1] 格罗夫斯:《税收哲人——英美税收思想史二百年》,上海财经大学出版社 2018 年版,第 94 页。
[2] 同上书,第 92 页。
[3] 同上书,第 130 页。
[4] 马斯格雷夫:"财政原则简史",载于《公共经济学手册》(第 1 卷),经济科学出版社 2005 年版。

担所得税负的真正科学的标准。

除了西蒙斯，还有其他一些学者也提出，主观性很强的“才能”是衡量纳税能力的更好标准。才能(faculty)一词，在美洲殖民地时代即被人使用，不过在当时它主要跟财产、财产税有关。到后来，这个词的含义扩大到将专业技巧(职业能力)包含在内，因为有了这些技巧就意味着可以挣到收入，技巧也就代表了纳税能力。在1888年，美国学者沃克就曾建议以才能作为税基，因为它优于以财产或所得为税基[1]。他认为，如果把才能与所得进行比较，就能发现其优点在于：在“才能税”制度下，纳税人没法用“不知道”或者“不能转嫁”作为逃税的辩解理由。

美国学者塞利格曼同样认为，“才能”是更为合适的税基。他还创造性地将密尔的均等牺牲概念与生产潜力(productive capacity)观念融入“才能”这一理念中。基于才能的增加比所得的增加更快这一原因，塞利格曼认为，我们可以据此得到支持累进课税的结论。

可问题是，才能并不比上文说到的牺牲更容易测定。塞利格曼为运用才能作为税基并采用累进税率给出的辩护意见是，“就算我们永远也达不到理想标准，我们也没有理由说不该尝试着尽可能去接近理想标准”[2]，“一项不那么确定的税率，如果符合正义的方向，很可能要优于像比例税率这样的税率，后者虽然比较确定但不像前者那样公平”[3]。

以“才能”作为所得税基，看起来这样的想法比单纯的收入(或财产)更为合理。不过诸如“才能”之类的内容，已具有高度主观的色彩，在实践中难以进行准确的计量。它所努力的方向，是针对目前所得税制下有相当大一部分收益逃离征管体系这一现实，特别是公司成为逃避个人所得税的重要工具。西蒙斯的下述观点，说出了许多尝试重新设计所得税基的学者的企图：我们要么放弃进步，要么勇敢地负起责任向所有真正构成所得的重要项目征税[4]。

四、小结与进一步探讨

本章叙述了财政思想家对优良税收原则和税收种类的探讨，其结论最终落

[1] 格罗夫斯：《税收哲人——英美税收思想史二百年》，上海财经大学出版社2018年版，第51页。
[2] 同上书，第51—52页。
[3] 同上书，第52页。
[4] 同上书，第96页。

在只有实现税负公平才是优良税收，而累进性所得税是实现税负公平的有效手段。这样的理论探讨，用本书的术语来描述，大体上是目的性国家在税收制度建构过程中对工具性国家的一种驯化。

本章的重点，在于概述19世纪下半叶以及在此前后西方财政学者为落实公平负担所得税制而从三个方面对技术标准进行的思考。从结果看，似乎这些思考并没有得出有关负担公平所得税制的客观、科学的标准，反而落到了主观性一面。对于什么才是科学的累进税率标准、什么才是准确衡量所得税的应税能力、怎样才能更准确地度量所得税基并据以征税这些问题，提供的答案似乎都具有模糊性，都依赖于某种主观意见：累进税率水平与级距相当程度上是任意的；税负怎么衡量要看纳税人感受到的主观牺牲程度；更准确地分配所得税负的标准似乎是比较主观的“才能”。最终，对于公平所得税制能否探寻到科学标准这一问题，也许我们不得不接受格罗夫斯的说法，“一切税收或多或少都具有武断性；无论是自然法则还是科学分析，都不能提供确定的标准”[1]。有鉴于此，有人干脆建议接受杰里米·边沁(Jeremy Bentham，1748—1832)的看法，在税制设计中放弃对税负公平或平等的追求：“建立平等的制度是空中楼阁；能够办到的只不过是维持安定”[2]。

但是，鉴于税负分配公平问题是社会的基本问题，我们可以认定它将永远是财政学的核心问题，也是财政思想用来不断驯化国家的内容。而且，虽然对这些问题的探讨并无确切的结论，但并不能说明这些问题没有意义。一方面，这些探讨诞生了丰富的税收思想文献，深刻影响到20世纪、21世纪的税制实践；另一方面，这样的探讨提醒我们注意，正如格罗夫斯强调的，税负公平问题答案的模糊性也许和公共利益这个词具有高度的主观性从而本质上不清晰有关。在财政实践中，公共利益是我们无法回避也不应回避的问题，“公共利益是什么可能并不清楚，但在民主社会里，对它的探索是无法避免的，也是永无止境的”[3]。

对于上述困境，财税学者提出一个解围方法，那就是，不再试图用科学的手段去准确地度量那些主观价值，而是在公共决策中用“社会意义”来简单地代替，而所谓的社会意义则交给民主程序来裁决。正像布坎南在针对阿罗不可能定理引起学界普遍的失望情绪时所说的，正因为不能保证以伦理上可接受的方法将

[1] 格罗夫斯：《税收哲人——英美税收思想史二百年》，上海财经大学出版社2018年版，第115页。
[2] 张馨等：《当代财政与财政学主流》，东北财经大学出版社2000年版，第210页。
[3] 格罗夫斯：《税收哲人——英美税收思想史二百年》，上海财经大学出版社2018年版，第179页。

个人偏好转换为一致的集体偏好，民主决策才有意义，“它可保证竞争性的选择方案能作为临时性试验而被采用、测试，并为结构不断变化的多数集团所认可的妥协方案所替代。这就是民主选择过程”[1]。

所以，在技术上不能找到确定、科学的方法来界定所得税负公平分配方式，也许正是我们不得不依赖民主程序决定税收问题的理由。换言之，有关税负公平问题，将从科学问题变成第四章所述的民主问题。对此维克塞尔也反复予以强调，在他看来税收正义一定是由民众亲自或者通过代表运用投票程序来同时决定税收与支出，由他们来衡量：税收带来的主观负担，是否与公共支出带来的主观利益相称？

---

[1] 罗森：《财政学》，中国财政经济出版社1992年版，第123页。

第六章　对税收国家制度实践的反思

从 16 世纪开始直到 19 世纪乃至 20 世纪初期，在西方世界，工具性国家利用税收制度对目的性国家实施支配，汲取资源以壮大自身，而目的性国家运用有关征税正当性与税负公平性的财政思想对工具性国家进行驯化，二者的合力逐渐形成了税收国家。税收国家也因此成为西方现代国家制度建设的重要阶段与组成部分。在 20 世纪初期英美等国的财政理论与实践中，税收国家仍被设定为最小国家或者说守夜人国家，即运用财政工具完成的国家职能仅限于保护内外安全及提供少量的必要公共设施。但在 19 世纪的德国、意大利等国家以及在 20 世纪后的西方国家中，税收国家的功能被大大扩展，进而要求承担起发展与保障的职能，即出现了后续章节将讨论的从税收国家向生产国家与福利国家的扩展。

税收国家已经成为制度的现实，可是税收作为一种主体财政收入形式对于现代国家的意义仍需要在思想上加以进一步的揭示。作为现代国家制度，税收国家的构建不仅仅体现在收入方面有公共性的要求（即来源于大众的财产与收入），还体现在支出类别与结构、征收与使用的管理方式等都有特别的要求，都需要体现出公共性的特征。此外，对于税收国家而言，依托于税收的公债收入形式，对于现代国家发展也具有重要的作用。“税收汲取能力、条理清楚的公共支出项目、健全的公债管理体系正是导致 19 世纪欧洲现代财政国家发展的主要动因”[1]。

在相当程度上，本书第三章至第五章探讨的财政思想是规范性的，即如何建

[1] 卡多佐、莱恩：《为自由国家而纳税》，上海财经大学出版社 2018 年版，第 5 页。

构具有合法性的税收制度，而本章探讨的财政思想则是实证性的，即税收国家建设具有什么样的制度后果或政治意义。只有在理论上搞清楚税收国家建设的实际后果，才能进一步地从财政思想上驯化国家。

一、税收作为主体财政收入的政治意义

现代国家以税收作为自己的主体收入形式，在政治上至少有两个方面的重要意义：①税收作为资源维持着国家的运行；②税收作为动力推动了现代国家的形成。对于这两方面的意义，近代以来已有很多学者进行过阐发。接下来，本章对他们的相关论述进行概括与整理。

（一）税收作为资源维持着国家的运行

财政是国家乃至任何组织生存的生命线。没有财政收入，没有资源的流入与支持，国家机器就无法运转。只有在财政收入能够维持政府支出需要时，国家才能维持，其他的一切活动才能在此基础上展开。为此，学者们留下了许多名言来强调税收或财政收入与国家之间的关系，如法国思想家博丹表示："财力资源是政府的神经"，英国思想家伯克强调："政府的税收就等于政府本身"[1]，马克思说，"国家存在的经济体现就是捐税"[2]等。正因如此，奥甘斯基（Organski）和库格勒（Kugler）总结说："税收是政府存在的确切标志。政府行动中很少有哪种行动，像征税这样严重依赖于公众的支持或至少依赖于公众因恐惧惩罚而给予的服从。财政收入直接影响到社会中绝大多数个人的生活，很少有像避税这样处心积虑的活动。没有某种形式的税收收入，就没有民族共同体，就没有控制。不能征税是政府无法获得公众支持并维持支持的重要标志之一。"[3]

就现代国家来说，它与税收之间的关系也是非常直接的。正像熊彼特说的："财政需求成为现代国家生活的第一个标志。"[4]大致上，现代国家对财政资源的要求，可分为两个方面：一方面是国家政权自身建设对资源的要求，如建立庞大的等级制行政机构、雇佣专业工作人员、建设现代化常备军与统一司法机构

[1] Charles Tilly, *The Formation of National States in Western Europe*, Princeton University Press, New Jersey, 1975, p.243.

[2]《马克思恩格斯选集》（第1卷），人民出版社1972年版，第181页。

[3] Cameron G. Thies, State Building, Interstate and Intrastate Rivalry: A Study of Post-Colonial Developing Country Extractive Efforts, 1975—2000, *International Studies Quarterly*, 2004(48).

[4] 熊彼特："税收国家的危机"，载于格罗夫斯：《税收哲人——英美税收思想史二百年》，上海财经大学出版社2018年版。

等,这些都需要巨额的财力支持,本书第二至第五章所阐明的税收国家职能也主要集中于此;另一方面是现代国家为了降低社会和经济的运行风险,不得不去干预经济、保障社会(如供给公共产品、稳定经济运行、给付必要的福利等),为此需要财力资源,本书第七章至十五章将要阐明的生产国家和福利国家的职能集中于此。

财政资源在西欧早发国家建构时期的重要性,有许多学者对此发表过看法。蒂斯(Thies)从欧洲早发国家构建的经验中得到的启示是,汲取财政资源的政策在国家建构和生存竞争中处于中心地位[1]。蒂利的看法也是类似的,他认为,欧洲的经验表明,是否获得可汲取的资源是早期国家生存和构建关键的一点[2]。他说,在早期国家建构过程中,统治者或者他们的代理人主要从事四项活动:①战争,以消灭或绥靖境外的竞争者;②政权建设,包括消灭或柔化潜在的境内竞争者;③保护那些支持他们统治的人;④从他们所控制的人口和土地上汲取资源,以完成上述三项事业[3]。显然,在这四项活动中,能否汲取资源极为重要。

埃利亚斯将国家构建看作是国家对暴力、税收、土地实现垄断(独占)的过程,他从税收独占社会发生学的角度描述了统治者对税收的垄断,认为税收为军队以及其他专门协调机构的存在和运行(即现代国家的形成)提供了物质的支持[4]。正因为如此,诺斯干脆用征税能力界定早期的现代国家:“(国家)是这样一种组织,在运用暴力方面具有比较优势,它能够征税的范围有多大,其地理边界就能扩展到何处。”[5]

吉登斯曾经强调西欧早期在绝对主义国家建设时期,税收对国家建构所提供的资源保障意义。在他看来,(中央集权的)税收体制,与(受到保障的、中央集

---

[1] Cameron G. Thies, State Building, Interstate and Intrastate Rivalry: A Study of Post-Colonial Developing Country Extractive Efforts, 1975—2000, *International Studies Quarterly*, 2004(48).

[2] Charles Tilly, *The Formation of National States in Western Europe*, Princeton University Press, New Jersey, 1975, p.40.

[3] Charles Tilly, *War Making and State Making as Organized Crime*, in *Bringing the State Back In*, edited by P. Evans, D. Rueschmeyer, and T. Skocpol, Cambridge University Press, 1985.另可见埃文斯、鲁施迈耶、斯考克波:《找回国家》,生活·读书·新知三联书店2009年版,第246页,译文有所不同。

[4] 埃利亚斯:《文明的进程:文明的社会起源和心理起源的研究》(第二卷),生活·读书·新知三联书店1998年版,第223—248页。

[5] Evan S. Lieberman, Taxation Data as Indicators of State-Society Relations: Possibilities and Pitfalls in Cross-National Research, *Studies in Comparative International Development*, 2002, 36(4).

权的)法律秩序、(国家调控和认可的)货币制度这三个因素推动了现代国家的第一阶段(即绝对主义国家)的巩固:"(绝对主义下)在国家巩固过程中,法律制度和财政体制的发展是至关重要的一步","像所有的国家一样,绝对主义国家严重依赖于税收的征集"[1]。

(二)税收作为动因促进现代国家的构建

以上学者在使用"税收"一词时,只是简单地将其作为财政收入的同义词,或者说使用了税收的广义含义。前文已述及,19世纪德国财政学者斯坦因强调过,税收的首要特征是纳税人的同意,"税"(tax)是经过民众同意、运用现代征管手段征收并用于促进民众个人发展的财政收入";没有获得民众同意的财政收入形式只能称为"捐",体现的仅是统治者为了自身利益而对民众行使赤裸裸的暴力。斯坦因指出,这样两种财政征收形式,存在于国家的不同演化阶段:税存在于现代国家,而捐存在于传统国家[2]。

1. 税收与现代国家构建

斯坦因对税收一词所赋予的"同意"的特征,也是本书一直在强调的内容。一批倡导"财政社会学"研究路径的学者,从这一狭义的税收含义出发,断言税收推动了现代国家的形成。在葛德雪(Rudolf Goldscheid, 1870—1931)、熊彼特(Joseph Alois Schumpeter, 1883—1950)这样的学者眼中,西欧在近代史上之所以会发生国家转型,其动因来自中世纪晚期西欧的主体财政收入转向了税收。埃利亚斯将这样的过程称为"税务独占的发生",即"一个占有土地并授出土地与实物年金的国王,变成了一个占有货币(税收)并分授货币年金的国王:这使得集中化达到前所未有的强度和力度",或者说"这一专制王权和这一集中化的政权机构从中世纪脱颖而出"[3]。马克思对税收与自由、同意的关系,也有论述,"究竟为什么赋税、同意纳税和拒绝纳税在立宪主义历史中起着这样重要的作用呢?其实原因非常简单,正像农奴用现钱从封建贵族那里赎买了特权一样,各国人民也要从封建国王那里赎买特权。国王们在与别国人民进行战争时,特别是在与封建主进行斗争时需要钱。商业和工业越发展,他们就越需要钱。但是,这样一来,第三等级,即市民等级也就跟着发展起来,他们所拥有的货币资金也就跟着增长起来,并且也就借助于赋税渐渐从国王那里把自己的自由赎买过来。

[1] 吉登斯:《民族-国家与暴力》,生活·读书·新知三联书店1998年版,第122、125页。
[2] 马斯格雷夫、皮考克:《财政理论史上的经典文献》,上海财经大学出版社2015年版,第53—54页。
[3] 埃利亚斯:《文明的进程:文明的社会起源和心理起源的研究》(第二卷),生活·读书·新知三联书店1999年版,第222—223页。

为了保证自己的这些自由，他们保存了经一定期限重新确定税款的权利——同意纳税的权利和拒绝纳税的权利”[1]。

葛德雪在1917年发表的“国家社会主义还是国家资本主义”一文与熊彼特1918年发表的“税收国家的危机”一文，提出了后来被称为“财政社会学”[2]研究的理论路径。该理论的核心观点是，财政制度（或者说国家汲取与运用社会资源的制度）是社会演进的动力，决定了现代国家的成长方式与路径；它的主要内容集中于探索财政收入形式（税收或非税收）、财政支出的数量与结构等，如何为社会所决定以及如何影响社会，以及国家汲取财政收入和运用财政收入的方式，如何对经济组织、社会结构、精神文化乃至国家命运产生影响等。

作为社会主义者的葛德雪，特别看重的是通过财政领域的作用来推动社会的发展。他说，劳动者与资产阶级之间的斗争，“革命的决战在于财政理论和财政政策上。不管如何，在财政学中可以找到资本主义的中心教义。因此，在我们的时代，国家财政改革可以和百年前的宪法和行政改革相匹敌，不，其重要性要远远超出”[3]。而熊彼特在此方面的断言是：“税收不仅帮助创造了国家，而且还帮助塑造了国家的形式。税制作为手段，其发展帮助了其他制度与机构的发展。国家手里拿着税单，就可以渗透到私人经济中去，并日益加深对它的统治。税收把金钱与算计精神带到了此前它们从未到达过的各个角落，并因此成为那个曾经产生税收的社会有机体的塑造力量。社会结构决定了税收的种类与水平，但税收一经产生就成为一把可以操作的手柄，而且好像它一直都在；各种社会力量都能握住这一手柄，以改变社会结构。”[4]

在葛德雪与熊彼特的观点中，西方国家从依靠君主自有领地取得财政收入到依靠向大众征税获得财政收入的转变，是封建国家向现代国家转型的关键。这样的观点，被后来的财政史学者概括为，“财政史中从领地国家过渡到税收国家，就相当于一般经济史中从封建主义过渡到资本主义”[5]。

---

[1] 《马克思恩格斯全集》（第6卷），人民出版社1961年版，第303页。

[2] 葛德雪和熊彼特等研究财政与国家之间关系的倡导者，之所以采用“财政社会学”这一名称，是因为他们使用的“社会学”这一术语包含着对国家制度与政治权力的研究。但在今天的社会科学分类中，对国家制度与政治权力的研究基本上被划入政治学而非社会学的学科范围。正因如此，奥康纳等人才在他们的著作中使用“财政政治学”一词（奥康纳：《国家的财政危机》，上海财经大学出版社2017年版，第3页）。财政政治学这一词语，也是本书的立足点所在。

[3] 大岛通义：《预算国家的危机——从财政社会学看日本》，上海财经大学出版社2019年版，第44页。

[4] 熊彼特：“税收国家的危机”，附录于格罗夫斯：《税收哲人》，上海财经大学出版社2018年版。

[5] 邦尼：《经济系统与国家财政》，上海财经大学出版社2018年版，第13页。

可用表 6-1 来概括熊彼特等人所描述的税收产生与国家转型的观点，即在中世纪晚期，西欧财政从家财型财政（主体财政收入为君主自有土地收益）向税收型财政（主体财政收入为税收）的转型，促成了该地区向现代国家的转型。也有学者对此提出了实际的证据，那就是 1558—1640 年英格兰王田收入逐渐衰落的历史，并由此断定这“是现代国家出现的一个决定性因素”[1]。希克把这样的巨大变化称为“财政的哥白尼式革命”[2]。

表 6-1　财政转型的政治意义

	家财型财政	税收型财政
收入	君主自有土地收入	向民众拥有的私人财产或收入征税
支出	主要用于君主家族及其仆人消费	主要服务于公共职能
管理	相当于君主家务管理	表现为议会用预算的手段来管理政府
政治意义	容易形成专制性政府	容易形成代议制民主政府

资料来源：笔者整理。

为什么向税收型财政转型会推动传统国家向现代国家（以代议民主制为标志）转型？后来的研究者基于西欧经验而将这样的论断概括为“财政社会契约”的命题，并从以下几个方面的要点来进行解释[3]。

（1）在国家间持续的战争或战争威胁的背景下，那些能够有效获得物质资源支持的国家将在战争中获胜。

（2）那些征收压迫性税收（特别是在农业社会的背景下）而没有建立纳税人代议制的国家不能获得生存，这是因为压迫性税收的征收，通常会引起纳税人的反抗而使得征税成本过高，而且靠压迫获取收入的代理人，也会将大量的收入留归己用，这样压迫性税收通常会导致低下且不可靠的收入。

（3）与此相反，基于纳税人（或纳税人代表）同意而征税是一个更好的制度，既有利于统治者也有利于纳税人：既然税收是经人民同意的，征税就会简单、低成本，也更可靠；纳税人能够用税收来换取统治者的政策，这就会促使征纳双方找到对彼此都有利的政策；如果纳税人能够决定国家的主要政策，那他们就更愿意满足战时财政的紧急需要；在存在代表纳税人的组织（即代议机构）的情况下，

[1] 邦尼：《经济系统与国家财政》，上海财经大学出版社 2018 年版，第 464 页。

[2] Schick, Can National Legislatures Regain an Effective Voice in Budget Policy? in *Evolutions in Budgetary Practice*, OECD, 2009.

[3] John L. Cambell, The State and Fiscal Sociology, *Annual Review of Sociology*, 1993, 19.

该组织会相对有效地监督收支过程、减少浪费与腐败。

(4) 更一般地说，统治者若在收入上依赖于纳税人，就等于把自己的命运与公民的富裕程度联系在一起，这样统治者就会致力于推动公民富裕程度的提高。

上述财政社会契约命题，又被学者们用两种略有区别的模型来加以解释：一种叫谈判模型；另一种叫合法化模型。

所谓谈判模型，说的是统治者用代议制来交换臣民的税收，或者说代议机构是统治者与被统治者就政府活动所需税收进行谈判的产物，特别是在统治者对税收有迫切需要(如发生战争等紧急事态)的情况下。从历史上说，英国国王并不想要一个国会，他想要的始终是更大的支配权力。但是，为了筹措经费应付战争，国王不得不先向男爵们(贵族们)，然后向教会、绅士、市民让步。为了让这些人掏钱缴税，国王不得不给议会更大的权力，并最终形成英国代议制政府[1]。

所谓合法化模型，说的是代议制并不像谈判模型描述的那样，统治者将其作为一种缴税的奖赏提供给被统治者，它实际上是统治者对征税行为进行合法化的工具。也就是说运用代议制的帮助，统治者可以创造臣民的义务感，让他们觉得缴税并不是出于害怕统治者的惩罚或者出于某种利益交换，而是经过自己的批准并为了自己的事业而付出的代价。在历史上，凡是代议制存在的国家，人民的纳税义务感或责任感确实更强，国家在国际竞争中的经费也更多。

布罗蒂加姆从以下两个方面来概括税收在欧洲现代国家兴起过程中的作用，并特别指出上述谈判模型中存在的谈判因素：一是基于税收而兴起的国家与社会的谈判过程，有利于代议民主制的产生与国家合法性的提高；二是由征收与使用税收而兴起的国家机构与制度的建设活动，有利于国家能力的增强。他说："税收在国家构建中的作用可以从两个主要方面来看：基于税收谈判的社会契约的产生；由征税规则所激发的制度构建动力。在第一方面所取得的成就能够培养代议制民主；第二个方面的进步能够加强国家权力。这两方面都能支持国家的合法性并且能改善国家与公民的义务与权利"[2]。至于税收能否发挥促进现代国家构建的作用，"主要还取决于国家与社会之间能否就财政收入方面进行完美协商"，而税收谈判"既有直截了当的讨价还价以及各类协议，也有不涉及协

[1] 1225年，约翰王的儿子亨利三世采取了一项重大措施，把《大宪章》作为与开征一种动产十五一税有关的政治谈判的部分内容来接受。此举开辟了13世纪王室与地方或者全国政治集团进行谈判的先例(邦尼：《经济系统与国家财政》，上海财经大学出版社2018年版，第75页)。

[2] 布罗蒂加姆、菲耶尔斯塔德、摩尔：《发展中国家的税收与国家构建》，上海财经大学出版社2017年版，第1—2页。

商的间接策略性互动和相互行为的调整”[1]。

对税收促进现代国家构建的过程，唐顿用英国财政国家的兴起进行了验证。在他看来，英国中央政府征税常常不依靠地方政府的官员，而是依靠从地方绅士和神职人员中挑选出来的治安法官。同样地，土地税、估定税以及后来发展起来的所得税的征收，也都委托给了那些从当地知名纳税人中挑选出来的委任专员，这有助于国家与民众之间就税收问题达成高度共识，“税收建立了国家与公民社会之间的纽带，因此地方权力结构及其影响力增强了，而不是被来自中央政府的官员颠覆了”[2]。在唐顿看来，19 世纪的英国财政制度之所以成功，就是因为存在着以下一系列与税收有关的谈判与协议：在国会中，来自不同经济利益集团和地区之间的议员会就税收问题进行讨价还价并达成协议；为了减轻执法和征收压力，政府希望有关各方能接受某一特定的关税，于是与各团体展开交易与谈判；代表贸易和商业的利益群体，也愿意和政府一起就税收问题进行谈判，最终二者携手并进而不是相互拆台。相对而言，法国在 19 世纪就缺乏这样的税收协商和讨价还价过程，有关各方也因此无法就税收问题达成共识[3]。

前面提到，熊彼特对税收做了一个“手柄”的比喻，认为税收成为一把可以操作的手柄，各种社会力量都能握住这一手柄来改变社会结构。这一比喻揭示了长久以来政治家和学者运用税收（征税与用税）来改造社会的雄心。比如，在 20 世纪 20 年代丘吉尔（代表保守党）和斯诺登（代表工党），都有“利用所得税重塑英国社会形态的雄心，也都想采用让特殊群体受益的方式来实现这一目标”[4]。这也是税收国家在功能上扩展为下文将说到的生产国家、福利国家的动力和可能路径。

2. 不同税收种类与国家构建的关系

后来有许多学者遵循葛德雪和熊彼特的理论展开研究，他们进一步指出，并非所有的税收都能够促进现代国家的构建。这又有以下几种情况，简单概括如下[5]。

（1）当税收主要是向农业收入征收时。向土地征收农业税，政府可能倾向

[1] 布罗蒂加姆、菲耶尔斯塔德、摩尔：《发展中国家的税收与国家构建》，上海财经大学出版社 2017 年版，第 35 页。
[2] 唐顿：《信任利维坦：英国的税收政治学（1799～1914）》，上海财经大学出版社 2018 年版，第 37 页。
[3] 同上书，第 37 页。
[4] 唐顿：《公平税赋——1914—1979 年英国税收政治》，经济科学出版社 2017 年版，第 90 页。
[5] 刘守刚：“财政类型与现代国家构建”，《公共行政评论》2008 年第 1 期。

于采用压迫性的策略而不是与纳税人展开谈判，在这种情况下民主机制难以产生。这是因为，土地是无法移动的，若向农民征税，他们可能的避税选择就极少。相反地，如果主要向流动资产征税，由于纳税人拥有真实的或潜在的避税能力，政府就倾向于与纳税人的代表展开谈判，并跟他们分享权力，以便获得纳税人的同意。

（2）当税收主要是关税（向进出口贸易征税）时。在一些拉美国家，政府税收主要依赖于进出口贸易而不是国内经济，为此政府机构发育与制度建设就显得不足。这是因为，主要依靠进出口税提供财政收入的国家，不需要建立复杂的财政机构，不需要提供公共品以换取纳税人的服从，也不需要对经济管理负责并为此建立专门的机构。

（3）当税收主要依赖于寡头企业时。东欧剧变，苏联解体后，俄罗斯和波兰选择了不同的税收制度。俄罗斯政府选择向大企业征税，政府不去寻求更可靠的收入来源，而转向运用更官僚化、更强迫的手段向寡头企业征税或借款。相形之下，波兰政府寻求直接向劳动收入征税。虽在短期内波兰政府碰到的征税困难更大一些，但从长期看这种做法却创造了更值得信赖的收入流，并有助于政府与有组织的工人展开谈判，建立彼此之间的社会契约，进而促进更具制度化的政体结构形成。

二、税收国家发展在支出目的上的表现：从服务于君主到服务于公众

税收国家的发展，不仅仅在收入方面有表现，还体现在支出方面。一个国家财政支出的项目种类与结构安排，反映了该国的国家性质或国家发展阶段。税收国家在财政支出方面体现出来的特征是公益性，即财政支出只能用于提供公共服务。财政支出的公益性特征，是西方在税收国家建设进程中逐渐发展出来的，取之于民的税收只有用之于民才正当。这一公益性特征的获得，表现在西方从中世纪至今的历史上，那就是财政支出目的经历了从主要为君主及其家庭服务向为公众服务的转型。

（一）封建国家时期，财政支出的目的从主要维持宫廷转为主要支持战争

在领主制国家，财政活动主要不是向各群体和各阶层提供多种多样的服务和保证秩序，而主要围绕君主家计管理的需要而展开，包括为维持君主家庭需要而调配必要的资源。这一时期的财政，实质上是宫廷财政。

以英王亨利二世（1154—1189 年在位）为例。他获得的财政收入，主要用于

王室家庭的消费，如维持宫廷、狩猎、服饰或礼品的支出，还用来支付国王雇用的少量卫队、行政辅助人员的薪金，以及维修和建造城堡发生的支出等。这些支出，反映了此时国王的职能是非常私人化的，主要是经营和管理王室领地，以及由其封君地位而产生的封建职能(分封土地、司法服务、为未成年继承人或女性继承人管理的领地提供王权保护)等。国王几乎不承担什么在今天意义上的公共职能，如果说要有的话，那主要是从事战争，目的为履行保护职能或者夺取更多的土地。

从表 6-2 描述的 14 世纪中期英王爱德华三世的财政支出情况，可以看出这一时期国家的职能与权力特征。该表显示出，王室开支的绝对数量在这些年里大体保持不变，影响总支出大小的主要是战争规模大小和战争费用的多少。总的来说，军事开支以及偿还战争债务的本息，占据了财政支出的绝大部分。只有在相对和平时期，这一比例才会下降。例如，1335—1337 年，爱德华三世几乎一直在尼德兰指挥作战，军事开支占总支出的 66％；1344—1347 年，他又在法国进行战争，军事开支占 76％；1347—1349 年他治下的英国处于和平时期，军事开支仍占 55％。这也足以说明，战争是该时期国王的主要公共性职能。如前所述，君主私人的或传统的财政收入几乎不可能应付庞大的战争开支，为应付战争而征税实属不可避免。

表 6-2　14 世纪英王爱德华三世的财政支出(按当时价格)

财政支出	1335—1337		1344—1347		1347—1349	
	镑	％	镑	％	镑	％
王室开支	12 952	6	12 415	19	10 485	40
军事和其他开支	147 053	66	50 634	76	14 405	55
偿还借债	63 789	28	3 760	5	1 151	5
总计	223 794	100	66 809	100	26 041	100

资料来源：曼，《社会权力的来源》(第 1 卷)，上海人民出版社 2002 年版，第 578 页。

此时的法国国王，也与英国国王基本类似，财政支出主要是供给王室消费和军事开支，另外还有一部分是俸禄开支与拦海造田的费用。在战争爆发后，国王维系武装力量、供应战争开支的经费，远远超出了购买谷物或其他的开支。在欧洲其他君主国家，财政支出结构也大体相似。

(二) 绝对君主制时期财政支出开始向公共服务倾斜

在绝对君主制时期，人们已普遍认为国王是服务于全国的一种职位，应该担负起经济和社会责任，颁布各种法律和社会政策来管理和调节社会。正因如此，君主花钱的项目，除军事领域外，还有经济和社会领域，经济政策与社会政策的作用也越来越重要。这一时期，公共支出项目与君主私人支出项目日益分离，财政收入与支出之间在项目上的对应关系也逐渐消失。

在英国，绝对君主制时期财政支出所承担的职能表现出显著的变化。在亨利七世时代，国家的职能依然是传统的，在财政支出方面主要表现为王室开销和雇佣少量政治谋士支付的俸禄。除此之外，行使最高司法权、管理跨疆界的贸易、发行铸币、在贵族的协助下偶尔进行战争，所花费的开支并不多。所有这些职能所花费的国民财富不到1%，而且这些职能也与国内大多数国民的生活无关，最多沾点边。到亨利八世时代的1534年，议会在批准征税的决议前言中，第一次提到王国政府对一般民众有好处，如爱尔兰需要绥靖，有必要修筑防御工事和建设港口等。到16—17世纪，君主越来越重视工商业，出台大量措施鼓励扩大生产和贸易，鼓励出口限制进口。由此看出，这一时期国家职能大大扩张，不再仅仅局限于战争和法庭裁判。国家开始成为社会的公器，成为经济和社会关系的积极调节者。到了詹姆士一世以后，民政开支更是有了显著的增加，增加了四分之一以上。与此同时，支付官僚的薪金和奖赏贵族官员的金钱，也有了显著的增长，全国越来越多的人直接或间接地依靠国王的恩典为生，这体现了国家官僚机构的成长，以及贵族对国王依赖性不断增强。

从17世纪末开始，普鲁士也进入绝对君主制时期。1688年，普鲁士约二分之一至七分之五的财政收入用于军队。1740年是普鲁士的和平年度，其财政预算大致分配如下：军队占73%，公务员和宫廷占14%，储备金占13%。到1770年中期，普鲁士的军队耗费60%的财政开支，民政开支仅占14%。由于军费开支巨大，并年年进行战争，财政支出明显地增长。可普鲁士的国家年度财政收入也从1740年的700万塔勒增加到1786年的2 300万塔勒，财政结余从1 000万塔勒增加到5 400万塔勒。与英法等国此时的重商主义政策相似，普鲁士国家也承担起大力发展经济这项重要职能。王室提供资助为农村修堤、排水和安置居民，组织农村土地开发，改善交通运输状况。在政府的控制和帮助下，国营工场纷纷建立，航海业和采矿业受到鼓励，纺织业得到发展。王国政府的经济政策，促进了纺织品和其他商品的出口。在社会政策方面，1763年普鲁士颁布了全国教育法，对所有男性居民实行初等义务教育。

（三）支撑福利项目的代议民主制财政

到代议民主制时期，财政支出除了军事开支外，经济和社会支出比重越来越大。特别是进入20世纪以后,经济增长、充分就业和社会保障成了政府主要的责任。财政支出不再是满足君主雄心的工具,而是满足民众的要求、为所有公民服务的手段,在财政支持下国家也逐渐成为本书将述及的生产国家与福利国家。

以英国为例。在代议民主制时期,财政支出的总量和结构都发生了巨大的变化。1695—1820年,英国财政开支总量增加了4倍。国家财政开支占国民收入的比重,这一时期也大大提高(从1688年的8%上升到1811年的27%,在1815年之后降低),政府动员财政资源的能力大幅增强。1689—1815年英国发动或参加了8场战争,靠的是强大的税收能力(商品税和其他形式的间接税为筹集1689至1815年期间发生的军费支出作出了最大的贡献),以及在此基础上发售公债券为战争筹集额外收入的能力。在这一时期的财政支出结构中,军事支出和因军事而引起的债务开支,仍占据总支出的相当大比重。不过民政开支的总量和比重,在19世纪也得到了提高,体现出国家进一步地介入经济和社会领域,加强了保障社会的能力。进入20世纪尤其是在1945年以后,英国财政支出的2/3以上用于福利项目,英国也成为名副其实的福利国家。

在德国表现出同样的发展轨迹。表6-3展现了德国财政支出在总量与结构上的大致情况,可见用于公共服务的开支无论是绝对数量还是相对数量都呈现出大幅增长的态势。

表6-3　德国财政支出在1913/1914年度与1927/1928年度的结构　单位:%

类别	1913/1914年度	1927/1928年度
一般行政管理	5.8	6.0
财政管理	3.5	4.8
国内外安全支出	33.5	14.8
安全支出中的军事支出	25.6	5.1
教育	19.6	19.1
社会福利	9.7	20.8
住房	0.4	10.8
经济与交通	14.3	14.2
其他支出	13.2	9.5
总计(百万马克)	8 063	18 771
占GDP的比重	14.2	22.7

资料来源:卡多佐、莱恩,《为自由国家而纳税》,上海财经大学出版社2018年版,第98—99页。

三、税收国家发展在财政管理上的体现:从家政管理到公共预算

税收国家的发展,在实践中还体现为预算制度与管理活动公共性的增强。从技术上说,预算活动是政府对自己未来收支的计划,预算也因此成为政府进行内部管理和工作安排的工具。但在现代国家,预算也成为人民管理政府的工具。就是说,以民众选举产生的议会为主体,以议会讨论预算草案、批准预算计划、监督预算执行为形式,实现纳税人控制政府活动的内容、方式与范围。现实中的国家,任何时候都可能存在着并不公开(或无须公开)的内部财政管理活动;但只有在现代国家,才有公共性的预算活动。现代国家之所以取得这样的特征,是税收国家发展的结果,即目的性国家驯化工具性国家,要求税收获得民众的同意并处在民众监督之下的结果。

(一) 以家政管理为形式的领主制财政

领主制时期,西欧国家的财政管理在收支上没有公、私的意识与区分,直接由国王掌管的内府宫室来进行,"直到11世纪末,欧洲各王国的财政管理好像都是在王室内部进行并由一个与法院一起巡回的机构负责协调"[1]。克朗对英国王室财政管理的描述,同样适用于其他国家:"在国王的公共的与私家的位置之间,并未刻画出一道界限,他的财源能够通过最方便于他的任何机构来收取和支出"[2]。

以这一时期的英国为例。在收入管理方面,来自王室领地的实物租金是相对固定的,而临时性的税收在税款征调次数、起征项目、征收数额、起征时间等方面,实际上都由王廷小会议商议,由国王最后决定。在支出管理上,支出项目、数额和方式等更是由国王随意决定。到威廉二世(1087—1100年在位)末期,国库、财政署等财政机构先后从王廷中分离出来,成为相对独立的财政机构,其中以财政署最为重要。至12、13世纪之交,宫室地位又再次上升,财政署大权渐回宫室,之后不久宫室财权又渐移至内府中的锦衣库。据1213年王室的《收支卷档》显示,王室的生活费、军费和官员薪金等,此时都由锦衣库总体支付。上述财政管理的方式及其变化,都是从有利于国王个人的操作而发展或更替的。

(二) 等级会议协助管理并进行监督的等级君主制财政

如前所述,等级君主制时期,在筹集战争费用时,国王没有向全国收税的机

[1] 邦尼:《经济系统与国家财政》,上海财经大学出版社2018年版,第66页。

[2] 孟广林:《英国封建王权论稿——从诺曼征服到大宪章》,人民出版社2002年版,第305页。

构和人员。于是国王召开由各等级共同参加的等级会议，一方面商议给国王从事战争交纳助税，另一方面也帮助收集税收。在此过程中，等级会议获得监督国王用税的权力。

从等级会议监督国王用税来看，各国情况有所不同，并在相当程度上影响了后世各国政治制度的变化。英国等级会议对国王用税的目的和过程进行监督的权力，在历史发展的过程中得到不断的强化[1]。1215 年英国贵族集体反抗英王约翰，要求国王签署《大宪章》，确认早已存在的封建原则：国王必须先征得贵族们某种形式的同意才能特别课征税收。1242—1244 年，等级会议代表们纷纷抱怨英王亨利三世，说他即位以来从不公布账目，要求任命一个联合委员会来监督用税，否则拒绝再给国王缴税。在爱德华一世治下(1272—1307)，战争支出大幅度增加，王室不得不更进一步依靠等级会议批准征税来应付很多开支。1295 年，英王爱德华一世鉴于贵族和平民都不肯纳税，不得已召开大议会，重申国王征税必须获得全国公众的同意。从此召集议会开会讨论征税问题已成为一种常态，该大议会成为后世议会的模本，这是英国财政管理史上的标志性事件。因此，“审议战争税是议会对立法产生的最早期影响，并且深刻地改变了英格兰政治平衡的基础”[2]。在 14 世纪末、15 世纪初之后，议会的征税法案上已不再有“经上、下院批准”的提法，而是改为“征得上院同意，由下院批准”，就是说下院已经初步控制了国家的征税批准权。

但在法国，由于贵族和教士多数时候属于免税阶层，没有英国贵族和教士们因纳税而产生控制政府征税权的动力。在 1439 年的三级会议上，会议代表们确认放弃对国王征税权的控制。于是法国王室对征税权的绝对控制开始，也因此到路易十一(1461—1483 年在位)统治终结时，三级会议丧失了约束国王征税权的能力。如前所述，法国和英国在财政管理方面如此巨大的差距，被 15 世纪 70 年代的约翰·福蒂斯丘概括为，法国君主能够随意征税，而英格兰君主必须征得议会的同意[3]。

(三) 走向管理理性化的绝对君主制财政

在封建制初期，国王没有什么行政机构，只有一些处理王室家族产业的臣仆和一些帮助处理政务的贵族。随着国王产业的增加、政务的复杂，逐渐兴起了一

[1] 刘守刚：“西欧宪政发展中的税收动因探究”，《华东政法学院学报》2003 年第 6 期。
[2] 邦尼：《欧洲财政国家的兴起(1200～1815 年)》，上海财经大学出版社 2016 年版，第 19 页。
[3] 同上。

个辅助国王执政的专业阶层，如书记官、国王顾问、税务官员、最高法院的法官等。到等级君主制时期，一些必要的行政机构开始正式设立，以完成必要的行政职能。在法国，特别设置了一些“财政总监”，在全国范围内监督助税的征集。1370年，法国国王设立了两个最高行政官：一个专管财政事务，一个专门处理征税引起的法律问题，后者是审理间接税案的最高法院的雏形。

只有在绝对君主制时期，西欧各国在财政管理方面，才发展出一整套收税、估税机构。这些机构越来越重要，依靠税收支撑的官僚机构也越发庞大，并在全国行使无可替代的管理权力。以法国为例。在一开始它实行一种包税制，定期把征税权拍卖给大金融家。这样，在征税能力有限的情况下，君主能够获得比较稳定的税收收入，而且君主的利益与市民阶级的利益紧密结合在一起。但带来的消极后果是，包税系统截留了大约三分之二的国家税收收入。包税商对纳税人的压榨行为，也有消极的经济和社会后果。为了有效地征税和统治全国，绝对君主制下的法国，特别是黎塞留及其继任人，开始建立理性化的行政机器，使王室第一次能够直接在全法国实行控制和干预。比如说，有效建立了总监制（司法总监、警察总监、财政总监）。总监是由国王直接任命的钦差大臣，拥有广泛权力。一开始，他们作为临时赋予特殊使命的官员，在各地巡查，后来成为中央政府向全法国派出的常设官员。总监职位不可取消也不能买卖，其官员多为中小贵族。这说明此时绝对君主已经摆脱了大贵族的牵制，能在王国广大地区范围内行使新的权力。

在1665—1670年战争期间，普鲁士建立起负责军事事务的“战争总署”，这一机构决定性地影响了普鲁士在绝对君主制时期的财政管理。1672—1678年战争爆发后，普鲁士战争总署实际上控制了整个国家。1674年战争总署建立了一个战争财库，负责税收的征集。由于征税工作越来越倚重战争总署官员，因此在不到10年的时间里，战争总署就变成普鲁士的中央国库。在此后的10年中，战争总署承担了组织和领导国家的重任，如组织安排胡格诺教徒避难者的定居地、处理移民政策、控制城市的行会系统、监督贸易和制造业、开创国家的海军和殖民事业等。战争总署的署长，实际上既是总参谋长，又是战争部长，还是财政部长。受雇于战争总署的官员，由统一跨省招募而来，他们是王室打击地方主义和不驯服的等级议会的工具。总署机构的首要职能，是保证维持和扩大国家的武装力量。在战争总署领导下，普鲁士的军事力量不断增强。腓特烈威廉一世（1713—1740年在位）刚上台时，普鲁士只有4 000人的军队，到他晚年时候已有3万名训练有素的士兵，军官团都是从容克地主阶级中招募的，浸透着效忠王室的尚武精神。在腓特烈二世(1740—1786 年在位)统治下,普鲁士军队从 40 万人扩大到 80 万人,军事制度和军事机构也得到改革(如征兵制、军官学校),官僚机构得到精简和合理化。

(四) 建立起公共预算的代议民主制财政

经过资产阶级革命而建立起来的代议民主制国家,财政收入来源于公众,财政支出被要求服务于民生,因而在财政管理方面也逐渐被要求更加民主,其表现就是建立公开、专业的预算制度。下面以英国财政管理从绝对君主制时期到代议民主制时期的变迁为例,来看一看政府内部财政管理(体现理性化特征)和民众管理政府的财政活动(体现民主化特征)在税收国家的发展。

先看政府内部财政管理活动。在亨利八世统治初期,政府财政部门主要有两个部分,即王室土地总监和财政署。前者以土地收益为中心,管理王室土地的出售和土地租税,后者主要负责征收议会同意的税收,两者都控制在国王手中。在 17 世纪斯图亚特王朝早期,财政机构主要是国库、监护法庭和兰开斯特法庭,有关现金、票据和账目主要由国库负责。到了英国内战期间,财政机构实现了国有化,1671 年和 1683 年分别把关税和消费税收归国家管理。1714 年创建的财政部,分别管理关税、消费税、印花税、盐税和土地税等事务,成为现代意义上的官僚机构。

再看民众管理政府的财政活动方面。1665 年议会通过《审查法》,规定只有在确信税收的用途符合其政策目标时,议会才能兑现之前承诺的税收金额。两年后,议会更是建立了公共开支审查委员会,对查理二世的税收使用情况进行审查,以确保国王执行他承诺的政策。1689 年的《权利法案》,确认了议会在立法、财政、税收和军事等方面的权力不受国王的限制(相反国王的开支必须由议会批准),从此政府财政管理受议会监督、对议会负责。如《权利法案》第 3 条规定:凡未经议会准许,借口国王特权,为国王征收或为供国王使用而征收的金钱,超出议会准许的时限或方法者,皆为非法。于民从以下三个方面来概括光荣革命后议会运用一系列“财政解决”法案确立起自己对财政的控制:第一,议会对财政收入的控制权更加巩固;第二,议会逐渐建立并最终完善了对财政支出的控制;第三,议会通过对中央财政管理机构的控制,全面加强对财政管理的控制[1]。在英国预算进一步发展进程中,以下标志性事件值得一提。

(1) 预算审批的程序。1691 年起英国就出现了由财政大臣提出预算,经议

[1] 于民:《坚守与改革——英国财政史专题研究》,中国社会科学出版社 2012 年版,第 146 页。

会讨论决定的现代预算活动形式。不过“预算(budget)”一词迟至1733年才出现,到1760年以后渐趋常用。从1760年起,财政大臣必须于每个财政年度开始之前,向议会提交国家预算,以寻求议会的拨款,并从此成为惯例。大约从18世纪中叶开始,议会建立了固定预算日制度,专门讨论财政预算事宜。该日,财政大臣必须向议会作详细的财政报告。财政报告的内容,包括上年度财政收支状况,以及下年度所需经费数额、计划课征税收的类别等。然后,下院的各个专门委员会再对财政大臣的报告内容分门别类进行调查核实。最后,议会根据专门委员会的调查报告,对预算案进行讨论、修改和表决。议会固定预算日制度的建立,标志着议会财政预算制度的最终确立[1]。

(2) 预算的账户。1787年英国议会颁布的《统一基金法》要求,所有的政府收入纳入统一基金,所有的支出由统一基金支付,从而极大地增强了议会控制预算的权力。

(3) 预算的检查与审计。1691年,下院一些议员就组成公共账目委员会,检查政府开支,一开始审查特殊的开支,后来审查全部开支。1780年下院成立公共账户审查委员会,对政府各部门财政收支账目进行详细审查,并考察议会批拨款项是否用于议会批准的支出用途。1785年议会还通过法案,废除了不起作用的财政审计员,专门成立了审计署,加强对各部门财政账目的审核,以及对财政人员的监督。1861年,议会组建了具有超党派性质的“公共账户委员会”(由前述公共账户审查委员会而来),加强了议会对财政的控制。1866年,议会通过了《国库与审计部法》,建立总审计长制度,设立国库审计部和职业审计员。总审计长对议会负责,监督政府按指定用途使用经费。

在上述基础上,到19世纪初,英国确立了按年度编制和批准预算的制度,即每年财政大臣提出财政收支的一览表,由议会审核批准,再由对议会负责的审计部门和审计人员监督政府对经费的使用。日常的财政预算活动则由严格的会计准则来约束,特别是在1828年下议院公共收入和支出专门委员会推荐引入了商业的复式记账法的账户体系,进一步完善了预算制度。这样,议会实现了对预算权的完全控制,对政府的权力形成实质性的制约。预算因此真正成为民众管理政府的工具,这是英国代议民主制度中极为重要的部分。正如格莱斯顿在1891年对此作出的概括,“国家财政和国家自由密切相关。财政是逐渐实现国家自由的一种有效手段。追溯到数世纪前的古老时期,财政奠定了英国自由的根据,如果下议院

---

[1] 于民:《坚守与改革——英国财政史专题研究》,中国社会科学出版社2012年版,第167页。

失去了对公共资金支出的控制权，依赖于此的各种自由就会变得不值一提”[1]。国会必须有权严格审查支出项目并公开透明地对预算进行投票，“违背这个原则的任何行为都视为对英国自由的攻击”，这被唐顿视为格莱斯顿财政宪法的主要支柱，并且是民众信任国家的主要方式，“国家自身是以负责任和公开方式花费纳税人钱的话，公民的行为也将更负责任，将依法纳税，支持国家行为”[2]。

除了英国，在财政管理方面，基于财政统一和立法监督的预算制度在西方各国都逐步建立和完善起来，其中美国的做法也比较突出。从 1905 年起，美国地方政府率先发起预算改革，纽约市于 1908 年推出了美国历史上第一份现代预算，美国其他城市纷纷模仿。到 20 世纪 20 年代中期，美国大部分城市都引入了现代预算体制。以 1921 年《会计与预算法》为标志，美国联邦政府也逐渐建立和完善了现代预算体制。在独立于行政部门而运行的会计总署（总署的领导即审计总长，虽由总统任命，但任期长达 15 年且只能由国会参众两院联合决议才能去职）、国会专设审核总统预算的辅助机构预算局、国会设立预算委员会与拨款委员会来加强预算管理等多方面，美国预算制度具有自己的特色[3]。

大岛通义先生总结说，“预算是和国家的收入与支出相关联的立案、决定、执行、决算这一连串的循环构成的制度体系”[4]，正因为预算制度与现代国家之间的密切关系，他认为预算的制度化就是希克所谓“财政的哥白尼式革命”的最好体现，以至于“预算国家”这个概念完全可以替代“税收国家”。

四、公债在税收国家建设中的意义

现代国家的财政收入，除了税收外，还有非税收收入。在非税收入中，除了一般情况下数额不大的收费、国有企业利润外，最为重要的是公债收入。公债是政府在收不抵支出现赤字的情况下，通过举借债务的方式获得的财政收入。与税收相比，公债必须建立在债权人、债务人地位平等以及债权人自愿的基础上。严格地说，公债是现代国家才能有的财政收入形式。在传统国家，虽然也曾出现过君主举借的债务，但这实际上是“私”债，而不是今天的公债。这是因为，只有经民众选举产生的代议制政府，才真正有权以国家或者公共的名义举借债务，这

[1] 唐顿：《信任利维坦——英国的税收政治学（1799～1914）》，上海财经大学出版社 2018 年版，第 58 页。
[2] 同上书，第 391 页。
[3] 徐红：《财政掌控与财政民主》，同济大学出版社 2014 年版，第 165 页。
[4] 大岛通义：《预算国家的危机——从财政社会学看日本》，上海财经大学出版社 2019 年版，第 10 页。

样的债务才能被视为是为了全体民众而举借的“公”债。公债在举借、归还与管理的过程中，与经常性财政收支管理发生密切的互动，推动了现代财政的发展，以至于布拉迪克说：“正是国债催生了现代财政。”[1]在很多学者的眼中，公债与现代国家的成长有极为密切的关系。

（一）公债支持现代国家的成长

学者们非常重视公债收入对于现代国家形成的意义，“政府的借债能力以及借债约束与征税权力之间的相互影响，到1800—1815年已经成为一种对现代国家财政权力的真正考验”[2]。唐顿强调，英国在现代国家建设方面之所以成功，主要原因就在于能够将政府收入流与大规模的借款结合起来。事实上在第一次世界大战以前，税收国家经常崩溃，而英国在1815年以前，就已经能够通过大规模借款而获得可靠的财政收入来源[3]，“英国普遍令人畏惧的军事财政实力在1689—1815年间导致这个国家陷入8场战争，并且允许政府通过发售长期和/或永久债券为战时动员筹集了大量的额外收入”[4]。法国历史学家布罗代尔曾经有过相似的结论：“公债正是英国胜利的重要原因。当英国需要用钱的时刻，公债筹集巨款归它调拨”，它“有效地动员了英国的有生力量，提供了可怕的作战武器”[5]。

表6-4可以反映，英国在现代国家成长过程中尤其是在战争期间对于公债收入的依赖。

表6-4　17世纪末至18世纪初英国在战争期间的财政支出与国债借款

时　　间	总支出(万镑)	总收入(万镑)	借款额(万镑)	借款额占支出比例(%)
1688—1697	4 932	3 277	1 655	33.6
1702—1713	9 364	6 424	2 941	31.4
1739—1748	9 563	6 590	2 972	31.1
1756—1763	16 057	10 056	6 002	37.4
1776—1783	23 646	14 190	9 456	40.0
1783—1815	165 785	121 756	44 030	26.6
总计	229 347	162 293	67 056	29.2

资料来源：于民，《坚守与改革》，中国社会科学出版社2012年版，第137页。

[1] 于民：《坚守与改革——英国财政史专题研究》，中国社会科学出版社2012年版，第122页。
[2] 邦尼：《欧洲财政国家的兴起(1200～1815年)》，上海财经大学出版社2016年版，第12页。
[3] 唐顿：《信任利维坦：英国的税收政治学(1799～1914)》，上海财经大学出版社2018年版，第5页。
[4] 邦尼：《欧洲财政国家的兴起(1200～1815年)》，上海财经大学出版社2016年版，第56页。
[5] 布罗代尔：《15至18世纪的物质文明、经济和资本主义》(第3卷)，生活·读书·新知三联书店1993年版，第433页。

确实，即使是最好的税收制度，也无法让一个国家的财政收入在短时期内大幅增长；若强行这样做，显然会损害基于同意的税收国家的基础。因此，各国在战争边缘进行竞争的能力，就来自国家借款的能力，也就是迅速的、低成本的、获得贷款者信任的资金融通能力。这种能力来自人们对公债的信心。唐顿追问，"为了能在紧急情况下借到大笔资金，国家应该如何创造廉洁和信任感?"[1]他还从比较的角度说，"第一次世界大战前英国民众乐意将钱借给国家，这与德国民众的勉强形成了鲜明对比"[2]。

显然，公债借款的能力既取决于税收基础的健康程度，更取决于是否有运行良好的代议民主制度，二者结合才能让民众相信政府发行的公债。特别是在19世纪的代议民主制下，公债持有者、纳税人、立法机构成员三者之间身份与利益在相当大程度上是重合的。由于相关的财政信息在各群体中充分公开，民众与政府之间就具有比较高的信任，贷款人也因此相信政府借款在未来能用税收偿还。就是说，要让民众愿意借钱给政府，必然要加强代议制建设，为此也必然增强了民众对国家的影响力。

在19世纪下半叶，在实现了代议民主制的英国，国民普遍认同下面的观点：公债"让智慧战胜了暴力，让诚实战胜了欺诈"，因此是繁荣的源泉和英国自由的保障，是商业社会中道德美德的体现[3]。显然，这样一种高度依赖于公债的财政国家，在汲取财政资源方面的能力非常优越，现代国家构建与国家竞争也因此成功。以正处于第一次世界大战尾声的英国为例，在1917/1918财政年度(第一次世界大战的决胜期)，财政收入中22.8%来自税收，而73.7%来自公债[4]。由此可见，对于英国赢得战争来说，公债收入是多么的重要。

在本书第七至第十五章将讨论的20世纪生产国家与福利国家的建设中，公债在筹措建设资金与供给福利项目的过程中，也提供了重要的资金来源，发挥了巨大的作用。特别是在政府投资长期资本项目、实施宏观调控时，发行公债往往成为主要的筹资方式。政府发行公债的能力，也为众多社会保险项目提供了极为关键的兜底资金保障。

当然，在西方现代国家的建设过程中，公债的作用并非全然是正面的。在此期间也有不少学者提醒它可能具有的消极意义。除了经济学家担心政府举债会

---

[1] 唐顿：《信任利维坦：英国的税收政治学(1799～1914)》，上海财经大学出版社2018年版，第110页。
[2] 同上。
[3] 同上书，第119页。
[4] 唐顿：《公平税赋：1914—1979年英国税收政治》，经济科学出版社2017年版，第33页。

推高市场利率进而影响经济发展之外，学者们还担心公债会造成以下几个方面消极影响：造成政府冗员和“旧式腐败”，增加政府控制民众的能力，对政治自由造成威胁，使自由政府崩溃堕落为“令人痛苦的专制政权”[1]；公债的发行和偿还，实际上是通过向具有生产性的利益群体征税，把利益转移给“寄生性”的食利者，带来贫富差距的加大、社会的不公并因此形成社会的动荡[2]；公债不是约束政府和民众行为的好方式，它不负责任地将成本转移到子孙后代并将失去对支出和军国主义的约束，而税收才意味着当下的人“男子气地”接受负担，此负担可以约束军事冒险行为。相对于公债来说，税收才是一种公平正义的财政行为，是“我们伟大战争的最好融资方式”[3]。对于政府的支出尤其临时性军事支出，到底该用公债来融资还是税收来融资？虽然有上述反对使用公债融资的意见，但在实践中还是无可避免地高度依赖于公债，公债的绝对额与相对额也因此不断地上升。

（二）公债对于原始积累的意义

公债在塑造现代国家方面的作用，还体现在马克思早就分析过的推动原始积累的作用。对于这一点，葛德雪就特别地指出过：“马克思在描述公债作为原始资本积累的杠杆时，就对此有清晰的认识”[4]。对公债及其所依赖的税收制度的作用，马克思的认识是非常深刻的。他写道：“公债成了原始积累的最强有力的手段之一。它像挥动魔杖一样，使不生产的货币具有了生殖力，这样就使它转化为资本，而又用不着承担投资于工业甚至投资于高利贷时所不可避免的劳苦和风险”；“因为国债是依靠国家收入来支付年利息等等开支，所以现代税收制度就成为国债制度的必要补充。借债使政府可以应付额外的开支，而纳税人又不会立即有所感觉，但借债最终还是要求提高税收。另一方面，由于债务的一笔接着一笔的积累而引起的增税，又迫使政府在遇到新的额外开支时，总是要借新债”；“公债和与之相适应的财政制度在财富的资本化和对群众的剥夺中所起的重大作用，使科贝特、达布耳迪等一大批著作家错误地在公债和财政制度中寻找现代人民贫困的根本原因”[5]。

可以用图 6-1 来总结马克思所阐明的公债、银行、税收等工具，是如何进行资本原始积累并进而促进现代国家发展的。如图所示，居于中心地位的显然是

[1] 唐顿：《信任利维坦：英国的税收政治学（1799～1914）》，上海财经大学出版社 2018 年版，第 39 页。
[2] 同上书，第 58 页。
[3] 同上书，第 114 页。
[4] 马斯格雷夫、皮考克：《财政理论史上的经典文献》，上海财经大学出版社 2015 年版，第 265 页。
[5] 马克思：《资本论》（第 1 卷），人民出版社 2004 年版，第 865—867 页。

以英格兰银行为代表的金融资本家，他们以购买公债券的形式向政府提供贷款，并以收到的公债券为基础铸造货币、发行银行券（创造信用货币），再用吸收来的存款向公众发放贷款（办理期票贴现、发放以货物为抵押的贷款等）。在这一系列令人眼花缭乱的过程中，以英格兰银行为代表的金融资本家，获得了政府偿还的公债本息、吸收了公众的存款、收回了公众支付的借款本息，从而以微小的代价（如图中英格兰银行初始的资本金）完成了资本积累的过程，促进了现代国家的形成，而政府也在征税、发行公债等过程中完成了自身的制度建设。

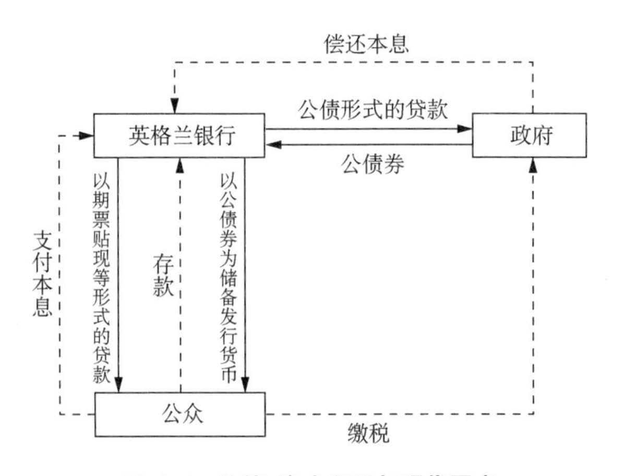

图 6-1　公债、资本积累与现代国家

（资料来源：《马克思恩格斯选集》（第 2 卷），人民出版社 2012 年版，第 259—261 页）

当然，对于公债在经济发展方面的作用，也有很多反对意见。这些意见认为，公债减少了私人用于产业发展的资本。其中密尔发表了著名的反对意见，他说公债“取自于资本，依据我们推断的原理必定趋于使国家贫困”[1]。不过，也有许多学者表示，公债是否给经济发展带来负面影响或者带来多大影响，还要参考以下因素：公债吸收的资金是否来自生产性资本；公债发行多大程度上推高了利率；公债资金是否用于生产性事业；等等。

五、小结与进一步讨论

税收国家是在中世纪封建国家的基础上，由“现实中的必要”这一实质因素与各等级组成的议会表达同意这一形式因素推动发展起来的。在此过程中，目

[1] 穆勒：《政治经济学原理》（上），华夏出版社 2013 年版，第 52 页。

的性国家向工具性国家提出要求，即要通过民主制度和理性形式来解决征税正当性与税负公平性问题，要保证财政支出的公益性和预算管理的公共性，同时还要在取得民众信任的基础上发行公债来补充税收的不足。所有这些要求，事实上都构成了限制和指导政府强制权的手段，并进而构成成功驯化征税权的一部分。

到了19世纪末，在西方国家尤其是在早发的英国，对税收国家的认识仍停留在“最小国家”上。就是说，思想界与实务部门的有关人士认为，国家之所以征税，是为了满足最小的国家职能需要，即斯密强调的三大职能（对外安全、对内司法、少量的必要公共设施）。可是税收国家既然是基于必要与同意而诞生，一旦民众对于“必要”的看法扩大（比如扩大到经济发展与社会福利）并给予普遍的同意，那么税收是否需要因为承担更多的职能而扩大？税收国家是否该进一步发展？理论和现实两方面的回答是，税收国家在完成它初步的历史使命后，还需要进一步扩张，为干预经济运行和提高公众福利提供资源，即发展为接下来要探讨的生产国家制度与福利国家制度。可以说，生产国家与福利国家是税收国家在功能上的扩张，是现代国家由内因推动发展的必然结果。

在西方国家的历史经验中，财政（尤其是税收工具）是构建国家制度、推动社会发展的重要手段。那在当代发展中国家这样的手段是否仍有作用？摩尔等学者认为答案是肯定的，“依靠税收的统治者和公民繁荣有直接关系；会促进一个现代化、官僚化的国家发展（会鼓励对纳税人及其活动、财产进行可靠的记录；会责成政府投资建设一个相对可靠、廉洁、专业的有使命感的公共服务团队）；征税使得政府不得不搜集大量信息，完善政策制定过程”[1]。

不过，对于在西方经验中少见但在当今发展中国家大量存在的租金收入，对现代国家构建是否有利，学者们的意见是否定的。他们认为，与征税获得财政收入相比，一个国家如果主要依靠租金[2]而存活，那么国家机器与社会集团之间

[1] 布罗蒂加姆、菲耶尔斯塔德、摩尔：《发展中国家的税收与国家构建》，上海财经大学出版社2017年版，第44页。

[2] 在当今世界，由于贫富悬殊的两极世界的出现，以及运输和通信技术带来的全球化，贫穷的外围国家（第三世界国家）与富裕的核心国家（欧美国家）的区分十分明显，外围国家可以以租金的形式，从核心国家获取部分经济剩余。这样的租金形式有两种：一种是自然资源租金（因某种资源对高收入核心国家特别有价值而获得的租金，这些资源有矿产、钻石、木材，当然还有石油），另一种是战略租金（主要是由有效的战略地位而带来的各种形式的国外军事援助和经济资助，所谓有效的战略地位包括控制海洋运输要害地，如运河，以及在军事联盟中处于重要地位等）。这些租金收入，往往是一些最贫穷国家的主要财政收入来源[Mick Moore, Revenues, State Formation, and the Quality of Governance in Developing Countries, *International Political Science Review*, 2004(3)]。

就缺乏互动、谈判和交易的机会，于是不能形成有效的政府治理结构，难以创造人群之中的共同体（民族）意识，也不能建立起对政府权力进行强有力约束的制度。换言之，依靠租金作为主要的财政收入来源，对现代国家构建不利，这也是当前众多发展中国家现代国家制度构建困难重重的部分原因。

第七章 生产国家在西方世界的形成

自 16 世纪起在英国首先诞生的税收国家，一开始无论在理论上还是在实践中都表现为“最小国家”。这样的国家仅扮演“守夜人”角色，主要履行军事和司法方面的保护职能，另外还提供一些数量极为有限的公共设施与公共服务。在财政上，如此有限的国家职能定位，使得财政支出以及为支出所征收的税收，数量都极为有限。当然，战争期间为军事开支筹集资金除外。

但进入 19 世纪以后，在西方世界，一方面像德国、意大利这样的国家要求财政发挥积极的生产性作用，以发展经济、实现国家的赶超；另一方面英国、美国等国家的实践要求财政职能进一步扩张，以提高资源配置效率、稳定宏观经济运行。在这样的形势下，财政开始具有了生产性职能。如果财政具有生产性，那么必然要扩大对私人财产的征税，然后在此基础上运用财政工具对生产过程进行必要的干预，由此在西方国家的实践中慢慢就产生了弱生产国家，即在国家建设方面肯定私有制与市场关系，但提倡国家干预经济。此外，在西方国家还出现了以社会主义为代表的现实运动，倡导将全部的生产活动都交由国家来进行，由此产生了强生产国家的设想。在本书讨论的西方国家范围内，制度现实中只出现了弱生产国家，而强生产国家仅仅停留在设想中。不过，要看到，强生产国家的设想产生于这些西方国家，而非西方国家从事的强生产国家实践也反过来影响了西方国家。在相当长的时间内，强、弱二种生产国家还呈现出相互竞争的态势。在一定程度上，整个 20 世纪是生产国家制度不断地实践以及理论上对此不断反思的时期，由此产生的实践经验与教训，进一步丰富和完善了现代国家制度。

本章的内容主要是叙述在西方世界弱生产国家的形成过程，并简要介绍在部分非西方国家出现的强生产国家的实践。在第八至第十章，我将阐释生产国家的现实是由什么样的财政思想驯化出来的，以及财政思想又是如何反思生产国家的实践的。

一、德国生产国家的形成与发展

正如德裔美国财政学家马斯格雷夫反复强调的，在德国国家现代化历程中，"高效和运行良好的财政当局的形象一直保持着"并发挥了巨大的生产性作用[1]。在德国国家统一与发展的过程中，德国的工具性国家始终发挥着积极引导经济发展、实现国家赶超的功能，德国财政及财政学也一直积极地主张与坚持生产国家的形象。德国财政对生产国家功能的发挥，是马斯格雷夫等学者对国家形象和财政职能设定的历史实践背景。

（一）19 世纪德国国家发展的特殊性[2]

在 19 世纪上半叶，比起英国来，德国的特殊性在于，经济与社会发展状况严重落后，实现赶超是国家发展的历史使命。德国在赶超的过程中，由于设定了比较明确的目标，因而整体主义色彩比较强，对权威与纪律强调得多。领导国家发展的文官集团，有必要也有可能在其中发挥巨大的作用，在此期间财政工具被大量地使用。

1. 在赶超状态中的德国国家发展

相对于英、法的国家发展进程而言(其中法国又落后于英国)，德国处于比较迟缓的状态。到 19 世纪初，德国在经济上仍是农业国家，工业革命进程大大落后于英法两国。工业革命的启动在英国是 18 世纪 60 年代，在法国为 19 世纪初，而在德国迟至 19 世纪 30 年代。在社会结构上，此时的德国仍是封建贵族制占主导地位，农民处于封建劳役束缚下。在政治上，德国邦国林立、制度庞杂畸形。面对率先完成国家转型的英、法两国的经济竞争压力和军事入侵威胁，德国急需实现赶超任务，完成向现代国家的转型。

从事后的眼光看，德国的赶超任务完成得相当成功。在经济上，与英国的经济发展道路(从商业资本主义走向工业资本主义，并首先从与贸易紧密相关的纺

[1] 马斯格雷夫、布坎南：《公共财政与公共选择：两种截然不同的国家观》，中国财政经济出版社 2000 年版，第 4 页。

[2] 《德国史》的作者奥茨门特曾经这样形容德国人，"德国人是欧洲各民族中最难理解的群体"(奥茨门特：《德国史》，中国大百科全书出版社 2009 年版引言，第 1 页)。

织业部门开始大机器生产)不同,德国(以统一前的普鲁士为典型代表)用铁路业取代英国的纺织业作为工业化的先锋[1],也因此取得了更为迅速的工业化进展。在铁路发展的基础上,1850年之后,以普鲁士为首的德意志关税同盟诸国进入了工业化突破阶段,煤、钢、蒸汽锤与齿轮构成了工业生产的基础,工业也从国民经济的边缘领域变为中心部门。在1871年国家实现统一后,德国成为新型工业化的急先锋[2],利用各种新技术新装备,迅速完成了从以农业为主的经济形态向工业为主的经济形态的转变,其工业生产1874年超过了法国,1895年超过了英国。在工业革命的带动下,德国经济迅速发展。在社会与政治发展方面,德国也呈现出赶超的特点。与英法两国以目的性国家转型带动工具性国家发展的道路不通,德国的发展道路是以工具性国家的力量进行自上而下的改造,比较迅速地完成了目的性国家的重要转型。比如普鲁士1807年由斯太因-哈登贝格领导改革,这一改革修改了阻碍市场竞争与工业生产的法律法规,在农村解放农民(解除封建束缚使其成为自由劳动力),废除行会制度和实行城市自治管理。同时普鲁士还构建起以王室为中心的中央集权制度,扩大民众尤其城市中产阶级的各项自由权,如男性普选权、言论自由、出版自由、宗教自由、工作自由和陪审团审理等。当然,这样迅速的转型也带来了很多问题。

在国家现代化过程中,英国是在长达200—300年时间里,依次分别解决工具性国家的理性化,目的性国家中的民族形成、民众权利、工业革命、社会公正等问题,而德国将这些问题集中在19世纪的近100年特别是后30年的时间内加以解决。邦国林立、中央集权制度、统一市场、民族形成、以工业革命为中心的经济发展、民众的自由权与平等地位等,这些问题纠缠在一起,在一定程度上要么同时解决,要么一个也解决不了。但要解决如此多的问题,需要大力发挥工具性国家的作用;而要运行这样的工具性国家,就需要一个强大有效的统治集团,在德国主要依赖的就是文官集团。

2. 文官集团对国家发展的引导

在德国赶超先发国家的过程中,文官集团在对发展问题的把握与解决、对整

[1] 《德国资本主义发展史》一书是这样概括铁路业在德国国家发展中的作用的:"从短期来看,铁路建设最重要的影响在于,它拉动对机器、铁轨、铁、煤的巨大需求,强有力地推动了德意志工业现代化;从中长期看,这场交通革命最重要的结果是运输量极大增长、运输价格大幅下降,大大降低了生产成本……从更长远看,铁路的发展也对德意志都市化的发展及其特点产生了重大影响"(吴友法、黄正柏主编:《德国资本主义发展史》,武汉大学出版社2000年版,第85页)。

[2] 所谓新型工业化,是指以电能、内燃机动力以及新兴化学工业为主要特征的第二次工业革命,区别于以蒸汽机为代表的第一次工业革命。

体秩序与个体权利之间的平衡等方面，发挥了突出的作用。其中，又可用后来在德国统一与发展进程中起核心作用的普鲁士为代表。

普鲁士原是一个相对落后的仍处于浓厚封建关系中的国家，在面临赶超这一历史任务时，以霍亨索伦王室为核心[1]，建构起两套组织形式与制度结构：一是以贵族(容克地主)为核心组成的军队，承担起重要的保护社会秩序的功能[2]，军队按庄园区域为单位组织，军官只由容克子弟担任，农民子弟只能在他所属的庄园区域作为士兵参军；另一是以市民阶级为核心组成的文官集团，承担着主要的国家治理功能。文官集团不是凭借财产而是因为自己的教育水平与能力而获得公职，他们相信可以通过有目标、有效率的国家干预来控制社会发展的方向，他们也相信以自己为主并吸收广泛的知识阶层(包括医生、律师、作家、记者等)而形成的专家治国集团，能够作为自觉的普遍利益的代表[3]，能够也应该率先行动以引导国家的现代化。他们对于一个更加开放和公正的社会抱有浓厚的兴趣，“以自己是民族的思想精英自居”，“他们勇敢地承担起协调社会矛盾的中介人的角色，决心要做社会的校正力量”[4]。

在国家治理方面，文官集团作为一个富有创造力的精英团体而兴起，在普鲁士及其后的德国有效推行了“自上而下”的现代化改革。前已提及的1807年开始的由斯太因-哈登贝格领导的普鲁士改革运动，就是一场对传统社会进行现代化改造的运动，“这场改革运动同时也是一场官僚主义预定性的现代化运动。一方面，它完全拥有经济自由主义的目标，想促进社会经济的独立发展；另一方面，它又以权威原则为基础，以一种传统的权威和正统性为基础——大地产和军队不受损伤”[5]。

---

[1] 奥茨门特曾经这样总结过在德意志诸邦中普鲁士之所以能够取得成功的关键因素是“历代国王寿命都比较长，都具备举世罕有的治国之才，能征善战，亦能安邦”(史蒂文·奥茨门特:《德国史》，中国大百科全书出版社2009年版，第113页)。比如，腓特烈大帝(即弗里德里希二世)就认为自己是国家第一公仆、公益的保护者。由此可以看出，统治集团特别是其中的核心人物若具备现代政治的素质，会在历史发展进程中发挥莫大的作用。

[2] 按照波兰尼的说法，由于在土地商品化过程中，欧洲乡村秩序崩溃，灾难有向城市蔓延的趋势，可欧陆的中产阶级又因力量弱小而无力承担起“捍卫法律与秩序”的责任。于是，以封建地主这样的保守分子为基础的军队(及教会)“重获荣誉”，找到了一个可扮演的新角色。就是说，他们被历史保留下来发挥有益的功能(保卫社会秩序、限制土地流动)，其标志就是崩溃中的王权受到了护卫(波兰尼:《大转型:我们时代的政治与经济起源》，浙江人民出版社2007年出版，第157—160页)。

[3] 黑格尔称在政府中供职的等级(即文官集团)为普遍等级，认为他们以“普遍物为其本质活动的目的”(黑格尔:《法哲学原理》，商务印书馆1961年版，第322页)。

[4] 李工真:《德国现代史专题十三讲》，湖南教育出版社2010年，第37—38页。

[5] 吴友法、黄正柏:《德国资本主义发展史》，武汉大学出版社2000年，第71页。

在普鲁士，受启蒙思潮的影响，特别是在腓特烈大帝的领导和要求下，文官集团以建立理性的现代国家为目标，养成了在行政管理中“严守时刻，一丝不苟，精益求精，廉洁奉公”的作风。在国家发展进程中，这一文官集团不断地改革国家制度，对社会实施有效的治理，并因此成为德意志现代化的重要推动力量。具体说来，以下重要事情是文官集团在国家转型过程中发挥引导作用的标志。

(1) 积极促进工业化的进程。这首先表现在前述的国家直接投资与积极引导以铁路为先导的工业化，其典型代表是 1873 年俾斯麦创立“帝国铁路局”来协调各系统铁路的建设、装备和营运[1]。它还体现在为工业化发展积极创造制度与条件上，如废除行会制度和实行城市自治管理，推动农民解放和教育体制的现代化，并实施一系列促进经济能动性的自由主义政策。另外，政府还出面组织年轻官员、技术员、工程师去英国和美国访问学习，组织定期性工业博览会，发行科学杂志，协助工商部门组织职业联合会(如“德意志工程师联合会”“德意志工商联合会”)等。这些半国家性质的联合会，在传递信息、介绍新知识、分派奖学金、加强技术人员与理论家之间的联系方面，做了大量的工作，有力推动了工业技术的进步。

(2) 为普鲁士进而为整个德国制定既能体现民族特点又具有时代精神(如新闻自由、结社自由、人身保护等)的法典，促进德国法治的现代化。在邦国期间，普鲁士在推动法治方面进展颇大；而到了帝国时期，自 19 世纪 70 年代起，帝国政府更是相继颁布商业法、营业自由法、统一的度量衡法、迁徙自由法、货币法、关税法以及保护国外的商业法等一系列法规，从而为德国经济发展提供了可靠的法律保障。

(3) 创办全民普及教育，并大力开办中、高等技术学校、商业学校和成人职业学校，促进工程师职业化与组织化等。到 1871 年普鲁士全国文盲仅占总人口的 12%，同期英国人口有 30%的文盲，法国人口有 24%的文盲。

一直到 20 世纪，在德国的议会中乃至社会上，下面的看法仍普遍存在：可以通过文官集团动用国家机器来解决现有的经济和社会问题。正是在此背景下，德国人对于国家生产性具有强烈的信心，并愿意积极地使用财政工具。马斯格雷夫所设定的政府形象和财政职能，也正是基于这一历史印象而形成的，所以他才会竭力反对布坎南等学者给政府设定的另一种形象(即“在懒散的官僚、追求

[1] 德国由国家出面经营铁路为主的企业活动，也有比较重要的财政意义。在普鲁士，铁路带来的利润常占国家财政收入的四分之一以上。常遭议会反对而难以依靠征税的俾斯麦，对此深感满意(Jose Luis Cardoso & Pedro Lains edited, *Paying for the Liberal State*, Cambridge University Press, 2010, p.117)。

自我权力膨胀以及腐败的官员的假设下建立的政府模型”),认为这种形象充满偏见并且“这种模型的传播对于民主社会中的好政府具有破坏性”[1]。

3. 财政作为治国工具的特别作用

财政工具在德国国家统一过程中承担了特别的使命,在经济发展与国家治理过程中也发挥了极为良好的作用。

在财政作为治国工具方面,首先可以比较突出地看到关税在德国国家统一和发展过程中的作用。从17世纪后期到18世纪,德意志境内诸国林立,关税征收点众多,甚至在莱茵河上的某些地段,平均6英里就有一个关税的税卡。1814年普鲁士实行税制改革,在短短几年里,它就废除了境内所有57道关卡和关税,从而创造了统一的商品和劳动力市场,为工业化、城市化奠定了基础。但在普鲁士之外的德意志境内,直到1834年之前,还存在着38个关税区,地区之间的贸易受到严重阻碍,并因此影响了工商业的发展。1834年,由普鲁士出面创立了关税同盟,将德意志北部诸邦整合在一起(囊括和整合2 300万人口,有意识地排除了奥地利)。关税同盟的建立,使得德意志民族在没有实现政治统一的条件下,事先就形成了巨大的内部市场,并使加入这一同盟的德意志诸邦的经济得到迅速发展。特别是随着关税同盟成员不断地扩大,德意志地区的经济日益一体化,德国统一的现实基础不断巩固。普鲁士财政大臣冯·莫茨曾经这样强调说:“进出口关税和过关税只是分裂的各国的政治后果,反之也是真理,即这些国家结成关税和商业联盟时,同时必将统一自己的政治体系”[2]。德国历史学家梅林同样强调这一点,他说:“加入关税同盟就是普鲁士统一德国的开始”[3]。除了关税同盟内部取消关税政策,在特定历史时期德意志实施的对外保护性关税也有积极的作用。拿破仑实行的大陆封锁政策随着法国战败被废除后,英国商品如洪水一般地涌进德意志,德意志的商业资本与产业资本因此得不到发展的空间。于是,李斯特、内贝尼乌斯等学者提出关税保护政策并得到实施[4]。随

[1] 马斯格雷夫、布坎南:《公共财政与公共选择:两种截然不同的国家观》,中国财政经济出版社2000年版,第27页。

[2] 吴友法、黄正柏:《德国资本主义发展史》,武汉大学出版社2000年版,第122页。

[3] 同上。

[4] 1818年普鲁士就对外实行了保护关税,并推动在德意志内部废除关税、对外征收关税的政策,从而大大增加了德国产业资本发展的机会。1819年李斯特以德意志所有地区5 000多位商人和工厂主之名,起草了《致德意志同盟议会请愿书》,提出在德意志内部废除各种关税,并对邻近国家实行建立在报复原则基础上的全德关税制度的要求。在他的推动下,1820年3月,符腾堡、巴登、巴伐利亚、黑森-达姆施塔特以及图林根达成了一个关税预备性条约。1834年新年之夜这些国家撤除彼此间关税壁垒,德意志关税同盟诞生。

着经济的发展,关税保护政策也有所放松[1]。到19世纪末20世纪初,德国工业经济生机蓬勃并成为主导经济形式。此时工业品已有竞争能力、农产品因保护关税而显得价格过高,原有的关税政策已明显不再合适(也易于招致报复)。于是德国调整关税政策,以调低农产品进口税为代价,换取向周边农业国出口工业品的机会,从而为德国工业生产开拓国外市场。

作为国家治理的工具,财政还有一项重要的任务就是在多种目标、不同价值与利益之间进行平衡。德国国家发展的功臣、杰出的国务活动家俾斯麦曾将政治理解为平衡术,而财政显然是治国过程中非常重要的平衡工具,它在整体的目标与个体的要求之间发挥了特别的平衡作用。在向现代国家转型过程中,一方面德国在城乡之间、地区之间出现了发展不平衡的问题[2],另一方面则出现了富裕与累积性贫困共存的问题[3]。除此之外,还有与现代化过程相伴生的一些其他问题,如经济的运行与社会的存在越来越受到工业经济周期的影响而缺乏稳定与安全感,工人对工业中的劳动环境与职业保障提出越来越高的要求等。要解决这些问题,德国国家特别是财政制度发挥了积极的职能;这些职能有些侧重于生产方面(比如对劳动条件的改善、对教育水平的提高等),有些侧重于福利方面(如医疗保险、失业保险、工伤保险和养老保险等)[4]。俾斯麦正确地认识到,在过去的传统共同体社会,人们可以从基督教慈善机构或家庭中获得帮助,但在今天现代化的市场中个人没有这样的帮助,所以必须树立起"公益"的思想,而且"公益不再可能通过市场的自由运转而自然达到,而只有通过国家的强有力

[1] 1873年德国政府有步骤地废除了对生铁、铁制品、机车和其他机器的关税。但在19世纪70年代后期又转向保护主义,德国工业界要求对外国工业制成品的输入课以重税,以保护新兴的民族工业。为此工业界在1876年成立德国工业家中央联合会,向政府施加舆论压力。于是,1878年12月,统一后的德国政府发布了实行保护贸易制度的第一个正式声明。1879年7月,帝国议会以压倒性多数通过了保护关税法,该法案的实行对德国的进出口贸易产生了很大的影响。

[2] 在德国西部,工业化、城市化开始得比较早、进展也比较迅速,自由平等的市场原则比较深入。但在德国东部,以贵族庄园为主导的农业经济很长时间里占据着上风,经济发展与"农民解放"进展缓慢。东西部之间,存在着严重的不平衡。

[3] 德国国家主导的侧重于重工业的工业化过程,在短时间内迅速增强了国力,并使得财富与资本在一些工业及银行中大量集中,而此时在工业化和城市化过程中出现越来越多的失败者、牺牲者和落后者,他们处于日益加深的贫困之中无法自拔。

[4] 在此处涉及本书对生产国家与福利国家所做的一个区分,前者大致侧重于生产方面或者说国家对经济的干预,后者侧重于福利方面或者说国家在社会保障方面的政策。但这种区分只是理论上的,在实践中有不少措施很难区分到底属于哪一个方面,比如说教育方面的财政开支,既可以视作生产国家的一项措施(人力资本投资),也可以视为福利国家的一项政策(为民众提供的福利)。本章主要分析生产方面的国家干预措施。

的干预措施才能达到了"[1]。众所周知的是,俾斯麦政策的形成在相当程度上受到了以财政学家为主的社会政策学派或者说讲坛社会主义者(下文将述及)的影响。

(二) 20 世纪德国生产国家的发展

如前所述,德国的发展起点与英国相当不同。由于在 19 世纪德国的工具性国家担负着赶超的任务,而且在急剧现代化的过程中产生了大量的经济和社会问题,因而德国在生产国家方面色彩一直比较浓。

进入 20 世纪后,由于劳工运动和社会主义思想的影响,以及奠基于工人运动而产生的社会民主党在议会中力量强大,德国国家保持了 19 世纪生产国家的形象,干预经济活动、投资人力资本(普及教育)、提供公共产品、完善社会保障体系,并对部分企业实行国有化(即实现公共生产)。在纳粹执政时期,虽然并未实行全面的国有化措施,但国家对经济和社会活动实行了全面的统制。第二次世界大战结束之后,德国主要指联邦德国在政治上进行了"民主化"改造,在生产方面退出了纳粹时期的全面统制状态,但仍保留了较浓的生产国家色彩。

第二次世界大战之后的德国,在经济上一方面坚持市场机制与私有制的重要性(为此抵制国有化和计划经济的要求,放开了原有的市场价格管制措施等),另一方面仍强调国家必须积极地实施公共提供和公共管制,在经济和社会活动中实行积极的干预政策,特别是倡导建立独具特色的企业内劳资共同决策与合作制度。对经济领域实行的积极干预,德国主要采用财税政策来进行。不过与英美不同的是,德国一直比较强调预算平衡,反对凯恩斯主义主张的采用赤字刺激总需求的政策。与此同时,在德国,公共生产和国家投资也是重要的干预手段。比如说,一些重要的涉及国计民生但因获利不多而致私人资本积极性不大的生产活动(如农业、铁道和交通运输、水电和能源供应、邮政、住房建设、教育和科学事业等),政府认为把它们完全交给市场来决定并不合适,因而主张由政府出面予以保护、扶持或补助,甚至赞成直接实行公共生产。不过,总体而言德国并没有实行大规模的国有化,虽然第二次世界大战后德国的《基本法》规定可在一定条件下将私有的土地、自然资源和生产资料转为公有。在实践中,德国不断地从战争期间比较高的国有化程度退下来,直到 20 世纪 80 年代科尔政府执政后还在进一步地进行国有企业的私有化工作[2]。

---

[1] 李工真:《德国现代史专题十三讲》,湖南教育出版社 2010 年版,第 39 页。
[2] 吴友法、黄正柏:《德国资本主义发展史》,武汉大学出版社 2000 年版,第 477 页。

德国生产国家的特质，被第二次世界大战后德国经济体制的总设计师路德维希·艾哈德(Ludwig Wilhelm Erhard, 1897—1977)表达了出来。一方面，他强调，“要为每一个人创造更大的活动余地，为竞争提供更多的可能性”；另一方面他又说，“根据我坚定不移的信念，在20世纪，在今天的社会条件下，唯有国家承担着经济的责任”，需要国家去“确立经济制度的范围”“规定经济活动的规则”，“规定一个国家的、经济的和社会的宪法”[1]。德国这样的生产国家建设模式，也因此被艾哈德称为“社会市场经济”，它造就了德国(联邦德国)1950—1980年间持续30多年的工业繁荣，并成为社会服务全球最好的国家之一。

(三) 意大利生产国家的形成

意大利自1861年统一之后的几十年中，一方面面对着与德国相似的经济赶超与社会发展的难题，另一方面又有自己独特的难题，那就是财政资源极为紧张，经济发展条件不利，比如自然资源贫乏(尤其缺乏德国拥有的比较丰富的煤、铁资源)，农业经济居于主导而缺乏现代工业体系，国家虽统一但权力分散、冲突不断(如教权与反教权的对立、阶级对抗、地方忠诚与民族意识的竞争等)。在英国与德国财政思想的影响下，意大利财政学者既重视市场的作用又强调财政对资源配置的作用，在吸收经济学边际革命提供的分析工具后，19世纪80年意大利财政学创立，并自成一派、极具创新意义。意大利财政学的重点，在于强调以下两个方面的内容：第一，国家具有生产性，国家配置资源与市场配置资源同样重要，财政学需要探讨怎样在二者间实现平衡以便使得资源配置优化；第二，由于财政资源有限，国家有效率的经济行为是使每个公民在税收的边际负效用和国家所产生的公共服务的边际效用之间达到平衡。

在上述理论指导下，面对种种不利条件，意大利借助于由普选产生下院(众议院)的财政决策，不断在全国范围内配置资源、发挥国家的生产性。意大利经济由此获得显著的发展，国家的铁路建设很快推进到欠发达的南部，新的商船队和陆海军使意大利跻身大国行列，财政状况不断地趋于好转。不过，政治腐败、劳工困苦、地区差异(北方发展明显优于南方)等国家建设中的弊病，仍一直困扰着整个发展过程，以至于在第二次世界大战前承诺解决这些弊病的法西斯运动在整个国家占了上风。

在第二次世界大战后(特别是1953—1966年)，意大利的经济和社会取得了良好的发展，连意大利人自己都认为这是个奇迹。究其原因，离不开国家生产性

[1] 吴友法、黄正柏：《德国资本主义发展史》，武汉大学出版社2000年版，第468、473页。

的积极发挥。特别是在经济发展过程中曾经实行的一些国有化政策,以及政府对经济过程一定程度的掌控与规划等,都发挥了积极的作用。当然,加入欧洲共同市场,也为意大利增添了发展的机会,特别是在旅游产业和时尚产品销售方面。

二、英、法、美等弱生产国家的实践

英国、法国、美国等国家,在20世纪之前,国家生产性总体上极其有限,这表现在:一方面,政府提供的服务非常有限,且只是市场提供服务(产品)的一种补充而非替代,在宏观领域政府对经济的干预几乎为零;另一方面,公共生产的范围非常有限,即由政府充当生产资料所有者的企业尚属少数。不过,从19世纪中期至20世纪,在这些西方现代国家建设的理论与实践中,生产国家有一个逐渐变强的过程。

在20世纪上半叶尤其在大萧条之后,在第八章将述及的福利经济学和凯恩斯主义等诸多理论的支持下,这些国家纷纷扩张了生产职能。除了运用财政与货币手段进行宏观调控外,政府还运用公共提供手段向消费者广泛提供公共产品甚至私人产品,用公共管制手段介入工业、农业和金融业的运行,甚至在部分行业实行公共生产。尤尔根·哈贝马斯阐述的现代国家创造和改善剩余资本利用的做法,其主要内容就是生产国家的活动(还有一部分属于福利国家活动):"非生产性的政府消费(如军事工业和航天工业);通过政策倾斜把资本引向被市场忽略的部门;改善物质基础设施(如交通、教育、卫生、疗养中心、城市和社区规划、住宅建设等);改善非物质基础设施(如大力支持科学研究、对研究和发展进行投资、专利推广等);提高人的劳动生产率(普教系统、职业教育系统以及培训和转训系统等);补偿私人生产所造成的社会损失和物质损失(失业救济、社会福利、环境保护等)"[1]。

国家干预程度加深,干预范围扩大,使得民众在经济领域和社会生活领域越来越依赖于国家。这样的现象以及主张,有人称为"国家拯救",以对应于17世纪以前的"上帝拯救"(人类只有依靠上帝拯救才能获得幸福)和18、19世纪流行的"市场拯救"(只有竞争性市场才能给人类带来幸福)。"国家拯救"的思想,是生产国家来临后的一种颇占上风的思潮。不过,如前所述,这样的生产国家在西

[1] 哈贝马斯:《合法化危机》,上海人民出版社2000年版,第49页。

方充其量只能算是“弱生产国家”，与政府用公共提供的手段供给几乎全部产品(市场提供几乎不存在)且实行全面公共生产的强生产国家(社会主义国家)不可同日而语。

(一) 英国

在西方现代国家建设过程中，英国在生产国家的建设方面，变化轨迹最为复杂，也特别具有典型意义。

在19世纪上半叶，英国学术界仍普遍相信市场的自然力量几乎可以解决一切问题。因此英国的财政学者大多主张严格限制财政开支，他们推崇最小国家才是国家发展的最佳形态。但这样的信念到19世纪中叶起就开始衰落。此时的英国，由于出现农业经济萧条、工商业发展不尽如人意、社会矛盾突出等问题，要求动用国家工具解决经济问题、提供公共产品等呼声日益迫切。在这方面最为典型的代表是英国自由党，它原来崇尚国家不干预的自由放任主义，但在19世纪下半叶党内要求国家干预的呼声日益增强。当自由党1905年上台执政后，它正式强调国家在经济方面的积极干预职能。后来，自由党中的激进派别与劳工运动相结合，促成了工党在英国的诞生(1906年)。工党更是主张国家要对经济和社会实行广泛的干预，党内激进意见甚至要求对主要工业实施国有化。在英国政治版图上，工党逐渐代替了自由党的地位，成为20世纪英国现代国家建设的重要力量之一。

此处交代一下英国政界与学术界在19世纪末20世纪初的一些风潮。曾在19世纪中期赞同一定程度的国家干预(如实施劳工法案及提供适度福利)的英国保守党，在自由党转向拥护国家干预之后，许多保守党成员反而转为支持自由放任政策，反对国家对经济的干预。在20世纪初期保守党这些成员提出的政策主张，实际与1850年之前自由党提出的并无二致。此外，在英国，选举权存在着一个不断普及的过程。直到1918年，所有年满21岁的男性公民都取得了选举权，到1928年年满21岁的女性公民也最终获得了与男性平等的选举权，在1969年年满18岁的公民获得普遍的选举权。大众民主的发展，使劳动者可以运用选票的力量与资方展开抗衡。于是，受资本力量与劳动者选票力量双重制约的政治权力，在相当程度上实现了其内在的公共性，从而大大改变了英国的政治与经济生态。还要看到，新生的工党不仅得到了工人阶级的支持，它甚至还得到了很多中上层选民(特别像萧伯纳等费边社知识分子)出自同情的支持，他们对社会改革的呼声抱有理解和支持的态度。例如，比阿特利丝·韦伯在“我为何成为一名社会主义者”的演讲中说：“在我看来，导致这些恶果(身体痛苦、道德堕落)的诸多因素,诸如低薪行业中的低工资、长时劳动、卫生条件恶劣以及码头工人的长期失业等,可以通过颁布相应的法规及工会的压力得到缓解或杜绝"[1]。这就意味着国家要广泛地介入生产过程中,并实施各种必要的管制政策。

自此以后,英国开始比较成规模地建设生产国家,确立了对经济和社会进行积极干预的新政策,其中包括对生产条件的立法干预、对人力资本的投资(免费公共义务教育)和各种公共服务设施的建设,当然也包括各种福利措施等。在财政上,这一新政策最为鲜明地体现为1909年的"人民预算案",其主要内容为通过扩大直接税课税范围、提高收入和遗产的累进税率、对全国所有土地进行再估价后征税等手段,来增加财政收入以支持履行干预职能的支出项目。总的来说,到20世纪早期,英国公众舆论已逐步转向支持国家干预并调节经济生活,供给公共产品,英国也因此成为较弱意义上的生产国家。到了20世纪中期,英国生产国家的性质得以进一步增强。这一方面源于1929年起的经济大萧条和第二次世界大战期间的战争破坏性影响,以及政府为了克服萧条、供给战争,不得不广泛地介入到经济活动中去;另一方面源自普选权的发展与工党影响的不断扩大,以至于第二次世界大战结束后工党上台执政,可以按自己的理念,不但建设后续将述及的社会保障体系,还对煤炭、铁路、钢铁等产业实施国有化(即实行公共生产)。虽然随着政党轮替特别是保守党上台后,英国生产国家建设的政策与性质强弱有变化,但总体来说直至20世纪70年代末撒切尔夫人领导的保守党上台后,英国才出现生产国家建设明显减弱的趋势。

在20世纪80年代,撒切尔夫人在下文将述及的自由至上主义(又称新自由主义)经济思想的指引下,大力减少政府开支、实行减税(特别是对富人实行减税)、减少公共管制措施,还将某些国有的能源与通信企业私有化,从而大大减少了生产国家的活动。即使在布莱尔领导的工党上台后,生产领域仍在持续减轻生产国家的色彩,如承诺减少公共管制措施、放弃工人对劳动工具所有权的主张(放弃工党党章中的国有化方案)、变消极的福利为积极的人力投资等。不过,英国弱生产国家的地位总体上并没有动摇。

(二) 法国

法国直到19世纪的第三共和国期间,仍处于较为落后的状态,以小农经济为主体,农业生产方式落后,工业多为经营方式较为保守的家庭式小企业。与此

[1] 温克、亚当斯:《牛津欧洲史Ⅲ》,吉林出版集团有限责任公司2009年版,第48页。

同时，社会问题突出，阶级纷争严重。

在第一次世界大战结束后，纷争中的法国有时也被称作“两个法国”，意思是指当时左翼的、强调国家生产性职能的共和派法国，和右翼的、反对任何增加社会公共开支方案的保皇派或极权派法国，二者之间有严重的冲突与分裂。不过，在此期间，随着工业革命的深入，法国的经济和社会仍有发展。在社会矛盾问题解决方面，1936 年法国大选由左翼政党合作组成的人民阵线上台是一个标志性事件。人民阵线承诺更公平地分配财富和给工人更好的福利（比如实行每周 40 小时的法定工作时间、提高工资、带薪休假，另外还赋予工人要求强制仲裁劳动纠纷的权利等），还将一部分产业（银行、铁路和军火工业）实行部分国有化。但人民阵线关于生产国家（及部分福利国家）的主张，却让整个国家更加分裂。

在第二次世界大战后，法国全方位经济复苏伴随着工业迅速现代化。在国外投资（尤其美国投资）的影响下，并特别地在政府的积极干预下（包括一些国有化措施与指导性计划），法国开始了新的迅猛发展。到 20 世纪 80 年代初，由于社会党的执政，法国加强了公共生产的措施。不过在 1986 年后，法国就开始了国有企业的私有化进程，并大体于 1993 年完成。

（三）美国

美国在 19 世纪的惊人发展，既得益于它的庞大国土与丰富资源（煤炭、铁矿石的开采量和钢铁产量位列当时的世界之首），也得益于稳定的政治制度、最小国家职能的设定。国家除了维护公共秩序、保障合同履行、控制货币发行以及维持这一时期至关重要的保护性关税外，不直接干预企业的活动。不过，随着英国在思想与实践中对最小国家和国家中立性的突破，生产国家的一些措施也被逐渐引入到美国来，如最低工资法案、限制雇佣童工与女工、卫生管制、工时限制以及工伤赔偿等。

到了 20 世纪早期，美国公众舆论已逐步倾向一种弱生产国家，支持政府干预、调节一部分经济和社会生活，要求规范商业活动、让所得税合法化（1913），还主张针对大企业的垄断行为实行公共管制（推动反垄断立法）等。特别是在 1929 年大萧条发生后，以罗斯福新政为标志，在税收（关税、所得税等）的支持下，美国国家逐渐增强了生产性。比如，建立联邦存款保险公司保护银行存款，成立证券交易委员会规范投机行为和其他股市活动，通过 1933 年的《全国工业复兴法》建立工业生产的规范，以及反对垄断、确保工人参加工会与集体谈判的权利等。在生产国家方面，美国一个比较有特色的案例是，成立了一个大的地区规划机构——田纳西河流域管理局，旨在运用政府权力改变相对落后地区的经济生活。它的主要途径有，检查农田的侵蚀情况、控制洪水、由政府修建水坝以生产相对廉价的电能等。

第二次世界大战后，在国家的积极干预政策（特别是凯恩斯主义主张的灵活运用财政与货币政策）的作用下，美国的经济得到了重大发展。虽然美国没有发生类似欧洲的较大规模的国有化运动，但是政府也广泛干预市场经济运行、限制私人财产权。直到 20 世纪 80 年代因政府干预措施的消极后果显现及自由至上主义经济学的影响，在里根总统执政期间，美国才放松公共管制并实施减税，减少了生产国家的活动。

三、强生产国家的实践

在马克思和其他社会主义学者的设想中，在消灭私有财产制度后，至少有一段时间应该实行国家作为生产资料所有者的全面公共生产制度[1]，不仅生产资料所有权属于国家，而且还要消除分工、货币、市场等一切造成异化的形式。此时的财政活动从以下两个方面进行：一是以权力命令作为财政运行的唯一推动力量，消灭以市场为基础的财政运行方式；二是以国营企业作为财政活动的主体，让它收集并运用几乎所有领域内的可能资金。在理论上，只有这样做，才能在经济上合理组织社会经济活动，摆脱资本主义生产方式对生产力的束缚，实现生产力的全面解放，在伦理上通过恢复一切人的未被异化的能动性，使人获得尊严、自主，实现全面、彻底的自由。十月革命后建立的苏俄，在相当程度上依此建立起强生产国家，但在实践中强生产国家并未取得预想中的结果。

（一）苏联式强生产国家的建立及其成绩

在本书研究的西方国家范围内，并未出现彻底废除私有制、实行全面公共生产的制度实践。虽然在西欧执政或参政的社会民主党（或称社会党、社会民主工党、工党等）也曾长期将实行公有制作为自己的政纲，但在现实中这些国家仍以资本主义私有制为主要的所有制形态，保持着弱生产国家的形象。众所周知，真

---

[1] 实际上，在马克思等人看来生产资料国有制只是通向人类全面自由的第一步；在此之后，社会主义将向“劳动者共同占有生产资料的基础上重建劳动者个人所有制”发展，代替国家的“将是这样一个联合体，在那里，每个人的自由发展是一切人的自由发展的条件”（马克思、恩格斯：《共产党宣言》，人民出版社 2018 年版，第 51 页）。对于在新的基础上“重建劳动者个人所有制”的论述，曾让许多研究者困惑，并成为马克思主义理论研究中的“历史之谜”（方竹兰：《重建劳动者个人所有制论》，上海三联书店 1997 年版）。

正在现实中实行强生产国家的,首先是经济上非常落后的苏俄(以及后来的苏联),然后是东欧和第三世界一些不发达国家。强生产国家的现实建构,主要是将一切企业的生产资料国有化,然后在此基础上消灭商品货币关系,建立中央集权的计划经济制度。

对这些实践中的强生产国家而言,首要的历史使命是经济的而非伦理的,就是说必须运用国家力量来摆脱经济落后状态,以便完成工业化为标志的经济现代化任务。作为第一个强生产国家,新生的苏联政府接管了全国大部分物质资本(生产资料),并进而控制资源配置和使用的全过程,以确保必要的积累水平和投资结构。为了形成工业生产的新能力,实现高速工业增长,当时的苏联政府进行了大量投资,并且实行有选择的、不平衡的投资和发展战略,把资源集中于所谓"增长的引擎"的部门和活动中去,即重点投资于重工业。这是因为,重工业部门很大程度上可以实现自我循环,不必受有效消费需求的制约。就这样,国家运用强制力量,不依赖于需求的刺激,按预先设定的目标和选定的道路配置物质资源和人力资源,以便最大限度地加以运用,从而使现期产出和就业达到最大化。大体上,苏联式工业化发展战略的初始总目标基本达到,如迅速创建或扩大国民经济的工业基础,特别是采掘工业、钢铁工业和重型机械制造业。

从官方公布的统计资料来看,苏联的经济增长速度是惊人的,这也是苏联模式为什么在1950年以前对其他国家具有持续吸引力的原因所在。据苏联官方公布的资料,1928年以后的半个世纪里,苏联官方统计的年复合增长率近9%,它高于日本以外的任何一个西方国家[1]。这一成绩在20世纪30年代资本主义世界经济大萧条背景下,尤其显得突出和有号召力。第二次世界大战后,一批在苏联影响下建立起来的强生产国家,也公布了不错的经济增长数字。例如,1950—1980年这30年间东欧国家的国民收入年平均增长率(官方数字)为:罗马尼亚9%以上,保加利亚8%,波兰、东德、南斯拉夫约为6%,匈牙利和捷克斯洛伐克5%左右[2]。

众所周知的是,马克思等人设想的强生产国家,本应在生产力高度发达的资

---

[1] 按照西方国家学者的说法,1929—1985年苏联实际平均增长率远远低于官方所公布的数字,应该为4.1%。到了20世纪80年代末,苏联国内的学者在修正苏联官方数字方面,不仅支持了西方的估计,而且有时走得更远,他们认为1929—1985年期间的增长率应该为3.2%—3.5%(布鲁斯、拉斯基:《从马克思到市场:社会主义对经济体制的求索》,上海三联书店、上海人民出版社1998年版,第47—48页)。

[2] 布鲁斯、拉斯基:《从马克思到市场:社会主义对经济体制的求索》,上海三联书店、上海人民出版社1998年版,第37页。

本主义经济基础上建成;而现实中的强生产国家,无一不是在经济最落后的国家和地区建立的。或者说,经济和社会发展水平越低,革命的机会越好,建立强生产国家就越有可能,布鲁斯和拉斯基称之为反向运动的历史规律[1]。强生产国家制度对经济落后国家的吸引力,不是更充分地利用资本主义所创造的经济潜力,而是快速摆脱贫穷和愚昧状态、实现工业化的能力。这一点,在非社会主义的第三世界国家中表现得最为明显。它们也纷纷模仿苏联(也受到欧美发达国家此时弱生产国家思潮的影响),建立了大量的公共生产企业。正如罗宾逊夫人所言,现实中的社会主义及其公共生产,“不是超越资本主义而是代替资本主义的一个阶段——一种没有进行过产业革命的国家可以用来仿效产业革命的技术成就的手段,一种在一套不同的博弈规则中进行快速积累的手段”[2]。因此,强生产国家在 19 世纪末 20 世纪初之所以能产生影响,在很大程度上可归功于伦理上的原因,即它是实现无产阶级解放和人类自由的工具;而在第二次世界大战后能获得更加广泛的影响,其理由主要是经济上的,即它是不发达国家(后发工业国家)迅速实现工业化与赶超目标的合理的、有时甚至是唯一的手段。

(二) 苏联式强生产国家实践中的问题

不过,自 20 世纪 60、70 年代以来,以苏联为代表的强生产国家模式所具有的吸引力逐渐下降,原因一方面是源于该模式没有实现其承诺的消除劳动异化、实现人的全面自由的伦理目标,另一方面则是在经济上无法实现原先设想的效率与增长的目标。

就伦理目标而言。苏联式强生产国家,虽然在企业层次上排除了资本的力量,但是引进了掌管生产资料的国家行政力量,劳动者与生产资料之间依然阻隔着行政机构,不能实现劳动与资本的直接结合。行政机构支配着劳动成果,控制着劳动过程,决定着工人的劳动行为。马克思所描述的资本主义社会存在的四个层次的劳动异化[3]依然存在:①劳动者与劳动产品方面,劳动产品依然作为异己的力量与劳动者对立,产品的分配由行政机构决定,劳动者不能支配自己劳动的产品;②劳动者与劳动方面,劳动依然是工人外在的东西,劳动过程全然由行政上级掌控,工人们对待劳动的态度就同对待雇佣关系的态度一样;③人与人

[1] 布鲁斯、拉斯基:《从马克思到市场:社会主义对经济体制的求索》,上海三联书店、上海人民出版社 1998 年版,第 23 页。
[2] 同上书,第 24 页。
[3] 马克思的劳动异化理论将在第九章再讨论。

的类本质方面，由于劳动者丧失了择业的自由，终身从事一项政府安排的职业，依然是机器的附属物，不能发展为潜在的自我，也因此丧失了自我的感觉；④人与人方面，企业管理人员是由上级任命的，二者都不对本单位工人负责，更为关键的是，正如原南斯拉夫学者反复说明的，在苏联式强生产国家中，出现了一个管理中央集权化的官僚阶层，这个阶层变得脱离群众[1]。波兰社会主义哲学家亚当·沙夫的观点是相似的，他指出，社会主义社会是否出现异化不是一个逻辑问题，而是一个经验问题，“情况是清楚的：在我们迄今所知的各种形式的社会主义社会中，都出现了不同形式的异化。这意味着，不存在(劳动异化)自动废除的问题，生产资料私有制的废除，并不能导致异化的废除”[2]。法国共产党理论家列斐弗尔 1957 年说，在苏联，经济上的、意识形态上的、政治上的异化不但没有消失，而且在人民日常生活中有大量的异化现象[3]。

就经济发展目标而言。首先，苏联工业化过程中所具有的特殊条件是其他国家无法模仿的，如地域辽阔但大部分地区人烟稀少的国土，丰富却不易开采的自然资源，整体而言不利的气候条件和中等水平以下的农业土壤条件等。相对来说，这些条件更适宜于较粗放的计划发展战略。其次，苏联强生产国家模式代价十分高昂，且效果极差，并因此造成经济增长率持续下滑。苏联模式中与产出有关的投入(劳动、原料、资本)密集度，一直比主要工业化国家和处于类似经济发展水平的国家高得多。与此相对应的是，苏联的资本产出率增长率在整整半个世纪中都是负数，在 20 世纪 70、80 年代下降尤为明显。为了维持一定的增长速度，苏联必须不断加大资本投入，消费份额被不断缩小，人民生活不能改善。再次，苏联式强生产国家在微观结构上创新困难、效率低下。这是因为在公共生产企业，管理人员无激励，劳动者无积极性，技术进步也主要是模仿性的，难以产生真正的创新。

(三) 苏联式强生产国家的结果

那么，在一个强生产国家，能否不采用计划经济制度，而在保持生产资料国家所有制的基础上采用市场经济制度，以便在实现经济效率的同时消除资本主义私有制带来的异化问题？这一理论设想在前南斯拉夫以及 20 世纪 70、80 年代的东欧，曾经部分地得以实践。实践的结果，就总体而言是不佳的。

---

[1] 杜尚·比兰契奇：《南斯拉夫社会发展的思想和实践》，商务印书馆 1986 年版，第 88 页。
[2] 陆梅林、程代熙：《异化问题》(上册)，文化艺术出版社 1986 年版，第 16 页。
[3] 同上书，第 580 页。

由于上述实践中的问题，20 世纪 70 年代开始东欧国家发动经济改革，1989 年后东欧国家发生转型，1991 年苏联解体，强生产国家在全世界范围内逐渐退潮。不过，弱生产国家，即国家拥有部分生产资料的所有权并对私人所有权进行一定的限制，在西方仍是现代国家建设的理论与实践的一部分。

四、小结

"生产国家"指的是与生产活动相关并以实现发展为目的的一系列国家制度。在英国这样的先发国家，直至 19 世纪上半叶实践与理论中仍保持着"最小国家"的形象。可在 19 世纪的西方世界，一方面像德国、意大利这样的后发国家要求财政发挥积极的生产性作用，以发展经济、实现国家的赶超，另一方面像英国、美国等国家的实践要求财政职能进一步扩张，以提高资源配置效率、稳定宏观经济运行。于是像德国与意大利这样的赶超国家一直保持着生产国家的形象与职能发挥，另一方面在像英国和美国这样原来保持最小国家形象的国家，与生产国家相关的制度不断出现，并发挥干预经济的职能。到了 20 世纪，尤其是在大萧条之后，西方国家普遍地提供公共产品、干预资源配置、稳定宏观经济，从而生产国家在实践中日益发展并壮大。

在本书研究范围内的西方国家，生产国家虽有日益壮大的趋势但仍保持着弱生产国家的形象，私有制与市场机制占据着主导的地位。不过同样在西方国家，从 19 世纪开始兴起了社会主义运动，提出了运行计划经济与全面公共生产的强生产国家的设想。这样的设想虽然影响了经济发达的西方世界的实践，但在西方并未成为制度的现实，反而是在经济不发达的苏联、东欧和部分发展中国家得以实践。到了 20 世纪 70、80 年代，强生产国家在实践中逐渐退潮，弱生产国家虽有调整但仍占据西方世界的支配地位。

接下来的第八、九章，将阐释财政思想家是如何思考弱、强两种生产国家的。在相当程度上，这些思想促成了生产国家在现实中的诞生，而第十章将说明财政思想对 20 世纪生产国家发展的反思。所有这些财政思想对生产国家的形成与调整，都构成了目的性国家驯化工具性国家的一部分。

第八章　财政理论的转向与弱生产国家的理论

上一章说到，一方面像德国这样的赶超型国家，在现实中要求财政支出发挥积极的生产性作用，承担起经济发展的职能，另一方面像英国这样的先发国家在实践中也出现了对财政职能扩张和对生产国家发展的要求。于是，19世纪中叶开始，西方财政思想开始了对国家是否应该具有生产性这样的理论问题进行探讨。上一章讲到的20世纪西方弱生产国家的形成与实践，与这样的讨论紧密联系在一起，现代国家制度在西方世界的完善也与此相关。

本章重点探讨英国、德国、意大利等国财政思想对弱生产国家的理论构想，侧重于经济学在此领域的回答，或者说经济学家在这样的讨论中起到了绝对主导的作用。正如唐顿强调的，“经济学语言可以为事后的正当性和权威性提供辩护。最重要的是，政治家们经常在税收辩论中提及经济学家，引用经济学家的语言和概念”[1]。基于此，唐顿断言，“经济知识的增长与国家紧密相关，新兴的经济学专业与公共服务之间的关系比一些历史学家认为的更密切”[2]。下一章将交代应生产国家的要求，财政思想对财产正义理论的发展以及因此而形成的强生产国家设想，这样的理论发展与设想，相当程度上就不再属于经济学的范畴。

一、英国税收理论的转折：从均等牺牲到社会福利最大化

在社会契约理论的视野中，税收在本质上是国家保护民众财产权所需要的

[1] 唐顿：《信任利维坦：英国的税收政治学(1799～1914)》，上海财经大学出版社2018年版，第139页。
[2] 同上书，第138页。

费用，或者说它是民众为自己从国家保护中获得的收益而支付的成本。正如前已引述过的洛克的言论，“政府没有巨大的经费就不能维持。凡享受保护的人都应该从他的产业中支出他的一份来维持政府”[1]。据此，马斯格雷夫将此种财政理论概括为洛克模型[2]，该模型的大致内容如下：在国家与社会分离的前提下，社会的基础是个人权利和自由交换，而自由交换则受“看不见的手”支配；国家对社会给予一定的保护，并以税收形式从社会中获取部分个人财产以补偿成本。在这样的模型中，市场被认为处于（或者应该处于）绝对的主导地位，国家虽然必要但属于例外；国家对市场进行干预是偶然的，只是在极个别场合或极少数时候才需要国家的介入。此时，国家被认为是一个消费主体而不具有生产性，正如斯密强调的：“君主以及他的官吏和海陆军，都是不生产的劳动者，他们是公仆，其生计由他人劳动年产物的一部分来维持。”[3]就是说，在斯密看来，财政支出（国家经费）是非生产性的，虽然对社会来说确有必要，这与自由主义者将国家称为“必要的恶”的说法是一致的。因此，在此时最小的国家是最好的国家，“廉价政府”是最值得称道的政府。在实践中，16—18世纪西方国家的税收基本上都用于支付官员薪酬和供养军队，在教育和基础设施上的支出微不足道。

（一）支出与税收在最小牺牲原则下得以联合

在财政理论上，正像马斯格雷夫强调的，斯密实际上同时提出了税负分配的量能原则与受益原则，因为他说税负分配应该“按他们各自的能力成比例地进行；就是说与他们在政府保护下各自获得的利益成比例”[4]。量能原则在相当程度上不考虑财政支出而只考虑税负的公平分配，而受益原则要考虑支出带来的收益（包括社会整体的受益和每位纳税人的利益）与税收负担是否相当。当然，在斯密的眼中，这两个原则并不矛盾，因为那时国家承担的职责是相当简单、有限的，那就是承担起提供国防、治安、必要公共设施等职责。所以，在财政上无须再去衡量受益的多少甚至无须再予以讨论，唯一需要考虑的是怎么将有限职能所需的税收负担分配出去。

显然，在这样的有限职能前提下，国家被视为消费主体，并无生产职能，因而相当程度上属于“必要的恶”。从财政上来说，这样的国家越小越好，就像萨伊的

[1] 洛克：《政府论》（下篇），商务印书馆1964年版，第88页。
[2] 马斯格雷夫：“财政原则简史”，载于《公共经济学手册》（第1卷），经济科学出版社2005年版。
[3] 斯密：《国民财富的性质和原因的研究》（上卷），商务印书馆1981年版，第304页。
[4] 马斯格雷夫、皮考克：《财政理论史上的经典文献》，上海财经大学出版社2015年版，第3页。

"黄金法则"说的,"最好的财政计划是尽量少花费,最好的赋税是最轻的赋税"[1]。此时的财政学著作,一般不讨论财政的职能以及因此而需要的财政支出,支出也被设定为最小化;论述的内容主要落在税收(及公债)上,重点探讨怎样的税负分配方案才有效和公平。正如19世纪上半叶英国的数据显示的,财政支出总额只有国民收入的10%左右,在城市基础设施、科学教育等今天公认的具有生产性的投入方面花费极少。

在支出既定且有限的前提下,税收问题的确可以在相当程度上被视为独立于公共支出,二者之间没有什么内在的联系。因此,学者们尤其是英国学者重视的是税负分配的量能原则,而对受益原则在研究中着墨不多,只满足于声明,宏观上政府的存在对民众有益,但在微观上受益原则是一种难以实现的理想,因为现实中无法将个人得到的财政支出收益与需要承担的税收负担一一联系起来。前已提及,按照马斯格雷夫的说法,在19世纪英国有两个派别出于不同的目的在支持量能原则:一派是倡导"自由放任"的曼彻斯特学派,其支持量能原则的目的在于坚持"最小政府"(财政支出仅用于保证安全,唯一需要操心的仅是如何分配有限的税收负担);另一派是倡导"社会改革"的学者,其支持量能原则的目的在于促进社会公平(即把税负落在有承受能力的人身上)[2]。

如第五章所述,在19世纪中期以前,税负分配主要根据消费额或者所得额等客观标准来进行,但在经济学边际革命发生后,以密尔为转折点,财政理论的核心问题是根据主观牺牲来衡量税负分配的公平问题。密尔认为,在政治上税收公平问题意味着因纳税而造成的个人牺牲(即效用减少)应该平等,而且,牺牲平等的税收带来的总牺牲也是最小的(即对全体造成的牺牲总量最小),"正如政府应该一视同仁地对待个人或阶级的要求那样,政府也应该做到将税收压力同等地加在每个人或阶级的身上。这样的课税方式,给全体带来的牺牲最小……因此,作为政治准则的税收平等,意味着牺牲相等"[3]。密尔的这一看法得到巴斯塔布尔的赞成。巴斯塔布尔认为,社会的最大幸福是使全体纳税人负担最少的牺牲,也就是说,有纳税能力的人应加重负担,平均负担以下的人应免除负担,只有通过采用这种"最少牺牲说"来分配负担,才能实现真正的纳税平等[4]。如前所述,巴斯塔布尔和密尔一样,赞成的是在扣除必需费用后按统一

[1] 萨伊:《政治经济学概论》,商务印书馆1982年版,第504页。
[2] 马斯格雷夫、皮考克:《财政理论史上的经典文献》,上海财经大学出版社2015年版,第5页。
[3] 格罗夫斯:《税收哲人——英美税收思想史二百年》,上海财经大学2018年版,第36页。
[4] 坂入长太郎:《欧美财政思想史》,中国财政经济出版社1987年版,第368页。

税率课征，而不是数量更多的其他学者所主张的累进税收。

马斯格雷夫评论说，密尔从牺牲的角度来看待税负平等的看法是领先于时代的，但在技术上并不正确。从技术上来说，埃奇沃思是正确的。在埃奇沃思看来，要使总牺牲最小，数学上必然要求每个人的边际牺牲相同；如果要使税收（或者说公共服务的成本分摊）造成的总牺牲最小，“这近似于声明，在分配可用于私人用途的收入时，要确保总满意程度最大”[1]；或者说，税负总牺牲最小等同于税后收入带来的总效用最大，即课税应该使税后收入产生的总净效用最大化。显然，要使税后收入产生的总净效用最大，不仅可以从税收征收入手（使税收在征收时产生的负担平等），而且还可以从税收使用入手（想方设法让用税产生的收益最大化）。税收的使用，实际上就是财政支出；税收的有效使用，实际上就是财政支出的效用最大化。

于是，支出与税收在最小牺牲（边际牺牲相等）原则下得以统一；或者说，税收应该与支出同时联合决策，使税收造成的边际牺牲与支出带来的边际收益相等才是税收真正应予遵循的原则。这样的原则，后来也分别出现于庇古与道尔顿（Hugh Dalton，1887—1962）等人的财政学著作中。此时，经济上的效用最大化问题就代替了原来政治上的税负平等问题，伦理问题被转化为经济问题。也可以这样说，原来英国财政学者从量能原则出发，抛开支出问题而只考虑税负如何分配，至此已不得不考虑使用税收（即支出）所能产生的效益。原来存在于社会契约理论中的税收受益原则（即马斯格雷夫命名的“洛克模型”），再次进入了英国财政学者的视野中。

（二）支出效用最大化引导出财政生产性问题

综上所述，如何在税收的征收与使用过程中促进社会效用的最大化，在英国财政理论中发展了出来。按照马斯格雷夫的说法，直到20世纪30年代，英国财政学的上述发展并未受到欧陆财政学高度强调的受益原则（下文将予以讨论）的影响，他认为“直到1938年，19世纪80、90年代发生在欧洲大陆的讨论才引起英语国家学者的关注”[2]。在这一发展进程中，英国财政学对税收产生收益的注意，是经密尔引牺牲原则入税收领域后的一个自然发展结果。此后，制定预算时应同时考虑税收与支出以使社会福利最大化，这样的原则在理论上得到了一再的确认。用来描述社会福利状况的社会福利函数的内容与形式、评价政府服

[1] 马斯格雷夫、皮考克：《财政理论史上的经典文献》，上海财经大学出版社2015年版，第4页。
[2] 马斯格雷夫：“财政原则简史”，载于《公共经济学手册》（第1卷），经济科学出版社2005年版。

务效果的方法、收益评价与税收分摊方式的关系等，从此成为财政研究的主题。

在征收与使用过程中，税收不仅可承担古典学者设定的必要且最小的国家职能，而且还能承担其他职能、产生其他益处，这样的问题事实上已涉及国家的生产性问题。就是说，在理论上学者们已经看到，国家不仅是消费主体，也是生产主体，可以“生产”出重要的益处。其实，类似的看法在英国财政学中一直存在，只是不突出或者被有意识地忽略而已。马斯格雷夫就指出过，在斯密《国富论》的导言中，我们就可以推出今天财政学的很多内容，包括共同消费、外部性和搭便车行为等与生产性相联系的重要概念，只是斯密并没有明确讨论过任何一个概念[1]。马斯格雷夫还指出，斯密忽略了休谟早已揭示过的“公地的悲剧”问题。休谟说道，两个邻居就一块草地的排污问题可以达成协议，但许多人一起协商却无法达成一致，因为每个人都想把负担推给他人。休谟还指出，政治社会可以依赖行政长官的强制手段来克服这一困难，因为他们的利益反映的是“相当多的臣民的利益……于是，在政府的关心下，桥梁修建了……尽管政府是由一些具有全部人类弱点的人组成的，但它是人类可能创作的最精密最微妙的作品，它在某种程度上克服了所有这些缺点”[2]。

基于类似这样的认识，密尔认为，在某些重要情形下政府可以违背自由放任主义原则而去干预个人的选择。尽管密尔对于能否制订出具体的原则来指导政府的干预行动表示怀疑，但是他还是设法确立了一些允许政府干预的前提条件：①在个人可能无法评估某些产品的效用时，比如要求儿童必须接受的基础教育；②需要阻止缺乏远见的个人签订不可撤销的合同时；③因利益不同，需要建立规章来管理个人授予管理人员决策权时[3]。由这些主张可以看出，密尔认为国家职能的扩张是必要的、有益的，当然这也符合他那个时代英国国家职能在实践中的需要。密尔还把国家职能划分为“一般性职责”和“选择性职责”[4]，一般性职责就是国防与治安等最小国家的职能；而选择性职责就是在一般性职责之外，经公众授权执行的一些为公众提供便利的职责，不仅包括铸币、标准化度量衡，还包括铺路、公共照明和修建港口、灯塔和堤坝等。显然，财政支出应该具有的生产性功能在这里已经包括在内。

直到密尔等人将边际效用概念引入财政学研究后，运用财政手段来实现国

[1] 马斯格雷夫：“财政原则简史”，载于《公共经济学手册》(第1卷)，经济科学出版社2005年版。
[2] 同上。
[3] 穆勒：《政治经济学原理》(下)，华夏出版社2013年版，第五编第11章。
[4] 同上书，第五编第1章。

家的生产性(或者说促进社会效用最大化)在理论上才蔚然成风。正如巴斯塔布尔指出的:"古典学派认为,最廉价的物品是最好的,最廉价的国家也是最好的国家,这不是真实情况。对人民给与最大利益,而且为人民将来的发展作出最佳考虑的政府才是最好的政府,最廉价的政府。"[1]他还特别强调:"国家的目的在于满足公共欲望的活动,为国家提供的公共财因(公共产品)系非物质性的,所以是无形的生产。"[2]

财政支出具有生产性,或者说国家具有生产性,集中体现在庇古等人在20世纪20年代前后提倡的"福利经济学"学科建设上,以及庇古在此基础上撰写的《公共财政研究》(1928)一书中。当然,在福利经济学的先驱者约翰·霍布森(John Atkinson Hobson, 1858—1940)那里,他就已经提出要以社会福利作为经济学研究的中心,主张国家干预经济生活,实现"最大社会福利",并认为这是经济学研究的新方向。而庇古在他提倡的福利经济学中,提出了外部性的概念,并在此基础上区分出社会收益与私人收益、社会成本与私人成本。庇古要求,国家应该按下述原则,运用财政手段来促进社会净收益的最大化:在外部效益存在时,提供财政补贴扩大生产以实现社会净收益最大化;在外部成本存在时,运用税收手段限制生产以实现社会净收益最大化(或者使生产者的外部成本内部化)。这种以社会净收益最大化为目标的财政行为,实际上就是以社会福利最大化为目标的国家行为,从事这种行为的国家显然已不仅是消费主体,而且具有了生产性。在庇古的眼中,具有外部收益并因此该由财政来提供全部资金的产品有:城市规划、治安管理、贫民区治理等。19世纪最后一个25年,英国政府致力于修建下水道与供水设施、铺设道路、建立隔离医院与产科诊所,由此大大提高了英国人的预期寿命,完全印证了福利经济学的说法[3]。

马斯格雷夫对庇古看法的评价是,"令人遗憾的是,庇古在提出类似公共供给标准的理论后,并没有做进一步研究"[4]。不过,很显然我们今天所定义的纯粹的公共产品(即消费时具有非竞争性和非排斥性的产品,下文将述及),依照庇古的逻辑,肯定需要完全由政府实行公共提供。在此处可以看出,庇古的看法已经预示了财政学研究重点的变化,即应从税收(税负分配)理论转向支出理论,虽然他所撰写的《公共财政研究》一书,仍将重点放在税收原理的研究上,对预算

[1] 坂人长太郎:《欧美财政思想史》,中国财政经济出版社1987年版,第366页。
[2] 武普照:《近现代财政思想史研究》,南开大学出版社2010年版,第150页。
[3] 唐顿:《信任利维坦:英国的税收政治学(1799～1914)》,上海财经大学出版社2018年版,第262页。
[4] 马斯格雷夫:"财政原则简史",载于《公共经济学手册》(第1卷),经济科学出版社2005年版。

支出只是做了简单的描述。但庇古在支出方面列明的下述原则,仍是今天在考虑财政生产性问题时要遵循的:各项支出的组合结果应使每一项目的边际效用相等,公共产出的边际效益等于私人产出的边际效益。就是说,在既定的预算支出规模中,方案组合必须调整到各种项目的边际收益平衡;在决定预算规模时,公共支出的边际收益必须与私人支出的边际收益相等。显然,这样的支出是在考虑个人的税收牺牲及对公共支出的效用评价基础上,以社会福利最大化为目标而予以安排的。

(三) 后续发展

可以看到,英国财政理论按照自身的逻辑发展,得出了国家的生产性以及财政支出的重要性等结论。这一结论也体现在道尔顿 1922 年出版的《财政学原理》一书中。在该著作里,道尔顿明确反对古典学派把财政支出视为非生产性的结论。他说:"任何支出生产或非生产的测验,乃在视其支出后有无经济福利的生产性以为断。"[1]他认为,判断财政支出生产性的标准应该是从社会整体出发,凡能增进社会经济福利的,就是生产性的;如果财政支出能促进生产力的改进、缓和收入分配不公、促进生产物分配的改进,那么这种支出就是正当的,是追求社会利益最大化的。因此,他赞成国家的生产性,认为最佳的财政制度乃在于通过它的作用,获得最大的社会利益。事实上,从边际效用理论的角度看,甚至单纯的收入转移也能增加社会的效用,如庇古所说:"收入从一个相对富裕的人转移到一个类似性格的相对贫穷的人手里,由于它能使更多的强烈需要以不太强烈需要为牺牲而得到满足,就必然增加总的满足量。旧的效用递减率为此确切地得出这一命题:任何穷人手中的实际收入的绝对份额增加的原因,倘若从任何观点都没有导致国民收入总量的减少,一般来说,将增加经济福利。"[2]

1944 年,威廉·贝弗里奇(William Henry Beveridge, 1879—1963)出版了《自由社会的充分就业》一书。他批判了古典学派的财政原则,认为充分就业是国家财政支出的目标,应以充分就业为目标编制预算,保持或扩大财政支出以促进充分就业是国家应承担的重要职能。在他看来,国家政策以充分就业为目标,实际上意味着国家财政的革命[3]。这充分说明,英国财政学界对国家的界定,已从原来的最小国家正式转为生产国家,学者们普遍认为财政应该承担起必要

[1] 坂入长太郎:《欧美财政思想史》,中国财政经济出版社 1987 年版,第 373 页。
[2] 武普照:《近现代思想史研究》,南开大学出版社 2010 年版,第 265 页。
[3] 坂入长太郎:《欧美财政思想史》,中国财政经济出版社 1987 年版,第 399 页。

的发展职能。正如希克斯在《财政学》中强调的,“作为国家,最根本和首要的,要成为推动社会和经济发达的机构并迈出第一步”[1]。

当然,此一历史时期英国学者对国家生产性的论述还是初步的,这与英国经济实践中长期奉行国家不干预政策有关。学者们对于支出规模(是否仍局限于最小国家)、种类(不同公共服务之间如何平衡)、程序(政府与民众基于某种规则进行选择,即公共选择)并没有加以特别研究。对此,马斯格雷夫不无遗憾地指出,庇古“没有考虑政府通过何种机制了解个人对公共产品的评价”,而奥地利和意大利学者早在30年前就已进行了讨论[2]。在公共产品评价机制方面,欧陆学者才是真正的发展者。而欧陆学者之所以能在这方面作出重要贡献,如第七章所述,是因为在德国和意大利这样的后发国家,现实对理论提出了挑战。

二、德国财政学从官房时代到黄金时代的发展:应对德国问题的国家生产功能

19世纪英国财政思想对于财政生产性的看法,更多源自理论内容的发展,实践方面对此的要求并不那么迫切,但德国财政思想侧重于支出、强调生产性,在相当程度上一开始就来自德国国家发展的迫切现实要求。正如马斯格雷夫反复强调的,在德国国家现代化历程中,“高效和运行良好的财政当局的形象一直保持着”并发挥了巨大的生产性作用,特别是在19世纪最后十年(即在德国财政学的全盛时期)[3]。德国财政及财政学形成时期的这一生产国家形象,是马斯格雷夫等学者设定国家形象与财政职能的历史实践背景。正因如此,马斯格雷夫竭力反对以布坎南为首的学者给政府设定的形象(“在懒散的官僚、追求自我权力膨胀以及腐败的官员的假设下建立的政府模型”),认为这种形象充满偏见并且“这种模型的传播对于民主社会中的好政府具有破坏性”[4]。

与英国财政思想发展不同的是,德国财政学者在思想上可以借鉴英国的先发经验与教训,能够始终带着德国发展的特殊问题与英国学者的作品展开对话。因此,在吸收与修正英国财政思想的基础上,德国学者发展出了盛极一时的德国

[1] 坂入长太郎:《欧美财政思想史》,中国财政经济出版社1987年版,第289页。
[2] 马斯格雷夫:“财政原则简史”,载于《公共经济学手册》(第1卷),经济科学出版社2005年版。
[3] 马斯格雷夫、布坎南:《公共财政与公共选择:两种截然不同的国家观》,中国财政经济出版社2000年版,第4页。
[4] 同上书,第27页。

财政学。而德国财政学又通过现实的财政活动,在国家的赶超与治理过程中发挥着特别重要的指引作用。

因此,在特殊的国情前提及国家赶超任务的历史背景下,德国财政学虽然注意到英国以洛克模型为基础、侧重于收入的财政理论,但并未全盘接受,而是在与这种理论不断对话的基础上,发展出自己的侧重于支出、强调生产性的财政理论。在德国历史上,这一理论体现为财政学从官房学派、历史学派直至黄金时代的财政学派三个阶段的发展。当然,这样三阶段的划分只反映一种大概,在不同学者那里有不同的名称和时间起讫标准。

(一) 官房学派(16—18 世纪末):以富国强兵为中心的前期重商主义[1]

在这一时期,德意志诸邦各自为政,甚至相互敌对。财政学的迫切任务是,以德意志诸邦的君主(领主)为中心,通过种种财政手段来实现富国强兵。此时的财政学者几乎都被归于官房学派,因为他们几乎都在君主提供的房间(即"官房")内工作,负责向各邦君主讲授财政政策,培养通晓行政工作原则及任务的官员。

对于官房学派,也有人将其分为前后两期:前期主要指神圣罗马帝国皇帝马克西米利安于 1493—1501 年在因斯布鲁克和维也纳等地设置的官房,招聘德意志各大学中的教授和研究者来授课以培养官吏;后期指 1727 年普鲁士国王腓特烈·威廉一世在哈雷大学与奥德大学设立官房大学的讲座,在这一时期其他一些邦国也聘用了类似的官房学者。

官房学派政策主张的核心内容是,通过对君主拥有的财产的经营与管理,扩大邦国的财政收入,最终实现富国强兵。而君主拥有的财产,一开始主要是庄园土地,如在腓特烈大帝时代,王室领地达到普鲁士领土的二分之一,后来扩展到工业企业资产。由于这一学派高度重视以金银形式表现出来的君主财富,因此也像英国同类学者那样被称为重商主义(或者前期重商主义,以便与接下来的后期重商主义相区别)者。不过需要注意的是,德意志的重商主义,与斯密批评的英国的重商主义还是有区别的。相对而言,英国重商主义更重视商人的商业活动,而德意志官房学派更重视国家(君主)的实业经营。德国官房学派对后世财政学的影响,主要集中于两点:(1)君主(国家)应积极地承

[1] 玛格达莱妮·杭波特(Magdalene Humpert)的看法是,到 19 世纪中期官房学才真正消失(Jürgen G. Backhaus, Richard E. Wagner edited, *Handbook of Public Finance*, Kluwer Academic Publishers, 2004, p.3),此处只是取一个大概的该学派的活跃时间。

担起为全体国民谋取福利的责任,行政官吏应承担起专业管理的任务;(2)国家通过强有力的产业经济政策和对资产的优良管理,可以促进经济的进步和民众福利的增加。

此时的官房学派,主要重视依靠君主(国家)的资产来获取财政收入,并不将税收作为国家的主要财政收入来源。对于非主要收入形式的税收,他们的意见是国家应征收持久的而非临时性的税收。特别是进入到18世纪以后,经由议会同意、以民众财产与收入为征收对象的税收,成为实践中越来越重要的收入形式。在财政上,君主的个人财政(以君主的产业为标志)与国家财政(以税收为标志)也因此不断地得以区分。换言之,跟英国的发展方向相似但进程较晚,德意志诸邦在理论和实践上也逐渐具有了税收国家的雏形。不过,就此时财政收入的结构而言,来自君主(国家)财产的收入仍然占据相当大的比重;而且随着国家出面创办的工商业发展,家财收入的地位也未像英国那样出现降低的趋势。

官房学派中最为著名的学者可能是前已提及的尤斯提,他写的《财政学》一书,代表着18世纪以官房学命名的德意志财政学达到了那个时代的成熟阶段[1]。在该书中,尤斯提明确提出,"所有国家的终极目的,是在增进国民的福利……臣民并非为君王而存在",官房学因此关心的是用国家的财产为国民谋取福利[2]。他认为,国王的责任是为了使国家得到应有的供应,因此为了社会的公共福利,君主必须合理运用国家资源,包括动产、不动产和人们的智能等。在他看来,财政支出所需要的收入如何合理地取得,是财政的中心问题,或者说国库需要是财政的首要原则。不过在此时,他仍认为国有土地、王室领地和一些特权收入是公共财政的真实基础,国家收入的来源应主要是国家的财产,出于私产的税收仅仅是最后的收入手段。尤斯提强调了官房学派的一个标志性观点,那就是财政学必须研究如何管理国家财产,国家(以君主为代表)有权使用国内的资源,即征用国内的一切资产。

2. 历史学派(19世纪上半叶):以发展工业为中心的重商主义后期

在曾遭受法国军事入侵以及现实中英国商品倾销的背景下,19世纪上半叶德意志诸邦面临的历史任务,就是前文所说的在政治上和经济上实现国家的赶超。这一时期为国家赶超提供财政理论支持的学者,大多被归入历史学派或称

[1] 张馨等:《当代财政与财政学主流》,东北财经大学出版社2000年版,第55页。
[2] 坂入长太郎:《欧美财政思想史》,中国财政经济出版社1987年版,第77页。

历史主义学派[1]。其中在德国统一前的这些财政学者又大多被称为旧历史学派(区别于德国统一后的新历史学派)。由于他们的观点与人物关系与前述的官房学派有联系,在将官房学派称为"前期重商主义学者"的基础上,这些被称为旧历史学派的学者又被称为"后期重商主义学者"。

历史学派的财政思想与政策建议,是这些学者基于法学、哲学、历史学、经济学等诸多领域的历史主义理论发展而创造的成果。早在卢丁·海因里希·冯·雅各布(Luding Heinrich von Jakob, 1759—1827)时期,他就已经尝试着将官房学派观点和那个时期德国人眼中的先进国家(即英国)的理论(特别是斯密的思想)融合在一起,并提出适合德意志的财政学说。1832年,卡尔·海因里希·劳(Karl Heinrich Rau, 1792—1870)出版了《财政学》一书,这本书把当时已被德国引进的斯密及萨伊的古典自由主义财政理论与德意志的官房学融合在一起,正式开创了德国财政学在这一时期研究的路径。劳的著作,对后来德国财政学的发展,特别是对阿道夫·瓦格纳(Adolph Wagner, 1835—1917)影响颇大。在一定意义上,劳的财政学说已可视为历史学派财政学。不过,多数学者将1841年弗里德里希·李斯特(Friedrich List, 1789—1846)的《政治经济学的国民体系》和威廉·罗雪尔(Wilhelm Georg Friedrich Roscher, 1817—1894)在1843年出版的《历史方法的国民经济学讲义大纲》两本著作所包含的财政理论,视为历史学派财政学诞生的标志。经由李斯特、罗雪尔、卡尔·迪策尔(Karl Dietzal, 1829—1894)等学者的努力,历史学派的财政学得以确立。

在学术上,李斯特是英国古典经济学的怀疑者和批判者。他强调自己的经济学服务于国家利益和社会利益,主张国家应该在经济生活中起重要作用。虽然终生奔波于关税统一与贸易保护、铁路修筑与经济联合等实际事务,但李斯特

[1] 在学术界,"历史主义"一词的使用者众多,但该词却没有公认的确切定义。从发生学的角度看,"历史主义"一词首先是德国学者对詹巴蒂斯塔·维科(Giambattista Vico, 1668—1744)在1725年的著作中一个观点的概括,意思是指一国的观念、制度、价值观完全为自己的历史发展所决定。后来,被称为第一个历史主义者的利奥波德·冯·兰克(Leopold von Ranke, 1795—1886),在历史著作中表达了相似的观点,即每个国家都有其个性,该个性代表一种个别的精神,各国之间没有共同的历史。再后来,历史研究中强调的这种"历史主义"方法,被广泛运用到法学、经济学等领域中去,产生诸如历史法学派、历史方法的国民经济学等。它们的重点无非是强调,在相关领域的研究中,必须关注民族的性格和民族的历史。如历史法学派强调,法律是一国整体生活的自然发展,是国家的精华或灵魂所赖以表现的方式之一,只有经由对本民族历史进行深入的研究,法律的真正本性才能表露出来。而历史方法的国民经济学则强调,"对过去各文化阶段的研究,完全具有同观察现代经济关系一样的重要性……历史的方法对任何一种经济制度决不轻易地一律予以颂扬或一律予以否定"(罗雪尔:《历史方法的国民经济学讲义大纲》,商务印书馆1981年版,第8页)。

也留下了诸多学术著作,包括被视为"历史学派"开创之作的《政治经济学的国民体系》。李斯特在书中强调,经济发展是有阶段的,后进国家不能在理论上直接采用先进国家的自由贸易、国家消极职能的做法,像德国这样的后进国家必须采取贸易保护主义,国家应该在生产领域发挥积极的作用,因此必须倡导国家经费支出是有生产性的观点。李斯特强烈意识到,在德国应该把重商主义称为工业主义,而这种工业主义首先表现为以铁路为代表的"新交通革命"。1833年,他还亲手为德意志的铁路系统设计了一个规划,以后的德意志铁路系统正是按照这个规划发展的。李斯特强调:"铁轨是这场民族统一的'婚带和结婚戒指',它将促进自由的思想交流,产生并扩大民主的影响。"[1]铁路成了李斯特的思想在那个时代的最好象征。

罗雪尔在《历史方法的国民经济学讲义大纲》书中强调,应采用历史方法研究经济学与政策,像德意志这样的民族有自己特有的社会经济发展道路,国家对社会经济发展的干预是有益的且必需的。

大体上,历史学派财政学在实践中要面对落后的德意志努力赶超先发国家的历史任务,在理论上要应对英国古典经济学者提倡的最小国家的财政理论。于是,相关学者在前述官房学派理论传统的基础上,从以下几个方面提出自己的理论主张。

(1) 在研究方法上,否定英国古典学派的抽象演绎法,极力推崇所谓的"历史方法"。他们否认人类社会经济发展存在着普遍的客观规律,认为各个国家和民族都有自己特有的社会经济发展道路。他们强调,学者应该大量收集各个国家和各个民族的历史与现状的资料,用来说明国家和民族发展的特点。

(2) 在国家职能方面,重视国家对公共事务的管理。他们要求积极运用财政支出手段实现国家的发展,坚决反对英国古典自由主义学者提倡的国家(或财政)非生产性观点,认为税收的征收特别是税收的使用具有积极的生产性作用。

(3) 在国家本质方面,不赞成英国古典学者将国家仅仅看作实现个人利益的工具(甚至是"必要的恶")。他们认为,国家本身就是目的,而且是最高的总体利益(全体的福利要优先于个人)。就是说,国家具有实体性,与私人经济具有同等的天赋权利,具有"非物质资本生产"的职能,可与"物质资本生产"的职能一起共同促进经济的发展。

总而言之,历史学派学者设想中的国家就是生产国家,他们在财政学方面的

[1] 吴友法、黄正柏:《德国资本主义发展史》,武汉大学出版社2000年版,第85页。

核心主张就是,国家对经济和社会的积极干预具有生产性。

施慕勒在"重商主义的历史意义"一文中,将这一阶段历史学派的主张同样称为重商主义,他认为:"重商主义真髓不外就是建设国家——但也不单是建设国家,在建设国家的同时进行国民经济的建设,即使之成为政治团体同时成为经济团体,并且赋以高度意义。这不外是近代意义下的国家建设。其实质,决不限于增加货币或贸易差额等学说,也不限于关税壁垒或保护关税或航海条例,莫如说实质在于全面改革社会及其组织与国家及其制度,以国家的、国民的政策取代地方的、地域性的经济政策之中"[1]。

(三)德国财政学的黄金时代:新历史学派与社会政策学派(19世纪下半叶)

19世纪下半叶特别是1871年德国统一后,原来分立在各邦国的官房学派思想、历史学派财政理论,开始向统一国家的财政学发展。特别是在迅速工业化的背景下,前已述及的种种国家建设问题对财政学发展提出了新的挑战。此时的德国财政学已吸收了英国古典学派的财政思想,又融合了原来官房学派和历史学派的思想,虽然在财政思想要旨上大致仍属于历史学派,但因为面临的国家建设问题比过去更为复杂,在运用历史归纳法方面更趋于极端,并且更加重视国家在解决经济和社会问题时的中立性(超阶级性)和自上而下的改良,所以常被人称为"新历史学派"。同时,因多数财政学者要么参加了1873年设立"社会政策学会"(其领导成员中有瓦格纳),要么赞同该学会的观点(强调国家活动的生产性,主张国家干预与社会改良),所以1873年后的德国财政学者又大多被归入"社会政策学派"。由于该学派的多数人为大学的教授,他们在讲坛上反对社会革命、主张社会改良,于是这样的观点又被人称为"讲坛社会主义"(与当时倡导暴力革命的社会主义思想相对)。

这一时期德国的财政学逐渐成为一门相对独立的学科,因其体系的完整性与内容的丰富性,德国财政学进入了黄金时代,对当时的德国国家治理产生了极大的影响。在这一黄金时代,最为著名的财政学家就是三大巨星:洛伦茨·冯·斯坦因、阿尔伯特·谢夫勒和瓦格纳。就他们财政思想的总体而言,其主要内容是从国家有机体学说出发主张国家或者说财政具有生产性,坚决反对英国古典经济学家对国家或财政非生产性的主张。接下来就以这三人的思想为代表,大致概括一下黄金时代德国财政学对国家建设问题的回答。

[1] 坂入长太郎:《欧美财政思想史》,中国财政经济出版社1987年版,第16页。

1. 斯坦因

洛伦茨·冯·斯坦因(Lorenz von Stein, 1815—1890)的代表作是1860年出版的《财政学教科书》,该书在一定程度上可以代表德意志财政学在黄金时代的主要观点与水平。就本书关注的主题而言,斯坦因书中有两个重要的观点值得关注。

(1) 对税收国家本质的看法。英国进入税收国家在一定程度上属于自然演进而未经深入的反思,可是作为后发国家的德意志要成为税收国家,要以税收作为主要收入形式来代替原来的国有(王室所有)财产收益,就需要在理论上加以透彻的论证。斯坦因从国家的本质出发(即认为国家是社会的人格化代表、它赋予社会以意志力与行动能力),说明国家课税力量不是以野蛮的暴力从外部强加于纳税人的,而是纳税人自己授权国家征收的,为此他特别强调前文已提及的"税"(tax)与"捐"(contribution)的区别,前者是经民众同意并(经由行政管理)用来促进民众个人发展的财政征收,而后者只是一种强制性的征收。所以斯坦因强调,税收实际上是现代现象,税收国家一定是民主国家,"个人给共同体缴纳捐税,内在地根源于人类社会的共同体本质;只有在国家从概念充分演化为独立的存在物及其活动时,税收才真正地兴起。唯有以独立国家的概念而非共同体的概念为基础,税收才能在历史上和组织上发展出宪政性税制。总之,事实上经过上千年的努力,到19世纪税收才达到了充分发展的状态"[1]。税收或者财政的征收,唯一目的是民众的利益,而"税收的更高合法性在于,更多地运用捐税去完成征收时承诺的目的,那就是说通过整体、通过整体的有意识活动(即国家的行政管理)来完善个人"[2]。

(2) 对国家(财政)生产性的强调。斯坦因反复强调,财政支出和税收都具有生产性,"税收制度的价值不在于税收的数量与水平,而在于税收制度形成资本的能力,而这种能力又来自国家用税收来促进公民税收潜力发展与国家经济力量增强的过程"[3]。税收具有的生产性,斯坦因概括为一种有机的循环,"税收潜力创造了税收,税收创造了行政管理,而行政管理反过来又创造了税收潜力"[4]。斯坦因强调,税收必须具有生产性,其衡量标准是税收至少与国家向人民所提供的物质资料、公共服务相等,"每一种税收的真实目的都是再生产性

[1] 马斯格雷夫、皮考克:《财政理论史上的经典文献》,上海财经大学出版社2015年版,第54页。
[2] 同上。
[3] 同上书,第59页。
[4] 同上。

质的，必须创造出至少相当于税收自己的价值。税收的这种再生产能力，是而且一直是国家生命的绝对条件”[1]。

2. 谢夫勒

阿尔伯特·谢夫勒(Albert Schaffle, 1831—1904)的主要著作有《赋税政策原理》和《赋税论》，对德国在此一时期财政理论的发展也做出了杰出的贡献。在谢夫勒看来，英国学者采用机械论立场看待国家与社会的关系是不对的，经济社会是一个由全部个别经济及无数部分经济有机结合而成的国民经济有机体，包括私人经济和共同经济两部分。私人经济的主体是个人企业，基于自私自利的原则，在市场上通过竞争以牟取最大利润；共同经济靠人格化的团体或组织(如国家、地方公共团体等)来承担经济运行的任务，其中最为重要的是以国家为主体提供物质资料和公共服务的经济活动(即国家经济)，在国民生活中它起着促进费用节约和扩大资源利用等作用，财政分配和预算收支计划又是管好国家经济不可缺少的基础。因此，“财政学的最高原则即国家需要必须与非国家需要保持均衡充足，使其在国民经济上均衡充足”[2]。谢夫勒主张，通过累进税率可以实现资源在国家需要与私人需要之间的合理配置，并利用税收的再分配作用来调节所得和财产的配置。

到汉斯·里彻尔(Hans Ritschl, 1897—1993)那里，谢夫勒所说的私人经济与共同经济这两种有机体的构成，被里彻尔明确界定为市场经济和共同经济(即国家经济)二元经济，前者依靠获利动机(满足私人欲求)而运行，确立起依靠交换的机械的社会团结；后者依靠公共精神(一种归属于、服务于社会的感觉)而运行，确立起有机的社会团结。与市场经济一样，共同经济当然也必须有效地运行(在最有效地使用资源这一意义上)，但除此之外二者根本不同[3]。此外，埃赫堡也大致持有这样的观点，在他出版于1923年的《财政学》一书中，他认为国家经济(即里彻尔所说的共同经济)与个人经济有六点不同：①国家的目的比个人的目的更为广阔；②个人经济依据个别的报偿原则，而财政则依据一般的报偿原则；③国家不是以公共给付的反给付获得赋税收入，而是强制取得；④公共给付为非物质的；⑤财政主体的存在有悠久性；⑥所需经费的性质与金额限定收入[4]。

[1] 马斯格雷夫、皮考克：《财政理论史上的经典文献》，上海财经大学出版社2015年版，第59页。

[2] 坂入长太郎：《欧美财政思想史》，中国财政经济出版社1987年版，第295页。

[3] 里彻尔：“共同经济与市场经济”，载于马斯格雷夫、皮考克：《财政理论史上的经典文献》，上海财经大学出版社2015年版。

[4] 坂入长太郎：《欧美财政思想史》，中国财政经济出版社1987年版，第343页。

3. 瓦格纳

谢夫勒以社会有机体理论为基础对财政进行的研究，还启发了下述以瓦格纳为代表的社会政策学派。阿道夫·瓦格纳于1883年出版《财政学》一书，以前述劳的《财政学》为基础，吸收了斯坦因的财政生产性的观点和谢夫勒的社会有机体观念，将财政学构建成为独立的社会科学体系。在一定程度上，瓦格纳的《财政学》可以视为黄金时代财政学的最高成就，其影响直至今日，其中瓦格纳法则（即公共支出不断增长法则）至今仍是财政学教科书的内容。

瓦格纳的财政思想，在以下两个方面值得重点关注。

（1）肯定生产国家的必要，并以此为起点来探讨财政理论。瓦格纳直接将国家界定为“生产性组织”，而财政活动只是国家生产性活动的一个表现，“作为一个生产性组织，国家为了完成自己的任务，需要特定数量的‘经济产品’（个人服务、劳动力、商品、在货币经济中必需的货币等），它们是国家活动的必需品”[1]。为此，瓦格纳将国家的生产性活动命名为“财政经济”（fiscal economy），并认为它与私人经济同样重要甚至更重要，绝非英国古典经济学家所谓的“必要的恶”。国家的生产性，就是“将物质商品转化为非物质商品”，即汲取资源来提供公共服务，“从经济学的意义看，国家的服务、国家自身以及财政经济具有极高的生产性”[2]。他认为财政自身具有再生产力，这种能力可进一步形成新的税源和再生产的能力。他提出衡量生产性的标准在于，“每一种国家活动或活动形式，每一项支出，如果给社会带来的牺牲超过了所带来的效用或价值，就应该予以拒绝（绝对拒绝原则）；如果私人个人或团体，或者像市政当局这样的公共组织，可以提供同样的服务并且成本更低，那么也应该拒绝由国家来提供相应的服务（相对拒绝原则）”[3]。为此，国家财政支出已经也必将持续增长（此即财政学上著名的瓦格纳公共支出不断增长法则）。在这里，瓦格纳事实上鲜明地提出了生产国家的概念，不再视国家为纯粹的消极的消费主体，而是承担积极生产功能的主体。当然，需要交代的是，瓦格纳心目中的生产国家一定是民主国家，国家并不具备专制的权力，在财政上它受到三个条件的限制：存在有效而独立的议会实施财政控制；遵循节约原则；在财政需要与国民收入之间取得适当的平衡[4]。

[1] 马斯格雷夫、皮考克：《财政理论史上的经典文献》，上海财经大学出版社2015年版，第18页。
[2] 同上书，第21页。
[3] 同上书，第22—23页。
[4] 同上书，第22页。

（2）针对德国在现代化过程中的社会困境与时代问题，提出进一步扩展国家职能的范围，特别强调社会福利在财政中的地位与作用，即在事实上提出"福利国家"的问题。瓦格纳反对古典经济学家所主张的财政只限于保护（即治安和国防）职能，他将这种单纯目的称为"纯财政目的"。瓦格纳坚定地认为，税收必须承担起矫正市场竞争过程中出现的国民收入与财富分配悬殊的职能。为此，在斯密的税收原则基础上，他发展出四组九条税收原则：①财政原则（收入的充分性、税收的弹性）；②经济原则（选择正确的税源、选择税收种类）；③正义原则（税收的普遍性、税收的平等性）；④税收管理原则（税收的确定性、便利性、确保最少征收费用）[1]。他特别强调其中的正义原则（其主要内容是实现社会的平等），坚决地支持运用税收工具来改善社会不平等状况。瓦格纳的税收原则，达到了当时学术界最为齐备的地步，并产生了广泛的影响。前已提及，在瓦格纳看来，古典经济学家们之所以反对运用税收手段去矫正收入与财富的分配，是因为在逻辑上把现行的收入与财富分配状况视为唯一正确与正义的，而这一逻辑前提在现实中并不具备。为此，瓦格纳还重新阐释了普遍与平等两个原则，认为对穷人实行税收豁免或区别对待不同来源的收入，并不违背普遍原则，同时累进税制也不违背平等原则。事实上，瓦格纳的这一看法到今天仍是财政思想的基础。

三、公共产品理论的发展：以奥地利、意大利、瑞典学者为主

从严格意义来讲，公共产品这一概念是按消费性质来定义的，即在消费时具有非竞争性和非排斥性性质的产品。从效率来说，这类产品应该由政府免费提供给社会公众享用。由于非竞争性和非排斥性大多有程度的差别，因此真正纯粹的公共产品其实并不多见。在现实中，政府提供的公共服务在性质上程度不同地接近非竞争性和非排斥性。所以，很多学者就从相对宽泛的意义上，从生产的角度将公共产品理解为由公共部门提供的、给社会公众免费享用的公共服务（此种服务在消费时可能并不具有完全的非竞争性和非排斥性）。马斯格雷夫在他的那篇著名论文"财政原则简史"中，就是从这一相对宽泛的意义来回顾公共产品理论史的。因此，本章对公共产品理论的探讨，遵循的是马斯格雷夫的界定。就是说，将政府免费提供的公共服务（包括公共管制在内）大致理解为公共产品。或者说，国家提供公共服务，就相当于在生产公共产品。需要强调指出的

[1] 马斯格雷夫、皮考克：《财政理论史上的经典文献》，上海财经大学出版社 2015 年版，第 29 页。

是，一旦我们使用了公共产品一词，那就意味着在理论上再也不把国家视为纯粹的消费主体而认为它具有了生产性。

马斯格雷夫反复强调，英国学者因视国家为纯粹的消费主体而不可能提出公共产品的概念。不过，前文描述的对国家生产性持有积极态度的德国学者，也没有提出关于公共产品的理论。事实上，直到经济学边际革命发生后，主观价值理论被引入需求分析，奥地利与意大利学者才发展出公共产品理论。另外，瑞典的一些德语学者如克努特·维克塞尔与埃里克·林达尔等，对公共产品理论也有贡献。到20世纪40年代后，该理论才影响到美国。公共产品理论对于财政学发展的意义，有学者是这样评价的："公共产品论的进入，大大增加了西方财政学的基本理论分析，引起西方财政学根本思路的变化，并在西方财政学中占据了核心理论的地位。此时不仅公共支出是为了公共产品供应而提供费用，税收也被从价值理论上证明是人们为享受公共产品而支付的价格，从而使得整个财政学的支出和收入部分，从根本上围绕着公共产品的供应来展开。"[1]

（一）从供给方面对公共产品的研究

如前所述，德国学者中像迪策尔、谢夫勒和瓦格纳等人，都已经强调了国家的生产性以及政府作为公共产品生产者的角色。事实上，在他们的著作以及前述密尔的作品中，都涉及公共产品的一个特性即在消费时的不可分割性（即所有消费者都可以享受相同的和数量相等的产品，这一概念后来被"非竞争性"术语重新表述）。从理论上看，他们对公共产品理论的贡献主要是从供给方面入手的，即着重说明国家应该提供的公共产品之种类与数量。

就供给而言，意大利财政学者乔瓦尼·蒙特马提尼（Giovanni Montemartini，1867—1913），在此方面为公共产品理论作出了独特的贡献。在他看来，提供公共产品的主体即政治组织（国家），可称为公共企业或政治企业，在性质上它和提供私人产品的主体一样，决策也遵从成本最小化或利润最大化原则。然而和一般企业不同的是，政治企业提供一种特殊的服务，即强制服务。无论这种强制服务的消费者是政治企业本身抑或其他企业，它们都可以让那些不属于企业的经济单位分担企业的成本。当政治企业提供强制服务的边际成本等于边际收益时，政治企业的生产达到了最优，其提供的强制服务就达到了均衡水平。按照蒙特马提尼的分析，由政治企业提供的公共产品，来源有两个：一个来自唯有政治企业履行的职能，即提供强制服务（比如，为了提供强制服务，需要维持一支军

[1] 张馨等：《当代财政与财政学主流》，东北财经大学出版社2000年版，第64页。

队，由此产生国防这种公共产品）；另一个来自政治企业要以取得的收入或利润来满足企业成员的需要。在提供这些公共产品时，政治企业所考虑的，并非这些公共产品是否为整个社会所需，而是实现企业自身的利益。在前一种情形下，是实现政治企业自身的利润最大化；在后一种情形下，是实现政治企业（多数）成员的效用最大化。换言之，蒙特马提尼的意思是，公共产品的需要在相当程度上是派生出来的，它不过是政治企业为了达成自身目的而顺带形成的，因此"严格来讲，不存在和私人需要相对的公共需要或集体需要"[1]。

总之，蒙特马提尼将国家（提供公共产品的主体）视为企业，认为是国家这样的企业自身的需要（不同于社会的需要）决定了公共产品供给的种类和水平。由此，他将自利主义的方法论贯彻到对公共产品供给的分析之中，这一点跟当时财政学界常将公共产品的提供者（即政府）抽象化为一个仁慈专制君主的政治哲学迥然不同。他的这一做法后来成为公共选择学派的核心特征，也因此成为公共选择理论的渊源之一。

（二）从需求方面对公共产品的研究

就总体而言，从公共产品的供给方面进行的研究非常少见，绝大多数研究只是将公共产品的生产或供给简单地视为一个技术函数，而将重点落在需求方面以及下文将说到的决策机制方面。从需求方面对公共产品展开研究，又侧重于测量或计算社会对公共产品需求的种类与数量；这种测量或计算，与消费者（即社会公众）对公共产品的消费评价有关，而这又只有在经济学边际革命发生后以主观效用论为基础才有可能。正如马斯格雷夫强调的，从需求方面研究公共产品这一理论上的进展，是在 19 世纪 80、90 年代经过奥地利和意大利学者的努力才取得突破的，这些学者包括萨克斯、维塞尔、潘塔莱奥尼、马佐拉、德·马可、巴罗内等人[2]。

就潘塔莱奥尼而言，他并没有直接提出公共产品的概念。不过，通过对公共支出项目安排的讨论，他在事实上提出了公共产品有效供给的两条原则：①拟议中的公共支出项目不但要有足够高的内部效用，而且与其他同等可能的项目相比效用要更高；②在理论上如果每一个具体支出项目都由特别征收的某一具体税种来单独供应资金，那么一项支出产生的效用要跟为此征税而给纳税人带来

[1] 马斯格雷夫、皮考克：《财政理论史上的经典文献》，上海财经大学出版社 2015 年版，第 196 页。
[2] 此处列举的几位作家的文献，均可在《财政理论史上的经典文献》（马斯格雷夫、皮考克主编，上海财经大学出版社 2015 年版）中找到。

的牺牲相当。在实践中采用的原则是，用社会总的效用满足程度与立法者（或者说国会中平均智力的意见）头脑中认识到的总牺牲程度相比较，必须符合二者至少相当的条件[1]。

在公共产品理论的发展过程中，马佐拉作出了承上启下的历史贡献。一方面，他继承了萨克斯、维塞尔等人在公共产品理论方面的讨论，另一方面他对公共产品的性质、价格形成机制以及政府的作用等内容的研究，启发了后来者。就公共产品性质而言，马佐拉明确指出公共产品在消费时具有不可分割性（同样的数量由所有人同时享用）与不可排斥性（无法将特定的消费者从公共服务的受益者中排除出去）的特征，这实际上是后来对公共产品性质研究的标准提法。虽然他在讨论中并未明确提出前面定义公共产品时用的"非竞争性"术语，但这一特征事实上包含在消费的不可分割性之中。他还指出了萨克斯和维塞尔在公共产品研究上的错误，从而巩固了公共产品理论的基础。他认为，萨克斯的错误在于，他以为公共产品的特殊性在于它是政府提供的服务，而服务没有商品的属性，因而财政经济只有消费性；而维塞尔的错误在于，以为公共产品的特殊性来自公共经济组织与私人经济组织具有不同的目标，而有关公共产品的效用评价不属于经济学问题。对二者的错误，马佐拉分别进行了驳斥，认为公共产品作为服务仍具有商品属性，其效用评价仍是经济学问题。对公共产品的定价机制，马佐拉指出，他那个时代许多学者注意到，普通商品市场上的价格形成与公共产品的价格形成具有性质上的差异，但他们无法给出正确的解释。马佐拉尝试着解释说，私人产品的消费必须与公共产品的消费组合在一起，由此出发他解释公共产品的价格形成，并得出结论说若消费者在公共产品消费和私人产品消费中支出的最后一元钱的效用均等，那么消费者的总效用就实现了最大化[2]。虽然马佐拉在具体解释公共产品价格形成机制时，显得晦涩而且解释力不足，但他强调"公共产品的价格与它对消费者而言的边际效用相对应"，"每个人根据自己的评价来为公共产品付钱"等理念，为后来从主观效用理论方面（即受益原则）解释公共产品的价格形成及决策机制奠定了基础。

大体而言，在公共产品理论上奥地利与意大利学者尽管存在着差别，但在以下两个方面还是相当一致的。

---

[1] 潘塔莱奥尼："公共支出安排理论文稿"，载于马斯格雷夫、皮考克：《财政理论史上的经典文献》，上海财经大学出版社 2015 年版。

[2] 马佐拉："公共产品价格的形成"，载于马斯格雷夫、皮考克：《财政理论史上的经典文献》，上海财经大学出版社 2015 年版。

(1) 从主观效用角度来理解国家提供公共产品的行为，即国家是满足集体或公众整体欲望的组织，不过对这种欲望是否独立于个人欲望，不同学者之间仍有争议。

(2) 运用私人产品在市场中的交易原则(即给定个人偏好，当每个人的边际效用与价格相等时福利最大)来思考公共产品价格(即每个人应该付出的税收，也称税收价格)和数量的同时决定，即根据个人对公共产品的评价(边际效用)来决定公共产品的供给数量与税收分担比例。在他们看来，与私人产品消费状况(商品按照统一价格出售，个人通过消费数量调整来使价格与边际效用相等)不同的是，在公共产品情况下，所有消费者消费的总数量没有区别(即不可分割性)，因此无法依此确定消费者的付费数量和付费方式。

在上述讨论的基础上并在维克塞尔的指导下，1919 年瑞典学者埃里克·林达尔(Erik Lindahl, 1891—1960)以更为严格的形式，重新表述了公共产品的需求问题并作出清晰的解答。他假设由两个消费者分担某件公共产品，A 支付的越多，B 支付的就越少。给定产品的成本曲线，对 B 来说，可以将 A 的出价曲线视为一条供给曲线。反之亦然。绘制两条曲线，根据交点可以确定必须提供的数量，即实现林达尔均衡。在这个解上，每个人消费相同数量的公共产品，但是每个人为这种消费支付的价格不一样；与在市场经济中消费私人品一样，每个人为公共产品支付的税收价格(即著名的林达尔价格)与他获得的边际效用相等，价格总和即为产品成本。在此时，每个人都获得最大的消费者剩余，任何对均衡的偏离都会导致所有人福利的下降。因此，与其他方案相比，所有的人都会偏好于这种均衡状态，并最终达成一致的同意[1]。可以说，林达尔均衡是马佐拉、萨克斯和维克塞尔等人公共产品理论发展的最终结果。它表明，基于与私人物品市场相同的自愿交易原则，最终可以实现公共产品消费的最优状态。

1948 年霍华德·鲍恩将个人对公共产品的需求曲线垂直相加，在数学上发展了林达尔的早期论述。不过这一发展是基于基数效用论(即认为效用可以量化并能进行人际的比较)而作出的。在马斯格雷夫看来，公共产品数量与价格的决定，是因萨缪尔森的研究而取得巨大进展的[2]。保罗·萨缪尔森(Paul A. Samuelson, 1915—2009)把基于序数效用论(即认为个人的效用不可量化但可

---

[1] 林达尔："正义税收：一个实证解"，载于马斯格雷夫、皮考克：《财政理论史上的经典文献》，上海财经大学出版社 2015 年版。其中林达尔所绘制的曲线，在这本书的第 221 页。

[2] 马斯格雷夫："财政原则简史"，载于《公共经济学手册》(第 1 卷)，经济科学出版社 2005 年版。

以进行排序，不同个人间的效用无法比较）的帕累托效率条件运用到公共产品决定中，他说，在给定资源和技术条件下，存在一组效率解，每个解都包含私人产品与公共产品的产出比例以及私人产品在消费者中的分配比例；在这组效率解下，公共产品的不同边际消费替代率之和等于边际生产转换率（不同于私人产品的所有消费者的边际消费替代率相同并等于边际生产转换率）。这一结论，最终决定性地奠定了公共产品的理论基础。

（三）公共产品的决策机制

以上说的是意大利、奥地利和瑞典等国学者对公共产品在供给与需求方面所进行的研究，目的在于显示国家的生产性在这一阶段的理论进展。不过，需要注意的是，由于搭便车行为的存在，公共产品的消费者可能并不愿意如实披露自己的效用，不愿意支付税收价格来消费公共产品，这样从个人需求出发来推导公共需求并进而决定公共产品的数量与税负分担方式在实践中就难以实现，理论上的公共产品最优配置也就因此无法实现。这一问题实际上就是前文已提及的休谟表述过的草地排污问题，它被以德语写作的瑞典学者克努特·维克塞尔（Knut Wicksell，1851—1926）重新提起。他说："如果个人同时在私人用途和公共用途花钱以使自己的满足最大化，那显然他不愿付任何钱给公共用途。"[1]这样公共产品的决策就不能由个人像购买私人产品那样在市场中进行，而必须运用某种集中的决策机制或者说通过某种政治程序。维克塞尔指出，公共产品的供应取决于集体中所有成员的评价，它的边际效用和价格之间的相等关系，理论上应该由集体中的所有人一起磋商，而现实中只能由他们的代表（即国会议员）来进行。于是，维克塞尔将公共产品理论的重点转到了公共产品的决策机制上。

在维克塞尔看来，真正困难的是设计出一种有效的决策机制以达到近似最佳的公共产品决策结果，或者说不同的纳税人"怎样通过集体的方式或政治程序将自己组织起来，以便从集体行动中获得真正的利益，同时又使自己免受剥削呢？"[2]就此问题，维克塞尔首先对传统财政学将政府抽象化为一个开明、仁慈的君主提出了尖锐批评，他认为："无论是行政部门还是立法部门……实际上都和现在流行的理论告诉我们的样子不同，它们并不是纯粹的、没有自己想法、只

[1] 马斯格雷夫、皮考克：《财政理论史上的经典文献》，上海财经大学出版社2015年版，第121页。
[2] 布坎南、马斯格雷夫：《公共财政与公共选择：两种截然不同的国家观》，中国财政经济出版社2000年版，第14页。

以促进社会福利为目的的社会机构”[1]。因此，他主张一种自利主义的方法论，“财政学和税收立法关注的，不是消除社会各阶级的自我主义，而是给这种自我主义安排适当的位置，以便能用它来保护合法的利益”[2]。基于这种自利主义，维克塞尔设计了一整套的投票机制，要求公共产品的消费者（以国会中的议员为代表）在针对公共产品或者说公共服务（的数量与结构）进行投票时，必须跟税负分摊的方案同时进行表决，且应该以全体一致（或近乎全体一致或有效多数）的方式来作出决定。这是因为，在审批为某项公共服务筹资的税收分摊方案时，议会如果采用通常的简单多数的表决规则，那么很可能出现的是，某些纳税人从这项公共服务中获得的收益少于他们所交纳的税收。在此情形下，这些纳税人就不是基于自愿而只是被迫纳税，而“强制本身总是一种恶”，它显然不是一种正义的状态。

在此处，维克塞尔为公共产品决策的规范方法特别是公共选择理论中的投票理论研究打下了基础。他的理论也为后来的公共选择理论对政府行为的实证分析奠定了基础，即公共选择理论认为政治家（或官僚）实际上由自利动机驱动而并非为大多数人的偏好服务，社会福利函数将国家视为有人格的实体是错误的。马斯格雷夫对公共选择理论学者的评价是，“他们的关注点背离了早期黑格尔式的对市场缺陷和政府采取补救措施的必要性的研究（以庇古外部性和公共产品理论为基础），而是转向对‘政府失灵’和约束政府行为的必要性的研究。尽管内容不同，这一分析被视为对50年前受马克思主义影响的财政社会学的继续”[3]。

至此可以看出，欧陆财政学者基本上都将国家视为具有生产性，并将国家生产公共产品的决策类比于个人在私人产品市场上的权衡，就是说由民众（或代表）将税收看作公共产品的成本（个人因纳税所遭受的牺牲），而将政府提供的公共产品视为收益，通过成本与收益的权衡来决定公共产品的数量与种类。需要说明的是，正如维克塞尔反复指出的，从税收角度看这实际上是受益原则内在地优越于量能原则的体现[4]。与此同时，公共产品的决策或者说现代财政，内在地与民主制度结合在一起，因为个人牺牲与受益是高度主观的事情，只有民众自身（或通过自己的代表）才有权并有能力来权衡公共产品的成本与收益，并因此

[1] 马斯格雷夫、皮考克：《财政理论史上的经典文献》，上海财经大学出版社2015年版，第126页。
[2] 同上书，第159页。
[3] 马斯格雷夫：“财政原则简史”，载于《公共经济学手册》（第1卷），经济科学出版社2005年版。
[4] 马斯格雷夫、皮考克：《财政理论史上的经典文献》，上海财经大学出版社2015年版，第115页。

作出最终的决策。就是说，必须建立起税收与财政支出同时决策的机制，让民众自己来衡量税收带来的牺牲与财政支出带来的收益是否相称，或者说所缴纳的税收是否物有所值。这样一来，就必须广泛地运用投票程序来衡量税收是否物有所值：地方性财政支出与地方性税收，由相关民众通过投票直接决定；全国性财政支出与全国性税收，由民众的代表投票决定；所有的决定应尽可能采用接近于一致同意的原则，以免对受益不大的少数人造成税收的剥削；与此同时，各项财政支出之间也要进行比较与选择，要尽量剔除收益小的支出项目，以求得总体收益的最大化：理论上，各项支出的最后一块钱产生的收益即边际收益应该相等。

另外还需要说明的是，维克塞尔的研究将财政理论转向政治程序而不是市场，试图通过政治程序来获得公共产品有效率的解决方案，这也并非完全的创新，意大利学者实际上早已关注过这个问题。潘塔莱奥尼在 1883 年讨论公共支出安排（即公共产品供应）时也主要是从国会的决策机制入手的。他认为，预算决策的主体应该是国会，应由国会来衡量公共支出带来的效用（不仅要考虑单项支出的内部效用，还要考虑不同支出之间的效用对比）和税收带来的牺牲，并由此决定预算的规模与支出的结构。而国会最终的决策结果，又取决于国会议员的平均智力水平[1]。在研究这一段理论史时，马斯格雷夫还强调过马佐拉的贡献，因为马佐拉注意到，预算决策由代理人作出，而代理人的行为又必须使选举人满意，以免政治均衡被打破[2]。

四、20 世纪经济干预思想的繁荣与弱生产国家理论基础的扩大

以上是对 19 世纪下半叶至 20 世纪国家生产性理论在英国、德国、意大利等国家发展状况的一个概括，与此理论的进展相伴的，是现实中生产国家有一个逐渐变强的过程。到了 20 世纪，经济理论（尤其是福利经济学和凯恩斯经济学）的发展，对国家生产性或者说国家干预经济范围的扩大作出了特别的贡献。这一时期的政治思想，同样也支持国家职能的扩大。鉴于本书主要侧重于财政政治学的理论，接下来对经济学思想在此时的变化以及对财政实践的引导作用，做一点简单的概括。

---

[1] 潘塔莱奥尼："公共支出安排理论文稿"，载于马斯格雷夫、皮考克：《财政理论史上的经典文献》，上海财经大学出版社 2015 年版。

[2] 马斯格雷夫、皮考克：《财政理论史上的经典文献》，上海财经大学出版社 2015 年版，第 8 页。

(一) 经济学对国家在微观上干预资源配置的理论主张

无可否认,生产国家在19世纪末20世纪上半叶的兴起,与经济学在19世纪的蓬勃发展及对国家干预经济的有力论证密切相关;而经济学此时的发展,又得益于前文提及的边际革命的发生。边际革命为经济学研究奠定了边际分析、主观效用及最大化等分析工具,运用这些工具,经济学家不断地思考日益发展的现代国家该如何适时、适当地干预经济和社会。国家要不要对生产条件与生产活动实行管制,可否投资兴办各种企业和事业单位,是否建立公共教育体系甚至提供福利措施等,所有这些问题都被纳入了经济学思考的范围。

1. 经济学在19世纪奠定了国家干预的理论

汉语中"功利"和"效用"是今天政治思想与经济理论的核心概念之一,它们对应的是同一个英文单词"utility"。在汉语中,政治学文献大多将其译为"功利",经济学文献一般译为"效用"。这个词在早期更多地由休谟、边沁等公认的政治学者使用,到后来随着学科的分化,专业经济学者使用得越来越多;尤其是经济学边际革命发生后,主观色彩很强的功利(或效用)便成了经济学的核心概念。

边沁认为,功利是快乐感觉和痛苦感觉的计算,幸福是最大可能量的快乐和最小可能量的痛苦。个人行为决策的依据是看哪一种行为能达到最大可能的幸福(最大的快乐和最小的痛苦),赞成或否定某种行为的依据要看该行为是增进还是减少当事者的幸福。从逻辑上说,个人效用(功利)是一种独立的、可用经验衡量的要素,其存在不需要以其他要素为前提。由此,功利可以作为衡量和检验个人一切行为对错的标准。而且,从个人的功利可以比较顺利地过渡到整体(社会)的功利,因为整体的功利是个人功利的叠加。这样一来,衡量社会功利的唯一尺度是最大多数人的最大幸福,功利主义理论也因此统一了个人幸福和社会幸福的标准:个人追求自身功利(效用)最大化,社会追求最大多数人的最大幸福。功利原则成了人类追求的理想或价值标准,一切经济政策与政治法律制度,都应该用功利主义标准来审查;立法者应该选择那些能促进最大多数人最大幸福的政治法律制度,废除或修改那些不符合功利主义标准的制度。可见,功利主义试图在经验的基础上,为当时的自由主义改革提供动力和指导原则。

这里需要对功利与功利主义做一些补充。就其渊源而言,功利的思想可以追溯到休谟,实际上也正是休谟命名了"功利"(utility)一词。不过,休谟在使用功利一词时,是解释性的,重点是从功利的角度来解释某些制度的起源。到边沁那里,功利的原则变成了最高的规范性原则,是所有政治问题赖以评价的基础。

因此他主张功利主义，提倡政治法律制度改革的原则是“最大多数人的最大幸福”。不过，这一原则，也并非由边沁最早提出。在边沁之前的切萨雷·贝卡利亚(Cesare Beccaria，1738—1794)，已提出了法律改革应该遵循“最大多数人最大幸福”的原则。功利主义思想在19世纪的兴起，除了思想家的努力，也有现实方面的原因，这一点萨拜因已予以特别强调：“随着时间的推移，自由或开明的政治改革愈来愈超出了意识形态的领域，而渐渐进入到了制度重构的领域。行政的现代化、法律程序的改进、法院的改组、卫生法规和工厂检查制度的创建(所有这些都是具有自由或开明特征的改革)，都不是通过革命的热情，而是通过艰难且从实际出发的研究以及仔细地起草立法来实现的。虽说自由主义的那些理想是革命时代的一个后果，但是它的成就却在很大程度上是高水平的实践才智应用于具体问题的产物。它的理论依旧是理性主义的，但是这种理性主义却受到了这样一种认识的限制，即理想必须在大量具体事件中予以实现。极其自然的是，它的哲学逐渐变成了功利主义哲学，而不再是革命哲学了”[1]。不过，正如萨拜因所言，“功利主义者所谓的经验主义，事实上充满了未经检验的假说”，并非像自以为的那样经验主义，特别是其核心的概念“快乐”和“痛苦”等事实上都难以衡量，“以最大幸福的名义所主张的那些改革，也只有在该原则得到了与该体系无关的许多前提的补充时才具有那种含义”[2]。但萨拜因同时又强调说：“尽管(边沁)他的思想中存在着诸多明显的不足之处，但是在社会哲学史上却还没有哪个思想家能够像边沁那样产生如此广泛和如此有益的影响”[3]。运用功利主义理论，边沁为当时英国的自由主义改革特别是“自由放任”的经济政策提供了辩护。其理由是，每个人都是其自身利益的最好判断者，也最有能力保障和追求自身的利益；国家若不干预而让每个人在市场上追求自身利益，就能最大限度地实现每一个人的利益并进而实现来自个人利益相加的公共利益的最大化。这一内容，实际是功利主义在重新表述“看不见的手”，并为斯密为代表的古典自由主义提供论证。

就功利主义理论而言，边沁自己也承认，有时候个人并不一定能完全意识到自己的真正利益，可能会对自己真正的利益发生误解，这样他就不一定能前后一致地发展自己的利益，而政府可以从最大多数人的最大利益出发，纠正个人不符

[1] 萨拜因：《政治学说史》(下卷)，上海人民出版社2008年版，第359页。
[2] 同上书，第364页。
[3] 同上书，第373页。

合自己利益的行为，采取措施促进最大多数人的最大幸福。如此一来，功利主义思想事实上又可以为国家干预（目的是扩大整体福利）提供辩护意见。有学者将这一现象称为“边沁福利论的悖论”：“根据自利原则，边沁既可以建构比《国富论》远为自由放任的经济理论，也可以建构允许中央集权和国家权力扩张的社会和法律理论”[1]。因此，虽然今天我们在理解生产国家制度时已很少追溯到边沁，但边沁确实在他的著作中支持工厂法、公共工程等国家干预生产活动的措施。

比起边沁来，边际革命的发起者之一、著名经济学家威廉·杰文斯（William Stanley Jevons，1835—1882）思想的转变，更能体现出经济思想在19世纪从自由放任主义向国家干预主义的发展[2]。在其职业生涯的开端，杰文斯持有坚决的自由放任主义思想，但在1882年的封笔之作中，他已经站在了这样的立场上——“几乎看不到立法者的干预要受到任何的限制”[3]，因为他发现像公共健康、工作条件、教育、交通以及其他种种社会问题，都可以从经济学角度找到国家干预的理由，在现实中这些领域也确实受到了越来越多的国家干预（在持续增长的税收资金支持下）。

在19世纪下半叶，另一个重要的功利主义思想家亨利·西奇维克（Henry Sidgwick，1838—1900）也延续了杰文斯的思想，赞成通过改革物品的分配状况来提高社会总的福利。就是说，如果同一物品对一人而言比对另一人具有更高的边际效用，那么仅仅通过物品的再分配（把它分配给最看重它的人），就可以提高总效用或者说社会的总福利。西奇维克还一再指出，有些物品对社会的贡献大于个人获得的回报（如灯塔、科学发现等），国家应该对其生产消费情况进行干预。更重要的是，西奇维克区分出财富的两个概念，一个是按市场价格计算的货物总量，另一个是个人效用的综合（即福利）。这两个概念的区分，事实上奠定了福利经济学从一般经济学独立出来的基础（福利经济学关注福利的扩大而不仅仅是货物的增加），并进而为国家的财政活动设定了新的生产性目标，那就是促进社会福利的最大化。

2. 福利经济学在20世纪奠定了生产国家的微观基础

一般将阿瑟·庇古（Arthur Cecil Pigou，1877—1959）视为福利经济学的创

[1] 巴里：《福利》，吉林人民出版社2005年版，第26页。
[2] 巴克豪斯：《西方经济学史》，海南出版社、三环出版社2007年版，第291页。
[3] 同上。

始人,他于1920年出版的《福利经济学》一书命名了这门学科,并建立起完整的福利经济学理论体系。这本书因此标志着福利经济学的正式诞生,庇古本人则被称为"福利经济学之父"。大体上,福利经济学主要关心两类问题:一是改进国民收入的分配方式;二是纠正市场缺陷以实现效率。而庇古重点关注的是后一类问题,即消除私人产品和社会产品(或者说私人成本与社会成本)的差异,即纠正市场缺陷。显然,福利经济学的两类问题若能解决或者缓解,就能大大促进社会福利的增进,实现国家生产性的要求。第一类问题,本书留待第十一至十五章讨论,此处只探讨第二类问题。

在思想史上,庇古的福利经济学被称为"旧"福利经济学,因为他在分析手段上主要依赖于局部均衡分析和基数效用论,认为个人的行为在于求得效用最大化,个人的效用是可以测量的,社会福利是所有个人效用的总和。一般将维尔弗雷多·帕累托(Vilfredo Pareto, 1848—1923)看作"新"福利经济学的开拓者。在1906年出版的《政治经济学手册》一书中,基于序数效用论(即效用不能测量但可排序)和瓦尔拉斯一般均衡原理,他提出收入分配改革和消除垄断等经济社会改革方案。不过,准确地说,新福利经济学的真正开创者应该是莱昂内尔·罗宾斯(Lionel Robbins, 1898—1984),因为他明确提出庇古等人的基数效用论不成立(对个体之间的福利进行比较缺乏科学基础),而以序数效用论(人的效用只能排序不能量化,人际效用不可比较)构建福利的新衡量标准[1]。罗宾斯对"新福利经济学"的发展,是在奥斯卡·兰格(Oskar Lange, 1904—1965)、约翰·希克斯(John Hicks, 1904—1989)、阿巴·勒纳(Abba Lener, 1903—1982)、尼古拉斯·卡尔多(Nicholas Kaldor, 1908—1986)等人的协助下进行的。新福利经济学发展出的一个重要概念是"帕累托最优",以此为工具,它讨论了一系列通过纠正市场缺陷的行动来进行帕累托改进[2],以增进资源配置的效率。

---

[1] 巴克豪斯:《西方经济学史》,海南出版社、三环出版社2007年版,第300页。

[2] 帕累托最优,又称"帕累托效率",是指资源配置达到这样一种状态,已无法在不伤害另一人效用的前提下改善他人的效用。与帕累托最优相反,帕累托改进的意思是,可以在不伤害(甚至增进)另一人效用的前提下改善他人的效用。希克斯和卡尔多等人吸收了帕累托最优的思想,并引入"补偿检验"这个概念来强化帕累托标准。就是说,虽然某项国家干预并非帕累托改进,但假如国家干预引起的变化,可使受益人在足够补偿受害人之后仍然增进福利,那么这个改变就是有益的。这被称为"潜在帕累托改进"或"卡尔多-希克斯改进"。运用这一概念,可以让资源配置问题和收入分配问题分开考虑。不过,也有学者指出,这个概念是有缺陷的,因为可以有两种相反的情况都可通过补偿检验(巴克豪斯:《西方经济学史》,海南出版社、三环出版社2007年版,第300页)。

福利经济学面对的市场缺陷有垄断(包括买方垄断和卖方垄断)、公共产品、外部性(包括外部效益和外部成本)、信息不对称(市场主体掌握的信息彼此不对等)等,认为国家可以通过税收-补贴、公共管制(包括公共定价)、公共生产等手段进行干预,以尽力消除市场缺陷,实现在微观层次上资源配置的效率。后来,马斯格雷夫还提出优值品或劣值品(即市场消费主体对商品的偏好可能不准确,消费者评价低于实际价值者即为优值品,消费者评价高于实际价值者即为劣值品)的概念,主张政府在此方面进行干预,比如在汽车安全带(优值品)和毒品(劣值品)等产品消费过程中出现的情况。公共经济学的规范理论就建立在福利经济学的这些概念基础上,并依此提供国家干预政策与财政支出方案。

福利经济学中还有一项重要发展是,艾布拉姆·柏格森(Abram Bergson,1914—2003)于1938年在"福利经济学某些方面的重新表述"一文中提出,以"社会福利函数"来考察社会福利最大化问题。基于柏格森奠定的基础,萨缪尔森等人发展出社会福利函数概念,将社会福利状况与资源配置、收入分配同时联系起来。利用这个函数,人们就有可能分析不同价值判断或道德标准的含义并进而进行社会选择。虽然肯尼斯·阿罗(Kenneth J. Arrow,1921—2017)后来在逻辑上证明,柏格森等人基于个人主义的序数效用理论而建构的社会福利函数事实上无法进行社会排序,或者说在民主制度下没有办法将不同的个人偏好转变成一致的社会偏好并用于社会选择,但社会福利函数作为一个有用的思考工具仍然在经济学分析国家干预时发挥着作用[1]。就现代国家制度建设来说,社会福利函数的下述核心原则仍然值得重视:个人是自我福利的唯一合法判断者;社会福利取决于组成社会的个人的福利状况。

(二)凯恩斯主义在宏观上对国家干预经济的理论主张

如前所述,国家对生产活动进行干预,以提供公共产品或者实现社会福利最大化,是19世纪末20世纪初工业化国家实践中不断增强的趋势,这些微观干预措施得到了财政理论的支持。而在宏观上论证国家干预经济的理论,来自1929—1933年大萧条期间的经验与教训。在此期间,欧美国家纷纷实施了后来

[1] 在《社会选择与个人价值》(1951)一书中,阿罗认为,社会福利函数必须在社会所有成员的个人偏好次序已知的情况下,通过一定程序把各种各样的个人偏好次序归纳成为单一的社会偏好次序,才能从社会偏好次序中确定最优的社会选择。但在民主社会中每个人都可能有自己的福利函数,在任何情况下要从所有个人偏好次序推导出社会偏好次序,这在逻辑上是不可能的。在福利经济学领域,阿罗的上述发现被称作"阿罗不可能定理"。该定理表明,在民主条件下,我们不可能从个人偏好次序推导得出社会偏好次序,也就是说不可能得出包括社会经济所有内容的社会福利函数。

被统称为凯恩斯主义的经济政策，如国家投资兴办公共工程、政府削减税收或增加支出（进而形成赤字预算）、放松信贷，其目的都是为了扩大社会总需求、实现充分就业。在第二次世界大战期间，英美两国的情况都说明，国家可以用积极干预与事先规划的办法来实现宏观的生产性目标。

在为国家宏观干预提供理论支持的学者中，公认的领袖是约翰·凯恩斯（John Maynard Keynes, 1883—1946）。他的思想，既源于现实的发展趋势，也离不开他本人对经济学以往在储蓄、投资和有效需求等理论的继承（事实上此前已有很多学者主张国家利用货币和财政政策来缓解失业或促进经济增长，如前面已提及的斯德哥尔摩学派）。当然，凯恩斯主义之所以诞生，跟凯恩斯本人对经济问题的长期思考分不开。在他写于1926年的著作《自由放任的终结》中，凯恩斯就说道："我认为资本主义如果加以明智的管理，在实际经济目标方面可以比看得见的其他任何制度都更加富有效率，但是就其本身而言，它在许多方面是极度令人反感的。我们的问题是设计一个社会组织，它应该是尽可能地富有效率而又不会触犯我们对满意的生活方式的概念"[1]。

凯恩斯有关国家干预宏观经济的思想，主要体现在他于1936出版的《就业、利息与货币通论》一书中。在这本书稿中，他否定传统的国家中立性或者说自由放任的理论基础（如"供给会创造自己的需求"的萨伊定理），得出了一个与古典经济学完全不同的结论，那就是市场并不存在一个能自动地把私人利益转化为社会利益的"看不见的手"。在他看来，由于消费者边际消费倾向不断递减、私人投资的边际投资倾向也不断递减，同时人具有流动性偏好（手中持有一定货币并不投入消费），因此有效需求总是不足的，而且这种不足是根本性的和长期性的。就是说，总需求并不足以吸收总供给，总需求可能长期地、大幅度地低于总供给，这表现为现实中失业的扩大和经济增长率的下降。因此，他断定，资本主义经济存在着长期萧条的倾向，要实现充分就业，扩大国民收入，就必须由国家对经济实行干预，而干预的手段主要是财政方面的，如扩大财政支出（增加政府开支会对总收入产生影响且呈现出乘数效应）、降低税收，以刺激私人消费和增加投资需求等，如此可以实现总需求和总供给的均衡，达到充分就业状态下的经济增长。

凯恩斯的思想很快影响到汉森（Alvin Hansen, 1887—1975）、萨缪尔森和罗宾逊夫人等学者，并因此兴起了从宏观上研究经济总体及主张国家干预的思潮。这些研究内容与过去侧重于微观的研究不同，被学者们称为宏观经济学。

---

[1] 布鲁：《经济思想史》，机械工业出版社2003年版，第311页。

由于发生了这样的变化，凯恩斯及其追随者创造的理论，被认为是西方经济学发展进程中的又一次革命，即"凯恩斯革命"。需要交代的是，凯恩斯革命之所以发生并取得重要影响，美国学者功不可没。他们在第二次世界大战后大力介绍和发展凯恩斯的思想，并在高校积极地予以传播。在此，阿尔文·汉森的贡献特别值得一提，他提出的两重经济理论和补偿性财政政策影响颇大。所谓两重经济理论，与前述德国学者里彻尔关于共同经济与市场经济二元划分有些相似，是说自20世纪起国家对经济的影响日益增大，生产领域形成了国有企业（特别在铁路与公用事业方面）与私营企业并存的"公私混合经济"，消费领域也形成了"公私混合"（如公共卫生、社会安全、福利开支与私人消费并存）的状况。汉森认为，这两重经济均能给个人自由发展提供更好的保障。所谓补偿性财政政策，就是逆经济周期而运用财政工具（即经济膨胀时增税节支、经济萧条时减税增支），这样可以通过调控总需求来平缓经济周期的波动，实现经济的稳定增长，并可用膨胀时期的财政盈余来弥补萧条时的财政赤字。

总之，由凯恩斯开创的，汉森、萨缪尔森等人改造的凯恩斯主义，认为资本主义经济的充分就业缺乏内在的保障机制，存在着有效需求不足的常态（当然也会出现总需求超过总供给的情况），因此需要政府在财政货币政策方面相机抉择进行需求管理，以实现总供给和总需求的平衡：在社会总需求小于总供给时，政府应该降低税收、增加财政支出（如政府用创办公共工程的手段增加就业、扩大开支等）形成财政赤字以创造需求，同时放松货币政策，降低利率，增加货币供应量；在社会总需求大于总供给时，政府应该增加税收、减少财政支出，以形成预算盈余来压缩需求，同时收紧货币政策，提高利率，减少货币供应量。菲利普斯曲线[1]的提出，更是为凯恩斯主义实施宏观调控政策提供了选择工具，就是说政府可以在更高的通货膨胀率与更少的失业率、更低的通货膨胀率与更多的失业率二者之间进行选择。由于失业率与国民收入增长存在反向关系（即奥肯定理[2]），因此高

---

[1] 1958年英国经济学家奥尔本·菲利普斯（Alban Phillips，1914—1975）在《经济学刊》杂志上发表文章指出，失业率和工资增长率之间存在某种纯粹统计负相关关系（工资增长率放慢，失业率就会提高）。1960年加拿大学者利普塞把通货膨胀率与失业率直接联系起来，发展和推广了前者的结论并正式形成菲利普斯曲线这一分析工具。这一工具说的是，在失业率与通货膨胀率之间存在一个反方向的关系。

[2] "奥肯定理"是根据美国著名的经济学家阿瑟·奥肯（Arthur M. Okun，1928—1980）的发现而提出。奥肯发现，当实际国民收入增长相对于潜在国民收入增长（美国一般将之定义为3%）下降2%时，失业率上升大约1%；当实际国民收入增长相对于潜在国民收入增长上升2%时，失业率下降大约1%。奥肯的这一发现，被称为描述就业率与国民收入增长之间存在着相对固定的正向关系的"奥肯定理"。

通货膨胀率与低失业率、高就业率、较高的经济增长率联系在一起。从此,凯恩斯主义者们给各国政府提供了干预经济的良好理论,各国政府也因为这一理论以及其他理论与现实的原因,扩大了对宏观经济的干预。

在实践中,英国财政部早就接受了积极发挥国家职能的思想,不过直到1947年才宣布完全接受凯恩斯的思想。在美国,虽然政府也一直不自觉地实施着类似凯恩斯主义的政策主张,但直到20世纪60年代肯尼迪总统任期内,政府才明确地系统性地采用凯恩斯主义的充分就业政策,运用需求管理的方法(即采取税收和支出等财政措施来调控总需求以使其与总供给平衡)。至于在欧陆大部分国家(特别是法国和德国),国家干预经济的传统一直比较强,只不过在理论上并未明确地宣布将凯恩斯主义作为指导国家干预政策的思想。这样一来,到20世纪中叶,事实上几乎所有的现代国家,都公开承认国家有责任维持一个高水平的经济活动,或者说实现充分就业成为国家的重要生产性职能。

五、小结

在本章所述西方国家不断发展的财政理论中,现代国家逐渐地不再是(至少可以说不仅仅是)一个消耗民众税收的纯粹消费主体,而是一个可以有而且必须有生产性的主体。19世纪英国财政在理论与实践上出现了下面的明显转折:一开始只将国家理解为"最小国家",即认为国家只需承担固定的、必要的也是最少的职能,在财政理论上不必多讨论支出问题,而只需集中研究税负的公平分配问题即可;但到19世纪后期发现,国家必须突破最小职能的设定,财政支出必须扩大以发挥更多的作用,这样的作用被理解为生产性职能。德国财政理论并没有这样的转折,在实践中财政一开始就承担着积极的国家建设职能,特别是在19世纪承担起实现国家赶超的任务,财政支出履行的远非最小职能,而是积极地介入生产活动并提供重要的公共服务。因此,德国财政理论自始至终都强调财政的生产性作用和国家的生产性角色。用来概括国家生产性活动的最好概念与理论,就是由意大利、奥地利与瑞典学者提出并加以发展的"公共产品"。这是因为,一旦使用了公共产品这一概念,国家就再也不可能保持在最小国家状态且纯粹消费性的设定中,而成为可以用来从事生产或创造新价值的工具,或者说必然导致对国家生产性事实上的承认。在现代国家中有许多制度承担着生产性的职能,因这些制度的存在,现代国家呈现出生产国家的面相。显然,对公共产品的范围界定得越宽泛、要求国家提供的公共产品越多,对国家的生产性要求就越强，在实践中生产国家的特征也就越突出。从19世纪末20世纪初开始，随着福利经济学、凯恩斯主义经济学的发展，经济学理论也为国家生产性范围的扩大提供了越来越多的支持。

不过，在不同的国家以及在不同学者的理论中，对国家生产性范围的界定仍有很大的差异，并因此深深地影响到财政的实践。在有的国家或有的学者理论中，只将公共产品理解为纯粹的公共产品(国防、治安以及极少数具有非竞争性的公共服务等)，并认为国家的生产性应仅限于此，这样一种设定虽然突破了将国家仅视为消费主体的看法，但对于国家生产性扩大仍抱有警惕的态度。这样的国家是一种比较弱的生产国家，通常的说法是反对国家干预范围的扩大。另外一些国家或学者的理论则相反，它们将公共产品的范围扩大到生产人力资本(如教育、医疗)、创造生产条件、管制社会经济生活，并因此在实践中要求国家出面积极地介入经济活动与公共产品的供给。这样的国家是一种相对强的生产国家，国家干预的范围很广。

不管怎样，原来以中立性面貌出现的税收国家再也不存在了，国家与市场的责任、边界得到了重新的界定，生产性国家得到了明确的、公开的承认。不过，这样的一种生产国家与正在兴起中的社会主义国家相比，仍属于一种弱生产国家。

如果国家要具有生产性，那么财政收入就必须扩大，然后在此基础上再运用财政工具去干预生产过程。而要实现这一点，在理论上就必须论证国家用税收手段取走更多的私人财产并进而约束私人财产权的运用不但是必要的(像本章的理论所说明的)，而且是合法的，即符合财产正义。事实上，在私人财产权制度日益巩固的19世纪，要求约束甚至质疑私人财产权的思想也达到了高潮。这样一种反思甚至质疑私人财产权的理论潮流，与运用财政工具构造生产国家的要求结合在一起，成为19世纪下半叶直至20世纪上半叶财政思想领域的重要话题。在这一历史时期，下述财政问题一再得以讨论：财政是否应该具有生产性并因此承担发展职能？为发挥生产性而扩大征税的合法性依据何在？生产国家干预私人财产权的运用是否有一个限度？西方现代国家制度的发展，依赖于对这些问题的追问以及各种理论的回答，工具性国家也正是在此方面进一步接受目的性国家的驯化。

第九章　财产正义问题与强生产国家的设想

正如第八章所述,自19世纪下半叶至20世纪初,财政理论的一个重大进展是财政摆脱了国家作为单纯消费主体的形象而引入了生产性及公共产品的概念,从此国家再也不能保持单纯的消费国家或者中立性的形象。这一理论进展表现在实践中,那就是国家积极地提供各种公共产品;而此时的公共产品,已不限于传统的国防、治安等服务,还包括举办公共工程、保障生产条件,甚至管制经济活动、改善资源配置、稳定宏观经济等内容。

国家要具有生产性,就意味着财政收入必须进一步地扩大,以应对日益增多的职能需要,在现代国家这样的收入只能主要依靠税收。随着国家生产性的不断扩大,从私人财产与收入中获取的税收在数量与比例上也不断地增加,或者说国家征税权不断地扩大使用。原来的征税正当性证明(依靠社会契约论来论证国家用税收形式获取私人财产的一部分以履行最小国家职能)在理论上已严重不足。这是因为,如果私人财产是社会契约之前形成的,或者说私人财产权的合法性具有神圣性,那么国家征税权扩张到最小职能之外,正当性依据何在?正如在19世纪下半叶英国生产国家形成时期威廉·格莱斯顿(William Ewart Gladstone, 1809—1898)为扩大税收辩解时(1863)说的,"所有财产都应该为国家税收做贡献,只要公正且明智地对其征税,就不应该认为征税是对财产施加的罚款,而应该认为征税是促进所有者高效使用财产的一个必要条件"[1]。可是,这种征税权是否可以不断扩张?甚至扩张到征收全部的私人财产?如果不能,那么限度在哪里?

[1] 唐顿:《信任利维坦:英国的税收政治学(1799～1914)》,上海财经大学出版社2018年版,第76页。

上述这些问题，涉及对私人财产权合法性的理论认识，或者说涉及了财产正义问题。19 世纪兴起的诸多政治思想，大多都对财产正义问题进行了讨论，其中论证深刻并取得深远影响的就有社会主义思想。众所周知，各种各样的社会主义运动在 19 世纪不断兴起，它们的一个共同特征是否定私人财产权具有神圣性，认为私人财产权的合法性只在特定的历史阶段成立。在社会主义思想影响下，20 世纪兴起了强生产国家的运动，即倡导将全部的生产活动都交由国家来进行。在西方国家范围内，强生产国家并未成为制度的现实，它们保持的仍是弱生产国家的形象。但是，强生产国家的思想产生于这些国家，强生产国家在世界其他国家的实践也反过来影响了这些国家。而且在相当一段时间内，强、弱二种生产国家呈现出相互竞争的态势。

一、财产正义观念的交锋史

在这里先对“财产”概念做一个简单的界定。狭义的财产概念，一般指的是个人主张并控制的、可带来利益的具有物质形态的外部资产或资源（如土地、商品或钱币等）。广义的财产概念，指一个人对自己赋予价值并拥有权利的任何东西，包括有形的资产和无形的权利（甚至人身自由、思想观点等）。

对国家是否有权扩大对私人财产的征收，其论证涉及理论界长久以来有关财产正义问题的争议。一种观念认为，财产私有制是正义的，私人财产权具有神圣性，甚至是唯一正当的所有制形式，国家活动的范围只能是个人财产权所允许的界限内，即保护个人财产权的安全，这里的国家实际上就是前文所说的最小国家。另一种与此针锋相对的观念认为，财产应该属于一切人或者一个代表一切人的集体人格，公共所有权才是在先的，甚至是神圣的，私人财产权并不具有天然的合法性，它最多只是源自所有人（或一个集体人格）同意的一项制度安排，并没有什么神圣性，甚至是一切罪恶的渊源。这样两种关于财产正义的不同看法，在思想史上一直存在、彼此不断交锋。当然，还有一种介于二者之间的观点，认为资源或财产所有权的适当结构应当是私人的个人所有权和集体的（国家或社会）公共所有权的混合。

在思想史上，按照彼得・甘西的说法，是弗莱维尤斯・格拉提安最早引入公有/私有二分的方式并尖锐地提出私人财产的合法性问题，而将财产权置于国家建构基础性地位的则是洛克。甘西还强调，是法国人在大革命时期给予了财产一种不可剥夺的人权地位，美国人却没有，法国人由此证明了自己才属于真正的洛克派[1]。

对于私人财产权，理查德·派普斯曾经从多个学科的角度，分别总结了上述两种针锋相对的看法[2]。

(1) 从政治学角度看，赞成私人财产权的观点认为，财产有利于稳定，并可用来约束政府的权力，除非用极为不公平的方式进行分配；反对的意见则认为，不平等必然伴随财产而来，并将导致政治动荡的局面。

(2) 从道德的观念来看，赞成者认为，财产是合法的，因为每个人都有权获得其劳动的成果；反对者则指出，许多财产所有者拥有的财产是不劳而获的，而且即使赞成财产权，也应该让每个人都有平等的机会去获得财产。

(3) 从经济学解释看，认为财产合理的理论认为，财产是创造新财富最有效率的手段；而反对的观点则是，受个人私利所驱使的经济活动将会导致不经济的竞争。

(4) 从心理学的角度看，为财产进行辩护的人认为，财产会增强个人的自我归属感和自尊心；而反对意见则宣称财产使人贪婪，从而败坏人格。

接下来有必要简单回顾一下有关财产正义观念的理论争议史，以便为讨论19世纪财产权观念及强生产国家兴起奠定思想史的基础。需要交代的是，上一章讨论的弱生产国家形成，同样跟这一基础有关；或者说，只有思想界和全社会普遍接受了国家有权或至少有理据进一步地"剥夺"私人财产，税收的规模才会扩大，弱生产国家才有诞生的可能。

（一）古代与中世纪对财产权的不同看法

对私人财产及其权利的反思，西方世界自古以来就有，其中对后世影响深远的是黄金时代的传说，它出现在与荷马同时期的赫西俄德的《工作与时日》这部作品中。该作品描述道，在黄金时代，每一样东西都是共同拥有的，没有人懂得"我的"和"你的"之类的词汇。在那样的时代，最为重要的财产显然是土地。随着原来共同拥有的土地不断地归入私人之手（表现为出现了标志产权界限的界桩），人类也就不断地堕落到黑铁时代。这一对黄金时代的描述，开启了后世批判现实的财产私有制度、期盼财产共有的大门。

比较早的、今天学者也特别重视的关于财产的争辩，发生于柏拉图和亚里士多德这对师徒之间。在《理想国》中，柏拉图将财产和美德二者看成是水火不相

[1] 甘西：《反思财产——从古代到革命时代》，北京大学出版社2011年版，第4—5页。
[2] 派普斯：《财产论》，经济科学出版社2003年版，第2—3页。

容的，认为在理想国里，护国者阶层除了绝对的必需品之外，不得有任何私人财产，应由国家来供养他们，以保持他们的美德。对此提供现实例证的是斯巴达人，他们的早期立法者来库格斯规定，禁止公民拥有财产，以便将公民解放出来专心从事战争。亚里士多德虽然赞成财富分配不平等会导致社会冲突这一观点，但他认为，财产制度是无法消灭的，财产公有更易导致社会混乱（比如集体拥有的财产会出现无人负责的状况），因此他说根除社会纠纷的手段是教化而不是废弃财产制度。这场理论争辩，事实上为后世理论发展提供了两条不同的线索：学者们要么站在柏拉图一边，主张私人对财产并无可靠的权利，谴责财产带来的灾难，强调废除财产会带来好处；要么站在亚里士多德一边，主张私人对财产的权利，强调财产可能带来的利益，认为废除财产会带来混乱。当然，在讨论现实中存在的财产权时，又有两种不同的思路：一种认为它符合"自然秩序"，具有某种神圣性，不可改变；另一种认为它符合的只是"传统秩序"，是传统的产物，可以废弃。

在实践中，罗马人建立起比较完善的私有财产权制度，承认和保护个人对合法获得的财产具有排他的、绝对的且永久的权利（即充分的所有权）。在理念上，一开始对财产权的辩护依靠的是传统，声称它符合长久以来的传统（即"十二铜表法"及罗马城邦实施的市民法所确立的法律）。在罗马逐渐成为大规模的帝国后，私有财产权得到了适用于所有民族的万民法的支持。随着罗马人将斯多葛主义定为官方哲学后，万民法也慢慢地与斯多葛主义中的自然法相融合，这样罗马人就认为财产权的基础源自神圣宇宙秩序生成的自然法，具有正当性。不过，批判私有财产权、怀念财产共有的黄金时代，在罗马作家中仍在道义上居于一定的高位。正像罗马诗人奥维德在批判他所处的黑铁时代时说的，"如空气和阳光一般，大地曾是人所共享的财富。如今却纵横着人们标测的界线，遍布着界桩和围栏……"[1]。罗马哲学家塞涅卡虽然认为现实中私有财产的存在有必要性，但仍对黄金时代的财产共有共用共享方式称赞不已："曾经有一个非常幸运的时代，那时，自然的恩赐向所有人敞开，任由人们无偏袒地使用，直到贪婪和奢侈破坏了人类的团结，于是，他们抛弃了他们的公共生存，彼此分离并热衷于夺取"[2]。

罗马帝国崩溃后，日耳曼人融合罗马人的财产观念与自己的部落传统，建立

[1] 派普斯：《财产论》，经济科学出版社2003年版，第10页。
[2] 甘西：《反思财产——从古代到革命时代》，北京大学出版社2011年版，第142页。

了封建制度。在封建制度下,君主、封臣和下级封臣可能对同一块土地同时拥有不同层次或种类的权利,并因这块土地而建立起庇护与效忠的封建关系。从财产的私人所有权的角度来看,这样的制度相对于罗马时期来并不充分,事实上是一种倒退。此时,在思想上处于绝对垄断地位的基督教教义,对财产及财产权制度总体上是持批评态度的,认为拥有财产是一种罪恶,会影响个人得救,正如耶稣的著名教导"富人进天堂,比骆驼过针眼还难"所说的那样。在他们看来,财产所有权是堕落社会中堕落之人的创造物,是败坏社会的一种制度。基督教哲学家格拉提安在12世纪中叶汇编的第一个权威的教会法摘要中声称,私有财产是不正当的,因为它与神法中确立的人人平等与财产共有相矛盾[1]。可是也有一些教会哲学家,以奥里利厄斯·奥古斯丁(Aurelius Augustinus, 354—430)为代表,他们并不全然否定私有财产,甚至有时认为它可作为某种工具用来防止更坏的后果产生。不过,总体而言,中世纪早期的西欧处于战争与混乱的黑暗之中,基督教思想家们宣扬,与天国和拯救相比,其他一切包括财产权都无足轻重,这样的说法对尘世中的人还是有一定吸引力的。

经历了西罗马帝国崩溃后近5个世纪的黑暗,到9—11世纪前后,欧洲秩序大体稳定下来。经济恢复了,文化在不断地发展,于是世俗生活重新变得有吸引力。要在世俗生活中获得乐趣,财产似乎是不可缺少的。这样,财产及财产权利在现实中重新受到正面的肯定。以个体自己(或者说对自身的劳动力)及外部财产的所有权为核心的权利制度,不断地在现实中建立起来。基督教哲学家托马斯·阿奎那更是断言,对生活而言,私有财产不仅合法,而且必要。他所说的必要,直接来自亚里士多德,理由是"每一个人对于获得仅与自身有关的东西的关心,胜过对于所有的人或许多别人的共同事务的关心";如果每个人都履行责任照料自己的业务,"人世间的事务就处理得更有条理"[2]。他对正义所下的著名定义("给予天下人以其所有之物的永恒不变的理念"),更是将所有权与正义紧密联系在一起。

不过,在此时仍有不少基督教思想家批判财产制度,渴望通过废除私有财产而在尘世中建立天国。如普莱桑(? —1452)提出的土地改革建议就是,将土地没收且归全体居民共同所有,这样才符合自然,任何人都不能声称某部分土地是他的私有财产[3]。基督教重要的思想家安布罗斯在评注古罗马思想家马库

[1] 甘西:《反思财产——从古代到革命时代》,北京大学出版社2011年版,第197页。
[2] 阿奎那:《阿奎那政治著作选》,商务印书馆1963年版,第141—142页。
[3] 甘西:《反思财产——从古代到革命时代》,北京大学出版社2011年版,第64页。

斯·西塞罗的《论义务》一书时,也一再地声称,“上帝规定所产出的一切为所有人提供共同使用的食物;他的规划是,大地仿佛是我们所有人的共同财产。于是,自然产生共同权利;违法占有造成了私有权利。就此而论,我们知道,斯多葛派认为,大地上产出的一切都是为了人的利益,而人被创造是为了其他人,为了彼此相助”[1]。当然,安布罗斯并非要求推翻现实中的私有财产制度,只是认为它的来源并不合法,他建议高贵的基督徒将财产或其成果与他人共享。

不过在16世纪的新教改革[2]中,马丁·路德(Martin Luther, 1483—1546)和约翰·加尔文(John Calvin, 1509—1564)这两位领袖都赞成财产和利益,并将其与基督教徒天职的劳作联系在一起。路德根据《圣经》中的有关训导,认为人的天职是以劳动取得财产,反对贫穷也反对财产公有制。不过他同样也主张,基督徒应该用财产去解救穷人,并对当时的教士拥有庞大的不劳而获的财产予以特别的谴责。加尔文主张,财产是上帝的赐予,拥有和使用财产是人对上帝应尽的义务,不过人在自己财产的使用上也承担着道德责任。他主张,君主应尊重其臣民的财产,政治权力的主要目标在于保障每个人都能不受侵扰地享有自己的财产,君主只有出于公共目的才有征税的权力。将劳动与财产相连、认为追求财产的增值是荣耀上帝的手段,诸如此类的新教教义在马克斯·韦伯看来,是西欧资本主义精神诞生的原因或者至少是其标志。在相当程度上,上述基督教财产理论是近代早期从自然权利出发论证财产正当性的思想源泉。

当然,在封建时代,财产制度之所以在实践中和思想上不断地巩固,还有一个原因来自教会神职人员与世俗国王之间的斗争。教会思想家们为了确保神职

---

[1] 甘西:《反思财产——从古代到革命时代》,北京大学出版社2011年版,第143页。

[2] 新教改革是由马丁·路德(Martin Luther, 1483—1546)及其后的约翰·加尔文(John Calvin, 1509—1564)等人发动的一场反对罗马教廷、提倡个人直接与上帝交流、不需教会作为中介的改革运动。在西方思想发展过程中,存在着一个广为认同的思想谱系,那就是路德为加尔文开辟了道路,加尔文为伏尔泰开辟了道路。它的意思是说,路德和加尔文倡导的新教改革,奠定了以伏尔泰为代表的启蒙运动的思想基础。发起这场宗教改革运动的领袖是路德。1510年,路德到罗马朝圣,目睹到的教会腐败令他极为痛心,由此他开始怀疑教会是否能够帮助人们得救。经过自己的思索,路德提倡改革当时的天主教组织与教义,反对天主教提出的人与教会间关系的传统观点,不承认教会是赎罪的集体性中介。是否得救这一对信徒来说至关重要的问题,路德用“因信称义”来回答,认为信徒只能凭信仰与上帝相通,领悟上帝的救赎之恩,从而获得拯救。加尔文一开始接受的是路德的教义,后来他对路德教义作了一定程度上的改造,并加以系统化。加尔文对路德教义的重大修改在于,将路德犹豫不决的命定论彻底化,认为得到上帝恩宠、获得永生的人,永远不会失去这一恩宠,得不到的人也永远都不可能获得恩宠,注定要被罚入地狱。与路德不同的是,加尔文还运用政治权力把自己的宗教理想贯彻到世俗生活的各个角落中去,从而深深地影响了那个时代的生活,并进而成为英国、法国、美国等国清教主义的源头。

人员的收入免受国王的掠夺,倾向于把财产说成是不可剥夺的权利。这里的财产本义是指教会财产,但是推而广之就扩大到了所有的财产。当然,国王也往往以王室财产权具有神圣性来对抗教会与贵族的侵蚀甚至剥夺。争论之中的双方,从不同的渠道发掘财产权的合法渠道,都承认它是神圣不可侵犯的,别人不能任意侵犯等,由此逐渐确立了后世财产权的地位。

不过,按照麦克法兰颇有争议的观点,英国早在 12 世纪开始就已比较巩固地建立起以个人为单位(而不是以家庭为单位)的财产所有权制度。在他看来,这是英国在全世界范围内率先进入现代化的原因所在[1]。

(二)近代早期对财产权的争议

西方世界近代化过程在现实中展开的一个关键特征是,财产的个人所有权原则不断地巩固。赫希曼在《欲望与利益》一书中将其归结为利益原则的合法化(追逐利益不再是可耻的行为而具有正当性),韦伯在《新教伦理与资本主义精神》中将其视为新教革命的成果并且是现代资本主义社会的根本特征,而梅因在其名著《古代法》中对此作出的概括是,人与人之间的关系以及人与财产的关系,是"从身份到契约","从集体到个人"。不过在现实中,这一强有力的趋势性运动,未能在思想中终结原有关于财产权正当性的争议。

在 15 世纪前后,欧洲殖民者到达了美洲,发现印第安人没有私人财产(在一定程度上土地仍是共有共用制)。于是在延续自古以来有关财产的不同意见基础上,殖民者形成了两派看法。一派以哥伦布为首,称赞印第安人的共有制。这种看法,既是对希腊人黄金时代传说的延续,又为此后 500 年内全部的乌托邦思想文献定下了基调,即只要采用"高尚的野人"所使用的方式(即没有财产),有缺点的人类就能达到完美无缺的程度。另一派到达美洲的欧洲人,对土著印第安人有极为不同的看法。他们将印第安人缺乏私有财产观念看作是其下贱的证据,"野人"并不高尚反而是恶魔。类似这样的有关财产正义的争论一直在持续。对财产的批判,此时主要集中于今天所谓的乌托邦思想(它带有深厚的基督教传统)以及后来的社会主义思想中;而对财产的肯定,此时主要集中于自然法和社会契约论的思想中。

在此期间,随着经济和社会的转型,财产的概念也有所转化。在古代和中世纪,甚至在近代早期很长一段时间内,"财产"一词指的基本上就是土地,这是对当时主要经济活动为农业的现实反映。而封建时期的西欧,土地的所有权与统

---

[1] 麦克法兰:《现代世界的诞生》,上海人民出版社 2013 年版,第 58 页。

治权结合在一起(因对土地的拥有而获得统治权),因而讨论政治会往往连带着讨论财产(土地),政治所获得的恶名往往被加到了财产身上。随着现实中商业特别是工业的大规模兴起,农业经济比重下降,在欧洲的许多地方,财产开始以资本(商业资本或工业资本)为主,土地在财产中的地位不断下降。由于资本与政治并无内在的联系,对作为财产的资本的讨论,至少脱离了附加给政治的许多邪恶特征。但从 18 世纪的下半叶开始,由于资本积累形成的社会不平等弊病日益严重,平等主义观念又以社会的名义开始对财产制度发动新一轮攻击。

1. 对财产的批判:道德义愤与社会改造

近代早期对财产及财产权的批判,继承了黄金时代的传说以及基督教的许多说法,认为财产制度使人在道德上堕落。在此基础上,批判者幻想,在没有财产的国家(社会),人在道德上有可能获得巨大的进步。这样一批学者,在社会主义思想谱系中大多被称为"乌托邦社会主义者"。"乌托邦"思想这一名称来自托马斯·莫尔爵士(Sir Thomas More, 1478—1535)的著作《乌托邦》,在该书中莫尔声称:"任何地方私有制存在,所有的人凭现金价值衡量所有的事物,那么,一个国家就难以有正义和繁荣","我深信,如不彻底废除私有制,产品不可能公平分配,人类不可能获得幸福。私有制存在一天,人类中绝大的一部分也是最优秀的一部分将始终背上沉重而甩不掉的贫困灾难担子"[1]。意大利思想家托马斯·康帕内拉(Tomas Campanella, 1568—1639)写于 1602 年的《太阳城》,认为私有制是利己主义的根源,而利己主义引起诡辩、伪善和残暴行为,因此主张将一切东西(包括智力成果)都实行公有,以消除人的自私自爱之心[2]。18 世纪法国化名为摩莱里(Morelly,约 1700—1780)的学者,在他的《自然法典》中认为,以私有财产为基础的社会制度使人堕落、让人失去本性。他希望,通过废除所有制,人类可以建立一种不让人堕落和沦于邪恶的社会环境[3]。而法国学者马布利(GabrieI Bonnot de Mably, 1709—1785)干脆宣称,私有制已成为一切社会罪恶的根源,建立在私有制基础上的社会是不符合理性和自然秩序的。他主张财产共有,认为应该建立禁绝生活享受的制度[4]。

此一时期,乌托邦社会主义对私有财产制度的批判,除了延续古代作家对黄金时代的想法和基督教的思想外,还夹杂着民众对现实社会经济状况尤其财富

[1] 莫尔:《乌托邦》,商务印书馆 1982 年版,第 43—44 页。
[2] 吴易风:《空想社会主义经济学说简史》,商务印书馆 1975 年版,第 24—26 页。
[3] 同上书,第 35—38 页。
[4] 同上书,第 46—48 页。

悬殊状况的不满情绪。特别地，它还与18世纪有关人性观念的一个巨大转变相关。在古代和中世纪，以基督教为代表的人性观认为，人性永远是不变的，它与环境无关；但到18世纪前后，一种新的观念逐渐成为西方思潮的主流，即认为没有人性这回事，只存在人类行为；或者说，即使存在着人性，那人性中也包含着一种"可完善性"，即人性中存在着可发展、可自我完善的潜能。这种潜能的发挥或者在现实中的转化，依赖于外部的环境或条件；人类行为由社会和精神的环境塑造出来的，如果能将环境(最为重要的是社会制度尤其是教育制度)向好的方面改造，就能塑造出好的人的行为。其中，私有财产被视为人类好行为的最大障碍，因为它使人腐朽堕落，并造成不能容忍的社会不平等。因此，对私有财产的反对渐渐地与社会改造的理想合为一体，设想在一个更美好的(以消灭私人财产为标志)理性社会里塑造出道德高尚的理性人。

有意思的是，如果以18世纪的英国和法国作为对比的话，此时英国的财产个人所有权在实践中日益巩固，在思想上也受到洛克、休谟等学者的哲学论证，但在法国财产权却受到日益增强的批判。当然，即使在麦克法兰眼中早已确立个人财产所有权的英国，17世纪也出现了一个激进的有影响力的反对个人财产权的派别"掘地派"。掘地派认为，土地和土地产权不得作为可交易的商品。除了前引法国的乌托邦思想外，以卢梭为代表的哲学家还从历史与哲学依据来质疑财产权。对此，派普斯评论说，"如果说在英国，关于财产的渊源和本质所作的深入思考，其原动力完全来自实用主义的考虑的话——出于限制国王的专制权力的愿望，尤其是在税收问题上——那么在法国，却是基于哲学上对现实世界的极度不满而产生的"[1]。在这些人中，最为有名的应该说是卢梭。在《论人类不平等的起源和基础》一书中，卢梭给出了一段对财产权产生的历史推断："谁第一个把一块土地圈起来并想到说：这是我的，而且找到一些头脑十分简单的人居然相信了他的话，谁就是文明社会的真正奠基者。"[2]他说："社会和法律就是这样或者应当是这样起源的。它们给弱者以新的桎梏，给富者以新的力量；它们永远消灭了天赋的自由，使自由再也不能恢复；它们把保障私有财产和承认不平等的法律永远确定下来，把巧取豪夺变成不可取消的权利；从此以后，便为少数野心家的利益，驱使整个人类忍受劳苦、奴役和贫困。"[3]可见，卢梭是从社会

[1] 派普斯：《财产论》，经济科学出版社2003年版，第47页。
[2] 卢梭：《论人类不平等的起源和基础》，商务印书馆1962年版，第111页。
[3] 同上书，第128—129页。

契约角度对财产展开论证，认为财产制度是人为的甚至带有欺骗性，国家或者说社会具有合法的权利支配私人财产并对财产权进行管理。当然，就卢梭本人而言，他在多处表示自己并不反对私有财产，“财产是政治社会的真正基础，是公民订约的真正保障”[1]，只不过“各个人对于他自己那块地产所具有的权利，都永远要从属于集体对于所有的人所具有的权利”，这是因为“没有这一点，社会的联系就不能巩固，而主权的行使也就没有实际的力量”[2]。

上述这些思想，极大地影响了后来财产正义思想的争论及强生产国家的建立。正如弗兰科·文都里所评论的：“到了公元18世纪后半期，虽然很可能会动摇人类社会的基础、排斥所有深入人心的传统道德和过去一切政治形式，但这种主张废除财产制度的思想再也不会销声匿迹了”[3]。

2. 为财产辩护：功用和权利

在近代早期，当然也有非常多的学者为私有财产权辩护。有些辩护是从功用的角度进行的，认为财产权制度发挥了不可或缺的功能；有些辩护是从权利的角度进行的，认为私有财产权是人不可剥夺的自然权利。

从功用或者说社会功能来为财产辩护，如前所述，早在亚里士多德的文本中就得以阐释，在中世纪率先富裕起来的意大利城市国家也出现了类似的论调。如佛罗伦萨的莱昂纳多·布鲁尼(Leonardo Bruni, 1370—1444)，就把富人视为积极活跃的公众生活所必不可少的因素而加以赞扬，“要想具有良好的品行，我们需要拥有很多物质财富。我们的德行越是杰出、伟大，我们就越是依赖这些东西”[4]。在16、17世纪的文献中，涌现了大量肯定私人利益的文字，这在早期的文献中是很难找到的。英国是最早现代化的国家，对财产的社会功能的思考也比较早地达到深入的状态。尤其是在英国革命期间，由于国王被推翻，王室土地财产转归国有并被大量出售给个人，这一前所未有的现象激起了学者们深深的思考，特别是在财产和自由之间的关系方面。詹姆斯·哈林顿(James Harrington, 1611—1677)在《大洋国》(1656)一书中，第一次把政治权力视为经济状况的副产品，认为国家和人民之间的财富分配状况决定了国家的专制或自由程度。他宣称，如果民众占有了2/3以上的(土地)财产，民主就实现了；财富

[1] 卢梭：《论人类不平等的起源和基础》，商务印书馆1962年版，第31页。
[2] 同上书，第34页。
[3] 派普斯：《财产论》，经济科学出版社2003年版，第51页。
[4] 同上书，第30页。

在谁的手里，主权迟早也会到谁手里[1]。对哈林顿的说法，内维尔表示赞成，认为无论何时何地，财产都孕育着统治权，因为“国王的收入只能仰仗于民众的荷包，而且朝不保夕；而在和平时期唯有接受议会的恩惠才能过上日子……仅此一点……就足以使国王依赖于他的人民”[2]。私人财产权的社会功能(即对社会进步的促进)，或者更具体地说财产与自由的关系，事实上直到今天还被哈耶克和布坎南等人反复地讨论并加以肯定。近代早期从功用角度来为私有财产辩护，也许最强音来自休谟。在他看来，财产权制度不管在道德上有多大的缺陷，它在功用上还是要比任何其他的制度更优越，而尊重财产权源自习惯形成的规则，这种规则对所有的人都有利，“为了社会的安定和利益，不仅必须划分人们的财物，而且划分财物时我们所遵循的一切法则还应制定得尽可能完善，从而进一步促进社会利益”[3]。亚当·斯密对于私人财产权功用的说法更是尽人皆知，那就是它能够提高生产力并因此具有价值。到了19世纪功利主义兴起后，私人财产权所具有的功用特征(即可以实现最大多数人的最大幸福)，几乎成为对私人财产权辩护的最强音。正如前面提到的密尔，他也曾反复强调，财产公有可能具有道德上的理由，可私有制才是真正有利于生产效率的制度。

在近代早期，从权利的角度来论证私人财产权的正当性，除了援引《圣经》外，主要是引用自然法与社会契约理论来思考。这一时期的许多学者，不断地复活与运用自然法(即存在着先于并高于实在法的原则)与社会契约(国家和政府之所以成立，源自民众同意所形成的契约关系)等理论，来论证政治权力的正当性，也以此说明私人财产权的正当性。比如早在前述公认的古典社会契约思想家霍布斯、洛克之前，以主权理论提出者著称的博丹就提出了如下的论证路径(在前面说到“博丹悖论”时提到过这一内容)：主权就是“在统治权、管理和时间上不受约束”的无上权力，但主权不论在何时何地都必须服从神圣的自然法；自然法要求当政者尊重契约，因为政府产生于自然状态下缔结的保护所有物的契约，国家的根基是拥有财产的家庭；因此，在每一个人都该有他应得的一份的前提下，国家必须尊重其臣民的财产，君主既不能将臣民的财产充公，也不能不经同意就向他们征税(任意收税无异于财产充公)。当然，博丹所说的契约还是国家契约或者说统治契约，到格劳修斯、普芬道夫、霍布斯他们这里才真正发展为

[1] 派普斯：《财产论》，经济科学出版社2003年版，第38页。
[2] 同上书，第39—40页。
[3] 休谟：《休谟政治论文选》，商务印书馆2010年版，第183页。

社会契约理论。大体上，在他们看来，实在法中所肯定的确立私人所有权的“先占”原则（最先占有土地的人获得土地的财产所有权），必须以自然状态中整个共同体表示同意为条件；若没有这种同意（可以是默许的或者是明确的），那么财产权在道德上是不成立的。因此，在自然状态中，一开始财产（主要指土地及附着于土地的资源）是共有的，但相对于不断增长的人口数量，日益显得不足或使用不便（即对共用资源产生了争夺），于是人们就运用健全的理性，经由“一致同意”而产生私人所有权，这样做避免了冲突，人类也因此获得了更高的经济成就。英国革命期间在政治实践中运用了类似的社会契约理论，也因此促进了这一理论的发展。不过，真正将财产权神圣化的还是法国大革命，在《人和公民权利宣言》（即《人权宣言》）的第 17 条，法国人宣称，“财产权是不可侵犯的、神圣的权利，因此，除非由于合法证明的公共需要明显地要求的时候，并且在公正的、预付赔偿的条件下，任何人的财产都不受剥夺”[1]。显然，这里的用词“神圣”说明，财产权的正当性并不是来自“功用”而是一种“权利”。这一原则落实在实践中，就是 1804 年《拿破仑法典》完全废除封建时代遗留下来的加在私人财产权之上的一切限制。在某种程度上，这一做法也复兴了古罗马法对财产的定义。《拿破仑法典》第 544 条规定：“所有权是对于物有绝对无限制地使用、收益及处分的权利，但法令所禁止的使用不在此限。”第 545 条规定：“任何人不得被强制出让其所有权，但因公用，且受公正并事前的补偿时，不在此限。”[2]这是现代世界第一次对所有权的绝对性以制定法的形式予以声明。这样两条规定因《拿破仑法典》向全世界的普及，为整个现代世界提供了财产制度的法律基础。

二、洛克奠定私人财产权的现代理论基础

在近代早期，无论是支持财产权还是反对财产权，学者们都有一个基本的共识：财产（主要是土地以及附着在土地上的资源）的原始状态应该是共有的。严格地说，这是一种消极共有，即共有物不属于任何人，其中有一部分土地可以被人占有。与之相对的是一种积极共有，是指共有物为全体人共有，大家都有权去使用它，但未经他人同意不能占有其中一部分。现代社会中的俱乐部

---

[1] 法学教材编辑部《外国法制史》编写组：《外国法制史资料选编》（下），北京大学出版社 1982 年版，第 527 页。
[2] 同上书，第 600 页。

财产,就是一种积极共有。对于土地原始状态的共识,既可能出自对人类早期历史的某种认知(如对美洲印第安人土地共有状况的认识),也可能出自对《圣经》的理解(上帝将自己创造的世界交给人类共享)。以此为起点,他们探讨的问题是:财产是如何从共有(或者说无主)状态过渡到私有(或至少是部分私有)状态的呢?

(一) 洛克从劳动入手论证私人财产权的合法性

对无主财产转归私有这一变化,现实世界的法律规定的是"先占"原则,即谁抢先占有原本无主的财产,法律上就承认谁拥有所有权。可是"先占"的正当性又在哪里呢?如前所言,一种辩护路径是功用或者效率原则,即实行"先占"原则有利于资源的开发利用,并因此可以促进人类的自我保存或发展。在洛克之前的霍布斯和在洛克之后的休谟,大致都是这样进行辩护的。另一种辩护路径,由稍早于洛克、同样作为社会契约理论家的格劳修斯和普芬道夫提出,他们认为之所以承认"先占"原则,是因为所有的人在自然状态中曾经对这一原则表达过(或默许或明示)同意。换言之,通过先占获得财产权之所以具有正当性,是因为它获得了来自自然状态中人们的"同意"。普芬道夫的表述是:"我们无法理解为何一个纯粹的人体行动(如占据)能够去侵害他人的权利和力量,除非他人的同意被加入其中,对其表示确认,即一项约定加入其中"[1]。

洛克对此的回答稍有不同。在他看来,之所以能够对原来共有的或无主的土地(及附着资源)确立财产权,关键是添加了创造性的劳动。就是说,洛克认为,劳动无条件地确定了财产权的地位,财产权的关键是劳动者积极地经营财产(土地)。需要补充说明的是,劳动给予了劳动者对产品的权利,这样一种观念并不是洛克首先提出的,其实亚里士多德早就提出过。普芬道夫也有类似的说法,"绝大多数事物需要人们的劳动和耕作,以生产它们并使它们适于使用,但是,在这样的情形中,一个没有贡献劳动的人要与一个通过他的勤奋以改善某物或使其适于服务的人拥有同样的对于事物的权利,就不恰当"[2]。

纵观洛克在《政府论》下篇中的相关论述,可以看出,他基于劳动而论证财产权的正当性始终有两个前提:(1)原始状态中共有共用的财产(土地及土地上的一切资源)转归私有的动力,是因为这样做更有用或者更有效率。他说,"这些既是给人类使用的,那就必然要通过某种拨归私用的方式,然后才能对于某一个人

[1] 塔利:《论财产权:约翰·洛克和他的对手》,商务印书馆2014年版,第119页。
[2] 甘西:《反思财产——从古代到革命时代》,北京大学出版社2011年版,第166页。

有用处或者有好处”[1]，“劳动的财产权应该能够胜过土地的公有状态”[2]。(2)人对自己的人身享有所有权，“每人对他自己的人身享有一种所有权……他的身体所从事的劳动和他的双手所进行的工作，是正当地属于他的”，“既然劳动是劳动者的无可争议的所有物，那么对于这一有所增益的东西，除他以外就没有人能够享有权利，事情就是如此”[3]。正如巴贝拉克所说：“每个人都是他的人格和行动的唯一主人；他的身体的劳动以及他的双手的作品全都属于他，也只属于他。”[4]用今天的眼光看，洛克的劳动财产权理论显然具有时代的特征，因为直到洛克的时代，西欧地区很多农奴才获得人身权利，对自己的劳动具有无可争议的权利这一原则事实上确立未久(甚至不少国家仍未确立)。不过，洛克又补充道，人们可以通过其仆人的劳动取得财产，这一补充引起了后世学者无尽的争议。

在上述两个前提下，洛克论证道，如果人的劳动使某种东西脱离自然状态(对无主的东西掺进自己的劳动)，那么这东西就成为他的财产。在思想史上，这种说法被称为“创造物模式”，源自神学中对上帝权利的认定。就是说，在神学上，由于上帝创造了世界和动物，所以上帝是它们的所有者；人作为创造者，对他的行动的产物也拥有类似的权利，因而劳动所创造的东西归劳动者所有[5]。洛克说，“我的劳动使它们脱离原来所处的共同状态，确定了我对于它们的财产权”[6]。洛克将这一“劳动确定财产权”逻辑运用到土地等财产上，就形成下述对近代财产权正当性的论证：土地和一切低等动物，在原始状态下为一切人所共有；人的劳动使它们脱离原来所处的共同状态，于是人就确定了对它们的财产权，“在最初，只要有人愿意对于原来共有的东西施加劳动，劳动就给予财产权”[7]。

不过，洛克虽然确立了“劳动确定财产权”这一命题，但并没有无限扩大地运用，而是对它进行了以下两个方面必要的限制。

(1) 内容上要符合限度原则，即不要浪费、要给他人留下足够的东西，“上帝是以什么限度给我们财产的呢？以供我们享用为度”[8]，“至少在还留有足够

[1] 洛克：《政府论》(下篇)，商务印书馆1964年版，第18页。
[2] 同上书，第27页。
[3] 同上书，第19页。
[4] 塔利：《论财产权：约翰·洛克和他的对手》，商务印书馆2014年版，第147页。
[5] 同上书，第149页。
[6] 洛克：《政府论》(下篇)，商务印书馆1964年版，第20页。
[7] 同上书，第29页。
[8] 洛克：《政府论》(下篇)，商务印书馆1964年版，第21页。

的同样好的东西给其他人所共有的情况下"[1]。不过洛克在此处又引入了货币的使用,认为货币可以让储藏不再因变质而导致浪费。在这里,洛克事实上又让限度原则失去了它的大部分作用。

(2) 形式上要在事后取得他人的同意,"在他们(人们)尚未联合起来、共同定居和建成城市之前,他们所利用的土地还属于公有,并未确定任何财产权。后来,基于同意,他们就规定个人领地的界限,约定他们和邻人之间的地界,再以他们内部的法律,规定同一社会的人们的财产权"[2]。

(二) 对洛克理论的赞同与反对

洛克的劳动确立财产权理论,在后世激起了无数的讨论。支持者和反对者都在他的理论基础上加以发展,以支持或反对于 17—19 世纪逐渐巩固的现实私人财产权制度。

1. 支持或赞同的一方

首先,很显然以斯密为代表的古典政治经济学者,继承了洛克关于劳动确立财产权的理论,并在此基础上发展出劳动价值论。在相当程度上,斯密正是依据这一理论,才在《国富论》一书中回答财富是什么、财富的来源是什么这些问题,并得出如下结论:商品的价值由人的劳动创造,财富和私有财产也来自人的创造。一定程度上,正是在古典政治经济学的基础上,私有财产制度才于 19 世纪上半叶在实践中日益巩固起来。马克思曾经从哲学的角度,高度肯定古典政治经济学家所创立的劳动价值论的历史意义,认为斯密可与路德相提并论。在他看来,路德将宗教笃诚变成人的内在本质,把僧侣移入世俗人心中,而斯密认为价值由人的劳动创造,从内部将劳动理解为财富的主体本质,这样私有财产就体现在人本身中,或者说人本身被认为是私有财产的本质[3]。

其次,洛克以劳动确认财产权的思想被法国思想家全面继承,并体现在法国大革命中。正如 1789 年 7 月埃马纽尔·西哀耶斯(Emmanuel Abbe Sieyes,1748—1836)就法国革命发表的"宣言草案"说:"某人的人身所有权是他的首要权利。从这一原始权利,可以导出某人的行动和劳动所有权;因为劳动完全是某人能力的建设性运用;它显然源于某人的人身所有权和行动所有权。外部物体或真实财产的所有权,同样可以说是人身财产扩展的结果……我占有一个不属

---

[1] 洛克:《政府论》(下篇),商务印书馆 1964 年版,第 19 页。
[2] 同上书,第 27 页。
[3] 马克思:《1844 年经济学哲学手稿》,人民出版社 2000 年版,第 73—74 页。

于任何人的物体，我需要它，并且通过劳动更改它，使之适于我的使用。我的劳动就是我的，现在依然如此。我劳动指向的物体，我投入劳动的物体，属于我，就像它属于任一个人。当然，它更多地属于我而不是属于其他人，因为与其他人相比，我对它具有先占权。这些条件足以使这一物体成为我的独占财产。于是公民社会通过一般协定给予它一种合法的神圣性"[1]。西哀耶斯的看法体现在法国大革命时期的纲领性文件《人和公民权利宣言》（即《人权宣言》）中，就是第17条宣称的"私人财产神圣不可侵犯"。不过，托马斯·杰斐逊（Thomas Jefferson，1743—1826）在美国《独立宣言》中深思熟虑地未使用财产一词而用"追求幸福"来代替，他还建议法国革命领导人拉法耶特（Marquis de Lafayette，1757—1834）把"财产"从《人权宣言》中删去。杰斐逊之所以主张删去"财产"，是因为他觉得，把财产视为不可剥夺的人权，在哲学上是无法证成的，在政治上也是不明智的（因为当时的美国存在奴隶制问题）[2]。从这个角度看，法国人比美国人更忠实地继承了洛克有关劳动确立财产权的理论。这样的理论经法国大革命的推动，更进一步地被视为人类从自然状态中带向社会的自然权利（与自由、平等并列），正如让-艾蒂安-马里·波塔利斯为此作出的辩护，"'财产'权利的原则在我们心中，它根本不是人类协定或制定法的结果；它存在于我们的天性之中，存在于与我们周围的物体的不同关系之中"，这是因为自然状态中的人类把他们的劳动与大地的资源"混合"，使得它们成为他们的东西，因为它们包含了"一定量的劳动"[3]。在后世，将财产权视为神圣自然权利的看法，大多是从洛克出发并经法国大革命略显夸张的语言而确立的。

最后，黑格尔从哲学上对洛克的理论加以进一步地阐释，甚至有学者称黑格尔为"洛克独一无二的继承人"[4]。黑格尔认为，劳动之所以能够确定财产权，不是因为洛克说的人对自身的拥有，而是因为人要把自己的内在的、抽象的自由意志具体地表现于外部，劳动正是人将自己的自由意志外化（客观化）到具体的自然物体的过程。在黑格尔看来，这样一种将自由意志客观化了的自然物体，就被尊重为劳动者的财产；这样的尊重，不是因为物本身或者对物的占有行为本身，而是对劳动者自由意志的确认和尊重。因此，财产是人的意志自由的外在表现。财产之所以合理，不在于它能满足需要（即具有功用），而在于它以客观物体

[1] 甘西：《反思财产——从古代到革命时代》，北京大学出版社2011年版，第260页。
[2] 同上书，第251页。
[3] 同上书，第261页。
[4] 同上书，第175页。

的形式帮助人扬弃了人格的纯粹主观性(使人的意志自由表现于外部客观物体中),“所有权所以合乎理性不在于满足需要,而在于扬弃人格的纯粹主观性。人唯有在所有权中才是作为理性而存在的”[1];财产权之所以正当,不是因为有人对物先占,而是因为它体现了对人自身意志力量的确认,“人有权把他的意志体现在任何物中,因而使该物成为我的东西;人具有这种权利作为他的实体性的目的,因为物在其自身中不具有这种目的,而是从我意志中获得它的规定和灵魂的。这就是人对一切物据为己有的绝对权利”[2]。而且,财产权也是使人们相互尊重彼此意志自由的制度,它体现的是意志对意志的关系或者说人与人之间的关系,“有了它,我不仅可以通过实物和我的主观意志占有财产,而且同样可以通过他人的意志,也就是在共同意志的范围内占有财产”[3]。承认财产权,关键不是人经营土地的身体行为,更不是此前对土地的先占,而在于社会对作为行动者的人的承认以及社会所应用的规则。总之,由洛克完整论证并经黑格尔深化以后,劳动的意义在一定程度上被浪漫化,它被理解为纯粹人类精神的自然表现。劳动不但成为财富以及所有价值、最终是人性的源泉,而且只有通过人的劳动以及人本身才能在这个世界上留下自己持久的印迹。在西方政治哲学史上,这样的劳动不再被认为是必要且痛苦的,它不是为了生存和满足基本需求必须做的苦工,而成为人类的神圣义务;只有通过劳动,人才可能将自己创造性的个性体现在自然物上。这样一种转变,即劳动(或者说工作)不是下等人谋生的手段或者普通人痛苦的必需,而是一种美德、具有神圣性,除了有此处论及的哲学观念的转变外,也有宗教上的原因。有许多学者将该变化追溯至16世纪的宗教改革。前已述及,在宗教改革时期,马丁·路德和加尔文等人为劳动正名,认为努力生产、勤劳工作是上帝赋予每个基督徒的神圣责任。

2. 修正与限制

当然,也有不少学者赞成洛克理论论证的逻辑,但是从洛克自己强调的一些条件出发对他理论的运用进行了修正或限制。在这方面,大致上有以下三种情况。

(1) 从洛克支持土地私有的功用角度出发,强调某些资源若转归私有,在效用上会更低。因此,他们主张应该把这部分资源保留在共有的状态而不转归私

[1] 黑格尔:《法哲学原理》,商务印书馆1961年版,第50页。
[2] 同上书,第52页。
[3] 同上书,第80页。

人所有。比如在现代世界，许多国家将自然风景地保留为全民共有而不转归私有，由国家管理这些风景区（在法律上实行国有制），供民众免费使用或者仅收取部分费用。

（2）支持洛克的劳动创造财产权原则，但对他补充的仆人劳动形成的财产归雇佣者所有表示怀疑或反对。有些学者提出了更激进的看法，那就是一个人只能占有自己为之付出劳动的物品。在19世纪风起云涌的工人运动中，工人阶级强调资本家无权占有工人劳动的成果，工人劳动的一切成果都归工人所有，正是出于这一逻辑。

（3）从洛克所说的限度原则出发要求限制私人财产权。在18世纪晚期和19世纪早期，英国许多激进分子运用洛克的理论来说明，穷人有权使用那些被少数私人超限度占有的大地产或巨额财富。直至今日，立法上对于巨额财富的占有与使用都进行一定限制，或运用税收手段加以调节（如遗产税），相当程度上也是在自觉或不自觉地运用洛克的这一原则。当然，由于现代经济与社会已广泛使用货币，洛克基于防止变质这一客观理由而给出的限度原则已不能成立，对于到底怎么才算是超出限度，相当程度上取决于民众的主观感觉。

3. 对洛克理论的反对

也有不少学者强调，洛克并未能彻底地证明劳动与财产权之间的联系，因而对他的理论表示反对。这是因为，什么是劳动以及到底添加多少劳动，才能宣称原来共有的资源可以转为私人财产，并无确切的结论。比如休谟就强调，不能仅仅因为我们在草地上放过牛羊就说我们掺进了劳动并因此拥有了那片草地。在他看来，事实上，劳动不能被加于任何东西之上。因此，不是什么劳动确定财产权，而是通过社会全体成员缔结的协议才确立了人们已占有的外在之物，财产至此时才确立，并因这种稳定的所有物关系而促进了人们心灵中的正义和非正义观念的萌生。所以，休谟断言，被社会法律、被正义的法则确认为可以长久占有的财产，是因人类的利益需要而经由协议确立的。人们之所以尊重财产权，不是因为什么自然的权利，而是因为它的功用，即它能满足人的自利之心，能在促进公共福利的同时增进个体的幸福[1]。

卢梭在《论人类不平等的起源和基础》中表达的观点，显然也是反对洛克的说法的。他强调说，在劳动之前若没有同意则劳动不能确定财产权，“他们尽管说：‘这堵墙是我修建的，这块土地是凭我劳动得来的。’人们可以反问：‘请问，你

[1] 休谟：《人性论》，商务印书馆1980年版，第528—529页。

占有的界限是谁指定的呢？我们并没有强使你劳动，你凭什么要我们来负担你劳动的报酬呢？'"[1]因此，在卢梭看来，以劳动确定财产权并不具备正当性，财产权只是一种篡夺，无论有产者如何描绘他们的篡夺，篡夺依然不过是篡夺。卢梭说，富人会用功效的理由为包括财产制度在内的政治制度辩护，即以"有很多纠纷需要解决，不能没有评断是非的人"为借口，让他的邻人接受政治制度，从而"把保障私有财产和承认不平等的法律永远确定下来；把巧取豪夺变成不可取消的权利"[2]。卢梭的这一说法，成为后世无数攻击私有财产与不平等的理论渊源。麦克弗森就解释说，洛克实际上是资本主义最虔诚的卫道士，他的理论是有私心的，"为资产阶级据有提供了道德基础"，"为资本主义社会提供了一种积极的道德基础"[3]。

在后世很多学者看来，洛克关于劳动确立财产权的理论所表达的，实际上是一种关于宗教信仰的哲学，它并未能充分解释私有财产的合理性。洛克自己在不同的场合也曾含糊地说过，劳动和财产之间的联系是上苍的安排或者说是自然法的规定，或者是两者兼而有之。洛克说："上帝和人的理性指示他的东西、即劳动施加于土地之上。谁服从了上帝的命令对土地的任何部分加以开拓、耕耘和播种，他就在上面增加了原来属于他所有的某种东西，这种所有物是旁人无权要求的，如果加以夺取，就不能不造成损害"[4]。换言之，在一定程度上，他确实将论证劳动与财产关系的任务推给了信仰而不是靠理论来证明。

今天建立在主观价值论基础上的经济学理论，虽然赞成私人财产权，但其理论内容对洛克的劳动确立财产权构成了另外一种反对意见。这是因为，在市场经济中，一个人所创造的物品的价值，是由市场中其他人的主观需求（即主观效用）所决定的而不是由个人劳动决定的。这样的话，劳动如何能够确定财产权？或者至少可以说，洛克理论中财产权这一自然权利，依靠的不是客观的基础，而是不断变动的市场价值这一主观基础[5]。

（三）洛克理论的现代运用

从今天的眼光看，对洛克"劳动确定财产权"的理论，在运用时需要关注以下几个方面。

---

[1] 卢梭：《论人类不平等的起源和基础》，商务印书馆1962年版，第127页。

[2] 同上书，第128—129页。

[3] 麦克弗森：《占有性个人主义的政治基础》，浙江大学出版社2018年版，第230页。

[4] 洛克：《政府论》（下篇），商务印书馆1964年版，第22页。

[5] 德霍斯：《知识财产法哲学》，商务印书馆2008年版，第64页。

第一，在洛克所处的那个农业时代，对于土地或自然资源这样的财产，洛克理论事实上是无法真正地加以运用的，但在今天的工业时代，对于工业产品和智慧产品来说这一理论却有一定的适用性。正如洛克自己强调的，大地并非由人创造，因此劳动并不能成为论证地产私有制正当性的充分起点，这正如卢梭所诘问的（“我们并没有强使你劳动”）。最多只能说，在大地上种植的庄稼和建造的房屋与人类劳动之间有密切关系。正如蒲鲁东所强调的，事实上土地私有权的合法性是无法得到真正的证明的，尤其是在一个几乎所有土地资源都已被占有的世界里[1]。但在今天，工业产品特别是智慧产品的产生与劳动之间的关系就非常密切了。人的劳动（或者用黑格尔的话说，人的自由意志及其外化），与工业产品、智慧产品及财富之间存在着较强的因果关系，以此确立财产权的合理性至少比农业时代强得多。这也正是马克思所强调的，“真正的私有制只是随着动产的出现才开始的”[2]，虽然“地产是私有财产的第一个形式”，但像“工业资本是私有财产的完成了的客观形式一样”，此时“一切财富都成了工业的财富，成了劳动的财富”[3]。即便如此，工业时代劳动与财产之间的关系仍然是极为复杂的，资本家、企业家、地主、工人，似乎都在工业品的生产过程中发挥了作用，那么是不是说他们都在财富生产过程中掺进了劳动？资本家当然强调工业财富应该归他所有，因为劳动是受资本雇佣的；而社会主义理论则认为，工人是创造价值的唯一劳动者，应该拥有一切工业财富。同样借助于洛克的劳动理论，资本家与工人构成了严重的冲突。

第二，洛克理论的实质并非反对公共所有权，在当时它反对的是国王（或上位者）对民众权利的任意侵犯。对洛克来说，保护私人财产权的重点是防备上位者的肆意侵夺而不是针对没有财产的穷人[4]。因此，在英国财政实践中，财产权理论主要用来反对封建王权对私有财产的干涉和侵犯，具体体现在前已述及的纳税必得同意的原则，并以富人支配的议会作为捍卫私有财产、防止君主抢夺的政治机制。可在洛克的理论中，通过人类劳动转化为私有的共有资源，在数量上只是一部分而非全部，而且这一转化行为还受到效率原则、限度原则等一系列条件的约束。至于在一个特定的国家，公共所有权与私人所有权到底各占多少比例或采取什么样的制度形式，应由社会所有成员的同意决定，由法律予以明确

[1] 蒲鲁东：《什么是所有权》，商务印书馆 1963 年版，第 112—132 页。
[2] 《马克思恩格斯选集》（第 1 卷），人民出版社 2012 年版，第 211 页。
[3] 马克思：《1844 年经济学哲学手稿》，人民出版社 2000 年版，第 76 页。
[4] 塔利：《论财产权：约翰·洛克和他的对手》，商务印书馆 2014 年版，第 229 页。

表达并借助于集体的力量来加以保障。一旦一个社会通过法律规定什么是公共的、什么私人的，那立法机构就不能去侵犯法律确定的那些私人财产权。因此，正如克里斯特曼所言，“只要我们不是站在私人(自由)所有权的一个极端，我们就会承认国家为了某种社会目标限制所有权”[1]。所以，从洛克理论中出发，为了某种社会目标，完全有理由给国家(或者说人们用契约建立的政治社会)设立特定的公共所有权形式；只不过由于效率的原因(即出于功用的目的)，私人财产权应该是主要的所有权形式。按照阿奎那的说法，公有制源自自然法，而私有权源于人法，所有权并没有自然法的根据，“只有通过人们的协议才有这种区别”，“私有权并不违背自然法，它只是由人类的理性所提出的对于自然法的一项补充而已”[2]。

第三，洛克虽然肯定私人财产权，但并未将其彻底神圣化，实际上他为慈善留下了余地，也为福利国家留下了很大的余地。洛克强调，慈善是一项自然义务，它基于财产权的性质而来，因为财产权形成时受到的限制是要给他人留下足够的东西。事实上塔利注意到，在洛克之前的雨果·格劳修斯(Hugo Grotius, 1583—1645)就有类似的看法，这种看法也是将原初共有资源转化为私有财产时的逻辑必然。在格劳修斯这些人看来，在最初约定(社会契约)将原始状态中的共有资源转为私人财产时包含着一个例外，那就是如果一个人陷于极度困境中，那他可以部分恢复在原初状态时曾经与他人共用资源的权利，就是说可以使用他人部分的财产[3]。塔利指出，洛克给财产所有者规定了从事慈善的义务(或自愿或经由立法)，就是说财产所有者应该在他人没有其他办法维持生命的情况给予一定的帮助，若不给予帮助任由穷人饥饿而死，那将是财产所有者的罪恶[4]。托马斯·阿奎那(Thomas Aquinas, 1225—1274)也早就指出过，“如果一个人面临着迫在眉睫的物质匮乏的危险，而又没有其他办法满足他的需要”，那么“他就可以公开地或者用偷窃的办法从另一个人的财产中取得所需要的东西”，并认为这“不算是欺骗或盗窃”[5]。因此，人并没有资格独享他的全部劳动产品，必须为某种公共必需留出充足之物。当然，每个人应该为公共必需留下多少，这取决社会契约及立法安排。

[1] 克里斯特曼：《财产的神话：走向平等主义的所有权理论》，广西师范大学出版社2004年版，第6页。
[2] 阿奎那：《阿奎那政治著作选》，商务印书馆1963年版，第142页。
[3] 塔利：《论财产权：约翰·洛克和他的对手》，商务印书馆2014年版，第116页。
[4] 同上书，第177页。
[5] 阿奎那：《阿奎那政治著作选》，商务印书馆1963年版，第143页。

三、19世纪思想界质疑私人财产权的高潮

如前所述，在19世纪之前，一方面私人财产权在实践中日益巩固，另一方面在道德上批判私人财产权的声音也一直比较响亮。虽然有学者基于人的自由意志并从劳动出发为私人财产权提供理论辩护，也有学者从功用的角度提供辩护，但未能平息批评的声音。到了19世纪，私人财产权的法律地位达到了前所未有的高度，而且伴随着大量新生的工商业资本集中于个人手中，私有制在西方国家也达到了实践中的顶峰。在此时，财产权俨然已成为一种不可侵犯的制度：宪法保障了私有财产不受国家的侵犯，而民法则保证了它不受私人的侵犯。不过吊诡的是，民众对于私有财产的态度却变得越来越敌对，学术界对私人财产权在道义上的谴责和理论上的批评也达到前所未有的高潮。有越来越多的人要求国家对财产进行管制，甚至强烈主张废除财产制度，"这在人类历史上还是第一次"[1]。

就是说，在19世纪，处于主流地位的财产观念和实际的财产关系之间，似乎存在着日益扩大的分歧。其中，尤以社会主义运动对私有财产观念的批判最为突出，其中又以马克思主义为理论高峰。与社会主义运动相应的，就是强生产国家制度的设想，于是运用财政工具进一步构造生产国家成了19世纪末20世纪初财政思想领域的重要话题。许多学者主张，应实行公有制并构建全面公共生产制度（至少要求实行大规模公共生产）；即使那些并未完全接受公共生产制度的学者，也支持或同情一种弱生产国家的建设，如第八章所述。

（一）19世纪兴盛的对私人财产权的批评

19世纪之所以在思想上形成对私人财产权批评的高潮，与1800年前后发生的工业革命在19世纪发展进一步深入分不开。按照波兰尼的说法，运用机器的工业生产涉及长期投资并需承担巨大的风险，需要自主决策和自由交易，这就使自由主义原则在经济领域进一步扩张，以至于成功地将劳动力这样的生产要素彻底纳入市场交易的范围，将其变成"商品"[2]。可是，劳动力就是人本身，它并不像普通商品那样单纯为市场交易而制造出来，将劳动力变成商品就是把人变成商品。劳动者自然会奋力抵抗自由主义原则的这一扩张，试图将自己从商品化境地中挽救出来。因劳动者的这种抵抗，19世纪开始兴起了风起云涌的

[1] 派普斯：《财产论》，经济科学出版社2003年版，第53页。
[2] 波兰尼：《大转型：我们时代的政治与经济起源》，浙江人民出版社2007年出版，第35页。

工人运动以及其他相关的社会运动,如欧文主义运动、宪章运动以及欧洲的共产主义运动[1]。在这些运动中规模最大且影响最深的,莫过于今天作为统称的"社会主义运动"。

自称或被认为属于"社会主义"的思想,流派纷呈,内容与主张不一,但统统都被归在这一标签下。比如,乔治·索雷尔(Georges Eugène Sorel, 1847—1922)提倡的工团主义(每个行业都将组成一个由工人自己管理的自治团体,自治团体联合而成为一个管理中心,并通过工人全体罢工推翻资本主义国家),主要由路易斯·布朗(Louis Jean Joseph Charles Blanc,1811—1882)倡导的国家社会主义(反对阶级斗争,认为可以通过普选将国家转变为谋求进步与社会福利的工具,由政府拥有全部或者某些特定经济部门的所有权与经营权以实现社会目标而不是盈利目的),还有皮埃尔·蒲鲁东(Pierre-Joseph Proudhon,1809—1865)等人提倡的无政府社会主义,罗伯特·欧文(Robert Owen,1771—1858年)等人倡导通过合作来消除资本主义的弊病等。除此之外,当然还有马克思、恩格斯倡导的科学社会主义。

从词源学的角度来考察,"社会主义"一词,与消灭私有财产、实行财产公有的含义紧密联系在一起。它的首次使用至少可以追溯到1827年欧文主义者的《合作》杂志,当时赋予它的含义就是消灭私有财产,由社会占有财产,然后向社会每一个成员提供相同的使用生产资料的权利,不将任何人排除在外。在最初,社会主义运动首先是从反抗工业社会中某些具体的罪恶开始的,如超时工作、工作环境恶劣、工伤事故不断、家庭离散、失业贫困等。在19世纪整个社会物质日趋丰富的同时,工人的生活却遭受到前所未有的不幸。有一些同情社会主义运动的人道主义者,将这一结果归结为现行的工厂制度,认为它不能为工人谋福利。于是他们提出,要唤醒工厂所有者与经理的人道良知,改革工厂制度,或者由国家出面进行收入的重新分配。前已述及的空想社会主义者,他们主张重新构建整个社会的经济和政治制度,以便消灭一切苦难。他们有的主张保留财产私有制(或者说实行劳动者个人所有制),要求通过精心规划的组织工作来创造社会的合作;有的要求废除财产私有制,在财产公有(或共有)的基础上,重造整个社会组织。空想社会主义的代表人物有圣西门(Comte de Saint-Simon,1760—1825)、傅立叶(Charles Fourier, 1772—1837)和欧文。圣西门提出的方案是,基于工业主义原则重建社会,为了避免生产中灾难性的个人主义,必须将

[1] 波兰尼:《大转型:我们时代的政治与经济起源》,浙江人民出版社2007年出版,第146—151页。

所有产品集中在更能体现分配正义的组织——国家手中。这种分配正义在于，根据每个人的能力，要求他提供服务，并根据他所做的工作付给报酬。傅立叶认为，和谐社会植根于自由和自发的个人联盟之上，没有任何外部的强制；在和谐中劳动按人的本性来分配，依照人的自由主动性和自发的热情来分配。欧文认为，用启蒙运动的良知节制纯粹市场经济的运作，就可能把工业主义转变为真正促进人类福利的工具。

19世纪反对私有财产权的思潮（不论是被归入社会主义还是仅为社会主义的同情者），大致上有四条理论路径。

第一条理论路径，延续18世纪对人性的一种看法，即没有人性这回事，只存在人类行为，而人类行为则由社会和精神的环境塑造出来，由此出发认为只要废除或至少大大限制私人财产权，就能创造出良好的社会制度环境，以便培养出最好的人类。欧文实际上就持有这样的看法，在他看来“私有财产或者私有制，过去和现在都是人们所犯的无数罪行和所遭受的无数灾祸的原因”，私有制使穷人贫困、无知、失业，使富人变成了贪婪的“两脚兽”，因此他致力于改造大大小小的社会环境乃至建议推翻私有制而重造公有（或共有）的世界[1]。英国学者威廉·戈得温（William Godwin，1756—1836）也持有类似的观点，他认为财产和家庭是所有降临于人间的罪恶的根源，财产的不平等让富人变坏，而且使穷人离生命中高级的东西越走越远，而一旦消灭了财产，人性的才华将会得到前所未有的发挥，罪恶就将消亡[2]。这一思路在实践中也受到罗马天主教会的支持（教皇反复地要求富人对穷人负起责任），同时新教牧师们在19世纪也大力强调私有财产负有社会责任。在此时，许多人相信，贫困、酗酒和偷盗的产生并不是受害者的过错，而是迫使这些人这么做的资本主义财产制度造成的。

第二条理论路径，延续洛克的劳动确立财产权的理论，将其发展为劳动创造全部价值的理论，并进而认为所有的财产都源于工人的劳动，也因此应全部还给工人。如前所述，古典政治经济学家如斯密和李嘉图等人，正是基于劳动价值论而创造出现代经济学的，马克思也正是在此理论路径上将劳动价值论发展到顶峰的。在马克思主义者及其他社会主义经济学者看来，一切价值、一切财富都是劳动创造的，即使在生产过程中与劳动结合在一起的资本也是人类过去劳动形成的（即死劳动）。因此，除了为共同生活而进行的必要扣除外，一切产品的价值

[1] 吴易风：《空想社会主义经济学说简史》，商务印书馆1975年版，第124页。
[2] 派普斯：《财产论》，经济科学出版社2003年版，第59页。

都应该归劳动者所有。

第三条理论路径，延续个人主义的要求，从肯定个人对财产的权利出发，扩大为要求所有人都拥有对财产的权利。在现实社会中确实有很多人缺乏财产，如果说财产权对人的权利（甚至人格）是不可缺少的重要成分，那就应该采取某种行动（比如税收或没收）让所有的人都能获得一部分财产。正像拉吉罗所强调的，“把财产认为是天赋人权的概念，却继之以某种意想不到的结果，它削弱着此一概念的基础。如果财产对于人天然自由的发展必不可少，它就应该不被少数人独享，成为可憎恶的特权，所有的人都应该成为财产的所有者。这样，天赋人权的理论，在使私有财产神圣不可侵犯的同时，却在摧毁封建主义的城堡，引发出一个相对立的概念，就叫共产主义”[1]。

第四条理论路径，对私有财产合法性本身发起攻击。这种攻击既有源于哲学的理由，又有来自历史学的证据。从哲学的理由来说，主要是指出，洛克等人强调的人凭借劳动而将共有的资源划归私有，在逻辑上不能成立，正如前引卢梭理论时所说的，在劳动之前若没有同意则劳动并不能确定财产权。因此，从哲学上说，私有财产权并不具备神圣性，它的确立只是一项社会安排（来自他人的同意）。在19世纪实证主义思潮兴起之后，有越来越多的人强调，没有历史依据证明在前国家状态中存在社会契约行为，因此私人财产权不是社会契约的结果而来自国家法律的规定，也因此可以为法律所限制或者改变。正如瓦格纳所强调的，“我们忘了财产是一项社会的安排，建立在共同体的生活之上，共同体生活乃法律的源泉，因此所有权应为公共利益而受限制”，他主张国家作为共同体的代理人可以限制私人财产权甚至发展公共所有权，以便促进人类的进步[2]。奥托·冯·祁克（Otto von Gierke, 1841—1921，又译基尔克）有相似的看法，他不承认财产有绝对的和排他的支配权，在他看来这样一个私有财产概念是“有害于共同体福祉的幻想”，实践中对私有财产日益增长的限制是塑造一个有关财产的新的社会秩序的关键[3]。还有很多学者把目光投到过去（原始社会），试图从历史中寻找医治19世纪时代弊病的药方。历史学家乔治·汉森、海斯陶森、毛赖、梅恩、摩尔根等人，在研究了普鲁士、俄国和其他国家的历史后，认为在古代农村土地是集体所有的或者是共有的，早期人类并没有土地私有的观念，个人所

[1] 拉吉罗：《欧洲自由主义史》，吉林人民出版社2001年版，第25—26页。
[2] 肖厚国：《所有权的兴起与衰落》，山东人民出版社2003年版，第199页。
[3] 同上书，第202页。

有权的观念是逐渐发展起来的。于是,像摩尔根这样的学者就认为,19 世纪财产制度所造成的社会分化是如此巨大,以至于人类已受到自我毁灭的威胁,唯一的出路是返回到原始的经济平等状态下,创造一个没有财产权的世界[1]。当然,在这一时期也有历史学家反对上述学者对原始公有制的看法,认为在很大程度上这种看法只是对历史的误读,因为原始人类最多只能说未对财产进行分割而不能说有土地公有制度。

(二) 马克思对资本主义私有制的否定

在 19 世纪法国社会主义思想、英国政治经济学和德国古典哲学的基础上,马克思以及后来的马克思主义者提出了对资本主义私人财产制度的全面否定。这种否定既有功用的或经济学的理由,又有哲学的或伦理的理由。鉴于本书是从财政政治学角度展开的理论探源,因此对经济学方面的理由只进行简要的概述。

1. 马克思主义学者从经济学角度反对资本主义私有制

从经济学角度看,马克思主义学者提出,在当时资本主义条件下的私人财产制度已不能促进生产力的发展,主要原因有三个方面。

第一,在私有制下,各个利益主体出于自身利益的考虑,不能进行充分的合作。于是在企业之间和部门之间会展开过度的竞争,以至于浪费大量的资源。私人企业也会出于私利抵制技术的创新。

第二,私有制下的生产活动,供给和需求在结构上的协调只能是事后的,依赖自发的市场竞争来调节。这就会造成个别企业从微观经济角度看合理的目标和计划,往往在宏观范围内造成不合理、无计划,最终带来低效率。

第三,在资本主义私有制下,生产是为了资本增值的需要而不是人的需要,资本家为了获取更多的利润就压低工人工资,广大劳动者劳动收入有限、有支付能力的需求小,生产和消费之间的比例关系遭到破坏。资本主义经济危机因此不断爆发,以便强制性地把生产力降低到与狭小的有支付能力的需求相适应,从而大大破坏了生产力的发展。

马克思对于资本主义生产将会爆发危机的原话是,"生活资料和现有的人口相比不是生产得太多了。正好相反,要使大量人口能够体面地、像人一样地生活,生活资料还是生产得太少了……但是,要使劳动资料和生活资料作为按一定的利润率剥削工人的手段起作用,劳动资料和生活资料就周期地生产得太多了。

---

[1] 派普斯:《财产论》,经济科学出版社 2003 年版,第 60—61 页。

要使商品中包含的价值和剩余价值能够在资本主义生产所决定的分配条件和消费关系下实现并再转化为新的资本，就是说，要使这个过程能够进行下去，不至于不断地发生爆炸，商品就生产得太多了。不是财富生产得太多了。而是在资本主义的、对抗性的形式上的财富，周期地生产得太多了”[1]。就是说，马克思认为资本主义私有制对于生产力的破坏性影响主要在于生产过剩引发经济危机，而这种生产过剩并非商品生产过多，而是相对于劳动者获得的收入来说生产得过多，而劳动者之所以收入少，原因在于资本需要榨取的剩余价值太多。在马克思看来，这一危机在资本主义私有制条件下是无法解决的。

在上述批判的基础上，马克思及其后的马克思主义学者认为，资本主义生产力和生产关系的矛盾，决定了资本主义私有制无法再进一步地发展生产力，必然要在历史运动过程中灭亡。

2. 马克思从伦理上对资本主义私有制的反对

伦理的或者说哲学的理由，是马克思反对资本主义私人财产制度的另一个重要的方面，这也是后来西方马克思主义的发展起点，以及第十四章将讨论的社会民主模式福利国家的理论渊源。马克思认为，资本主义私有制使人丧失人性，将人格淹没在财产之下，若在资本主义已经发展的基础上消灭私有财产制度，就能进一步实现人的自由与人类解放。

马克思的论证，是从黑格尔的看法开始的。本来在黑格尔那里，他接受了洛克关于劳动确立财产权的逻辑，认为财产是人的意志自由的外在表现，而财产之所以合理，不在于它能满足需要，而在于它以客观物体的形式帮助人扬弃人格的纯粹主观性。这样，劳动成为财富以及所有价值、最终是人性的源泉。马克思接受了黑格尔对劳动的这一看法，但并不接受黑格尔对私有财产权的肯定。马克思认为，私有财产权只是历史的范畴，虽然在历史上(特别是在资本主义发展时期)有贡献，但财产使人丧失人性和自由；到了资本主义时期，私有财产制度发展到最高峰，同时也将人奴役到最深处。哪怕是资本家，表面看来他因财富而获得了自由，但他实际上就像被他剥削的无产者一样处于被奴役的状态。马克思对此进行论证的一个关键概念就是“异化”。

现代哲学家和社会学家使用异化这个概念，大体上有两重意义[2]:(1)疏远，这是社会心理学上的状况，指个人体验到一种被疏远的感觉，或是脱离了他

[1] 马克思:《资本论》(第3卷)，人民出版社2004年版，第287页
[2] 贝尔:“关于异化的辩论”，载于陆梅林、程代熙:《异化问题》，文化艺术出版社1986年版。

的社会或他的团体的感觉，不能有所隶属，失去了依靠；(2)物化，这是带有心理学色彩的哲学范畴，意味着一个人被当作一件物品来对待，他变成了一件东西并在此过程中丧失了他原来的身份，用现代的话来说，他失去了个性。大体上，异化状态是全面不自由的状态：被疏远的、被当成一件物品的个人，是没有尊严可言的；被当成物品，任人摆布，也就失去了自主；被疏远和物化的人，也就失去了自我发展的可能。

马克思使用的异化概念，并不像黑格尔那样把异化看成是意识的抽象发展，而认为人的异化不在于心智中某种哲学上的抽象，其根源首先在于劳动，在于财产制度。马克思认为，劳动是人的本质特征，劳动创造了人，并使人变成有生气的人、摆脱孤独状态的人，或一个社会的或合作的生物，进而认识自己、改造自然。因此，劳动是劳动主体实现真正自由的自我实现的一部分。不过，在马克思看来，资本主义社会典型的劳动形式是异化劳动而非创造性劳动或自由劳动。也就是说，马克思从当前的经济事实出发使用异化概念，研究人在劳动中的异化，他将其称为"劳动异化"。

在马克思看来，在资本主义社会中，由于私有财产制度的存在，资本与劳动处于分离与对立状态，资本雇佣劳动，占有劳动的产品，这一切造成了劳动的异化。对于劳动异化，马克思的论述是非常深刻的。他说："劳动所生产的对象，即劳动的产品，作为一种异己的存在物，作为不依赖于生产者的力量，同劳动相对立。劳动的产品是固定在某个对象中、物化的劳动，这就是劳动的对象化。劳动的现实化就是劳动的对象化。……劳动的这种现实化表现为工人的非现实化，对象化表现为对象的丧失和被对象奴役，占有表现为异化、外化……对象化竟如此表现为对象的丧失，以至工人被剥夺了最必要的对象——不仅是生活的必要对象，而且是劳动的必要对象。甚至连劳动本身也成为工人只有靠最紧张的努力和极不规则的间歇才能加以占有的对象。对对象的占有竟如此表现为异化，以至工人生产的对象越多，他能够占有的对象就越少，而且越受自己的产品即资本的统治。"[1]

这样的劳动异化概念，是伦理社会主义理论的起点。在伦理社会主义看来，社会主义的目标应该是消除异化、实现人的全面自由，至于用什么样的经济形式作为手段则是派生的问题。在更加理论化的西方马克思主义学者的眼中，异化概念的地位相当于基督教的原罪概念。

[1]《马克思恩格斯选集》(第1卷)，人民出版社2012年版，第51页。

马克思的劳动异化实际上包括四个方面(层次)的含义[1]。

(1) 劳动者同劳动产品相异化。工人生产的财富越多,自己越贫困;工人创造的商品越有价值,自己越变成廉价的商品。资本主义制度下劳动不仅生产商品,还把劳动本身和工人作为商品生产着,因而工人不是作为人存在,而是作为商品存在,工人从属于商品相互交换的规律。随着机器生产的发展,有可能相对地减少工人的数目,并用工资很低的童工、女工代替成年男子工人的劳动。工人的劳动产品已经作为一种异己的力量同他对立。

(2) 劳动者同劳动本身相异化。劳动对工人来说是外在的东西,不属于他的本质的东西,因此在劳动中不是肯定自己,而是否定自己;不是感到幸福,而是感到不幸;劳动者不能从他自己的活动中获得满足,感到自己体力和智力得不到自由发挥,而是在肉体上受到折磨和精神上受到摧残。

(3) 人同自己的类本质相异化。人类的本质力量应该通过劳动而发展,但在资本主义状态下,人已经不再是生产的目的,劳动只是维持人的肉体生存的手段。人的自我活动、自由活动被贬低为维持个人的动物般生存的手段。由于把自己变成商品,他就失去了他本人身份的感觉,他失去了"他自己"的感觉。

(4) 人同人相异化。劳动者同他的劳动产品和劳动活动的异化关系,归根结底是工人和资本家的异化关系。通过异化的、外化的劳动,工人生产出一个跟劳动格格不入的、站在劳动之外的人即资本家,并受资本家的压迫和束缚。工人和资本家同样都被异化了。

马克思反复强调,只有在私有财产发展的最高阶段(即资本主义私有制),异化劳动才发展到最后阶段,人类才达到了消除异化、实现人的自由的可能,"自我异化的扬弃同自我异化走的是一条道路"[2]。那就是扬弃资本主义私有制,通过工人解放把社会从私有财产中解放出来,工人的解放包含着普遍的人的解放[3],而人的解放就是人的自由的实现,是人的一切感觉和特性的彻底解放,"共产主义是私有财产即人的自我异化的积极的扬弃,因而是通过人并且为了人而对人的本质的真正占有"[4]。

---

[1] 马克思:《1844年经济学哲学手稿》,人民出版社2000年版,第52—59页。
[2] 同上书,第78页。
[3] 同上书,第62页。
[4] 同上书,第81页。

3. 马克思主义者对强生产国家的设想

在马克思看来,"要扬弃现实的私有财产,则必须有现实的共产主义行动"[1]。在行动成功之后,还需要对这些财产进行管理,而管理方式显然是只能实行公共生产制度。正如恩格斯所表述的,"无产阶级将取得国家政权,并且首先把生产资料变为国家财产……国家真正作为整个社会的代表所采取的第一个行动,即以社会的名义占有生产资料"[2]。

至此,马克思及马克思主义学者从经济与伦理两个方面论证了否定私人财产权并实行普遍的公共生产的理由。他们断言,这样的一种社会状态,将会促进生产力高度发展以及人性的极大解放。所有后来实行强公共生产的国家在理论上大多渊源于此,西方现代国家的建设也深受这一理论的影响。

对于全面公共生产的经济将如何运行这一问题,事实上马克思在他的著作中言之甚少,而主要由后来的马克思主义学者来回答,并因此形成马克思主义经济学。在马克思主义经济学家的设想中,在全面的公共生产下,由于消除了私有财产,人人凭劳动获取报酬,个人利益和集团利益与整个社会利益高度统一,每个人对待工作和其他责任都持积极的和富有创造性的态度,于是微观上资源配置效率提高;同时在宏观上,由于事先能够按比例地分配劳动,直接地、自觉地控制社会劳动时间,安排生产与消费的比例关系,收入分配会更加公正,经济波动和经济周期将彻底消失。

著名的马克思主义经济学家布鲁斯,曾将马克思主义经济学有关全面公共生产经济运行的设想概括为以下几点:①直接地,事先地调节社会分工;②直接地决定为生产每一产品所需要的个人耗费的活劳动和物化劳动;③必须保持实物数量上的平衡;④从满足普遍需要的角度来分配所生产的社会产品,同时劳动的耗费成为个人消费基金分配的标准;⑤积累基金集中在整个社会的手中,关于这一基金的使用,决策权也掌握在社会的手中[3]。

四、小结

生产国家在西方的兴起,带来的一个严重问题是扩大征税权(征收更多的私

[1] 马克思:《1844年经济学哲学手稿》,人民出版社2000年版,第128页。
[2] 《马克思恩格斯选集》(第3卷),人民出版社2012年版,第668页。
[3] 布鲁斯:《社会主义经济的运行问题》,中国社会科学出版社1986年版,第19页。

人财产)的正当性何在,而这个问题又涉及西方思想史上由来已久的财产正义问题。对于财产及财产权是否正当,西方学者一直以来存在着针锋相对的两种观点,并延续至今。近现代以来,围绕着洛克的"劳动确定财产权"理论,众多学者分别表示赞成、反对或者修正意见。到19世纪下半叶,在现实中财产权法律日益巩固,但因生产国家的兴起,征税权却在不断地扩大。尤为吊诡的是,此时在思想界与社会上对于财产权的质疑达到了高峰,特别是马克思主义学者从经济与伦理两个方面否定私人财产权并提出实行全面公共生产的理由。这是生产国家来临时刻西方世界关于财产权与征税权主题的思想实况,而马克思主义学者对于强生产国家的设想,后来在苏联、东欧和部分第三世界国家成为制度的现实,并进而构成对西方弱生产国家理论与实践的挑战。

第十章 财政思想对生产国家的反思

由第八章与第九章的内容可知,19 世纪下半叶开始直至 20 世纪中叶渐入高潮的生产国家的理论与实践,大致有两条路径:一条路径是西方已实现现代化的国家,出于国家职能扩张的现实需要并在社会主义运动的挑战下,对私有财产的使用方式与收益分配进行一定程度的限制,从而倡导并建设一种弱生产国家,即在保留私有财产制度的前提下,突破原先对税收国家职能的限定,由国家出面提供公共产品,发挥国家的生产性;另一条路径是俄国、东欧这样的欠发达国家,在社会主义理论指引下,实践了一种否定私有财产制度、建设强生产国家的道路,国家接管了所有的财产并以国家为主体从事生产活动。

在理论上,对于弱生产国家与强生产国家的主张,从一开始就有不少争议的声音,只是不够响亮。直到 20 世纪 60 年代以后,争议与反思意见才逐渐强大起来。特别是在 20 世纪 70 年代,强生产国家在实践中陷入困境,而弱生产国家在实践中也出现了不少问题,于是西方学者进行了更加深入的思考。

在强生产国家,由于取消个人利益、消除市场竞争,造成的最大后果是没有资源合理配置的信号和参照标准,于是带来了比市场决策更差的效率后果,以及常见的短缺状态,宏观经济上也未能实现稳定。不过,由于在本书考察的西方国家范围内,强生产国家并未成为制度的现实,因此本章只讨论财政思想对弱生产国家的反思[1]。这样的反思大致上又可以分为两类:一类主要从后果特别是经济后果的角度,研究生产国家限制私人财产权造成的问题;另一类从非经济后

[1] 强生产国家的实践与理论反思的内容,可以参考刘守刚:《中国公共生产探源与政策选择》,上海财经大学出版社 2003 年版,第一章。

果特别是个人权利本身出发，维护私有财产，反对生产国家的扩张。

不过，相比之下，第一类反思的声音显得更为主流与响亮。正如派普斯所言，“20 世纪后期的数十年中，财产理论的最重大变化在于它更多涉及经济学而非伦理学……他们对以自然法为基础倡导财产的言论和对国家起源的推测置之不理，认为财产的合理性在于它对社会繁荣的贡献”，他还引用马歇尔的话解释说：“认真负责的经济学研究的趋势，是把财产权利建立于它在历史上与巨大的进步密不可分这一事实，而非抽象的原则之上”[1]。

一、从经济后果角度对生产国家的质疑

从经济后果角度质疑生产国家，在理论上大致又从市场机制、私有产权、政府机制等三个方面来进行，分别地或同时质疑政府干预市场机制的效果，强调私有产权的重要性，指出政府机制的缺陷。这样的研究主要来自经济学界，且集中在自由至上主义经济学之中。需要注意的是，这一自由至上主义经济学，又被学界按照不同的标准与光谱，分别称为“古典自由主义”“新自由主义”或者“新保守主义”经济学[2]。接下来就对相关的理论作一些概括性介绍。

(一) 政府对市场经济的干预无效论：对市场机制的重新认识

市场的本质是什么？市场机制能否自发实现均衡？政府干预市场机制的运行，效果到底如何？对这些问题进行考察的结果，导致许多经济学家得出政府干预市场经济无效的结论，并进而反对或者至少要求限制生产国家的范围。

1. 市场本质

作为卡尔·门格尔(Carl Menger，1840—1921)所开创的奥地利学派中最为知名的学者，哈耶克(Friedrich A. Hayek，1899—1992)对市场的本质作出了清晰的说明，并以此来反对政府对市场机制的干预甚至代替。在哈耶克看来，市

[1] 派普斯：《财产论》，经济科学出版社 2003 年版，第 73 页。

[2] 巴利：《古典自由主义与自由至上主义》，上海人民出版社 1999 年版。在 19 世纪末 20 世纪上半叶兴起一批主张国家干预的学者并自认为发展了自由主义经济思想，他们的思想后来被称为新自由主义(如第十二、十三章将讨论的英、美新自由主义)，相应地亚当·斯密为代表的经济思想就被称为古典自由主义，而与这样的新自由主义同时但仍坚持古典自由主义思想的人被称为“保守主义者”。到了 20 世纪七八十年代，以本章即将讨论的哈耶克为代表的学者复兴了古典自由主义，左、右两派学者根据自己的站位称这种复兴的古典自由主义分别为“新保守主义”、“新自由主义”。在诸多称呼中，有一个不容易混淆的名称是“自由至上主义(libertarianism”)，也有中译者译为“自由意志主义”，本书选择“自由至上主义”这一名称。

场的本质是每个人借以合作运用分散于千百万人手中不同的信息或知识的机制。由于知识具有以下的特性,决定了人类没有能力加以集中地运用:①高度主观性和私人性,他人难以或无法获得,自己也未必愿意对外披露;②高度分散性、不完全和多样性,数量庞大、种类繁多而分布广泛;③易变性和时效性,人类没有能力及时掌握或汇总,这样的知识即使能够集中也早已失去了有效性;④高度默会性,人类对自己掌握的知识有许多并不"知其然",也不需要知其然。

在哈耶克看来,虽然人类的一部分知识是科学知识,即可以由挑选出来的专家组成一个权力机构来掌握(即便如此如何挑选专家仍是问题),但绝大部分的知识并非如此,它们都是有关各种"情势的知识"而非科学知识。在进行资源配置的时候,中央计划机制根本没有能力掌握上述有关"情势的知识";掌握这种知识的个人,不能也不愿意对外披露。因此,在有关"情势的知识"存在的前提下,不可能指望先把所有这样的知识都传递给某个中央机构,并在这个中央机构整合了所有这类知识以后再发布命令。相反,"必须由那些熟悉这些特定情势的人——亦即那些直接了解相关变化以及即刻可以被用来应对这些变化的资源的人——做出最终的决策"[1],那么这样的决策必然以分散的或者说非集权化的方式来进行。这是因为,只有这样"才能够确使那种有关特定时空之情势的知识得到及时的运用"[2]。

不过,哈耶克指出,从事决策的当事人在决策时也不能"只根据自己所拥有的有关周遭环境之事实的有限但却直接的知识进行决策"[3],他需要掌握更大经济系统中更多的知识或者信息。那么,这样的信息如何传递给有关决策的当事人呢?哈耶克的答案是,价格体系是"一种交流信息或沟通信息的机制",可以将各人掌握的分散信息集中反映为价格(及其波动),因而市场价格包含了所有必要的信息,并成为决策时的依据。他说,"价格能够帮助不同的个人协调他们所采取的彼此独立的行动,就像主观价值可以帮助个人协调他所制定的计划的各个部分一样"[4]。而且,在他看来,价格机制的运转所需依凭的知识很经济,就是说,"涉入这个体系之中的个人只需要知道很少的信息便能够采取正确的行动……唯有那些最关键的信息才会以一种极为简洁的方式(亦即通过某种符号

[1] 哈耶克:"知识在社会中的运用",载于哈耶克:《个人主义与经济秩序》,生活·读书·新知三联书店2003年版。
[2] 同上。
[3] 同上。
[4] 同上。

的方式)传递给他人,而且只传递给有关的人士"[1]。

哈耶克总结说,作为进化至今而形成的市场制度,代表了人类智力水平的高峰;不是因为它增加了每个人的私有信息,而因为它是一种有效地收集不同的分散信息的方式,并进而产生秩序、提高生产力[2]。他的结论是,市场秩序有助于人类的发展,在市场秩序产生后,"人们再无必要(像小团体那样)在统一的目标上求得一致,因为广泛分散的知识和技能,现在可以随时被用于各不相同的目标"[3]。

哈克耶强调,必须信任市场秩序,哪怕它超出我们的道德本能,因为人类正是在克服这种道德本能的前提下,才发展出市场秩序并取得文明的发展。市场秩序的结果并非不道德,它能"以一种单凭良好的愿望无法做到的方式,弥补了个人的无知,因而确实使我们的努力产生了利他主义的结果"[4]。他还强调,必须信任市场秩序,哪怕它超出了我们理性能够理解的范围。这是因为,通过市场进行资源配置,"是由非人格的过程完成的,在这个过程中,为了自己的目标采取行动的个人,确实不知道而且不可能知道他们相互交往的净结果"[5],但是按照市场价格进行核算和分配,能够"使我们发现的资源得到集约化的运用,引导生产服务于各种生产者无法想到的目的,使每个人都能有效地参与生产交换"[6],这最终使受市场支配的人群繁荣兴旺。就有效配置资源来说,"离开由竞争性市场形成的价格的指导,不可能对资源进行精心的合理分配"[7]。

与此同时,哈耶克强调,市场秩序一定是以私有财产为基础的。只有承认个人有权支配自己的财产,他才有利用自己的知识参与市场合作的自由(因为产权明确才会有有效的交易)与动力(只有对利润的追逐才能激励人们参与市场合作)。哈耶克的原话是,"我们的整个生产规模变得如此之大,完全是因为我们通过各有其主的财产的市场交换过程,能够利用广泛分布的有关具体事实的知识,来配置各有其主的资源"[8]。就是说,市场机制运行依靠信号的指引,而获利的可能则起着一种信号作用,只有在获利动机驱使下人们才会作出能让他们的

[1] 哈耶克:"知识在社会中的运用",载于哈耶克:《个人主义与经济秩序》,生活·读书·新知三联书店 2003 年版。
[2] 哈耶克:《致命的自负》,中国社会科学出版社 2000 年版,第 90 页。
[3] 同上书,第 11 页。
[4] 同上书,第 90 页。
[5] 同上书,第 80 页。
[6] 同上书,第 64 页。
[7] 同上书,第 99 页。
[8] 同上书,第 87 页。

工作更有成效的选择,并进而推动市场的运行。

2. 市场均衡的问题

如果说哈耶克的论述在相当程度上集中在微观市场机制上的话,那么如何应对凯恩斯主义学者对市场机制在宏观层面上的批评(即市场在宏观上并不能自动实现均衡)?

事实上,斯密用“看不见的手”来形容市场机制的功能,即各人在价格引导下、受自身私利驱动所作的独立分散的决策,最终能够协调起来导致社会利益的实现和自发秩序的形成,此时他就已对宏观上的均衡作出了说明,但并未给予理论的论证,很大程度上只是经验的总结和日常生活的直觉,甚至某种程度上是他对上帝主导的和谐秩序的信仰。到了19世纪后半叶,瓦尔拉斯提出了这种理论的一个数学形式,经济学获得了第一个一般均衡理论:所谓一般,是说它是包括一切商品市场和要素市场;所谓均衡,是指它解释了每一市场上需求的和供给的数量怎样相等。但是瓦尔拉斯的数学方程式并没能说明该方程是否有任何有意义的解,即是否存在某一个价格集使一切市场同时达到均衡,或者说关于一般均衡的存在性和稳定性没有从理论上得到证明。20世纪30年代,亚伯拉罕·沃德的研究曾给予这些疑问以肯定的答复,但是他的证明作了一些不真实的假设,没有得到认可。到20世纪50年代肯尼思·阿罗和杰拉德·德布鲁的经典论文“一个竞争经济中均衡的存在性”,利用拓扑数学中的不动点定理证明了,在一定条件下,一般均衡是存在的而且是稳定的,后来德布鲁又成功地放松了许多假定条件(如引进政府部门、税收和公共产品),并对均衡的唯一性以及与竞争均衡相联系的规范特征进行了分析。至此,许多人相信,亚当·斯密的“看不见的手”,得到了理论上的证明,人们对市场机制配置资源的效率与宏观稳定的信心得到了增强。

3. 货币主义与理性预期理论对市场的看法

以米尔顿·弗里德曼(Milton Friedman,1912—2006)为创始人的货币主义学派,对凯恩斯主义的宏观经济理论提出了严重的质疑,并特别反对凯恩斯主义运用财政政策对宏观经济进行干预。由于货币主义的批判,特别是由于西方国家20世纪70年代出现经济停滞与通货膨胀并存(即滞胀)的局面,凯恩斯主义在西方经济理论界的统治地位于20世纪80年代几乎宣告终结。

滞胀的出现,一方面说明菲利普斯曲线所预言的通货膨胀与失业率之间的相互替换关系不存在,另一方面又对凯恩斯主义者提出了两难命题:若要降低失业就需要刺激经济增长,摆脱停滞,为此就需要扩大财政开支和货币发行,增加社会总需求，而这会进一步加剧现有的通货膨胀水平；若要控制现有的通货膨胀水平，就需缩减财政支出与货币发行，控制社会总需求，而这又会带来经济进一步停滞、提高失业水平。

弗里德曼对此解释说，这种情况的出现，是因为菲利普斯曲线中的失业率与通货膨胀率的替代关系只在短期内有效，在长期并不存在，而这又是因为自然失业率的存在。自然失业率是在没有货币因素的干扰下，劳动力市场和商品市场的自发供求力量发挥作用时应有的、处于均衡状态的失业率，因此也是充分就业时的失业率（失业的原因是缺乏技能或受就业结构的限制而无法就业）。政府的干预在短期内可以通过物价水平与失业率的替换关系而发挥作用，但长期内仍归无效，最后自然失业率恢复，通货膨胀总水平却不断上升。弗里德曼的自然失业率理论，解释了 20 世纪 70 年代以后西方经济中失业率与越来越高的物价上涨率同时并存、经济却停滞的现象，也说明了凯恩斯主义对宏观经济的干预在长期内确实是无效的，会引发工资和物价的累积性上升。

凯恩斯曾认为，企业家在作投资决策时会根据他们对未来的预期和个人的投机态度行事，但后来的凯恩斯主义者忽略了消费者在作出决定时，同样会对个人职业前景、价格波动、个人收入和购买力的未来状况进行预测，甚至在宏观经济模型中排除了对预期的任何考虑。弗里德曼批评了凯恩斯主义的说法，他将预期现象扩大到对消费者行为的分析中去，认为政府宏观调控政策短期内可以影响消费者的可支配收入，但不会改变消费者的消费和储蓄的比例。这是因为，消费者的消费支出是由永久收入（消费者预期在一生中个人由于职业变化、家庭情况、财富状况所能得到的全部收入）而非各年度收入决定的。也就是说，几个月的收入变化，不会影响到人们对消费和储蓄的分配比例，人们不会根据眼前收入变化的偶然情况来调整自己的行为，而是根据永久收入来行事。政府的需求管理措施，比如说减税措施可能会带来消费者可支配收入的增加，但是消费者会认为这只是家庭的暂时收入而非长久的，因而会将绝大部分增加的收入储蓄起来而不是用于消费，这样总需求不会像凯恩斯主义者想象的那样扩大；若采用扩大财政支出的措施，消费者会认为靠举借债务支持的政府支出增加，意味着个人未来的收入会减少（预期未来的税收将提高，以偿还前期举借的公债），那消费者在当前就会减少个人消费以应对未来税收的增加，因此总需求也不会扩大。所以，弗里德曼断言，凯恩斯的需求管理措施是无效的。

在货币主义者看来，凯恩斯主义的根本问题在于忽视了货币和货币政策的重要性，中央银行的货币政策需要重新评价。弗里德曼发现，货币需求事实上很稳定，由于时滞（观察时滞、决策时滞、效应时滞）的存在，政府货币供给的变化很难跟得上经济循环周期；市场经济确实随经济周期波动，但凭自身就可以自动恢复充分就业。因此，通货膨胀纯粹是一种货币现象，经济萧条大部分应归因于政府错误的货币政策。他们认为，在政府不进行任何干预的情况下，市场经济的动荡远远低于凯恩斯主义者所说的程度，政府的任何干预可能加剧而不是缓和经济动荡；政府的真正作用不是试图在短期内影响市场，而是首先保证货币总量能定期地、有规律地增加，货币总量的稳定将带来价格的稳定。价格制度本身先稳定，就能让各经济主体的预期稳定，最终经济运行将因此变得更为稳定。因此弗里德曼提出了一个著名的"单一规则"货币政策方案作为治国工具，那就是保持美国货币供应总量每年增长3%—5%，然后取消所有其他的干预宏观经济运行的货币与财政政策，这样市场就能自行有效运转、自我实现宏观稳定。

作为货币主义学派的一个分支与发展，理性预期学派的代表人物有罗伯特·卢卡斯(Robert Lucas, Jr., 1937—)、托马斯·萨金特(Thomas Sargent, 1943—)等人。他们继承了货币主义有关预期的理论，并在古典经济学（凯恩斯之前的经济学）传统理论的基础上，进一步发展理性预期方法，对宏观经济理论进行了彻底的改造。在他们看来，个人在追求效用最大化过程中，可以理性地预期未来，经济人将充分利用一切可以利用的信息，并考虑到经济系统中的不确定性。理性预期的结果是有效的，预期误差的方差小于其他的预期方法；经济当事人对于事物判断的主观概率分布等于经济系统客观概率分布；虽然并不是每一个人都有同样预期，或者说不是每个人预期都正确无误，但他们预期的误差平均是零。因此，政府合乎规则的宏观调控政策，能被社会公众以平均零误差地理性预期到；社会公众会采取相应的规避行为，因而政府的宏观调控措施不会产生效果。

对于古典经济学中的市场趋向供求平衡的假定，理性预期表示赞同，并在完全浮动价格的理论基础上，建立起宏观经济模型。这个模型认为，任何时期任何市场，商品价格都可自由浮动使供求平衡、市场出清，因此市场可以自动恢复均衡，不需要政府进行干预。对菲利普斯曲线，他们在货币主义的基础上进一步深化认识，认为凯恩斯主义的宏观调控政策即使在短期内也是无效的。当政府根据菲利普斯曲线操作时，公众在追求自身利益最大化过程中，会利用现成的资料（包括阅读经济学家建议采用的财政货币政策），大致准确地预测到政府扩大总需求政策的后果（即会提高通货膨胀水平并因此降低实际工资率）；这样政府增加就业的企图在短期内就无效。只有意外的超预期的货币供应量增加，才使实际通货膨胀率偏离理性预期得到的水平，公众此时可能被名义工资率上涨诱惑而前去就业，失业率偏离自然失业率。但就平均而言，人们对通货膨胀率的预期是正确的，总产量、就业量和失业水平将处于自然水平。

总之，理性预期学派认为，任何可预测的货币政策都只会影响到名义数量（价格、名义利率），而不会影响到产量和就业水平的实际数量。所以他们反对政府通过财政、货币政策扩张来人为地刺激产量和就业的增加，崇尚市场的自由运行，要求政府保持政策的稳定性和连续性，反对实行愚民政策。

（二）私有产权的重要性：企业效率和西方世界的兴起

如前所述，自19世纪下半叶特别是在第二次世界大战后，西方国家走上了弱生产国家的道路，政府不但扩大了对市场活动的干预，而且还通过接收或新建形成了大量的国有企业以从事公共生产。如果说在19世纪末西方国家达到了质疑私人财产的思想高峰的话，那么第二次世界大战后在现实中对私有财产尤其是生产性活动中的私有产权的限制达到了高潮。不过，到20世纪60年代之后，经济学改变了传统经济学中仅仅将企业视为利润最大化的技术函数的假定（在此假定下产权性质与企业效率无关），而运用经济人的假定，通过对交易费用和产权的研究，说明企业的行动是企业内各利益主体效用最大化行为的合成，从而得出了这样的结论：私有产权制度对企业效率和经济增长特别重要。于是，经济学家在政策上反对政府的国有化政策，坚决维护生产性企业的私有产权制度。

1. 交易费用与产权

市场经济利用价格来作为配置资源的信号，但是价格机制的运行却是根据有关经济当事人之间的自愿交换和合约履行的规则和制度作出的，而这些规则和制度的运行，是需要代价的。科斯的下述言论特别知名，他说："使用价格机制是需要支付成本的，产生这种成本最明显的原因在于要发现相对价格是什么……在市场上发生的每一笔交易的协商和签订合同的费用也必须考虑进去。"[1]简单地说，为完成一笔交易，在签约前发生的搜寻产品、价格等信息的费用，签约中的谈判费用，签约后的监督和执行费用，所有这些费用都是围绕交易发生的交易费用。如果通过形成一个组织（企业）代替市场并让某种权力（企业家的命令）来支配资源的配置，部分交易费用就可以节省。从这个意义说，企业产生于对市场的替代，即在企业内部，用命令机制节省（原本在市场发生的）众多资源组合和投入生产时的交易费用。当然，企业内部的命令机制也是有成本

[1] 科斯："企业的性质"，载于科斯：《论生产的制度结构》，上海三联书店1994年版。

的，企业通过不断扩张替代越来越多的市场，扩张的边界停止于内部命令机制的边际成本和外部市场机制的边际交易费用相等之处。

市场交换的实质，不是交换物品和服务，而是交换拥有物品和服务的权利，这种权利被称为产权；完备的产权，包括对财产的使用权、用益权、决策权和让渡权。拥有产权并不意味着财产的所有者可以为所欲为，他还要受法律制度和一些非正式制度的制约，而市场显然就是交换产权的财产所有者的集合地与活动场所。要使价格机制运转起来，交易人必须对所要交换的物品（财产）有明晰和专一的（排他的）、可以自由转让的产权。如果不是的话，买卖双方为使交换顺利进行所需的交易费用将非常高，乃至高到使交易不再有利。对产权的不同规定（正式的法律制度和为习俗所认可的非正式制度），就是不同的产权制度；而不同的产权制度下，围绕交易发生的交易费用不同，对财产的保护费用也不同。财产的个人或私人所有权，可以帮助所有者在与他人交易中形成一个可以合理把握的预期，最终有利于交易的达成（自愿的交易，将给交易各方带来收益），因此财产的个人所有权是竞争性市场的基础。

个人的财产所有权的保障，显然是和政府联系在一起的。在一个没有产权制度的社会（也因此不需要政府来保护产权），人们对自己赖以生存的财产（如土地），需要自己亲自出面维护（除非该财产不存在稀缺状况），为此花费的时间和代价（成本）将是巨大的，为财产交易发生的成本也是巨大的；如果建立政府并界定产权，由政府履行和保障产权，保证财产交易协议的履行，因此而发生的政府运行成本，一定小于没有政府和产权时发生的成本。在现实生活中，除了个人产权外，还有公共产权（包括以全国性或地方性政府名义掌握的产权）和其他的产权形式（如集体产权、社团产权等）。在经济学看来，一个产权制度是否有效，就看其是否可以节约交易费用，降低对财产的保护费用，促进资源的配置效率。

2. 产权安排与企业效率

私有产权、社团产权或集体产权、公共产权，哪一种产权安排可以实现效率？科斯定理表明，在交易费用为零的条件下，效率结果与产权安排无关，只要产权界定清楚，就可以通过市场交换实现资源配置效率。但是当交易费用存在时，产权经济学家们的结论是，具有公共产品性质的物品，私有化不是社会最佳的制度选择；而消费时具有排他性和竞争性的私人产品，只有私有产权制度才会使交易费用最低，因而是效率最佳的产权安排。因为产权一旦归私人，私人就可排他地使用和获益，也就会关心自己的产权不受他人侵犯，并推动界定私人产权和保障产权制度的形成。那么,企业的产权结构该如何安排才能实现企业的效率?产权经济学家们的答案是,只有私有产权才可以。

企业是资源所有者通过专业化分工和合作以节省市场交易费用的一个组织,该组织要发挥作用,就必须解决衡量生产力的投入和报酬相匹配的问题,否则会形成偷懒和搭便车的行为。但是这种衡量问题是难以通过直接观察和计算来解决的,必须建立一种可监督的结构,让某些人专门从事监督其他要素所有者的工作绩效(精力、热情、工作态度、产出等),那么如何防止这些监督者偷懒?答案是通过监工的专业化、职业化,再加上享有剩余索取权。所谓剩余索取权,就是监督者可以获得扣除其他资源所有者获得的固定报酬(主要是工资)之后的剩余收入的权利;这样监督者越努力,生产就越有效率,监督者获得的剩余收入也就越多,也因此会越发有积极性去努力监督,如此造成良性循环。

在个人业主制企业,享有剩余索取权的监督者,就是企业产权所有者个人,这也是激励性最强的产权安排,因为监督者(所有者)的一切努力,都可以表现为剩余收入。在合伙制企业下,由合伙者多人分享剩余索取权。在股份公司,由股东分享剩余索取权;而真正能够且愿意有效发挥监督作用的,是持控股股份的自然人股东。所以说,企业效率来自将企业内部的产权安排为私人产权。曾有学者看到,在许多现代企业中,掌握大权的职业经理阶层一般没有股份或者股份很少(即所谓的所有权与管理权的分离),于是他们断言企业产权不需要集中在少数私人手中,只要职业经理能干,也能实现企业效率。但根据产权经济学者的研究,在西方国家的大型工商企业中,大多数仍然是私人(自然人)控股,由非自然人(基金会、政府等)控股的企业并不普遍[1]。强调两权分离的学者,忽略了企业的所有者仍然具有选择职业经理、决定经理报酬的特权和对企业重大决策的最后决定权,因此这些所有者仍然牢牢控制和监督着企业。所以,只有控股股东为私人时,所有者才最有可能具备充分的积极性去控制和监督企业的其他要素所有者的活动,并实现企业效率。

公有产权安排下的企业(主要是政府为产权所有者的企业),难以保证实现企业效率。一方面,作为企业产权所有者,政府只能通过它的雇员去监督企业的其他各方参与者;而政府雇员,不可能像私人那样出于关心自己利益的目的来积极监督企业经营者;在没有私人利益最终刺激的前提下,政府也就缺乏有效的机

[1] Rafael La Porta, Florecio Lopez-de-Silanes, Andrei Shleifer, *Corporate Ownership Around the World*, Harvard University Press, 1998.

制来评价和激励自己的雇员去监督企业的行为。另一方面,公共企业没有被接管的风险,其经理人员也不受市场竞争的威胁,因此经理人员受到的压力不大;政府官员又缺乏必要的知识、能力、动力选择好的企业经理,没有能力对企业重大决策行使最后决定权等,最终导致决策失误频频发生。所以,企业的产权安排如果是公有的,很难保证企业的效率。

3. 私有产权与经济增长

经济增长是如何发生的?为什么人类历史上只有西方冲破了赤贫和饥饿困扰的束缚,实现相对丰裕?道格拉斯·诺斯(Douglass North, 1920—2015)等人认为,有效率的经济组织是经济增长的关键,一个有效率的经济组织在西欧的发展,正是西方兴起的原因所在;所谓有效率的组织,就是在安排和确立产权方面建立一套制度,为个人努力提供强有力的激励,让个人的经济努力所得到的私人收益率接近于社会收益率[1]。所谓的私人收益,是经济主体从事活动得到的净收入,而社会收益是社会从经济主体活动中得到的净收益,是私人收益及他人从该活动中得到的净收益之和。能提供强有力激励的产权制度只能是私人产权制度,因为私人产权如果没有确立或得不到妥善保护,私人就无法或很难从他的努力中得到收益;或者虽然某一经济活动的社会获益很大,但因现有产权制度使得他的私人收益小于私人成本,这样个人也就不愿意从事这一经济活动。没有私人产权,也就没有人会为社会利益而拿私人财产冒险。技术创新、规模经济、教育和资本积累,不是经济增长的原因,而是增长本身;除非现行的经济组织是有效率的,否则以上因素并不能促使经济增长简单地发生。那么,西方世界的私有产权制度是如何形成并进而促进经济增长的呢?诺斯等人认为,导致这一制度的创新和经济增长,并不是必不可免的,在西方其诱发因素是人口的变动。

诺斯和罗伯斯·托马斯根据交易费用理论,在《西方世界的兴起》一书中,对西方世界的兴起过程进行了下面的描述,其内容与本书第一章基本一致。在中世纪的欧洲,不存在严格意义上的产权,封建法律下几个人(国王、领主和农奴)对同一块土地都有权利。领主和农奴之间是一种复杂的相互承担义务的契约制(领主提供保护和司法,农奴提供义务劳动),订立契约的目的是节约无政府状况给经济和社会的运转带来的高昂的交易费用,但是领主无权为自己的利益修改契约条款,习俗惯例在其中起决定作用。大约在13世纪,由于人口增长,而土地资源相对固定(最好的土地已全被占用),劳动密集产品的价格相对于土地密集

[1] 诺斯、托马斯:《西方世界的兴起》,华夏出版社1999年版,第5页。

产品下降，劳动相对不值钱，而土地变得更值钱，这就促使领主和农奴去寻找对土地更加专有的利用形式。领主们倾向于取消农奴的义务劳动，把土地租给他们，收取定额现金（农奴也因此变成农民），这样农民就占有了自己全部的劳动力，个人对自身劳动力的产权形成了。到14世纪，由于大饥荒和黑死病，半个世纪内欧洲人口就减少了三分之一。人口下降导致在土地上劳动的人手不足，为了保住自己的农民和吸引其他农民，贵族们被迫延长土地租期，以至于终身租约最终出现并流行开来。终身租约实际上变成了可以世代相传和继承的租约。到14世纪后半期人口重新增长时，封建社会的基本结构已经瓦解，无法恢复。16世纪的严重通货膨胀，使农产品价格和地租上升，劳动力的"货币价值"下跌，贵族们感到在自己的领地上雇佣劳动替代农奴劳动更有利可图。于是，土地的现代产权形式如直接经营、租佃、土地收益分成制都出现了，土地的私有产权真正诞生了。诺斯等人认为，13世纪是贸易和商业扩张的时代，银行业和商业制度也得到了改善；16世纪同样是商业扩张的时代，股份公司和那些旨在应付资金筹集和风险的制度安排创立并推广开来，并发展出一套法规以便为无形资产的所有和交换提供更有效的产权。

劳动力的个人产权、土地和无形资产的私有产权产生后，必须有可靠的制度加以保护，以使得个人收益率与社会收益率相等，为产权所有者提供激励。显然只有政府的权威才能确定和实施产权制度，而且费用要比其他团体的交易费用低得多。那么政府为什么要保障产权制度？对产权制度的不同保护将对经济造成什么样的影响？诺斯等人认为，政府是一个提供保护和公正而收取税金的组织，14世纪起为了维持政府的存在，君主必须得到远远多于传统封建收入的财政收入；而承认土地私有产权，准予土地转让，可以确保君主不丧失现有的封建收入，而对无形资产产权和贸易的保护，也可以带来大量的税收。但是政府对财政收入的要求，并不一定带来促进经济增长的产权保护制度，因此并不能保证一定会出现生产性的产权制度安排。从历史上看，英国议会控制了君主的征税权，有利于保障私有产权制度，提高了生产过程中的私人收益率，刺激了生产要素（人和资本）的流动和潜在生产力的发挥，从而获得了经济增长；而法国三级会议将征税权让给了君主，私人产权制度没有得到保护，君主制定的税收制度，提高了地方性和地区性的垄断权，抑制了创新和要素的流动性，从而导致了生产性活动在法国的（相对）下降。可见，政府确立并保障私人财产权，是西方世界兴起的原因。

鲍莫尔也提出，西方世界经济史无前例和无可比拟的增长表现，"主要归功于竞争压力，这种压力在其他类型的经济中是不存在的，它迫使经济相关部门中的企业坚持不懈地投资于创新活动，与此同时，这种压力为在整个经济中不断地传播和交换新技术提供了激励”[1]。显然，这样的竞争压力来自上文说到的私有产权与市场机制，其中私有产权为竞争压力提供财富动力，市场机制为竞争压力提供可能条件。

(三) 对政府的干预目的和代价的怀疑

在古典经济学眼中，市场几乎可以决定一切资源和商品的交换，国家活动没有多大余地，只是负责安全的守夜人。在凯恩斯之后提倡政府干预的经济学以及在生产国家的设定中，国家被赋予了积极的职能，而其前提是假定政府为追求社会福利最大化的行动者。20 世纪 60 年代以后经济学发展出来的结论是，不能将政府想象得太美好。特别是以詹姆斯·布坎南(James Buchanan，1919—2013)为首的公共选择学派继承了前文说到的意大利与瑞典学者对政府的看法，认为政府并不具备仁慈和正确的天赋，在政府内工作的人，与市场上受个人利益驱动的人，没有什么两样，既不会更正确，也不会更仁慈；政府的结构和运行规则是人创造的，并不一定比其他社会组织的规则和结构更加正确无误。因此，公共选择学派运用市场分析中的经济人假定来分析政府行为和政治现象，为反思生产国家的理论基础作出了贡献。

1. 政府的真面目

在公共选择学派看来，政府行动并不能像一个富有理性的人那样，表现得前后一致，或者比构成政府的个人还有智慧。在很大程度上，政治舞台就像经济学中的市场，个人在其中交换利益、看法，对不同的决策规则和集体制度作出反应，个人的自利行为也因此合成为政府的政治行为(即提供一定数量的广义的公共产品)。

在这里，关键是如何将个人的偏好转化为政府的决策。在民主制度下，这种转化的机制或程序显然主要是选举制度。在直接民主制度(全民投票)下，多种方案直接竞争投票者的选票：如果采用一致通过原则，那么很难产生结果；用多数票通过原则，在投票者的偏好为单峰型(即投票者可以将付诸表决的不同方案加以排序，只出现一个极值)的前提下，可以得到均衡的结果，其结果是处于(可排序的)偏好中位的投票者所中意的方案获胜。在间接民主制度下，不同的政治候选人竞争着选民的选票，只有最符合中位选民偏好的政治家可以获得选举的胜利，代替选民从事政治决策。公共选择理论由此也证明了为什么政治候选人的政治观点越来越接近(都接近于中位选民的偏好)而不走极端，两党制政治为

[1] 鲍莫尔：《资本主义的增长奇迹》，中信出版社 2004 年版，第 4 页。

什么能够稳定等问题。

但是,现实生活中单峰型(或者可理性地排序)的偏好并不能保证,这就导致很多时候不能产生均衡的投票结果,被称为投票决策困境。能不能找到一种决策规则,可以避免种种决策困境?或者说,在民主社会里,能否找到一种投票程序,它所产生的结果不受投票顺序的影响,同时又尊重每一个人的偏好,能将所有个人的具有完备性、传递性的偏好转换为一种社会偏好,作出前后一致的决策呢?前文已提及的"阿罗不可能定理"说明,从逻辑上说,这是不可能的。换言之,建立一种与每个公民的偏好都一致的社会福利函数是不可能的。这就保证了民主社会的利益多元性和互不相同的方案之间的竞争,排除了独裁的可能(如果存在单一的社会福利函数,独裁也可以导致社会福利最大化)。

在公共选择学派看来,政府是由人组成的,政府行为是各方利益主体效用最大化行为合力的结果。大致上有三方力量在其中活动。

(1) 选民和特殊利益集团。理论上说,选民一般会投票给提出最接近自己偏好的方案或候选人,但是对单个选民来说,自己的选票对最终结果的影响甚微,而参与投票和了解候选人的信息需要成本,因此效用最大化的行为是不去投票或者不去了解候选人的政治纲领(保持理性的无知)。现实中选举制之所以能够维持下去,除了选民的政治理想和所受到的公民教育等原因外,关键的是作为积极选民的特殊利益集团的存在。特殊利益集团人数少(各人分享的利益多)、纪律约束性强,容易形成集体行动。他们会积极地去了解候选人,宣传他们的纲领,参与投票,或者去影响已经当选的官员,制定有利于自己集团的法律。特殊利益集团的存在并不一定会危害社会利益,公共选择学派认为实际上也不存在所谓的一致的社会利益,关键在于应该开放机会,让社会各阶层、各利益团体都能有表达的机会,相互竞争、彼此妥协以形成集体行动和公共政策。

(2) 政治家。政治家效用最大化行为的目标是当选,这就需要竞争选民的选票。只有采取符合中位选民偏好的立场,政治家才能赢得最多的选票。当选的政治家为了再次当选,在公共支出方面就倾向于扩大规模,以取悦更多的利益集团,在公共收入方面倾向于用发行公债代替税收,既不增加选民负担(至少在发行公债时),又可以弥补因扩大开支而造成的赤字。

(3) 公务员。公务员是政府中的常任官员,工作具有较强的技术性,拥有信息方面的优势,公务员效用最大化行为表现在追求本部门规模不断扩大。这样既可以显示出工作业绩,又可以从中取得个人利益(晋升机会、工资、权力等)。公务员还倾向于对社会经济生活加强干预,特别是制造垄断和管制的机会,从而寻求直接的非生产性利润(即“寻租”)。

总之,选民尤其是特殊利益集团寻求有利于自己的公共项目和公共政策,政治家追求当选而利用公债扩大开支项目,公务员为了自身利益会扩大本部门规模和增加公共管制,最终导致政府规模不断膨胀,在提供公共产品时趋于浪费、效率低下且加深对社会的干预程度。这与现实中政府的规模、财政赤字和公债不断扩大,政府部门缺乏效率的现象是吻合的。

2. 政府干预的代价与改进政策

由于政府内各行为主体是按照自己的利益来行动的,具体负责的公务员又缺乏竞争和对成本的关心,因此政府的活动并不能像理想状况那样有效,这就是政府失效。政府的干预往往达不到预想的结果,在同等条件下,政府部门解决问题的办法在效率上也往往低于市场的解决办法。公共选择学派的学者们利用经济学方法,分析了一系列立法的后果,计算了政府干预给社会造成的代价:对市场进行的管制,使私人企业承受的负担大大增加;在政府垄断的行业,提供的服务质量更低、收费更高;在福利领域,最低工资政策和反贫困斗争使得贫困问题越来越严重等。

在研究政府行为和政府失效的基础上,公共选择学派得出的政策主张主要有两方面:一方面是在减少政府对私人企业与市场机制干预的前提下,通过重新创造市场,减少政府干预造成的损失;另一方面是在立宪层次上制止政府权力的增长。所谓重新创造市场,就是尽可能在政府部门创造竞争,包括允许若干(而不是一个)政府机构对同一项工作提出相互竞争的预算,允许将节约的预算资金部分归己,以发挥部门或个人的积极性;更重要的是,要经常地、尽可能地由私人企业来承包公共事业(如私营的消防服务、监狱管理、垃圾收集等)。研究者还设计了如教育券、污染许可证等方法,来创造市场,增强竞争,替代原先的福利政策或管制措施。所谓在立宪层次制止政府权力增长,主要是在宪法层次上引入财政条款以约束政府的行为,这一内容将在第十五章再介绍。

二、从非经济后果的角度反思生产国家的扩张

从非经济后果的角度反思生产国家的学者,主要是哲学和心理学领域的学者,他们从这两方面解释财产对个人的意义。

(一) 哲学方面

从哲学方面反思生产国家扩张的学者众多,此处只关注几位在政治谱系上

属于右翼甚至极右翼的学者，在学界经常将他们与前面提到的那些自由至上主义经济学家归为同道，称为"自由至上主义"哲学家。20世纪80年代生产国家在实践中的衰退，跟那些自由至上主义经济学家和这些自由至上主义哲学家有密切的关系。

哲学方面的自由至上主义者，在思想上具有一定的相似内容和特征，简单列举如下。

(1) 强调私有制和市场经济对实现个人权利的极端重要性。他们反对国家对社会和经济的过分干预，重申国家的中立性(或在相当程度上应保持中立)，积极倡导社会的作用，维护社会的多元主义价值。

(2) 推崇政治个人主义和经济个人主义。他们高度推崇个人的权利，认为这是一切政治的前提。他们相信政治和经济过程中的自由选择权，认为保证这种自由选择权在公正的环境中得以实现，是政府存在的意义。他们认为，如果个人能够充分自由地实现其自身的价值，那么个人所在的群体和社会，也必然能最终实现其公共利益。

(3) 坚持方法论个人主义。他们从个体出发考察社会和国家，认为个人的利益和行为是分析和观察一切社会政治问题的基本视角，一切复杂的历史事件、社会制度和政治运动等，最终都可以被约简为个人行为。

就本章涉及的生产国家的主题而言，以下几位学者可以作为代表予以简单介绍，以反映20世纪中叶以后学界在哲学方面对生产国家的理论质疑。

艾恩·兰德(Ann Land，1905—1982)高举利己主义的大旗，肯定私有财产。在她主办的杂志《客观主义》，以及在创作的小说《我们活着的人》、非小说作品《资本主义：不为人知的理想》和《自私的美德》等著作中，她极力推崇利己的力量。她认为，理性本能可以使我们建立一个基于利己主义的道德，追求自身幸福是一个人最高的道德目标。基于私有财产与市场活动的资本主义，其经济活力和政治制度有赖于人们对自身幸福的追求。但是追求自我利益并不是满足个人眼前的愿望，而是遵循一种包括承认他人追求其自身利益的权利的理性行为准则。

罗伯特·诺齐克(Robert Nozik，1938—2002)在1974年出版的《无政府、国家和乌托邦》一书中，虽然肯定国家的必要性但认为必须限制在最小国家。在他看来，生产国家从权利上无法证明。他说，再好的无政府状态也不能否定国家存在的必要，因为人会发生判断失误，在涉及自身利益的纠纷中会错误地惩罚别人，国家因此作为垄断性保护和裁决机构应运而生。国家的产生，不仅没有侵犯个人权利，反而有助于扩大和保护个人权利。但是，这样的国家一定是最弱意义上的,是一种管事最少的国家,除了保护性功能外不能有其他功能。诺齐克的观点,将在第十五章进一步讨论。

以罗斯巴德(Murray Rothbard, 1926—1995)和大卫·弗里德曼(David Director Friedman, 1945—)为代表、持有无政府资本主义观点的学者,以自然权利学说、功利主义和自利主义为基础,提倡一种建立在私有产权、市场经济基础上的自利合作社会,反对国家的存在,更加否定生产国家的意义。他们认为,一旦人们接受一个国家,在理论上国家就不可能甘心只扮演传统的守夜人角色;只要类似于国家这样的特殊权威存在,共同体中就播下了非法权力的种子,最终必然会演变成专制。他们否认存在着像公共产品或集体物品之类的东西,认为不由个人行使而由国家最低限度行使的权力,就是对个人主权的一种侵犯。他们建议建立一种无政府的资本主义社会,由一些相互竞争的公司以各自不同的价格来提供安全保护,并对个人收费;法院也是私人性质的,统一的或等级制的法院不再存在。他们乐观地估计,只要具有无政府资本主义思想的知识精英不断在大众中传播自己的思想,最终就能导致干预主义国家的灭亡。

(二)心理学对私人财产权的论证

心理学家从人的占有欲出发,也对私人财产权的必要性或者于人而言的本质性进行了论证,派普斯对这一类的研究进行了总结[1]。在心理学家看来,在包括人类在内的动物当中,占有欲是普遍存在的。动物行为学的研究发现,对动物而言,在本能上除了想得到食物和繁殖后代之外,还想占有地盘、了解该地盘的特点等,而这些对动物的生存来说意义重大。对人而言,这种占有欲不仅仅是指他想控制某种实物的动物性欲望,而且还有通过对实物的掌控来实现人的自我认同感和成就感,这些感觉与人的人格紧密相连。心理学家发现,人类的占有行为并不是文化熏陶出来的,相反它是人类的本能。事实上,在文化的影响之下人类的占有欲和行为甚至会减少。派普斯引用施皮罗(Spiro)的话强调说:"有资料表明孩子早期的动机很鲜明地指向私有产权,而只有通过有效的文化熏陶才能使他逐渐摆脱这种倾向"[2]。同样,威廉·詹姆斯也强调,财产和自我意识之间存在密切的联系,拥有财产具有增强自信心的作用,"本能的冲动促使我们积聚财产,而这些积聚起来的物品因此成为我们经验的自我的一部分"[3]。

---

[1] 派普斯:《财产论》,经济科学出版社2003年版,第76—88页。

[2] 同上书,第88页。

[3] 同上。

总之,对个人而言,拥有财产确实存在着一种微妙的心理因素,这使人把自己所拥有的东西看成是自身的延伸。正像萨姆·惠勒(Sam Wheeler)论证的,完全有可能从人对身体的所有权导出对物的(自然)财产权,"因为我们对我们的身体有自然权利,而且在力量外延与身体部分之间不存在精神上的实质分别,所以我们对力量的外延(占有的资源)有自然权利"[1]。这样的论证路径在一定程度上是可行的,即财产所有权就是靠心理上的占有来证明正当,而无须援引需要或者其他理由。

三、结论:现代生产国家与私人财产权

综上所述,自19世纪开始,生产国家的思想与实践在西方世界逐渐兴起。与20世纪上半叶出现在非西方世界的强生产国家实践相比,在西方国家实践的始终是一种弱生产国家。就财政而言,这一过程围绕着税收功能的扩大及对私人财产权的质疑而展开。之所以在思想与实践中要求税收功能的扩大,是因为现代国家在发展过程中遇到了许多问题,需要国家出面加以解决,其中至关重要的有公共产品的提供、经济的稳定与发展等;税收功能之所以能够扩大,是与长期以来存在的对私人财产权的反思有关,较弱的反思认为应保留私人财产权但可以扩大征税的规模用以支持国家的生产功能,最强的反思认为应消灭私人财产制度,建构全面公共生产的国家。在现实中,弱生产国家与强生产国家的思想分别得以实践并一度构成彼此竞争的关系。

不过,到了20世纪70年代,理论和实践两方面都发现,弱生产国家确实发挥了积极的生产性功能,但也遭遇种种问题并显现出国家干预的消极后果,而强生产国家在经济上则遭遇失败。于是在现实中以"撒切尔革命"(1979—1990)和"里根革命"(1981—1989)为代表,在英美这些弱生产国家针对国家干预经济的行为发起了改革。在美国,里根政府的主要措施是,大幅减少公共管制措施、降低税率(特别是对富人减税)、削减政府开支,从而收缩了生产国家的规模。在英国,撒切尔夫人上台后,认为英国病(即经济增长乏力)是源于国家对社会经济的发展干预太多,因此实行国家退却战略,即压缩国家在经济社会生活中的作用,包括降低税收、削减开支、将大量的国有能源和通信企业私有化。

尽管有上述各种理论反思与实践调整,但现代国家再也不可能摆脱其所具

[1] 克里斯特曼:《财产的神话》,广西师范大学出版社2004年版,第94页。

有的生产国家面相了。就是说,运用税收工具获取私人财产的相当部分并以此为基础干预经济运行,已成为现代国家的本质性特征。在微观领域针对垄断(如不正当竞争)、外部成本(如污染)、信息不对称(如食品药品)、公共产品等市场无法自我纠正的缺陷,动用财政手段加以干预,以及在宏观领域运用财政与货币政策挽救金融与经济危机等,已经成为并将继续作为现代国家建设时不可或缺的生产国家制度内容。在财政上,生产国家的活动主要体现为:财政收入中的各种目的性税收(如环境保护税)与公共收费项目(如拥挤费);财政支出中公共管制部门的经费支出、公共投资支出、公共产品提供、针对特定生产活动的各种税式支出(即减免税)与补贴支出;为实现宏观经济稳定而进行的国债发行、货币政策、财政担保与公共就业计划等。

当然,在今天反思并建设现代国家之时,下述两方面对于私人财产权的看法在生产国家制度建设中,仍值得关注,并应在政治实践中予以平衡。

第一,私人财产权不能被视为人的神圣不可侵犯的自然权利并将其置于过高的位置。狄厄茨在《为财产权辩护》中说,“私有财产的衰落是令人悲哀的,自由财产观念的消亡也许是我们在上个世纪遭受的最大损失”[1]。他的这一看法并不正确。在历史上,从来就不存在没有国家干预和社会约束的私人财产制度;在观念上,私人财产权也从来没有取得过所有人都崇拜的神圣位置,事实上它一直遭受着批评。在理论上,无法论证私人财产权具有自然权利的属性。洛克从劳动出发对财产权来源给出了现代国家普遍采用的理论基础,但其论证是有问题的。私人财产权制度事实上是社会的一项有意识安排,是为了共同体生活的目的而刻意建构出来的,当然也可因共同体的目的而被限制。伯拉马基(1694—1748)曾将权利二分为自然权利与获得性权利[2]:自然权利指的是原初的和本质上属于人的,它们内在于人的天性之中,为人所享有,与他的任何具体行为无关;获得性权利是那些他无法自然地享有的权利,它们依赖人积极地去获取。如果以此二分法来分析,那么霍布斯所强调的自我保存权应该属于自然权利,而财产权则应属于获得性权利,并不具有自然权利那样的神圣性。正因如此,墨菲和内格尔才认为所有权是一个神话,在财产所有权与税收之间的关系应该是,财产权由包括税法在内的法律界定形成,“社会的公正,而不是税收公平,才应该是主导税收政策的价值导向;财产权是约定性的,至多只能算是税收政策

[1] 肖厚国:《所有权的兴起与衰落》,山东人民出版社2003年版,第222页。
[2] 甘西:《反思财产》,北京大学出版社2011年版,第254页。

的产品,而税收政策本身必须用社会正义的标准来评价。所以,私人财产权不能用来决定税收是否正义"[1]。

第二,私人财产权虽然不是一种自然权利,但它在现代国家中地位依然重要。无论是从人的心理上需要(获取、占有感到自己需要或者认为是有价值的外界事物,并给它们贴上"我的"标签)出发,或者从人对自己身体的权利延伸到对身体占有或创造物(洛克理论)出发,还是从人对自己自由意志的发挥和承认(黑格尔理论)出发,都需要对人所创造或占有的财产予以肯定和保护。特别是在现代经济中,正如经济学家反复证明的,私人财产权及较集中的私人所有权结构是有必要的,它可以使所有者享有较大的管理和开发资源的权利,使其有动力与能力承担不可预知的风险。因此,切实保护私人财产权仍是现代国家的重要法律安排。

所以,到了20世纪末21世纪初,就生产国家而言,财政思想中大致的结论是,以全面公共生产为特征的强生产国家在理论上可以说是不必要的,但弱生产国家是不能彻底否定的,这是目的性国家驯化工具性国家在当下最终形成的结果。当然,弱生产国家在运行时的方式和方法,需要在实践过程中加以进一步的思考与调整。正如瓦格纳的看法所显示的,"我们认为,国家作为代理人,其积极的作用在于它是人类进步不可或缺的条件"[2]。就是说,国家有权也有必要发挥生产性的功能,生产国家的制度与政策在现代国家不应一概地否定。这恐怕是建设现代生产国家时的原则性意见,也是目的性国家驯化工具性国家的可能结果。

另外,本章讨论的弱生产国家更多地侧重于税收的使用方面(即财政支出)或公共管制措施,事实上税收的征收对于生产活动也有很大的影响,税收的种类、税率水平与形式特征、税基选择与监管水平,对经济总量与企业个体的发展都会产生相当的影响。比如说,在20世纪60、70年代,英国财政界长期争论是否要引进法国的增值税,原因就是对增值税的影响有不同的考虑。赞成的人(以保守党与企业为主)认为增值税可以刺激出口(出口退税方便)并降低企业所得税压力,反对的人(以工党为主)认为增值税这样的间接税会影响社会公平[3]。这样的反应,同样是财政思想对于工具性国家在税收方面的进一步驯化。

[1] Liam Murphy & Thomas Nagel, *The Myth of Ownership*, Oxford University Press, 2002, p.173.
[2] 肖厚国:《所有权的兴起与衰落》,山东人民出版社2003年版,第199页。
[3] 唐顿:《税赋公平:1914—1979年英国税收政治》,经济科学出版社2017年版,第九章。

第十一章　福利国家的宿命与通向福利国家的三条道路

到了 19 世纪下半叶与 20 世纪上半叶，率先进入现代国家行列的西方国家，从财政面相看既是税收国家(财政的主要收入形式是税收)又是生产国家(财政支出中经济支出不断增加且承担积极的生产性职能)。从 19 世纪末 20 世纪初开始，这些国家在财政上又逐渐显露出另外一个面相，那就是福利国家。福利国家的一个表现是，财政的社会支出无论是绝对数额还是相对比重都在攀升，同时福利政策密集出现，福利保障制度逐渐形成且不断巩固。特别是在第二次世界大战以后，这些已经发达的西方国家，用于社会福利的支出占到了财政支出的绝对份额，财政充分承担起保障性的职能。如果说西方国家在历史上成为税收国家与生产国家具有一定的零散性与被动性，没怎么刻意地做顶层设计的话，那么成为福利国家在相当程度上是主动设计形成的，就是说，工具性国家自觉运用巨大的社会开支或者以财政资金为兜底来强有力地构建并维护各种福利制度。

本书并不打算全面回顾福利国家的发展历程，而尝试从现代国家成长的视角来探寻：思想家们是怎么认识 19 世纪下半叶以来在西方发展过程中涌现出来的社会问题的？他们又是怎么设想用财政工具构建福利国家制度来解决这些问题的？走向福利国家是每一个现代国家的宿命，不过就具体的国家而言，启动这一进程的契机与走过的路径却各不相同，为此在思想方面的论证也各有不同。我将选取福利国家发展的三条典型路径，来分别阐明学术界与实务部门面对种种现实问题进行的思考，这样的思考推动着财政保障性职能的理论论证与制度构建。

需要说明的是，本书所使用的福利国家，比目前理论界谈及的福利国家，包含的内容在范围上要窄一些。例如，弗兰茨-克萨韦尔·考夫曼曾经从以下三个方面区分当代的福利国家与过去的前福利国家:①在生产领域,原则上福利国家仍延续前福利国家的私有制和企业主的支配自由,不过对私有制和企业主施加一些限制条件(公共管制),减少人们不希望看到的效果(如外部成本);②在分配领域,福利国家和前福利国家一样尊重市场经济原则,以生产要素获得回报为取向进行初次收入分配,但福利国家由国家组织起大规模的二次收入分配来纠正贫富差距,确保无职业者和无财产者的居民群体(老年人、残疾人、儿童、失业者)也有一份收入;③在再生产领域,福利国家采取了大量的行动以弥补前福利国家中私人家政的不足,如通过政府教育、卫生和社会福利部门给予私人家政资助或完全由政府直接提供社会服务[1]。可见,考夫曼概括的福利国家制度与政策,实际上包括本书所使用的生产国家的内容;而本书所说的福利国家内容,主要是他概括在分配领域和再生产领域中的制度与政策。不过,生产国家与福利国家的区分只是理论上的,在实践中有不少措施实际上很难区分到底属于哪一个方面。比如说,教育方面的财政开支,既可以视作生产国家的一项措施(人力资本投资),也可以视为福利国家的一项政策(为民众提供福利)。

本章的任务,是概括介绍西方福利国家制度成长的状况,以此作为从第十二章至第十五章探讨福利国家思想发展的背景。目的性国家正是经由相应的财政思想才将现实中的工具性国家逐渐驯化为福利国家的,让它用整体的力量来保障每一个生命。

一、从财政看福利国家的成长

"福利国家"(welfare state)一词在第二次世界大战期间诞生。在当时,英国学者拿这个词来形容自己的国家,强调英国给国民带来的是福利,不像德国这样的"战争国家"(warfare state)只会给国民带来战争[2]。后来,学者们在使用福利国家这一概念时,有时从狭义视角将其理解为一个国家中专门负责福利的那部分职能、制度或者组织,有时从广义视角将其理解为一种国家类型,意指这样一种国家,"政府维持国民最低标准的责任的制度化"[3]。不论是狭义还是广义,使用福利国家这一概念都意在与前福利国家相对,强调国家为民众提供(至

[1] 考夫曼:《社会福利国家面临的挑战》,商务印书馆2004年版,第19—20页。
[2] 格伦内斯特:《英国社会政策论文集》,商务印书馆2003年版,第6页。
[3] 米什拉:《资本主义社会的福利国家》,法律出版社2003年版,第40页。

少最低的)生活保障、医疗保险、养老保障以及失业保险等服务,并为此构建出许多专门的制度。

今天,更多的学者将福利国家理解为一种国家形态,“福利国家的概念不仅仅涉及社会福利的内容,而更多的是指一种国家形态。在这种国家中,政府是占主导地位的福利供应者,其他的社会力量被排除在外,它承担着公民生存和福利的责任,为公民提供制度化的各种福利。而这些福利被视为公民的政治权利而不是慈善”[1]。本书在使用“福利国家”这一概念时,将其理解为因集合一系列为国民提供福利的制度而呈现出来的国家面相。这个概念,与其他学者从制度或者国家类型角度给出的定义是可以共容的。同时,本书也将福利国家视为西方现代国家发展的一个阶段;在这个阶段,工具性国家从整体利益出发,通过重建国家机构与改造社会机制来满足民众个体对福利的需要。正如谢尔登·波拉克引用其他学者的看法时强调的,福利国家制度的诞生标志着“国家本身、国家结构、国家职能和国家的合法性,都发生了根本性的改变”[2]。

(一) 福利国家发展的简单历程

从 19 世纪末开始,在全球范围内先发的西方国家,陆续踏上了福利国家的道路,以应对在这些国家中渐渐严重的社会问题(如贫困、失业、医疗、环境等)。学者们一般将 19 世纪 80 年代德国首相俾斯麦建立全面的社会保险计划作为福利国家的开端,认为在此之后其他西方国家都通过仿效而开始自己的福利国家建设。当然这样的看法也引出学者们长期讨论的一个话题,那就是,为什么福利国家首先诞生在相对落后的德国而非经济上更为先进的英国?

如前所述,最早提出“福利国家”这一术语的是英国。1948 年,英国工党政府首相艾德礼(Clement Richard Attlee, 1945—1951 年任首相)率先宣布本国已正式建成“福利国家”。此后,其他西方国家也都纷纷承诺要在本国建设福利国家。特别是在 20 世纪 60 年代,欧洲许多国家(如法国、联邦德国、意大利、荷兰、比利时、瑞士、瑞典、挪威、芬兰、丹麦、冰岛等),都相继宣称本国已建成“福利国家”。与此同时,世界上其他国家也都纷纷声明自己要建设福利国家,甚至刚刚取得独立地位不久的不发达国家,也接受了相当程度的福利主张,虽然受到各自能力的限制。最令人瞩目的是,1948 年联合国大会通过《世界人权宣言》,清楚明白地提出全球社会福利权利的目录内容。这份文件,把获得国家的福利保

[1] 刘娟凤:《福利国家》,国家行政学院出版社 2014 年版,第 59 页。
[2] Sheldon D. Pollack, *War, Revenue, and State Building*, Cornell University Press, 2009, p.85.

障(如就业权、休息休假权、生活足够健康、自我和家庭幸福感、受教育权、参与文化生活的权利等)视为普遍性的人权内容。当然,迄今为止还不能说世界上所有的国家都已成为福利国家,因为事实上有不少国家不能或没有承担起为所有国民提供最低保障的责任。

从数据上看,在19世纪中后期,已迈入现代的那些国家,军事支出占公共支出的比重高达25%,而社会开支占总支出的比重不足5%(或者说不足GDP的1%);可到了20世纪中期,主要发达国家的公共开支已占GDP的40%左右,总支出中超过一半用于福利项目,军事开支的地位下降到与19世纪后期福利开支差不多的地位(即总支出的5%左右)。表11-1反映了最早宣布建成福利国家的英国,它的财政支出以及财政支出中的国防支出、用于福利开支的社会服务支出占GDP的比重情况。

表11-1　1900—1993年英国公共支出占GDP的比重　单位:%

	总计	社会服务	国防
1900	13.3	2.3	6.0
1913	11.9	3.7	3.1
1937	26.0	10.5	4.9
1948	37.0	17.6	6.3
1951	37.5	14.1	7.6
1955	37.0	13.9	8.0
1960	37.1	15.1	6.3
1964	38.9	16.5	6.1
1968	43.9	20.2	5.6
1973	42.9	21.2	4.8
1979	45.9	23.9	4.7
1984	49.9	27.1	5.4
1989	41.4	23.1	4.2
1993	46.8	28.8	3.8

资料来源:唐顿,《公平税赋:1914—1979年英国税收政治》,经济科学出版社2017年版,第2页。

在此一时期,西方国家不断地出台各种福利措施,国家也日渐承担起向每一个个体提供福利的职能。因此,就国家制度建设而言,此时的国家事实上在构造一种全新的结构。艾斯平-安德森的评价是,"福利国家是工业化国家中为社会保护及社会保障所进行的长期斗争的顶点。人们有理由把它看作战后时期最令人自豪的成就之一……福利制度不仅仅是经济方案,它同时又是某种政治共同体的显现,是某种社会团结的表达,是消除贫困、降低阶级差别、铸造富有凝聚力的稳定的社会共同体的某种尝试”[1]。

可是,到20世纪70年代末80年代初,以当时的美国总统里根和英国首相撒切尔夫人为代表,西方国家在实践中又纷纷调整福利政策,削减福利项目种类,降低福利给付标准等。里根政府特别强调用工作代替福利,强制受救济的穷人必须参加工作或就业培训。撒切尔夫人则强调让市场更多地承担提供福利的责任,并致力于压制工会活动。从1980至1990年这10年间,撒切尔政府颁布5部与工会有关的法律,对工会权力和运行规则做出比较具体的规定。即使在政党轮替之后,即美国民主党执政和英国工党执政期间,这样的福利缩减措施仍在持续。在德国,福利支出自1980年以来再未继续增长。在其他西方国家,自20世纪80年代以后,也都加强了限制社会福利开支的努力,在社会保险(包括养老保险、失业保险、医疗保险等)、社会救济、住房制度等方面,都进行了旨在减少福利的一系列改革,以便将负担更多地转到雇员或公众身上。即使以瑞典为代表的被认为是福利国家典范的北欧国家,也纷纷削减福利经费、调整福利制度。在20世纪80、90年代福利国家出现的这一趋势,被有的学者称为“福利国家的收缩”[2]。

不过,虽然在20世纪80年代及之后福利制度有所收缩,但福利国家并未终结甚至规模未减,只不过相关福利内容得以调整,此外福利制度在意识形态上的分歧也不断地扩大。在自由至上主义思潮最为强烈的20世纪80年代,曾有人就福利国家认同问题,对西方国家一些18—24岁青年进行调查(具体为1983年),结果发现有62%以上的瑞典人认为社会福利体系是他们最为根本的国家特征,而在英国同样的比例为42%,在当时的联邦德国为31%。虽然这一比例

[1] 艾斯平-安德森:《转型中的福利国家》,商务印书馆2010年版,前言。

[2] 美国和英国是受第十章所述“自由至上主义经济学”影响最深的国家,其福利国家收缩也最为典型。自里根总统起,这种福利国家紧缩就一直在持续进行。1996年一向重视福利制度的民主党人总统克林顿签署法令,开始了自1935年社会保障法案颁布以来规模最大的福利制度改革。此次改革的目标是:以工作代替福利,还政于州,限制联邦福利的领取时限,同时取消因吸毒、酗酒所致失去工作能力者申领病残救济的资格,以凸显美国强调个体责任的价值观。1999年克林顿总统再次签署法令,对失去工作者提供再就业培训和求职辅导,并附带保障其权益的一系列规定。首倡建设福利国家的英国工党,在1998年执政后,也倡导以积极福利政策(加强职业培训、加重个人责任)代替过去单纯金钱补贴的消极福利政策。学者皮尔逊(Pierson)率先将20世纪70年代后福利国家在思想、政策与制度方面的种种变化,视为福利国家的“收缩”(retrenchment)。采用这一术语,是要跟1945年开始至此结束的扩张相对。这一说法,在学术界迄今仍有影响(Francis G. Castles etc. *The Oxford Handbook of The welfare State*, Oxford University Press, 2010, p.5)。

在各国表现不同,但显然西方国家的民众对福利国家仍有相当大的支持[1]。为此,米什拉判断说,20 世纪 80 年代新右派(即自由至上主义者)对于收缩福利国家的计划是失败的,尤其是教育、医疗保障和养老金这些核心领域的服务得到了公众最为强烈的支持[2]。所以,进入 21 世纪以后,福利国家(尤其以瑞典为代表的社会民主国家)又出现一定程度的复兴趋势。

(二) 福利国家成长的内容体现

西方国家在福利国家的成长方面,其内容首先体现为各种提供福利的社会立法。像德国 19 世纪末三个保险法(《疾病保险法》《工伤事故保险法》《老年和残疾保险法》),就被公认为是德国福利国家开始的标志。而英国 19 世纪修订《济贫法》并颁布《工厂法》《主仆关系法》《十小时工作法》,以及第二次世界大战后工党政府在三年多时间先后颁布的《社会保险法》《医疗保险法》《住房法》《教育法》等,也都被认为是英国福利国家建设的标志性事件。大致上,标志福利国家的立法至少有工伤保险、医疗保险、养老保险、失业保险及家庭津贴等四项。在表 11-2 中,我们可以看到西欧国家此四项法令出台的年份,由此可以大致把握西方福利国家初兴时的状况。

表 11-2　部分西欧国家首次出台社会政策的年份及开支水平

国家	工伤	医疗	养老	失业	家庭津贴	社会支出占 GDP 的比重	
						3%	5%
荷兰	1901	1929	1913	1916	1940	1920	1934
英国	1897	1911	1908	1911	1945	1905	1920
德国	1871	1883	1889	1927	1954	1900	1915
瑞典	1930	1891	1913	1934	1947	1905	1921

资料来源:刘玉安,《告别福利国家?:九十年代以来西欧社会民主党社会政策改革研究》,山东人民出版社 2015 年版,第 27 页。

福利国家成长的内容体现,其次是测量指标社会支出(或称社会福利支出、社会保障支出)的数据变化。从表 11-3 提供的数据可以看出,自 20 世纪 50、60 年代开始,西方各国都不约而同地增加了社会福利支出;到 70 年代中期,它们每年用于社会福利方面的开支突破了 GDP 的 20%,有些国家甚至超过了 30%。大体上,福利国家以 30%以上的比例将财富从国民手中转移到政府手中(参见表 11-4),然后再将其中的 30%多(像美国)甚至 70%—80%(如北欧国家)以社

[1] 米什拉:《资本主义社会的福利国家》,法律出版社 2003 年版,第 69 页。
[2] 同上书,第 174 页。

会支出的形式转移到不同阶层的个人和家庭手中。虽然艾斯平-安德森曾经表示,将福利支出作为福利国家研究的焦点是错误的,因为"有些国家在私人保险计划的税赋特惠方面花费了国库的巨额福利资金,其主要受益者却是中产阶级,而这些税款支出并不显示在支出账户上……某些计划中的低支出却可能表明,该福利国家更加认真地履行了其保持充分就业的诺言"[1]。不过,社会支出(或社会福利支出)占GDP的百分比仍是测定"福利国家"成长程度最常用的指标,它可以大致反映出在一个国家,政府将多大比例的国民收入按照某一社会标准来进行配置或共享而不是交给市场去决定。同时,社会支出构成了财政支出的重要部分,社会支出高的国家,财政支出就一定高。

表11-3 经合组织部分成员国社会福利支出占国内生产总值的百分比(%)

	1980	1985	1990	1995	2000	2005	2010	2013
丹麦	24.8	23.2	25.1	28.9	26.4	27.7	30.6	30.8
挪威	16.9	17.8	22.3	23.4	21.3	21.6	23.0	22.9
瑞典	27.1	29.5	30.2	32.0	28.4	29.1	28.3	28.6
法国	20.8	26.0	25.1	29.3	28.6	30.1	32.4	33.0
德国	22.1	22.5	21.7	26.6	26.6	27.3	23.3	22.0
英国	16.5	19.4	16.7	19.9	18.6	20.5	23.8	23.8
美国	13.2	13.2	13.6	15.5	14.5	16.0	19.9	20.0
经合组织	15.5	17.2	17.6	19.5	18.9	19.7	22.1	21.9

资料来源:刘玉安,《告别福利国家?:九十年代以来西欧社会民主党社会政策改革研究》,山东人民出版社2015年版,第193页。

表11-4 北欧及经合组织部分成员国的公共开支占国内生产总值的百分比(%)

	1996	2002	2004	2005	2008
丹麦	59.6	55.8	56.3	53.2	51.7
挪威	42.4	47.5	46.4	42.6	39.9
瑞典	62.9	58.3	57.3	56.6	53.1
法国	51.6	53.5	53.4	53.8	52.7
德国	45.8	48.5	46.8	46.7	43.9
英国	41.4	40.7	43.9	45.5	47.7
美国	32.7	35.7	36.5	36.4	34.6

资料来源:刘玉安,《告别福利国家?:九十年代以来西欧社会民主党社会政策改革研究》,山东人民出版社2015年版,第176页。

[1] 艾斯平-安德森:《福利资本主义的三个世界》,法律出版社2003年版,第20页。

二、福利项目的内容与福利国家模式

接下来对西方现代国家制度中福利项目的大致内容以及因内容组合而形成的不同模式，作一点简单的介绍。

（一）福利项目的内容

如前所述，考夫曼曾经从国民经济运行的三个环节（即生产领域、分配领域与再生产领域），揭示过福利国家区别于前福利国家的制度与政策内容。纵观西方各福利国家，还可以从福利的目的入手，将福利的内容大致上分为以下三类，这三类内容体现了为实现财政保障职能而在制度上加以安排的财政收支情况。

（1）社会救济或公共资助。社会救济的核心是针对穷困无助者或境况最差者（如无助的儿童、残疾人、体弱者及不愿工作者），对他们用货币、实物或服务等形式给予帮助，以救济穷人、满足他们的最低需要（一般需要调查收入和财产以判断其是否符合资格），或者以此达到缩小贫富阶层收入差距的目的。为了帮助穷人，有些国家还会针对所有的公民（不经过资格调查、不考虑功过绩效）发放货币、实物或提供服务，以满足他们特定的需要（比如残障人士的需要）或最低的需要，这类行为有时被称为公共资助，以区别于需要经过资格调查的社会救济。社会救济或公共资助的资金来源一般是税收，更准确地说是来自一般性、无专门目的的税收，也有些国家可能会运用部分专项税。

（2）社会保险。社会保险的核心，是针对因年老、疾病、工伤、失业等风险而建立起强制性的、以财政资金为兜底保障的保险制度。这一制度运用了市场保险原理，建立起带有一定强制性的保险缴费与受益的制度，以便降低民众因风险而受到的伤害，受益者可能是全体公民也可能只是在职者（主要看保险的缴费与受益之间的对应程度，或者说市场原则的运用程度）。社会保险机制大多用来补充市场保险机制的不足而非完全代替，就是说由政府出面以立法形式收费（或收税），以此为基础获取最基本的资金来应对养老、医疗、工伤和失业等项目的需求，个人在此基础上还可以通过储蓄或购买商业保险来提高保障水平（政府有时会对个人的这种行为给予一定的税收优惠、资金帮助或实行专项监管）。当然，因国情的不同，西方国家的社会保险制度呈现出不同的特征。以养老保险制度为例，目前至少有三种：第一种为传统型，实质是自保公助，即以个人缴费作为领取养老金的前提，由德国首创；第二种为国家统筹型，由英国创设，用税收支付全体社会成员养老金；第三种为强制储蓄型，最为典型的是新加坡（不在本书讨论范围内)的公积金,它由雇员与雇主共同缴费,由中央公积金局统一管理[1]。再以医疗保险制度为例,至少有四种类型:第一种为免费型医疗保险,可以英国、瑞典、芬兰、加拿大为例;第二种为现收现付型医疗保险,可以德国、法国、日本为例,保险费由雇主与员工共同承担、政府酌情补贴;第三种为个人积累型医疗保险,再以新加坡为例,它由雇主与员工分担保险储蓄资金,国家只承担一部分;第四种为混合型医疗保险,可以美国为例,在职雇员购买商业性医疗保险,65 岁以上老人以及贫困者、残疾者实行国家资助的医疗救助[2]。可见,社会保险的资金来源大多为个人缴费或者个人缴纳的专项税收(社会保障税或工薪税),只有一部分源自一般性税收提供的财政补贴。

(3) 社会投资,其核心是对人力资本的培养,即运用儿童照顾、公共教育、公共卫生、公共住房等各种手段,保障所有的或特定资格的公民在身心两方面的发展,同时为社会发展奠定人力资本的基础。当然,此处有些项目的内容与社会救助(特别是公共资助)难以完全区分开来,如国家出面提供的儿童照顾服务、公共住房等。社会投资的资金来源绝大多数来自一般性税收,也有部分可能来自专项税收或定项收费。

上述这三类福利,用日本学者武川正吾的术语来说,属于给付性的(即国家要出钱出物或者直接提供服务)。在他看来,还有一类规制性的福利(即"以公共权力为媒介的政府的规制,如食品卫生法、建筑标准法、有关经济交易的规制等"[3])不能忽视,因为社会性规制的历史很长(如通过工厂法建立劳动者保护、消费者权益保护等),而且往往是福利国家的开端。不过,正如武川正吾自己也指出的,社会性规制所需的财政支出较少,测定极为困难。就本书而言,此类内容大多包含在前述的生产国家之中,此处不再予以讨论。

还值得注意的是,"充分就业"作为政策目标,以及在实践中政府为实现充分就业而举办的项目,具有比较特殊的地位。一方面,充分就业是生产国家中的重要内容,目的在于充分动员与利用资源(包括人力与物力),以取得更好的经济增长水平;另一方面,它又是福利国家中的重要内容,政府若能实现充分就业的目标,就能减少社会救济、巩固社会保险(保险费大多依托于工资而征收)。此外,福利国家的社会投资项目本身也可以为充分就业提供帮助,甚至创造直接的就

[1] 丁东红:《福利国家:社会公平的底线》,广东教育出版社 2012 年版,第 119 页。
[2] 同上书,第 99 页。
[3] 武川正吾:《福利国家的社会学》,商务印书馆 2011 年版,第 11—18 页。

业机会，例如国家出面雇佣失业人员来提供儿童照顾服务等。

此外，福利国家建设与马斯格雷夫强调的财政在收入分配方面的职能密切相关，但并不完全一致。福利国家的各种措施有收入分配的效果，但无论是手段、目标还是效果都不一样。财政学中的收入分配，一般指的是国民收入的二次分配，即在市场分配基础上由政府通过税收和转移支付等手段，将收入从富者转移给穷者，以缩小贫富之间的差距（可用收入或财富的基尼系数来衡量），在效果上显得相对消极。而福利国家在生产、再生产、分配等多环节同时进行，既有财政手段也有保险、管制等手段的运用，其目标侧重于保障所有公民（当然主要是低收入者）的基本福利，效果上显得更为积极。

如前所述，就财政而言，福利项目的资金来源，既可能来源于一般性税收，也可能来自专门的税收（如社会保险税或工薪税）或专项的收费（如社会保险费）。另外还有一些资金被用在个人福利保障上，但可能并未体现在政府账户中（如个人为养老目的进行储蓄或购买商业保险），这些资金常常会得到政府的税收优惠帮助或者受到政府的监管。与此相应，就福利的管理而言，有的完全由政府部门来承担，有的大量依托工会、行业协会等社会团体甚至营利性企业来进行（政府多数时候会给予一定的财政支持或实行监管）。需要强调的是，福利国家的发展并不排斥家庭（血缘网络）、市场（包括企业）、自愿的组织和慈善机构对于福利的提供。相反，这几个方面福利项目的发展，在多数情况下得到了国家的支持与鼓励。因此，个体能得到的全部福利，实际上是所有这些福利项目供应的总和。正像许多人注意到的，相对于欧洲国家，日本的国家并没有直接提供高水平的福利，但在包括企业在内的社会机制作用下，日本人民仍然教育良好、医疗有助、老有所保。

（二）福利国家的制度模式

虽然在现代国家诞生之前，上述三类福利项目即已萌芽，但大体说来它们是西方国家成长到一定阶段后才有先有后地发展起来的。这三类项目，就试图实现的目标而言，已不再像税收国家和生产国家那样具有集体性，而在相当程度上是为了保障个体的需要而运用一系列财政工具建构出来的，其结果是形成了用整体的力量保障每一个个体的现代国家。对于西方国家由不同的条件、不同的路径而发展出来的不同福利项目与制度，学者们尝试着将其划分为不同的制度模式，以揭示当前福利国家蕴含的根本特征。

学者们很早就注意到西方国家有两种不同的社会保险模式，即以欧洲大陆国家特别是俾斯麦时期德国奠定的采用相对纯粹保险原则为前提的社会保险模式，以及以斯堪的纳维亚半岛、英国、加拿大和新西兰等国采用的以一般税收为基础和公共提供为前提的公民身份模式。与此相对应，一种传统的福利国家模式分类就分为这两大类，分别称为俾斯麦型福利国家和贝弗里奇型福利国家（下文将说到贝弗里奇的福利方案）。在此基础上，又出现了多种模式分类。

丹麦学者艾斯平-安德森对西方福利国家的模式分类，目前看来影响仍然很大。在他看来，西方福利国家制度上大致有以下三种模式。

（1）盎格鲁-撒克逊模式。该模式起源于政府的济贫责任，相信并利用市场提供福利，政府只承担弥补市场缺失的责任，典型表现为英国和美国。

（2）欧洲大陆传统模式。该模式提供的福利，依赖于就业及与薪酬相关联的保险计划，还高度依赖于家庭。就是说，家庭成员的福利，取决于男性劳动力获得的社会保险项目，以及家庭成员（妇女）照料儿童和老人的程度，典型表现为德国和法国。在这一模式下，由于政府与行业协会、工会甚至雇主组织等就保险、养老等事务保持着密切的合作，因而它也被称为合作主义、法团主义或三方伙伴主义[1]。

（3）社会民主模式。该模式主要通行于斯堪的纳维亚国家，在此模式下，个人获得福利仅凭自己的公民资格，与自己的就业、薪酬或家庭状况无关。艾斯平-安德森特别强调该模式实现劳动力“去商品化”的目标，他的意见在福利国家研究领域得到广泛的重视[2]。

迪特姆斯提出了另外一种福利国家模式的三分法，分别称为“剩余福利型国家”（旨在使贫穷最小化）、“工业绩效型国家”（通过社会保险保障人们现有社会地位状况和特权）、“制度再分配型国家”（对需求人口提供普遍性的服务，并把福利政策当作最基本的国策，把享受社会福利看作所有公民的社会权利）[3]。这一三分法，与艾斯平-安德森的三分法（盎格鲁-撒克逊模式、欧洲大陆传统模式、社会民主模式）内容基本相同，只不过在名称和强调的重点方面有所不同。

三、福利国家成长的原因与动力

为什么19世纪下半叶起，西方国家纷纷转向了福利国家，在财政上将福利

[1] 郑秉文：“‘合作主义’理论与现代福利制度”，载于米什拉：《资本主义社会的福利国家》，法律出版社2003年版，跋。
[2] 艾斯平-安德森：《福利资本主义的三个世界》，法律出版社2003年版，中文版序言。
[3] 丁开杰、林义选：《后福利国家》，上海三联书店2004年版，第4页。

保障作为国家制度建设的主要内容？这里至少有两个方面的必然性趋势。一方面，福利国家是税收国家的直接后果，就是说既然国家是用公众税收（特别是个人所得税）养活的，那么这种由公众金钱支持的国家，就只能提供公共服务；在此时，传统税收国家承担的国防职能需求大幅下降，而在生产国家建设达到一定阶段后，国家又日益退出直接的生产活动，于是要求国家提供的公共服务更多的已不再是国防和生产活动，而越来越集中在个人福利上。换言之，国家要使用公众的税收，就必须提供公众所要求的福利服务，也就是必须成为福利国家。另一方面，国家日益现代化的过程，总是伴随着传统共同体（大家庭、宗教社区、封建纽带、工匠行会、传统市镇等）的不断解体，以及个人渐渐获得独立的主体地位。但在面对因现代化而日渐增长的风险（失业、贫困、紧张的劳资关系、恶化的环境等）时，个人的应对能力严重不足，此时只能由国家来承担传统小共同体（家庭、教会等）的职责，用国家整体的力量来保障每一个生命，提供基本的福利，分担个人遭遇的风险。或者说，只有在国家能够提供基本的社会福利、有效化解社会基本风险的前提下，个人才能真正地自由和独立，现代国家也才渐趋于完成。

福利国家是怎样成长起来的？对这个问题，已有无数的学者进行过探讨。接下来我们简单从经济思想的资源、历史的契机和现实的动力三方面进行总结。在接下来的第十二至十四章，本书将主要从三种现实动力出发探索其中的思想发展轨迹。

（一）经济学对福利国家的肯定

本书主要基于财政政治学进行研究，但就福利国家的建设而言，经济学也提供了重要的思想资源。下面作一些简要的介绍。

1. 经济学对济贫行为的论证

在社会科学中，古典经济学是比较早地关注收入分配与穷人福利的学科。在第十二章将会提到，是斯密论证了穷人的尊严与国家救助的正当性。到了19世纪，更是出现了很多以“财富的分配”为题的经济学书籍。但就总体而言，正如豪斯曼和麦克弗森所评价的：“自由主义主流理论——包括政治经济学和政治理论——从18世纪到现在很大程度上并未对经济正义概念感到烦恼。18世纪和19世纪确实对分析什么东西决定国民收入在地主、工业资本家和工人之间分配感兴趣，但是，因为他们相信自由竞争市场所从事的已是最好的分配，他们并不按正义原则讨论分配”[1]。虽说经济学总体上更重视市场的分配，但在19世

---

[1] 汪行福：《分配正义与社会保障》，上海财经大学出版社2003年版，第43页。

纪末20世纪初的经济学家，对社会问题和穷人的痛苦还是关注的。马歇尔在1890年《经济学原理》的开篇即说，“经济学是一门研究财富的学问，同时也是一门研究人的学问”，他认为完全摆脱贫困的可能性，是经济学研究的主要目标和最高利益[1]。

显然，为帮助穷人提供最强经济理论支持的，是前已述及的福利经济学。在其创始人庇古看来，将富人的部分财富转给穷人，将会增加整个社会的总体效用。这也是经济学支持国家进行收入再分配的主要理由，即社会正义这样的伦理价值应该由可测量的效用（功利）后果来表达，国家出面可以促进社会效用或者说整体福利的最大化。因此，以功利主义为基础的福利经济学在20世纪上半叶支持福利政策，许多经济学者相信人类有能力通过国家来解决贫困问题，为此他们积极支持建立为公众提供教育、健康、养老等福利的国家制度。

可自从持有“序数效用论”的学者对个人间效用可比性进行有力的批评后，经济学家们普遍接受了人际间效用不可比这一结论。于是，传统福利经济学对收入分配的支持基础事实上已不再存在。因为既然人际间效用不可比，那么将富人的一部分收入转给穷人后，并无确切的方法得知总体效用净值或者平均的社会幸福是否增加。所以在相当程度上，特别是20世纪40年代以后，虽然在政治实践中国家已进行大量的收入再分配活动，但经济学的发展却越来越远离现实的分配问题。经济学者也许会去计算类似于基尼系数这样的衡量收入差距的指标，并指出降低基尼系数是值得努力的目标，但并无确切的依据说明到底基尼系数是多少才算是正义。正因如此，很多经济学者在研究时已不再将分配方面的正义问题纳入考虑的范围，甚至认为市场分配是唯一正义的收入分配方式。

相对来说，运用经济理论从事财政研究的学者，倒一直提倡运用税收与支出手段对财富进行一定程度的重新分配，虽然不一定使用分配正义这样的术语。早在斯密、李嘉图等古典学者那里，就讨论过财政手段（比如通过向富人征税来举办主要为穷人受益的公共项目）对分配的影响。前已经述及的密尔，他更是在著作中主张运用财政手段来干预市场分配结果（生产上保持私有制以鼓励效率、收入上实行一定程度的再分配以促进公平）。以庇古为代表、基于福利经济学而构建财政理论的学者，更是将重新分配现有财富或收入作为财政的重要职能，他们认为以此可以大大增加社会福利。后来，福利经济学的基础虽然已从基数效用论变为序数效用论，但财政学在解释需要用财政手段进行财富或收入的再分

[1] 马歇尔：《经济学原理》，商务印书馆1964年版，第1—2页。

配时,事实上仍经常将基数效用论作为论证工具。在20世纪50年代,“现代财政学之父”马斯格雷夫将“收入分配”与资源配置、经济稳定并列为财政的三大职能,写入他那本影响力极大的教科书《财政学理论》中。马斯格雷夫的这本教科书奠定了现代财政学的基本面貌,运用财政手段救济穷人、改善收入分配也因此成为现代国家的标准治理行为。

2. 经济学对市场缺陷的研究

在第八章中曾经提及,20世纪70年代之前经济学尤其是凯恩斯宏观经济学的发展,肯定了市场缺陷的存在和市场体系自身的不稳定。这样,失业与贫困等问题的出现,在相当程度上来自宏观的原因,而非源自个人的原因,或者说个人在道德上不应该为自己的困境负责也无力负责。

经济结构转型带来的问题也是原有的市场体系所无法解决的。比如说,原来在农业社会,养老并不是大问题。老年人大部分可以在自家土地上继续劳作养活自己,而且他们与农业家庭居住在一起接受家人照料,只有无家可归或失去土地的老人才需要慈善机构(多数由教会出面组织)和公共部门给予一定的救助。但在工业社会,工厂无法雇佣这样的老人,也没有土地供他们劳作,家庭养老机制也很难像农业社会那样继续沿用。

此外,大工业发展带来的工伤、医疗、失业、养老等问题,大多是以一定概率在群体中发生的风险,但保险市场无法有效地应对这些风险。经济学对此给予的解释是,这是由信息不对称而导致的逆向选择和道德风险带来的。逆向选择指的是,在保险费给定的条件下,风险较小的人会认为自己付出的保险费比可能得到的利益大,因而不愿意投保,而愿意投保的大多是风险较大的个人,保险机构为了保本就必须提高保险费,这就会使风险程度低的投保人进一步离开市场,而保险公司为了保本不得不再次提高保险费,如此恶性循环,保险市场可能会因此而崩溃。道德风险指的是,市场保险费率是根据原有风险概率而设定的,可是投保人一旦购买保险后,就有可能会不再负起原来无保险状态下的谨慎责任而放任自己的行为,于是风险概率大大提高,以至于破坏了现有的保险市场。

3. 经济学瑞典学派对福利国家的论证

瑞典之所以走上福利国家之路,经济学的瑞典学派(或称北欧学派、斯德哥尔摩学派)发挥了重要的作用。该学派形成于19世纪末、20世纪初,与维克塞尔的名字紧密联系在一起。维克塞尔的有关学说,第五章和第八章已有述及。在他的影响下以及基于当时的政治经济形势,有许多经济学者主张国家对经济和社会进行干预。特别是在20世纪20、30年代,瑞典经济学家首次在经济学中使用总量分析和动态过程分析的方法，建立了宏观动态经济理论，提倡以宏观货币政策和财政政策为中心的国家干预政策。这些措施，在相当程度上早于、也类似于后来的凯恩斯主义经济理论。

尤其以卡尔·缪尔达尔（Karl Gunnar Myrdal，1898—1987）为代表的一批学者，为了应对1929年起世界范围内的经济大萧条，向瑞典社会民主工党政府提出了类似于凯恩斯主义的建议，即认为危机的关键是社会购买力不足，必须动用国家资金抵消购买力的下降，在危机时期打破预算平衡不仅无害而且有益。于是瑞典政府在1933年率先运用公共工程来应对大规模失业，放松原来对各种失业救济的资格限制。事实证明，瑞典经济学者在此危机时期有关经济的理论是正确的，瑞典政府在不增加税收的前提下创造了工资收入、提高了民众的福利，也使国家的购买力真正增加。

当然，凯恩斯主义在形成之后并影响西方世界之际，瑞典也受其影响，更加坚定了福利国家的建设之路。英国当代工党理论家吉登斯曾经这样评价凯恩斯主义对于福利国家建设的总体影响，显然瑞典也在其中："凯恩斯，这位使战后的福利制度成为共识的经济学大师，并不是一个社会主义者，但他的思想却含有着马克思和社会主义所强调的某些重要方面。与马克思一样，凯恩斯也认为资本主义制度中存在着一些非理性的因素，但他认为这些因素可以在不否定资本主义本身的情况下得到控制，从而使资本主义得到挽救。"[1]

（二）现实的契机与动力

西方国家之所以走向福利国家，除了前述的两方面必然性趋势外，还因为在19世纪末20世纪初有一系列现实的契机发生。当然，这样的契机也只有在现代国家发展过程中才会出现。

首先，伴随工业革命而来的大规模经济增长、人口集中，以及伴随城市化而来的大范围贫困，这种贫困呈现出累积性发展的趋势。

其次，政治上民族国家与大众民主形成。随着普选制的推行，普通纳税人、承受风险能力低的人，越来越多地参与到政治决策过程中，或者有能力影响自己的政治代表，他们纷纷通过选票来强烈地要求国家提供更多的福利措施。

再次，欧洲19世纪格外长的和平，以及伴随教育程度提高、平等意识普及，带来了民众对提升自身状况的强烈要求。

最后，因工业化带来生产率提高，人类社会有史以来第一次能创造出巨大的

[1] 张世鹏：《西欧社会民主主义政党指导思想的历史演变》，山东人民出版社2014年版，第215页。

财富，从而为应对现实中兴起的各种“社会问题”提供了必要的资源。

正如艾斯平-安德森强调的，每一个福利国家都是围绕其自身特殊的组织结构、社会分层和社会融合的逻辑而组织起来的，“它们各自源于迥异的历史推动力，遵循着本质不同的发展轨迹”[1]。因此，除了以上所述的契机不同外，西方国家之所以走向福利国家，还因为存在着三种在各国表现不一的历史推动力。

第一种动力源于济贫或者说拯救穷人。济贫本来就是传统国家的财政职能之一，其原因既可能来自君主对自身美德的珍视、对大家长责任的自觉担当，也可能来自基督教传统与天主教会对信徒帮助穷人的要求。因此有学者认为，福利国家的诞生是由于中产阶级的良心被工人阶级的苦难状况所触动。巴里的说法是，“在所有西方民主国家，福利国家起初是一个旨在保护脆弱者免受市场力量的随机效果侵害的体系，而现在已经转变为一个综合性社会安排体系”[2]。

第二种动力源于对资本的服务。资本的成长是推动现代生产力增长与社会发展的动力，可是资本在成长过程中既可能会遭遇劳动的反抗，也有可能受到其自身力量的破坏。因此国家运用各种福利制度，在市场原则基础上尝试削弱资本遇到的反抗并约束资本自身的破坏力量。因这样的动力支配，在建设福利国家时，那些有利于资本增值的制度与措施受到特别的欢迎(如教育与培训)，那些有可能影响资本运作或者替代市场的福利措施常会遭到反对(如国家提供普遍医疗服务)。大体上，资本的发展从福利国家建设中获得了大量的帮助，特别在维持有效率、有纪律的劳动力队伍及其再生产方面。有学者将这样的福利国家建设动力称为“私人资本成本社会化”，即“资本主义私人企业的一部分本应由其自身承担的运营成本，通过国家对社会经济生活的干预而转化为社会成本的经济过程”，具体包括政府建设基础设施以降低私人资本的经营成本、政府从事研究与开发活动、政府举办公共教育与培训以提供高素质而廉价的劳动力、政府用社会保险与福利措施以稳定社会秩序等[3]。正因如此，许多马克思主义学者在解释战后各国福利发展时坚持认为，福利是资本家采用的一种新的控制手段，是继续剥削工人却不会导致社会动荡的新方式[4]。

第三种动力源于劳动的非商品化。进入现代国家后，相对于传统社会，劳动

[1] 艾斯平-安德森:《福利资本主义的三个世界》，法律出版社 2003 年版，第 3 页。

[2] 巴里:《福利》，吉林人民出版社 2005 年版，第 119 页。

[3] 刘洁:《私人资本成本社会化——发达资本主义国家财政制度演进研究》，南开大学出版社 2009 年版，第 2 页。

[4] 刘娟凤:《福利国家》，国家行政学院出版社 2014 年版，第 21 页。

者已取得最大程度的解放,但仍受制于资本,劳动力被作为商品在市场上买卖并为市场关系所束缚。于是劳动者以个人权利为旗帜,通过自身努力(如工人运动以及与中产阶级结盟等)并借助于大众民主,努力地将自身从商品境地中解放出来。福利国家的发展,在相当程度上正是劳动者把劳动力这一虚构商品去商品化、修正市场体系、保护社会关系、帮助社会适应市场扩张的结果。20 世纪初欧洲各国《社会保险法》的出台,离不开社会民主党人的斗争和工人运动的推动。许多学者因此认为,以劳动解放为目标的社会民主运动才是福利国家制度建设最基础、最主要的政治推动力量。

(三) 以三种动力为出发点探索福利国家成长的道路

如前所述,西方在福利国家形成方面,除了济贫这一源于同情心的动力外,更多的是资本与劳动两种要素互动作用的结果。正如恩格斯所言,“资本和劳动的关系,是我们全部现代社会体系所围绕旋转的轴心”[1]。米什拉的说法是,“福利国家不仅象征着资本与劳动之间,也象征着资本主义民主国家与其公民之间关于一系列保证与权利的一个新契约或战后安排”[2]。

本章将把上述三种动力作为出发点来分析福利国家形成的路径,由此产生福利国家成长的三条典型道路:①以拯救穷人为起点的道路,即一开始统治者将救济穷人视为自己在市场之外施加的美德,后来发展到国家为每个公民提供最低福利保障,其典型代表为完整地经历过从传统国家向现代国家转型的英国;②以服务资本为起点的道路,即一开始将福利制度视为国家补救资本破坏性力量的消极措施,进而构建起积极服务资本长期利益的福利制度,其典型代表为美国;③以解放劳动为起点的道路,即一开始把福利制度作为帮助工人摆脱纯粹商品地位的措施,后来发展为与资本共同发展但侧重于劳工的全民福利制度,其典型代表是瑞典。

需要说明的是,本书接下来以三个国家为典型代表来考察福利国家成长的三条道路,并不意味作为典型的国家在福利制度建设过程中只受一种动力影响。比如英国,本书将其作为由济贫动力推动的福利国家发展典型来叙述,但劳动解放的动力在 20 世纪初期特别是 1945 年以后也深刻地影响这个国家。还有些国家,虽然福利制度建设进程始终在进行,但在不同时期其主要动力却可能有变化。比如德国,从俾斯麦时期直至第二次世界大战后,拯救穷人、服务资本与劳

---

[1] 《马克思恩格斯选集》(第 2 卷),人民出版社 2012 年版,第 70 页。
[2] 米什拉:《资本主义社会的福利国家》,法律出版社 2003 年版,第 22 页。

动解放等动力始终都存在，不同时期作用大小表现不同。

此处举出“三”种典型，并不意味着只有这三种动力或三种路径，事实上，推动福利国家形成的动力还有很多，接下来在叙述时也会提及，但不作详细的讨论。说到底，也许正如一位学者说到的，“事实上，既没有什么具体的社会经济变量组合在一起造就了福利国家，也不是什么特别的集团行动者建立了福利国家。不如说，反对未受节制的资本主义的各种运动的主角，在政治光谱上什么人都有”[1]。

四、以拯救穷人为起点的英国福利国家的道路实践

英国是以拯救穷人为起点的福利国家建设的典型。作为从传统国家向现代国家转型的先行者，英国面对传统意义上的穷人和城市化进程中出现的剩余劳动力，在传统慈善事业的基础上，由国家出面建设福利制度。在此过程中，英国先是根据一定标准只对穷人展开生活救济，后来依照公民资格给所有需要帮助的公民多种福利。接下来简要叙述一下英国福利国家建设的实践历程，以此作为第十二章探索财政思想驯化作用的背景。

（一）英国福利国家建设的历史背景

英国至少在17世纪前后，就已由国家出面对穷人进行一定的救济。统治者如此行为的目的，可能是要赢得穷人对国家（君主）的忠诚，并将日益严重的流浪乞讨等问题控制在一定的范围内。此时济贫仍未成为国家的义务或者穷人的权利，正如马歇尔在20世纪50年代所说，“贫穷公民从社会得到救济作为合法权利的观点，只有不到一百年的时间”[2]。在伊丽莎白一世时代，虽然颁布了《济贫法》[3]，以教区为单位组织救济，但仍将穷人视为惯于偷懒与说谎的人，因而

---

[1] Francis G. Castles, etc. edited: *The Oxford Handbook of The welfare State*, Oxford University Press, 2010, p.5.

[2] 弗莱施哈克尔：《分配正义简史》，译林出版社2010年版，第73页。

[3] 1601年伊丽莎白一世女王期间，英国颁布《济贫法》。该法将贫困者分为三类：第一类是无工作能力的老、病、弱、残障者，这类人员可以住在自己的家里接受救济；第二类是贫困儿童，特别是孤儿，这类人由治安法官安排，指定到合适的家庭寄养，达到一定年龄时再送去当学徒；第三类是有劳动能力的成年人，对这一类人不予救助，而强制其做工或者直接送到教养院或监狱。在济贫组织方面，教区是济贫的基本单位，教区的治安法官具体负责济贫事宜，并且以向居民及房地产所有者征收济贫税、接受捐款等为主要资金来源。直到1834年的新《济贫法》颁布后，英国才在议会中成立三人济贫委员会（后改为专门的济贫部），将济贫工作变成政府的常规性工作。但即使在这部新《济贫法》中，仍然规定要设立劳动院，所有领取救济金的人都必须到劳动院参加繁重的劳动，且劳动院生活水平不能高于院外，多数时候因生活条件恶劣而让众多贫困者望而却步。

对申请救济者设立了严格的审查条件。国家对身体健康却不工作的穷人进行惩罚，并要求获得救济的人必须从事指定的工作。因此，此时的济贫活动既是慈善，在相当程度上也是侮辱。

直到19世纪上半叶，英国政府的济贫制度仍将贫困者区分为无助的贫困、非自愿失业造成的贫困和游手好闲的贫困三种。政府以惩罚和劳动改造的方法对待身体健康的流浪者，以强迫就业和苦役的方式来对待失业者，只对那些符合"资格"的贫困者（年老、残疾、孤儿）才给予国家救助[1]。显然，这样一种尚处于雏形中的福利制度是补救性质的，它最突出的特征是以（真正的）匮乏或者说贫困为基础，而不像后来的福利制度那样依托于保险机制、以贡献为基础，或者以公民资格为基础。在这一时期，基于宗教原因与家长责任，保守党对于济贫制度建设与济贫活动贡献良多；相对于自由党来说，此时的保守党更赞同实施劳工法案及提供适度的福利。

（二）英国福利国家建设的初步

到19世纪晚期直至20世纪上半叶，英国福利国家在现实中开始发展起来。在此期间，制度的发展主要由自由党倡导与支持。受社会主义思想影响的工党，在政治舞台上对福利国家建设的影响也越来越大。而同时期的保守党，在福利国家建设方面的作用反而没那么积极，但也分享着建设福利国家的共识，并发挥了积极的批评与不断完善的作用。

概而言之，1880年以后曾长期信奉最小国家理念的自由党人，在面对英国猖獗蔓延的贫困、疾病与苦难时，转变了过去的观念，积极主张国家要干预经济与社会，通过由税收支持的福利制度对财富实施再分配，以帮助那些处于社会底层的穷人。1906年，倡导改革的自由党大选获胜。尤其是1908年赫伯特·亨利·阿斯奎斯（Herbert Henry Asquith，1908—1916年任首相）接任首相、劳合·乔治任财政大臣之后，作为第十二章将述及的新自由主义思想（这一名称与第十章提及的20世纪80年代的新自由主义同名而异质）的代表人物，他们进一步加大了社会改革的力度，新建了许多福利项目。例如，他们取消了雇主强迫工会赔偿"罢工损失"的权利，颁布了《工厂争议法》（建立从地方到中央的劳资纠纷调解机构），实行8小时工资制等。1906—1911年，英国创立了一系列今天被视为福利国家的制度，如雇主对意外事故的补偿责任（1906）、国家财政支持的适度

---

[1] 周弘：《福利国家向何处去》，社会科学文献出版社2006年版，第73页。

养老金(1908)、健康与失业保险[1](1911)、最低工资标准(1912),以及提供学校饮食、为学生提供医疗服务等。

上述这些福利项目要实施的话,自然离不开财政手段的支持与配合。1907年阿斯奎斯在新预算中,对年收入超过 2 000 镑的"非劳动所得"征收超额所得税,对 15 万镑以上的产业征收累进遗产税。1909 年财政大臣劳合·乔治决心实行更大胆的财政改革,以寻觅新的税源解决财政赤字问题,于是他提出一个"人民预算案"或称"福利预算"的政府预算案。预算案提出了几项增加税收的措施:①提高所得税,年收入 500 镑以上者,征收 4%—20%的累进所得税;②提高遗产税(对遗产超过 100 镑者,征收 1%以上的累进遗产税,特别对遗产超过 5 000 镑者征收高额遗产税);③准备实行三种土地税:所有出售土地只要增值都征收 20%的土地增值税;租地人租期届满课征增值利益 10%的归佃税;对未开垦的土地及矿山按年征收闲置税;④增加汽油税、贩酒执照税、烟税和酒税等。对于初步形成的福利国家,"人民预算案"提出了一项根本原则,那就是自觉地通过税收的征收与使用,来建设各种福利项目,以调节国民收入的分配状况,实现用富人的税收扶助穷人的目的。

"人民预算案"还引发了上下院的一场斗争。1909 年英国下院通过的"人民预算案"议案,被上院否决,说这是"对富人的剥夺",是"革命和社会主义的预算案"。下院和新闻界一致谴责说,上院这是在侵夺久已确认的下院单独掌管钱袋的权力,是违宪行为,因为上院不否决财政议案已 200 年。1910 年 3 月,英国下院通过了新的议会权力议案:上院无权否决或修正财政案,下院通过的财政议案送到上院 1 个月以后自动成为法律;上院否决普通议案必须限在 2 年之内,否决期不得超过 2 年;任何法律如果经下院 3 次通过,即使上院不同意也可呈报国王签署成为法律;议会任期由 7 年改为 5 年等。这一议案,极大地改变了英国的政治生态。

(三) 英国福利国家建设的高潮

正式成立于 1906 年的英国工党,由自由党的左翼与工会成员构成,自由党

[1] 1911 年颁布的《健康与失业法》(又称《国民保险法》),是英国政府利用财政力量真正解决工人阶级生活问题的开始,它包括健康保险和失业保险两部分。根据该法律规定,年收入不到 160 英镑的工人(占工人的多数)和职员都得参加强制性的失业保险和健康保险。健康保险基金由雇主、职工和国家共同缴纳;职工在患病期间可从健康保险基金领取津贴。失业保险是为有劳动能力的人在失业期间提供的一种暂时保险,基金也由雇主、职工和国家共同缴纳,适用于民用建筑、工程建筑、造船、铸造、机械工程、车辆制造和机械锯木等 7 个工业部门。受保人必须在缴纳 5 次失业保险(每周 7 先令)以后才能领取失业补助,每年享受失业保险不超过 15 周。

的右翼纷纷加入了此时转向支持自由放任政策、反对政府干预的保守党。不过，保守党对福利国家建设仍给予了一定的支持，只是在范围和方式上与自由党、工党有区别。

在第二次世界大战期间的1942年，威廉·贝弗里奇（William Beveridge，1879—1963）发表了著名的《贝弗里奇报告》，提出英国应该以三种方式建立社会保障制度，即社会保险、社会救济和自愿保险。这样的社会保障制度或者上文说到的贝弗里奇型福利国家，大致上有以下准则：统一共担（不管原有的收入与支出水平，所有的家庭都一律按统一标准上缴费用并领取津贴）；保障充分（领取津贴的数额与时间要充分，范围要全面广泛）；国家负责（由中央政府进行统一行政管理，不像过去那样由地方政府分散进行）；保险优先（按保险原则，区别不同社会阶层用不同方式建立社会保险制度）。在《贝弗里奇报告》中，他明确敦促建立福利国家，为民众提供全面的"从摇篮到坟墓的保障"，以便与"匮乏、疾病、无知、肮脏和懒散"等五大恶魔作斗争。《贝弗里奇报告》的精神，是基于传统的济贫做法，先设立全国的最低生活线（由税收供给，无须个人缴费），然后在这个基础上附加私人保险（需要个人缴费）和特定社会救助，并专门为儿童提供补贴，最后再以一种国家统一供给的医疗服务体系来保证所有公民对于医疗的需求。贝弗里奇提倡的福利国家，在内容上远远超越了基于恩惠原则的传统济贫做法。

1945年工党上台执政，对英国来说意味着一个新的时代，即福利国家时代的开始。工党政府积极地以上述《贝弗里奇报告》为蓝图构建英国福利国家，负责起草报告的贝弗里奇爵士也因此获得"福利国家之父"的美誉。从1945年起仅用三年时间，工党政府就颁布了各项法律，以便建成福利国家制度体系，其中最重要的有《社会保险法》(1946)、《国民卫生保健服务法》(1946)、《家庭补助法》(1945)、《国民保险（工伤）法》(1946)、《国民救济法》(1948)等。在1948年，工党领袖艾德礼首相宣布英国成为世界上第一个福利国家，并声称将进一步推动煤炭、铁路和钢铁等工业领域的国有化。表11-5反映的是英国福利国家的核心制度国民医疗保险系统的资金来源，可见税收对医疗保险制度的支持作用。以1974/1975财政年度为例，这一年国民医疗保险系统中，91.3%的资金来源于税收，5.7%来自保险，2.6%来自收费。可见，一般性税收的支持对于英国国民医疗体系的重要作用。

表 11-5　英国 20 世纪 50—70 年代国民医疗保险系统资金来源　　单位:%

财年	税收	保险	收费
1950/1951	87.6	9.4	0.7
1956/1957	88.7	6.4	4.7
1962/1963	77.1	17.2	5.5
1974/1975	91.3	5.7	2.6

资料来源:唐顿,《公平税赋:1914—1979 年英国税收政治》,经济科学出版社 2017 年版,第 227 页。

在丘吉尔为首的保守党于 1951 年重获政权后,他们宣称,福利国家不只是工党的发明,也是保守党的创造。于是,在保守党接下来执政的 12 年中,他们虽然取消了工党部分国有化措施,但继续举办各项福利事业。1955 年英国保守党财政大臣巴特勒提出的预算方案,与此前工党财政大臣盖茨克尔的方案没有什么差别,以至于英国《经济学人》周刊创造了一个新词"巴特茨克尔"来调侃二人的共同性。这种共同性就是在战后年代两党达成的共识:混合经济、宏观经济调控、福利国家建设。就是说,这一时期英国福利国家建设是在两党没有较大分歧的情况下得以完成的。

在英国福利国家的成长过程中,有两个明显的变化反映了英国福利国家的特点:一是从自愿慈善性救济与选择性公共服务模式向全民保障和最低标准的普遍主义模式转变;另一个是用统一集中的福利提供方式,取代旧有的分散的、地方的福利提供方式。

在 20 世纪 80 年保守党执政后,英国实行了前述的福利国家收缩。1998 年工党上台执政后,又实行了第十五章将述及的"第三条道路"政策,对福利国家制度进行了调整。不过总体而言,英国福利国家制度的精神实质(即全民保障和最低标准的普遍主义模式、统一集中的福利提供方式等),并未改变。

五、以服务资本为起点的美国福利国家的道路实践

在 19 世纪末 20 世纪初进步主义运动的推动下,在欧陆与英国福利制度建设成就的影响下,特别是在 1929 年大萧条给社会带来巨大破坏的背景下,美国也逐渐通过制度建设走上福利国家之路。在这一进程中,最重要的一步是由罗斯福新政迈出的,不过福利国家建设高潮要到肯尼迪-约翰逊时期的"伟大社会"计划提出后才出现。

(一) 美国福利国家建设的历史背景

正如艾斯平-安德森反复强调的，像美国这样的国家，在福利制度建设方面是“落伍者”[1]。在19世纪下半叶乃至20世纪初期，美国国家提供的福利计划，服务的目标是“保护士兵和母亲”，就是说针对内战军人建立起伤残补助、住房、教育津贴和退伍兵养老制度，以及对妇女(特别是寡妇)和儿童也有一些福利制度。尤其是针对内战退伍兵建立的养老金项目，是当时世界上最大的公共养老金制度。随着内战幸存者在20世纪初纷纷去世，退伍军人养老金项目随后逐渐衰亡，未能在此基础上兴起一种针对更多人群的广泛养老金制度。

此时，通过企业的工会与资方谈判，也有不少企业(特别是铁路、矿山、船运等)获得基于企业主资助、工人互济的养老金、医疗保障及其他保障(如失业、丧葬等)措施。政府部门的雇员，在养老金、医疗方面也有相对于其他人来说比较可靠甚至慷慨的保障，如1928年100万名政府雇员几乎都得到了养老金覆盖。这些福利项目都是家长式的或者说恩典式的，一般都要从经营收入中支出(1926年美国的《税收法案》才允许对部分保险费在税前扣除)，在性质上属于市场补救型，并服务于资本的目的(第十三章将对此详细讨论)。

在20世纪前20年，英国和德国等国家的一些经济与福利措施，也有一些被介绍到美国来，并在一些州率先得到采用，如前面提到的最低工资法案、对雇佣童工与女工的管制、卫生管制、工时限制以及对工人的赔偿等。

(二) 罗斯福新政中的福利国家建设

富兰克林·罗斯福总统之所以成为美国福利国家的关键奠基者，除了第十三章将述及的思想原因与实践经验外，最为重要的是他遭遇到大萧条这一史无前例的现象。1929年开始的大萧条，是美国历史上迄今为止最为严重的经济危机。直到1933年，全国仍有近1 700万人失业(占总劳力的四分之一)，有200万人四处流浪(其中16岁至21岁的年轻人达25万以上)。这样的大规模失业与贫困，将原来依赖市场解决工作、依靠工作解决贫困问题的幻想打得粉碎，不受节制的资本所具有的破坏性力量也由此暴露无遗。所以，罗斯福总统面对的任务是，通过构建福利国家，在约束资本破坏性力量的同时保护其长期的利益，当然也拯救“命运的弃儿”即穷人。1932年9月23日，在旧金山一次演说中，罗斯福指出美国面临新情况，“高度集中的经济体制”和金融势力的“不负责任与贪婪(如果不加控制)会使众多的个人陷于饥饿和贫困”，使“我们过去所理解的机

[1] 艾斯平-安德森：《转型中的福利国家》，商务印书馆2010年版，第179页。

会均等已经不复存在","我们正在稳步走向经济寡头制,甚至已经进入了经济寡头制","成为一种威胁"[1]。

通常将罗斯福新政分为前后两个阶段。第一阶段从1933年到1934年底或1935年初,此为应急阶段,主要是紧急医治严重经济危机造成的创伤,提出一些复兴经济的法案和计划。第二阶段从1935—1936年的高峰时期到1938年,这是制度变革阶段,主要是发动一些具有长远意义的政治、经济和社会改革,以防止再次发生供过于求的萧条。对于福利国家建设而言,重要的措施主要有:建立和完善社会保障制度(扩大社会救济的规模、通过《社会保障法》);调整资本与劳动的关系(《全国劳工关系法》《公平劳动标准法案》);限制垄断经济力量(通过1935年银行法限制金融寡头势力、运用公用事业控股公司法来限制与民生密切相关的垄断企业)等。

这里简单交代一下罗斯福新政中的重要内容。罗斯福在1933年至1935年初提出的复兴经济的法案和计划大致内容有:挽救银行危机,改革金融制度(银行短期歇业、颁布《紧急银行法》并放弃金本位制、隔离商业银行和投资银行业务等);颁布工业复兴计划(《全国工业复兴法》),援助工商业;颁布《农业调整法》,帮助农业复兴,维持农产品价格;针对大规模失业人口提供紧急救济(设立联邦紧急救济署、援助州和地方政府救济资金的枯竭、举办公共工程以工代赈)。1935年7月5日,罗斯福总统签署了《瓦格纳-康纳里全国劳工关系法》,亦即众所周知的《瓦格纳法案》。《瓦格纳法案》的核心是,宣布那些不让劳工有自己的组织而先成立公司工会的行为非法,还规定了雇工可以有通过自己选择的代表就工资水平与资方进行集体谈判的权利以及禁止企业对工会及其成员实施不公平的劳动措施。这是一个里程碑式的法律。在实质上,这是用立法的力量,帮助工会建立对劳动力的垄断以对抗资本家对资本的垄断。1935年罗斯福签署的《社会保障法》,体现了他1932年在一次演说中表达的希望:"如果对老者和病人不能照顾,不能为壮者提供工作,不能把年轻人注入工业体系之中,听任无保障的阴影笼罩每个家庭,那就不是一个能够存在下去,或是应该存在下去的政府。而一个应该存在下去的政府是要去负责国家的人民,负责他们从'摇篮到坟墓'整个的一生"[2]。

罗斯福新政铸造了美国福利国家的制度,并因此在相当程度上重塑了现代

[1] 刘绪贻、李存训:《美国通史》(第5卷),人民出版社2002年版,第72—73页

[2] 同上书,第73页。

的美国。其中,最具标志性意义的是1935年8月颁布实施的《社会保障法》(也译为《社会保险法》)。该法律紧赶欧洲福利国家的建设步伐,要求联邦政府成立社会保障局负责实施法律,并规定了社会保障包括四个方面:养老金、失业保险、老年保险,以及针对盲人、需赡养儿童和其他遭遇不幸者的救济。自1935年以来,它已经历过20多次修改,见证了美国福利国家的成长。联邦政府后来陆续颁布多项社会保障政策和法令,大多都是在此基础上加以延续、扩大和调整形成的。对此部法律,罗斯福自己也评价很高,他在签署《社会保障法》时说:"过去百年来的文明社会,由于它惊人的工业变化,曾经趋向于使得生活越来越不安全,年轻人开始担心他们将来的老境如何,有工作的人则担心他们的工作能保持多久"[1],而由政府出面建立福利国家制度,可以给这些人以一定的安全感,即使再遇到大萧条,也能让失业者保证温饱,"免于匮乏"。《社会保障法》是罗斯福新政时期政治争议的中心,在后世美国史学家眼中,它是"新政"立法中最重要的法律。

显然,福利国家的建设需要有财政措施的配合,福利国家的功能发挥必然对财政职能提出要求。就财政措施而言,罗斯福新政期间值得重点注意的有以下几项。

(1) 实行扩张性的财政支出与赤字财政,突破正统的平衡预算观。用增发公债获取的资金来支持财政开支,成为新政最重要的特征之一。

(2) 实施以再分配财富为目的的税收政策。这主要体现为1935年的《税收法案》,该法案以征收联邦遗产税与赠予税、对非常巨大的个人净收入[2]和公司收入征收累进所得税为手段,达到收入再分配的目的。

(3) 用公共生产的方式解决就业、提供公共设施以及保护自然环境。就是说,政府直接有偿地雇佣失业劳动力修建校舍、办公楼、医院等,并特别招收城市失业青年保护自然环境、整治国土等。尤其值得一提的是前已提及的田纳西河流域管理局,通过公共生产方式进行综合水利建设,并达到多项目标:控制洪水、防止土壤侵蚀、植树造林、改良耕地、多样化工业布局等。

---

[1] 王萍:《从清教神坛到福利国家——美国工作伦理的演变》,中央编译出版社2016年版,第162页。

[2] 1911年开始,美国各州纷纷进行税收改革,为全国性改革奠定了基础。1913年《联邦宪法》第16条修正案第一次赋予国会课征所得税之权,此后联邦政府正式开征个人所得税。随着大萧条的降临,危机不断加深,公众要求财富再分配的呼声也再度高涨,由此诞生了1935年的财产税法。1935年罗斯福总统发动的这场税制改革,是头一回直接掏富人的腰包,它引起了企业界和保守势力报刊的强烈反对。罗斯福坚持认为,对高收入阶层过多的积蓄课税,然后通过政府支出,将这笔税款转化为消费者的购买力,能够振兴国家的经济,最终也有利于资本自身。

1941年8月14日罗斯福与丘吉尔签署《大西洋宪章》，在其中重点关注社会福利，特别是"为所有人确保提高劳动条件、经济改善和社会保障"（第5点），以及"地球上所有人生活在免于恐惧与匮乏的自由之中"（第6点），并以此为基础合作进行反法西斯战争。这一举动，既是第十二及十三章将述及的英国新自由主义与美国新自由主义合流的象征，又是西方现代国家发展到福利国家这一阶段的正式宣告。与此同时，它又奠定了战后全球福利国家发展的基础，体现为《世界人权宣言》(1948)之中对社会福利权的规定。

（三）美国福利国家的建成

罗斯福新政及其对福利国家的建设，鼓舞了一代美国人。他们相信，国家对经济的调节和提供福利是社会进步的标志。自此至20世纪70年代初，这一想法成为历届政府的精神支柱。从理论界到实务部门，普遍地相信个人的潜能，也相信政府的力量，认为在市场机制和个人努力的前提下，通过政府的干预，可以实现一个更加美好的社会。肯尼迪总统后来发起的"新边疆"运动、约翰逊总统发起的"伟大社会"运动，使得美国国家的福利功能全面扩张，福利国家建设也达到高潮。不过，正如波拉克强调的，与其他西方国家不同，第二次世界大战后美国的福利支出的增加并未伴随军事开支的大幅下降，"国防支出有增无减，用于社会项目上的开支则增加得更多"[1]。

1. 从肯尼迪到尼克松

虽然经过持续不断的福利国家建设，可在1962年前后，迈克尔·哈林顿在《另一个美国：美国的贫困》一书中指出，当时的美国近四分之一人口为贫困人口（4千万至5千万人）。这本书大大触动了肯尼迪总统，成为他后来实施"反贫困"计划的重要推动力[2]。肯尼迪总统基于美国新自由主义思想（第十三章将述及）表示："如果自由主义者指的是一个人向前看而不是向后看，欢迎新思想而不是固执僵化，关心人民的福利——他们的健康、住房、学校、工作、民权和公民自由……如果自由主义指的是这些，那么我很自豪地说我是一个自由主义者。"[3]这样一种消灭贫困、为人民提供福利的行动，肯尼迪将其类比于历史上向西部边疆的扩张运动，称其为"新边疆"运动。

真正贯彻肯尼迪福利主张并将其进一步深化的，是他的继任者约翰逊总统。

---

[1] Sheldon D. Pollack, *War, Revenue, and State Building*, Cornell University Press, 2009, p.257.
[2] 王萍：《从清教神坛到福利国家——美国工作伦理的演变》，中央编译出版社2016年版，第173页。
[3] 钱满素：《美国自由主义的历史变迁》，生活·读书·新知三联书店出版社2006年版，第204—205页。

1964 年 3 月，他向国会递交“向贫困宣战”的特别咨文。在该咨文中，约翰逊重申表面上丰裕的美国实际上存在着严重的贫困，美国总统应该承担起特殊的责任。两个月后，他在密歇根大学提出了“伟大社会”的构想。“伟大社会”计划近 500 项，几乎每个人都得到一点福利支持：老年人的医疗保险、年轻人的教育援助、商业公司的税收退款、劳工的最低工资、农场主的补贴、非熟练工人的技能培训等。另外该计划还为饥饿者提供高额补助，为司机配置安全带，为退休工人提供津贴，为失业者提供高额补助，为消费者保护权益，为大众美化并保护自然环境等。“伟大社会”计划提出后，美国上下为之激动，许多人相信约翰逊总统的宣言，即美国在历史上第一次可以战胜贫穷。在“伟大社会”计划的实施过程中，美国开始了前所未有的社会改革：通过教育、培训等措施来提高劳动者的能力，通过无所不包的福利措施使劳动者免受市场所带来的痛苦，通过大规模基础建设刺激劳动力与资本之间的交换关系，通过共同决策、共同投资等方式来增加市场的可预见性，让黑人获得全部平等的权利，并以新的立法和巨大的资源去处理犯罪、贫穷等社会问题。“伟大社会”的目的，就是要把美国建成一个人人平等、福利健全的“伟大社会”，这是美国福利国家建设最为高调的时期。

到 20 世纪 70 年代初，福利国家的干预政策已经遍及美国社会各个领域，政府成为经济活动和社会生活的主要组织者，美国福利国家建设也达到一个高峰。可是随着向贫困宣战计划越来越复杂，投入的资金越来越多，美国人发现贫穷减少得并不多，而现实运行的福利制度与实际状况令人难以乐观。在 1970 年，尼克松总统发表国情咨文时表示，美国福利国家政策需要调整，“现在美国需要的不是更多的福利，而是更多的工作福利”。他从三方面调整福利制度：提供就业机会和职业培训、增加收入；限制联邦政府对国家经济事务的干预，实施还政于州、还政于民；引入市场机制，促进私人和社区福利事业的发展。可尼克松调整福利制度的结果，并未缩小福利国家的规模，正如有人评论过的：“现代福利体系最大的一次扩张是在号称保守的尼克松任内完成的，其规模和范围令约翰逊的‘伟大社会’都相形见绌。”[1]

2. 美国福利国家制度的内容

经进步主义运动时期的肇始、由罗斯福总统奠基、再经约翰逊总统推向高潮的美国福利国家建设，到 20 世纪 70 年代构建起大致三个层次的福利制度：联邦政府实施的社会保障制度；社会组织实施的员工保障计划（如企业年金制度，政

---

[1] 王萍：《从清教神坛到福利国家——美国工作伦理的演变》，中央编译出版社 2016 年版，第 186 页。

府对此有税收优惠);个人选择的社会保险项目。由联邦政府实施的社会保障制度,主要内容又包括三大部分:扶贫支出项目(对经过资产或资格调查后确认是穷人或其他确有需要者进行补助,主要提供儿童津贴、医疗补助、食品券、住房资助等);社会保险金计划(主要为基于工薪税而建立的养老保险和失业保险);医疗保障方案(对购买私人医疗保险者给予税收优惠,对65岁以上老人提供医疗保险)。其中,美国福利国家制度的核心就是前文提及的《社会保障法》,它提供的养老保险、失业保险、老人医疗保险,以及对盲人、需抚养儿童和其他不幸者的救济,涉及上述美国联邦社会保障制度三大部分的主要内容(除此之外的内容则由其他专项法律规定)。

美国福利国家的建设得到了财政手段的积极支持。在财政上,一方面累进性的个人所得税、由雇主和雇员共担的工薪税(按工资基数征收)和各种直接税,在缩小贫富差距的同时为福利项目提供资金,联邦政府在税收上还用优惠手段鼓励雇主为雇员提供私人福利,特别是对企业集体退休保险金采用延迟征税等手段予以鼓励;另一方面通过巨额转移支出来提供福利。就美国转移支出占国民生产总值(GNP)的比重而言,1929年该比例为0.25%,1939年为2%。而在20世纪60、70年代福利国家建设高潮期间,转移支出占到了财政总支出的大头,从24.8%(1960)升至45.7%(1976)。转移支出在相当程度上是服务于贫穷阶层的,因而大大缓解了社会的贫富悬殊状态并保障了低收入阶层的健康福利。与此同时,它也引起财政支出膨胀与赤字的增长,并进而带来许多问题,成为20世纪70年代起福利国家遭受批评并出现一定程度收缩的重要原因。

需要再次指出的是,美国由政府提供福利的基础,仍是强调个人自立,要求依靠“普遍繁荣和增长的市场奇迹”来解决问题。这一福利制度,强调劳动力要服从资本法则或市场原则,通过就业来解决贫困,而不是把重点放在纯粹的福利资金转移上。比如政府发起各种社会计划,基本上都是在为个人创造工作机会、创造提高收入的机会,如改善教育环境、运用教育拨款进行职业培训、实施社区行动方案等。尼克松总统提出的“工作福利”口号,更是清晰地表明了这一点。

六、以劳动解放为起点的瑞典福利国家道路的实践

基于瑞典自身的历史背景以及社会民主主义理念,再加上为了吸引更多选民(尤其是中产阶层)的支持,长期执政的瑞典社会民主工党(以下简称瑞典社民党)慢慢发展出相对独特的福利国家制度,即以实现劳动解放(或者说劳动力非

商品化)为目标而将所有公民都纳入其中的福利制度体系。该体系的资金主要来源于一般性税收和雇主缴费,提供的福利主要是无需财产调查的普及性公共资助。这样的制度一般用"瑞典模式"来归类,也有学者称其为"北欧模式"或"斯堪的纳维亚模式",因为丹麦、挪威、芬兰等北欧国家在制度上与瑞典非常相似。

(一) 瑞典社民党执政初期的福利国家建设

瑞典的国民基本属于同一民族,具有几乎相同的文化和宗教价值观。在进入现代社会之前,瑞典也已有一些传统社会救济措施,集中在济贫、救死扶伤及教育事业上。所有这些,都是后来建设瑞典式福利国家的基础。

1. 福利国家建设的基础:选择性福利制度

在瑞典这样的君主制国家,具有家长式思维的君主、贵族和教会,很早就对穷人承担起一定的福利责任。后来,逐渐成长起来的资产阶级出于维护资本、削弱工人反抗的目的,也为工人提供了部分福利措施。在此过程中,传统的基尔特或手工业行会也组织起来,提供限于社团内部的职业性福利计划或互助措施。而新兴的工人阶级则借助于工会和一些传统组织形式,为自己集体性地提供部分福利计划或互助互济措施。这些福利计划或互助措施,此时已经得到国家的注意与立法的支持。19 世纪末 20 世纪初国家在福利方面的立法行动,主要有两个方面:一是基于传统的社会济贫措施而对社会救济行为给予一定的立法支持与财政援助;二是基于已逐渐发展的基尔特或工会的精算保险计划(根据个人缴费和就业记录进行),给予财政援助或立法强制(比如将部分雇主缴费从自愿的恩惠转变为立法的强制)。

瑞典在此时期对福利的立法,比起同时期的其他国家来说毫不逊色甚至有过之。比如对于工人的保护,以下事项都可视为标志性事件:《公共健康法》(1875)、《工人赔偿法》(1901)、《劳工福利法》(1912)、《8 小时工作日法》(1919)。对于以养老金问题为核心的社会保险制度,以下事件也是具有标志性的:1884 年通过《社会保险法案》(受到反对而难以实施);1905 年成立养老金问题委员会;1913 年通过《全国养老金法案》(世界上第一个全国性社会养老保障计划,以缴费为原则)。与此同时,瑞典进一步改革原有的社会救济制度,在接受收入调查的基础上,对有需要者提供公共救济,对无力缴费参与养老计划的人也提供免费的养老救济。在儿童保护方面,瑞典立法也走在世界先进国家的前列:1881 年就颁布《童工法》,1902 年颁布《儿童法》(对受忽视和陷入贫困的儿童提供福利)。在健康保险方面,1891 年瑞典就实施自愿性疾病保险互助计划,国家对保险团体提供资助。

瑞典在这一时期提供的上述福利措施，绝大部分都是选择性的：养老基于缴费、救济需要调查、医疗投保依赖自愿。

2. 社民党尝试建立普遍性福利国家

瑞典社民党自 1889 年成立起，就在贯彻普选权、组织工会、缩短工作时间、改善工人待遇等方面，领导工人向雇主及国家提出要求，甚至不惜以发动全国总罢工为威胁。在相当程度上，瑞典的雇主以妥协回应了社民党的要求[1]。在瑞典社民党成为议会中具有重要地位的反对党和联合执政党之后，它更进一步地影响了国家的决策。

1923 年瑞典社民党开始上台执政，在第十四章将述及的“人民之家”的旗号下，推行各项福利政策。这些政策大体包括两个方面：一是建立各种保险制度，如失业保险、基本养老金制度、病休制度、儿童津贴（不论家庭收入多少）等；二是提供各种免费或低费用的社会服务，如教育、医疗、托儿、老年住宅等。“人民之家”这样的概念，基本上能够代表瑞典社民党从 1932 年至 1976 年对福利国家的基本设想与雄心勃勃的努力。

1929 年后，在世界经济危机的背景下，以汉森为领导人的社民党将政策重点进一步转到反危机和福利制度上来。特别是在 1932 年选举成功实现稳定执政之后，社民党以全面、平等和普救主义的社会保障制度取代原有的相对分散的、选择性的福利安排。

大体上，第二次世界大战结束前的瑞典社民党主要从以下几个方面建设福利国家，并为第二次世界大战后的瑞典模式福利国家奠定了巩固的基础。

第一，针对工人遭遇的失业风险，尤其是为世界经济危机所激化的失业问题，致力于建立失业保险制度。政府资助互助性团体提供失业保险计划（基于工会原有相关组织以及原来成员定期交费的机制），并在全国范围内建立劳动介绍

[1] 此处简单介绍一下瑞典劳资双方的妥协。由瑞典总工会（1898 年成立）和雇主协会在 1906 年达成的“十二月妥协”，具有极为重要的历史意义。该妥协的主要内容为：总工会承诺将要求工人尊重企业主指挥生产和分配工作的权利，承认企业主有解雇工人的权力；而雇主协会则承认工人有参加社团（包括工会）活动的权利，承认工人有跟企业主谈判的权利。该事件是后来瑞典福利国家发展的重要历史背景。1938 年瑞典社民党与资方又达成一项历史性妥协，承诺在保持私人所有权的基础上，政府将采用凯恩斯主义经济政策维持充分就业；与此同时，政府还将运用累进税收、公共提供（如教育、健康和住房）等手段去降低经济不平等、满足集体福利。在瑞典社民党主导下，1946 年又达成了工作咨询委员会协议，该协议由工会联合会、雇主联合会、白领雇员工会三方达成。这既是一份解决劳资纠纷的集体性政治协议，也是一份重要的劳动保护和社会保障集体协议。事实上，它标志着瑞典社民党与其他政党之间达成了政党的妥协和合作，资产阶级与工人阶级之间达成了阶级妥协与合作，工人阶级内部不同群体之间也达成了利益群体的妥协。

制度,无条件提供服务。

第二,改革养老金制度。1935 年改革原来基于收入调查的养老金制度,使其成为对所有低工资者都适用的普遍性养老金制度。同时,大幅度提高退休人员的基本养老金(依照各地生活水平有所调整)。

第三,改革健康方面的制度。1931 年规定所有健康保险互助团体,必须接受国家的资助(每一个经济部门国家仅资助 1 个),且需要按照国家的规定运行。这样,健康保险制度就由内部互助型变为强制性的有国家资助的普遍制度。

第四,针对住房问题。1933 年瑞典成立社会住房委员会,成立国家住房贷款办公室,同时改善乡村家庭住房。1935 年社会住房委员会为有孩子的低收入家庭提供贷款,1938 年为低收入家庭建造自己的私人住宅提供贷款(乡村居民享有同样权利)。政府还采取措施,降低住房租金标准。

第五,其他一些福利保障措施。比如,1930 年颁布了《工作时间限制法》(一周内工作不得超过 48 小时),并实施带薪休假制度。对儿童实施特别的保护,例如对童工工作时间进行限定,在失业保险制度中对失业家庭儿童抚养作出了相关规定,工伤保险中对因工伤而失去收入来源的家庭的孩子抚养作出明确规定。1936 年向养育儿童的母亲提供救助,并实施免费的生育服务。1939 年,制定《妇女就业法》以保护妇女相关权利。

(二) 第二次世界大战后瑞典的福利国家建设

第二次世界大战结束后,瑞典在战前奠定的福利制度基础上,继续以"人民之家"为口号建设福利国家。为了应对通货膨胀和获得国际竞争力,瑞典社民党政府运用积极的人力资源政策和团结工资政策,希望能将福利提供、工人生活水平提高与零通胀的长期经济增长协调起来。

1. 制度建设

在第二次世界大战结束前,瑞典在福利国家建设方面仍是选择性的,福利提供的范围(养老、工伤、失业及疾病)与质量都非常有限,济贫仍是主要目标,即提供基本的、最低标准的给付以避免任何人陷入困境。第二次世界大战后,瑞典经济增长率高、失业率低,再加上在社民党主导下,劳资关系也比较和谐,因此瑞典福利国家在制度上全面发展,从选择性发展为普遍性。它的福利提供超越了最基本的生活需求,福利接受者得到的福利给付能使其达到中等收入水平。在相当程度上,这意味着工人已从市场上获得解放,在相当长时间内不工作也能保持中等生活水平,因而劳动力在相当程度上摆脱了商品化的命运。

大致上,瑞典在第二次世界大战后就以下几个方面进一步发展了福利国家制度。

(1) 养老金制度方面。1948 年瑞典颁布《全民养老法》，对每位年满 67 岁(后改为 65 岁)的瑞典公民，不论经济状况如何，也不论是否从事过有收入的工作，都给一份数额相同的、能够满足最基本需要的养老金。基本养老金领取者还可以得到特别的住房与亲属津贴，另外还包括残疾人养老金与寡妇养老金。这样国家就建立起基本普遍的养老金制度，资金来源于个人缴费与国家财政(即一般性税收)。与此同时也举办自愿养老保险计划，为老年人提供额外养老保险金。1960 年建立雇主缴费的补充养老金制度，并强制性地与收入相联系。1969 年实行一种特殊的补充养老金(针对没有领取补充养老金，或虽领取但标准较低的老人)。1976 年建立针对临时工的养老金制度，并实行较低的退休年龄。

(2) 健康保险制度方面。1946 年瑞典通过新的《健康保险法》，在瑞典第一次针对全体公民建立起强制性的健康保险制度。自 1951 年起，每一个 16 岁以上瑞典公民都参加，被保险人只需支付 1/4 的医生诊疗费用。1962 年新国民保险法将健康保险制度与其他各种社会保险制度合并，并提高了健康保险每日现金补贴标准，自营就业者也有权领取。瑞典的健康保险，采取强制性缴费(个人和雇主)和国家财政支持相结合的办法，缴费、津贴标准与收入情况相联系。

(3) 社会救济制度方面。1950 年，瑞典提出建立一种普遍的社会救济制度，为没有资格得到社会保险津贴或津贴数量不足的人提供帮助。1957 年，它用社会救济代替济贫法救济，将获得社会救济作为公民的权利。社会救济的资金主要由中央负担，方式上以现金为主。

(4) 儿童福利制度方面。1948 年，瑞典通过法令实行普遍性儿童福利制度，取消过去单纯依靠提供税收优惠作为儿童福利的做法。1957 年《社会福利与社会救济法》对儿童提供充分的社会福利。社会救济制度下的儿童福利、社会保险制度下的儿童补贴、教育与家庭服务制度下的儿童补贴，共同构成了儿童福利体系。

(5) 劳工福利方面。1946 年瑞典颁布新的《劳工福利法》，扩大实施范围。1948 年开始，对劳动时间、劳动安全、失业保险等制度不断予以完善。瑞典政府对工人还进行广泛培训和再就业工程，以提高就业能力、减少失业，特别是帮助工人从低收入行业和夕阳产业转移到收入较好的、现代化的经济部门。

(6) 其他。在老年福利、残疾人福利等方面，瑞典也出台了一系列规定给予保障。第二次世界大战后到 60 年代中期，政府还完成建造 100 万套住房的计划(部分资金来自养老金剩余)，并于 1969 年进一步改进住宅津贴制度。

总体来看，第二次世界大战后瑞典政府在福利国家建设方面，发挥了积极主导的作用。大部分社会保险制度，逐渐由自愿性、选择性转变为强制性、普遍性，政府也由此建立了庞大的公共服务部门，以便为公民提供“从摇篮到坟墓”的高福利保障。它主要依靠税收提供资金，为几乎所有登记在册的居民（甚至包括移民）提供基本的保障，使得每个公民不依赖于家庭或救济就可以维持体面的生活水准：养老金充足（国家最低养老金之上还有与收入相关的法定养老金）；近乎“免费”的公共医疗；针对早期青少年的全托服务，统一的、融合的、面向所有儿童的十年一贯制教育体制，为残疾和有特殊需要的儿童单独设立学校，通过贷款或补贴等方式为已成年的年轻人接受大学教育提供资助等。在这一时期，瑞典全民福利国家的模式受到国际社会的高度评价。

2. 20 世纪 80 年代瑞典福利国家的新尝试与调整

在全民福利国家的基础上，瑞典社民党仍尝试着进一步推进劳动力的非商品化，这体现在 20 世纪 70 年代末 80 年代初，社民党反复推进的“雇员集体投资基金”计划。该计划大致内容为，政府通过立法手段，每年从所有企业的税前利润中，抽取 20%作为该企业雇员集体投资基金，主要用于购买本企业或公司的股票；该基金的所有权归雇员集体所有，单个雇员无权将自己的份额转让。这一计划的目的是以和平的方式实现社会主义理想（即劳动与资本直接结合），抵制由私人所有制产生的财富高度集中的趋势，增强雇员在生产过程中的权力和影响。后来在实际执行该计划时（1983 年 12 月议会通过《雇员投资基金方案》），原有的严重不利于资方的色彩有所淡化，比如只有超过上限（税后利润达到工资薪金总额的 6%或总额在 50 万瑞典克朗）的企业，才将利润的 20%交给国家，然后由国家拨付给全民养老基金管理委员会建立的雇员集体投资基金委员会去购买企业的股份（每家企业股份不得超过 8%）。

这一严重伤害资方利益的雇员集体投资基金改革，最终以失败告终。对失败的原因，有学者评论说，它“不是败给了瑞典的四个非社会主义政党，而是败给了全球化”[1]。原因在于，资本已可在全球范围内进行投资，资本家可以通过资本外逃来规避福利费负担。就是说，经济活动、劳动力雇佣和工资水平之间的竞争在世界层面上展开，不但急剧改变了人们的生活，而且严重影响到原来局限于民族国家范围内建立的福利国家制度。与此同时，20 世纪 70 年代至 80 年代的石油危机和全球通货膨胀，也给瑞典福利制度带来严重的冲击。另外，经济结

[1] 刘玉安：《告别福利国家？：九十年代以来西欧社会民主党社会政策改革研究》，山东人民出版社 2015 年版，第 106 页。

构全面走向后工业化(服务业比重大大上升,制造业部门就业人口下降到20%)、老龄化社会来临、社会多样化发展等多种原因,也有很大的影响。不过,瑞典福利国家运行成本过于高昂(参见表11-6),肯定也是非常重要的原因。

表11-6 瑞典公共开支、公共收入、财政赤字占GNP的比重 单位:%

年 份	1950	1960	1970	1975	1980
公共开支/GNP	25	33	47	57	63
公共收入/GNP	22	28	40	48	51
财政赤字/GNP	3	5	7	9	12

资料来源:黄范章,《瑞典福利国家的实践与理论》,上海人民出版社1987年版,第103页。

所以,进入20世纪80年代后,瑞典社民党与反对党轮流执政,对福利国家制度进行了改革。从1980年开始,瑞典在养老制度上不断调低养老金津贴、提高退休年龄、增加个人缴费比例、引入个人账户,在公共资助方面减少儿童津贴和失业津贴,在医疗方面实行住院收费与收入挂钩,此外还减少住房补贴、严格社保申请条件等。与此同时,瑞典中央政府将社保的管理下放给地方(即允许各地有差异),要求地方政府多承担责任。在20世纪90年代初,瑞典面临自30年代以来最严重的经济衰退,政府及时调整了劳动力政策,主要措施是对青年人就业实行积极的帮助。瑞典将社会支出的相当部分用于对年轻人的照顾(就业帮助),这鲜明地区别于将社会支出重点放在老年人身上的国家(如美国)。为了促进经济发展,瑞典社会民主党政府还与自由党合作,实施1989—1990年度的"世纪税收改革",降低个人所得税边际税率(最高一档税率调低为50%)。

大体上,瑞典在20世纪90年代福利制度的调整是成功的。1993—1999年,社会福利支出占GDP比重从38.6%降为37%,公共支出占GDP比重从63%降为54%。政府财政状况好转,1998年消除了财政赤字。1995—2007年,它的GDP增长率为每年3.2%,大大超过1981—1994年的1.5%。不过,要看到,虽然经过调整,瑞典以普遍性福利供给为核心的全民福利国家制度并未消失,而且它与高增长、高就业同时并存。"社会党国际"在2005年纲领中,评价瑞典福利国家建设在此方面的成就及原因时说,"瑞典在国际竞争中处境良好。瑞典之所以仍然是世界上最富的国家之一并有着高增长、高就业和良好的经济,重要原因之一就是工人运动为维护工薪者利益而进行的斗争"[1]。

[1] "社会党国际"2005年纲领的全文,可参见高锋、时红:《瑞典社会民主主义模式——述评与文献》,中央编译出版社2009年版,第308—346页。

第十二章　从恩惠到责任：以拯救穷人为起点的福利国家思想道路

前文已述及，推动福利国家兴起或者说将国家驯化为福利国家，在财政思想方面有一个重要推动力是要拯救穷人。拯救穷人或者说济贫，一直以来都是传统国家在治理时的财政活动之一，只不过地位并不高，投入的资金也很少。在实践中，多数济贫活动事实上依赖于私人慈善组织、宗教机构，地方政府层面也有一些。只有在现代国家，济贫活动才在国家职能上日益重要起来，“怎样解决贫困，是推动现代社会并使它感到苦恼的一个重要问题”[1]。

在西方国家中，英国是最早实现现代化的国家，它经历的具有自觉意识的自由放任主义时间最长也最有生气，因而在从自由放任主义向福利制度建设转向时也显得最为深刻。在这一转折进程中，济贫的要求及其思想表达在英国一直是比较强大的推动力，正如格特鲁德·希默尔法布(Gertrude Himmelfarb)所言，在英国“无论是18世纪的托利党还是20世纪的社会主义者都会同意，穷人的状况是检验一个文明、一个民族或者一种哲学的试金石”[2]。在今天，福利国家的主要批评者之一是持有自由放任主义思想的自由至上主义者，但即使是这些自由至上主义者也基本赞成国家要为穷人提供必要的福利。第十一章已大致交代了英国福利国家制度的变迁历史，本章要探讨的是，拯救穷人的思想在福利国家形成时的动力作用以及这一福利国家思想成功驯化英国国家的轨迹。

需要交代的是，济贫之所以能成为福利国家形成的动力，还因为在思想上发

[1] 黑格尔：《法哲学原理》，商务印书馆1961年版，第245页。
[2] Gertrude Himmelfarb, *The Idea of Poverty*, Alfred A., Knope, Inc., 1983, p.4.

生了一场巨大的转折。那就是，在过去济贫被认为是统治者的美德而不是责任，是给予穷人的恩惠而非他们应得的权利；可在19世纪晚期，英国“新自由主义”突破了曼彻斯特自由主义对个人自由与国家干预的看法，认为救济穷人不是恩惠或慈善美德，而是基于公民资格的权利，因而也是国家必须承担的责任。以此为起点，英国才走上了福利国家之路。当然，之所以英国在20世纪上半叶特别是在1945年之后变成福利国家，还受到欧陆社会民主思想的影响及英国工党的现实努力。在所有这些思想与实践的基础上，英国国家才逐渐被驯化成福利国家。

一、英国福利国家成长的思想起点：拯救穷人

像英国这样的西方国家为什么会走上福利国家之路，或者说是怎么被驯化成福利国家的？原因当然有令人高度重视的大众民主、政党政治等方面，但要看到，在大众民主普及之前，这些国家就已有福利政策的出台，而且这些政策的最初倡议者和实行者都是保守的政治家或者开明的君主。就是说，最初推动福利政策的力量，很大程度上来自传统而非现代化过程中的新生力量。就像在英国，政治家或君主之所以很早就推行福利政策，事实上是在延续历史上君主或国家担当的拯救穷人或者说济贫的角色。不过，从传统财政的济贫行为到现代福利政策之间，虽有历史的延续性，但还是有质的差别，前者是出于统治者的恩惠而后者出于国家的责任，二者的转换有一个关键的环节是对穷人态度的变化。

（一）济贫与分配正义

在国家治理中，济贫行为意味着要运用某种税收与支出相结合的手段，将一部分财富从财富拥有者那里（或者国家自己的仓库中）转给穷困的或急需的人。财政上将这样的行为称为“分配”，而为这种分配行为提供正当性说明的就是“分配正义”思想。严格地说，如果将市场上各要素按贡献获取报酬称为“分配”的话，那财政对市场分配结果进行调整的行为，应被称为“再分配”。不过，在学术界，财政分配或财政再分配这两个词都在使用，含义也基本相同。因此，本书接下来在叙述时对这两个词也不作刻意地区分。在现代国家，分配正义在思想上的大致内容是，国家（政治当局或者说工具性国家）有责任进行一定程度的资源（或财富）分配活动，以便满足共同体中每个人（至少是穷人）的需要，至少满足他们最低层次的需要。在此基础上，也有人将分配正义更具体地规定为利用财政

工具缩小贫富差距，具体表现为降低收入或财富分布的基尼系数，并将其作为衡量社会正义的指标。

要注意的是，“分配正义”要求由国家出面对民众（尤其是穷人）的福利供给承担主要责任，这一思想虽在 20 世纪才成为普遍性的意见或者说达成某种共识[1]，但这个词的起源却很早，至少在亚里士多德那里就已经出现。亚里士多德将分配正义视为具体正义的一种，与交换正义相对[2]。所谓交换正义，说的是市场主体之间的交换关系，它的核心原则是公平价格和公平对待；而分配正义指的是确保每个人按其配得值获得应有的回报，对配得值不同的人给予不同的对待，对配得值相同的人给予同等的对待。当然，在亚里士多德那里，配得值是各人的美德或者各人对公共事务的贡献；而他所谓的回报，涉及财富、荣誉、权利等所有有价值的东西的分配。由此可见，亚里士多德的分配正义虽然在术语及思想方面是现代分配正义的渊源，但二者并非一回事。

在亚里士多德之后很长一段时间内，特别在基督教思想取得统治地位后，思想界主流的看法是，人的等级地位与财富状况是由上帝决定的，也是跟自己的本性相应的；一个人如果贫穷，那是因为自己本性低劣或者懒惰。下面的想法，在当时占据着支配性的地位：人类生存的世界对于勤劳、负责、节俭、理智与自助的行为给予奖赏，而对懒惰、浪费、愚蠢及依赖救济的行为给予惩罚，贫困是上帝对懒惰者的惩罚。只有在挨饿的威胁下，穷人才会去勤快地劳动，而这样有利于整个社会。因此，给穷人（特别是儿童、老人等真正的弱者）以某种食物或金钱救济，是一种慈善的美德，但并非统治者的责任，穷人并没有权利得到救济。传统的济贫活动，大多由教堂来进行，有时候也会由地主或富人来举办。作为一种慈善活动，济贫诉诸富人或公众出于同情的道德感，或者说一定程度的利他主义情感。显然，哪怕是到了今天，出于同情的道德感仍然在公共救济制度运行中发挥着作用。但在依赖自利动机的市场经济中，单靠这种情感并不足以提供充分的福利来供应现代化过程中日益积累的贫困人口。特别是在经济危机爆发之时，因大规模失业而出现的众多贫困人口，更加不可能仅仅依靠富人或公众的同情来救济，而必须由国家出场。

只将济贫作为一种慈善事业而非政府应承担的积极的责任，这样的传统做法符合 17—19 世纪支持市场经济发展的基础理论，即自由放任主义。它要求每

[1] 弗莱施哈克尔：《分配正义简史》，译林出版社 2010 年版，第 111 页。
[2] 亚里士多德：《尼各马可伦理学》，商务印书馆 2003 年版，第五卷。

个人在市场中寻求报酬,不承认个人有权通过国家帮助满足基本的需求。正是在这样的精神氛围下,市场逐渐成为工人的牢笼,劳动力被塑造成商品。在今天,许多坚持自由放任主义的学者仍然认为,只有对市场无法解决的贫困,国家才有必要出面解决,在福利理论中这样的观点被称为市场补缺理论或者补救主义理论。

(二)对穷人态度的变化

济贫从统治者的慈善行为变为国家必担的责任,穷人得到救济从作为统治者的恩惠变为自身的权利,在这样的变化过程中有一个重要的心理转换,那就是对穷人态度的变化:贫穷不再被认为源于个人秉性恶劣、不负责任或者源自上帝对坏人的惩罚,而是因为不利的社会环境或社会失调。就是说,变化后的社会心理是,贫穷不是穷人的错,而是社会的果实,政府必须承担起应尽的责任。

在追溯分配正义史时,塞缪尔·弗莱施哈克尔认为突破歧视穷人的关键点在于亚当·斯密,是斯密"对当今我们所说的'分配正义'概念的诞生所作出的贡献比通常所认识到的多多了"[1]。希默尔法布也有类似的说法:"如果说《国富论》一书在有关金钱、贸易或价值等方面的理论上创新并不大的话,那可以说,它在贫困方面的观点以及在如何对待穷人方面的理论,可以称得上是革命性的"[2]。在《国富论》中,斯密描述了穷人的尊严,认为贫穷并非源于人的本性或素质问题。他指出,穷人处于社会最底层,不是天生的或者出自上帝的安排,也不是因为天生邪恶和懒惰,因此穷人理应得到某种帮助[3]。换言之,此时有一种新的信念诞生了,那就是穷人有权得到帮助以摆脱贫困,没有人应该贫穷,也没有人需要贫穷。

如果说穷人不应该也不需要贫穷这一说法成立的话,那么解救穷人的责任在谁呢?斯密的回答是,国家应该采取措施确保参加劳动的穷人得到教育,以培养道德和政治判断力。因此,济贫并非为了针对下层阶级的罪恶或犯罪,而是国家运用公共资金真正地帮助穷人。与斯密基本上处于同一时期的卢梭,强调的也是运用政治手段解决社会问题。正如第四章所述,从卢梭的理论看,穷人也是政治共同体中的公民,他们的意志也参与公共意志的形成,因此运用政治的力量

[1] 弗莱施哈克尔:《分配正义简史》,译林出版社2010年版,第86页。
[2] Gertrude Himmelfarb, *The Idea of Poverty*, Alfred A. Knopf, Inc., 1983, p.46.
[3] 弗莱施哈克尔:《分配正义简史》,译林出版社2010年版,第5页。

来解决贫困问题符合公共意志，受公意指导的政府应该将济贫作为自己应有的职责。黑格尔从另外一个角度论述了由国家出面展开济贫的必要性，那就是现代市场经济(黑格尔称之为“市民社会”)造成的累积性贫困根本不是个人能克服的，国家(普遍权力)必须出面济贫，“由于市民社会使他们失去了自然的谋生手段，并解散了家庭的纽带，使他们在或多或少的程度上丧失了社会的一切好处：受教育和学技能的一般机会，以及司法、保健，有时甚至于宗教的慰藉等等。关于穷人问题，普遍权力接替了家庭的地位，它不但顾到他们的直接匮乏，而且顾到他们嫌恶劳动的情绪，邪僻乖戾，以及从这种状况中和他们所受不法待遇的感情中产生出来的其他罪恶”[1]。在黑格尔看来，“当广大群众的生活降到一定水平之下，从而丧失了自食其力的这种正义、正直和自尊的感情时，就会产生贱民，而贱民之产生同时使不平均的财富更容易集中在少数人手中”[2]。基于此，黑格尔认为，国家的济贫行为是要防止出现贱民，要用国家整体的力量保障每一个个体。

还需交代的是，由国家来解决贫穷问题，如前所述，还与18世纪前后对人性认识的变化有关。就是说，此时越来越多的人认为，没有确定不变的所谓本性，人的性质是由社会环境造就的；如果说有人懒惰或邪恶，那是因为环境如此。这样的思想在法国大革命期间被广泛地宣扬，有许多人赞成由国家出面，通过制度的变革来改变人的行为，从而消灭社会的丑恶，甚至有人认为国家能解决所有的社会问题。例如1796年发动流产政变的法国革命领袖巴贝夫就提到，国家应该捍卫大自然赋予每个人的平等地位(比如同等享受所有财富的权利)，正义要求国家重新分配财富给穷人的，以造就更好的人[3]。1889年查尔斯·布斯在《伦敦人的生活与劳动》一书中认为，伦敦有30%的人生活在贫困线以下。在他看来，大部分劳动者无论是否勤劳，在其一生的不同阶段都存在着遭遇贫困的风险，尤其是幼年时期和老年时期。所以造成贫困的根本原因并不是个人的行为，而是社会经济结构本身的问题[4]。因此，如果由国家出面，通过重新分配财富，提供外部条件或环境，让每个人都得到保护、免于极端贫穷，甚至让每个人都得到教育、健康、工作，那么人就会开发自己的潜力，成为更好的人并真正地实现自由。一旦这样的想法提出，福利国家就成为道德上的必需、国家的责任和个人

[1] 黑格尔：《法哲学原理》，商务印书馆1961年版，第243页。
[2] 同上书，第244页。
[3] 弗莱施哈克尔：《分配正义简史》，译林出版社2010年版，第108页。
[4] 丁东红：《福利国家：社会公平的底线》，广东教育出版社2012年版，第41页。

的应得权利了。

不过，在19世纪上半叶的思想界，认可国家出面进行较大规模财富再分配以保障所有人（首先自然是穷人）基本需要的思想，仍居于非中心的地带。此时占思想界上风的意见仍然是，国家应尽可能不干预财富分配而保持市场形成的财富分配结果。学者们最多承认，国家需要救济"真正的"穷人（为此要进行严格的资格审查）。特别是在赫伯特·斯宾塞（Herbert Spencer，1820—1903）开创的社会达尔文主义看来，财富的分配就应按照有利于强者的方式进行，弱者并无任何权利。他们运用达尔文的生物进化理论证明，穷人之所以穷，就是因为缺乏适应性，或者天生不适合生活在充满竞争的社会之中，私人救济或国家劫富济贫的行为是违背进化规律的无用尝试。斯宾塞相信国家应该避免帮助穷人的原因如下：①穷人是由一群不适合生存的人组成的，不管怎样帮助也起不了多大作用；②优胜劣汰的社会进化过程如果不受干预将消灭贫穷；③社会是无法控制的，所以政府试图解决贫困问题注定要失败；④国家帮助穷人的企图，将腐蚀慈善的美德；⑤这种企图将造成一系列法律问题，因为目标不明确；⑥这种企图将颠覆财产权，而这正是政府提供保护的首要目标[1]。不过，斯宾塞在后期缓和了社会达尔文主义的论调，认为仁慈、怜悯、爱等宗教所崇尚的价值观，在宗旨上与进化论并不矛盾，相互残杀是动物而非人类遵从的法则，不求私利的慈善行为只是进化达到的最高境界而已。

这一时期英国政府在济贫问题上态度和做法的变化，也受到欧陆一些做法的影响。正如英国学者在1890年说的："俾斯麦已经找到了社会邪恶的根源所在，他热情洋溢地宣称，政府的首要职责是关注弱势成员的福利。"[2]当然此时不乏英国学者从社会达尔文主义或自由放任主义出发批评俾斯麦的政策，指责他让德国工人过于"依赖"国家。

在当时正在兴起中的社会主义思想，也把给穷人提供福利作为国家的责任。这是因为，在19世纪上半叶完成工业革命的英国，陷入贫困境地的有相当一部分是工人（特别是失业工人）。于是前述国家出面济贫乃至进行程度不等的财富再分配，与工人阶级发起的社会主义运动结合在一起。到了1909年，社会主义思想家、英国费边社的领袖之一韦伯提出，政府要采取行动以保障强制性的最低文明生活。这种最低生活标准后来作为济贫的要求，成为政府的责任并为英国

[1] 弗莱施哈克尔：《分配正义简史》，译林出版社2010年版，第128页。
[2] 丁开杰、林义：《后福利国家》，上海三联书店2004年版，第5页。

福利国家建设奠定了思想基础。

总之，大概在 19 世纪下半叶，由国家承担起责任解决穷人或弱势群体的困苦，而不考虑他们的功过（贫穷也并非源自个人的品行）的思想，已成为英国福利国家成长动力的一部分。正如当时极有影响的周刊《演讲者》在 1893 年说的，“如果社会主义是指热切关心广大劳动者的疾苦……那么，我们都是这个意义上的社会主义者”[1]。

二、从济贫出发而兴起的英国新自由主义思想

如前所述，为了拯救穷人而进行一定程度的收入再分配，并非今天福利国家的创造，而是古今财政的一项常见的职能。从财政上看，福利国家济贫之所以不同于传统国家：一是认为个人有资格或有权利要求国家给予帮助，国家为穷人提供福利并非出于恩惠的慈善行为；二是认定确实有人无法依靠市场或家庭等小共同体来摆脱贫困的命运，于是国家有必要出面替代家庭或市场的传统济贫作用。

个人有资格要求国家帮助，在理论上也与第四章所述税收国家由民征税的本质有关。就是说，每一个人都是国家内平等的公民，人人都对国家拥有权利资格。特别地，通过前述斯密等人对穷人尊严的论述，“穷人值得拯救”这一想法逐步深入人心。不过，由斯密想法引起的变化，在相当程度上诉诸的是情感而非知识或理论。正如弗莱施哈克尔所说，“导致分配正义现代概念出现的发展是人们情感的变化，而不是他们知识的变化、争论方式的变化或道德理论的变化”[2]。因此，穷人有资格获得国家的必要帮助，还需要理论上的仔细论证。在英国，这是在经历了一个巨大的思想转型之后才实现的，即从曼彻斯特自由主义转向新自由主义。从一定意义上说，这样的转型是英国特有的，它并没有发生在美国或者德国这样的国家，而这又与英国率先进入现代国家且形成比较成熟的古典自由主义理论有关。英国的这一思想转型，最终配合了由国家出面替代教会等传统主体从事济贫活动的发展进程。在现实中，国家在济贫方面的责任不断地加重，设法为工业化过程中因老、伤、病、失业等问题而致贫的劳动者提供福利，并逐渐扩大范围以包括更多的人群。

[1] 弗里登：《英国进步主义思想》，商务印书馆 2018 年版，第 59 页。
[2] 弗莱施哈克尔：《分配正义简史》，译林出版社 2010 年版，第 169 页。

(一) 转折的起点:曼彻斯特学派的古典自由主义

从词源上说,自由主义的核心"自由"显然与奴役相对,强调人的自尊与自主,这样的含义后来被称为消极的自由,意思是政府不需要积极行动而只需放手(因为侵害人的自尊与自主的往往是政府的强制权)。在 19 世纪,"自由主义"一词开始从提倡自由放任的曼彻斯特自由主义向具有国家干预色彩的新自由主义转折,增加了人的发展这一内涵,这样的含义后来被称为积极的自由,意思是需要政府积极行动起来,以提供有助于人发展的条件。那这样的转折是怎么发生的呢?

1. 曼彻斯特自由主义

在西方世界走向现代的进程中,"自由主义"作为一种思潮,历经文艺复兴、宗教改革与启蒙运动等思想运动,慢慢地占据主流地位并被用来处理政治与社会问题。至少在 16—18 世纪近 200 年的时间里,自由主义反对的主要是保守主义(试图保持现有政治社会秩序的思想),强调政治与社会制度应该以实现或至少增强人性尊严(即人有不可剥夺的权利)和人的自主地位(即人可以不受干预地基于理性而自我决策、自主行动)而改造,为此甚至主张不惜重建政治与社会秩序。这一时期自由主义的重点在于,国家应该不干预或至少要少干预个人的生活与决策行为,让社会按其自主的法则前进。

到了 19 世纪初,在牛顿开创的自然科学理论启发下,自由主义理论成为比较成熟的体系,那就是相信人类智慧与理性不但可以发现自然法则,还能发现社会运行规律并予以遵循,无须外力(国家、教会、舆论等)的干预或强制,人类自身就有解决社会问题的能力。类似这样的自由主义思想,既表现为前述洛克、休谟等人的哲学理论,又特别表现在斯密、萨伊等人创立的经济学理论中。斯密为人熟知的"看不见的手"这一比喻,强调的无非是,如果允许人们理性地追求"自我利益"(并对他人利益予以尊重)或者说实行"自由放任",社会就会变得越来越好。

在 19 世纪上半叶,上述自由主义理论表现出越来越明显的经济倾向。可能的原因至少有两个。第一个原因是现实的。那就是随着工业革命的日渐深入,工业生产以及在此基础上形成的工业社会日益占据主流地位,此时经济自由主义真正地兴起并成为支配性的意识形态。这又因为,机器工业生产涉及长期投资并要承担相应的风险,必须由工厂主进行自主决策和自由交易[1]。此外,当

---

[1] 波兰尼:《大转型:我们时代的政治与经济起源》,浙江人民出版社 2007 年版,第 35 页。

时英法等国市民阶级的政治革命已基本完成，自由主义发起的改革，重点也已从政治领域转向经济领域。第二个原因是理论的。那就是17—18世纪基于神学或哲学理由而成为自由主义思想一部分的自然权利、自然法等概念，在理论界日益走向实证主义的过程中，被认为缺乏经验基础而丧失曾有的地位。于是，19世纪的自由主义将至少看起来具有经验基础的功利主义作为自己阐述政治思想的基础，而经济学又近乎全盘以功利主义为自己的理论基础。

以上原因，决定了在19世纪上半叶自由主义思想的主角是经济自由主义；以自由主义为旗帜的学者们，也将研究的焦点放在经济领域，批评政府对经济的干预政策，主张自由贸易、自由经营、自由竞争。在此过程中，曼彻斯特学派的兴起更进一步地奠定了以“自由放任”为核心的自由主义的地位，这样一种自由主义也因此常被称为曼彻斯特自由主义。在与后来兴起的赞成国家干预的“新自由主义”相对时，这种以自由放任为核心的自由主义也被称为“古典自由主义”或者“保守主义”。

1815—1850年，英国城市曼彻斯特是世界的纺织品制造中心。它工业发达、人口密集，被当时的人认为是“最令人羡慕的城市”，是人们可以看到未来形态的地方。但那时的曼彻斯特却饱受《谷物法》之苦，因为这部法律对进口谷物征收高额关税，以至于大大提高了食品价格，并进而推高了工人的工资、提升了工业品的价格，最终削弱了英国工业品在世界市场上的竞争力。之所以实行《谷物法》，利益上的原因主要是确保拥有大量土地的贵族的利益（农产品高价会带来土地的高租金），理论上的原因主要是重商主义提出来的依据（即认为国富源自多出口而少进口，因此需要限制进口）。以理查德·科布登（Richard Cobden）、约翰·布莱登（John Bryden）为首的工商业者，在自由主义知识分子和广大工人的支持下，从1838年起就在曼彻斯特组建“反《谷物法》联盟”。他们以斯密和萨伊等人的著作为依据，大力倡导废除《谷物法》、实行自由贸易，并进而将自由贸易、自由经营、自由竞争等原则强调为具有“永恒的真理性和普遍的应用性”。他们不但反对国家的各种干预政策（如政府对工作时间或雇佣条件的管制），也仇视工会对劳动力供给的垄断。在1846年《谷物法》废除后，这些提倡自由贸易与自由放任的人还组成了一个单独的政治集团，并进而成为自由党的左翼。以曼彻斯特反谷物法为主题的社会运动与思想激辩，大大推动了英国经济自由主义的发展并进一步渗透到政治与社会领域中。也因为如此，后来成为英国首相的保守党政治家与作家本杰明·迪斯累利（Benjamin Disraeli，1804—1881）创造了“曼彻斯特学派”（the school of Manchester）一词（1848）来形容这些倡导经济自由主义的人，而德国社会主义运动的领袖费迪南德·拉萨尔则创造了“曼彻斯特主义”(Manchesterism)一词(1870)，并表示德国社会主义者反对这一思想。

总而言之，以“自由放任”为核心的古典自由主义在19世纪上叶和中叶的英国，占据了政治与社会思潮的主流地位，哪怕是原来支持《谷物法》的保守党，后来也接受了自由贸易的思想。正如萨拜因评价的，“只有在英国，自由主义才确实同时取得了国家哲学和国家政策的地位”[1]。当然，这样强大的思想潮流肯定不能完全归功于曼彻斯特学派，但他们的贡献功不可没。除了思想外，在现实中自1843年至1873年间，英国人安享着经济的繁荣(虽然在1847年、1858年和1867年有过短暂的危机)。1850年，英国的五金制造占世界的40%，棉花和铁的产量占世界的一半，煤炭产量占2/3。到1870年英国产出的钢铁占世界的一半，在19世纪80年代英国拥有了世界1/3的商船，同一时期它建造的轮船和铁道占据了世界总量的绝对多数。这样一个富庶的且愈来愈富的现象，被时人普遍归功于在那时占据上风的经济自由主义的指引。于是，思想与现实的相互作用，进一步巩固了以经济自由主义为核心的古典自由主义的地位。它宣称，人们可以广泛地依赖与相信市场的作用，只有国家或政治权力的干预才会真正威胁人的自由，贫困或缺乏资源并不会限制人的自由。

2. 转折的开始：在功利主义支持下国家开始提供福利

前已提及，19世纪经济自由主义成为古典自由主义的核心，在理论上具有经验基础的功利主义也因此成为古典自由主义的方法论基础。在边沁理论基础上形成的比较系统的功利主义思想，可以为曼彻斯特自由主义进一步提供辩护。不过，边沁等人虽然赞成的是最小国家，但他们的功利主义思想事实上同样能够为国家提供福利进行辩护，只要国家提供福利能够促进最大多数人的最大幸福。在边沁的著作中，就有赞成济贫法的说法；而功利主义思想对货币收入呈边际效用递减的设定，也支持重大的收入再分配政策。所以在边沁的秘书爱德文·查德威克思想中，就出现了坚定的社会福利主张[2]。同样作为功利主义代表人物的亨利·西奇维克更加明确地提出，正义问题一定要而且主要是关心分配问题，而不是保护现有的财产状况，或者说维护天然的、神圣的社会秩序。

---

[1] 萨拜因：《政治学说史》(下卷)，上海人民出版社2008年版，第360页。
[2] 巴里：《福利》，吉林人民出版社2005年版，第31页。

作为边沁理论的继承者,密尔全面接受了边沁的功利主义,但提出需要对其进行适当的修正。他认为,边沁提出的功利主义,只单纯强调功利的"量",显得比较粗陋和浅薄。在吸收了欧陆的哲学思想(尤其是康德的思想)后,密尔强调,快乐不仅有量的差别,而且有质的不同。理性的和道德的快乐,要比仅仅是感官的和肉体的快乐高尚得多。快乐和幸福在质上的差异,是不可以用量来平衡或弥补的。因此,功利主义提倡的应该是,尽量追求质和量两方面的快乐生活。政府的存在,不是为了最大限度实现公民偶然偏爱的那种快乐的量,而应有责任教育公民追求高尚的快乐而不是低级的快乐。个人的快乐和幸福应以他人的快乐和幸福为前提,人们在追求自己快乐的同时,应当顾及一切社会成员的利益。密尔强调,功利主义的道德标准事实上完全承认,为他人的利益作出自我牺牲是善的,因为功利主义判断对错的标准不是行动者自身的幸福而是公众的幸福。好政府要关心人民的美德和智慧被促进的程度,政府要去造就更好的人民,使用的手段是教育和促使人民达到最高的品质。为此,法律和社会组织、教育和舆论都要运用起来,要在个人心灵上树立起如下观念:自己的利益和幸福,与社会全体之间的利益和幸福不可分割。可是,人是否可以达到把他人和社会利益置于自己利益之上这一高尚境界?密尔认为,人有一种"内部制裁力",即人类的良心和社会感情,作为人性中强大的原动力,可以让人们有可能平等地顾及他人,使个人利益和他人利益协调一致。实际上,在密尔看来,人身上有许多不同的潜力,社会应该提供必要的条件,以使每个人都能发挥特殊才能,并使之有益于社会。密尔指出,只有在政府和社会的帮助下,个人才可能发展和理解自己的才智,并自由地追求自身的利益。这时,人们才能在一个文明的社会中,最大限度地实现他们的幸福。萨拜因对密尔修正功利主义的上述做法,作出如下的评述:"他对功利主义的说法拯救了功利主义伦理学,使它不再是干巴巴的教条,他的中心道德观念是真正尊重人,对待人必须充分顾及与其道义责任相称的尊严"[1]。

可见,密尔在这里代表了古典自由主义向新自由主义的一个重要过渡:一方面他承认最终的唯一价值是个人的幸福,个人的利益是政府行动的前提,国家对个人自由应尽可能地不干预;另一方面,他开始以最大限度地实现个人的真正幸福为理由,纠正自由放任主义,强调政府对公民有道德责任,强调政府的教化功能以及为公民的"真正利益"而进行干预,要求政府为个人的自我发展提供条件。

---

[1] 萨拜因:《政治学说史》(下卷),上海人民出版社 2008 年版,第 400 页。

在具体政策上，密尔（特别是在晚年）进一步主张，在保持私有财产和个人竞争的基础上，可以由国家或集体对私人企业进行一定的管理，甚至可以将一切自然资源、铁路、矿山国有化，与此同时通过缩小公民收入差别来缩小财产差别，救济最底层民众。

（二）格林转折与英国新自由主义的产生

英国之所以从曼彻斯特学派主张的自由放任主义（即古典自由主义）转向赞成国家干预的新自由主义，上述经济思想方面的变化固然重要，但政治思想的变化尤为关键，而政治思想变化的标志人物是托马斯·格林（Thomas Hill Green，1836—1882）而非他人。格林的思想，代表着英国政治思想在此时的一个重大转折，它意味着英国从古典自由主义向新自由主义的真正转型。

1. 对国家本质的新看法

如前所述，古典自由主义之所以反对国家干预，在相当程度上是因为它主张国家是必要的"恶"。即使通过斯密等人的论述解决了穷人的尊严问题、通过功利主义的论述说明了国家干预可能有益，但并没有消解古典自由主义所设定的国家的"恶"的本性。密尔强调，快乐有"质"的一面，并在一定程度上将判断与实现"质"的快乐这一任务交给了国家。可是，只有在思想上认定国家本身是"善"的，它才有资格去判断并实现"质"的快乐，如此国家出面拯救穷人、提供福利等行为才具有正当性。在英国，完成了这一思想转型任务的是格林。格林思想的诞生，也契合了英国在19世纪晚期的时代问题，即必须解决因日益发展的资本主义生产方式而形成的严重社会问题，即由经济危机引发的社会危机[1]。

在吸收了黑格尔就国家的伦理功能和人的社会性所发表的看法后，格林对国家和个人自由的关系提出了新的解释，以此为基础发展出他的新自由主义理论[2]。因为与黑格尔唯心主义思想的联系，格林及其追随者所推动的思想转变和政策变化，后来被称为"牛津唯心主义运动"或"新自由主义运动"（以便与古

[1] 在英国，1847—1873年，持续的经济增长使大多数英国人享受了资本主义的好处，这是一个稳定、安全和充满自信的时代。虽然它也存在问题与危机，但当时知识界普遍乐观地相信，所有的问题与危机都可以解决。可是，在格林写作时，即1873年之后，一系列经济和政治事件的发生，动摇了原先的乐观。1873年，物价、利润和收入开始下跌，超出了正常的幅度。直到1896年，虽然商品价格下跌并不是持续性的，但还是跌到1873年的1/3以下。1879年，廉价谷物涌入，租金也大大下降。1884—1889年，技术工人的失业率达7%，非技术工人失业率更高。

[2] 接下来对格林思想的阐述，参考了吴春华：《西方政治思想史》（第4卷），天津人民出版社2006年版，第347—371页。

典自由主义作区分)。

在黑格尔看来,政治演进的最高峰是国家理念在现实中充分展现出来,即实现了现代国家。现代国家是比市民社会更高一级的伦理共同体,也是人格自我实现的一个更高层面,在这里,国家所代表的普遍性同其成员的完全自由和私人幸福统一在一起。在黑格尔的理论中,国家在本质上是善的甚至是最高善。由此理论出发,格林认为,人是一种道德存在物,人最大的自我满足就是道德上的满足,即在追求道德发展的过程中让生活达到至善,这是人的心灵的完善。因此,格林特别反对在19世纪50—70年代流行的休谟经验主义理论与斯宾塞的社会达尔文主义。这是因为,休谟的经验主义将人只看作由自然力量形成的简单结果,而斯宾塞只将人看作生物进化的结果并服从进化法则。格林认为,他们的理论在哲学上会带来虚无主义,在实践中对人的生活有害。他认为,人的独特性在于有自我意识,人的自我反思逐渐向人们揭示人的潜力、作用与责任,这就是实现人的真正的"善"。因此,人在环境中可以逐渐发展个人善并形成道德准则,在实现善的过程中发现真正的自己。构成人之自由的,不仅是做他选择要做的事,而且还在于有能力辨认对他来说真正的善。可人不能在孤独状态中达到自我完善,他必须在社会共同体中与其他公民同胞互动才能达到。任何个人的自我满足与自我完善,都有赖于社会其他成员的发展与完善;道德上充分参与社会生活,对格林来说乃是自我发展的最高形式,而创造这种参与可能性则是自由社会的目的。格林认为,要有外部环境提供人的道德发展所需的各种条件,赤贫很可能引发的是道德败坏。外部条件的最好提供者就是国家,国家必须积极地发挥应有的作用,反映全体成员的共同道德要求,去干预经济和社会生活。因此,政治在本质上乃是一种善的力量,其目的就是为了创建使道德发展成为可能的各种社会条件。

由此,格林为国家干预经济和社会、供给福利提供了理论的支持。格林相信,国家应该培养和保护社会的、政治的、经济的环境,以使身处其中的个人能有最好的机会按自己的良心行动。在格林看来,没有国家,个人权利等于虚无。既然国家中每个成员因国家的承认和保护获得了权利,那么国家中的每一成员对国家都负有必须承担的义务或责任。自愿承担义务也是人作为道德存在物的重要表现,个人服从国家是政治义务,其基础是道德。国家和个人统一于道德,双方都承担责任。

2. 积极的自由

据此,格林认为,功利主义将自由等同于不受障碍限制的主观选择行为是不够的，自由在于人能够积极主动地发挥自己的能力去致力于社会的善，这种自由是一种积极的自由。在他的"自由主义立法与契约自由"演讲中，格林提出，真正的自由乃是"人类社会的所有成员拥有最大的能力来实现最好的自己"，是"从事值得从事之事或享受值得享受之物的一种积极的力量或能力"，"所有形式的自由都是做自己愿意做的事，并且其价值在于服务于这样的目的，即为了共同善而平等地解放所有人的能力"[1]。因此，自由并不仅仅在于让个人摆脱国家的压制和奴役，更在于让个人去做值得做或享受值得享受的事物；一个仅仅站在旁边袖手旁观并在立法上无所作为的政府，是不可能带来自由社会的。国家通过济贫、改善教育与健康等行动，事实上加强了人之自主的自由。因此，国家干预权力的增长并不意味着对个人自由的侵害，个人自由的增长不能以国家权力的减少为标准。只有国家行使更多更大的权力，为国家成员谋求更多更好的利益，促进他们所拥有的能力和力量的发挥，社会中存在的自由才能得到增长，每个成员的自由才能得到增长，每个人才会越来越自由。

所以，在格林看来，一个能够积极地增进公共福利、有效地促进社会自由、提升个人自由的政府就是好政府，这样的国家才是理想国家；国家不仅要保护个人的权利，而且要想办法保证人人都能实现自己的权利。格林认识到，现实中的国家可能并非天然"善"，现实的制度需要向好的方向去改变，而判断好坏的标准是它们能否为每一个公民的道德人格的发展提供助益。而且，国家在实施干预时也必须小心地决定，什么样的自由需要限制以及怎样限制。过分热心或过度笨拙的国家干预，都会减少个人的良心行动机会以至于压制他们的道德行动。国家行动只能在那些清楚强烈、已得到证明个人被束缚的地方进行。即使这样的地方得到确认，格林还是倾向于让有爱意的社会或地方当局而不是国家来首先行动。格林本人主张的国家干预领域有：教育、公共卫生、住房、劳动合同等。由于他在一般意义上认为，一切私有财产权利只有在它们对共同利益有所贡献的情况下才能加以维护，所以他的理论为国家通过立法来干预社会提供了广泛的可能性。

3. 格林为国家干预正名

总之，格林从"道德人"这一基本起点出发，强调人在道德上的可完善性，认为有机的整体优于个人，提倡国家应对个人行为进行积极的干预。他认为只有这样，自我才能得到最好的发展，才能获得真正的自由。格林对道德上共同善的

---

[1] 资料来源：https://history.hanover.edu/texts/green.htm。

强调,对经由国家干预而实现的积极自由的论述,在相当程度上纠正了古典自由主义原来对国家"恶"的本性的设定:国家被视为人类完善自我的必要形式,本质上为"善"(当然现实中的国家需要向理想国家变革)。因此,国家对个人或市场的干预,可以为个人带来更好的福利、实现更大的自由并完成道德上的善。这种思想,一反以往放任的自由主义,在坚持个人自由和权利保障的同时,将重点转向强调国家为公民道德发展提供条件,要求政府创造公民享受自由权利的物质和社会条件。不过,需要说明的是,由于格林在自我的定位中是一个道德哲学家而不是政策建议者,因此他在著作中几乎没有提出什么具体的政府行动计划。

格林的理论,可以说应运而生,适应了英国19世纪下半叶的社会政治与经济环境,符合当时知识分子普遍的求变心态,即进行政治和法律的改革来完善国家,通过国家的干预以促进社会进步等[1]。格林主张,通过国家而实现的自由才是真正的自由。他说的这一自由,已明显不同于古典自由主义中的自由放任。

由以上可见,密尔等人从功利主义出发,格林等人从伦理哲学出发,重新界定了指引英国福利国家发展的自由主义。这样一种自由主义,一方面肯定私有财产、市场竞争与个人权利,如此区别于塞缪尔·柯勒律治(Samuel Taylor Coleridge, 1772—1834)、托马斯·卡莱尔(Thomas Carlyle, 1795—1881)等人在批判工业制度时所表现出来的反自由主义思想,也区别于社会主义思想,另一方面又肯定国家的干预,为国家供给福利的制度奠定了理论基础,以此将自己与自由放任的古典自由主义区别开来。这样的自由主义,在当时被公认为是一种"新"自由主义,是原有自由主义理论与时俱进的发展。

在一定意义上,也可以将格林的工作看作对密尔主张的一种修正,就是说,密尔基于功利主义而表达的新自由主义思想,被格林用一种更一致、更明确的哲学语言重新加以解说。或者说,密尔对国家干预的支持更多地基于结果,而格林的支持更多地源于道义(恢复和扩大个人自由)。当然,二人在理论上的目的也有所不同,密尔更多的是要为现实的国家行动提供政策指引,而格林更重视的"在于重建哲学体系,而指导政治运动的目的则是附带性质的"[2]。

---

[1] 大卫·麦克里兰(David C. McClelland, 1917—1998)强调,在19世纪的西方国家,出现了权威的危机。就是说,"现代世界正走向一个与过去社会根本不同的方向,这一点没有哪个19世纪思想家怀疑,但新社会最恰当的政治权威形式是什么,一直无解"(麦克里兰:《西方政治思想史》,海南出版社2003年版,第509页)。在此背景下,当时运用国家来解决社会问题,完善个人自由日益成为知识分子普遍的心态,或者说这种新自由主义主张的"国家拯救"思想日益代替了古典自由主义所主张的"市场拯救"思想。

[2] 萨拜因:《政治学说史》(下卷),上海人民出版社2008年版,第412页。

虽然格林的最初目的并不在于指引现实世界的发展，但因其契合了时代的要求，风云际会之下成为英国19世纪最后25年极有影响的哲学家。通过学生与追随者的传播，通过学者们广泛引用他的著作（这些著作大多在其去世后才出版），格林的思想影响很快超越了学术界甚至国界。以英国自由党内激进派为代表，许多知识分子纷纷把格林尊奉为思想领袖，根据他的思想提出政治社会改革的对策。在格林的追随者中，就有像伯纳德·鲍桑葵、伦纳德·霍布豪斯、约翰·霍布森（John Atkinson Hobson，1858—1940）等著名的学者，他们是推进英国20世纪福利国家建设的思想者与实践者。

三、指导英国福利国家建设的新自由主义之发展

格林的理论之所以产生比较大的影响，如前所述，更多的是因为契合了那个时代一种普遍而强烈的不公正的感觉，即多数社会成员并没有享受到社会经济发展带来的物质与精神的好处；这种不公正无法通过市场来纠正，所以国家必须出面保障个体，使其能获得经济安全与社会福利。这样的国家，在功能上再也不能无为或者放任，而必须积极地行动；这样的国家也不再是或不应该是“恶”（哪怕承认它的必要），而是或应该是“善”（或者更大的善），它为了人人获得平等的自由和均等的机会而存在。尤其是，在现实中，工人们对工业革命的后果发起了反抗，而这种反抗已逐步地由单独的行动发展成为针对社会、针对国家的有组织的集体行动（如宪章运动）。

追随格林而形成的英国新自由主义者，他们共同的特征是在坚持个人权利（人身自由、财产自由等）的基础上，要求扩大政治权利，主张国家干预经济与社会（特别是救助穷人）。不过，在这些新自由主义者中也有一些分化，一部分人侧重于理论建构，进一步地引进黑格尔等人的学说发展格林的思想（如强调代表普遍意志的国家对社会的整合作用、伦理道德对财富增长的优先地位等），还有一部分人在研究上更趋向实用化，将自己的重点落在为国家提供具体的政策指引上，尤其是利用财政工具来改良国家，“财政政策是自由主义改革家手中的一个重要工具；事实上，它一度是唯一重要的工具”[1]。鲍桑葵和霍布豪斯分别是上述两类人的杰出代表。

---

［1］弗里登：《英国进步主义思想》，商务印书馆2018年版，第200页。

(一) 鲍桑葵对新自由主义理论的发展

伯纳德·鲍桑葵(Bernard Bosanquet, 1848—1932,又译博赞克特),被称为"英国新黑格尔主义国家学说的集大成者"[1]。通过进一步引入黑格尔等人的国家学说,他发展了格林所开创的新自由主义的哲学基础。

1. 公意与真实意志

格林主张,自我乃是一种社会的自我,国家本质上是善的,能够也应该帮助个人完善。对于这一主张的确切含义是什么,鲍桑葵进一步引进黑格尔的思想进行解说,认为国家是公意或普遍意志(general will)的体现,代表着"真实意志"。

对于公意,鲍桑葵引用卢梭的理论说,它不能通过公民集体投票来表达,"区别公共意志与全体意志的并不是投票的人数",而是利益的一致或目标的性质,"全体意志如果以共同利益为目标,就与公共意志是一回事"[2]。鲍桑葵说,不能通过个人去发现一种高尚的道德标准,想从单独的个人和他的特殊性中产生出普遍意志的企图注定要失败。他引用黑格尔将社会制度看作个人和公意的中介这一理论,认为公意存在于一个社会的道德、文化信仰、思想观念之中,也存在于体现它、表达它的法律、道德、经济、社会、政治的制度和实践中,所有的人都从属于不同的制度并参与了它的实践。最终,公意在国家这个最高层次上表达了出来,在这里人们不再把自己看成是市民社会中孤立的原子,而把自己看成是国家的公民,公共利益不再和个人相对立,而成为个人自己的利益。

为了进一步说明公意,鲍桑葵区分人的两种意志,即实际意志和真实意志。他说,"在每一种情况下,我们都可以看到两种意志的对比,一种是实际上怠惰的或自私的意志,另一种就其体现其本性来说,乃是我们所说的真实的或合理的意志,这种意志体现在能为自我创造一种有价值的生活而为自我所追求的目标上"[3]。日常生活琐事行使的是实际意志,注重眼前利益和即时需要,注重自己的私利;真实意志是真正的、理性的、完善的,它所注重的是真正的利益、永久的需要和它的普遍性,注重的是道德和共同的善,公意就是由人所共享的真实意志构成的。真实意志应该负责引导人的实际意志,以寻求人的幸福。如果个人具有充分的道德和充分的智慧,那么就能知道真实的意志,个人的意志就会同这种真实意志相一致。个人在真实意志指引下作为社会成员而存在时,它就是"公

[1] 吴春华:《西方政治思想史》(第4卷),天津人民出版社2006年版,第397页。
[2] 鲍桑葵:《关于国家的哲学理论》,商务印书馆1995年版,第134页。
[3] 同上书,第162页

共的自我”,这种自我反映了它的成员的真正利益和需要。公意是以“共同利益”和“共同的善”为依归,它是为所有共同体当中的所有成员所分享的意志,因此真实意志就是公共意志,不过它是通过社会组织、制度、法律习惯来表现的。真实意志的引导主要体现为社会的制度特别是国家制度对人的实际意志的引导,国家则是这种意志的体现。因此公意是最高的意志,它协调所有的真实意志,使各种具体的真实意志联成一个有机的整体;而理想的国家则体现着公意,是使社会成为整体、走向和谐的源泉,是文明社会中不可缺少的因素,是至高无上的共同体,是完整的道德世界的捍卫者。鲍桑葵接受格林对自由的理解,那就是人的才能的发挥不受阻碍;而要实现这一点,就需要真实意志对实际意志进行约束,“在给不驯服的自我加上重担”,不过只有理想的国家才是能实现“迫使我们自由”的制度[1]。

由此,鲍桑葵的结论是,国家本质上是“善”,它是最高共同体,它的作用就是维护权利,消除那些妨碍人获得自由或实现自我发展的条件。或者说,国家为道德上的自我改进提供了条件。对于19世纪末20世纪初流行的种种改革方案(包括工业国有化在内),鲍桑葵认为,首先是要确认国家是否具有这样的“善”并因此建立起合格的政府,“原则上和实际上的真正争论在于能否建立一个能满足个人责任、发明创造、主动性以及发挥能力等方面的需要的政府”[2],而“把政府当作一种恶,也就不可能说明它对代表善的自我有什么帮助了”[3]。在鲍桑葵看来,“国家的目的就是社会的目的和个人的目的——由意志的基本逻辑所决定的最美好的生活”[4]。当然,现实中的国家,更准确地说是国家的代理人,是有可能不“善”或者说没有“道德”的,但这并非国家的本质,“国家的存在是为了促进美好的生活,它的行为不可能是不注意道德的;但是,不能把国家的行为等同于它的代理人的行为,也不能像评价私人的意志行为那样从道德上评价国家的行为”[5]。

2. 对福利国家建设的看法

对于那个时代的福利国家的建设问题,鲍桑葵也给出了自己的答案。

首先,就英国福利国家建设的起点即济贫问题,鲍桑葵注意到黑格尔早已指出的问题,那就是市场经济一定会产生贫民,这些人生活于最基本的、动物性的层次,事实上不可能自由地追求自我的发展。自由的要件之一是对自由的意识,

[1] 鲍桑葵:《关于国家的哲学理论》,商务印书馆1995年版,第313页。
[2] 同上书,第3版序言第7页。
[3] 同上书,第89页。
[4] 同上书,第191页。
[5] 同上书,第305页。

因此国家有责任要让它最底层的成员也能有意识地享受自由，这就需要政府在财政上大力改善教育，提供食物、住宅等基本生活条件。换言之，鲍桑葵在这里为济贫寻找了新的依据，即济贫不是基于同情而给予穷人的恩惠，它是作为国家底层的成员应得的权利，也是国家应该承担的责任（底层成员的意志也参与了公意的形成）。显然，这里说的穷人是有尊严的穷人。鲍桑葵对当时正流行的社会达尔文主义轻视穷人感到极度不满，他说："我们的民主时代竟会使相信穷人品德的悠久传统变得模糊起来，这将使我们的后代感到惊讶。"[1]当然，他也为运用税收资金从事济贫活动在目的上作出了正面的规定，即"为穷人作出自我牺牲不应意味着出钱去维护一种堕落的情况，而应意味着一种必须使弱者变强的具有普遍持久意义的要求"[2]。

其次，除了济贫外，鲍桑葵强调国家可以也应该对事关公共利益的一切问题进行干预，改变现有不适当的制度、风俗、习惯。在鲍桑葵看来，在市场中活动的生产者和消费者都可能会出现失误，这就要求国家根据代表共同利益的明确原则进行干预。比如说，由国家出面在一定程度上干预契约自由，以确保基本的工作条件。还有，国家应该兴建必要的公共工程和检查环境卫生，查处出售日用品时对公众的欺骗行为等。国家也可以出面建立强制教育制度，以扫除文盲、让儿童获得充分的"基本技术教育"。鲍桑葵也注意到黑格尔所强调的，如果国家能为人人提供教育，干预物价与工资，使贫民生活有依，那就有可能永远压下社会潜在的冲突。不过，鲍桑葵反对国家深入到家庭生活领域，如发放退休金或对儿童实行社会抚养等。他警告，在现实中代表国家来行使权力的政府，并不能独占公意，也不是公意表达的唯一渠道。

（二）霍布豪斯规划新自由主义福利国家蓝图

作为新自由主义理论的重要代表人物，伦纳德·霍布豪斯（Leonard Hobhouse，1864—1929）不但承接了格林的新自由主义思想并依此在福利国家方面展开理论的研究，还规划了很多实践性的福利项目与政策，进而成为英国福利国家的重要奠定者之一。从今天的眼光看，霍布豪斯在理论上并不像格林和鲍桑葵那样有比较完整的体系，他主要的贡献还是实践性的，即为福利制度提出辩护意见，并提出具体的政策主张。

1. 霍布豪斯眼中的社会与国家

霍布豪斯认为，社会是一个建立于人们相互依存、彼此互助基础上的有机

[1] 鲍桑葵：《关于国家的哲学理论》，商务印书馆1995年版，序言第3页。
[2] 同上书，第301页。

体,"是无数个意志世世代代相继促成的。在这无数个意志中,有某种社会因素在起作用"[1],因此不能将社会看作功利主义者主张的个人的简单相加。他将格林的"共同善"用到了对社会的解释上,认为社会是一种道德的联合。他也接受格林等人倡导的自由是一种自我发展的权利这一说法,认为国家是使社会和谐的调节者,担负着为人的个性发展和能力发展提供机会保障的责任。因此,国家在社会生活中应该推行福利计划、发展公共事业,以满足个人在生活、能力发展以及公共生活方面的需要。他认为自由不是消极的没有限制,而必须包括人的个性的充分发展;关心个性发展的自由,需要一种合适的平等概念,只要存在重大的不平等,个人自由就会被地位优越的人转化为支配他人的权力。可见,霍布豪斯说的社会与本书界定的目的性国家基本一致,他说的国家大致相当于本书所用的工具性国家一词。

霍布豪斯心目中的国家,在本质上仍是善的,不过他反对格林、鲍桑葵他们对国家的唯心主义表述方式。他把黑格尔影响下的国家观称为"形而上学的国家论",批评这种看法"声言国家是一个更加伟大的存在物,是一种精神,是一个超人的统一体,个人虽有自己的良心或权利,自己的快乐和痛苦,都只是从属于它的"[2]。根据英国经验主义传统,霍布豪斯将国家具体化地界定为社会中的一种组织,"事实上国家只是人类社会的一个组成部分。它是人们已经建立的一个组织,在一定的程度上是出于自觉的目的"[3]。不过,虽然国家是由一群易犯错误的人组成的易犯错误的社会组织,但它的本质任务依然是要维护公民自由。这种自由不仅仅是简单地防止个人或组织对个人自由的侵犯,更重要的是要关心和促进实质的自由。在他看来,只有在国家运用法律予以保护的情况下,个人和社会才是自由的,"一个社会如果基本上是自由的,那不是因为它的法律很少或者很多,而是因为它的法律能够保证个人有发展和自由结社的机会"[4]。为此,他提出国家的基本责任有:保护个人的生命和财产,这是国家的最基本责任(也因此才拥有唯一合法使用暴力的权力);为个人能力的发挥创造一个良好的环境,创造广泛的就业机会,保障公民能够通过他自己的努力去赢得条件、凭劳动"自我维持";兴办个人不能办到的公共事业(为此国家才拥有征收赋税的权力)。霍布豪斯强调,他所提倡的自由主义,将平等、收入再分配和国家的积极作

---

[1] 霍布豪斯:《形而上学的国家论》,商务印书馆 1997 年版,第 80 页。
[2] 同上书,第 21 页。
[3] 同上书,第 72 页。
[4] 同上书,第 55 页。

用融合在一起，其目的是促进机会的平等，为每个人个性的自由发展提供资源。

当然，霍布豪斯并未忽视国家干预可能带来的恶果。他警告说，国家干预过多可能会导致官僚政治，从而对自由造成威胁。为此，他建议工会、生产合作社、消费者协会、生产者协会、雇主协会等都应该介入社会调控之中，与国家干预形成合作与补充，同时防止国家干预走向极端。

2. 霍布豪斯对福利国家建设的具体政策建议

霍布豪斯将自己基于新自由主义而提出来的设想命名为"自由社会主义"，即政治上坚持民主制及个人自由，经济上实行"混合经济"(由私营、国营、市营、合营等经济形式相混合)。这样，国家干预和自由竞争相结合，成为此种自由主义的重要内容。出于实践的目的，霍布豪斯提出了自由主义的八大要素(公民自由、财政自由、个人自由、社会自由、经济自由、家庭自由、民族自由、国际自由)，在自由主义思想史上第一次归纳与说明了自由主义的要素[1]。他还提出了一种"经济主权"的概念，用来指国家拥有的超越于一切经济企业之上的监督权力。这种权力可以把社会财富的剩余部分，根据社会的公共需要服务于社会目的。

霍布豪斯提出，国家根据经济主权，可以在以下领域干预经济：限制私人财产权，实行一定程度的国有化(掌握对土地、河流等重要生产资料的支配权，把私人所占有的土地、矿山、河流收归国有)；运用财政手段(主要是高额累进税)，缩小日益扩大的贫富悬殊；废除财产继承制度，让大量无功能的社会财富从"死人之手"的控制下解放出来变成社会的财富；通过立法来解决社会问题(比如规定工人的最低工资线、最高工时线，由国家提供工人伤残、疾病、失业、老年等项保险，以保证工人的劳动条件等)。

对于税收，霍布豪斯强调，"把征税当成强迫个人交出完全属于他们的财产的看法是不恰当的。生产活动中有各种社会因素，所以有一些应归于社会而不应归于个人的成分，它们都只能由国家的机构来为共同体获得。征税是用来获得这些集体财富的成分的一种很粗率的办法，而且实际上不一定公平，但是为了公共的目的去获得这样的财力并组织使用乃是国家的职责之一"[2]。就是说，他为税收的合法性提出了另外一种证明，即个人获得的财产有一部分属于社会的功劳，国家可以因此用税收的手段取走这一部分。

霍布豪斯还特别强调，以拯救穷人为出发点的济贫法体系，只是绝望的个人的

[1] 霍布豪斯：《自由主义》，商务印书馆 1996 年版，第二章。
[2] 霍布豪斯：《形而上学的国家论》，商务印书馆 1997 年版，第 72 页。

最后依靠,它并没有为个人提供超过生存之上的机会。因此,霍布豪斯提倡一种最低收入保障制度,或者称为"公民工资"的制度,即由国家出面给每个人发放一笔能够维持基本生活需要的资金,在此基础上每个人再从市场按其贡献获取不等的报酬。在霍布豪斯看来,这样一种救济保障制度并不像过去的慈善制度,个人得到"公民工资"源于自身的权利(公民资格)而非统治者的恩惠,它既能彻底消灭贫困,又不至于伤害个人在市场上的创造精神。因此,这一制度最有益于社会的和谐。由此可见,在霍布豪斯这里,国家济贫行为的依据,已明确从恩惠发展为权利。

霍布豪斯总结说,国家既然是社会和谐的调节者,那就必须为人的个性发展和能力进步提供机会保障,要承担起发展公共事业的责任,那样就势必要推行福利计划,以满足个人在生活、能力发展以及公共生活方面的需要。正因为霍布豪斯针对社会福利规划出一系列的具体方案,所以他成为英国"福利国家的制度设计师"。他的主张,对 20 世纪初自由党政府制定的一系列国家干预政策产生了重要的影响,并进而奠定了英国福利国家的基础。事实上,第十一章提及的新自由主义的忠实支持者贝弗里奇,他为了消除社会弊病而通过国家干预来创建社会福利的"贝弗里奇计划",明显地受到了霍布豪斯为代表的新自由主义思想的影响。

四、英国福利国家思想的成熟

对于英国福利国家建设来说,不仅有上述以拯救穷人为出发点的新自由主义思想奠定的基础,还有其他一系列思潮在 20 世纪的前 50 年参与其中,如此多的思想结合而成为推动性的力量。当然,英国之所以能建成福利国家,除了思想的原因外,还离不开政治家审时度势、顺应时代的实践。不过,相对于瑞典为代表的北欧国家来说,英国在福利国家发展过程中,始终重视市场机制的作用,在相当程度上仍坚持了"穷人靠国家、其他人靠市场"的济贫原则。

如前所述,格林及其追随者倡导一种不同于古典自由主义的新自由主义,其关键点是强调如果国家保持不干预立场或者说仅仅局限于维持秩序、保护契约,那还不是真正的自由主义;真正的自由主义一定需要国家出面确保共同善、提供人类自由的最可能条件。特别是针对穷人来说,真正的自由主义不仅是要提供救济,更重要的是要通过税收和支出手段来干预契约与私人产权,重新分配生活机会,不让贫乏的住房、恶劣的健康、不足的教育和低下的收入束缚他们,使其不能获得可靠的途径去享受机会均等。

到 20 世纪初,英国的政治氛围与 19 世纪初已有相当大的不同。除了上述新自由主义的影响外，还有一大批主张社会改革的学者对英国现实状况展开了调查，并广泛揭露社会问题。比如他们的调查发现，英国虽然日益富裕并已成为日不落帝国，但经济繁荣未给劳动阶级带来好处，人民仍陷于贫困之中。在19世纪90年代，平均国民收入要比19世纪50年代高1倍，但即使在伦敦仍有30%的人口处在贫困线之下，贫困人口聚集在稠密恶劣的贫民窟，与其他人的富裕形成强烈的对比。在第一次世界大战期间，英国政府给250万人体检的结果显示，只有三分之一人口符合服兵役的条件。诸如此类的事实冲击着社会，并日益形成一种强烈的共识，即在国家财富不断增长情况下，产生如此悲惨的状况实在是一种耻辱。

曾两度出任英国首相的保守党领袖本杰明·迪斯累利下面这段名言，反映出当时英国的状况及政治家的担忧。他说，英国的穷人和富人已经分化为格格不入的两类人，带来了两个英国："它们之间没有往来，没有同感；它们好像不同地带的居住者即不同行星上的居民，不了解彼此的习惯、思想和感情；它们在不同的繁育情况下形成，吃不同的食物，按不同的生活方式生活，受不同的法律支配。"[1]可见，此时对福利国家的建设相当程度上有社会的共识。

自由党在1906年后主持的一系列社会福利项目建设，正是在这样的共识主导下进行的。这样的社会共识与福利国家建设，甚至影响到当时的英国自治领澳大利亚与新西兰。在那里，格林及其追随者的著作被广泛阅读，福利项目的改革力度一度甚至超过了英国本土。

当然，英国之所以建成福利国家，在思想上除了上述思潮外，还受到国内的费边社会主义的影响。事实上，1884年成立的费边社[2]，其宣扬的社会主义与格林的新自由主义在思想上有很多相同之处，至少可以说不存在原则性的分歧。二者都对以"自由放任"为核心的古典自由主义不满，都认为没有一定程度的社

[1] 斯塔夫里阿诺斯：《全球通史——1500年以后的世界》，上海社会科学院出版社1999年版，第307页。

[2] 费边本是古罗马帝国的一位将军，在抵抗迦太基的汉尼拔将军入侵时，他率领军队不断后撤，宁可被人讥笑为胆怯也要等到有利的决战时机才发动攻击，并最终击败了敌军。以悉尼·韦伯(1859—1947)、萧伯纳(1856—1950)、华莱士(1858—1932)、悉尼·奥利维尔(1859—1943)为代表的一批知识分子，他们奉行缓慢推进、逐步改良、避免革命的社会改革方针。在他们看来，在从旧制度逐渐进化到新制度的过程中，任何时候都无须破坏整个社会组织的连续性或者把整个社会组织突然地加以改变，应该以民主渐进温和的手段，以国家作为推动改革的工具，以最终实现社会主义(即工业国有化和各种社会福利)。这批学者于1884年组成了以知识分子为主的费边社，积极宣传社会改革的思想，并协助英国工党成立，从而对英国向福利国家转型发挥了重要的作用。费边社另一个领袖比阿特利丝·韦伯在"我为何成为一名社会主义者"著名演讲中说："在我看来，导致这些恶果(身体痛苦、道德堕落)的诸多因素诸如低薪行业中的低工资、长时劳动、卫生条件恶劣以及码头工人的长期失业等，可以通过颁布相应的法规及工会的压力得到缓解或杜绝。"(温克、亚当斯：《牛津欧洲史Ⅲ》，吉林出版集团有限责任公司2009年版，第48页)

会安全,个人自由是不可能的,都主张用国家的权力去纠正市场与社会的弊端、追求社会的安全和稳定。费边社学者与格林学派,都认为自己的想法并不偏离自由主义而是自由主义的发展,因此都可视为此时英国新自由主义的一部分。只不过,费边社学者在主张基础工业国有化、国家控制生产与分配等方面,要比格林学派走得更远。费边社学者也接受第五章提及的美国学者亨利·乔治对于单一土地税的呼吁,倡导没收不劳而获的收入并将之用于社会的目的。

在具体的福利国家制度建设方面,费边社的主张有:建立区别对待劳动收入和不劳而获收入的税收制度;扩大工厂管制条例的适用范围,制定最低工资和最高工作时日(如8小时工作制)以便普遍地提高工人的生活水平;改革教育,使所有儿童都可以受到一定的、与其才能一致的最好的教育;改革济贫管理机构,以便能给老人、病人、因病失业等陷于贫困的人,发放不带侮辱性质的生活费用(包括建立普遍的养老金制度和建立公共疗养院),同时不放松对被救济者的"检查",以防止身体健康的懒汉享受补助等。

在1906年成立并在整个20世纪深刻影响英国政坛的工党[1],相当程度上受费边社会主义的影响,工党自身在后来也成为英国福利国家建设的重要力量。费边社领袖悉尼·韦伯在1918年为工党起草的纲领《工党与新社会秩序》中指出,新的社会大厦建立在四根支柱基础上(国家最低生活标准的普遍实施、工业的民主管理、国家财政政策的彻底改革、剩余财富用于公共福利事业),国家为此目的而做的事情不是对自由的侵犯而是对自由的扩展。不过,工党内部在运用税收改善收入分配与福利国家制度建设方面仍有争议,到底是保留私有制与自由市场,用税收与福利制度使分配更公平呢,还是通过税收来征收全部或大部分私人财产,以新建立的社会秩序来代替自由市场和私有制?这样的争论一直持续到20世纪末。

当然,在英国福利国家的形成过程中,还有一个标志性的环节就是贝弗里奇提交的报告。在第二次世界大战期间的1942年,他发表了著名的《贝弗里奇报告》,提出英国应该以三种方式建立社会保障制度,即社会保险、社会救济和自愿保险。1945年工党上台执政后,开始全面按照《贝弗里奇报告》建设福利国家。

[1] 工党成立日被追溯为1900年2月27日,这一天工联代表大会决定建立工人代表委员会,目的是把工人代表送进议会。不过一般将1906年视为工党正式的成立年份,因为在这一年工人代表委员会改名为工党。英国工党接受了多种社会思潮的影响,包括激进的自由主义、维多利亚道德改良主义、费边社的渐进社会主义、独立工党的伦理社会主义、工会主义等。由于工党组织结构的特点,工联主义(工会主义)是对它影响最大的思潮。

这一过程，已在第十一章加以描述。

在英国福利国家的建设过程中，托马斯·马歇尔（Thomas Marshall，1893—1981）关于社会政策和公民权的论著，也发挥了深刻的影响。在他的名著《公民身份与社会阶级》中，马歇尔认为应该从人权的角度看待社会福利，将其视为人“应得”的基本权利。他认为，在18、19世纪发展起来一般公民权利（主要是人身权利）和政治公民权利（主要指普选权）的基础上，20世纪公民权利的重大发展就是包括医疗保障、教育、一定收入水平在内的社会权利的产生。这样的社会权利要确保每一个公民享有广泛的社会地位和机会平等，它不再满足于仅仅消除社会底层的匮乏或贫困（即济贫），而想要改变整个社会不平等产生的方式，从而最终实现社会的平等。

这样，英国的福利国家建设就有了两个目标：一个是最低目标，即《贝弗里奇报告》中确立的由“最低普遍性标准”决定的福利水平；另一个是最高目标，即马歇尔所谓的由公民权利或平等目标决定的福利水平。前者在相当程度上是基于匮乏而由国家提供的服务，而后者在相当程度上是基于需要而提供的服务[1]。大体上，在英国，保守党着力要维持前者，而工党则不断试图推进后者。20世纪50年代以后，在福利国家建设问题上，英国工党和保守党两党达成的广泛政治共识是：通过税收与支出手段，缓解、消除贫困与不幸。两党的区别仅在于，工党希望建设更大程度的平等，保守党认为自由市场和个人动力才真正是促进普遍福利最大化的方式。1959年，英国保守党在一份用于竞选的手册上是这样宣传自己与工党的不同的，“保守主义和社会主义政策之间分歧最明显的地方就在税收领域。保守主义者认为，高税收削弱了企业的积极性和进取心，把整个国家引向贫穷的深渊……与之相反，社会主义政策很少提及减税，多数社会主义者拥护高税收，因为高税收能够实现平等的目标”[2]。

不过，在20世纪80年代保守党执政期间，英国总体税收水平下降得并不明显，只是具有累退性但更隐性的间接税比重上升。在工党内部，也存在左派和右派的区别：左派要求进一步推进国有化、重建经济制度，以实现社会平等的最终目标；右派认为可以通过管理上的技术性手段、税收再分配和现存的福利措施，实现更大程度的平等，国有制（或者称为共同所有权）只是社会主义的手段而非

[1] 鲍威尔：《新工党，新福利国家？：英国社会政策中的“第三条道路”》，重庆出版社2010年版，第11页。

[2] 唐顿：《公平税赋：1914—1979年英国税收政治》，经济科学出版社2017年版，第1页。

目标。

五、福利国家制度中的济贫因素

济贫或者说拯救穷人是福利国家制度建设的重要起点，它既是传统国家财政职能的延续，又源于现代社会大规模和累积性的贫困对国家干预的需要。作为率先实现现代国家的英国，正是以此为起点，不断建设自己的福利制度的，这也是本章的主题所在。当然，本章也一再强调，推动英国福利国家建设并非只有济贫这一个动力，事实上推动美国式福利国家建设的典型动力（即服务资本）和推动瑞典式福利国家的典型动力（即劳动解放），同样也是英国福利国家成长的重要动力。1802 年英国议会出台保护童工的《学徒健康道德法》[1]，1836 年成立的伦敦工人协会推动的“人民宪章”运动[2]，就分别代表了这两种动力的存在。

（一）英国福利国家制度的突出特点：济贫因素

英国以消除（或减少）贫困为起点建成了福利国家，其过程是从选择性（歧视性）的、分散的（由地方和私人负责）济贫措施，向普遍性、最低标准的、国家统一提供的福利保障转变。1601 年第一部《济贫法》、19 世纪上半叶新《济贫法》，都是选择性的而非普遍性的济贫措施，对于受助对象都规定了极为苛刻的条件，而且在观念上营造了受助于《济贫法》的人是失败者的形象。此时，这类针对贫穷者的救助措施，被所有人都认为是来自国家或其他民众的恩惠。将济贫视为恩惠而非国家应该担负的责任，当然也符合当时最小国家的理念。可是，在多种思潮的影响下，英国慢慢地走上了福利国家道路。特别是在 1945 年后，以贝弗里

---

[1] 《学徒健康道德法》是近代社会的第一部工厂法和劳动立法，其表面目的在于保护劳动者的身体健康，但作为人力资本的提升，服务的还是资本的利益，因此法案在议会通过时显得特别容易。该法案的内容大致有：①车间墙壁和天花板每年用石灰刷白两次，每个车间都应有很多窗户，学徒应得到两套整齐衣服，为男女儿童分别安排宿舍；②工作时间不允许超过 12 小时；③在学徒前四年，每个学徒都要学习读、写、算，功课上花的时间算劳动时间；④由郡保安审判法官任命的工厂视察员负责落实法令的实施。基于同样的原因，工厂劳动环境立法、雇员身体健康等立法，相对于养老、医疗、失业等立法来说，在议会通过都很轻松。

[2] 1837 年 6 月，伦敦工人协会草拟了一份以“人民宪章”为名的请愿书，明确提出了六条要求：①凡年满 21 岁的成年男子都有选举权；②选举采取秘密投票方式；③各选区一律平等；④取消候选人财产资格限制；⑤议会每年改选；⑥议员支薪。1839 年 7 月这份征得了 150 万人签名的请愿书虽然被议会否决，但工人阶级力量已经充分显示出来了。1842 年在第二次请愿书上签名的人数达到了 300 多万，超过了当时英国成年男性人数的一半。虽然这一请愿书再次被议会否决，但它为后来英国各项政治改革、各种社会政策的出台提供了非常重要的参考意见。

奇的蓝图及马歇尔的公民权利为引导，英国建成为一个根据公民资格提供福利的普遍福利模式（对所有人开放，用税收和保险的资金来维持），并由中央政府（而非地方政府或慈善团体）承担起福利的提供。这种对穷人的救助，不再是恩惠而是国家必然担负的责任；由国家出面帮助困难的人或者防止普通公民陷入困境，是民众的普遍权利。

不过，应该看到，英国福利国家建设是以济贫这一社会救助为起点的，因此在社会思想中仍根深蒂固的是，福利制度是市场机制的补缺而不是挽救所有人脱离"商品化"境地的普遍权利。在英国的制度中虽然植入了普遍性的社会保险的成分，但社会保险仍以个人承担一定缴费责任为前提并依托于市场机制而运行。因此，英国福利国家制度一旦遇到危机，福利项目就有可能转向更强调补救性质的社会救助，而不再将福利视为普遍性的权利。这就为 20 世纪 70 年代末至 80 年代，撒切尔政府对英国福利国家的改革埋下了伏笔，它甚至是 1998 年后英国工党转型的背景。

（二）其他西方国家福利制度中的济贫因素

西方其他国家在走向福利国家的过程中，济贫因素也是其福利制度建设的重要推动力量。

在法国封建时期，国王、贵族和教会对穷人也有出于恩惠的传统救助行为。法国大革命后，济贫行为被提升为国家的责任。在 1791 年和 1793 年的宪法中，有专门条文要求国家设立或组织公共救助机构，以便养育弃儿、援助贫苦的残疾人，以及为失业的穷人提供工作。在这两部宪法中，还特别提到国家要发展教育，并将其视为赞助公共理智发展的措施。在 1793 年宪法中，还特别肯定社会保障的意义，"社会保障就是全体人民保障各人享受并保存其权利的行动；此种保障是以人民的主权为基础的"[1]。在此基础上，法国的济贫制度不断地发展。1904 年，法国建立儿童救济制度，1913 年建立针对孕妇的特殊救济制度。此后，针对一些特殊群体以及特殊困难群体（单亲、鳏寡）的贫困问题，法国也建立起一些特别的而非普遍的制度。除了针对性的济贫制度外，法国的其他社会保障制度也不断地发展，以救助穷人或防止贫穷的发生。不过，由于工人阶级力量强大，在 19 世纪法国就建立起以工人互助、行业互济、工会集团储蓄为基本特征的社会保障制度，这在一定程度上反而迟滞了全国统一社会保障制度的发展。到 1898 年，法国才颁布了类似于德国的《工伤保险法》并规定雇主必须给雇员缴

[1] 姜士林等：《世界宪法全书》，青岛出版社 1997 年版，第 907 页。

纳工伤保险费(最初限于手工企业,后扩大到其他行业,1919 年纳入一些特殊行业职业病)。1910 年,法国建立起所有年收入在 3 000 法郎以下的劳动者统一参加的养老保险制度(年收入在 3 000—5 000 法郎的工人可自愿参加),养老金由工人和雇主共同分担,国家给予一定的补贴。1930 年法国议会通过新的《社会保险法》:所有工商业中收入较低的领薪者和全部农业工人都必须参加社会保险,其中工商业从业者社会保险费为 8%(雇主和工人各 4%),农业工人为 2%(国家再给予一定的补贴)。这一社会保险范围包括疾病、生育、残疾、老年和死亡津贴等,它在法国历史上第一次建立起强制缴费且由国家统管的社会保险制度,目的还是救助因各种问题导致的穷人。到 1945 年 10 月 4 日,法国议会通过《社会保障法》,为建立覆盖每一个法国人的社会保障提供了坚实的法律依据,这一天也被视为法国现代社会保障制度的诞生日。不过,直到 20 世纪 70 年代中期,法国社会保障制度的覆盖率才扩大到了几乎百分之一百的法国人,由此成为名副其实的福利国家。

在德国传统的邦国时代,济贫向来主要是由路德教会承担的慈善行为。早在马丁·路德时期,他就提出由基督教上层人士建立专门的援助机构,通过"公共箱(由慈善人士放入食物与衣物)",以教区为单位来发挥济贫作用。工业发展落后的德国,原手工业行业公会的力量强大,并因此发挥了相当大的互济功能。可是在迅速现代化的过程中,德国该如何应对日益增多的贫困人口?在当时,有人建议,加强现有各行会的功能,实行行会强制性保护。也有人提议发挥君主的传统大家长保护作用[1],动用国家的行政力量,建立拯救穷人的福利制度。前已提及,在俾斯麦主导下,德国以保险为原则建立起社会保障制度,以救助穷人或防范贫困发生的风险。国家(尤其是地方政府)仍有专门的机构并拨付专门的资金(来自税收)救济那些没有资格领取社会保险或保险资金不足的穷困人口,并发挥一定的收入再分配功能。当然,在 20 世纪尤其是第二次世界大战后,德国的社会保障制度更为健全。如在魏玛共和国期间,德国总共颁布了将近 80 部社会保障方面的立法,并在以下几个方面作出努力:建立比较系统的社会救助体

[1] 俾斯麦本人是一名虔诚的基督徒,他认为基督教国家向自己的穷人伸出援助之手是十分正常的。俾斯麦所服务的德国皇帝,出于君主责任而在 1881 年国会开幕时宣布:"那些由于老年或残疾而丧失了工作能力的人,有充分的理由向国家要求更多的照顾。"在德国,一些大企业家如卡尔·费迪南德·施杜姆(他也是国会议员)也以大家长身份看待自己:"因为工人需要服从他们的雇主,所以上帝和法律就要求雇主向工人提供劳动合同之外的保护。雇主应当把自己看成是一个大家庭的家长,他的家庭成员有权利得到他的照顾和保护"(周弘:《福利国家向何处去》,社会科学文献出版社 2006 年版,第 52—54 页)。

系（尤其对伤兵救助）；建立全国统一的失业保险制度；扩大社会保险的覆盖面（工伤事故、职业病、医疗，并贯彻到家庭成员）；提升原有社会保险制度的标准；介入住房市场，实施住房政策等。另外，还规定了公共卫生制度与8年义务教育等制度。第二次世界大战后，在德国（联邦德国）的社会市场经济建设活动中，公共福利、工人保护、社会保险、公共教育、职业介绍等领域建立起了相对全面的社会保障制度。

大体上，1945年后西方国家因社会保障制度的发展，包括特别针对穷人的社会救济项目、基于缴费的社会保险项目、针对所有人服务的普及性公共资助计划，穷人的处境大为改善，西方国家的贫富差距也因此大大缩小。加尔布雷斯于1963年写道："在这一时刻，西方人已经摆脱了长期以来作为其全部命运的贫困。"[1]

[1] 丁开杰、林义：《后福利国家》，上海三联书店2004年版，第114页。

第十三章 从消极到积极:以服务资本为起点的福利国家思想道路

资本的目的在于不断追逐更高的利润,追求自身积累,因此在现代社会基础上构建起来的现代国家,相当程度上就需要不断地服务于资本的这一目的,"实际上国家不外是资产者为了在国内外相互保障自己的财产和利益所必然要采取的一种组织形式"[1]。需要看到,国家(工具性国家)为资本服务并非仅仅有利于资产阶级,它也可能有利于劳动者。作为资本人格化代表的资产阶级"在历史上曾经起到非常革命的作用"[2],这是因为,正是资本的力量帮助创造了现代社会与现代国家,带动了经济增长,进而惠及劳动者。可是,如果不断积累的资本不受节制,也会带来巨大的破坏性。比如,它可能会将劳动仅视为成本因素而无视劳动者的困苦,可能会破坏环境和社会,最终反过来损及资本自身的利益。

对资本力量的破坏性,事实上早在古典经济学时代就已有认识。一方面,古典经济学认为,以资本为核心形成的自由竞争市场秩序是一种自然秩序,自然的就是好的,它是简单的、和谐的和有益的,因而反对重商主义以各种限制性措施压制它。这一古典的经济自由主义与反对国王专制、反对社会强制个人的自由主义结合在一起,大大推动了现代社会与现代国家的发展进程。另一方面,古典自由主义又认识到,自然的东西缺乏人文的关怀,由资本推动形成的自然市场秩序缺乏道德,在市场中形成的这种自然规则,与人的理性为自己设定的正义规则无关,也与人类福利无关。对于资本及市场的上述看法,到后来被进一步地被概括为市场缺陷理论,古典经济学之后诞生的福利经济学及现代主流财政学,正是

[1] 《马克思恩格斯选集》(第1卷),人民出版社2012年版,第212页。
[2] 同上书,第253页。

建立在这样的理论基础之上。需要看到的是，福利经济学主张由国家出面弥补市场缺陷、纠正市场运行，其结果在相当程度上仍是为了进一步服务于资本增值或资本积累的目的。用奥康纳的话来说，就是"国家对越来越多的资本成本进行了社会化，但社会剩余（包括利润在内）继续被私人占有"[1]。

除了古典经济学与福利经济学之外，政治上也有多种思想来揭示由资本力量带来的种种破坏性影响。所有这些思想都要求国家出面约束资本的破坏性力量，其中最为重要的建设福利国家制度。需要辩证看待的是，如果从资本的视角看，约束资本破坏性力量在相当程度上是为了资本的长远目的，以使其能够顺利运行并获取长期来看的最大利润。因此，有学者从这一角度将福利政策看作出于资本目的而采取的服务措施，认为福利国家的目的是保护资本主义体系，"最终也是服务于资产阶级的利益而不是工人阶级的利益"[2]。

在以福利国家服务资本方面，美国的表现最为典型。按照马克思的说法，"现代国家的最完善的例子就是北美"[3]。由于美国是从一个孤独拓荒者的角色成长为最强大国家的，因而比起其他国家来，对资本的力量和市场的作用更为肯定，其福利国家的建设一开始更满足于消极修补式的定位。因此，我们将以美国为例，来展示以服务资本为起点的福利国家思想是怎样将美国驯化成今天的模样的。在这一进程中，19 世纪末 20 世纪初是一个关键点。在那时的美国，知识界对于国家的社会角色进行了极为深入的思考。在其中最为关键的问题有，国家是否应该摆脱过去消极的角色而承担起更为积极的职能？如果是，那又如何去做？

一、福利国家思想在美国兴起的历史背景

与欧洲人相比，美国人更为相信市场的有效性，只愿意让国家对真正有需要的人（尤其是经资产调查证实的穷人）给予一定的救济。这一现象的产生，跟美国自独立以来特别是在 19 世纪国家成长的经历有关。这样的经历及美国在国家成长过程中遭遇的问题，构成美国福利国家思想兴起时的历史背景。

（一）"孤独的拓荒者"与社会达尔文主义

在美国迈向现代国家的进程中，一个突出的表现是，传统设定的消极无为的

---

[1] 奥康纳：《国家的财政危机》，上海财经大学出版社 2017 年版，第 8 页。
[2] 刘娟凤：《福利国家》，国家行政学院出版社 2014 年版，第 22 页。
[3] 《马克思恩格斯选集》（第 1 卷），人民出版社 2012 年版，第 212 页。

小政府角色已不足以应对正成长为世界第一强国而遭遇到的问题。或者说,原来支撑其国家成长的"孤独的拓荒者"的精神,已不足以支持一个成长起来的大国应对"成长的烦恼"。

自独立战争以后,作为没有政治专制与重商主义经济管制的前殖民地,美国一直以来享有较为广泛的自由、平等与机遇,文化中强调个人奋斗与个人成功。在早期殖民地建设以及后来向西部的拓展过程中,美国人逐渐培养出一种所谓的"孤独的拓荒者"精神,即依靠个人的自助、勤劳、负责、节俭、智慧,独立地从一望无边的"无主土地"上开垦自己的家园;在向大自然索取财富时,独自面对各种困难与挑战。民众养成的这一勤俭节约、刻苦耐劳的工作与生活习惯,又与殖民地开创者普遍信奉的新教伦理一致。最初开创殖民地的那批清教徒认为,努力生产、勤劳工作是上帝赋予每个基督徒的神圣责任,"努力工作、获取财富是典型的宗教行为,是为了荣耀上帝,获得救赎的机会"[1]。这种精神,还被建国时期的开国元勋富兰克林等人提倡的实用主义工作伦理观所强化。按照王萍的说法,这样一种强调自由、自立和个人奋斗的伦理观,与现代社会初期"生产资料的所有者强行从意识形态上向劳动者输出工作的意义和价值"也是契合的[2]。

大致上,殖民地时期形成的美国人的精神气质是,注重实用,对纯粹的理论没有太大的兴趣。正因如此,美国并未像英国那样在19世纪后期福利国家来临时经历深刻的思想转型(即从自由放任主义转向新自由主义)。美国的政府及领导人以冷静、审慎、实用主义的态度,去建设一种现实的、有效的以及有限的国家机器,不主张由国家出面干预现实的经济与社会活动。那时国家虽然总体上并不反对仁慈、怜悯、爱等符合新教的价值观念,但甚少进行福利制度的建设,只对退伍军人及军人遗属、年老无助者提供了一些救济措施。这些殖民地经历与精神气质,奠定了后来美国从服务资本出发建设福利国家这一发展道路的基础,也为20世纪70、80年代美国政府提出的"工作福利"口号埋下了伏笔。

特别能体现美国人这种"孤独的拓荒者"精神的理论,是19世纪下半叶诞生于英国但却热烈响应于美国的"社会达尔文主义"。第十二章已经述及,这一思想源自达尔文所创生物学的进化理论,被斯宾塞等人大大发挥,强调强者淘汰弱者乃是社会进步的必然和保证。在社会达尔文主义看来,只有通过人与人之间残酷的竞争,淘汰没有能力生存的人,并将生存空间让给更加优秀的人,人类社

[1] 王萍:《从清教神坛到福利国家——美国工作伦理的演变》,中央编译出版社2016年版,第14—15页。
[2] 同上书,第7页。

会才能向前发展,最终达到至善至美的境界。基于此,斯宾塞坚决反对由政府向穷人提供福利救济措施,主张实行自由放任主义。这样的社会达尔文主义,在新自由主义已逐渐兴起的英国并未得到多少赞同,但由于其内容与美国清教伦理及殖民地期间形成的孤独拓荒者精神一致,又可为美国此时正逐渐涌现的巨富垄断资本家如卡内基、洛克菲勒等人提供辩护,因而在美国获得了热烈的响应。

在此时的美国,最为热烈宣传与赞美社会达尔文主义,并将其与新教伦理、自由放任主义经济学加以综合的学者,是耶鲁大学的教授威廉·萨姆纳(William Graham Sumner, 1840—1910)[1]。在他看来,新教伦理所推崇的具有勤劳、节俭、克己、节制等美德的人,就是生存竞争中的社会达尔文主义所推崇的适者、强者。因此,他坚定地提倡个人主义和自由放任主义,崇尚在此基础上形成的充分竞争与适者生存,认为这是无法逃避的生活选择。在他的理论中,自然界进化成功的标志是生存,而社会竞争成功的标志就是金钱的积累(即资本的增值)。基于这样的思想,萨姆纳反对一切对社会竞争的干预行为,尤其是政府的干预。他认为,政府的唯一职责就是保卫人们的私有财产和妇女名誉不受侵犯;除此之外,政府的一切福利措施都是不能允许的,甚至他反对诸如公共教育、公共卫生、限制雇佣童工等哪怕自由放任主义者也大多赞成的政府干预行为。他的理由是,接受帮助的人因为不愁吃穿,就不愿精打细算、安心生产,而且给予帮助会增加资本的消耗,其结果会让更多的人口陷入贫困中。

(二) 美国国家的成长及其问题

在前述孤独的拓荒者精神支持下,在社会经济层面上,资本的力量在土地广阔、资源丰富而政府管制极少的美国获得了惊人的成长。这种成长,让美国仅用一个多世纪就从一个弱国发展为一个强国:1790 年美国领土面积仅为约 231 万平方千米,人口 392.9 万;而到了 1910 年领土面积已超过了 900 万平方千米,人口增至 9 197.2 万。尤其是在内战结束后至 19 世纪末这段时间(1865—1900),工业产值增长了近 500%。在 1860 年前后,美国尚属二流工业国,比英国和法国都要落后,甚至落后于德国;可到了 1890 年,美国在制造业上创造的产值几乎等于这三个国家的总和,成为世界第一工业强国,其煤炭、铁矿石和钢铁产量都位列世界之首。伴随着高速的工业化,美国社会迅速地从乡村社会转变为工业社会和城市社会。

不过,伴随着工业化、大陆扩张而逐渐成长起来的世界第一强国,由于对自

[1] 王萍:《从清教神坛到福利国家——美国工作伦理的演变》,中央编译出版社 2016 年版,第 135 页。

由放任主义甚至社会达尔文主义的信仰,国家倾向于不对资本力量进行节制也因此甚少提供福利措施。19 世纪下半叶直至 20 世纪初期,美国出现了日益严重的社会问题,正如布卢姆强调的:“无论是什么样的经济进步,都是以高昂的代价换来的,这些代价就是虐待劳工、浪费资源、商业和公众道德败坏堕落”[1]。此一时期,美国遇到的社会问题,大致有以下几个方面,要求予以解决。

第一,垄断企业涌现并进而形成了对经济、社会和政治的控制能力,导致政治腐败与无能。从 19 世纪 60、70 年代起,美国的生产与资本集中趋势不断地加速,到 1903 年前后大股份公司已成为美国工业的基本组织形式(4%的大企业生产了工业总产量的 37%),银行资本与工业资本相互渗透产生了更具财力与势力的金融寡头,大量的财富和信贷不断集中到少数人的手中。美国人日益意识到,在经济领域甚至社会领域,几无竞争的自由。反映美国资本力量强势的是,企业主尤其是那些垄断企业的企业主,不但在相当程度上控制甚至主宰了企业的工人(操控他们的投票权,甚至延及他们的个人生活)、主导了舆论,而且还通过雄厚的财力操纵联邦与州的选举过程而掌握政治权力,引发严重的政治腐败。在社会达尔文主义的掩护下,这些资本化身的垄断者往往为牟取暴利而胡作非为[2]。

第二,工业资本发展过程中城市问题凸显。1800—1890 年,美国全国人口增加了 11 倍;在此期间,城市人口增加了 86 倍。随着城市的迅速扩张与无节制的增长,大量的城市问题产生,包括贫民窟的恶劣居住环境以及由此引发的多种问题,如疫病、住房紧张、失业、犯罪率(特别是青少年犯罪)上升、环境污染、食品卫生状况差等。总之,这些城市问题的存在表明,自由放任式的工业资本发展已使人的生存环境受到了严重的威胁。

第三,资本获得的国民财富份额过高,民生困苦,贫富差距极大。在 19 世纪末,9%的富有家庭占据全国 71%的巨额财富,而到 20 世纪初 1%的顶尖富裕阶

[1] 赵辉兵:《美国进步主义政治思潮与实践研究》,中国社会科学出版社 2013 年版,第 77 页。

[2] 埃里克·方纳在《美国自由的故事》一书中强调说,在那个时候,“到处都可以见到体现经济和政治集中化和固定化的现象——无论是华尔街银行家们的小型董事会和公司主管们手中的权力,还是由政治机器操纵的民主制度,还是刚刚在工作场所出现的等级控制,甚至包括《独立》这样面向全国发行的期刊本身所具有的左右民意的能力等,所有这一切都是权力集中化的表现”(方纳:《美国自由的故事》,商务印书馆 2002 年版,第 207 页)。特别的,由于政治制度尤其选举制度的不完善、政府机构设置缺陷及权限不清等,给一些职业政客提供了可乘之机。他们操纵竞选、贿买官员,在政府要害部门中安插亲信,成为无形的政府。这些职业政客与大企业相互勾结与利用:前者给各种后者庇护权、特许权、工程承包合同,甚至提供条件让他们逃税、从事各种非法勾当;后者给予前者大笔政治赞助、巨额贿赂和各种保护费。

层攫取了国民财富的近 88%[1]。与此相对应的是一个人口基数庞大的贫困阶层，以勉强维系生存的家庭年收入 700 美元为界线，20 世纪初美国 40%的人口生活在贫困线以下。许多挣工资为生的人，生活条件的改善远远达不到他们的期望和国民收入的总体上升所创造的可能性。尤其是童工问题，令当时有良心者蒙羞。1900 年的普查结果表明，美国当年共有约 200 万名儿童为赚取微薄的工资而受雇于各种行业。穷人和失业者缺乏救济措施，对患病、失业和年老的保障微不足道，而周期性的经济衰退对于那些失去工作的人来说则是毁灭性的。公共教育落后，高等教育对于大多数工人的孩子来说可望而不可即。特别地，在原来的农业社会，因美国独特的丰富土地基础，美国人可以通过自身的努力而获得属于自己的土地和资本，但进入工业社会后这样的状况再也不可能了。比如 1870 年，三分之二的美国人为他人工作，而到了 1920 年，四分之三的美国人必须受雇于人，才有机会工作并获得维持生活的收入。这样的贫富差距以及雇佣劳动的普遍化，使劳动者依靠自身努力很难摆脱贫穷。

第四，资本对劳动的压榨过度，社会冲突严重，经济与社会秩序遭受威胁。对于资本家来说，工作是控制工人的一种手段，是赚取利润的必须行为，因而延长工人劳动时间、不提供工作条件与安全性保障是常有的事。这就导致事故频发，19 世纪末每年大约有 3.5 万人死于机器故障，50 多万人因为工伤影响而丧失劳动能力。正如马克思的劳动异化理论所说的，对许多劳动者来说，劳动已经丧失了提供幸福的能力。这样，很多美国工人开始质疑传统的工作价值伦理，因为他们发现，自己每天都很辛苦地工作、生活节俭，却依然无法摆脱贫困，不能取得经济上的富足[2]。工人们用各种方式向资方乃至国家提出了抗议，工人斗争此起彼伏，社会冲突严重。比如，1881—1900 年美国全国总共发生了 2 万多起工人罢工，波及 11 万多家工商企业。许多美国人感觉到，阶级间的冲突正在撕裂国家。资本家也为此深感头疼，他们发觉自己作为一个阶级被人恨之入骨。

二、美国福利国家成长的关键转折：进步主义运动

在面对美国从一个农业社会成长为工业社会和城市社会出现的问题时，美国上下都在提出强烈的要求，要求国家摆脱过去消极职能的设定而承担起更为

[1] 李颜伟：《知识分子与改革：美国进步主义运动新论》，中国社会科学出版社 2010 年版，第 41 页。
[2] 王萍：《从清教神坛到福利国家——美国工作伦理的演变》，中央编译出版社 2016 年版，第 121 页。

积极的职能。正如美国学者黑勒指出的，19 世纪最后 30 年里，复杂而迅猛的工业化进程“不仅改造了经济与社会关系，而且触发了政治领域的深远变革”，无论当时“进步派”出现与否，“美国的统治结构都不会原地踏步”[1]。需要指出的是，这样一种改变，事实上有利于资本方的利益。虽然部分资本家仍在宣扬财富福音（即认为赚钱是上帝的赐福）和社会达尔文主义，但以美国全国制造商协会主席马克·汉纳为代表的资本家认识到：“必须改变传统政策，否则工人将把我们送上绞架！”[2]

在这样的时代背景下，美国自 19 世纪 80 年代起至 20 世纪前 20 年，兴起了奠定美国福利国家成长基础的一场关键性运动，即“进步主义运动”。在这一时期，针对前述美国国家成长过程中的烦恼，学者们反思过去的自由放任主义，倡言政府改革、支持劳工权利与社会正义，并在政治家们实践的配合下，兴起了朝向进步与改革的高调运动。运动的核心，就是重建美国的政治哲学与政治制度，运用国家的力量初步建设美国的福利制度。美国学者丹尼尔·罗杰斯说进步主义运动“为的是重塑美国社会”，而有学者甚至将这场运动称之为美国的“二次建国”[3]。

这里需要简单介绍一下进步主义运动。进步主义运动并不是一场统一的运动，因而将哪些活动包括在内以及该运动准确的起讫时间为何，学术界的说法不一。事实上，直到 1905 年才有主张改革的人自称为“进步派”，而“进步主义”一词直至 1910 年在美国的各种竞选活动中才流行开来，到 1912 年才出现进步主义运动这一术语。此处的论述只是用一个 19 世纪末 20 世纪初期这样的大致时间，不作准确的界定[4]。反映进步主义时代成就的一个重要指标是，在这一时代连续出台了四项宪法修正案：第 16 项宪法修正案将所得税合法化（1913）；第 17 项修正案规定参议院议员在各州直选产生；第 18 项修正案要求在全美推行禁酒令（1919，不过该修正案被 1933 年的第 21 项修正案推翻）；第 19 项修正案确认女性选举权（1920）。事实上，美国进步主义运动期间政府重建及积极职能的发挥，首先出现在州的层次上。比如在威斯康星州，曾任州长的罗伯特·拉福莱特（1855—1925）就认为，美国的经济已经被少数有实力的大工业家所掌握，而

[1] 赵辉兵：《美国进步主义政治思潮与实践研究》，中国社会科学出版社 2013 年版，第 84 页。

[2] 同上。

[3] 同上书，第 3 页。

[4] 来自宗教界的美国“社会福音”运动，也支持着进步主义运动。社会福音运动批判资本主义工商业伦理道德的堕落，重新解释基督教的“福音”思想，提出种种拯救社会的设想。它不是一场简单的宗教运动，而是高擎着社会正义、社会服务、社会责任的旗帜，在推动禁酒、革除市政腐败、解决劳资纠纷、改造贫民窟、消除贫困等方面，做出了杰出的贡献。

这些人用他们的权力控制了政治程序。因此,他视大企业为政治腐败的根源,极力反对垄断势力的增长。在他的领导下,威斯康星州打破资本掌握政府机器的局面,并通过立法与行政部门的行动,保护自然资源、抑制院外集团的游说活动、制定银行业管制法规、征收公司所得税。他还设立了专门委员会,负责管制工厂的安全和卫生、改进教育、补偿工人、降低垄断铁路企业收取的运费。西奥多·罗斯福称赞威斯康星州为“民主的实验室”[1]。

(一) 进步主义运动的主要主张与行动

由以上简介可知,进步主义运动参与者众多,思想倾向、政策主张和改革措施也比较庞杂。大体上,该运动涉及的思想主张与改革政策有以下几个方面。

第一,对当时美国资本与权力勾结形成的政治腐败与社会弊病,进步主义运动进行了广泛的揭露与批判。在这场运动中,特别有一批被称为“耙粪”(揭露黑幕)的新闻记者做出了杰出的贡献,可用约瑟夫·普利策和威廉姆·赫斯特两位报业巨子作为代表。他们致力于揭露联邦、州与城市各层次各种政治腐败事件、托拉斯问题、劳工问题以及环境、食品与药品领域的丑闻,发动社会舆论,唤醒人们的良知,推动各方面的改革。其中,以大卫·菲利普斯发表的《参议院的背叛》(该文影响了人民直接选举参议员的宪法第 17 项修正案在 1913 年通过)、厄普顿·辛克莱写出的《屠场》(该文促使美国联邦政府在 1906 年实施《干净食品与药品管理法》)、艾达·塔贝尔撰写的《美孚石油公司史》(深入而客观地揭露美国托拉斯企业权钱交易、贿买立法、不正当竞争等行为,推动了国家对大公司不法行为的管制)最为知名。正因如此,罗伯特·克拉顿说:“任何对进步主义领域的认识,其法律、其成功与失败,都要求先得彻底了解黑幕揭发者。”[2]

第二,在“耙粪”运动及舆情激愤的基础上,为了削弱利益集团尤其是地方大佬对政治的操弄并制约野蛮的资本力量,进步主义运动的参与者纷纷要求进行政治改革。他们倡导的制度改革有:改革总统初选方式;实行参议员在州内的直接选举方式;反对选举获胜政党对官职的分肥制度并要求建立文官体制;扩大妇女选举权;改革政府预算方式和管理结构等。借助于第一次世界大战的气氛与机会,美国联邦层次的政府进行了积极的重建,提高了效率并更加有作为,比如总统职位更加有力、国会与最高法院运作方式得以转变等。总之,政治制度改革

[1] 李颜伟:《知识分子与改革:美国进步主义运动新论》,中国社会科学出版社 2010 年版,第 407 页。
[2] 同上书,第 152 页。

的目的，在于“使美国政府为大众服务，而不是为财产服务”[1]。

第三，在倡导政治改革、确保民众真正掌握权力的同时，在思想上反思消极的国家职能观，要求国家积极行动起来，并用民主的权力来节制资本，约束垄断资本的破坏性力量。正如西奥多·罗斯福总统在1904年国情咨文中指出的，现代企业运作需要资本的高度集中，但这种集中无论如何不能破坏竞争、控制价格、腐化政府，过于强大的有组织私有经济力量对于公众福利和民主是一种威胁，而只有政府才有能力对其加以控制[2]。政府必须为了大众利益去节制资本，如有必要则打破它。于是，联邦政府开始干预经济运作，管制社会中个人与公司的行为。其实这一努力早在1887年《州际贸易法》和1890年《谢尔曼反托拉斯法》就已开始。到了1914年，美国创立了中央银行体制（联邦储备系统）来监控银行业，建立了各种联邦管制机构（如联邦贸易委员会）促进公平竞争、保障消费者权益（特别是在食品和药品方面），并通过了关于个人所得税的第16项宪法修正案来实现税负公平。特别地，联邦政府运用国家权力保护和增进公民尤其是弱势群体的经济福利，如保护童工、女工，规定最低工资与最高工时，以及解决市民住房问题等。这些行动离不开理论界在此时的反思，反思包括抨击社会达尔文主义和自由放任主义、强烈主张国家干预。美国知识分子甚至一般公众，此时已大多相信外在环境对个人行为起决定性作用，认为只要解决现实中人口拥挤、贫民窟、恶劣的工作环境等问题，就会带来更好的民众以及更加光明的未来。

第四，还有一些其他声音在进步时代涌现，表达多种诉求并被归入到进步主义运动中。比如推广全国范围内的禁酒，推进用科学的方法来提高企业效率（如管理上的泰罗制），在社会科学领域实行专业化等。这些主张跟我们论述的主题关系不大，此处不予讨论。

从今天的眼光看，进步主义运动中倡导的多项措施，属于运用财政工具来奠定福利国家的基础。大致上，有以下几项值得注意。

(1) 运用所得税和财产税来扩大财政收入、缩小贫富差距，并且为公园、学校和其他公共服务提供资金。比如，从1911年到1919年，全国掀起为那些抚养未成年子女的单亲提供生活补助的“寡母救助金”运动。

(2) 实施劳工保护政策。如各州陆续通过的由政府专门征税、赔付给受工

---

[1] 赵辉兵：《美国进步主义政治思潮与实践研究》，中国社会科学出版社2013年版，第75页。

[2] 李颜伟：《知识分子与改革：美国进步主义运动新论》，中国社会科学出版社2010年版，第412页。

伤工人的《劳工赔偿法》，还有支持工会和集体谈判权、废除童工及建立最低工资与部分社会保险制度等。

(3) 加强公共教育，尤其是新建学校以及改善中小学校的卫生。

(4) 加强和改善对公共资源和公共运输的管理等。

不过，需要交代的是，进步主义运动期间通过的政令法规大多是地方性的，项目种类少、政府投入资金不多。1920 年用于福利的资金最多只占国民生产总值(GNP)的 5.5%，而且其中还包括支付给内战、美西战争和一战老兵的抚恤金。

(二) 新国家主义为国家功能扩张奠定理论基础

进步主义运动最为关键的地方是对国家职能的看法发生了变化，从原来认定的消极的国家职能定位转向要求积极的职能定位。他们认为，国家不能扮演以下的角色："当数以百万计的美国人民罹受种种工业化之苦难时，它却顽固地维护财产权高于上述那些价值(平等、自由与民主)。"[1]克利夫兰总统的下述言行，在进步派看起来是高度不负责任的，更是对正在来临的现代国家新阶段的无感，在面对 1893 年经济危机时他竟然说"治愈危机的最好办法是装作不知道危机的存在"，并声称"只要我在总统职位上，政策就不会对企业利益产生任何伤害"[2]。

事实上，在此时已有许多学者在为进步主义运动以及即将来临的福利国家提供理论论证，强调国家职能定位必须从消极转为积极。社会学家莱斯特·沃德(Lester Frank Ward, 1841—1913)认为，"政府实际上比私人企业更有效率。所需要的是创造一种新的政府——一个导向科学地改良社会的政府"，这一观点为沃德赢得了美国"现代福利国家之父"的美誉[3]。不过，更为系统且取得更大影响的有关国家职能转变的思想来自赫伯特·克罗利及其朋友们。他们提出的新国家主义，为此一时期进步主义运动奠定了国家职能扩张的理论基础。

1. 克罗利的新国家主义

1909 年，赫伯特·克罗利(Herbert Croly, 1869—1930)出版了《美国生活的希望——政府在实现国家目标中的作用》一书，集中表达了他的"新国家主义"思想，他的这一思想也因具有较为浓厚的集体主义思想而被称为"民主集体主义"。在该书中，克罗利呼吁，美国需要一种全新的意识形态、政治秩序和价值体

[1] 赵辉兵：《美国进步主义政治思潮与实践研究》，中国社会科学出版社 2013 年版，第 101 页。
[2] 王萍：《从清教神坛到福利国家——美国工作伦理的演变》，中央编译出版社 2016 年版，第 140 页。
[3] 李颜伟：《知识分子与改革：美国进步主义运动新论》，中国社会科学出版社 2010 年版，第 132 页。

系，以应对社会、经济结构变化而产生的问题。他强调，美国传统的自由放任主义已经变得不合时宜，它使“财富权利和经济权利集中在少数缺乏责任感的人的手中，这是我们政治机构和经济机构实行混乱无序的个人主义所造成的后果”[1]。他强调政府角色的重要性，强调公共福祉高于任何个人私利，主张对社会实行强有力的国家管理，认定社会问题不可能自行消解，放任不管可能导致整个社会的瓦解。为此，克罗利极力主张扩大中央政府权力来保卫“国家的善”，“我们可以毫不含糊地确认，最需要国家化的美国国家机构就是中央政府”[2]，主张中央政府要成为积极从事“国家行为”的高效率组织并被赋予足够的干涉权力。

对这种新国家主义，克罗利使用美国政治中的传统术语将其表达为以汉密尔顿式集权手段去达到杰斐逊式民主的目的，其主要内容是把国家当作一个管理和调节机器，发挥国家的管理与调节的功能，消除经济社会发展过程中的弊端，缓和社会抗议与社会冲突。为了给自己提倡的新国家主义辩解，克罗利指出，“国家的利益和福祉是目的，集权政府的强或弱只是必要的手段”，“政府的集权被认为是许多手段中的一个，人们采取或不采取这些手段都是出于达到目的的需要。与国家组织的其他各个方面一样，对政府集权的评价必须要根据它的实际效果作出，我们不能根据假设来支持它，也不能根据假设来反对它”[3]。克罗利将政治、经济的集中化看作现代社会最有效的组织方式，并希望通过国家干预来完善个人主义，为绝大多数美国人提供平等的机会。

在克罗利看来，应该建成的社会是个人和国家的和谐一致：个人成为国家的缩影，为个人的独特目的而努力；国家成为一个放大的个人，它的目的就是关心人们生活的改善。在国家生活中每个人都会找到自己的位置[4]。克罗利提议通过联邦税收重新分配国家财富，缓和两极分化，同时支持工会来改善工人阶级的经济和社会地位。克罗利认为，只有建立这样的新国家主义，才能赋予美国国民新希望，美国人才会获得更大的道德与社会的益处。在变革方式与动力上，克罗利把政治领袖和专家视作推动改革的核心，主张发挥他们的作用，并认为可以通过教育来改善美国人的民主、实现集体的目标。

西奥多·罗斯福在 1912 年的总统竞选中，直接采用了克罗利的“新国家主

[1] 克罗利：《美国生活的希望——政府在实现国家目标中的作用》，江苏人民出版社 2006 年版，第 21 页。
[2] 同上书，第 225 页。
[3] 同上书，第 224—225 页。
[4] 同上书，第 341 页。

义”的口号(克罗利是他的撰稿人),主张实行中央集权制和实施强有力的领导,将一种有效的国家组织作为实现国家利益与目的的必要手段,对经济和社会进行积极的干预。在竞选时,罗斯福高擎新国家主义旗号,提出了诸如实行总统预选、给予妇女选举权、建立创制权和复决权制、普选参议员、保护自然资源、制定女工的最低工资、限制使用童工、实施工人补偿法、建立社会保险制度、设立由专家组成的联邦委员会负责调整关税和管理州际工商业、推进社会正义、由人民治理国家、讲究国家效率等各项主张。后来,这些主张事实上成为美国历届政府内政改革的方案。在西奥多·罗斯福输掉大选后,1914 年克罗利还与沃尔特·韦尔等人携手创办了《新共和》周刊,继续鼓吹新国家主义。

2. 韦尔的新民主

沃尔特·韦尔(Walter E. Weyl, 1873—1919)的思想与克罗利相近,不过他用的概念是“新民主”。韦尔反对自美国建国以来以自由放任主义为核心的旧民主,推崇代表“新精神”的新民主。他说,在西进运动、边疆开拓中造就的孤独拓荒者角色“使得美国人的精神具有一点自我中心主义,不承认各种忠诚,也没有各种义务。它创造了自信、短视、无法无天,注定要打败自己的个人主义”[1]。他看到,迄今为止的工业发展,创造了巨大的物质财富,但同时也带来了托拉斯、百万富翁、贫民窟、腐败无能的政府、无数失业、盲目竞争、不可调和的阶级冲突、穷人病的肆虐等日益恶化的状况。少数人手中集中了大量的财富,由此带来了复杂的经济与社会问题,并使普通的美国人日益感觉经济上的不自由。所以,韦尔要求实行政治制度的变革,推行致力于共同利益、强调社会伦理与社会责任的“新民主”,以便让人们普遍地享有各种人权,将民主理想由政治领域扩展到工业与社会领域。

韦尔认为,在新民主下,国家不再扮演守夜人的角色,而是一个教育的和伦理的机构,会给予民众积极的帮助,“过去政府被认为必然会带来弊端,必须时时提防;在进步主义时代,政府被认为是善,被当作是善的工具,通过它可以行善”[2]。事实上,韦尔提出的新民主,几乎就是福利国家的全套建设方案,它包括经济民主、政治民主、社会民主:经济民主是“通过多数的人控制工业以及最广大多数的人分享工业利润来实现”,即由民主政府来干预经济特别是工业,并通过税收改革来变更工业财富的流向,维护工业中弱势群体的利益,承认工会的作

[1] 赵辉兵:《美国进步主义政治思潮与实践研究》,中国社会科学出版社 2013 年版,第 140 页。
[2] 同上书,第 145 页。

用;政治民主就是打破在政治上根深蒂固的财阀政治的权力,进行选举程序的改革;社会民主就是生活与健康保障、教育民主化、消费社会化以及将最低收入人群的生活提高到大众水平等[1]。

3. 新国家主义与美国国家功能的扩张

由此可见,以重新界定国家职能为目的的"新国家主义",为进步主义运动提供了思想指导。西奥多·罗斯福虽然败选,但胜选的威尔逊总统同样进行了广泛的改革。威尔逊号召运用国家立法与行政的力量,把个人从大企业的过分控制下解放出来,以结束少数人支配经济的特权,给每个公民公平的机会,并增进普遍福利。这样的思想与实践运动,真正奠定了美国扩张国家功能的基础。

三、美国福利国家建设的指导思想:美国新自由主义

美国之所以走上福利国家道路,除了现实问题与民众运动的推动外,还因为在国家指导思想方面形成了美国新自由主义思想。这一基于美国传统的政治术语而表达的思想,继承了古典自由主义对人权和民主的要求,又吸收了英国新自由主义和欧陆社会主义思想。不过,需要注意的是,美国的新自由主义虽然受到英国与欧陆国家思想的影响,但其实质还是基于本土的实用主义而形成的。这一思想注重运用科学技术来改良社会或追求持续不断的进步,注重实利而不太重视古典自由主义者主张的自然权利等抽象概念,也不赞成部分欧洲社会主义者对完美社会终点的想象和激进的政策主张。在这一美国新自由主义的形成过程中,杜威是关键的人物。

(一) 美国新自由主义的基底:实用主义

跟英国一样,在美国为福利国家建设提供指引的思想也被称为"新自由主义"。不过,与英国不同的是,美国的新自由主义在相当程度上基于本土的实用主义形成,而不像英国新自由主义那样深受欧陆思想的影响。实用主义被认为是第一个土生土长的美国哲学思潮,是美国民族精神和生活方式的理论象征,也被称为美国的国家哲学或者美国人的"生活哲学"。在思想上,前述的进步主义运动与美国福利国家的兴起,跟它都有内在的关系。

[1] 赵辉兵:《美国进步主义政治思潮与实践研究》,中国社会科学出版社 2013 年版,第 146—148 页。

1. 实用主义的发展

按照美国哲学家韦尔·杜兰特的研究，实用主义思想有多个来源，“渊源于康德‘实用理性’；叔本华的意志之升进、达尔文之适者生存之概念；功利主义之以有用者为‘善’；英国哲学的证验及归纳之传统；最后是美国环境之启示”[1]。显然，在这多个来源中，从美国拓荒环境中成长起来的求真务实、开拓进取的精神，以及经由讲求实效的殖民地早期的清教徒伦理、富兰克林宣扬的道德观等发展而来的立足现实生活、强调直接利益的气质，是最为关键的来源。这样的精神与气质，为美国民众奠定了思想的基础与行动的指引。

我们一般将威廉·詹姆斯（William James，1842—1910）视为实用主义之父。不过，也有学者注意到在詹姆斯之前实用主义的理论渊源。比如文学评论家罗伯特·斯宾勒强调，“富兰克林早在威廉·詹姆斯给实用主义下定义前就认为，一切有效的方法都是真理”[2]。作为哲学的实用主义，则公认由查尔斯·皮尔斯（Charles Sanders Peirce，1839—1914）开创。1878 年，他发表了“如何使我们的概念明晰”一文，从概念出发系统地论述了“唯有实物的效果导致信仰”等重要的实用主义原则。二十多年后，詹姆斯重提皮尔斯的上述原则，于是实用主义迅速传播，掀起了一场“实用主义运动”，并深刻地影响了美国的政治思想进程。杜威对此过程的描述是，皮尔斯“他仅仅把他提出的实用方法应用于一个非常狭窄和有限的论域。威廉·詹姆斯把这种方法的应用范围加以扩大”[3]。在实用主义的发展进程中，1898 年詹姆斯以“哲学概念与实用效果”为题的讲演和 1907 年出版的《实用主义》一书，标志着实用主义哲学运动的兴起。

2. 实用主义作为社会改革指引的潜力

大体上，实用主义指的是不看事物原初状态或者假想的必然性，而要看它最后产生的成果或形成的事实。反映在哲学认知上，实用主义认为真理就意味着证实，现实的或可能的证实就是真理的意义[4]。因此在哲学上，实用主义不太重视形而上学的理论思辨，而重视生活实践和实用功利。它强调哲学要立足于现实生活，把采取行动当作主要手段，把获得效果作为最高目的。正如詹姆斯强调的，“始终可以把任何一个哲学命题的有效意义归结为我们未来的实际经验中

[1] 赵辉兵：《美国进步主义政治思潮与实践研究》，中国社会科学出版社 2013 年版，第 53 页。
[2] 王萍：《从清教神坛到福利国家——美国工作伦理的演变》，中央编译出版社 2016 年版，第 87 页。
[3] 涂纪亮：《杜威文选》，社会科学文献出版社 2006 年版，第 3 页。
[4] 同上书，第 11 页。

的某种特殊后果"[1]。詹姆斯虽然指出实用主义有狭义与广义之分(广义的实用主义就是"人本主义",狭义的指一种实用主义方法),但他着力的是从狭义来讨论,即强调"真理必须具有实际的效果","特别是好的效果"[2]。这样一种实用主义方法,就是一种确定方向的态度,"这个态度不是去看最先的事物、原则、'范畴'和假定是必需的东西;而是去看最后的事物、收获、效果和事实"[3]。可见,实用主义一方面因强调实际效果而非抽象思辨而区别于形而上学,另一方面也跟经验主义有所区别,它肯定的是未来发生的后果与行动可能性,而不是经验主义强调的在先的现象与所谓的先例。

正是因为对未来效果的重视,实用主义始终强调行动与机遇,主张通过行动来增加未来生活的价值,并认为知识和理智可以成为人们未来幸福的源泉和保证(甚至不得不成为唯一的源泉)。毫无疑问,这一实用主义态度为新事物和真实的未来留有余地,同时凸显了个人的重要地位,认为个人才是创造性思想的承担者、行动者和应用者。在此基础上,实用主义非常容易接受国家的干预,只要这种干预能在未来带来更好的后果,当然也能因为不良的后果而撤回对国家干预的支持。正因如此,詹姆斯才会强调:"我们并不把国家当作一个不过是消极的因素,其影响最小的时候就是大家最幸福的时候,而是认为一个文明社会的某些最必要的职能只能由国家来履行,其他一些职能则由国家来履行最为有效。一句话,我们认为国家是一种永久性的经济生活,而不仅是一副暂时的拐杖,当社会变得较完美以后,就可以把它随手扔掉"[4]。显然,这样一种实用主义思想完全可以为社会改革提供理论的支持与思考的工具。

(二) 杜威为美国新自由主义引路

在美国福利国家建设过程中,有一个无法忽视的人物,那就是哲学家约翰·杜威(John Dewey, 1859—1952)。历史学家霍夫斯达特曾经这样评价道:"在抽象哲学上,杜威对知识、试验、行动、控制的信仰正是进步时期对民主与政治行动的信仰的呼吁。杜威呼吁的以实验方法来探究社会理论和克罗利呼吁的国人扬弃'不可避免的命运',从目的的角度去思考,与李普曼的声言'我们再不能认为生命是对我们的施舍'是相去不远的。"[5]杜威继承了詹姆斯的实用主义思想,

[1] 涂纪亮:《杜威文选》,社会科学文献出版社 2006 年版,第 6 页。
[2] 詹姆斯:《实用主义:一些旧思想方法的新名称》,商务印书馆 1979 年版,第 188—189 页。
[3] 同上书,第 31 页。
[4] 李颜伟:《知识分子与改革:美国进步主义运动新论》,中国社会科学出版社 2010 年版,第 133 页。
[5] 赵辉兵:《美国进步主义政治思潮与实践研究》,中国社会科学出版社 2013 年版,第 55 页。

并将其推广到政治、教育、道德、宗教等领域,宣传民主、自由和改良,因而被称为"20世纪首要的民主哲学家","美国人民的领路人,良师益友和良心"和"美国自由主义的忏悔神父"[1]。他参与论证的新自由主义,成为美国福利国家建设的重要指导思想。

在杜威那个时代之前,美国学者习惯用"自由主义"或"个人主义"这样的术语来概括美国人的基本政治思想倾向,它也符合美国立国以来孤独的拓荒者这一角色的设定,包含着个人在法律上受到保障的种种人身与政治权利,以及企业不受政府干预而经营与扩张的自由。但这样一种政治思想所代表的国家功能设定,无法解决前述19世纪下半叶伴随美国国家成长而出现的众多问题。杜威在上述实用主义哲学的基础上,通过批评和改造这样的自由主义或个人主义,提出了他的新自由主义理论,在不同的场合,他称其为"新个人主义"或"新民主"。

1. 基于实用主义的新个人主义

杜威相信,可以将哲学有效地用于改造社会。他的实用主义目光,集中于实际的事物,注重具体的实际经验和社会的功用。对杜威来说,实用主义哲学首先是对日常生活实践不断地进行批判性改造的工具,其价值不在于思想自身,而在于能使人更好地对环境做出反应,以便改造社会,"行动和机遇只有在它们使生活变得更加合理,并使生活的价值有所增加的范围内,才能被认为是正确的"[2]。因为杜威的实用主义倾向于从解决问题的层面入手,也因此常自称为"工具主义"或"实验主义"。这样的实用主义,从个人、个人的活动出发,来研究和解决与人有关的哲学问题,认为个人的福利才是目的,社会与制度是实现目的的手段,"社会组织、法律、制度都是为人而设的,而不是人为它们而设,它们是人类福利和进步的工具和力量"[3]。与自然主义的狭隘的生物观或社会达尔文主义不同,杜威赞成的实用主义认为,现代人的环境中最重要的部分是社会,社会环境是人所有的全部环境中最为独特的方面,重建环境是人所具有的惊人的品质。通过改变环境,增加他本人和同伴的福利,人也就实现了最高的满足。因此,实用主义的个人是社会性和个性的统一,在此基础上产生的个人主义、自由主义都不同于过去,它是既坚信每一个普通人的独特性,又强调社会重要性的新民主的真正的哲学表达。

---

[1] 吴春华:《西方政治思想史》(第4卷),天津人民出版社2006年版,第476页。
[2] 涂纪亮:《杜威文选》,社会科学文献出版社2006年版,第19页。
[3] 杜威等:《实用主义》,世界知识出版社2007年版,第265页。

基于他所理解的实用主义个人观，杜威强调，人是中心，价值的最终判断在于是否有利于人，是否让人满意。不过，正因为社会是由个人组成的，个人与那些包围着他们的联结关系就显得是同样重要的。没有强而有力的个人，构成社会的纽带就没有东西可以拴得住；离开了与他人的联系，个人就会变得彼此孤立而凋残零落，或互相敌对而损害自己的发展。因此，“法律、国家、教会、家庭、友谊、工业联合，这种种制度和组织是必需的，以便个人能够成长并找到其特殊能力和作用。没有它们的帮助支持，人生就是粗野、孤陋和污浊的”[1]。杜威强调，个人或者自我在根本上乃是社会的自我，个性也不是天生的和固有的东西，而是社会的产物。可是在当时的美国，在旧个人主义笼罩下，法律和政治作为外部环境，完全依赖于同金钱和机器的结合，从而造成了一种金钱文化，使个人主义所代表的机会平等、自由联合与相互交流正在变得模糊，逐渐暗淡下去。杜威所说的就是上文提及的，不受节制的资本在这样的个人主义氛围下，事实上消灭了个人的独立机会甚至人的个性，用杜威的话说就是这样的个人主义太“个人至上”，反而没有将个人的至上性权利充分发挥出来(也就是不够个人至上)。他批评传统个人主义哲学支持的是“有着先定特权的个体解放，却对所有人的普遍解放漠然视之”[2]，由此这种旧个人主义造成一场严重的文化分裂和社会道德危机。

杜威认为，在这样的时代，个人必须摆脱孤立的拓荒者角色，要强调合作并追求共同的利益，个人主义者只有当他们的观念和理想同他们所处的时代现实相协调时，才会重新找回自我。因此，个体的能动性与创造性只是出发点，对个人利益的追求一定要受到社会、集体的限制，私利要服从公益，没有哪个个体可以将自己视为一个与社会相对抗的独立存在，人类必须站在一种“联合性”基础上看待个人与社会的关系。他强烈地批判带有极端利己主义色彩的经济个人主义，认为社会和个人之间没有真正的矛盾。基于此，他要求建立一种“新个人主义”，“在个人与社会之间重建一种自然的关系”，“创造一种新型个人——其思想与欲望的模式与他人具有持久的一致性，其社交性表现在所有常规的人类联系中的合作性”[3]。就是说，杜威要抛开传统个人主义的孤立与封闭，将不断增加的经济生活中的合作作为一条合适的线索，以此作为其新个人主义的一个出发点。这样的“新个人主义”，强调个人的社会属性，承认人性的可塑性，认为可

[1] 杜威等:《实用主义》，世界知识出版社 2007 年版，第 263 页。

[2] 吴春华:《西方政治思想史》(第 4 卷)，天津人民出版社 2006 年版，第 518 页。

[3] 同上书，第 519 页。

以通过改善社会环境来提升人性。在新个人主义下，政府不再被视为异己的压迫力量而受敌视，而是把它当作一种必要的人类组织形式，用来服务于人类发展的根本目的，最终实现每一个人的自由发展。这种"并不是自私自利"的新个人主义，被杜威称为"一种真的好的个人主义"[1]。在这种新个人主义指引下，美国要从早期的拓荒者个人主义向合作主导的情形过渡，这种新旧个人主义之间的转变，关键在于通过政府或社会的机构的努力来实现共同的利益。

2. 杜威的新自由主义

在上述个人主义基础上，杜威又进一步提出他的新自由主义思想。此处以他在1935年发表的"自由主义的前途"一文为例，来探讨他提倡的新自由主义。在杜威看来，自由主义作为运动，其思想来源于两处，只是到后来汇合在一起但并未真正彻底地融合，并由此而成为自由主义的两个派别：一个是对人道主义和博爱主义怀有的热忱，另一个来源于因蒸汽机应用于工业而对工商业的刺激(即要求废除对劳动力流动、贸易自由的各种阻碍)。前一个方面的自由主义实际上是需要政府干预的，没有政府的积极行动，如废除奴隶买卖、实行监狱改革、消除对女工和童工的虐待，就不能得到实现；而且，以社会正义为口号的社会立法运动，事实上越来越求助于政府的行动。后一个方面的自由主义，对政府干预生产和商业持反对态度，并在自由放任主义中得到充分表现，那就是要求政府不干预，让生产者和商人最大限度地自由活动，以增加他们自己的利益。杜威总结道，"自由主义从形成之日起在其内部就有一条鸿沟。在这两派学说中，用其中任何一派的言论去为自由主义下定义，都会遭到另一派人的激烈反驳"[2]。不过，杜威强调，自由主义的这两派(人道的自由主义与商业企业家的自由主义)之间虽有激烈的冲突，但他们一致声称自己忠于同一个最终的理想和目标，就是要使个人获得尽可能多的自由。二者的差别在于，对下面两个问题有不同的看法：哪个领域内的自由和个性更重要？用什么手段以实现自由和个性？杜威建议，人道的自由主义，不要再关注不平等和压迫等表面现象，而要探索不平等和压迫产生的原因；商业企业家的自由主义，不要再把倔强性、独立性、创造性和精力与维护他们在其中发财致富的那种制度等同起来。他说，"任何一种不能使千百万人获得基本安全的制度，都不配被称为一种为了维护个人的自由和发展而建立

[1] 李颜伟：《知识分子与改革：美国进步主义运动新论》，中国社会科学出版社2010年版，第145页。
[2] 涂纪亮：《杜威文选》，社会科学文献出版社2006年版，第403页。

起来的制度"[1]。杜威批评早期的自由主义(自由放任主义或社会达尔文主义)已蜕化为假自由主义,"自由主义中那个蜕化变质的学派把放任政策学说看作自然秩序本身的表现。这样一来,个性观念的地位一落千丈,直到在许多力求使人性得到更广泛、更丰富的发展的人们的心目中,个人主义变成一个遭到鄙视和斥责的词汇"[2]。这是因为,它持有绝对主义的、忽视和否定时间相对性的理论,未能认识到历史的相对性,而把个人看成是既定的、完全自足的东西。

杜威认为,自由主义必须向前发展,而要发展就应该接受源自实用主义哲学的实验方法,因为实验的方法承认观念和政策随时间的变化而变化,认为观念和政策应与事实相协调,而不应与事实相对立。自由主义若能接受实验方法,就会接受个性和自由观念将随着社会关系的改变而不断改造这一想法。这样,要实现自由,就必须加强集体的努力,用社会力量改革制度本身。杜威强调,这样的一种自由主义,清楚个人不是某种固定不变的、现成的东西,而是在物质条件和文化条件的协助与支持下培育出来的;这里的文化条件,不仅包括科学和艺术,还包括经济制度、法律制度和政治制度。这样的自由主义也接受历史相对性的概念,知道自由的内容随时代的改变而改变。这样的自由主义,中心的问题是制定政策和执行政策中的方法问题,就是最大限度地依靠理智以形成和执行政策,通过强调自由理智的重要性补救传统自由主义过分强调行动自由这一缺陷[3]。由此实现的个人自由,绝不同于无限制的个人自由,更不意味着仅是企业家的自由(忽视劳动者受到的束缚),而是一种普遍的、共享的个人自由,人们有机会有效地分享一切文化资源。这种自由显然也得到社会化的、有组织的理性控制的支持与导向,而支持与导向又主要来自政府。因此政府行动对于个人自由来说并不是不相干的,而是起促进作用的。这样的自由主义是"新"的,"在美国,20世纪初的进步政见中表现出来的自由主义,与19世纪初的英国自由主义很少有共同之处,它们实际上是相互对立的"[4]。

3. 评价

由此可见,杜威所提倡的新个人主义与新自由主义,与格林有些相似,在理论上都是通过对社会、对国家重要性的强调,来或多或少地消弭原来自由主义中过分重视个人的倾向。杜威赞赏格林是"将发端于德国的有机理想主义(即国家

[1] 涂纪亮:《杜威文选》,社会科学文献出版社2006年版,第406页。
[2] 同上书,第409页。
[3] 吴春华:《西方政治思想史》(第4卷),天津人民出版社2006年版,第522页。
[4] 杜威等:《自由主义》,世界知识出版社2007年版,第75页。

是个道德有机体，政府是其中的一个器官，只有形成共识并具有共同的目标，个人才能真正地实现独立存在，并真正享有自由）系统介绍到英国的领袖人物"[1]，认可格林和后继者们将如下内容纳入自由主义理想中：作为政治组织之手段的公益观念，作为个体最宝贵特征和标记的自由观，个人要求全面发展自身能力的观念等。在这样的新自由主义下，国家有责任创造使个人有效发挥其潜能的制度，也因此，杜威将国家干预特别是对经济垄断力量的控制，看成是促进个人解放和保障个人自由的必要条件，是"逐渐剔除了放任自由主义信条而与政府行为的运用联系起来；运用政府行为，是要帮助那些经济上处于不利地位的人并缓解他们的危机"[2]。这种新自由主义，强调社会整体进步、主张国家干预、呼吁积极自由，目的都是为了达成社会的正义和个人的完善。

杜威的新自由主义主张，反映了那个时代学者对于国家干预的看法，也对美国从自由放任主义向新自由主义转变起了促进作用。杜威指出，在这样的新自由主义指引下建立的新的民主制度，将同时对自由和平等两种个人主义价值目标进行动态的协调与发展，"将平等与自由统一起来的民主理想承认，机会与行动事实上的、具体的自由，取决于政治与经济条件的平等，在此条件下，个人独自享有事实上的而不是某种抽象的形而上学意义上的自由"[3]。杜威还强调，"每一代人必须为自己再造一遍民主，民主的本质与精髓乃是某种不能从一个人或一代人传给另一个人或另一代人的东西，而必须根据社会生活的需要、问题与条件进行构建；随着岁月的流逝，我们成为这种社会生活的一部分，而且年复一年，社会生活变化万千"[4]。杜威设想的理想国家（他用的术语是"民主主义的社会"）是这样的："倘有一个社会，它的全体成员都能以同等条件，共同享受社会的利益并通过各种形式的联合生活的相互影响，使社会各种制度得到灵活机动的重新调整，在这个范围内，这个社会就是民主主义的社会。"[5]杜威的这一思想，指引美国后来福利国家建设的方向。

（三）罗斯福的新自由主义

在进步主义运动奠定的初步福利国家成果及杜威等人奠定的新自由主义思想基础上，到了20世纪上半叶，美国主流社会开始承认，由资本寻求利润推动的

[1] 杜威等：《自由主义》，世界知识出版社2007年版，第76页。
[2] 同上书，第75页。
[3] 吴春华：《西方政治思想史》（第4卷），天津人民出版社2006年版，第523页。
[4] 同上书，第525页。
[5] 同上书，第526页。

发展，可能会形成不利的外部环境，也可能会恶化政治经济条件，它是社会问题（如失业、低工资、高房价、童工、工伤、养老等）的成因，并进而会影响国家的发展。为此，国家必须改变原来消极的角色定位，积极地行动起来并致力于解决问题，这有利于实现人的真正自由与资本的健康发展。在思想方面，这关键的一步是由罗斯福新政推动形成的。

1. 罗斯福新政中的新自由主义

一般公认美国是在大萧条之后的罗斯福新政中转向福利国家的，这样的转向既有前述新自由主义提供的思想基础，又是对大萧条的实用性反映。不过需要强调的是，在罗斯福新政之前，美国并非完全没有福利制度，这一点前面已有涉及。罗斯福构建美国福利国家的基本指导思想，就是杜威阐发的实用主义以及进步时代以来不断发展的新自由主义。1932 年罗斯福在接受民主党总统提名时发表的演说，充满了杜威实用主义的味道："这个国家需要大胆持续的试验。常识告诉我们必须选择一个方法，然后进行尝试。一个失败了再试另一个。不管怎么说，总得试试"[1]。1932 年 12 月，他在《自由》杂志上解释新政（即"释新政"）时说："代表着各种人口与利益的美国经济生活，可以通过华盛顿政府英明、公平而适中的全国性领导，达到和谐之境。在美国生活中，曾经有的政府只代表这个巨大利益链条的一部分，而且不幸的是，有时只代表一种非常特殊而狭隘的利益。最近一次选举的特点清楚表明，我所受委托真正是全国范围的"，"劳动与工业不能以牺牲农业为代价来得到好处；不同时让劳工享受更多合法的繁荣成果，资本也不能达到真正的繁荣"，"我相信一种更高形态的保护；它力求给人民群众提供工作与经济安全，以便他们自由地生活并丰富个人经历，而又不伤害其同胞"[2]。从这段引文中，我们可以轻易地读出前述的新国家主义、新自由主义等思想的表达，以及重视劳工的同时不忘资本的利益。

罗斯福总统不但接受了新自由主义阐发的理论，赞成扩大国家的干预，为那些没有条件享受权利的人提供帮助，还发展了相关的思想。其中最为突出的是，他提出了著名的四大自由：言论自由、宗教自由、不虞匮乏的自由和不虞恐惧的自由。如果说前两项自由还是传统的，那么不虞匮乏与不虞恐惧则是新的，其目的是强调国家的责任，为个人提供公共的帮助。他呼吁放弃那种唯利是图的个人主义，放弃原来给国家设定的"守夜人"角色，要求社会和国家出面扶贫助残，

[1] 王萍：《从清教神坛到福利国家——美国工作伦理的演变》，中央编译出版社 2016 年版，第 161 页。
[2] 刘绪贻、李存训：《美国通史》（第 5 卷），人民出版社 2002 年版，第 226—227 页。

为那些"命运的弃儿"提供必要的帮助，从而建立一个幸福、安全、公正、合理的社会。特别地，针对美国资本力量过强这一特征，他强调，国家要限制资本之间的过度竞争，限制垄断组织的膨胀和特权的现象，并公平地分配国民收入，稳定工资和物价。可见，罗斯福表达的正是对福利国家的要求。

2. 罗斯福建设美国福利国家的思想底色

尽管可以看到罗斯福新政奠定了美国福利国家的根基，但需要看到，支持这样的福利国家建设，虽不乏英国式道路对穷人的同情，也受到欧洲社会主义运动对劳动解放要求的影响，但其主要动力或者说美国福利国家建设的底色，是符合资本法则的，即最大可能地促进资本的增值。这既表现在美国建设福利国家时表达的政治话语上，又体现在福利制度的设计原则中，并最终实现于福利国家制度所发挥的功能。社会学家威廉·多姆霍夫还曾经从 1935 年《社会保障法》的起草专家构成出发，断言由此建立的福利国家制度是由自私自利的资本家推动出台的，"起草这一法案的专家，都是当时权势最为显赫的上层阶级家庭——洛克菲勒家族的直接雇员"[1]。

先从政治话语的表达来看。虽然在现实的逼迫下，罗斯福总统与自己的前任胡佛总统表现出相当大的不同，但罗斯福仍然竭尽所能地坚持资本法则的话语。比如，1931 年他在自己任州长的纽约州实施美国第一个《失业救济法》时解释说，救济款来自整个社会的税收，早前自力更生并按时缴税的人，已提前支付了现在申领的救济金，因而并非不劳而获。1935 年 1 月，罗斯福本人对直接救济表示批评，认为它有伤国家元气。罗斯福在 1935 年 4 月，实施了以工代赈的计划，宣布救济金不发给那些有工作能力的失业者，要让他们通过劳动获得工资[2]。

再来看美国福利制度的设计原则。罗斯福在设计美国福利国家制度时，竭力以维持资本法则为原则，高度依赖市场手段解决劳动者的福利问题，表现为：(1) 在福利提供原则上，美国始终坚持基于家庭财产资格调查后给予小额救济金的原则做法，尽最大可能让劳动者选择工作而非享受福利，避免形成遍及所有人的公共资助体系，并特别强调普遍性的社会保护措施会引发道德沦丧、奢侈、懒惰和酗酒问题；(2) 在福利制度建设原则上，它强调基于市场自愿，要求劳动

[1] G. William Domhoff, *Who Rules America? Power and Politics in the Year* 2000, Mayfield Publishing Company, 1998, p.272.

[2] 刘绪贻、李存训：《美国通史》(第 5 卷)，人民出版社 2002 年版，第 160—166 页。

者基于契约原则和保险精算原则为自己在保险市场上购买保险产品，国家再给予一定的税收优惠措施，以鼓励企业基于自愿原则为工人提供部分福利，与此同时反对普遍性的以国家为主导的社会保险体制。因此，罗斯福新政在美国建设的这种福利国家制度，始终遵循了下述服务资本的原则："个人契约原则、福利与以往表现挂钩原则、自立原则和遵从市场原则。"[1]若从社会分层结构来看这一制度的福利供给原则的话，那就是：社会底层的团体主要依赖于羞辱性的社会救助，中产阶级主要受益于遵循市场原则购买国家税收优惠补助的保险，而上层阶级则几乎完全从市场上获得自己的主要福利。

最后再看美国福利国家制度发挥的功能。可以看到，这种福利制度帮助资本获得了长期增值的机会。正如美国社会学家朗达·莱文对罗斯福新政的评价："30年代的经济大危机表明，美国的资本积累过程出现了三种障碍：一是资本剥削率过高，群众购买力过低，生产过剩，利润的实现成为问题；二是业主之间无节制的竞争使物价下降过度，投资成为问题；三是政治结构职能不足，不能适应资本积累过程的迫切需要……新政的根本作用是调整政治经济秩序，为美国资本积累过程提供一种新的、有效的机制"[2]。罗伯特·舍伍德的说法更为直接，"资本主义经过他的手术，得到的不是死亡，而是变得比过去更强壮，并取得新的生命"[3]。

四、福利国家建设思想中的服务资本因素

本章的目的是阐明以服务资本为动力和出发点的福利国家思想在美国国家成长中的作用。如前所述，这并不意味着美国走向福利国家只受一种动力推动，也不是说其他西方国家没有这样的动力。在推动福利国家建设的思想中，其他西方国家像美国一样，福利制度在政治话语与制度设计原则上同样体现出一定的服务资本的目的，在功能上也极大地服务于资本，只不过不像美国表现得那样强烈那么典型。

（一）服务资本因素与美国福利国家的建设

在19世纪，美国与德国都属于发展赶超型国家，但不同于德国的是，美国在福利国家建设过程中一直表现得比较消极，直到罗斯福新政时期，才相对积极地

[1] 艾斯平-安德森：《福利资本主义的三个世界》，法律出版社2003年版，第73页。
[2] 刘绪贻、李存训：《美国通史》（第5卷），人民出版社2002年版，第200页。
[3] 同上书，第199页。

建设福利国家。在罗斯福新政之后并在约翰逊、尼克松总统期间达到高潮的美国福利国家建设,在原则上仍尽一切可能保留市场的作用并积极发挥资本的逐利作用,在制度设计与运行时更突出商业运作和个体责任。与其他国家相比,美国的社会保障项目高度依赖于商业保险市场与个人选择,普救式的福利给付的数量极少,对部分穷人实行的社会救济也建立在羞辱式的调查基础上。这样的福利制度,尤其是其中的医疗制度,造成了美国政治上的深刻分歧与僵局,也因未采用欧洲式国家综合性医疗保险与家庭津贴体系而成为福利国家发展的落后者,在国际上屡遭诟病[1]。所以,在西方现代国家中,"作为福利国家,美国被看作异类(exceptional)"[2]。

正如前文强调过的,已建成的美国式福利国家不仅在建设原则上服务于资本,而且福利国家制度在功能上大大有助于资本的发展。正如谢勒夫所说的:"劳工从福利国家中寻求保护来应对工人阶级在自由市场中固有的不确定性和困难,不仅如此,他们还能以此减少因资本主义经济运作而产生的阶级不平等。另一方面,资本家也能从福利国家中获得收益,福利国家有助于维持有生产效率和有纪律的劳动力以及这种劳动力的再生产。"[3]

福利制度有利于服务资本这一逻辑,事实上很早就被美国的"福特制"经验揭示出来。20 世纪初,福特公司在汽车生产操作过程标准化的基础上采用了流水线作业的办法,从而实现了大批量、大规模生产,生产效率大大提高。1914 年福特公司提高了工人工资(日工资 5 美元),这样三个月工资就可以买一辆福特 T 型车。这一做法,因表面上伤害资本的利益而被当时的《华尔街日报》抨击为经济犯罪。可是,因为工人能够买得起自己制造的汽车,大规模消费进一步刺激大规模生产,而大规模生产给资本家带来了更大的利益。这一福特制经验,对福利国家制度的建设是有启示作用的。这是因为,福利制度也有类似的功用:国家为工人和其他有需求的群体提供社会福利(特别是确立最低工资、贫困救济与养老金),工人因未来有保障而在事实上增加了消费,消费增加会刺激生产,最终服务了资本的利益。

(二) 西方其他国家在福利制度建设中的服务资本因素

除了美国外,西方其他国家在福利制度设计时也有很多遵循了服务资本的

[1] Francis G. Castles etc. edited, *The Oxford Handbook of The welfare State*, Oxford University Press, 2010, p.9.

[2] Ibid., p.38.

[3] 刘娟凤:《福利国家》,国家行政学院出版社 2014 年版,第 21 页。

原则，即强调个人自立、福利给付与缴费贡献挂钩等市场原则或契约精神。与此同时，福利国家在总体上也发挥了服务于资本的功能。就是说，服务资本这样的福利国家思想也参与驯化了西方其他国家的成长。

德国被公认为福利国家的先行者之一，19世纪末德国颁布的社会保险立法，则被公认为是福利国家的真正开端。俾斯麦之所以率先为统一后的德国建立社会保障制度，有传统因素（宗教倾向、君主大家长责任意识等），也有反对社会主义运动的原因（分化工人阶级的合作、减少社会民主党的影响），另外从服务资本这一角度也可以得到理解。就是说，在德国这样的高速现代化国家，要满足资本长期稳定增值的需要，就必须尽力消除劳动力商品市场的风险、提高劳动力商品的质量。因此俾斯麦主导了德国社会保险立法，将商业保险的做法用于福利制度建设，以应对工业化过程中存在的工伤、失业等风险，以及相对于农业社会而大大增强的疾病与老龄化风险。德国国会于1883、1884、1889年分别通过《疾病保险法》《工伤事故保险法》《养老保险法》，在1900年之后又扩大了社会保险的覆盖面、增加保险方式。从这些做法都可以看出，德国福利国家的建设更多地采用了市场保险原则，民众福利比较偏重保险给付，各方参保人基于市场来实现权利与义务之间的平衡。在西方国家中，德国比较早地进行了义务教育和职业培训，为德国工业化提供合格的劳动力商品，这一有利于资本的措施同时也成为民众的福利。当然，进入20世纪以后，原本就受到社会主义运动影响的德国福利制度建设，在确立资本法则至上（私有制与市场经济）的前提下，注重建设相对全面的福利保障措施。德国（联邦德国）还由国家出面主导创设了独具特色的劳资合作机制，通过1949年《劳资协议法》、1951年《钢铁联营企业共同决定法》、1952年《企业法》、1955年《职工代表会议法》等法律，承认工会不仅有代表职工与雇主就工资、工作条件、福利待遇、解约条件等进行谈判的权利，而且还可以选派代表参与监事会行使企业最高决策权。这一机制不仅有利于工人，同样有利于资本方，因为它有助于提高管理水平、降低生产成本、增加经济效益、提升企业竞争力。

法国、意大利这样的国家在福利国家建设方面又略有不同。一方面，它们始终不渝地坚持以就业为基础的缴费型社会保险方案，这是基于市场原则而运行的福利方案。不过，由于在传统上这些国家的社会与经济生活是按照社会等级、基尔特、垄断组织及社团等传统组织起来的，因而社会保险计划往往围绕着职业类别而建立（国家给予一定的支持），社会保险的规则、筹资方式、给付结构因职业而不同（意大利以职业区分的养老金基金甚至多达120余种）。另一方面，这些国家的社会保障体制还受到教会的强烈影响，重视传统的私人慈善救助，并要求保护传统的家庭关系，鼓励妻子们在家庭中提供服务。只有在依托于不同职业的社会保险以及家庭服务不足时，国家才会给予家长式的帮助。

由此可见，德国、法国、意大利的福利制度虽然各有差别，但共同特征是福利给付几乎完全依赖基于市场原则的保险金缴款，因而也依赖于服务于资本的工作和就业。或者说，民众获得的社会权利，“是保证企业竞争力和最大限度地适应经济发展的过程中的一种‘生产性投资’”[1]。这样的保险制度是在国家强制下并给予一定资助的基础上运行起来的，但政府并不直接参与社会保险的管理，而是通过签署合同的方式，委托社会保险机构来管理。在这样的制度下，劳动力相当程度上仍是商品，至少可以说不能确保实现非商品化，因为福利受到了领取资格、给付规则以及市场原则的限制。

同样的，像德国、法国、意大利这样的西方国家所建设的福利国家，在功能上最终也服务于资本增值的目的。针对德国这样的福利国家建设，奥菲曾经深刻地指出过这一点。在他看来，以资本为主导的经济体系存在着一种累进性的“自我瘫痪”的倾向，就是说自由放任、不加节制的资本将会带来力量垄断、贫富分化、经济危机等不良后果，而这些后果一方面会让工人大量失业（使劳动者脱离市场交换关系），另一方面会让资本日益找不到获利渠道（资本因此撤出市场）。因此，德国所进行的福利国家建设挽救了资本主义，其途径主要是通过全面扩张政府的功能来供给福利：政府提供的教育、培训，提高了劳动者的市场销售能力；无所不包的福利措施，让劳动者免受市场带来的大量痛苦；大规模的基础建设，刺激了劳动力与资本之间的交换关系；共同决策、共同投资等方式，可以增加市场的可预见性等[2]。

正因如此，福利国家研究的一个派别（结构主义马克思主义）提出，福利国家是对资本需求的一种功能性反映，这种需求可能是经济性的，即为资本增值奠定长期的人力与智力基础（教育、医疗等），也可能是政治性的，即要求国家采取手段吸纳潜在的动乱和对社会稳定的威胁。他们指出，这样的思路马克思早已揭示，如马克思在评价英国“十小时工作日法案”及其他工厂立法时就认为，这样做是为了防止过度剥削而枯竭劳动力，终究符合资本的长期利益，“资本不会顾及工人生活的健康与寿命，除非社会强迫它如此做……在自由竞争之下，个

[1] 艾斯平-安德森：《福利资本主义的三个世界》，法律出版社2003年版，译者跋，第318页。
[2] 奥菲：《福利国家的矛盾》，吉林人民出版社2006年版，第2页。

别资本家所面对的资本主义生产固有法则乃是外在于他的一个强制力量"[1]。因此,福利国家是资本主义生产方式的必然产物,这样的国家服务于资本的共同需要。[2]

---

[1] 高夫:《福利国家的政治经济学》,台湾巨流图书公司 1995 年版,第 84 页。
[2] 艾斯平-安德森:《福利资本主义的三个世界》,法律出版社 2003 年版,第 13 页。

第十四章　从选择到普遍：以劳动解放为起点的福利国家思想道路

从19世纪下半叶至20世纪上半叶，面对因工业化、城市化、市场化发展而带来的前所未有的社会问题，西方在建设现代国家制度时，着力于从财政上构造福利国家。这样的福利国家建设，不仅有源自英国道路所代表的拯救穷人的动因，也有源自美国道路所代表的服务资本的动因，还有源自劳动解放（或者说劳动力非商品化）方面的动因。伊恩·高夫将学者们的意见总结如下："有些学者认为福利国家是对资本需求的功能性反映（不论是其经济需求，或是政治上的需求以吸纳潜在的动乱和对稳定的威胁）；另一些学者则视福利国家为劳工阶级斗争所获致的不成熟的果实，是从老大不情愿的国家身上所夺来的退让。"[1]

之所以从劳动解放方面产生了推进福利国家成长的动力，是因为在现代社会运行所围绕的轴心即"资本-劳动"关系之中，资本要素（其人格化代表为资本家）总是处于强势的一方，而劳动要素往往被资本视为简单的成本因素，并被按照成本最小化（或者说利润最大化）原则进行支配或处置。可问题是，劳动附着在人身上，资本家将劳动视为商品意味着也将人视为商品。劳动并不像投入生产过程中的其他成本，正如波兰尼所强调的，作为特殊的商品，它"不能被推来搡去，不能被不加区分地加以使用，甚至不能被弃置不用，否则就会影响到作为这种特殊商品的载体的人类个体生活。市场体系在处置一个人的劳动力时，也同时在处置附在这个标志上的生理层面、心理层面和道德层面的实体'人'"[2]。需要交代的是，根据恩格斯的著名说法，生产过程中的要素应该被称为"劳动力"

[1] 高夫：《福利国家的政治经济学》，台湾巨流图书公司1995年版，第86页。
[2] 波兰尼：《大转型：我们时代的政治与经济起源》，浙江人民出版社2007年版，第63页。

而非劳动，即工人为取得工资向资本家"出卖自己的劳动力"而不是"劳动"[1]。不过，由于将"劳动"称为生产过程中的要素是一个由来已久的通用说法，因而本书并不加以纠正。

对于把劳动作为商品这一现象，至少有以下三种思潮参与到反抗进程中：一是劳动者自己（分散地或组织为工会）发起的反抗资本家的行动，最终发展为波澜壮阔的社会主义运动；二是传统保守主义者因担心劳动力商品化过程会让既定的秩序受到致命的打击而发起的抵制，按照艾斯平-安德森的说法，在19世纪传统的保守主义是"反抗商品化的唯一主力"，因为它认为个人不应去竞争和奋斗，而应将个人利益服从于公认的权威和主流制度，若在市场中将人商品化就会带来道德的堕落、社会秩序的腐败、涣散和紊乱[2]；三是前述19世纪英国新自由主义对于积极自由的强调，就是说人只有摆脱单纯商品的地位，才能自主地选择生活方式，实现个人自由与自我决定。

显然，在上述反抗劳动力非商品化的三种思潮中，最具影响力的是第一种即围绕工人运动而形成的社会主义思想。社会主义思想有多个来源且分为多种派别，在19世纪下半叶影响最大的"科学社会主义"，要求通过暴力革命剥夺私有财产并由社会出面明智地组织经济与生活，以最终解放劳动者。到了20世纪初期，这一批社会主义者中的中派和右翼逐渐发展出社会民主主义思想，即不再寻求一揽子解决方案（即不再要求通过暴力革命执掌政权后，实行全面公共生产），而希望更多地通过福利制度建设（社会保险项目、劳动保护立法、最低工资立法、健康和教育条件的改善、国家住房补贴等），将工人生活中的一部分摆脱市场的控制而交由政治来处置、由财政来保障，从而使劳动力在一定程度上摆脱商品化的境地。当然，对于社会民主主义之所以诞生的原因，按照艾斯平-安德森的说法，目前尚未有充足的理论予以阐明，"社会民主主义是，而且一直是，工人阶级政治在资本主义民主中最为成功的表达形式……令人困惑的是，对具有如此历史性力量的政治势力我们却缺乏足够的理论"[3]。

在上述这一福利国家制度建设路径中，福利制度服务的对象一开始是选择性的（即处于困境中的劳动者），后来扩大为普遍性的（全民）；各种福利政策的颁布与工会地位的确认，与实施更加广泛的政治权利（普选权）、建设有效的官僚制

---

[1]《马克思恩格斯选集》（第1卷），人民出版社2012年版，第318页。

[2] 艾斯平-安德森：《福利资本主义的三个世界》，法律出版社2003年版，第41页。

[3] Gøsta Esping-Andersen, *Politics Against Markets: The Social Democratic Road to Power*, Princeton University Press, 1985, p.3.

度同时进行，从而将福利国家制度建设与国家整体现代化进程融合在一起。由此形成的福利国家类别，被学者称为社会民主模式，其标志是一种全民福利制度，鲜明地区别于美国这样的补缺性福利制度。在20世纪的欧洲大陆，社会民主主义的要求是福利国家建设最为突出的动力，“社会民主主义的方案成了发达国家的共同财富”，以至于拉尔夫·达伦多夫把整个20世纪叫作“社会民主主义的世纪”[1]。艾斯平-安德森的说法是，“今天，社会民主国家其实已经成为福利国家的同义词”[2]。因此，劳动解放这样的福利国家思想在驯化欧陆国家成长为现代国家的过程中发挥了重要作用。

以劳动解放为主要内容的工人运动，在英国和美国这样的国家同样存在，也是它们建设福利国家的动力之一。比如，英国工党成立后，社会民主思想对其福利国家建设的影响就很明显。美国进步主义运动在相当程度上也受到劳工运动的影响，20世纪美国民主党在“节制资本”方面的做法也受社会民主主义的影响。但显然这样的动力在欧陆国家尤其像瑞典这样的国家更为明显，其标志性特征就是在这些国家的社会民主党（或称社会民主工党、社会党、工党等）长期执政或者至少是政坛中非常强大的力量。因此，社会民主党与这些国家的福利制度建设关系密切。本章的目的是以瑞典这样的福利国家为例，来说明这种从劳动解放为出发点、服务对象从选择性向普遍性发展的思想成长及其对工具性国家的驯化道路。

一、瑞典福利国家成长的历史基础

自1936年美国记者麦奎斯·查尔斯出版《瑞典：中间道路》一书以后，瑞典建构的福利国家就被冠以“瑞典模式”之名，亮相于世界直至今日。这一模式的核心内容是以劳动解放（劳动力非商品化）为目标，为全民提供普遍性的福利保障。之所以在瑞典形成了这样一种福利国家，跟这个国家的历史基础有关。

（一）历史条件与特殊背景

自19世纪中后期瑞典进入工业化阶段后，随着经济发展与社会变迁，各种问题日益突出。比如，因城市人口快速增长而导致住房紧张、秩序紊乱，因贫富

[1] 刘玉安：《告别福利国家？：九十年代以来西欧社会民主党社会政策改革研究》，山东人民出版社2015年版，第3页。

[2] Gøsta Esping-Andersen, *Politics Against Markets: The Social Democratic Road to Power*, Princeton University Press, 1985, p.145.

差距日益扩大而带来的济贫措施不足、社会不满，因工业发展带来的劳动时间漫长、失业、工伤、医疗、退休（养老）等问题，以及因脱离传统共同体而带来的乏人照顾等。在走向现代国家的进程中，与前述英国、美国这样的国家相比，身处北欧的瑞典，有自己的特殊性。它既共享了德国赶超型现代化的经验教训以及德国先期福利制度建设的成果，又有自身独有的经历。

1. 与德国共享的历史经验

首先，德国、瑞典这样的欧陆国家，直至19世纪中期在经济上仍未实现工业化，因此没有英美那样以自由放任主义为起点走向现代化的经验。在赶超先发国家的过程中，这些后发国家往往充分利用后发优势、积极利用工具性国家力量来实现现代化（如制订经济政策、推动工业革命、实施教育改革、促进高素质劳动力发展等）。对这些国家来说，用国家力量来解决经济与社会问题有成功的经验与现成的制度基础，它们有意愿也有信心动用财政工具来解决现实中遇到的问题。

其次，在这些国家，受本民族传统与基督教的影响，君主、贵族和教会对民众有比较浓厚的家长主义关怀，上上下下都愿意尽力承担福利责任、帮助不幸的穷人。特别地，瑞典在传统上有共同的语言、历史和宗教等同质文化，这是它后来成为一个全民福利国家的有利因素。

再次，相对于英国而言，德国、瑞典这样的国家是在短期内实现现代化的，因此传统的职业行会并未像英国那样几乎解体，反而拥有比较强大的力量，能够在现行框架内提倡互助、团结，给工人提供必要的福利支持，并组织工人去争取自身的权益，或者要求与资方、与全社会共担现代化带来的风险[1]。

最后，由于快速地实现工业化和城市化，这些国家的城市人口急剧增长，加上长时间劳动、不健康工作环境和工业事故频发，工人承受的风险与苦难与逐步现代化的英国相比更大更深。正因如此，工人们向往一个更美好社会的愿望更强，在此基础上对劳动力商品化的反抗也更有力。

---

[1] 直到19世纪中期，在中欧和北欧，城镇工匠或技工中还存在着大量的前资本主义的合作社团（即基尔特或行会，它们具有垄断会员资格和制定价格、安排生产的权力），这些社团将会员缴费与社团福利联系起来，给予伤残者、孤寡者以照顾。在工业化过程中，具有垄断特权的基尔特逐渐消亡，但这些团体的合作功能往往转归互助会，通过强制性会员缴费与自我管理来为成员提供封闭性的福利服务。这种合作主义的福利模式，受到欧陆保守的统治阶级的青睐，因为他们觉得该模式可以在发展现代经济的前提下排除阶级对抗、维系传统社会关系与秩序，在一定程度上还可以保护工人免受市场风险和商品化的冲击。这样一种合作主义福利模式后来变成天主教会的信条，并为两份重要的有关社会问题的教皇通谕所强调。

2. 承接德国福利制度建设的成果

在上述前提下，以德国为代表的欧陆国家政治精英，普遍愿意用国家提供福利的手段来给工人一定的保护，因此很早就开始提供福利项目以避免工人发起反抗，保护现行的经济与政治秩序。前已述及，相对于英国这一现代国家的先行者而言，德国是社会保障制度发展的先行者。其中，一个无法回避的人物是本书已多次提及的俾斯麦。他在德国率先进行社会福利立法，以保护劳动者的正当权益，如举办社会保险、缩短劳动日、改良劳动条件、救济贫弱、推动劳资合作等。艾斯平-安德森因此说，“在几乎每一个国家，正是保守主义的传统首先向劳动力商品化发起了有计划、有准备的冲击”[1]。

德国在福利政策方面的思考与实践，深深地影响到瑞典等北欧国家。在1884到1888年这几年里，瑞典、丹麦、挪威、芬兰等国认真研究和借鉴德国的社会保险立法，率先将福利政策作为基本国策，并成立专门的公共委员会来建立自己的福利制度。

3. 瑞典的特殊国情

当然，瑞典之所以走上较为独特的福利国家之路，还有自己的国情。

以瑞典为代表的北欧国家靠近北极圈，事实上自然条件并不优越。由于恶劣的自然环境，在古代历史上北欧就以出产掠夺性的海盗著称。有学者声称，“海盗历史培育了北欧人同舟共济、同甘共苦的协作精神，这是福利制度国家在北欧得以建立的一个重要社会、历史条件”[2]。1528年，古斯塔夫·瓦萨加冕为国王，成为瑞典第一位世袭君主。这一君主制度持续到今天，保证了瑞典国家基本的政治稳定，并进一步塑造了已有基础的语言、历史和宗教的同质性。君主及贵族对民众的家长主义态度，统一的行政官僚体制以及在16世纪新教改革背景下建立起来的路德教会，为瑞典提供了前现代的有限的福利救济措施，并在一定程度上塑造了瑞典人典型的服从性格。

在促进瑞典福利国家形成方面，还有一个重要的因素是，它比较早地奠定了民主制度的基础。1766年瑞典颁布的《新闻出版法》是世界上最早、最自由的法案，一直沿用至今。1809年，瑞典颁布欧洲第一个成文宪法，在法律上废除了贵族特权，并最终确立了议会民主制。到1914年以后，议会制政府已经成为国家

[1] 艾斯平-安德森：《福利资本主义的三个世界》，法律出版社2003年版，第45页。
[2] 刘玉安：《告别福利国家?：九十年代以来西欧社会民主党社会政策改革研究》，山东人民出版社2015年版，第28页。

制度的一部分，为瑞典走上社会民主福利国家提供了制度的基础。

与德国相似，瑞典直至19世纪中叶仍处于经济落后的状况。到19世纪70年代，就业于林业和农业的人口数量占劳动总人口的3/4，在建筑业、采矿业和制造业就业的人口只占劳动人口的9%。到1910年前后，瑞典在制造业就业的人口超过了总就业人口的1/4。一直到20世纪30年代，在制造业就业的人口才超过了农业人口。即便如此，20世纪30年代以后的瑞典，农民阶级的力量始终强大，它作为资本与劳动之间的中间阶级而存在。同样与德国类似的是，从19世纪中期开始，瑞典的工业化进程加速，在这一过程中社会痛苦程度也特别地深刻。工人会因工伤、年老而丧失工作的能力，危及生存，而寡妇和残疾人更是经常成为极端穷困的牺牲品。经常为人引用的一个数据是，自1860年到1914年，在这快速工业化的半个世纪里，沉重的苦难使1/4(120多万)瑞典人逃亡海外[1]。

因此，部分由于上述国情，部分因为德国的影响，瑞典比较早地开始由国家提供福利，而这又成为后来福利国家制度建设的先行基础。比如，1842年瑞典就颁布《公共教育法》，由国家资助兴建学校，确保7—13岁的儿童几乎都能接受基础教育(读、写、算术以及路德教基本信条)。在传统各教区为穷人和无家可归者提供庇护场所的基础上，国家也建立起一些养老院和其他福利设施。

(二) 思想基础：社会民主主义思潮

当然，瑞典这样的国家之所以走上独具特色的福利国家道路，除了上述历史背景外，还有思想上的渊源。学者们从思想史上追溯出黑格尔思想、新康德哲学以及马克斯·韦伯学说等影响，不过公认的最重要的思想渊源显然是社会民主主义的思潮，而这一思潮起源于欧陆并跟德国社会民主党在理论与实践上的发展进程紧密结合在一起。

在思想上，社会民主主义是社会主义思想中影响较大的一支，而社会主义是针对欧陆工业化过程中出现的社会分化、工人贫困、劳资对立等社会问题尤其是前述的劳动力商品化问题在理论上的回应，它伴随着劳动对资本的反抗运动一起发展。最具有影响力、理论也最为严密的社会主义派别是马克思、恩格斯创立的"科学社会主义"。如第九章所言，在马克思、恩格斯的科学社会主义思想中，至少有两个方面并列的内容：一是伦理性质的，即寻求实现包括无产阶级在内的人类的自由和解放；二是政治和经济性质的，即强调由无产阶级的斗争(甚至暴力革命)来摧毁资产阶级国家机器，在此基础上彻底重组社会经济(将全部私有

[1] 高锋、时红：《瑞典社会民主主义模式——述评与文献》，中央编译出版社2009年版，第67页。

财产收归社会所有，实行公共生产）。

在以德国为典型代表的欧陆国家为什么会产生社会民主主义？限于篇幅，此处不便详究其中的历史原因，只指出它跟德国这样的国家比较早地建立起普选权（一开始仅限成年男子）有关[1]。由于工人阶级拥有选举权，这就使19世纪方兴未艾的德国社会主义运动有了合法进行的可能。1869年8月，在马克思、恩格斯的指导下，卡尔·李卜克内西和奥古斯特·倍倍尔等领导人在爱森纳赫宣告成立"德国社会民主工党"，并于1890年在爱尔福特将党的名称改为"德国社会民主党"[2]。此一时期，德国社会民主党对于社会主义的表述已与科学社会主义有所不同；后来，在理论上该党的思想主张上又经伯恩施坦、考茨基等理论家的修正，在1914年前后形成比较成体系的社会民主主义理论。这一理论与英国工党的费边主义相互影响，并在相当程度上达成共识，正如玛格丽特·柯尔在《费边社史》中强调的："欧洲的修正主义在很大程度上是来源于伯恩施坦以及其他重要的流亡者同早期费边主义者在伦敦进行的讨论。"[3]对于这一发展过程，张世鹏先生的看法是，德国无产阶级领导人之所以选择社会民主党和社会民主主义这样的名称而不是他们当时所信奉的科学社会主义，一开始是为了能够合法宣传而不得不采取的一种收敛锋芒、韬光养晦的手段，但是"时间一长，这个起初是要迷惑敌人的宣传后来逐渐地开始迷惑自己。特别是考茨基等理论

[1] 在1871年德国统一后的帝国宪法中规定实行普选权。1875年，法国宪法规定了男子享有普选权。1884年英国实行了第三次国会改革，这次改革在农村地区降低了财产资格。在意大利（1882）和荷兰（1896），也进一步扩大了选举权。西班牙（1890）和比利时（1893）也分别颁布了男子享有普选权的法令。选举权的扩大和普选权的获得，对于社会民主主义的形成影响至深。恩格斯对于德国工人阶级积极运用选举权给予特别的肯定，他认为选举权"由向来是欺骗的手段变为解放的手段"，"我们用合法手段却比用不合法手段和用颠覆的办法获得的成就要多得多"（张世鹏：《西欧社会民主主义政党指导思想的历史演变》，山东人民出版社2014年版，第50页）。由于选举权的存在，工人阶级就可以运用选举这一武器影响国家行为，于是社会民主主义的实现也就具备了制度的基础。

[2] 在德国，至少是在1846年以后"社会民主主义"这个术语就已经开始为人们所熟悉，在1848年革命中已有工人经常使用这个词。第一个社会民主党被公认为是诞生于1863年的德国社会民主党，不过它最初名字为全德工人联合会（张世鹏：《西欧社会民主主义政党指导思想的历史演变》，山东人民出版社2014年版，第10—11页）。就"社会民主党"这一名称来说，最早来自19世纪40年代法国自称为"民主党"和自称为"社会党"的两派社会主义分子的联盟。1869年在德国建立了社会民主工党，它成为欧陆各国建立社会民主党的范本。1889年欧陆各国社会民主党共同组建了第二国际。在当代，一般对持有社会民主主义思想的党派都统称为社会民主党，但它们各自的政党名称可能是社会民主党、社会民主工党、社会党或工党等。这些政党共同组建了当今的社会党国际这一国际联合组织，现有成员党及组织共143个。

[3] 张世鹏：《西欧社会民主主义政党指导思想的历史演变》，山东人民出版社2014年版，第91页。

家，后来把合法宣传的科学社会主义变成合法的马克思主义，变成中派主义、机会主义的流派”[1]。

接下来简单交代一下伯恩施坦和考茨基等人对科学社会主义的修正，然后再简单概括一下社会民主主义的主要内容，这一思想影响了正处于形成过程中的瑞典福利国家。

1. 伯恩施坦修正主义中的社会改良主张

爱德华·伯恩施坦（Eduard Bernstein，1850—1932）被公认为社会民主主义的鼻祖，是各国社会民主党联合建立的第二国际的重要思想家，也是恩格斯的遗嘱执行人。他根据恩格斯晚年提出的重新估计资本主义生命力的命题以及肯定工人阶级运用合法选举权寻求解放的做法，率先阐述了社会民主主义理论的基本框架和思想原则。早在1891年起草德国社会民主党《爱尔福特纲领》时，他就提出了后来社会民主主义长期思考的问题：资本主义的根本危机是否会很快到来？资本主义是否能够通过改良和改革，以和平地协调生产力和生产关系，避免社会革命的爆发？渐进的改革过程是否可以使工人阶级在不推翻现行制度的情况下，通过议会斗争实现他们的多数社会要求？对于这一系列问题，伯恩施坦通过《社会主义的前提和社会民主党的任务》(1899)等著作以及在对德国社会民主党党纲修订中给出了自己的回答。

首先，他进一步阐发了恩格斯对资本主义生命力的新看法，认为资本主义正在克服自身的许多缺点，如失业、生产过剩、财富积聚、两极分化等，并表现出越来越大的“适应性”，资本主义可能并不必然崩溃。在这方面，他给予的论证是，社会演进的动力可能并非由唯一的经济因素决定的，为此他批评那种认为经济导致所有必然的社会发展进程的看法，否认存在某种客观的社会发展的必然规律。他强调，非经济因素（人的道德意识、法权观念）特别是民主制度本身对社会发展的作用力可能更大，并可以成为社会主义的正当原动力。基于此，他指出，“现代民族国家的政治制度愈是民主化，巨大政治灾变的必然性和机会就会愈减少。谁只要坚持灾变论，它一定会像这一理论的彻底拥护者以前也做过的那样，尽可能反对上述的那种发展，并且试图加以阻止”[2]。

其次，他进一步发挥恩格斯对议会民主制在工人阶级解放中具有积极作用的看法。伯恩施坦反对用暴力革命的方式推翻现存国家并夺取政权，他看到了

[1] 张世鹏：《西欧社会民主主义政党指导思想的历史演变》，山东人民出版社2014年版，第46页。
[2] 同上书，第82页。

中产阶级力量的日益壮大,并提出阶级斗争将会走向消失。所以,他认为应该以普选权为杠杆,以议会为场所,以在议会中争取通过议会立法为保证,在不打碎国家机器的情况下,和平长入社会主义。他认为,民主不仅是争取社会主义的手段,而且也是实现社会主义的形式。走向社会主义的关键是实行普选制,实现完全政治自由的道路是通过而不是绕过议会制度。

最后,基于对资本主义生命力和议会民主制的看法,他为社会民主党的行动提出了一系列的现实策略与新的纲领。在政治上,他积极主张运用合法手段(民主制和劳动立法),加强和扩大社会民主党在社会中的影响和力量,并实现让工人阶级获得真正解放的点滴改良,使工人从一个无产者的社会地位上升到一个市民的社会地位。在社会运动方面,他主张积极确立和发展工会组织,让工人能够对工业的管理发挥直接的影响。在经济上,他建议组织工人合作社(尤其组织工人消费合作社),以及变私人企业为公共企业,用合法手段把生产公有化。在文化上,他主张对工人阶级进行改良主义的教育。

1921 年 9 月,伯恩施坦为德国社会民主党起草并获得通过的《格尔利茨纲领》,集中地阐明了他的社会民主主义思想。对这个纲领的有关内容及其历史意义,当代德国社会民主党理论家托马斯·迈尔的评价是,它标志着德国社会民主党在社会主义运动方面立场原则的变化,"在《格尔利茨纲领》中已经不再用资本主义社会崩溃的必然性来论述社会主义的要求了,而是诉诸道德要求,当然是把它等同于阶级斗争"[1]。换言之,伯恩施坦更加强调和突出马克思、恩格斯对于社会主义所具有的伦理方面的意义,即它作为社会正义的象征和实现的过程,而放弃了他们对于经济运动过程决定社会发展以及无产阶级暴力革命等想法。这样的思想,前已提及,也被称为"伦理社会主义"。

2. 考茨基对社会民主主义的发展

作为德国社会民主党及第二国际的领袖和理论家,相对于伯恩施坦的右倾,卡尔·考茨基(Karl Kautsky, 1854—1938)的思想自认为处于"中派"[2]。虽然他本人对伯恩施坦的思想进行了严厉的批评,但从思想发展的历程看,他事实上进一步发展了社会民主主义的思想与组织机构。1923 年,考茨基率领人数居

[1] 张世鹏:《西欧社会民主主义政党指导思想的历史演变》,山东人民出版社 2014 年版,第 153 页。

[2] 卡尔·考茨基自认为属于中派,这里的中派有三个含义:一是认为自己是马克思主义的中心,理论一贯正确;二是在政治上区别于右倾机会主义和"左倾"激进主义,不左不右,走一条中间道路;三是在党内处于组织上的中心,受到多数党员拥护,而左派与右派都是少数。(张世鹏:《西欧社会民主主义政党指导思想的历史演变》,山东人民出版社 2014 年版,第 100 页)。

多的社会民主党中派与伯恩施坦所代表的右派合作组建社会主义工人国际，奠定了欧洲社会民主党建设福利国家的理论与组织基础。

作为自居中派的考茨基，在理论上他既反对社会民主党左翼（以俄国布尔什维克为代表）提倡的暴力革命与无产阶级专政，又反对右翼对于科学社会主义的修正，而主要采取了在语词上坚持原有科学社会主义的表述，而在行动上接受议会民主制度并针对性地提出社会民主党的行动策略。考茨基的下面这句话，典型反映了他的想法与做法："我们把无产阶级专政不能理解为别的，只能理解为在民主基础上的无产阶级统治。"[1]

因此，考茨基的理论主张集中在放弃暴力革命的理论而主张议会斗争。对于现有的国家机器，他反对打碎而主张在议会政治的框架内，通过选举来实现工人阶级的执政，然后和平渐进地走向工人阶级的解放。对于未来政治的设想，他反对阶级专政的提法，而主张实行现有的民主共和制度。考茨基说，"现代民主国家，与以前存在的那些国家不同，利用国家机构为剥削阶级利益服务已不再是国家的本质，同剥削阶级也不再处于不可分割的联系之中。相反，民主国家在发展趋势上将导致不再作为少数人的机关，像以前的那些国家一样，而是大多数居民的机关，也就是劳动阶级的机关"[2]。特别地，作为反对暴力的和平主义者，他特别反对第二国际左派号召利用帝国主义战争进行无产阶级革命的主张。基于上述理论基础，考茨基进一步具体阐述了他的改良主义政策主张，即通过资本主义制度改善工人生存条件，特别是借由民主程序来实现社会保险[3]。

3. *初兴的社会民主主义的诉求*

可见，由社会主义运动发展而来的社会民主主义，基于对社会发展规律的认识及对议会民主制的利用，逐渐地放弃了暴力革命手段，寄希望于以普选制度实现工人阶级对国家的控制，再由国家通过财政工具（税收-补贴、公共提供、公共投资、公共管制，甚至公共生产等）来实现社会正义的伦理目标（自由、公正、团结、互助），与此同时达到提高经济效率、避免周期性危机等经济目标[4]。

就资本-劳动分析框架来看，社会民主主义的核心是，通过合法利用普选制度来实现工人阶级与中产阶级执掌国家，并以此构建福利国家，从而实现劳动的非商品化。由于具体国情的差异，各国社会民主主义政党在争取执政及推动福

[1] 张世鹏：《西欧社会民主主义政党指导思想的历史演变》，山东人民出版社 2014 年版，第 113 页。
[2] 同上书，第 159 页。
[3] 吴春华：《西方政治思想史》（第 4 卷），天津人民出版社 2006 年版，第 660 页。
[4] 王云龙、陈界、胡鹏：《福利国家：欧洲再现代化的经历与经验》，北京大学出版社 2010 年版，第 8 页。

利国家建设方面，情况有所不同。不过，作为统一的名称，社会民主主义大致有以下几个方面的共同特征。

(1) 坚决反对传统的自由放任主义思想，认为市场或私有制带来的弊病(扭曲人性、经济危机、累积贫困等)无法靠自身力量消除，必须借助于外力，但同时又认为自由企业制度与市场值得保留，它不但可以增进效率同时也是个人自由的一部分(自由交换和支配自己的财产与劳动)；

(2) 否认古典经济学派对人性的设定(即追求自身利益最大化的经济人)，相信人具有完美性或者可完善性，认为好的社会制度和工作环境会造就更好的人，必须给工人以社会资源、健康和教育，这样才能使他们作为有能力的公民有效地参与到社会中来；

(3) 相信国家的力量(或者至少暂时可以借助于国家的力量)，反对用暴力革命推翻现有国家制度，提倡集体行动，认为可以动用财政工具来改善大众生活状况、消除贫困和失业，最终改善人性以便最大限度地实现人的自由与解放。

二、瑞典福利国家思想的形成

瑞典福利国家思想的形成，与德国社会民主党为代表的社会民主主义思潮的发展紧密联系在一起。能印证这一说法的至少有两件事：一是瑞典早期工人运动的领袖及瑞典社会民主工党创始人之一奥古斯特·帕尔姆(1849—1922)，1881年因在德国从事社会主义宣传而被德国政府驱逐回国；二是成立于1889年4月19日的瑞典社会民主工党(以下简称瑞典社民党)与第二国际同年诞生，它在1897年以德国社会民主党1891年《爱尔福特纲领》为范本起草了第一份党纲。到后来，瑞典福利国家在思想上的发展，既跟社会民主主义思想发展的总体进程相关，更与瑞典社民党长期执政的实践经验联系在一起。自1897年第一份党纲到现在，瑞典社民党多次修改党纲(最新一次为2013年)，每次修改都体现了它对瑞典现代国家建设特别是福利国家构造的设想。大体上，从1889年到1920年的党纲，内容大多抄自社会民主党国际组织的文件，以实现国有化为中心任务，同时要求国家提供福利措施。自1926年该党的理论家尼尔斯·卡莱比提出功能社会主义理论之后，瑞典社民党就把福利国家构造作为自己的中心任务，以缓解劳动者的困境作为竞选纲领，并因此获得了长期的执政地位。瑞典模式的福利国家之所以能形成，瑞典社民党的努力功不可没，或者说来自因瑞典社民党而发展的福利国家思想对工具性国家驯化的结果。

(一) 瑞典福利国家思想的起点:《爱尔福特纲领》与1897年党纲

如前所述,在马克思的理论中,财产跟人格不可分离地联系在一起;在未来社会,人要实现解放就要消灭资本主义私有制,这既是人获得自由与解放的必要条件,也是社会经济运动规律所决定的客观趋势并将由无产阶级通过革命方式来完成。因此,在马克思为工人阶级政党规定的任务中,特别重要的一点就是要让劳动者占有生产资料,实现资本与劳动的直接结合,并通过明智的计划来组织社会和经济,以最终实现人的自由和解放。例如,1880年5月马克思口授《法国工人党纲领导言(草案)》的主要内容就是:“生产者只有在占有生产资料之后才能获得自由;生产资料属于生产者只有两种形式:①个体形式,这种形式从来没有作为普遍事实而存在,并且日益为工业进步所排斥;②集体形式,资本主义社会本身的发展为这种形式创造了物质的和精神的因素;鉴于这种集体占有只有通过组成为独立政党的生产者阶级或无产阶级的革命活动才能实现;要建立上述组织,就必须使用无产阶级所拥有的一切手段,包括借助于由向来是欺骗的工具变为解放工具的普选权。”[1]可见,马克思既明确了生产资料公有制作为工人运动目标的重要性,又指出应通过普选权来掌握国家机器以改进劳工地位的现实性。1891年德国社会民主党在爱尔福特大会上通过的党纲,一方面体现了马克思主义所表达的劳工阶级解放对于财产的要求,另一方面又基于当时的历史条件而提出了一系列改良主义措施,包括政治上扩大普选权和普遍人权,经济上要求限定工人的劳动时间,以及建立累进税收、免费教育与免费医疗等福利国家制度。

瑞典社民党后来建设福利国家的指导思想,正是以这个纲领为起点的,在坚持劳动者对财产的要求但反对暴力革命的前提下,要求在国家民主化的同时运用财政工具进行社会改良。应该说,除了《爱尔福特纲领》的影响外,瑞典社民党创党时期主要领导人自身也有类似的想法。如前已提及的瑞典早期工人运动领袖帕尔姆在1881年被德国政府驱逐回国后,发表他的首次演说(《社会主义者的愿望是什么?》)就强调,瑞典的财富过度集中在资本家的手中,工人运动要推翻资本主义制度,但并非剥夺资本家的全部财产,而是通过工人对国家施加影响,对社会财富进行重新分配,把工人失去的那部分权利还给工人阶级。另一个早期领导人亚尔玛·布兰亭(1860—1925),在1887年发表演说(《为什么工人运动必须是社会主义的?》)时,同样强调了改良的重要性以及在此基础上进一步废除

[1]《马克思恩格斯选集》(第3卷),人民出版社2012年版,第818页。

财产私有制的必要性:“即使是实现了自由主义的普选权纲领、共和国、直接税和诸如缩短工时、国家保障等社会改良,这还是很不够的。财产的不平等分配、群众性贫困和事业仍将存在。自由主义使工人得到的是形式上的平等,而不是真正的平等。”[1]

成立于 1889 年 4 月 19 日的瑞典社民党,正是秉承了上述两个原则,即在谴责资本主义生产方式造成当今文明的种种弊端的同时,谋求对此进行改良(政治的改革和福利的提供)。1897 年 7 月 4 日,瑞典社民党通过了第一个党纲。前已提及,该党纲模仿德国社会民主党的《爱尔福特纲领》,在原则上承认议会政治,要求在实现普选的前提下改良现有的政治制度(选举、军事、法院等制度并确保人身自由)、改善工人生存条件(劳动保护、八小时工作制、禁止童工、监管工厂安全、提供保险制度等)。与《爱尔福特纲领》一样,这个纲领虽然强调了生产资料公有制,要“用一个社会主义的、与社会需求真正相适应的生产来取代无计划的生产”,但避免了无产阶级专政、武装斗争、暴力革命等左翼社会民主党人坚持的提法。而且特别的一点是,在西欧社会民主党中,瑞典社民党最早在纲领中提出新中间阶层的概念,即“中间阶层中的较老的阶级、小农户、手工业者和小商人等部分正在消失,而新的部分正在出现”[2],这就意味着原来基于资产阶级与无产阶级两大阶级日益对立这一判断而采取的暴力革命策略必须予以调整。这一点正是瑞典在后来建设包括中产阶级在内的全民福利国家制度的思想渊源。需要补充的是,瑞典社民党的策略调整,部分地也是通过组织的分裂而完成的。在 1917 年党代会上,持有阶级斗争和暴力革命观点的左翼激进党员(少数派)退出社民党并另建新党。一开始这个新党叫“左翼社会民主党”,1921 年加入共产国际后改名为瑞典共产党。随后几十年里,该党多次分裂并改名,现在叫左翼党。

正是以上述思想为起点,瑞典走上了社会民主模式的福利国家之路。艾斯平-安德森从劳动解放这一角度,分析瑞典之所以建设福利国家的原因有:一,这样的道路可以让工人获得社会资源、健康和教育,由此工人可以作为公民有效地参与到社会中来;二,这样的福利国家政策不仅对于劳动力有解放的意义,也对实现经济效率有决定性作用,有助于推动资本主义生产力向前发展[3]。

---

[1] 张世鹏:《西欧社会民主主义政党指导思想的历史演变》,山东人民出版社 2014 年版,第 185 页。

[2] 《1897 年瑞典社会民主工人党纲领》,载于高锋、时红:《瑞典社会民主主义模式——述评与文献》,中央编译出版社 2009 年版,第 157 页。

[3] 艾斯平-安德森:《福利资本主义的三个世界》,法律出版社 2003 年版,第 10 页。

(二) 瑞典社民党执政初期的指导思想:功能社会主义与人民之家

随着20世纪初期瑞典在普选制度方面不断发展,瑞典社民党在议会中获得了越来越多的席位。1914年,瑞典社民党已成为议会第一大党(但它获得的席位并未过半),1917年社民党与自由党合作组成联合政府,成为执政党。在20世纪20年代,该党在议会中的席位虽然仍未过半,但曾三次成功地单独组阁。作为成功获得执政地位的工人阶级政党,瑞典社民党已无须通过暴力革命获得政权;而为了保持执政地位(即获得议会多数席位)就必须营造广泛的政治联盟,将中产阶级以及农民阶级作为自己执政的联盟基础。为此,瑞典社民党需要在原已比较温和的党纲基础上作进一步的调整。除此之外,面对国家治理的问题(尤其是当时瑞典国内工人阶级贫困、多处发生大规模饥荒骚乱)与国际形势的动荡(俄国十月革命和德国革命运动),作为执政党的瑞典社民党,必须提出切实有效的执政指导思想。

1. 功能社会主义的提出

正如长期担任瑞典社民党主席及政府首相的英瓦尔·卡尔松(Ingvar Carlsson, 1934—)在2007年所总结的,年轻时期的瑞典社民党以马克思的理论为出发点建立主要的社会观和指导思想,但也根据瑞典的国情进行了重大的调整。首先当然是放弃暴力革命,因为瑞典社民党已经成为执政党或者说通过议会选举能够继续获得执政地位。放弃暴力革命,也意味着原来社会民主主义中关于革命或改良的长期争论在瑞典已终结。正如卡莱比所说,"金钱和选票都是人们施加影响的方式……选举权可以成为购买力的补充。通过普选权,人们可以赢得进行国家干预的机会,进而影响购买力的分配"[1]。其次,所谓的改良道路即长期的社会变革,意味着"它就必须得到公民的支持,所有人都必须参加这一进程,人人都有机会对之施加影响,而且时刻准备着进行调整并继续发展之"[2]。若要能通过国家实现社会改良并解放劳动力,那就必须实行福利国家的建设,即把社会福利与经济效率结合起来,"强大的社会福利能够给所有人受教育、医疗和养老金以及生病和失业时经济保障的可能性。生产除了护理和教育等社会服务之外均以市场经济原则为出发点,但由政府为实业界制定游戏规则和活动框架,以保证对社会利益的考虑,如环境要求等"[3]。这些都是后来

[1] 高锋、时红:《瑞典社会民主主义模式——述评与文献》,中央编译出版社2009年版,第77页。
[2] 卡尔松:"什么是社会民主主义",载于高锋、时红:《瑞典社会民主主义模式——述评与文献》,中央编译出版社2009年版,第33页。
[3] 同上书,第32页。

以瑞典为代表的福利国家给人印象最深的内容。

在思想发展上，执政初期的瑞典社民党有关福利国家建设的指导思想，来源于卡莱比、恩斯特·维格弗斯和厄斯腾·乌登等党内理论家在20世纪初期主导的思想辩论。该辩论的主题，涉及控制生产资料这一社会主义的中心问题。瑞典社民党内的主流意见认为，像苏联那样把生产资料支配权力集中到国家手中，其结果跟资本主义社会将资本集中到私人手上一样危险。因此，社会主义的中心问题不是把生产资料控制权集中化而是把生产手段分散化，重要的是掌握对生产过程和生产结果的支配权而不是所有权本身。在他们的设想中，“强大的工会组织改变了生产中的权力关系，税收、社会立法对生产果实进行了再分配，社会法律与规定为企业行动制定了框架，但不对生产进行控制，因为它必须由消费者的需求来指挥”[1]。由此瑞典社民党形成了一种新理论，其出发点是：“通过普遍选举权和政治民主，使所有公民——不仅是有财产的或者高收入的人——都获得了影响社会的机会与权利”[2]。

1926年，卡莱比出版了《面对现实的社会主义》一书，在书中进一步明确地宣布：“只要能在财产使用上造成社会决策的增加和个人影响的减少，就是对作为资本主义制度基础的私有制绝对权力和自由竞争制度的一种废除”，就是“一种社会主义变革”[3]。这一有关社会主义的新看法，即从制度功能来理解社会主义，后来被称为“功能社会主义(又译职能社会主义)”，内容大致如下。

首先，卡莱比确认国家对所有权干预的合法性，认为所有权并不神圣也非人生来就有，而是国家通过法律确立的对某一物品的支配形式。因此，国家可通过立法剥夺它，也可以通过修改法律来限制或改造它。

其次，卡莱比充分肯定福利政策(八小时工作制、劳动保险法和其他社会政策)具有社会主义的意义，说它是对私人财产绝对主权和自由竞争制度的一种废除，而工人阶级实际上获得了对私人财产使用的部分权力。因此，社会主义不能仅仅局限于生产资料国有化，国家干预和福利供给等政策，也是社会主义实现的重要内容。

再次，卡莱比指出，对于产品价值的形成而言，工人劳动并非唯一的来源，资本和土地要素也是创造价值的要素，因而现行的利润和地租在制度上虽然不尽

[1] 卡尔松：“什么是社会民主主义”，载于高锋、时红：《瑞典社会民主主义模式——述评与文献》，中央编译出版社2009年版，第35页。

[2] 同上。

[3] 高锋、时红：《瑞典社会民主主义模式——述评与文献》，中央编译出版社2009年版，第123页。

合理,但对于现代化生产来说不可缺少。卡尔松在《什么是社会民主主义》一文中,将这一观点概括为:"社民党在劳方与资方的利益冲突中代表着劳方利益。但这并不等于说社民党否定资本的重要性。我们所做的只是不让这一利益去支配、或者说去剥削经济生活中的其他成员。"[1]

最后,卡莱比对社民党执政提供了一系列政策指引:通过立法对所有权进行限制;尽可能扩大公共部门和其他形式的集体生产,增加公共资本积累;通过税收和财政政策对地租和资本利润进行再分配;利用社会政策提升工人阶级的地位;通过教育和其他措施增加高级职业的就业机会,减少低级工作岗位,以便实现经济平等[2]。

从历史发展进程看,以卡莱比为代表的瑞典社民党理论家所提倡的功能社会主义,帮助社民党在理论上摆脱了困境,并为该党后来建设福利国家奠定了思想基础。

2. 人民之家建设

瑞典社民党为执政而提出的上述指导思想,被进一步地概括为"把瑞典建成人民之家"的口号,用于 1928 年该党领袖阿尔宾·汉森(1885—1946)的竞选活动中。所谓的"人民之家",意思是"实行大型的人民或公民之家,将意味着拆除所有把公民分成有特权的与被冷落的、统治者与依赖他人的、富人与穷人、占有者与被占有者、掠夺者与被掠夺者的社会和经济壁垒"[3]。汉森解释说,家庭基础在于共有和团结,国家也应像家庭那样充满平等、关心、互助、合作,因此社民党要在瑞典消灭阶级差别,实现经济平等和社会民主,发展福利事业。可见,人民之家概念的提出,目的是放弃经典的暴力革命理论,致力于策略性的渐进的但真实的社会变革。人民之家的内容实质就是建设福利国家,即肯定私人所有权的存在,借助于累进税收来供给福利支出,以便为所有的公民平等地提供公共服务,消除经济不平等带来的社会后果,同时缓和经济周期性的波动。

在人民之家的政策取向中,最为重要的是社会保障制度的建设。长期担任瑞典政府社会事务部部长的古斯塔夫·穆勒说:"在社会民主党人看来,在实现了普遍选举权之后,最迫切的问题就是要建立一套社会保障制度并从而为本国公民提供真正的安全……只有当疾病、事故、年老、失业等业已发生而贫困却并

---

[1] 卡尔松:"什么是社会民主主义",载于高锋、时红:《瑞典社会民主主义模式——述评与文献》,中央编译出版社 2009 年版,第 32 页。
[2] 高锋、时红:《瑞典社会民主主义模式——述评与文献》,中央编译出版社 2009 年版,第 68—69 页。
[3] 同上书,序言第 7 页。

不接踵而至的情况下，这种保障制度才可以说是健全的。”[1]总之，以社会保障制度为主要内容，以平等、福利、合作为基本特征的“人民之家”一经提出，并因1929—1933年世界经济大萧条这个特殊的机遇，很快成为瑞典乃至整个北欧社会民主党人的共同口号。

1944年瑞典社民党大会通过了新党纲，进一步确立该党提倡的“人民之家”的内容，即不再从理论上笼统地反对私有制，“资本主义社会的决定性特点不是个人占有财产，而是所有权和对社会绝大多数物质生产工具的决定权掌握在少数人手中”，而“社会民主主义主张把工人与财产重新结合在一起。它将通过不同的道路，时时刻刻、目标明确地使劳动者参与其生活所依赖的生产资料的所有权”[2]。与此同时，该党纲进一步明确，瑞典模式的福利国家建设内容是：加强对经济的计划调节；通过法治管理经济；促进经济稳定发展；保护竞争；借助工会力量推动企业优胜劣汰；利用税收政策刺激企业增加积累和投资；重视教育和培训；发展与完善社会福利；努力缩小地区发展差距；扩大工会影响；争取有利的国际环境。

3. 瑞典模式影响初显

第二次世界大战爆发后，不少欧洲国家社民党领导人逃亡到中立国瑞典，受到了瑞典社民党“人民之家”思想的影响。后来他们又纷纷流亡到伦敦和蒙特利尔，瑞典模式也因此对西方各国福利国家建设产生了影响。事实上，第十一章所述英国贝弗里奇福利国家建设方案也受其影响。英国福利国家建设方案及其思想，又通过1941年公布的《大西洋宪章》而与罗斯福的四大自由结合在一起，从而给西方福利国家建设增添了新的动力。1944年国际劳工组织的《费城宣言》和1948年《联合国人权大会宣言》，都倡导用福利国家来追求社会正义，并将这一倡导在世界重述与扩大。国际机构包括联合国和国际劳工组织在设定福利国家制度参照标准时，参考的都是瑞典模式的内容，比如1952年国际劳工大会对社会保障最低标准的设定。

三、第二次世界大战后瑞典福利国家思想的成熟

第二次世界大战后以瑞典为典型的欧洲福利国家建设，被德国思想家尤尔

[1] 刘玉安：《告别福利国家?：九十年代以来西欧社会民主党社会政策改革研究》，山东人民出版社2015年版，第32页。

[2] 瑞典社民党1944年党纲全文可参见高锋、时红：《瑞典社会民主主义模式——述评与文献》，中央编译出版社2009年版，第176—184页。

根·哈贝马斯将其与冷战、发展中国家的非殖民化并列为1945—1980年代影响世界的三件大事。在哈贝马斯看来，欧洲福利国家建设无论如何都是好事，“在社会福利国家群众民主的形象中，资本主义高度发达的经济形式第一次从社会福利的角度被驯服，同一个民主法治国家规范的自我认识或多或少地相互一致”[1]。

（一）第二次世界大战后瑞典福利国家的思想表述

第二次世界大战后瑞典建设福利国家的思想内容，在相当程度上已可见于前述瑞典社会民主工党1944年的党纲中。1946年，瑞典社民党提出执政的《二十七点计划》，主要内容包括全面就业、工业民主、社会保障等具体计划。用曾任瑞典首相长达25年（1944—1969）的社民党领袖塔格·埃兰德（Tage Erlander，1901—1985）的话来说，瑞典福利国家的建设目标是，国家应是每个人福利的担保者，要建立每一个人都有保障的福利国家；所谓有保障，就是为所有人都创造劳动机会，实现充分就业，从而使人人都享有一定的社会地位、有尊严地生活[2]。事实上，第二次世界大战后指引瑞典建设福利国家的思想，是已在欧洲国家特别是北欧国家达成的一个共识性意见：获得福利是公民合法的权利，供给福利是政府应尽的责任。第十二章已述及，英国学者马歇尔认为，贫穷公民从社会得到救济是权利而不是慈善。但这一思想作为国策，最为牢固地体现在瑞典而非英国。这跟瑞典第二次世界大战后社民党长期稳定地执政，而英国工党有很长时间不执政有关。

指引瑞典社民党的社会民主主义，埃兰德将其概括为自由、平等、团结、合作四个基本价值，这四个基本价值后来成为瑞典社民党的标准提法。卡尔松在2007年出版的《什么是社会民主主义》一书中，对其中的自由、平等、团结进行了详细的解说[3]，这一解说也是瑞典福利国家思想成熟的内容展现。

首先，他说自由是一个多义词，社民党人理解的自由概念内容如下：出发点是个人自由，但通向这一自由的道路是改变社会和劳动生活。换言之，社民党人认为不同的经济地位决定了人们在社会上自由程度不同，因此单方面地强调个人的行动自由而不考虑对其他人的影响（即消极自由）是不够的，容易造成弱肉强食的局面。因此，应该用集体方式针对造成民生困苦、地位低下、不自由的机制采取措施，从而使所有人都能摆脱贫困和受压迫的地位（即实现积极自由）。

---

[1] 张世鹏：《西欧社会民主主义政党指导思想的历史演变》，山东人民出版社2014年版，第223页。
[2] 同上书，第235页。
[3] 卡尔松：“什么是社会民主主义”，载于高锋、时红：《瑞典社会民主主义模式——述评与文献》，中央编译出版社2009年版，第15—21页。

当然，运用集体解决的方法可能会产生要个人无条件地屈从集体要求的危险，这就要求必须实行民主，因为民主制度给每个人与其他人影响集体的同等权利。

其次，他认为平等意味着，所有的人都有能控制自己生活和影响他们所处环境的同等权利，前提是要公平分配对人们的自由而言有意义的资源。卡尔松声明，平等的要求在社民党思想中具有中心的地位，因为社民党是由深受不平等及随之而来的不自由之苦的民众抬举上台的。平等当然不意味着同等划一，但要求人人都具有成长并发展的同等权利或者说控制自己生活和影响自己社会的同等机会(特别是知识与健康的平等分配)。

最后，团结这个概念，实际上是对所有人都是社会动物、人人相互依赖和每个人生活的可能性取决于社会的实际认知的宣示。卡尔松认为，以共同的最大利益为出发点建立起来的社会运转得最好，依此建立的福利国家制度(如通过税收筹资的福利政策，为个人提供教育、医疗、护理服务等)，是公民相互提供保障的手段。卡尔松总结道，自由、平等和团结这三个价值观相辅相成，“自由要求平等，平等需要团结，而团结又以自由和平等为前提”[1]。

(二) 现实调整

在 2001 年对自己党纲进行重大调整之前，瑞典社民党分别在 1960、1975、1990 年对 1944 年党纲中阐明的指导思想进行过微调，以应对现实的发展。

在 1960 年党纲中，瑞典社民党对自己曾经承诺的大规模国有化方案进行了解释。在坚持认为资本主义制度没有能力全面解放并充分利用生产力以满足人民最基本需要的同时，该党纲强调企业的不同所有制形式不应被当作是目标本身，要“对何种形式的所有制、企业和新创造最能促进物质进步和人民福利进行试验”，“在企业形式之间所作的选择应取决于完成什么任务”[2]。与此同时，社民党还在自己的纲领中更加详细地列明了各项福利政策的内容(尤其是通过家务劳动的合理化来减轻家庭主妇的劳动负担)。

1975 年的党纲是在曾长期担任首相(1969—1976、1982—1986)的奥洛夫·帕尔梅(Olof Palme，1927—1986)领导下修订的。该党纲详细阐明了社民党的中心价值观(自由、平等、团结)，肯定了社民党在促进从工业革命初期的特权社会到今天的福利国家所发挥的积极作用，并声称“在民主的社会主义基础上进行

[1] 卡尔松：“什么是社会民主主义”，载于高锋、时红：《瑞典社会民主主义模式——述评与文献》，中央编译出版社 2009 年版，第 21 页。

[2] 高锋、时红：《瑞典社会民主主义模式——述评与文献》，中央编译出版社 2009 年版，第 189—190 页。

的和平的社会改革是唯一可行的人们解放的道路”[1]。这份党纲比1960年的党纲，更加详细地列出社民党关于福利国家建设的各种方案。

在1990年的纲领中，瑞典社民党的指导思想变化也不大。它明确地宣布自己从劳工解放为起点一直走到今天，始终未变更的目标是旨在使民主理想贯穿于整个社会秩序和人际关系，以便使每个人都有机会过上富裕而有意义的生活。与此同时，对于所有制问题进行了更符合现实的表达，“改变对生产和对生产结果的分配的决定权，而不是生产资料形式上的所有权，让这个决定权以许多不同的途径来实现，不仅是更简单，而且是更符合所提出的目标，创造人民对生产秩序的影响，这也是为实现民主社会创造必要的条件”[2]。

(三) 国际影响

指引瑞典福利国家建设的社会民主主义思想，其内容与实践经验在第二次世界大战后影响到欧洲其他国家。同时，瑞典的社会民主主义思想也受包括德国在内的其他国家社会民主主义思想发展的影响。

在1951年6月，社会党国际在法兰克福召开会议，通过了《民主社会主义的目标和任务》宣言(即《法兰克福宣言》)，将原先的社会民主主义名称改为民主社会主义(以强调民主的目标)，并提出指导思想在信仰上的多元性和国家建设目标上的一致性，“不论社会党人把他们的信仰建立在马克思主义的或其他的分析社会的方法上，不论他们是受宗教原则还是受人道主义原则的启示，他们都是为共同的目标，即为一个社会公正、生活美好、自由与世界和平的制度而奋斗”[3]。该宣言说明，社会主义运动原来谋求的是，解放那些靠工资生活而深受资本主义之苦的工人，可随着越来越多的公民(专业人员、小农与渔民、手工业者与零售商、艺术家与科学家)意识到，要运用社会主义消灭人剥削人的制度，此时社会主义的目的就需要转变，“要把经济权力交到全体人民手中，以建立一个自由人能以平等地位共同工作的社会”[4]。显然，此时的社会民主主义，已从谋求工人阶级解放逐渐转到关注人类的全面发展，表现在政策上就是要求建立普及性社会保障的全民福利国家。在20世纪70年代中期以后曾长期担任社会党国际主席的维利·勃兰特(Willy Brandt, 1913—1992)，对该宣言评述如下：“放弃了

[1] 高锋、时红：《瑞典社会民主主义模式——述评与文献》，中央编译出版社2009年版，第189—190页。
[2] 同上书，第225、240页。
[3] 吴春华：《西方政治思想史》(第4卷)，天津人民出版社2006年版，第640页。
[4] 刘玉安：《告别福利国家?：九十年代以来西欧社会民主党社会政策改革研究》，山东人民出版社2015年版，第87页。

对社会主义社会必然性的信念，也反对全部生产资料社会化的要求，而代之以这样的表述：经济与社会的进步愈是为解放和发展人的个性服务，它们就愈能证明自己在道德上是正确的。这是第一次如此明确地表述民主社会主义之所以反对资本主义，不仅是出于物质上的考虑，而且也是由于资本主义违背了道德感”[1]。

1959年德国社会民主党在自己的《哥德斯堡纲领》中更是宣布，它已“从一个改良主义的、反资本主义又反共产主义的工人党变成了以共同福利为方向的社会改良主义的人民党”[2]。这一自我定位与思想主张，影响了瑞典社民党以及欧洲许多社会民主党（包括英国工党），它们纷纷地遵循《哥德斯堡纲领》指出的方向修改了自己的纲领。

1989年社会党国际通过《柏林纲领》，进一步肯定了社会民主主义倡导的“自由、公正、互助”三大基本价值，声明“社会民主党人谋求建立这样一种社会，在这个社会里，每一个人都能自由地发展自己的个性，并能负责地参加政治、经济与文化生活”[3]。

英国历史学家埃里克·霍布斯鲍姆（Eric Hobsbawm，1917—2012）曾经评价以瑞典为代表的欧洲福利国家建设的实践，即利用政治的力量保障劳工的福利、限制资本的剥削和市场机制的作用，在第二次世界大战后至70年代中期造就了黄金时代，“改良主义目标几乎百分之百实现，工人的状况比1914年以前主张与资本主义和平共处的人们最乐观的设想还要好”[4]。在一定程度上，社会民主主义在国际上已成为福利国家的同义词。

（四）瑞典模式的优点

前已述及，瑞典福利国家制度的一个鲜明特点是，所有公民（以及合法移民）都能获得一种标准保障：无论收入多寡、贡献大小，每个人都有权获得一定数额的福利给付（普遍的儿童福利、普遍的社会救济金即公共资助、普遍的健康保险、普遍的养老保障），避免了选择性福利国家制度中存在的问题（即穷人和弱势群体需接受收入调查才能获得救助）。而且，在基本保障线之上，瑞典还补充基于缴费的社会保险和私人保险；对标准线以下的特殊需求（如残疾），也有专门的社会救助（此时需要接受一定的调查）作为补充。这样的一种制度，是全民福利制

---

[1] 张世鹏：《西欧社会民主主义政党指导思想的历史演变》，山东人民出版社2014年版，第273页。
[2] 同上书，第247页。
[3] 马德普：《西方政治思想史》（第5卷），天津人民出版社2005年版，第225页。
[4] 刘玉安：《告别福利国家？：九十年代以来西欧社会民主党社会政策改革研究》，山东人民出版社2015年版，第71页。

度，也在相当程度上符合劳动力非商品化的要求。

与瑞典全民福利制度相伴的还有这样一些内容，共同构成了瑞典福利国家：一个庞大的、私人所有的工业部门；一个庞大的、靠税收维持的公共部门；一个强大的工会组织；一项积极的劳动市场政策；一项宏伟的贫富拉平计划[1]。在瑞典福利国家建设中，还有一个特点被反复强调，那就是它将福利给付的重点从现金转移支付转到提供家庭服务上，或者说它实现了服务的非家庭化，以刺激就业和鼓励妇女就业。瑞典对劳动力给予积极培训，并帮助失业者过渡到新部门就业的劳动市场政策，被许多学者高度推崇。在 20 世纪末 21 世纪初，瑞典的经济之所以能从工业商品生产向服务产业、高技术产业顺利转型，劳动市场政策被认为在创造劳动力的灵活性和促进技术变革的适应性等方面发挥了重要作用。在瑞典模式下，最大限度的就业参与(尤其是妇女)和持续的充分就业(依赖于公共部门大量地提供就业机会，甚至要占总就业的 30%)，始终是其引人注目的特点。

如果从阶层划分来看，瑞典式全民福利国家，它的受益对象实际上有一个变化，原来是传统的工人阶级，现在是工人阶级和新的中产阶级都囊括在福利制度的受益范围内。相比之下，美国式的选择性福利国家，其受益对象主要是低收入阶层(社会失败者)和缺乏能力者，而中产阶级的福利主要依靠市场。罗思坦通过基尼系数的计算得出结论说，瑞典这样模式的福利国家产生了更为积极的收入分配后果(表 14-1)。

表 14-1　税前和转移支付前、税后和转移支付后的基尼系数比较表(1992 年)

	税前和转移支付前的基尼系数	税后和转移支付后的基尼系数
法国	0.471	0.307
荷兰	0.467	0.293
美国	0.425	0.317
瑞典	0.417	0.197
澳大利亚	0.414	0.287
瑞士	0.414	0.336
德国	0.407	0.252
英国	0.393	0.264
加拿大	0.387	0.293
挪威	0.385	0.234

资料来源：罗思坦，《正义的制度：全民福利国家的道德和政治逻辑》，中国人民大学出版社 2017 年版，第 147 页。

[1] 张世鹏：《西欧社会民主主义政党指导思想的历史演变》，山东人民出版社 2014 年版，第 245 页。

不过,瑞典模式下有一个不容回避的问题,那就是税收负担始终是沉重的。民众之所以会认可这一税负以及这种模式,就目前来说主要依赖于这样一个观点:瑞典的民众(及其代表)觉得,自己从福利国家得到的收益与由此带来的税收牺牲之间是相称的。正如表 14-2 在不同的三个年份的研究,说明了瑞典民众对公共支出的态度。可见,瑞典民众高度支持增加财政资金以继续保证卫生保健、养老、基础和中级教育、就业政策等福利项目,而对中央与地方政府的行政开支、房屋补贴开支等增加并不支持。

表 14-2　瑞典民众对公共支出的态度

	1981	1986	1992
卫生保健	+42	+44	+48
对老年人的支持	+29	+33	+58
对家庭和儿童的支持	+19	+35	+17
房屋补贴	−23	−23	−25
社会救济	−5	−5	−13
基础教育和中级教育	+20	+30	+49
就业政策	+63	+46	+55
国家和地方政府	−54	−53	−68

资料来源:罗思坦,《正义的制度:全民福利国家的道德和政治逻辑》,中国人民大学出版社 2017 年版,第 162 页。

注:表中的内容是对以下问题的答案:"税收有很多不同的用途,你认为应该增加还是减少用于以下目的的收入?"表中数据是用想要增加支出人数所占的百分比减去想要减少支出人数所占百分比的结果。

当然,财政风险在瑞典模式下的福利国家始终存在。因为这一制度始终有着这样的内在矛盾:经济环境好、就业充分的前提下,税源既丰富福利支出又少,该制度在财政上就稳定;可是当经济环境不好时,税源减少、福利支出增加,财政上就趋于不稳定。就是说,在财政上,人们越不需要这种福利制度时它越稳定,越需要它时越不稳定。即便如此,至少到目前为止,以全民福利国家为特征的瑞典模式并未改变,进入 21 世纪后它仍以慷慨的福利津贴与快速的经济增长、低失业以及高劳动力参与度相结合而著称于世。

对于瑞典模式中的高福利高税收是否会影响经济增长,艾斯平-安德森的看法是,"从整体来看,如果说福利制度津贴对斯堪的纳维亚各国当前的经济问题有某种直接影响,那也是微乎其微的。有理由证明,许多福利津贴造就了竞争方面的优势"[1]。

[1] 艾斯平-安德森:《转型中的福利国家——全球经济中的国家调整》,商务印书馆 2010 年版,第 51 页。

四、福利国家发展中的劳动解放因素

综上所述,在以瑞典为典型的福利国家的形成过程中,工人为寻求解放,通过社会运动、组织工会、组建政党而参与到现代国家的建设进程中来,或者说以劳动解放为核心的福利国家思想驯化了以瑞典为代表的现代国家成长。起先,社会主义运动追求的目标是实现生产手段(即生产资料所有权)的社会化(国有化),并由国家对全社会进行规划与调控,为此不惜诉诸暴力革命的手段。可由于欧陆国家普选权的发展,工人阶级政党可以通过合法手段参与政府甚至执掌政权。为此,以工人阶级政党中的中派与右派为主,形成了欧陆各国的社民党,他们通过合法的手段成长为政坛中有影响的力量甚至取得执政地位,进而从短期和现实目标(促进工厂立法、卫生改革、工人组织、工伤补偿等)入手,改善工人阶级的地位以实现渐进的解放。这些努力,与中产阶级甚至资产阶级出于对穷人的同情(拯救穷人)、对资本长期利益的关注(服务资本)等因素结合在一起,最终形成了以瑞典为代表的福利国家发展模式。

(一)“瑞典模式”中的劳动解放因素

如前所述,在现代社会运行中,资本与劳动之间的关系具有轴心的地位。二者之间,既有冲突(在劳动条件与成果分配方面),也有合作(在共同决定经济发展与社会关系的和谐方面)。在第十三章讨论的美国道路,是以服务资本为起点寻求二者间关系的平衡,而本章讨论的瑞典模式是以解放劳动、实现人的自由为起点寻求二者之间关系的平衡。

瑞典模式中的劳动解放因素,大致可以概括为如下四点。

首先,瑞典模式不像美国道路那样,满足于通过福利制度让低收入阶层仅免于饥饿,而认为自由的实现需要改变现有的社会条件。因此,瑞典模式寻求让所有的人都能摆脱贫困,并让人们拥有处于低下经济地位时无法获得的选择自由。表现在瑞典的福利制度中,那就是实行普遍性原则(或称普救主义原则),按固定金额向所有符合资格的对象发放福利,福利几乎与个人劳动收入脱钩、很少进行收入与财产调查。需要进行收入与财产调查的少数几个项目是:住房津贴;对那些没有收入(或者只有少量养老金收入)的人发放特殊的补充性养老金;社会救济金。民众凭借公民身份即可获得福利,这是一种合法的权利,而且是政府的责任。它意味着,劳动者可以不依赖于市场就能维持生计、穷人不用接受羞辱式经济状况调查而仅凭需要就能获得帮助,于是劳动力在相当大程度上获得了非商品化的地位，劳动者的自由选择能力增强，“公民在必要时可以自由地选择不工作，而无需担心会失去工作、收入或一般福利”[1]。

其次，瑞典模式将劳动与福利高度融合在一起，其核心内容是竭尽全力确保充分就业。在充分就业的前提下，财政收入将实现最大化（有能力承担税负的人多）而社会转移支付将最小化（支付的失业津贴和救济金很少）。当然，要维持充分就业，瑞典模式的国家就必须承担起积极的就业培训、职业介绍以及创造公共部门就业岗位的责任，同时对宏观经济稳定也承担起巨大的责任。瑞典模式的福利制度运行需要宏观经济稳定，福利制度本身又有利于宏观经济稳定的实现。相比之下，在美国式福利国家中，许多时候不认为失业是一个问题，甚至有时视之为一种解决问题的办法，即认为失业有助于降低工资、降低通货膨胀率、加强劳动纪律和促进劳动力的流动性。

再次，瑞典模式将妇女解放也包括在内。就是说，在这种制度下，通过国家提供大量的社会关怀服务（承担起照顾儿童、老人、孤寡者的直接责任），将家庭成本社会化。妇女因此可以选择工作而不是操持家务，这鲜明地区别于法国、意大利式等国的合作主义的福利制度。在后两个国家的制度中，只有在家庭扶助能力衰竭后才由国家来提供关怀服务。当然，美国式福利制度几乎不考虑将妇女从家庭服务中解放出来的问题。

最后，瑞典模式下的劳动解放意义体现在，它将中产阶级也包括到福利制度中。由于几乎所有的人都可从福利制度受益，所有的人都依赖于这一福利制度，并且所有的人都有义务缴费，这样普遍性原则和非商品化的社会权利就扩展到了中产阶级。瑞典的普遍性福利制度与英国从济贫出发的普遍性制度是不同的：瑞典普遍提供的福利给付比较慷慨，使接受者能达到中等收入水平的生活，从而将中产阶级也包括在福利制度内；英国提供的普遍性福利给付比较少，低收入阶层接受福利后仅能生活，中产阶级必须依靠私人保险市场为自己提供保障方能实现中等收入生活水平。当然，瑞典这样将中产阶级包括在内的福利模式成功与否，取决于“是否有能力将新中产阶级纳入”[2]，或者说提供的福利是不是符合中产阶级的品位与预期。

也有不少人从资本角度出发，批评瑞典模式的福利制度会使劳动者丧失责任感，侵蚀人们的主动精神，而福利所耗费用之大又会削弱国民经济。对于这样

[1] 艾斯平-安德森：《福利资本主义的三个世界》，法律出版社 2003 年版，第 24 页。
[2] 同上书，第 35 页。

的批评，瑞典社民党在 2001 年的党纲中是这样回应的，这一回应也典型地体现出他们对劳动解放因素的确认："这种批评是强权政治性的、意识形态性的和缺乏实际依据的。资本主义制造出这样的神话：困境催人强，当最宝贵的资源——人变得疲惫不堪、体弱多病时，社会经济反倒强盛起来。"[1]就是说，他们认为人力资源才是经济发展的真正动力，而瑞典模式能够最大限度地保护和开发人力资源，也因此可以促进经济的发展。在这份党纲中，他们还进一步地区分了资本主义与市场经济，认为"市场经济是一个配置体系，货物与服务在这里以货币为价值媒介改换主人。而资本主义是一种权力制度，以资本的增值高于一切作为准则"[2]。就是说，他们承认市场经济对经济发展的作用，也承认资本拥有一定的权力，在此基础上他们认为要用足够强大的力量维护劳动者在合理的工作时间、有保障的劳动环境、足以养家糊口的工资等方面的利益，这样可以避免人力资源的浪费，并进而实现经济增长。这样的模式，在本质上并不否定资本的重要性（因此不必实行生产资料的集体所有制），"所做的只是不让这一利益支配或者说去剥削经济生活中的其他成员。工资政策和福利政策必须要考虑企业的经济现实"[3]。

当然，瑞典模式福利国家的高税负始终是需要警惕的内容。这样的普遍福利给付意味着一般性税收要承担主要的福利支出责任。对此，卡尔松也有清醒的认识，他说，"这不是说税款总能支付所有福利与权利"，个人对于自己享受的福利承担一定的经济责任是合理的，不过"人们始终都必须注意不使任何人因为经济原因而放弃应该得到的医疗与护理"[4]。

（二）其他福利国家中的劳动解放因素

劳动解放因素也参与驯化了西方其他国家福利制度的建设。当然，不是所有国家的劳动解放因素的色彩都像瑞典或者说北欧国家那样强，也不是所有西方国家都像瑞典这样经由社民党长期执政来塑造福利国家。但它们都致力于或者至少尝试着将人们从依赖市场的商品化境地中解放出来，让工人甚至中产阶级通过福利制度来维持适当的生活水准，无须与以往的就业记录、工作业绩、需求验证、缴费记录挂钩，福利的给付水平达到社会所满意或认可的正常收入或生活水平之上，以便让劳动者能有效地抵御工业社会中的基本风险。这种深受社

---

[1] 高锋、时红：《瑞典社会民主主义模式——述评与文献》，中央编译出版社 2009 年版，第 281 页。
[2] 同上书，第 288 页。
[3] 同上书，第 27 页。
[4] 同上书，第 40 页。

会民主主义运动推动、由国家出面来确保民众的普遍福利的福利国家建设道路，鲜明地区别于美国式福利国家建设道路(即国家只扮演剩余提供者的角色，只为合格的人群提供补缺性福利)。不过，艾斯平-安德森有这样的判断，福利国家策略是社会民主主义运动推动形成的自然结果，它“也很可能是社会民主运动消亡的原因”[1]。他的意思是说，福利国家建设成功了，人们也许就不再需要社会民主运动了。这一判断是值得深思的。

在社会民主主义传统深厚的德国，继伯恩施坦、考茨基之后，德国社会民主党的意识形态领袖鲁道夫·希法亭(Rudolf Hilferding, 1877—1941)，把他的有组织的资本主义理论和经济民主、政治民主等思想结合起来，全面发展了以劳动解放为目的的社会民主主义理论。他为德国社会民主党规定的任务是:“要依靠国家的帮助，依靠社会的自觉调整的帮助，把这个由资本家组织和领导的经济转变成一个由民主国家领导的经济。由此可见，向我们这一代提出的问题不可能是别的，只能是社会主义”[2]。前文已提及，自 19 世纪末 20 世纪初开始，德国社民党就在国会中积极地推动福利国家的建设。在第二次世界大战后，它吸取了瑞典的经验，将福利国家的建设与“社会市场经济”联系在一起，并以“秩序自由主义”(既强调市场经济秩序，又强调社会福利与社会团结)为旗号，发展富含社会民主意义的福利国家模式。在 20 世纪 60—80 年代，德国社民党经常执政或者作为国会中的重要力量，积极地建设福利国家。国家通过累进性税收取得相当高份额(近 40%)的国民收入，然后通过法定渠道，以社会福利开支的形式(养老保险、社会救济、医疗保险等)用于全体民众(开支占国家财政支出的 60%以上)，其中特别受益的是中低收入阶层。正因如此，德国的福利国家制度也常被归入社会民主模式中。

秉持社会改良思想的英国工党和费边社，也提出了自己的有关以劳动解放为目的的福利国家建设方案，其标志性成果是前已提及的 1918 年工党大会通过的《工党与新社会秩序》党纲。第二次世界大战期间，英国工党的政治理论家哈罗德·拉斯基(Harold Laski, 1893—1950)提出的主张，更是对英国工党乃至当时的各国社民党都产生了广泛影响。他在《政治典范》等著作中提出，公民的权利是他们获得完美的自我实现的必要条件，政治上的真正平等必须以经济平等

[1] Gøsta Esping-Andersen, *Politics Against Markets: The Social Democratic Road to Power*, Princeton University Press, 1985, p.34.
[2] 张世鹏:《西欧社会民主主义政党指导思想的历史演变》，山东人民出版社 2014 年版，第 162 页。

为前提,国家是公民自我实现的"基本工具"。他认为国家高于且应在一定程度上控制其他社会团体,因此他主张国家干预经济,控制财富的生产和分配,并在国家主导下通过和平改良走向社会主义。在第二次世界大战爆发后的40年代初,拉斯基出版《论当代革命》一书,更是进一步地提出,社会主义的实现应该是"一致同意的革命",就是在设法维护文明社会里的那些民主过程的同时,在各阶级人民充分合作和一致同意下,重新确定共同的生活目标。他主张的社会主义,是民主政治加国有化、计划经济的社会,目的是实现社会的平等和公民的最大福利[1]。在英国工党1945年上台执政后,它积极推动的福利国家建设已在第十二章中叙述。大体上,以《贝弗里奇报告》为指引,英国也建立起普遍性的基于公民权利的福利制度,英国也一度成为非商品化程度比较高的国家。但由于英国工党在第二次世界大战后执政基础比瑞典社民党薄弱,执政经历也频繁中断,所以英国在福利国家建设方面无法获得如瑞典一样劳动解放的成就。

事实上在20世纪60、70年代,欧洲社会民主党普遍上台执政,它包揽了欧洲许多国家的政府总理(首相)职务。除了刚刚提及的德国和英国外,还有奥地利、比利时、荷兰等国家也都是这样。直至20世纪90年代,社民党的政治影响仍然强大,即使在未执政的西欧国家,其得票率也能达到近三分之一,因此社民党能够积极推动所在国建设基于劳动解放为目标的福利国家(当然制度内容与保障水平与瑞典还是有差别)。

在法国,体现社会民主主义立场的政党主要是社会党,它通过与共产党、左翼激进党合作,在法国福利国家建设中发挥了重要作用。1972年7月,法国这三个左翼政党合作参与大选,并签署了具有社会民主主义精神的《共同纲领》,包含以下内容:①通过工资的实际增长带动需求引导的增长;②发展社会保障,尤其是医疗健康领域,并实施大规模住房计划;③加强非宗教的公共教育;④禁止一切歧视妇女的行为和现象;⑤加强工人反对不公平解雇的权利,扩大获得信息的权利,实行企业民主;⑥对全部金融领域实行国有化,对所有矿山、军工、航空、制药、航天和核工业实行国有化;⑦提高所得税和企业边际税率;⑧扩大公民自由,废除现存的限制集会自由的法律,废除死刑;⑨深化对现行总统制改革,加强议会的权力[2]。1981年,社会党首次赢得总统选举,然后长期执政,将实施福

[1] 张世鹏:《西欧社会民主主义政党指导思想的历史演变》,山东人民出版社2014年版,第179页。
[2] 刘玉安:《告别福利国家?:九十年代以来西欧社会民主党社会政策改革研究》,山东人民出版社2015年版,第132页。

利政策(尤其是教育与再分配)作为自己塑造福利国家制度的优先项目。一直以来,法国的社会保障体系基于行业、职业而设置,呈现多元管理且公私交叉的格局,在管理上显得混乱,有明显的漏洞且不经济。在社会党执政期间,它开始向统一的、基于公民权利的社会保障体系方向发展。特别是从1996年起,法国医疗保险由中央政府统一筹划、统一管理、加大投入,逐步实现每个公民都有权享受同样的医疗保健服务,即医疗保健从以就业为基础改为以公民身份为基础,逐步实现全民医疗保健。当然,在此过程中仍有许多反复与调整。

第十五章　左右两派激辩福利国家

福利国家是西方在现代国家建设过程中由于贫困积累、资本的恶性力量以及劳工反抗等多种原因，由不同国家基于自己的国情，在财政思想的驯化下分别构造出来的，它是现代国家发展的一个必然的后果。构造福利国家本身也成为西方国家成长进程的一部分，或者说福利国家是西方在现代国家发展进程中呈现出来的一个极为重要的阶段或形态。从现实的经验看，福利国家至少发挥了四项功能：保障个体的安全；促进社会的公平正义；投资于人力资本的形成；为宏观经济稳定及国家进一步发展提供基础条件。

到20世纪70年代初，福利国家建设在西方达到了高潮，其突出标志是最为崇尚资本力量的美国也提出了诸如“伟大社会”这样的福利国家建设计划。不过，也正是从这一时期开始，福利国家在运行中的问题不断地暴露出来。虽然对福利国家的理论反思自其开始阶段就存在，但争论的高峰还是在20世纪的70、80年代，并影响到20世纪80、90年代福利国家的制度调整。迄今为止，理论界对福利国家的反思与激辩也未停止。

大体上，对于福利国家的反思可分为左、右两派：左派为福利国家辩护，提供论证其合法性的逻辑基础，并指出它进一步发展的方向；右派则对福利国家提出批评意见，甚至表示出强烈的否定。这些辩护与批评意见，被不断地转化到财政领域，反映在财政收支与财政管理的现实政策中，最终影响当代西方国家的制度建设与国家成长。

一、左派为福利国家辩护

如前所述，自福利国家诞生之日起，对福利国家的批评就不绝于耳。福利国家的支持者们不得不一再回答这样的问题:为什么从纳税人那里征收超过保护职能所需的税收以提供社会福利是正当的?在当今支持福利国家的学者中,他们提供的理论辩护至少可以分为两大类:一类继续沿着带有整体主义色彩的社会民主主义而提出理由,另一类则从个体主义立场出发为福利国家寻找哲学基础。在政治光谱上,这些同情社会民主主义、支持福利国家的知识分子,通常被划入左派或称"自由派"。

(一) 社会民主主义的辩护

对于反对福利国家的学者(那些人大多基于维护资本的立场)提出来的种种批评,社会民主主义者一般至少从以下两个方面为福利国家提供辩护。

第一,在经济后果上,福利国家制度对于资本增值或经济增长有直接的贡献,比如福利国家制度让社会全体承担了本应由资本承担的成本(如人力资本投资、环境保护等),生产与提供福利产品的活动也增加了资本的盈利等。

第二,在伦理方面,国家提供福利是人的基本权利也是人获得解放的条件,同时也是现代国家合法性的来源。

与社会民主主义者秉承同样的马克思主义立场的詹姆斯·奥康纳(James O' Connor),在评论福利国家的两类支出(社会资本支出与社会费用支出)时,就同时说到了福利国家在这两个方面的功能:"国家通过社会资本支出来履行其资本累积功能,而通过社会费用支出来履行其合法化功能"[1]。他所谓的社会资本支出,指的是能够提高劳动生产率和利润率的项目与服务,如教育培训、基础公共设施等;他所谓的社会消费支出,指的是降低劳动力再生产成本的同时还能够扩大劳动力再生产能力的支出,如儿童福利、医疗保健等社会保障项目。

不过,社会民主主义者们也承认,福利国家制度在新的形势下需要调整,要更多地考虑资本的要求(即要有利于经济增长)并增强个人对自己的责任。在社会民主主义史上最具标志性的事件是,英国工党党章第 4 条有关公有制的内容在保留了 77 年后,到 1995 年最终被删去[2]。这一重大变化,契合了 20 世纪

---

[1] 奥康纳:《国家的财政危机》,上海财经大学出版社 2017 年版,事务版序第 9 页。

[2] 1918 年由费边社领导人韦伯负责起草的工党党章第 4 条规定:工党要使从事体力或脑力劳动的工人获得他们的劳动成果并享受到最公正的分配,从而使生产、分配和交换手段的公有制和可以实现民主管理及控制企业与公用事业的最佳体制成为可能。1995 年工党新党章将这第 4 条修改为:"本党赞成在公共利益的基础上管理强大而来源丰富的公共服务,这种服务的存在既是公正社会、也是生命力的成功经济的重要基础;本党既需要有社会责任感和适当控制的私有因素,也需要有奠定在效率和公平基础上的公有制。"(刘玉安:《告别福利国家?:九十年代以来西欧社会民主党社会政策改革研究》,山东人民出版社 2015 年版,第 155 页。)

90年代以后社会党国际数次代表大会的反复声明，即放弃代替资本主义制度的最终目标，而用伦理社会主义的价值观取而代之[1]。对此，瑞典社民党1990年党纲所做的解释可能代表了当代社会民主主义者对此问题的普遍看法。它说，生产资料的公有制代替私有制以改变生产和社会秩序，是社民党早期的观点，来自当时的社会条件，但随着普选权和政治民主的实现，条件发生了变化，"政治权力与公民权而不是与生产资料所有权相挂钩。这样，政治权力就可以用来为多数人民的利益服务，实现民众对社会发展和社会变革的要求"[2]。除了上述英国工党的标志性事件外，欧洲其他社民党也纷纷调整自己的政策纲领，如采取措施减少税收（企业税与直接税）、提高劳动者个人缴费、增强劳动市场灵活性、削减国家福利供给水平以改善财政状况，从而最大可能地提高经济增长的能力。欧洲各国社会民主党的政策与理念调整，在选举战略上是成功的。20世纪90年代中期，社会民主党从20世纪80年代的挫败中复苏，自荷兰开始陆续在多国执政，到1999年，欧盟15国曾一度有13国是社会民主党人单独或联合执政，欧洲呈现出一片耀眼的粉红色，扭转了80年代以来右派意识形态占据垄断性优势的局面。

在伦理方面，社会民主主义者依然强调，福利国家具有很强的合法性。下面用瑞典社民党经重大修改后诞生的2001年党纲[3]中的文字为代表，来说一说社会民主主义者对于福利国家合法性的认识。

第一，福利国家的合法性来自资本主导的社会秩序不可取。正像瑞典社民党所言，"以私有制为基础的资本主义生产秩序把利润置于其他所有的利益之上，而不管其利润是如何赢得的，也不管社会、人民和环境为之付出了几多代价"[4]。因此不能让资本垄断政治权力，以免毁灭人类的生存之需，而必须通过民主制将权力掌握在大众手中，运用民主的权力限定经济发展的条件并为市场行为划定界限。这样的做法，不仅有利于劳动者，事实上也有利于资本利益本身，只不过"它不允许私人利润追求支配所有的其他利益和控制社会发展，也不接受把市场作为公益事业和社会生活准则的主张"[5]。这是因为，福利国家的

[1] 张世鹏：《西欧社会民主主义政党指导思想的历史演变》，山东人民出版社2014年版，第402页。
[2] 高锋、时红：《瑞典社会民主主义模式——述评与文献》，中央编译出版社2009年版，第239页。
[3] 这一份党纲的全文，可参见高锋、时红：《瑞典社会民主主义模式——述评与文献》，中央编译出版社2009年版。
[4] 高锋、时红：《瑞典社会民主主义模式——述评与文献》，中央编译出版社2009年版，第272页。
[5] 同上书，第287页。

政策，可以为更多的人提供良好的教育，让更多的人能提高自己的技能，失业者在积极的劳动市场政策下更容易找到工作，雇主也因此能得到有才能的职工，健康保险的存在可以让人们有能力照顾自己的身体。这一切都会增强经济增长的条件，符合资本的长期利益[1]。更关键的是，这样的增长，来源于人的努力，来自人的发明创造，来自福利国家为此积累的资金。倾向于劳动的福利国家制度，运用民主机构制定的游戏规则，能使资本和技术运行得更为顺利。

第二，福利国家的合法性来自对劳动解放的必要。正像瑞典社民党人强调的，“在劳动市场上被边缘化的群体与最有特权的群体之间鸿沟很深并且还在深化。在他们之间，存在着庞大的而且还在增长的、在经济和社会生活中有着稳定地位的阶层和集团。这些群体中有的人不仅拥有在今天极为重要的、以知识为形式的资本，而且拥有部分金融资本”[2]。如果国家不加干预，就会形成所谓的三分之二社会，即上层资本所有阶级与中间既得利益阶层结成联盟，来对付劳动市场上的弱者和那些被完全排斥在外的群体。因此，福利国家需要结合劳动者群体与中间阶层组成联盟，反对纯粹的资本利益并对资本的使用施加可能的影响。瑞典社民党用下述言论强调自己建设福利国家的目的，“在资本与劳动的冲突中，社会民主党始终代表劳方的利益。社会民主党现在是、而且永远是反对资本主义的政党，始终是资方统治社会和经济之要求的抗衡力量”[3]。在2013年的党纲中，瑞典社民党再次强调自己是一个反对资本主义的政党。

第三，福利国家的合法性还来自为所有人赢得自由与解放。自由的目标是“每个人作为个人都应该自由发展，自由管理个人生活并能自由地影响所在的社会”[4]。这样的自由包括不受外界的强制和压迫，免受饥饿、无知和对未来的恐惧的侵扰，也包括有共同参与、共同决策和个人发展的自由，有生活在安全的群体中、控制自己生活和选择自己未来的自由[5]。这就需要由福利国家出面，帮助人们摆脱经济、社会或者文化上的劣势，摆脱对那些不受民主控制的各种经济势力的依赖。这样，每一个人才会都有平等的权利来控制自己的生活。在社会团结方面，福利国家是良好的工具，它为摆脱困境、争取正义而进行斗争的人提供帮助。对此，瑞典社民党强调，“福利政策包括所有人，不仅是低收入者。每

[1] 高锋、时红：《瑞典社会民主主义模式——述评与文献》，中央编译出版社2009年版，第294页

[2] 同上书，第275页。

[3] 同上书，第287页。

[4] 同上书，第268页。

[5] 同上书，第275页。

个人都能分享其权利和义务，每个人都以平等条件参与其中。公民们并没有按照可能会带来利益冲突的需求测试系统那样，被分成'接受者'和'支付者'。统一的福利政策意味着公民们以团结的精神互相提供帮助，同时又以团结的精神共同为之提供资金。福利政策为个人所提供的自由与保障和它们促成的社会团结同样宝贵”[1]。

2013 年 4 月 6 日，瑞典社民党全国代表大会通过了一份新党纲[2]。这份党纲是在不断变化的政治经济形势与日益全球化的环境中，瑞典社民党对自身所持价值观与行动纲领的表达。在这份党纲中，瑞典社民党人强调自己最为重要的历史经验是，社会是可以改变的。生活中的各种不公和灾难主要来源于社会组织的缺陷，而人们可以通过民主制度共同行动以改变和改善社会，从而消除或减轻痛苦。瑞典社民党人自豪地宣称，自己已经影响了社会的发展，而这源于他们相信思想的力量；他们的思想又源自一直以来所秉承的价值观：民主；自由、平等与团结；劳动的价值。瑞典社民党人再次强调，必须辩证地看待市场的力量。他们认为，市场可以成为人们创造能力和创造性的强大催化剂，市场的活力创造了巨额财富，帮助相当大一部分人摆脱了贫困。但是，市场也内含破坏性的力量，并可能毁灭市场自身。这种破坏性的力量就是，若给予资本所有者决定其他一切因素的权利，利润就会压倒一切，人的价值和权利、社会的目标将变成次要的东西，而这会导致对人类和环境的掠夺，社会的生产资源也不能得到充分的利用。要想使市场能发挥积极的作用，就必须由民主机构制定市场所需要的稳定的游戏规则。

就本书涉及的范围而言，瑞典社民党 2013 年党纲重点强调了以下内容。

(1) 将全面就业设定为最根本的目标，承诺在全国范围内为人们的工作、发明和企业精神创造良好的条件。

(2) 在经济增长方面，强调要在不降低工薪者劳动条件的前提下，加强制造业与服务业的竞争力，提倡依靠知识来应对日益强化的国际竞争，大力发展教育与科技，大力投资并改善交通与通信系统。

(3) 坚持量能原则的累进税收，以便为福利和必要的未来投资提供资金，从而提升经济效率、促进公平分配。

(4) 强调瑞典的普遍福利制度是对人力资源的投资，它是创建具有高度国

[1] 高锋、时红：《瑞典社会民主主义模式——述评与文献》，中央编译出版社 2009 年版，第 291 页。
[2] 在中央编译局的官方网站上，可以看到这份瑞典社民党 2013 年的党纲全文。

际竞争力的强大经济的前提：若更多的人受到教育，经济实力就会增长；有积极的劳动市场政策，就能帮助失业者更容易找到工作，帮助雇主们找到所需要的有知识的雇员；若有失业保险的保障，可使人们有信心面对经济结构的变革等。

1998年德国社会民主党著名理论家托马斯·迈尔提出社会民主主义具有六个维度，这六个维度既是社会民主主义者建设福利国家的指南，也是社会民主模式福利国家存在的最好辩护词："社会经济维度上，继续（通过新途径）维护政治责任对市场逻辑的优先地位，维护社会基本保障和就业；在生态维度上，必须以对生态负责的增长的代表身份登场并且使可持续发展的思想生效；在参与性民主维度上，必须充当直接的社会的民主的代言人和推动者而获得信任；在文化和人权维度上，必须把人权和民主的普遍性与对各种不同文化自我保护要求的文化宽容结合起来；在超越民族国家的维度上，必须成为一种日益发展的民主和责任的全球化政策的推动力；在平等和自由的维度上，必须证明自己是有差别的平等政策的代言人（能把低下的和中间的社会阶层希望在分配政策得到补偿的利益与上层群体对公正的共和主义理解结合起来）。"[1]

社会党国际在2005年纲领中，再次重申了社会民主主义者建设福利国家的目标，是为所有的人建立一个公平的世界，"对于社会民主党人来说，我们的目标是人类，是她的发展与自由，她成长的愿望，她对后代的责任感和与其他人的团结"[2]。对于资本的破坏性力量，社民党人始终保持警惕，尤其是"国际资本对迅速的、不断增长的回报的追求根本不考虑人的感受。人们只是被当作游戏的筹码。现在各国、各大企业都在争夺生产链条中最有价值的部分，企图尽可能长期地占有之"，因此，福利国家需要改革但不能像右派那样予以反对，"对于我们社会民主党人来说，通过减少劳动保障、倾销税收和降低环保要求来竞争企业投资是不能接受的"[3]。

不过，同样源于马克思主义并与社会民主主义者同处于左派的另一批学者，虽然大体肯定当前的福利国家，但强调它仍是不足的（美国式福利国家特别不足），需要进一步扩大向民众提供福利或者向新的国家类型转化。这些意见对于社会民主模式福利国家的完善以及对未来国家制度建设具有启发意义。他们对现行福利国家的批判有以下几个方面[4]。

---

[1] 迈尔：《社会民主主义的转型》，北京大学出版社2001年版，第157页。

[2] 高锋、时红：《瑞典社会民主主义模式——述评与文献》，中央编译出版社2009年版，第308页。

[3] 同上书，第312页。

[4] 奥菲：《福利国家的矛盾》，吉林人民出版社2006年版，第8—9页。

(1) 现行福利国家是无效力的和无效率的。虽然使工资收入者生活条件改善,但其制度结构在改变资产阶级和工人阶级之间的收入分配方面(纵向层面)极少作为(或无所作为),只是在横向层面(雇佣工人阶级内部)发挥作用。它不能消除个体的不幸和产生需要的原因(职业病、失业等),而只是对这些事件的后果进行了补偿,如健康服务、培训、救济,但这些措施来得太晚了。

(2) 现行福利制度(尤其是美国式)具有压迫性。为了证明自己有资格获得福利国家的好处和服务,当事人不仅必须表明其"需要",而且还必须表明他应该得到。这些管制措施,对人造成压迫。

(3) 现行福利制度让工人阶级对社会政治现实的理解处于某种虚假状态。由于灌输了一套有关阶级合作的思想,使政治与经济斗争分裂,并使他们持有一种显然越来越没有根据的、有关经济和社会保障持续发展的信念。

(4) 现行福利制度(主要指美国式)不能有效地应对当前经济与社会结构的变化。经济结构已经发生了巨大变化,学者们将其概括为"福特制逐渐被后福特制取代"[1]或者"工业经济向知识经济和服务经济的转化",这些变化让过去经济结构下形成的福利收费与给付制度难以适用。比如,目前职业特征发生了变化(越来越专门化且处于快速变动中),使得原有的失业现金补贴不再适用,社会弱势者(失业者、低技能者)不被经济发展所需要。在社会结构方面,像单亲家庭和老龄人口对关怀服务有更多的需求,而不是仅仅有现金补贴就行。

(二) 罗尔斯、森等人的论证

在19世纪下半叶福利国家兴起的过程中,很多学者从某种整体主义的思想立场(如社会民主主义或前述牛津学派)出发,认为国家本质上为善并代表着公意(至少优先于个人),因而国家可以成为个人自由(或幸福)的外部帮助者。基于这样的理由,这些学者论证了税收规模扩大以及国家承担福利保障职能的正当性。到了20世纪70年代及在此之后,类似于社会民主主义这样持有整体主义立场的理论论证依然存在,此外还有一批学者基于个人主义立场并从个人选择角度来为福利国家的正当性提供论证。此处将约翰·罗尔斯、阿马蒂亚·森

[1] 福特制的基础是在大规模流水线生产的基础上降低成本、提高工资来促进生产与消费,其关键在于以生产带动消费,并以大规模消费形成的收益来支撑福利制度,尤其是支持基于工作之上的各种保险。所谓后福特制的意思是,自20世纪70年代中期开始,消费转向个性化、多元化,生产不再是大规模,而是小规模、灵活地应对客户需求。在此基础上,过去重工业时代的工伤风险大大降低,工伤补偿或保险的需求大大降低。但是,因产业转型和技术更新的加速,企业很可能无法有效地应对需求的变化,企业倒闭风险大增;再加上由于人的工作寿命延长,工人的知识可能不足以应对形势的变化,这样劳动者的失业风险比过去大大增加。

两人的看法作为典型代表，来加以简要的叙述。

1. 罗尔斯的理论

约翰·罗尔斯(John Rawls, 1921—2002)的一生，都在殚精竭虑地捍卫弱者的福利权利与福利国家政策。在他看来，最具社会影响的功利主义事实上无法为这样的福利国家提供价值基础，必须复兴社会契约理论传统，并依此逻辑基础来为福利国家提供辩护。莱斯诺夫的评价是，"从意识形态上说，罗尔斯的观点没有什么新颖之处。他是当代社会政治的混合制度的支持者，即把自由主义民主、市场经济和再分配的福利国家结合起来。他的独特和雄心在于，他想为这种综合提供一个系统而完整的正确理论"[1]。在罗尔斯的《正义论》出版后，学术界讨论政治哲学问题，基本上绕不开他的正义理论。对于被民权运动、反战运动等社会运动与思潮撕裂的美国，乃至整个西方世界来说，罗尔斯复兴的社会契约理论为他们思考自由与正义问题提供了逻辑基础与概念术语。

(1) 罗尔斯的理论论证结构。功利主义者将正义归为利益(或效率)并从市场效率角度来支持或反对福利国家，对此罗尔斯批评说，正义才是社会制度的首要价值，国家制度只要不符合正义，就应该被改造或废除。他理解的正义原则就是要解决利益(权利)和负担(义务)的分配问题，"社会正义的原则为它们提供了一种在社会的基本制度中分配权利和义务的办法，确定了社会合作的利益和负担的适当分配"[2]。在他看来，只有解决了正义问题，才能解决效率问题、稳定性问题和协调统一等问题。不同于19世纪下半叶那些从社会整体出发支持福利国家的学者，罗尔斯指出，社会中每一个人基于正义都是不可侵犯的，这一点不能以整体的利益为由而推翻，正义不允许牺牲一些人的自由以满足其他人的幸福。尽管在现实中人们对正义原则的看法不同，但能够就以下观念达成一致：分配权利义务时，不能任意和武断，只能根据一定的规则在人们之间达成适当的平衡，不能为了某些人的利益而牺牲另一部分人的利益。总体而言，分配的原则或者说一种正义观"不可能从原则的自明前提或条件中演绎出来"[3]，必须是所有公民在平等资源的条件下理性选择的结果。这样的理性选择可以借用具有悠久传统的、由所有人参与并因此具有公共性的社会契约论形式，因为契约论"可以把正义原则作为将被有理性的人们选择的原则来理解，正义观可以用这种

[1] 莱斯诺夫：《二十世纪的政治哲学家》，商务印书馆2001年版，第295页。
[2] 罗尔斯：《正义论》，中国社会科学出版社2009年版，第4页。
[3] 同上书，第17页。

方式得到解释和证明”[1]。

总之，自由的、具有理性的、相互冷淡的个人，在符合正义程序和形式要求的前提(在无知之幕之后或者说在原初状态下)下，对各种可能性进行选择，最终产生正义原则，“处在原初状态中的人们将选择两个相当不同的原则：第一个原则要求平等地分配基本的权利和义务；第二个原则认为社会和经济的不平等(例如财富和权力的不平等)只有在其结果能给每一个人，尤其是那些最少受惠的社会成员带来补偿利益时，它们才是正义的”[2]。所谓的原初状态是说，“假定各方不知道某些特殊事实：没有人知道他在社会中的地位、天生资质和自然能力、理智与智力水平；没有人知道自己的善的观念、心理特征；不知道自己社会的特殊环境；没有属于哪个世代的信息”[3]。

罗尔斯进一步论述道，下述两条词典式序列的原则(即满足第一原则后才会考虑第二原则)，就是符合上述要求的正义原则。

第一，公民基本权利的最大的平等自由原则，即要求每一个人都有平等的权利，享有与他人相同的最广泛的基本自由，而这体现为宪法上规定的政治自由和其他自由权利(如思想自由、人身和财产自由、依法不受逮捕和无端剥夺财产的权利，以及政治方面的选举权和被选举权等)。罗尔斯强调，自由只能为了自由的缘故而被限制。

第二，收入分配方面机会公正平等原则和差别原则(或最大最小原则)的结合，其中机会公正平等又优先于差别原则。所谓机会公正平等原则指的是，平等地分配各种基本权利和义务，同时尽量平等地分配社会合作所产生的利益和负担，坚持各种职务和地位平等地向所有人开放。差别原则指的是，只允许那种能给最少受惠者带来补偿利益的不平等分配，即不平等必须是使社会中地位最不利的人得到改善，也就是将较多的精力、财力、物力、人力用于改善地位较低的人的境况。

在罗尔斯的这两个原则中，第一原则强调的是公民的政治权利部分，具有优先性，任何与该原则所要求的“绝对同等自由”不相符合的制度，都不能用效率和福利的理由来辩护。第二原则针对社会和经济利益部分，想尽力通过某种补偿或再分配使一个社会的所有成员都处于一种平等地位。罗尔斯的理论允许存在

---

[1] 罗尔斯：《正义论》，中国社会科学出版社 2009 年版，第 13 页。
[2] 同上书，第 12 页。
[3] 同上书，第 106 页。

社会、经济的不平等状况，但只限于给予出身和天赋较低的人以某种补偿；对社会对境况差的人给予的帮助，也不能用经济效率和社会福利来衡量。

(2) 罗尔斯对福利国家的设想。在罗尔斯的心目中，正义的国家有三个基本的方面[1]，必然包含着保障福利的制度。

首先，必须有一个正义宪法调节的社会基本结构，保障公民的平等和自由(良心自由、思想自由、政治自由等)，并在环境允许的条件下实现民主的政治制度。

其次，存在一个保障实质的而不是形式的机会平等的社会环境，比如政府通过补贴私立学校或建立公立学校体系，来保证具有类似天赋和动机的人都有平等的受教育、受培养的机会，政府执行和保证在经济活动和职业选择中机会均等的政策，以及政府通过管制私人公司与社团的活动来确保机会均等。

最后，政府确保一种社会最低受惠值，通过家庭津贴、医疗津贴、失业补助或其他补助方式，来保障最少受惠者的利益，或者较系统地通过收入分等补贴(即负所得税，对收入低于法定标准的家庭给予政府补助)的方法来达到。

罗尔斯还从以上三者中抽象出一个“社会基本品”的概念，即那些与个人的偏好无关的、每个人都希望得到的东西，如权利与自由、机会与权力、收入与财富等，需要由国家出面提供或给予保障，同时国家在分配社会基本品时，必须通过改善那些拥有较少基本品的人的境遇来实现正义。

在罗尔斯心目中，正义国家在运用社会财富给全体成员提供基本物质需要时，是按照以下优先秩序进行的：必须供给每个人基本的物质需要；在恰当的平等的基本自由基础上，每个人都享有平等的权利；在分配影响社会地位的机会时，分配制度(社会体系)必须尽量增加处境最不利的阶层的机会；如果经济不平等，那它要尽量增加最贫穷阶层的财富[2]。这样的正义国家，显然是一种福利国家。

对于这样的福利国家应该履行的基本功能，罗尔斯将其具体化地比喻为政府的几个部门，每个部门由负责维系某些社会和经济条件的机构及其活动组成[3]。

第一个部门为配置部门。该部门的主要功能是确保价格体系发挥有效竞

---

[1] 罗尔斯：《正义论》，中国社会科学出版社 2009 年版，第 217 页。
[2] 莱斯诺夫：《二十世纪的政治哲学家》，商务印书馆 2001 年版，第 313 页。
[3] 罗尔斯：《正义论》，中国社会科学出版社 2009 年版，第 217—219 页。

争，并防止垄断这样的不合理市场权力的形成。罗尔斯也建议运用适当的税收和补贴政策，甚至改变所有权（即实行公共生产）来治理现实市场经济中出现的明显低效率问题，即因市场失灵而导致价格不能精确地调整社会的利益和成本。当然，在市场没有失灵的地方，竞争市场可以保证职业的自由选择，并导致资源的有效使用和对家庭的商品配给。

第二个部门为稳定部门。该部门的功能主要是致力于实现合理充分的就业，让愿意工作的人都能找到工作，使职业的自由选择和财政调度得到强有力的有效需求的支持。这个部门与配置部门一起，促进市场经济总体效率的实现。第一和第二两个部门的内容，本书已将其归入生产国家中。

第三个部门是转让部门。它的主要功能是确定最低受惠值，即考虑民众的各种需要，并与其他要求比较，赋予所有需要以某种重要性的权重。市场分配（或劳动力价格体系）的有效运行（不受垄断等限制），可以让绝大多数人获得一定的工资或收入，并使之达到一定的福利水平；转让部门主要是确保一些必需权利的保障，即提供一个适当水平的最低受惠值。这样获得的收入是否符合正义原则，要看最少得益者的总收入（市场获得的工资加上转让得来的收入）是否可用来最大限度地满足他们的（与平等的自由和公正的机会均等的约束相一致的）长期期望。

第四个部门是分配部门。它的任务是，通过税收手段或者对财产权进行必要的调整，来维持分配份额的恰当正义。罗尔斯设想这一任务有两个：一个是征收一系列遗产税和赠予税（必要时可以实行累进制），并对事关遗产的继承权进行一定的限制，目的不在于获取财政收入而在于纠正财富分配状况、防止经济权力过分集中（对遗产的矫正要使其造成的不平等对较不幸运者亦有利，且与自由权、机会公正一致）；另一个是建立符合正义要求的税收制度，以便将社会资源转移给政府，这样政府才可为公共利益提供资金，并为符合差别原则而将必要的资金向民众转移。在获取财政收入的税收种类上，罗尔斯更赞成的是按比例征收的支出税，认为它比任何所得税更正义更可取（因为它是对从公共池塘取走东西的人征税而不是向贡献者征税），又能以统一的方式对待每个人（较少干涉人们的动机），还可对有赡养负担的支出者减免部分税收[1]。罗尔斯认为，他对分配部门设想的两个任务，来源于两个正义原则。对遗产和收入征累进税、限制遗产继承权，是要保证民主社会的财产制度贯彻平等自由及权利公平，并在遗产方

[1] 罗尔斯：《正义论》，中国社会科学出版社 2009 年版，第 220 页。

面贯彻机会均等和有利于境况最差者的正义原则；按比例征收支出税（或所得税）是要为公共利益提供财政收入，以便让转让部门能在教育等方面确立公正的机会平等。罗尔斯强调，分配部门的目的不是要最大限度地增加社会效用的净余额，而是要建立正义的背景制度。显然，第三和第四两个部门，就是本书所说的福利国家。

罗尔斯总结说，若遵循两个正义原则并按上述方案进行，就可以建构出一个正义的福利国家，包括一种政府活动体系（四个部门）、有关财产的法律体系以及一个税收体系。在财政上，公共支出与税收收入在结构和数量上都可以因此确定，对收入与财产的分配因此是正义的。可是如果公民们觉得，将自己的资金继续交给财政来运用，可获取的边际收益超过自己在市场上能获得的边际收益，那么进一步扩大财政支出是否可行呢？罗尔斯在此方面吸收了维克塞尔的想法，认为可以建立第五个部门，即交换部门[1]。它由宪法授权的专门代表性团体构成，其任务是关注独立于正义原则的社会利益，就是说如果代表民众的这个团体通过投票一致同意，需要在前四个部门服务的基础上继续扩大财政支出（以供给某种商品或服务）并同意负担因此产生的必要税收，那么就建立专门的机构来代替市场提供相应的商品或服务。罗尔斯提醒我们，这第五个部门遵循利益原则，目的是扩大民众的利益，而不是遵循两个正义原则。

2. 森对福利国家正义理论的发展

在罗尔斯理论的启发下，阿马蒂亚·森（Amartya Sen, 1933—　）继续探讨当今福利国家中的正义理论。在森看来，正义问题首先要关注对于社会现实的评价，也就是关注实际的生活，而不能停留在只是评价制度和安排。在现实世界，我们寻找的并非绝对正义，而是要致力于减少明显的非正义。基于此一考虑，森提出以个人自我实现为中心的能力平等理论，从而为正义理论的发展及现实中的福利国家制度建设做出了重要贡献。他说，"如果以人们实际拥有的可行能力而不是其效用或幸福来衡量社会现实，我们就会拥有非常重要且不同于以往的理论出发点"[2]。

与罗尔斯一样，森也批评功利主义以及基于功利主义而形成的经济学理论。在他看来，经济学以效用和满足来判断人的福利是有缺陷的，因为人的愿望和要求具有历史适应性，越是穷的人要求得越少，生活的挫折会使人屈从命运。以欲

[1] 罗尔斯：《正义论》，中国社会科学出版社 2009 年版，第 222—223 页。
[2] 森：《正义的理念》，中国人民大学出版社 2012 年版，第 16 页。

望的满足来衡量人的福利水平,不能真实地反映人的处境,据此他反对把人解释为纯粹的经济动物。森也反对抽象的个人主义,认为社会不是个人的集合,社会利益有其客观性和相对独立性。任何一个社会都有自己的"善的生活"的理想,公正的社会分配必须公平地分配社会财富和其他资源,以使人们可以过一种社会认可的合理生活,"我们可以广义地看待人类生活,它包括人们享有的实质自由,而不仅仅只是人们最终拥有的愉悦与效用"[1]。不过,总体而言,森的论证主要还是从个人主义出发的。

森认为,快乐或欲望的满足仅仅代表着人的生存的一个方面,只有能力才能给人以积极自由的可能性。在他看来,人的幸福不在于人得到什么,而在于人能做什么,人的潜能的发挥是人的根本福利。现实世界能力不平等是造成社会不平等的核心要素,"在对不同的人的相对优势加以判断的时候,我们必须看到他们所拥有的整体可行能力。这就是必须以可行能力方法,而不是以资源为中心的对于收入和财富的关注,作为评估基石的重要原因"[2]。所以,他提出了人的福利应该根据人的能力实现程度来衡量,正义理论应该以能力为基础,并以此来论证福利国家及其政策。他说,这种"可行能力方法的着眼点在人类生活,而不单单只是在一些容易计算的客体对象,如人们所拥有的收入和商品,尽管后者经常被看作成功的主要标志","可行能力方法的关注焦点不在于一个人事实上最后做什么,而在于他实际上能够做什么"[3]。不过,森也强调,"尽管可行能力的平等很重要,但它并非总是要凌驾于其他重要的但可能与之冲突的考量(包括平等的其他重要的方面)之上"[4],这也符合他一再强调的"允许多种不同的正义缘由同时存在,而不是只允许一种正义缘由存在"[5]。

从能力理论出发,森将福利国家的制度及其政策区分为两个层次:一是应对因能力的绝对被剥夺而产生的绝对贫困,这种贫困在西方发达国家并不表现为维持最低生存所需要的物质的缺乏,而表现为满足现代社会生活的基本条件的缺乏;第二个层面是地位性商品的分配,这是真正意义上的平等问题(超出基本能力要求的再分配主要是出于平等的动机)[6]。他还批评那些将经济增长作

[1] 森:《正义的理念》,中国人民大学出版社 2012 年版,第 16 页。
[2] 同上书,第 237 页
[3] 同上书,第 216—217 页。
[4] 同上书,第 276 页。
[5] 同上书,第 16 页。
[6] 汪行福:《分配正义与社会保障》,上海财经大学出版社 2003 年版,第 161 页。

为解除痛苦与不幸的万能解药的人(下文说到的哈耶克其实一定程度上就是如此),认为他们的理论前提正受到来自理论推理和经验事实的质疑[1]。

森还比较了自己的理论与罗纳德·德沃金(Ronald Dworkin, 1931—2013)的资源平等理论对福利国家的各自论证。德沃金是基于这样一个设想来开始他的论证的:给每个人平等的资源份额,然后询问他们愿意从自己的平等份额中支付多少去购买保险,以抵御在自然天赋分配中可能会出现的残障或其他劣势的风险。于是,真实的世界就可以运用所得税向占有自然优势并因此获得高收入的人收税(相当于设想中的保险费),并把福利制度(各种福利、医疗保障、失业救济方案)视为向劣势者提供保险的一种途径。由此可见,德沃金是以平等的资源分配为出发点来论证福利国家的正当性。森认为,资源平等可以说是间接的可行能力平等,因而资源平等和可行能力平等之间可能是一致的,但也可能并不一致。他相信,自己的能力平等优于德沃金的资源平等,因为资源平等理论依赖于个人禀赋缺失、个人理性运用、一次性公正制度形成、完全竞争市场均衡的存在等条件,而他的能力平等理论并不依赖于这些条件[2]。

二、右派对福利国家的否定与批评

面对在现实中成长起来并深刻影响现代人的福利国家,也有很多学者至今依然怀疑它是否具有正当性。这种怀疑,一方面表现为他们运用经济学实证方法论证福利国家的不利后果,另一方面表现在他们从规范理论方面否定或批评福利国家的正当性。显然,这些学者的批评意见以及为福利国家开出来的处方,通常更有利于资本和财富的拥有者,他们的主张"为收入、财富和权力的向上转移提供了巧妙的经济和政治理由","笼统地说是代表了资本的回应,它主张回到强调有严厉与纪律的市场的资本主义的纯粹形式"[3]。这样的学者在政治光谱上,通常被称为右派或保守派。

(一) 针对财政危机与经济问题而对福利国家提出的批评

到了20世纪70年代,西方国家用于社会保障的财政支出增长率普遍超过了经济增长率,而且数额持续居高不下。以福利国家建设的公认落伍者美国为

---

[1] 森:《正义的理念》,中国人民大学出版社2012年版,第255页。

[2] 同上书,第246—249页。

[3] 米什拉:《资本主义社会的福利国家》,法律出版社2003年版,第17页。

例,1960年,联邦政府社会福利支出以美元计为670亿,1970年这一数字为1 580亿,1980年升到3 140亿。为了管理福利国家项目而设置行政机构、开展管理活动所花费的金额,也在不断地增加。与此相应,财政支出额长期超过已大大提高的税收,从而使国家财政出现了巨额的赤字。尤其在20世纪70年代中期,经济滞胀问题与财政赤字同时发生,加上劳资冲突不断,以至于许多人断言"凯恩斯式的福利资本主义,作为一个制度-功能的混合体已走入了死胡同"[1]。持平而论,虽然这一轮财政危机有福利制度内部的原因,但主要的原因仍来自外部的冲击。这些外部冲击包括:经济全球化使得追逐利润的资本从本国转移到他国;因避孕药具的发展而导致出生率下降,劳动与缴费人口比例大大减少;因医疗水平提高及出生率下降导致老龄化上升,养老与医疗支出大大增加;还有前面提过的,由于经济结构发生巨大变化,"福特制逐渐被后福特制取代"[2],工业经济向知识经济和服务经济的转化,这就使得在过去经济结构下形成的福利收费与给付制度难以适用。

也有学者反对福利国家建设导致财政危机这一说法,正如考夫曼所表达的,"在社会福利费率的高低与国债的规模之间没有内在联系。一些国家尽管实行明确的福利国家政策,却能使自己的国家预算保持平衡,而另一些国家则不能"[3]。不过,大致比较公平的一个判断是,20世纪70、80年代不断膨胀的福利支出,的确对财政构成了强大的压力以致一定程度引发了财政危机,尤其是在经济困难时期(税收收入降低的同时,失业、救济等福利支出又上升),它成为发生财政赤字的主要原因。

学者们(尤其是经济学者)不仅批评福利支出对于财政危机的影响,而且还从以下几个方面,进一步批评福利国家对经济发展的严重影响。

第一,他们坚持认为,福利国家强加于资本的管制,使资本的投资机会越来越取决于国家的政策,而这抑制了资本投资的动力、阻碍了市场正确有效地发挥作用。他们说,为了支持福利国家而征收的税收,让资本承担了不堪忍受的负担。资本方特别强烈地批评福利制度强化了工人和工会的权利,增加了他们讨价还价的能力,造成了雇佣劳动力的成本(集体谈判形成的工资与国家强制性的社保缴费)高涨,以及对劳动者实施管理的成本上升(如对工作环境与时限的法

[1] 米什拉:《资本主义社会的福利国家》,法律出版社2003年版,第16页。
[2] 刘玉安:《告别福利国家?:九十年代以来西欧社会民主党社会政策改革研究》,山东人民出版社2015年版,第81页。
[3] 考夫曼:《社会福利国家面临的挑战》,商务印书馆2004年版,第52页。

律限制、昂贵的解雇赔偿、桀骜不驯的工会等)。他们批评福利国家制度,既在经济上产生"超负荷要求"(福利支出推高财政赤字而导致通货膨胀),又使政治要求超负荷(对管理的能力要求过高),而这些要求又越来越无法通过经济产出的增长来解决[1]。他们还特别强调,日益膨胀与过度管制的福利国家,具有严重的压制性,带来了经济与政治的不自由。正如 1984 年 12 月 29 日的《华尔街日报》上说的:"许多年来,左翼分子在世界范围许多国家所奉行的这种政策(即高福利、高税收)已经证明,它是阻碍经济增长的最佳方式。经济增长要求拥有资本,并有效地运用资本。当通过课税把资本没收,并让政府部长们为自己的政治晋升而巧取豪夺时,这两者就都化为乌有了。"[2]

第二,他们认为,基于民族国家而建构的福利制度已不合时宜,并会影响经济发展。在现代交通与技术条件下,追求最大限度增值的资本希望在全球范围进行灵活配置,为此既要求民族国家大大放松对资本流动的管制和外来劳动力的管制,又要求降低本国的税收与社保缴费等成本以应对低工资国家竞争的压力。若满足这样的要求,资本这一决定社会不平等最关键的要素,就会日益脱离国家的再分配过程,国家也不得不改变对它的管制政策。

第三,资本方批评,慷慨的社会津贴会降低劳动力的流动、放松劳动纪律,促成人的惰性(特别是找工作的积极性),或者至少让他们不用像在完全市场经济条件下那样有效地工作。批评者认为,全方位的社会保障措施降低了劳动者参与市场交换的动力,使他们心安理得地躺在福利的"摇篮"里睡大觉[3],以至于福利支出越多,穷人人数越多[4]。

与上述批评相应,自 20 世纪 70 年代起,西方国家尤其是美国,在文化上保守主义情绪日益弥漫。这一思潮强烈建议减少国家干预,要求恢复个人自立与

[1] 奥菲:《福利国家的矛盾》,吉林人民出版社 2006 年版,第 3 页。

[2] 刘玉安:《告别福利国家?:九十年代以来西欧社会民主党社会政策改革研究》,山东人民出版社 2015 年版,第 84 页。

[3] 奥菲:《福利国家的矛盾》,吉林人民出版社 2006 年版,中译者序言第 2 页。

[4] 美国约翰逊总统提出的"伟大社会"计划及其实践结果,常常是右派知识分子举例的对象。在该计划启动并向贫穷作战之后,一开始取得了一些成就,美国的贫穷人口从 1964 年的 18%降到 1968 年的 13%,1973 年达到最低点 11%的贫困率。但在那以后,贫困率的下降趋势却停止了。到 1980 年,福利预算投入更多,贫困率却不降反升,甚至超过了向贫穷作战开始时的水平。对"伟大社会"计划的实践后果,右派知识分子解释说,贫穷人数的回升是因为随着越来越多福利资金投入,领取福利的人却不需要做什么就能自动地领取现金和食品券,这样的福利政策造就了一个完全依赖政府的群体。政府要彻底消除这样的贫穷,势必就得增加福利的金额,这又需要不断地加税,于是就惩罚了那些能创造财富的人。

勤奋工作的传统价值和社会秩序。盖洛普民意调查显示,1968年只有31%的美国人持这样的保守观念,而1980年达到60%[1]。

(二) 诺齐克、哈耶克、布坎南对福利国家的批评与反思

1. 诺齐克彻底否定福利国家的正当性

作为罗尔斯的同事和尖锐批评者,罗伯特·诺齐克(Robert Nozick, 1938—2002)是在道义上坚决否定福利国家正当性的代表人物。在诺齐克看来,福利国家以公平或人的发展为名所采取的措施,侵犯了个人的权利(私有财产权和个人选择权),因而是不正当的。这是因为,包括财产权在内的个人权利并非来源于国家,相反,国家是因个人而产生的,其功能只限于保护个人的权利,因此任何对资源和收入的再分配措施(即福利国家制度与措施)都是不合法的。诺齐克强调,"可以得到证明的是一种最弱意义上的国家,即一种仅限于防止暴力、偷窃、欺骗和强制履行契约等较有限功能的国家;而任何功能更多的国家都将因其侵犯到个人不能被强迫做某些事的权利而得不到证明",因此,"国家不可用它的强制手段来迫使一些公民帮助另一些公民;也不能用强制手段来禁止人们从事推进他们自己利益或自我保护的活动"[2]。在他看来,重要的不是国家为个人权利留下多少活动余地;而是相反,重要的是个人权利为国家留下了多大活动余地,国家活动的正当性范围取决于个人权利的许可。

诺齐克认为,国家是否正当,其出发点不是国家应如何组织,而应该追问国家是否应该存在?他接受了洛克的自然状态假设,以此作为构想国家产生的起点。他说,在洛克式无国家的自然状态,个人依靠自身来维护自己的权利。此时可能会有别人加入他的防线,这样一群个人就可能结成互助防守同盟,并在内部通过自愿协议产生某种程序以干预成员间的冲突,特别是防止他们使用暴力手段侵犯他人生命、自由、财产的行为。由于干预冲突需要时间与成本,这个同盟内部就可能会产生分工,有人(比如说更有智慧、更为中立的人)被专门指定来实施保护功能并因此获得报酬,而其他受保护的人则支付报酬。不同的防守同盟提供不同的保护政策,并标以不同的价格,由此形成的提供保护服务的集团彼此间展开了竞争。诺齐克设想,国家是这样产生的:有一个保护性集团宣布,在某个区域内(要有一定规模的人口与土地)它要垄断保护性服务;它还宣布,将尽自己所能,去惩罚每一个未经它的明确许可就使用了暴力的人。诺齐克说,由此就

---

[1] 王萍:《从清教神坛到福利国家——美国工作伦理的演变》,中央编译出版社2016年版,第187页。
[2] 诺齐克:《无政府、国家与乌托邦》,中国社会科学出版社1991年版,第1页。

诞生了一个最小的国家，它的唯一职能就是保护（防止暴力、偷窃、欺诈行为，并负责强制履行契约），它的公民也相信自己有义务遵守法令、缴纳保护所需的费用、参加战争等。对于诺齐克的上述论证，有很多学者认为，他在论证过程中比较有效地论证了从自然状态转向最小国家在道德上是合法的，没有侵犯任何人的权利；但是，如何从众多保护性集团变为一个垄断性的保护集团（即国家），他的论证并不成功。

大致上，诺齐克从自然状态中的个人权利出发考察国家的起源与合理边界，并以此否定福利国家的正当性。他认为，国家存在的唯一功能是对个人权利进行保护，而个人在自然状态中拥有的权利构成了对国家权力的道德界限。若在国家产生和活动过程中没有侵犯到个人的权利，那么它的产生和活动就是正当和可允许的；但若是侵犯到个人的权利，那么它的产生和活动就是不正当和不被允许的了。个人权利在此成为国家行为的一种根本的道德标准和道德约束，最小国家（最弱意义上的国家）不能为了社会获得更大福利而牺牲个人的权利。“个人是目的而不是手段，他们若非自愿，不能够被牺牲或被用来达到其他的目的。个人是神圣不可侵犯的。”[1]

因此，他的结论是，国家在最弱意义、最少管事之外的职能会侵犯个人的权利，在道德上是不可证明的或者不正当的。他说，“没有任何功能更多的国家能在道德上得到证明，以及任何功能更多的国家都将侵犯到个人的权利”，“最弱意义上的国家把我们看作不可侵犯的个人——即不可被别人以某种方式用作手段、工具、器械或资源的个人；它把我们看作拥有个人权利及尊严的人，通过尊重我们的权利来尊重我们；它允许我们能个别地，或者与我们愿意与之联合的人一起地——就我们力所能及地，并在与其他拥有同样尊严的人的自愿合作的援助下——来选择我们的生活，实现我们的目标，以及我们对于自己的观念”[2]。因此，在诺齐克看来，超出最小国家之外，那些主张更精致、更有再分配性、更倾向于家长制或者更倾向于福利的国家，不能得到有效的论证。

在财政上，诺齐克认为，作为在某一地区内独占强制力的国家，要对这一地区内的所有人提供保护，就要通过征税来筹集活动经费。这种为保护而征收的费用，并不侵犯被征收者的权利。那国家能不能通过某种税收制度来征收比支付保护费用更多的钱，从而用这多出来的钱去赈济穷人、扶贫救弱、兴办社会福

[1] 诺齐克：《无政府、国家与乌托邦》，中国社会科学出版社 1991 年版，第 31 页。
[2] 同上书，第 330 页。

利事业呢？诺齐克的回答是，如果个人财产在获取时是正义的、转让时也是正义的，那这样的财产就是财产所有人应得的，他就具有充分的权利，国家无权向他征收超过履行保护职能之外的税收，此时为福利目的而征税是不正当的。如果不符合财产获取与转让时的正当性，那么国家就可以通过税收或其他必要措施进行矫正，以实现正义。诺齐克深刻地指出，福利国家常常以平等为目标而制定有关财政的收入与支出政策，但在理论上却令人惊讶地对平等缺乏论证，因为人们总觉得平等是理所当然的。诺齐克并不反对慈善，他认为如果财产的主人愿意将自己的持有物分给穷人和匮乏者，这当然可以，但不可以由国家来强迫。所以在诺齐克看来，在社会合作状态中，自愿交换就是一切，国家只需盯着有没有强迫、抢劫、欺骗和偷盗就行了，再不需要什么另外的分配模式和原则。如果国家用征税的办法提供福利（即强制性转移财产），那是极不公正的。从道德上说，这和盗窃差不多。所以，在诺齐克的眼中，向劳动收入征税就等于强迫劳动，因而不仅是盗窃，还相当于部分的奴隶制。

由此可见，诺齐克在理论上对当前的福利国家提出了最为严重的质疑。不过，对于他的理论是否可以用于实践，诺齐克自己表现出极为谨慎的态度。他说，人们不能用他提出的分析和理论去指责现实中任何具体的转移支出的方案（主要用于福利项目）[1]。

2. 哈耶克接受最低限度的福利国家但反对扩大福利国家

哈耶克对福利国家的批评在英语世界具有广泛的影响，他对福利国家的批评与他对高度集权的政治经济体制的批评、对知识性质和自由理念的阐发紧密结合在一起。不过，大体上说，哈耶克虽然反对大规模的福利措施，但赞成基本的社会安全网。他说，“不分青红皂白地彻底否定福利国家的所有行动，显然不是我们所应持有的态度；因此我们必须对那些较为妥适且正当的目标与那些应当否弃的目标做出明确的区别”[2]。

（1）批评福利国家制度。在他有关市场本质与私有产权理论（第十章曾经论及）基础上，哈耶克认为，尽管以国有制与计划经济为基础的传统社会主义在西方信奉者已寥寥无几，但是它的终极目的却并没有完全丧失对西方人士的吸引力。受这种社会主义思想的影响，许多人希望操纵经济与社会，以使收入的分配与他们的社会正义观相符合，这就是福利国家作为传统社会主义的替代者兴起

[1] 诺齐克：《无政府、国家与乌托邦》，中国社会科学出版社1991年版，第234页。
[2] 哈耶克：《自由秩序原理》（下册），生活·读书·新知三联书店1997年版，第15页。

的基础。不过,哈耶克指出,当代福利国家并不是一个明确的社会制度,而是许多要素的混合体,在这里面既有使自由社会变得更有吸引力的因素,也有与自由社会不相容的因素。哈耶克逐一评点了当前福利国家运用的制度或政策[1]。

第一,工会与就业政策。哈耶克认为工会一开始诉诸一般性结社自由而成立,具有一定的正当性。但在今天对工会的歧视已不复存在,可工会因对劳动供给的垄断特权而破坏了契约自由,反而成为负面的力量。它破坏了劳动力市场的有效竞争(强迫那些不愿意加入的工人加入工会、组织罢工),推高了通货膨胀水平,并因破坏了经济发展而降低了工人的工资。哈耶克认为,福利国家在工会要求下就工资和就业实行的一些强制性政策是无效的,对市场运行与经济发展是不利的。

第二,社会保障。哈耶克认为社会保障制度拥有不同层次的抱负或者目标。第一个目标是传统济贫法的继续,即为所有社会成员提供有限的基本保障,抵御严重的物质贫困。第二个目标是维持生命周期的收入稳定,这一目标往往通过国家强制的商业保险或国家提供的统一保险来实现。第三个目标希望运用政府的权力以确保一个更公平或更正当的财富分配制度,以达到社会正义的目的。哈耶克赞成社会保障的第一个目标,认为就避免那些贫困者堕入绝境而言它是毋庸置疑的,并且可以在无损于个人自由的情形下实现。只不过,它所采用的方法未必是众所周知的且为人们普遍赞赏,因为慷慨的社会救助往往会促使个人放弃自我的努力。社会保障的第二个目标同样可以在一定程度上予以实现,尽管所付出的代价远远大于人们所想象的或人们愿意承受的,因为它往往意味着国家会强制个人加入由国家控制的统一的保险组织。虽然哈耶克承认,就某一特定的时间来讲,由当局所能遴选到的最好专家建立统一的保险组织,确有可能做到高效,但就长期来看,一切不受竞争挑战的垄断都会随着时间流逝而导致低效。此外,它还限制了人们在市场上的选择自由。福利国家的第三个目标在哈耶克看来是可疑的,而且在一个力图维护个人自由或人身自由的社会中是无法实现的,因为它进行再分配时所依据的社会正义原则在现实中并不存在,最多不过是政府机构按照它认为的适当比例与形式分配收入而已。这就意味着福利国家本身有权确定每个人的地位,并向其分配它所认定的个人应得之物,而这又意味着个人自由的丧失。

第三,对以平等为目标的累进税制。哈耶克认为,累进税制的问题,最终是

[1] 哈耶克:《自由秩序原理》(下册),生活・读书・新知三联书店 1997 年版,第 18—24 章。

一个伦理问题，而且在民主制度中真正的问题在于，如果人们充分理解了累进税制原则的运作方式(累进税制对富有阶层有反激励作用、对资本周转不利等)，那么它在当下获得的支持就不会再继续下去，"累进税制之所以获致其当下的重要性，乃是一些人在欺诈手段等障眼法下将其蒙混过关的一个结果"[1]。他说，"经由累进税制进行收入再分配的做法，不仅是产生不负责任的民主行动的主要根源，而且还涉及未来社会之整体特性所赖以为基础的至关重要的问题"[2]，那就是政府的专断性对自由社会的破坏。

第四，其他政策和制度。对国家垄断货币的发行、住房与城镇规划、农业与自然资源开发、教育与研究发展等当代福利国家采用的制度与政策(这些内容本书归在生产国家中)，哈耶克进行了逐一的评论。大体结论是，这些政策虽然有短期的效果或者对贫困者有所帮助，但从长期看，不可避免的结果是，它将使那些接受政府帮助的人依附于权力当局，而政府也因此获得越来越多的控制权。

总之，哈耶克认为，福利国家的最大问题是，任何朝向分配正义目标努力的政策，都会对社会实行有意识的控制，这就会造成社会被政治权力所控制。他总结说，"尽管我们历经各种努力而在克服贪欲、疾病、无知、贫穷以及懒惰五大旧恶魔的方面只取得了些许成就，但是当我们的主要危险来自通货膨胀、积重难返的税制、具有强制力的工会、在教育中日益起支配作用的政府，以及社会服务机构开始具有极大的专断权的时候，我们在未来与这些新恶魔进行的斗争中却可能表现得更糟，因为在这场斗争中，个人仅凭其自身的努力是无从摆脱这些危险的，而且政府机构的过度膨胀势头也只可能加剧而绝不可能减缓这些危险"[3]。

(2) 现代国家的无目标性。哈耶克强调，现代社会就是就是允许个人追求他自己的目标、不再受共同体具体的共同目标束缚，从而实现自由。要让所有的人都尽可能多地做到追求自己的目标，就应该用普遍的抽象规则对一切人的自由进行统一的保障，即"禁止对所有其他人(或由他们)实施任意的或歧视性的强制，禁止对任何其他人自由领域的侵犯"[4]。哈耶克反复重申国家的必要性仅仅在于实施这些抽象规则，一个抽象规则统治的世界才是一个自由的世界。显而易见，只有市场规则支配下的秩序，才是一个抽象规则统治的、没有具体的共同目标并允许每个人追求自己目标的世界。

---

[1] 哈耶克:《自由秩序原理》(下册)，生活·读书·新知三联书店 1997 年版，第 73 页。

[2] 同上书，第 71 页。

[3] 同上书，第 70 页。

[4] 哈耶克:《致命的自负》，中国社会科学出版社 2000 年出版，第 70 页。

由此，哈耶克提出了一个非常重要的理念，那就是“国家的无目标性”。这里的“国家”，说的不是传统部落或传统国家，而是指现代国家；这里的“无目标”，指的是没有整个共同体统一的目标，国家中的个体或小团体当然仍有自己的目标。因此，所谓国家的无目标性，是指现代国家已没有必要为整个共同体制定统一的目标，并集中财富去实现这一目标，它只需把自己的功能限制在提供公共安全、保障产权、实施公正规则上。显然，市场秩序或者哈耶克命名的“人类合作的扩展秩序”，真正符合哈耶克要求的“国家的无目标性”。

在哈耶克的心目中，致力于实现社会正义目标的福利国家当然不符合“国家的无目标性”。他反复批评社会正义是一种幻象，通过收入分配实现社会正义“完全是由于把社会拟人化的错误解释为组织而非自发秩序所产生的结果”[1]。而这种保证“公正”分配的努力，必定会把市场的自发秩序变成极权的秩序。这样做，“不仅必然导致个人自由的破坏”，“而且还被证明是在任何环境都无法达到的一个幻景或幻觉”[2]。由于社会并不是一个行动着的人，而是经由其成员遵循某些抽象规则而形成的一种有序的行动结构，因此在正义之前加上“社会的”这一修饰，本身就是泛灵论（以为社会具有灵魂）的结果，这种被毒化的语言让思想错乱到令人担忧的程度[3]。他说，“社会正义这个说法本身就是毫无任何意义的，而且使用这种说法的人，如果不是愚昧，那就肯定是在欺骗”[4]。

3. 布坎南尝试约束福利国家

詹姆斯·布坎南（James McGill Buchanan, Jr., 1919—2013），基于经济学的帕累托最优、哈耶克的普遍性规则、维克塞尔的一致同意等理论来理解国家。在他看来，某种程度上国家是基于一致同意而诞生的（不得对任何人进行歧视），表现为一系列人们用来约束自己的普遍性抽象规则经协商一致同意而产生，这样的规则具有帕累托最优特性，不在个人间进行效用比较，也不存在集体的价值。由此诞生的国家，在政治上实行的是原则政治而非利益政治[5]。在这一看法的基础上，他展开了对福利国家的研究。在肯定福利国家具有一定必要性的前提下，布坎南也对它进行了严厉的批评，并尝试着发展财政立宪规则

---

[1] 哈耶克：“经济自由主义”，载于杜威等：《自由主义》，世界知识出版社 2007 年版，第 387 页。

[2] 同上。

[3] 哈耶克：《致命的自负》，中国社会科学出版社 2000 年出版，第 135 页。

[4] 哈耶克：《法律、立法与自由》（第 2、3 卷），中国大百科全书出版社 2000 年版，序言第 2 页。

[5] 布坎南、康格尔顿：《原则政治，而非利益政治——通向非歧视民主》，社会科学文献出版社 2008 年版，第 8 页。

来约束福利国家。

(1) 福利国家的弊端。布坎南注意到，第二次世界大战后西方国家因巨大的社会福利开支而带来公共部门的不断膨胀，福利体制持续扩张。在民主制度下，由于中低收入阶层掌握着选票的力量，因此在养老、医疗、社会救济等领域的福利开支，在相当程度上已经成为美国这样的民主国家中民众的“天赋权利”。可是，在累进税制下中低收入阶层很少承担或几乎不承担税负，由此造成原来以税收牺牲控制支出欲望的想法落空，财政谨慎原则也因此被抛弃。

本来在德语学者和意大利学者那里有一个简单的想法，那就是在财政方面，可以由民众自行衡量“公共支出带来的效用和自己因此承担的税负”是否相称，由自己或选出的代表来衡量所纳税收是否物有所值，以便决定是否再继续增加公共支出。可是，在现代普选民主制度下，民众一方面愿意增加福利性质的转移支出，另一方面又不愿意缴纳税收，由此带来了现代国家内在的深刻财政危机：“政府面临着无穷无尽的人们认为是应该得到的各种各样的要求权，同时政府无法获得足够的税收收入去满足这种要求权，政府甚至不能满足最低水平的建设基础设施的需要”[1]。布坎南强调，这样的危机，主要是由“目的性强的分配目标引起而不是由出于对公正或正义的一般性考虑引起。现代福利民主国家中发生的财政危机在很大程度上都是由这种矛盾造成”[2]。

为了弥补这一财政危机引起的赤字，西方国家大量发行公债来支撑福利支出项目。可是，公债的发行，不但牺牲人民的将来以换取近期的生活水平提高，而且还会造成通货膨胀并破坏市场经济的运行。更重要的是，它撕裂了原有的税收-支出间的纽带：政府发行公债获取资金提供福利，受益者是当前的人，偿还负担却由未来的人承担。这样，公民对福利支出的需求再也没有税收压力的约束，这种支出需求就会进一步地膨胀。他说，“在负债财政的情况下，这些项目极有可能被人们接受。这样，通过提高预算，扩大公众之间收入的转移，就会削弱对开支项目的敌对情绪”[3]。

对由公债支撑起来的福利支出增长以及公共部门的膨胀，布坎南表示深深的忧虑，认为在美国这样的民主国家“好像正在同时从不同的方向陷入无政府的

---

[1] 马斯格雷夫、布坎南：《公共财政与公共选择：两种截然不同的国家观》，中国财政经济出版社 2000 年出版，第 168 页。

[2] 同上书，第 157 页。

[3] 布坎南、瓦格纳：《赤字中的民主》，北京经济学院出版社 1988 年版，第 22 页。

混乱以及失控的庞大的政府机构给我们带来的强制”[1]。而由此带来最为突出的后果，就是:“在私人行为和公共行为中我们观察到的大量道德败坏现象，究其根源就是相对于整个经济，公共部门规模过度膨胀。”[2]他认为，在福利国家膨胀之前，有许多宝贵的社会资本存在，如个人独立、遵纪守法、自强自立、勤奋工作、自信、永恒感、信任、互相尊重和宽容等。但是，由于公共部门日益扩大，人们日益依赖政府提供的福利项目，道德将因此而衰落，表现为“这些社会资本被侵蚀后，取而代之的是这样的一些态度，不负责任、依赖性增强、不公正的剥削、采取机会主义行为谋求利益、及时享乐、法律上投机取巧、动不动就打官司、不信任和不宽容，特别是‘政治上不正确’”[3]。因此，如果削减预算和缩小公共部门规模，就可以推动道德秩序的恢复。

(2) 用财政立宪来约束福利国家。面对福利国家引发的问题，布坎南认为必须进行有效的财政改革。而要进行这样的改革，就需要采取两个措施:一是要认识到确立一个独立于政府行为之外的有关财政的宪法准则的必要性;二是通过明确地重新确立财政账户的收支平衡原则来有效地控制公共开支。总之就是，“需要一个既合法又具有道德约束力的宪法准则，并明确写入美国宪法的文件之中”[4]，从而用财政立宪的手段来约束福利国家。

布坎南认为，之所以需要财政立宪，是因为只有在立宪阶段，人们才能超脱于一时一地之争，而专注于规则的公平和正义。换言之，在此时达成的有关政府财政收支的规则，才能真正地发挥约束政府行为的目的，而不受制于一时一地状况的影响。

布坎南所主张的财政立宪思想，在内容上大致包括以下几个方面。

第一，平衡预算的宪法约束。布坎南强烈反对预算的周期平衡和“充分就业平衡”的凯恩斯主义政策，主张保持预算年度平衡，以财政收入的有限性来约束政府的行为。他指出，必须在宪法上增加要求平衡预算的条款。与此同时，还应设立能起特殊调节作用的具体规则，一旦支出与税收的变化超出平衡界限，这个机制便会自动反应以促使预算恢复平衡。布坎南指出，他要求联邦政府平衡预算的建议，只是为了确保政府用税收而不是用发公债或印钞票来维持自己的开

[1] 马斯格雷夫、布坎南:《公共财政与公共选择:两种截然不同的国家观》，中国财政经济出版社 2000 年出版，第 17 页。

[2] 同上书，第 163 页。

[3] 同上书，第 166 页。

[4] 布坎南、瓦格纳:《赤字中的民主》，北京经济学院出版社 1988 年版，第 179 页。

支，并不直接针对税收或开支水平，它要求决策者通过量入为出的原则来达到改变政府决策过程的目的，平衡预算的宪法条款也因此可“视为对现代政府的财政权力进行更全面的宪法约束的第一步”[1]。

第二，税制的立宪选择。布坎南建议，财政支出的构成与规模决策，应在财政决策的日常运行过程中做出；而税收结构与水平的决策，应在立宪阶段就做出，一旦确定就应相对稳定，从而为之后所有的公共支出提供资金。税制在立宪阶段确立，既可以使纳税人有较准确的预期，又可以防止特殊利益集团操纵日常决策程序而剥削他人。这是因为，在个人对未来无知的立宪阶段，纳税人才会公正地支持一个最佳税收结构方案，这样的税制也才是公正合理的。

第三，税收与支出的限制。现在的财政制度，没能将税收和支出控制在必要的限度内，也不能反映选民的意愿。由于财政制度对税收与支出缺乏必要的限制，税收方面就会出现财政剥削。因此，布坎南建议对财政收支进行限制，这种限制不是具体的逐一限制，而是立宪的限制，包括程序限制（通过决策过程间接地限制财政结果）和数量限制（直接限制财政结果）两个方面。在程序限制中，布坎南提出特殊的多数决策规则（即超多数同意甚至一致同意规则）、支出与税收同时决策、各级政府税收来源和政府职能划分等方法，以避免财政剥削、减弱政府的过度支出倾向。数量限制包括规定支出与税收在国民收入中所占的份额（他建议财政支出不超过国民收入的“25%”[2]）、税基限制和特定税率的直接立宪限制等。

（3）布坎南对福利国家制度的设计。布坎南并不一味地反对福利国家，他认为一个具有合法性的福利国家，在制度设计上必须运用哈耶克主张的普遍性原则，因为“按照普遍性原则制定的法律制度是自由社会的必要特征”[3]。他声称，“如果大多数政治决策，包括与税收和财政支出有关的政治决策，普遍适用于——也就是无歧视——政治社会中所有的阶层和团体，那么现代分配政策被极度滥用的现象也许会销声匿迹”[4]。

基于对普遍性约束规则的信仰，布坎南设计了一种“平税与等补”方案作为福利国家的制度，内容是“对所有的收入征收统一税率税或比例税，同时以人均

[1] 布伦南、布坎南：《宪政经济学·征税权》，中国社会科学出版社2004年版，第237页。

[2] 马斯格雷夫、布坎南：《公共财政与公共选择：两种截然不同的国家观》，中国财政经济出版社2000年出版，第165页。

[3] 同上书，第20页。

[4] 同上书，第21页。

等额拨款的形式进行转移支付"，他认为"这种做法看起来大体上满足普遍性准则的定义要求"[1]。布坎南的意思是，在这样的福利国家，资金来源于普遍征收的、税率统一的所得税，不允许任何个人或集团享有免税、扣除额、欠税和免征额的待遇，同时按比例征收，以便有效地消除为获得有利的财政待遇或避免不利的财政待遇而进行的投机动机。在此基础上，向所有人（无论贫富）以人均等额拨款的形式进行转移支付，公民因此可以获得财政资金补助的福利。这样做，可以消除财政为特殊集团谋利的动机，而且还可以减少寻租行为，使现代民主过程恢复更多的公共性的特征。

同样基于普遍性原则，布坎南坚决反对累进性个人所得税，认为它给了政治家太多的寻租机会。基于公共选择理论中的寻租理论，布坎南曾经正确预测到1986年美国累进性所得税制改革的结果，这一结果也支持了他对累进税制的反对。他说，"按照公共选择的观点我推测国会已经榨干了租金，国会已经将这些由税法漏洞产生的租金销售出去而获得收入。因此国会能够将所有的漏洞清除干净并且削减税率，然后在更宽的税基上立即开始再次提高税率，这样国会就有机会增加更多的收入，这正是国会所做的事情。第二也是更重要的，一旦国会将过去所有的租金用完，它就能再次销售新租金"[2]。不过，与哈耶克不同，布坎南并不反对遗产税，认为可以从促进机会平等的角度为遗产税提供辩护。

当然，布坎南并没有完全排斥其他的税收和福利项目。比如他不反对向生产、销售物品或服务征税（即商品税），只是要求此类税收要依据普遍性原则的标准来开征，并将它置于统一税率下的相同税率架构之中。除了实行税收与支出的同时决策外，他还建议专款专用的财政制度，以限制政府的剥削行为，"有效设计的专款专用制度，可以限制政府——无论它是什么样的政府——剥削纳税公众的程度；可以使政府产生积极的动机提供纳税人所需要的产品和服务。不管决策者是什么样的人，都可以让他保持'忠诚'"[3]。

三、福利国家的转型探索：第三条道路？

从以上可见，除了诺齐克这样极端的学者，绝大多数人对基于济贫而提供福

[1] 马斯格雷夫、布坎南：《公共财政与公共选择：两种截然不同的国家观》，中国财政经济出版社2000年出版，第93页。
[2] 同上书，第67页。
[3] 布伦南、布坎南：《宪政经济学·征税权》，中国社会科学出版社2004年版，第182页。

利项目的制度还是持肯定态度的。除此之外,到底该提供多少福利以及提供什么样的福利项目呢?以资本为出发点(更多属于右派)和以劳动为出发点(更多属于左派)的福利思想,差异非常大。在福利国家的现实发展过程中,绝大多数国家除了基本的济贫外,都提供了社会保险项目和社会投资项目,也程度不同地接受了马歇尔提出的将福利视为公民权利的说法。对这样的现实福利国家,左右两派都不满意,也都展开了批评:如前所述,左派批评福利国家并未去消除个体不幸和需要福利的原因,只对后果进行了消极的补偿;右派批评福利国家使劳动者养成福利依赖症、增加了资本的负担并降低了经济增长率。与此同时,左右两派还展开相互的批评。

(一) 英国工党的"第三条道路"

理论的争论以及20世纪70、80年代以来实践的发展,使得不少西方国家探索福利国家的改革甚至转型。其中,最为响亮的口号就是英国工党提出来的"第三条道路"。事实上,使用第三条道路这一名称的学者和政党非常多。20世纪上半叶的社会民主党就曾将自己选择的道路称为"第三条道路",以区别于苏联为代表的社会主义道路与美国为代表的资本主义道路。对英国工党而言,它提出"第三条道路"开始只是作为政治的与选举的策略,以争取中产阶级的选票,后来才将其当作自己正式的政策主张与根本的方针。

英国工党的这些变化,源自学者安东尼·吉登斯(Anthony Giddens,1938—)的理论。他于1994年出版《超越左与右:激进政治的未来》一书,提出要走超越新自由主义(即哈耶克等右派为代表的自由至上主义)与传统社会民主主义(即左派)的第三条道路。在他看来,福利国家的变化不仅仅是因应全球化世界中发展经济之必需,而且还源自社会基础的结构性转变,关乎发展、生活方式和风险。福利国家是这一转型的关键部分,因为它站在风险社会的中心。福利国家的重点在于保护个人以对抗不安全,可是若宠爱个人不让其承受风险,就会导致社会的不健康。第三条道路要求,必须让个人去承担风险,这是企业家精神、创造性和有生命力社会的本质。为此,利益一定要与责任挂钩;个人不能简单地逃避风险社会,或者被动地受国家支持。他们必须得到鼓励、支持甚至受强制来参与风险社会,并像共同体的完全成员那样行动。国家的角色是协调福利活动而非简单地提供福利。国家有责任确保工人受到充分的训练、维护他们的身体健康,以作为经济竞争和社会正义的基础,但它不再承担传统社会民主模式下的角色(如确保充分就业)。第三条道路强调个人积极寻求就业的责任,而不主张国家承担提供工作的责任。他主张变社会福利国家为社会投资国家,即通过投资人力资本而不是给公民直接利益的方式,建设一个积极的福利社会,在风险和安全、个人责任和集体责任之间建立起新关系。他认为,福利国家的改革,关键在于使之进一步地现代化而不是简单地取消福利制度。在吉登斯看来,第三条道路(新的社会民主主义)与新自由主义(自由至上主义)的重大区别在于,前者确保社会融入(social inclusion)而后者加剧了社会排斥(social exclusion)。因此,第三条道路不像新自由主义,其目的并不在于创造工作,而是想创造好工作,一种基于高度技能的高报酬工作[1]。

据此,英国工党提出了有关新福利国家的设想。1998 年 9 月,费边社发表了安东尼·布莱尔撰写的小册子《第三条道路:新世纪的新政治》,标志着第三条道路在理论上已经成型:"它坚定地超越了那种专注于国家控制、高税收和生产者利益的旧左派,和那种把公共投资以及常常把社会和集体事业概念当作邪恶而要予以消除的新右派"[2]。第三条道路首先放弃了工人对劳动工具拥有所有权的主张(即工党党章原来的第四条国有化方案),以便让工党摆脱过去的社会主义政党色彩。不过这并非最重要的,更为重要的是,要重建一种以工作和教育为中心的社会政策体系,重点在于对能力的分配而不再是通过税收和福利进行二次分配,要从传统的、被动的提供福利,向新的预防性福利转变,或者说从原来的为人提供福利的社会福利国家,转型到对人的能力进行培养的社会投资国家。正如继布莱尔之后为工党领袖的戈登·布朗所说:"在太长的时间里,我们用税收和福利体制来补偿那些贫困的人们,而不是做一些更为根本性的事情——解决贫困和不平等的根源问题……通向机会平等之路的起点不是税率,而是工作岗位、教育、福利国家的改革以及对既有资源的有效和公平的改革。"[3]

在具体政策上,英国工党建立社会投资型国家计划,包括以下几个方面的要点:① 以积极的人力投资代替直接的经济资助,扩大人力投资主体,从而向多元化方向发展,提高国家竞争力和整体人民素质; ② 以积极的福利来代替消极的福利,注重利用风险资源,进行有效的风险管理而非完全回避风险; ③ 鼓励人们放弃可以放弃的福利救济,摆脱依赖感,而以主动的精神去工作和创业等。

(二) 西方福利国家的转型探索

在 21 世纪初,除了英国工党外,欧洲另外一些国家(荷兰、德国和斯堪的纳

---

[1] Francis G. Castles etc. edited, *The Oxford Handbook of The Welfare State*, Oxford University Press, 2010, p.53.

[2] 张世鹏:《西欧社会民主主义政党指导思想的历史演变》,山东人民出版社 2014 年版,第 371 页。

[3] 马丁·鲍威尔:《新工党,新福利国家?:英国社会政策中的"第三条道路"》,重庆出版社 2010 年版,第 21 页。

维亚国家)的左派政党都开始发展第三条道路，既不走老左派"僵化的国家干预主义"的老路，也反对新右派完全自由放任的新自由主义(即自由至上主义)政策，而试图重建社会民主的理念。这一重建的理念体现在1999年英国工党领袖与德国社会民主党领袖共同发布的"布莱尔-施罗德声明"中："社会正义曾被错误地等同于结果平等，伤害了个人责任和工作伦理；社会正义曾被错误地等同于更高水平的公共支出而不考虑经济和社会的代价；社会民主曾被错误地假定为国家要弥补市场缺陷，结果导致政府膨胀以及对个人目标、价值的压制；社会民主曾错误地赞赏社会权利而没有适当考虑责任，结果导致缺乏互惠；社会民主曾错误地放弃市场的有效性。"[1]

当然，这样的第三条道路并非放弃了社会民主理念，而是要在新的历史条件下将社会民主主义与自由主义重新结合起来，在继承社会民主主义的自由、公正、互助等传统价值的基础上吸收自由主义市场原则的积极成分，找到一条既能实现社会公正，又让经济富有活力的新路。

除了社会民主党执政的国家对福利制度进行调整外，其他西方国家也都纷纷改革了自己的福利制度。在某种程度上可以说，各西方国家都在走自己的第三条道路，都在改革而非放弃福利国家。或者说，经由各种来源的财政思想的驯化，西方现代国家有了新的发展。虽然在20世纪80年代西方福利国家的规模有所缩减，但到了21世纪初期，21个OECD国家的社会支出占GDP的比例都比20世纪80年代有一个明显的上升。只不过，教育和家庭政策、儿童照顾、旨在改善就业和家庭照顾的福利措施，在比例上有更大的增长，就是说社会投资的内容比起过去的消极福利而言大为增加。显然，此时"福利国家"的含义已经比传统意义上的"社会保险"涵盖了更多内容，这可能是福利国家发展新阶段的关键性标志[2]。

---

[1] Francis G. Castles etc. edited, *The Oxford Handbook of The Welfare State*, Oxford University Press, 2010, p.53.

[2] Ibid, p.96.

第十六章　财政思想与西方现代国家的成长

正如阿登特所说，“如果不能认识收税之艰难，就无法理解国家的历史”[1]。本书的主体内容，是探索在西方国家艰难成长过程中用来论证财政制度建构的那些思想的源、流、变，并说明在财政思想的驯化下西方现代国家不断呈现出来的制度样态。

从中世纪封建国家成长起来的西方现代国家，在财政上主要运用不断扩大的税收形式来获取财政收入，并在公债、专项收费与(不多见的)国有企业收益等补充收入支持下，陆续构建出税收国家制度、生产国家制度、福利国家制度，来解决或至少缓解国家成长过程中出现的各种问题。在此过程中，财政思想家运用各种理论资源来论证成长中的现代国家的合法性，或者给予批评，由此最终确立起现代国家的制度，其中包括履行保护、发展、保障三大职能的财政制度。大体上，借由税收国家、生产国家、福利国家等制度，人类社会的繁荣与人的基本权利保障，在相当程度上得以实现。可新的问题又浮现出来，那就是，这些制度是可持续的吗?

本章是全书的结论，目的在于进一步概括已经展现在西方现代国家成长过程中的财政思想驯化作用，并尝试着从财政视角来揭示西方国家制度建设的逻辑过程，以及其中蕴藏着的潜在危机。

[1] Charles Tilly edited, *The Formation of National States in Western Europe*, Princeton University Press, 1975, p.165.

一、财政问题引导西方国家的制度建设与驯化过程

本书的论述说明，从形式上或短时期来看，财政只是支持工具性国家（统治者）支配目的性国家（被统治者）、维护强权统治的工具，但在实质上或从长时期来看，财政是工具性国家接受目的性国家驯化、回应民众要求、践行民众认可的价值观的有力手段。如果不能接受目的性国家的驯化、回应民众的要求，不能解决现实中存在的问题，也不能在财政过程中服从特定价值观的指引，那么财政行为就无法转化为稳定的制度并进而形成特定的国家制度类型。自中世纪晚期直至今日，税收国家、生产国家与福利国家等制度，正是工具性国家支配目的性国家、目的性国家驯化工具性国家，最终形成于西方国家制度建设过程中的。在此过程中，比较突出的是目的性国家中出现了诸如安全、经济、社会等问题，引导并要求工具性国家用财政工具来解决；财政学者与国务活动者对这些问题及解决方法的思考，构成了财政思想，而这些财政思想对工具性国家行动的指引，则成为驯化工具性国家的过程。

（一）安全问题、财政保护职能与税收国家制度

9—10 世纪在西欧逐渐稳固下来的国家，实质上是一个众领主分立的疆域。跟同一时期世界其他地区逐渐出现统一帝国不同，西欧地区国家间冲突严重乃至战争频繁，国与国之间处于严酷的生存竞争中，国家内部秩序也饱受贵族武士的破坏。为了赢得国家生存与内部秩序，这些封建领主制国家的统治者，不得不在领主制国家的基础上，大力发展军队并组建更有效的工具性国家，以汲取资源和动员人力。若能有效地汲取人力物力资源，国家就能获取对外战争和内部绥靖的胜利。这是西方进入现代之前的历史背景，也是财政思想对工具性国家建设提出要求的背景。

在领主制时期的西欧各国，为了实现内外安全，各国君主首先从财政入手，努力获取财政收入。在当时，首先采用的收入形式是自有领地的租金，其次是基于君主特权获取的收入。这些收入，几乎不具有今天的公共性。在战争的威胁下，各国君主（最高领主）在财政上不得不突破封建原则（即国王必须自营其生的原则），在自有领地收入之外，不断地向自己的封臣、封臣的封臣直至所有自由人的收入与财产征税，其理由是国王必须承担起必要的公共职能（首先是战争、司法裁断，后来还出现其他）。组织征税一开始通过封建贵族临时组成的等级会议进行，即由各等级集会商议，是否给国王缴纳助税以便让国王从事战争，并决定

助税的形式和数量。在国王征税人员缺乏或不足的情况下，等级会议还要协助国王征税。到后来，等级会议也被用来商讨国事、团结全国、创造国家意识、实施统治。因此，在等级会议的基础上，西方世界慢慢地发展出后世的议会民主制，并成为现代国家的标志性组织形式，这在世界其他传统国家的发展过程是少见的。国家官僚机器与军队所组成的工具性国家建设，也不断地走向正规化。这套官僚机器与军队起先掌握在君主手中，成为君主支配民众并促进整个国家走向现代的工具；在后来（特别是市民阶级革命之后），代议制政府接管了王权锻造出来的官僚机器与军队，由此实现了国家在政治上的现代化。

在此过程中，对财政收入的要求不断增加，起先临时性和特别性的税收，慢慢地被转化为常规性、普遍性的税收。目的性国家或者说民众（包括各封建等级）也普遍接受了将税收作为常规的、为了公共目的而对私人财产及收入进行的征收。由于王室领地不断地丧失（被王室出售或者在革命期间被没收），传统土地收入基本消失，特权收入要么消失要么转向，普遍性的（向众人征收）、常规性的（不再针对特定事项）税收成为最为重要的财政收入形式。而且，随着现实经济中收入、生产和贸易水平的不断提高，税收越来越容易进行选择、评估和征收。特别是因货币经济的发达、股份公司的成熟、簿记技术的发展，所得税成为重要的税种。19 世纪的工业革命，不仅提供了更多可供征税的产品，而且创造了更发达的交换经济并提高了征税的准确性。当然，此时建立起来的代议民主制对财政也有深刻的影响。因为代议民主制政府公共性强、信誉好，所以基于未来税收及议会批准而获取的公债收入，日益显示出重要性。

税收收入形式的上述变化过程，既是解决问题的工具，也是国家转型的标志；它不但体现了国家制度的理性化（更有效地获取财政收入），也体现了政治权力的公共化（收入建立在更为广泛的公众基础上）。由此从财政上来看，自中世纪起直至近代早期在西方逐渐诞生的现代国家表现出来的就是税收国家。自酝酿起直至诞生后，税收国家不断地尝试在思想与实践两方面解决工具问题与建制问题，但它遇到的最为重要的问题是在思想上论证税收的合法性，包括征税的正当性与税负的公平性两个方面，然后再体现到实践中。基于封建惯例形成的征税，须符合必要与同意的传统要求；在近代早期，社会契约理论进一步论证了征税的正当性，这一理论还经历了从为民征税到由民征税的发展。财政思想家基于税制的现实发展，对于税负公平性问题也不断地给出答案。由这样的财政思想驯化而形成的税收国家，始终在民主原则的推动与制约之下，它包含着同意、契约、公意、代议制等内容。

财政思想对工具性国家驯化的成果体现在制度形式上，就是税收国家在长期历史发展过程中奠定的一整套有关税收征收与使用的制度体系。就其要点而言，至少有以下三个方面。

第一，在收入制度上，主要依靠公共性最强的税收形式。就是说，经过纳税人同意、基于纳税人收入与财产而直接、普遍、规范、平等征收的税收，成为政府最重要的收入形式。其他收入形式，因公共性不足，不能作为主体财政收入。比如，来自收费与政府财产的收益，只能作为税收收入的补充；公债收入必须基于健康的税收，且只能在紧急时候获取。当然，就税收种类而言，也有一个变化过程，大体上可区分为两个明显的阶段：一是从传统直接税向国内货物税为主的间接税制转型（大约在 17—19 世纪上半叶）；二是从间接税制向现代直接税制转型（大约在 19 世纪下半叶至 20 世纪上半叶）。

第二，在使用制度上，体现税收作为收入形式的公共性要求。在此方面，西方国家发展的历史趋势是，财政从以满足王室私人需要为主，发展到以满足公众在经济和社会方面的需求为主，并越来越多地用来满足社会福利需求。就是说，以财政支出结构来衡量，是从以军事支出与行政管理支出为主，发展转向为以经济支出与社会支出为主，最后社会支出成为绝对重要的项目。税收在使用上的变化过程，也是税收国家职能和国家性质向现代转型的过程，由此体现了政治权力所发挥的功能在向公共性方面的重要进展。

第三，在管理制度上，体现出税收收入形式的公共性。在此方面，西方国家对税收的征收与使用，就管理而言是一个从王室的家庭财政和君主个人管理，逐渐转为国家财政和议会主导下的公共预算管理过程。在此过程中，财政机构日益完善，并对全国范围内的财政活动进行统一的管理，工具性国家中官僚机器也不断地获得现代性，议会对于预算的事前审批、事中监督、事后审计的程序也越来越规范与严密。这样的变化，增强了约束政治权力运行的制度理性化特征，更重要的是体现了民主化的特征。

从财政上看，到 19 世纪末，税收国家已是西方具有正当性的现实政治形态。熊彼特在 1918 年说，"'税收'与'国家'的关系至深，以至于'税收国家'这样的表达形式几乎可以被看作赘语"[1]。这样一场从中世纪领主制国家到税收国家的成长过程以及发生的一连串变化，如前所述，被学者希克称为"财政的哥白尼式革命"。

[1] 熊彼特："税收国家的危机"，载于格罗夫斯：《税收哲人——英美税收思想史二百年》，上海财经大学出版社 2018 年版。

(二) 经济问题、财政生产职能与生产国家制度

在现实中逐渐成长起来的税收国家(尤其是早发的英国),直至 19 世纪中叶在思想上仍强调税收的使用(即财政支出)只能限于履行最小的国家职能(即斯密强调的对外安全、对内司法、少量的必要公共设施等),国家并不承担多少经济职能或者说不具有生产性。

可是到了 19 世纪下半叶,西方国家在实践过程中,至少有两个方面的原因,使得经济问题日益突出,财政思想也因此要求工具性国家承担起生产性的职能,建构生产国家制度。

第一,以德国、意大利等为代表的在西方世界属于后发的国家,要实现经济赶超,就要求财政具有生产性。在德国,由于国家生存竞争的需要,文官集团积极利用财政手段,通过组建关税同盟、国家投资铁路业与新技术装备业等,实现了国家赶超式的发展。在此基础上,它还以工具性国家的力量进行自上而下的改造,比较迅速地完成了社会与政治转型,进而成为西方世界中的强国。意大利一方面面临着与德国相似的经济赶超与社会发展难题,另一方面又有自己独特的难题,那就是财政资源极为紧张。在相关财政思想的指引下,意大利积极利用国家的生产性,将国家配置资源与市场配置资源放到同样的位置。由普选产生的下院(众议院)进行积极的财政决策,在全国范围内配置资源、提高经济发展的效率。意大利经济也因此获得显著的发展,财政状况不断地趋于好转。总之,西方世界中的后发国家,正是通过国家生产性的积极发挥,才在相当程度上实现经济发展的目标。

第二,以英国、美国这样依托于市场机制实现经济发展的国家,也出现了对财政生产性的要求。一方面,思想界与实务部门逐渐认识到,税收的征收与使用难以分开,使用税收(即财政支出)能对社会经济产生积极的影响,尤其在用福利的视角考察政府活动时可以发现,国家干预社会经济能够扩大福利,于是对财政的生产性加以肯定。另一方面,在英美这样具有自由放任传统的国家,于现实经济生活中出现了对政府干预生产条件、提供基础设施、发展人力资本的要求。特别是在 1929 年大萧条之后,要求国家承担宏观调控职能的呼声日益强烈。于是,原来秉承国家不干预传统、视国家为消费主体的英美等国,也逐渐走上了承认国家为生产主体,认可由财政来干预经济活动、提供公共产品、稳定宏观经济的生产国家道路。20 世纪英美两国的经济发展情况都说明,国家可以用积极干预(表现为生产领域内的各种管制与配置措施)、公共投资(基础设施、重大工程、科学研究等)、宏观调控(财政货币政策)等办法来实现

生产性目标。

国家要具有生产性，就意味着财政收入必须进一步地扩大，以应对日益增多的职能需要。在现代国家，这样的收入只能主要依靠税收（当然公债、国有企业收益也发挥了一定的作用）。于是就出现了征税权扩张是否具有正当性的问题，特别地，征税权是否可以扩张到征收全部的私人财产？这一问题涉及财产正义思想，该思想在西方国家历史上具有深远的传统，到近代相关理论争议也达到了高峰。19 世纪的社会主义，从否认私人财产具有神圣性出发，倡导将全部的生产活动都交由国家来进行，由此兴起了一种强生产国家的思潮。在本书研究的这些西方国家范围内，强生产国家并未成为制度的现实而只出现了保留私有财产但加强国家干预的弱生产国家，但是强生产国家的思想产生于这些西方国家，在非西方国家发生的强生产国家实践也反过来影响了西方国家。而且，在相当长的时间内，强、弱二种生产国家呈现出相互竞争的态势，直至 20 世纪 70、80 年代这一态势才大体结束，理论界也在此基础上对生产国家进行了深刻的反思。因此，生产国家的建设，始终受到财产正义原则的推动与约束；财政思想对财产正义看法的变化，影响着生产国家制度的内容与范围，并进而驯化出现实中的制度形态。

（三）社会问题、财政保障职能与福利国家制度

到了 19 世纪下半叶特别是到了 20 世纪初期，西方主要国家的经济现代化基本实现，但目的性国家因工业化产生了大量的社会问题，需要工具性国家出面解决：①人口集中居住及累积性贫困而导致住房紧张、贫民窟成片出现，环境恶劣，犯罪率高发；②民众健康状况趋于恶化、技能缺乏，使得国家缺乏合格兵员、工业缺乏合格劳动力；③因工业化及工业社会带来的风险大量增加，大量工人因工伤、年老、失业、疾病而丧失生存机会或降低生活质量；④因金融资本与工业资本融合而带来垄断企业涌现，并进而形成了垄断资本对经济、社会和政治的控制能力，导致政治腐败与政治无能；⑤资本家对劳动力压榨过度，资本在国民财富分配份额中获取过高，带来贫富差距极大、阶级矛盾突出、社会冲突严重等问题，社会秩序因此遭受威胁。

在此一时期，由于政治上以民族国家与普选制为基础的大众民主形成，受教育程度提高与平等意识普及，再加上因工商业生产创造出巨大财富等诸种条件的配合，目的性国家向工具性国家表达出强烈的意愿，在思想上要求发挥财政的保障性，用财政手段来保障穷人的基本生活、降低工业化带来的社会风险，甚至要求让劳动力摆脱商品化的境地。于是工具性国家在财政上利用一般性税收

(如商品税或所得税)、专项税收(如社会保险税或工薪税)或专项收费(如特定社会保险费)等手段筹集资金,建立起各种社会保障机制以提供福利,或者运用税收优惠等手段鼓励工商企业、社会团体甚至家庭提供福利。在管理上,社会保障机制有些完全由政府部门运行,有些依托行业协会等社会团体甚至营利性企业来运行。民众享受到的绝大多数福利,体现为财政支出的相应项目;另外还有一些福利,虽未体现为财政支出,但受到了税式支出(即税收优惠)的支持与财政资金兜底担保的承诺;绝大多数福利提供,都受到了财政资金供养的相关机构的严格监管。

大致上,经由财政思想的驯化,西方工具性国家在制度上提供了下述三类给付性的福利:①社会救济或公共资助,其核心是救助穷人,可能采用资格调查方式帮助贫困无助者或境况最差者,也可能无须资格调查而满足所有公民(或提出要求的公民)最低的或特定的需要;②社会保险,其核心是帮助公民应对年老、疾病、工伤、失业等风险,一般运用市场保险原理(缴费与受益对应),但在制度上可能带有一定的强制性(财政资金往往还提供兜底担保),或者用财政措施来鼓励个人自愿运用保险机制,从而满足养老、医疗、工伤和失业等资金需求;③社会投资,其核心是培育人力资本,提供儿童照顾、公共教育、公共卫生、公共住房等福利。

以英国、美国、瑞典三个国家作为典型,可以反映西方世界走向福利国家的三种主要的思想动因:拯救穷人、服务资本、解放劳工。这三种思想普遍地存在于每一个西方国家,并与其他动因合在一起,形成解决社会问题的财政思想,在实践中驯化工具性国家,进而形成福利国家制度。这三种思想动因,在理念上又始终与有关社会正义的财政思想联系在一起。因此,福利国家的建设始终离不开财政思想对社会正义的理解与追求,并接受其驯化。

二、财政思想在驯化国家过程中的价值体现

从中世纪走出来的西方国家,是如何在实践中逐步成长为税收国家、生产国家与福利国家的?不同的学者,分别给出了生产工具进步、集团利益主导、思想观念变化等多种答案。所有这些答案都有一定的解释能力,本书并不尝试给出唯一的或者最终的解释。马克斯·韦伯曾经强调利益和思想(理念)二者在制度建设中的作用,“并非理念,而是物质的与理想的利益直接支配着人类的行为。理念所创造出来的‘世界图景’却经常像扳道夫那样,决定各种利益的互动所推

动的人类行为在哪条轨道上前进"[1]。韦伯将思想(理念)视为扳道夫,凯恩斯却将其视为几乎唯一重要的因素,并说出下面一段名言:"经济学家以及政治哲学家之思想,其力量之大,往往出乎常人意料。事实上统治世界者,就只是这些思想而已。许多实行家自以为不受任何学理之影响,却往往当了某个已故经济学家之奴隶。狂人执政,自以为得自天启,实则其狂想之来,乃得自若干年前的某个学人"[2]。

本书更多地侧重于思想观念方面的作用,主要内容是探索财政思想(尤其是其中的财政合法性思想)的渊源及变迁在西方现代国家成长过程中发挥的驯化作用,描述自中世纪至今诸多学者对于如何建设财政制度以解决现实问题的思考。这些思考既有对旧制度的批评,又有对新制度的设想,并与制度变迁相始终。从本书阐述的思想发展过程可以看出,民主、自由、正义等三种理念始终蕴含在思想家们对财政问题尤其是合法性问题的思考之中。接下来,我梳理一下本书已述及的这三种理念在财政思想中的呈现。可以看到,西方现代国家之所以呈现出今天的样态,与目的性国家用包含这三种理念在内的财政思想为中介驯化工具性国家有密切的关系。

(一) 民主

在概念上,民主是由人民来统治或者说人民不间断地参与行使权力。在20世纪,民主是一个极为高调的词汇。不过,"迄至19世纪末,'民主'实际上还是一个骂词"[3]。因此,对西方财政思想变迁与制度建设过程中民主理念的梳理,不能单纯看民主这一词汇本身,而要看民主包含的内容。大致上,民主产生的原因如下:人在生存活动中常常需要集体出面解决一些个人无法处理的问题,但集体解决的做法可能会带来一种危险,即个人被迫无条件地屈从于集体(或代表集体的个人);于是,集体生活就内在地需要让每个人都有同等的权利与其他人一起影响集体决策;这种影响集体决策的权利,多数时候通过投票的方式(以数量取胜)来实现。

在本书描述的财政思想变迁与制度建设过程来看,民主理念的演变有以下几个方面的要点,并参与到目的性国家经由财政思想而驯化工具性国家的过程中。

---

[1] 林毓生:"创造性转化的再思与再认",载于刘军宁等:《市场逻辑与国家观念》,生活·读书·新知三联书店1995年版。

[2] 凯恩斯:《就业、利息和货币通论》,商务印书馆1987年版,第330页。

[3] 戈伊斯:《政治中的历史与幻觉》,江苏人民出版社2017年版,第115页。

第一，同意。“统治必须基于同意”这一民主理念，在中世纪的西方至少有两个方面的来源：一从日耳曼部落传统形成的封建习惯法而来，在此习惯法下领主面临财政急需时必须征得附庸的同意才可以索取助税；二来自罗马法的一项原则即“涉及众人之事必须经过众人同意”，而税收显然是为了众人的利益（共同利益）而向众人（一开始是大大小小的贵族和教士）征收的，按罗马法的要求它当然需要众人的同意。于是在中世纪国家生存竞争的环境中，为了保证共同体的安全或处理其他公共事务，君主（最高领主）参照领主法庭的习惯（领主主持、附庸集体参加）、突破封建结构而召集各等级（或其代表）组成等级会议，对以税收支持国王的军事行动或其他公共事务表达同意（或不同意）。在历史发展的过程中，等级会议的参加者原本仅为贵族，后来慢慢扩大到平民（或者说全体自由人）也能参加，由与会者对涉及自己财产的税收问题发表意见；税收的使用方向（财政支出项目），也从单纯地支持军事行动需要扩大到供应广泛的公共事务所需。这样等级会议也就慢慢发展成为全国民众对政府支出计划表达同意的议会组织，并成为践行民主理念的主体。

第二，社会契约。在财政方面论证税收的合法性，在近代早期最为重要的论证工具是社会契约论。就是说，基于自由意志、一致同意、个人主义、理性主义等前提，用个人依据理性充分思考并达成同意的契约形式，来论证税收征收与使用的合法性。社会契约观念之所以形成，与西方中世纪封建社会的契约性结构、宗教教义及教权君权斗争、罗马法的遗产、古希腊以来的国家契约论等传统相关，更与近代早期越来越商业化的环境、英国在16—17世纪的政治斗争直接相关。于是，以霍布斯和洛克为代表的思想家，在日益个体化的生存环境中为新来临的税收国家辩护时，运用了孕育已久的社会契约理论并予以更精密化的发展，在论证税收合法性的同时也精致地表达了民众同意在现代政治中的地位。在今天民主国家的宪法或宪政思想表述中，仍能鲜明地看出社会契约的影子。

第三，公意。直至近代早期，在财政事务中参与表达同意的民众事实上只有部分贵族或者平民精英人士，在洛克等人的社会契约理论中参与社会契约形成的是有财产的个人，而在当时的政治实践中对什么是“必要”（即对人民有利），普遍的意见是只有少数精英才有智慧去发现。可卢梭认为，政府权力的合法性必须是，作为权力来源的人民应该是每一个人（特别包括普通人），他们都是这个政治社会负责而活跃的成员，所有个人的意志都参与形成了公意；公意的形成代表了真正的社会契约，政府的一切政治行动都必须服从公意的要求。在税收领域，不仅税收的征收要取得民众（通过代议机构）事先表达的同意，税收使用的目的必须是真正“为民”，而且征税权应该始终控制在民众的手中，由民众对自己征税，这才是真正的民主。

第四，代议制。卢梭支持的民主实际上是直接民主，他的思想虽然深刻地影响了现代国家与现代税收的发展，但就民主在现实中的发展模式而言，占据上风的是间接民主即代议制。孟德斯鸠基于英国政治制度运行经验而将民主理解为代议制，这成为今天民主理念的基石。美国人通过政治实践发现，并不存在全体人民都能同意的共同利益；在议会中活动的代表，其职责是实现选民的特殊利益和私人事业。因此，在政治中追求个人利益完全合法，各个集团都可以也应该派代表通过选举制度进入政府，关键在于代表选举与议会决策中的竞争机制。托克维尔命名这种个人利益为“正确理解的利益”，认为它是最符合当代人发展民主所需要的理论。密尔则认为，代议制民主才是真实的民主，代议制政府是现实世界中最为可行的民主制形式。这种制度不仅维护了个人权利，而且有助于人民本身的训练，可以提高人民的道德和智慧。具体到财政管理上，代议制民主特别体现在要求建立公开、专业的预算制度，政府财政收支预算要始终受代议制议会监督并对其负责。

（二）自由

“自由主义”是一个歧义非常大的词汇，雷蒙德·戈伊斯认为它有三个方面的特征：①没有定义；②倾向于重写自己的过去，有时是时代错乱地重写；③可以接受自己在未来进行大幅的调整[1]。在本书叙述的西方财政思想发展历史中，自由及自由主义的含义变迁脉络大致如下，并深度参与对工具性国家的驯化过程。

第一，自由首先指的是人拥有的一种或多种支配自己身体与财产的权利，是与奴役（无权支配自己及财产）相反的一种状态。在财政上，中世纪英国人（大大小小的贵族）之所以自豪于自己是自由的而不像法国人那样处于奴役状态，是因为英国人认为自己无须像法国人那样缴纳商品税，而只需缴纳经过自己同意的传统直接税，这样国王的征税权得到了有效的限制、私人财产权得到了可靠的保障。到了霍布斯与洛克那里，他们仍从权利的角度来理解自由。只不过，霍布斯理解的权利仅限于生存权（以及部分的财产权），而洛克认可的权利除了生命和财产外，还有自主行动（即在遵守法律情况下，可以做自己想做的一切事情）等广泛的内容。在洛克看来，由代议机构同意的税收所支持的政府，其存在的唯一合

[1] 戈伊斯：《政治中的历史与幻觉》，江苏人民出版社 2017 年版，第 73 页。

法性在于保护个人的生命权、自由权与财产权,人在这样的政府统治下才能获得自由。因此,这一时期的自由主要跟选举制度、立法机构(通过立法确立民众的权利并限制政府的行政权)和司法机构(可以矫正他人对权利的伤害并约束行政强权)联系在一起,是个人的生命、自主行动、财产得到有效保护的一种状态。

第二,自由接下来被理解为一种依赖市场的自由放任主义。在从斯密至曼彻斯特学派这一段时间,自由渐渐地与市场联系在一起,被理解为无须外力(国家、教会、舆论等)的干预或强制,人类自身就有通过市场解决问题的能力。这样一种观念鲜明地表达于经济自由主义之中,那就是在自由放任的市场上,人通过理性地追求"自我利益"(并对他人利益予以尊重),社会可以因此变得越来越好、人也越来越自由。最极端表达这一自由思想的为"社会达尔文主义",它认为人的自由就在于服从进化规律,让强者在市场或社会竞争中淘汰弱者。因此,在19世纪(至少在上半叶)自由的重点在于强调市场的作用,批评政府对经济和社会的干预,主张自由贸易、自由经营、自由竞争。

第三,自19世纪下半叶开始,自由概念慢慢增加了积极自由的内容。英美两国思想界在此一时期,因现实问题的挑战以及欧陆哲学的影响,开始批评原来那种依赖于市场的自由过于消极,而倡导一种依赖于国家行动的积极自由。经格林的倡导,英国思想界与政治家逐渐接受了一种新自由主义,认为构成人之自由的,不仅是做他选择要做的事,而且还在于有能力辨认对他来说真正的善。因此国家应该出面,为个人提供良好的外在条件(环境)以帮助养成自由的能力。以杜威为代表的美国思想家同样提出,要实现人的自由,必须加强集体的努力,要用积极的政府行动促进人有机会有效地分享一切文化资源,实现一种普遍的、共享的个人自由。就是说,过去在消极自由概念下理解的个人权利固然构成人的自由,但国家对经济与社会的合理干预也会扩大人的自由。到20世纪50年代,马歇尔从权利发展的历史出发,认为由国家出面保障的社会福利是新发展出来的人的"应得"的基本权利。这一基本权利代表着人之自由的扩大,它与供给福利的各类政府行政机构的发展联系在一起。

第四,社会主义运动从劳动解放角度理解的自由,与上述新自由主义相伴而生并互相影响。在现代市场经济的发展过程中,由于劳动力成为交易的商品,资本与劳动处于对立的状况,因而兴起了要求实现劳动力非商品化的社会主义运动,追求每一个人自由而全面的发展。这样的自由,要求的是每一个人都能自主地管理个人的生活,能自由地影响所在的社会。社会主义运动的左翼要求彻底终结资本的统治,以全面公共生产来实现工人阶级乃至全人类的解放;中右翼即社会民主主义认为应承认资本的地位，但应通过国家为全民提供福利，用集体性方法让所有人都摆脱贫困，摆脱对那些不受民主控制的各种经济势力的依赖，进而实现劳动力非商品化和人之自由。

第五，在今天西方现代国家的运行过程中，彼此差异甚至根本不同的自由理念对财政问题的解决仍在各个方面产生影响，并进而驯化工具性国家。以哈耶克为代表的被称为“自由至上主义者”，对自由的理解在相当程度上仍是古典的自由放任主义，认为自由就是允许个人追求自己的目标、不受共同体具体的共同目标束缚。因此人之自由的实现，只能依赖于仅受普遍抽象规则支配的市场，政府的职能必须是消极的，国家的必要性仅仅在于保障普遍的抽象规则（和提供最基本的济贫措施）。以罗尔斯、森为代表的学者则赞成人之自由的实现依赖于政府发挥积极的作用，比如说尽力帮助境况最差者或者提高人的自由能力等。积极寻求第三条道路的社会民主主义者比过去更强调吸收市场原则的积极成分，但仍坚持国家必须发挥积极的作用（尤其是投资于人力资本）以实现自由、公正、团结、互助等价值理念。

（三）正义

英文单词“justice”在汉语中若用于形容个人品德时大多译为“公正”，用来描述社会状态或制度性质时译为“正义”多见一些，当然译为“公正”也不少见。这是一个极为复杂、含义丰富的概念，此处不打算对其展开讨论，只就本书涉及的范围予以概括。在一定意义上，前文说到的“民主”“自由（权利）”等内容，事实上都可以包含在“正义”这一概念中。就是说，一个正义的财政制度，必然得是民主的、自由的。接下来本书主要从正当性（合法性、公正性）这一含义来理解正义，概括一下有关正当的或公正的财政制度的观念在西方的发展过程。就是说，依次看一看，在不同的国家发展阶段，人们认为怎样的财政征收及资金使用方式才符合正义（正当、合法或公正）。事实上，这样的看法参与对工具性国家的驯化，影响了财政制度的构建。

在中世纪的西欧，衡量正义的标准主要是封建惯例。此时，民众认为君主（以及各级封建主）依靠自有领地收入（农作物租金与森林采获物等）生活的财政方式才是正义的；君主若按照封建惯例从下级领主那里获得收入（军役服务或免役钱、国王赎身费、封地继承金等）也是正义的。超出自有领地收入与封建惯例之外的财政征收，只有在满足必要（符合共同需要或共同利益的目的）与同意（各等级集会给予表达）的条件，且按各级领主的身份与等级（与地产挂钩）征税才是正义的。正是在必要与同意的条件约束下，西欧国家尤其是英国才逐渐走上税收国家之路，即用不断扩大的公共职能需要来论证必要，用越来越正式且权力扩大的议会集会来表达同意，从而国家（君主）获得了向大众的财产与收入征税的权力。随着税收日益成为主体财政收入形式，税收的使用越来越朝向公益目的，对征税与用税的管理采用日趋严格的公共预算方式，税收的正义性得到了公认。

在近代早期的国家中，论证财政制度正义与否的理论工具是社会契约论。社会契约论继承了中世纪理解领主与附庸关系的契约观念（保护与效忠是相互的义务，任何一方违反即非正义），也承接了古希腊以来自然法的传统（自然法才是正义的，高于人间一切法），从而成为衡量财政制度乃至国家制度正义与否的标准。在这一理论中，社会契约是人类理性对自然法的揭示，高于现实的政治权威，财政制度只有符合社会契约才是正义的。在社会契约论中，个体才是最重要的，人的权利是道德、法律和国家的基础，私人财产权先于国家的征税权，税收的征收必须经过民众代表的同意，税收的使用必须用来保护财产权（包括生命、自由与财产）。虽然此时并非所有的学者都使用社会契约论的语言，但几乎都同意正义的财政制度是：①征税时尊重私人财产权；②税收用于保护个人权利；③征收与使用经过民众（通过代议制）的同意。在此基础上，税收在形式上还要达到普遍、平等、直接、规范等理性标准；在税收实践中，这一理性标准的历史发展最终着落在对税负平等的要求上。就税负平等而言，思想界与实务部门也在税收种类选择、负担分配与税基衡量等方面进行了多方面的探讨。英美两国学者最后形成的意见是，按累进税率征收直接税是比较平等的因而也是正义的税负分担方式；以维克塞尔为代表的德语学者则认为，由民众代表在议会中对财政支出与税收负担同时决策且达成一致同意的财政制度才是最为正义的。

卢梭等人对财政制度的正义，看法又有不同。虽然卢梭也持有社会契约论观点且赞成国家应尊重私人财产，但他认为财产权是社会契约的结果而并非自然状态中的权利，因而并不具有神圣性。事实上，在卢梭之前已有长久的传统质疑财产权的正义性，甚至认为私人财产（权）是造成人的道德败坏和社会混乱的根源。在卢梭以后，质疑私人财产权具有神圣性或者否定私人财产权正义性的思潮一度达到高峰，并体现在社会主义的思想与运动中。以马克思为代表的科学社会主义者认为，消灭资本主义私人财产制度是人类获得自由、生产力得以发展的路径，因而也是正义的目标。在社会主义思想的挑战下，也因现代国家成长过程中遭遇到的种种经济和政治问题，在西方国家普遍兴起了“新自由主义运动”，认为在保留私人财产权（出于效率的目的）的基础上，国家运用财政工具征收部分私人财产作为税收并将其用来干预经济运行、提供社会福利才是正义的，因而财政政策渐渐地将缩小贫富差距(以基尼系数来衡量)作为政策目标及实现分配正义(或社会公正)的重要途径。不过,从科学社会主义运动的中右翼发展而来的社会民主主义则认为,只有在保留私有制前提下运用财政工具提供全民福利以实现劳动力非商品化,才能真正实现正义(或社会公正)。

当然,就税收的征收与使用如何才是正义的这一问题来说,在当代思想界与实务部门仍有极大的争议。大致说来,为保障公民的人身权利与政治权利的实现而征税是正义的,这一看法在西方国家几乎已成为共识性的意见;但是为公民提供福利并进而缩小贫富差距以实现某种平等状态是否正义,在此方面仍有激烈的争论。社会民主主义坚持认为,只有约束资本的破坏性力量、让每个人都能平等地分享权利和义务,从而实现人的自由而全面的发展才是正义的。罗尔斯通过复兴社会契约论来论证,财政资源除了确保自由和平等外,应尽最大力量帮助境况最差者才是正义的。哈耶克承认一定程度的济贫措施是必要的(正义的),但强调所谓的“社会”公正并不存在而只是语义上的骗局。在他看来,在财政上国家要尽一切可能不干预市场运转而只维护抽象的普遍规则,这才是正义。诺齐克则干脆认为,在财政上国家只有保持在最小状态(即只为提供国防与司法服务而征税)才是正义的,一切福利措施与收入分配手段都是非正义的。

三、西方国家经由财政制度而成长的逻辑过程

在西方国家的成长历程中,财政制度是工具性国家实施支配、目的性国家进行驯化的重要渠道;工具性国家与目的性国家经由财政制度发生互动,并共同构成了整体国家的成长。

本书侧重于强调驯化逻辑在西方国家成长中的作用,尤其是财政思想在此过程中的作用。但需要强调的是支配逻辑与驯化逻辑总是同时存在的,并通过财政制度发挥作用。在不同的国家不同的历史阶段,支配逻辑与驯化逻辑的作用发挥也有所不同,其契机大多是本书导论中所说的财政危机,即财政的收支危机、制度危机、价值危机,先后或同时挑战着当时的工具性国家与目的性国家的人格代表采取行动解决问题。接下来加以简单的概括。

(一) 先期发展的目的性国家再造工具性国家:英法税收国家的诞生

如第二、第三章所述,在西欧中世纪初期形成的领主制国家制度下,君主(及各级领主)所掌握的工具性国家力量有限,因此对一个个主要以自给自足的庄园为经济生活单位的目的性国家支配能力有限。在财政上,君主(乃至各级领主)

主要依托于对自有领地的封建权利获取地租(实物或劳役),另外还能依托土地分封时约定的特权获取部分收入,并借由这样的财政制度对自有领地上的农民及封建结构下的民众行使支配性权力。分散在各庄园并经由封建结构网络在一起的各等级民众形成的目的性国家,则以当时的生产生活习惯、日耳曼传统及残存的罗马法意识,在通过财政制度履行自己义务的同时,也要求自己的领主或上级领主所代表的工具性国家遵守封建惯例、保护和平与秩序,亦即对工具性国家实行驯化。以国王为人格代表的工具性国家自身有理性化与生长的需要,它力图扩大机构、增雇专业人员、实现效率、增强力量,以便扩大对目的性国家的支配。作为自然人的国王体现了这种需要并表现为扩张国土、扩大权力的欲望,这就对财政资源提出了要求。如此自中世纪晚期开始在西欧各国就普遍地发生了财政收支危机与制度危机,熊彼特称之为"中世纪末期领主经济的危机"[1]。这样的财政危机迫使国王运用财政工具来扩大收入,既竭尽全力利用封建惯例来捞取各种形式的财政收入,又以召开等级会议为形式来向民众财产征税。到中世纪晚期,目的性国家在经济生活方式、社会结构等方面发生了巨大的变化(尤其是第三等级兴起),于是开始要求工具性国家变化,以对外防范侵略、对内保持秩序、提供必要公共设施,因而在以扩大的税收满足工具性国家扩张欲望的同时,还对其实行驯化,要求它接受不断生长中的民主、自由与正义观念。

在本书述及的英国、法国等国家,以市民阶级或第三等级为主要人格代表的目的性国家,一方面给国王为代表的工具性国家提供税收资源并助其发展工具性国家,以扩大权力的支配性,另一方面又对工具性国家表达出日益强烈的不满,这些不满有:国王特权对目的性国家中价值观念与利益关系的破坏;工具性国家不能为目的性国家的进一步发展提供支持等。于是英国革命与法国革命,代表了目的性国家对工具性国家的再造与驯化,它们推翻或成功限制了国王的特权,然后要求新造的工具性国家致力于经济水平的提升与社会关系的和谐。熊彼特对这一过程是这样描述的:"欧洲大陆的现代民主机构又将国家从君主手中抢夺过来,但此时的国家已按照君主的利益和取向而加以型构,并在未来相当长的时间里继续发挥影响。在欧洲大陆的每一个地方,君主的官僚机构都变成了国家的官僚机构,君主的权力变成了国家的权力。"[2]

[1] 熊彼特:"税收国家的危机",载于格罗夫斯:《税收哲人——英美税收思想史二百年》,上海财经大学出版社 2018 年版。

[2] 同上。

在此期间，除了收支危机与制度危机外，也发生了价值的危机，即必须为目的性国家驯化工具性国家的要求辩护，并为新工具性国家指引行动的方向，社会契约理论及稍后的自由放任主义正是在此基础上诞生的。在相当程度上可以说，英法两国发生的革命，本质上是先期发达起来的目的性国家对相形之下日益落后的工具性国家的再造与驯化活动。

(二) 先行现代化的工具性国家改造目的性国家:德、意税收国家的诞生

与英、法两国有所不同，直至19世纪，在德国、意大利、瑞典等国家，目的性国家在生产力水平与社会结构方面都处于相当落后的状态，也因此无法运用基于工商业经济发展而提供的税收来供养工具性国家。此时以君主为人格代表的工具性国家，感受到了国家生存的竞争与财政收支的危机，于是它利用英法经验先期改造和提升自身的组织水平与管理能力(如德国对文官系统的完善)，然后再利用工具性国家的力量来应对生存危机、完成以下重大历史使命:改造目的性国家，提升工商业经济发展水平，促进社会结构的现代化。就是说，在德国、意大利、瑞典这些国家，工具性国家利用支配的逻辑对目的性国家进行了塑造与提升，在财政上既利用税收形式也利用国家经营性活动来获取财政收入，在供养自身的同时发展目的性国家。因此，在后发的德国等西方国家，财政上的逻辑关系与英法两国正好相反，是先期发展的工具性国家支配、改造目的性国家。

(三) 目的性国家驯化工具性国家:生产国家与福利国家的诞生

总之，从财政上看，19世纪中后期在全球范围内西欧地区率先实现了税收国家:工具性国家在以代议制度相对有效地支配目的性国家的同时，也对目的性国家提供各种公共服务;目的性国家在成功驯化工具性国家(通过普选产生掌握工具性国家的统治集团，并要求统治集团接受具有相对共识的价值观念)之后，也以税收(及依赖于税收的公债)来供养它。

到了19世纪下半叶直至20世纪，在西方世界，目的性国家中的工业革命已纷纷完成，经济波动与市场缺陷明显呈现，城市生活与个体化生存为人们带来了新的挑战与危机，更不用说还有些国家有经济赶超的任务。于是目的性国家对工具性国家提出新的要求:要求它干预市场的运行以有效配置资源并稳定宏观经济，要求它提供社会福利以降低个体化生存的风险。工具性国家顺应了这一要求，在加强自身支配有效性的同时，一方面通过税收-补贴、公共生产、公共管制、财政货币政策来积极地干预经济活动，另一方面通过社会救济、社会保险、社会投资等手段来保障个体安全。由此，在财政上形成了生产国家制度与福利国家制度，其产生的逻辑是:生产国家制度的诞生是工具性国家修补目的性国家的结果;福利国家制度的诞生是工具性国家改造目的性国家的结果。在此期间,并未发生严重的收支危机或制度危机(当然这得益于日益发达的公债制度),事实上主要表现出来的是价值危机。也就是说,原来税收国家所秉承的最小国家原则和自由放任主义思想,受到了严重的质疑;经过格林、杜威等学者的努力并在德国哲学影响下,英美两国在目的性国家中又先后兴起了新自由主义运动,为国家职能的扩大提供有效论证的同时,驯化工具性国家中的权力运用。

在这其中,工具性国家得以生长,国家机构不断扩大,公务人员队伍规模扩张,在征税与服务方面的渗透能力日益增强,由此增加了对目的性国家的支配能力;目的性国家也以发展了的经济形态(如服务业代替了工业、资本全球化扩张等)与意识形态(对限制财产使用的赞成、对福利权利的肯定等),来不断地驯化工具性国家,比如用税收的遵从与不遵从、对特定财政政策持有者在选举过程中给予奖赏或惩罚、积极倡导或反对某种意识形态等。当然,目的性国家同时也在这些领域受工具性国家或积极或消极的调控与影响。需要注意的是,在此期间财政制度发挥的作用并非都是积极的。目的性国家中的部分集团或知识分子,也通过评价财政制度或通过其他形式对工具性国家的扩张与过分支配提出了批评与反对意见,甚至发出严重的警告。

四、财政制度构建与思想演进中的复杂因素

如上所述,在西方国家现代化过程中,安全、经济与社会各方面的问题先后被转化为财政问题,然后通过财政思想的揭示、财政制度的建构,分别发挥工具性国家的保护、发展与保障等职能来解决财政问题。在这一过程中,工具性国家与目的性国家经由财政制度的中介而互动,税收国家、生产国家、福利国家等制度不断得以形成。在发现问题、建构制度与反思效果的过程中,财政思想也得以不断地演进,并进而不断地驯化工具性国家。不过,在这一财政制度构建与思想演进的过程中,还存在许多的复杂因素。接下来主要讨论两个方面。

(一) 制度与思想

从本书的相关阐述可以看出,在财政上呈现出税收国家、生产国家、福利国家面相的西方现代国家,是由制度发展和思想演进这样两种既有联系、又在一定程度上相互独立的运动塑造而成的。以中世纪封建制度为起点,财政领域中的行动者根据生平情境和手头知识,在现实政治、经济、社会等因素推动下,不断地在边际上改变旧制度、构造新制度,最终形成了整体制度的演进。在此过程中,

学者们持有的各种有关财政的思想，彼此竞争、互相冲突、不断融合，并通过与现实制度的互动，最终形成日趋成熟的思想体系。因此，制度发展与思想变迁之间，一方面存在着交互影响的关系，另一方面也相对独立地发展，二者之间并不完全是一种决定与被决定的关系。

就财政制度的发展而言。西方现代国家成长的起点，是各日耳曼王国在中世纪初期结合传统中的人身依附关系与罗马法的财产观念而在一定程度上偶然创造出来的封建制度。这样一种领主与附庸之间因土地分封而形成的保护与效忠的关系，奠定了后世财政制度演进的起始点。这样的演进表现在两个方面：一是从封建义务中可以因必要而征税的惯例出发，不断发展王权的公共性（为共同利益而行使王权）及履行公共职能的机构；二是从封建法庭行使同意权出发，不断发展表达同意的等级会议及代议制议会。到了绝对君主制时期，王权获得了现代国家的主权地位，国王也承担起（或者说应该承担）利用财政手段、在官僚队伍的协助下服务全国共同利益的职能。经现实政治的发展与社会运动的推动，代议民主制接管了专制君主创造出来的国家机器，在财政制度上创造出税收国家，它有效而合法地向全国征税，并利用财政支出手段履行基本的职能（国防、司法与少量公共设施）。可是，现实的制度是永远不可能停留在原地的，在不断扩大代表性（直至普选）的代议制机构同意下，财政上国家不断地突破原先对税收国家的职能限定，通过扩大征税权并积极地运用公债等手段，发展出生产国家制度与福利国家制度，以便干预经济、供给福利。这是迄今为止西方国家制度发展在财政上的历程。

在上述制度演进的过程中，财政思想也与国家制度不断地互动，经无数代学者的思考而取得进展。在中世纪，学者们一再援引封建惯例及罗马法语言，为现实税收制度的兴起辩护，或者提出激烈的批评意见。到了近代早期，通过复兴古希腊哲学并在日益取得进展的自然科学影响下，学者们用更加精致严密的社会契约理论来论证税收国家的合理性与合法性，或者对现实中国家征税与用税行为进行批评。尤其到了 19 世纪，伴随西方国家工业化、城市化的日趋完成，经济危机与社会问题层出不穷，财政思想界围绕着征税涉及的私人财产权展开激烈的辩论，其中一方从经济增长与伦理正当性出发坚决维护私人财产权，而另一方则坚决反对私人财产权，认为它束缚了生产力的发展并且妨害人的自由。由此在本书涉及的西方国家，形成了某种折中性共识，即一方面承认并保护私人产权，反对征税权的任意扩张，另一方面则认为国家有权干预私人财产的使用，特别是有权运用扩大的税收手段来干预经济运行、保障福利供给。不过，即便在思想界存在这样一种折中性共识，但对于税收手段能使用到多大程度、国家对经济运行的干预能有多深入、社会福利供给的方式与范围该如何选择等问题，学者们仍进行着激烈的争论。特别是对于福利国家是否存在着深重危机以至于必须在现实中加以根本改革这一问题上，学术界的意见并不一致。

上述制度与思想的双重演进运动，虽然在一定程度上可以分别地加以叙述，在实践中也呈现出相对独立的发展态势，但在西方现代国家成长过程中又是紧密难分并彼此影响的。在此处的关键是社会中的行动者，他们在制度约束下行动时，既要运用理论（成形的或零碎的）去解释自己观察到的社会实在，又要通过自己的行动不断地构造和形成社会实在。如果行动者脑中的知识错误或思想混乱，就很有可能会构造出一个错误的制度或者至少说是一个完全不同的制度。肯尼斯·戴森有关国家观念的一段话，同样适用于探讨财政制度与思想的互动关系，"国家观念既非对政治行为的被动反应，亦非决定性因素。国家观念部分构成了政治行为和国家自身，它以一种亲密、复杂、内在的方式与行为相联系，由其塑造也塑造着它，由政治行动者操作，也囚禁着政治行动者，因为他们的政治世界是由其术语定义的"[1]。

因此，乔万尼·萨托利一再提醒人们，虽然厘清制度术语与思想含义是任何科学的基本要求，但是政治学尤其不得不清理术语与思想，这是因为"在政治和语言的堕落之间有一种特殊的联系，因为语言更多的是作为隐藏或阻挠思想的手段而不是作为表达思想的工具，这在政治上的表现要甚于其他领域"[2]。本书对西方现代国家发展过程中财政制度与思想演进展开历史回顾，一定程度上也想达到澄清术语与理清思想的目的。这是因为，国家制度构建者不仅仅是由现实动机推动的，也深受长久存在并不断发展的思想的教化。美国经济学家乔治·施蒂格勒曾说，经济学家一般自觉扮演的是解释者的角色，"也许最重要或者最令人惊奇的事就是，经济学家很少说教……经济学家的主要任务一直是以大众可以接受的方式解释实际经济现象"[3]。但是，政治学家显然不可能仅仅充当解释者，而必须承担起说教者的责任。所以，包括中国在内的非西方国家在进行现代财政制度建设时，不能不深究有关现代国家及财政制度的思想内涵。

（二）强制与契约

通过税收的征收与使用，国家与民众，或者说工具性国家与目的性国家之

[1] 戴森：《西欧的国家传统：观念与制度的研究》，译林出版社2015年版，第2页。
[2] 萨托利：《民主新论》，东方出版社1998年版，第297页。
[3] 施蒂格勒：《经济学家和说教者》，上海三联书店1990年版，第4页。

间，在财政领域发生了最为频繁也最为直接的互动。这样一种互动关系，当然体现了权力的赤裸裸强制关系，但在西方国家的制度发展过程中也可看到国家与民众之间存在着基于互动谈判而形成的契约关系。事实上，正是财政领域同时并存的强制与契约关系，塑造了现代国家的基本形象与内在结构。

从本质上说，国家是人类为了自我生存而以公共权力为核心构建而成的共同体。为了工具性国家的运行并用它来保护共同体，人类不得不让它出面动用公共权力强制性地获取财政收入；但工具性国家在进行财政征收时却又不能仅仅依靠强制，它必须取得民众一定程度的同意（或者说达成某种形式的契约）。封建社会的国王要向各等级贵族（及自由民）征税，虽然动用了国王的强制性权力，但却高度依赖各等级通过等级会议表达的同意。随着税收收入的增长，国王征税的强制能力也在扩大。可是英国的实践表明，能够通过议会谈判获得纳税人同意并达成某种契约的国家，在生存竞争中获取的财政收入，胜过更多依靠强制来征税的国家（如法国）。此时兴盛的社会契约理论更是说明，强制权力是否正当，依赖于民众以契约形式表达的同意以及施加的限制。卢梭更是表明，只有符合每一个人参与社会契约过程而形成的公意才具有强制的合法性，强制的目的只能是强制人获得自由；在税收理论上就表达为“对我们自己征税”。就是说，税收具有的强制性是由我们施加在自己身上的，目的在于获得资金来完成我们自己的事业。“对我们自己征税”，是现代国家税收兼具强制性与契约性的最后表达与表面矛盾的化解。在一定意义上，西欧税收的兴起及其合法化过程可以概括为“起于强制，证于契约”。

当然，说税收兼具强制性与契约性，不是说在所有的国家，二者比重上都一致。在有些国家或者特定国家的某个时期，税收更多地表现为强制性，“对公民进行非自愿的课征，所有的税收都涉及对国家权力实际地或威胁性地使用，人们被迫上缴税款但没有互惠政策的保证，在这种情况下，他们感觉纳税是不得已而为之的行为”[1]。也有些国家或者在一定时期，税收更多地表现为契约性，民众能够更多地参与到政治过程中，就税收问题与国家展开某种形式的谈判，这样的税收“或多或少有点像用纳税行为来换取各种服务的意味，这种税收过程有以下特征：税收行为制度化、评估与收税时的协商性；纳税人的‘半自愿服从’性质

[1] 布罗蒂加姆、菲耶尔斯塔德、摩尔：《发展中国家的税收与国家构建》，上海财经大学出版社 2017 年版，第 33 页。

以及在制定税收政策时他们享有话语权"[1]。从西方现代国家成长的历程来看,像英国这样的国家,税收自诞生起契约性就比较强,国王与民众之间的税收谈判比较频繁,国王参加谈判是为了"应对威胁以取得安全;增加收入;增强合法性以减少统治成本",而民众参加谈判是为了"生命和财产受到保障;较低且可预测的税收"[2]。基于税收谈判而具备的契约性以及由征税行为促进的制度构建,大大推动了英国国家制度的建设。在其他西欧国家,一开始税收的强制性更为突出,评估纳税义务具有任意性,征税过程带有强制性,制定税收政策时纳税人代表缺席。不过就这些国家后来的成长过程看,税收契约性增强以及税收谈判的展开,是一个普遍的过程,其原因可能是英国榜样在制度上展现出来的有效性与合法性的感召,也可能是这些国家在征税时偶尔运用谈判手段取得较好结果之后,选择不断地自我增强契约性。当然,一个国家能否增强税收的契约性,能否更多地展开税收谈判,或者说能否顺利地走上通向现代国家的道路,取决于多种因素。米克·摩尔曾经从国家精英是否具有相对长远眼光、纳税人是否拥有有利于集体行动的条件、可流动的资本资产是否为非常重要的潜在收入来源、是否具有相关政治背景(如战火不断等)等方面,来探索这些因素,并重点强调其中的内生性的因素(即有政策影响力的代议性集会存在并形成一定程度的路径依赖)[3]。当然,西欧在此方面的成功,并不能保证其他国家也一定走上类似的道路,但是可以说,税收谈判可能发挥作用的机理,内在于每一个国家。

五、财政视野中现代国家的危机

从中世纪领主国家经由工具性国家与目的性国家的互动而形成的现代国家形态,能够持续发展下去吗?事实上,早在19世纪马克思就基于生产力与生产关系的辩证运动关系而断言它必然灭亡的命运。与马克思同时以及在他之后很长时间,就现代国家的未来这一主题,又出现了大量的危机论、没落论、崩溃论的预言。基于本书的目的,此处概括几种从财政的视野揭示的现代国家的发展危机。在我看来,危机的最终疗救,最终仍需要财政工具发挥作用。

---

[1] 布罗蒂加姆、菲耶尔斯塔德、摩尔:《发展中国家的税收与国家构建》,上海财经大学出版社2017年版,第35页。
[2] 同上书,第42页。
[3] 同上书,第47页。

(一) 税收国家的危机

早在1917年葛德雪就从财政方面预言了税收国家的危机。葛德雪认为,从中世纪领主经济中成长起来的现代国家,因为被剥夺了财产而在财政上不得不依靠来自资本主义经济的税收。于是,这样一种没有财产的贫穷国家就很容易被资产阶级操控,以私人资本家与金融寡头集团为首的资产阶级也因此成为"国家中的国家",利用国家组织来增加自己的利润并扩大手中的权力。在财政上,如果不能把财产还给国家,国家就是最贫困的组织,只能通过间接手段即税收来获取资源,于是国家无力满足甚至最为紧迫的社会需求。这样的国家,事实上处于严重的危机之中,因为它受到普遍性的敌视:"那些掌权的人敌视国家,因为很自然地他们希望国家保持经济上的弱势地位,这样就不会从自己身上过多地征税;那些贫穷的人也敌视国家,因为在自己贫弱之时它无法给予只有共同体才能给的帮助"[1]。

1918年,受葛德雪上述研究的启发,熊彼特再次阐发了税收国家的危机。在他看来,从中世纪领主经济中逐渐诞生的税收国家,在收入上是有限的。这是因为,如果它主要依靠间接税的话,间接税能提供的最大收入是有限度的,越过此限度,间接税收入就会降低;如果它主要依靠向企业利润征税的话也有限度,因为超出一定限度,直接税的税收压力将伤害甚至摧毁征税的对象,大大延缓产业发展的进程;国家对个人收入征税也是有限度的,因为此种税收会阻碍资本形成、挫伤经济活动的积极性;国家靠自己经营取得利润或者借债也是靠不住的,这是由于国家经营能力有限、垄断会剥削民众或者有其他的原因。在这种情况下,"国家的财政能力有其界限,它的含义不证自明"[2]。可是,人民的意愿总是要求越来越高的公共支出,"如果有越来越多的权力被用来支持这种意愿,以及最终如果关于私人财产与生活方式的全新思想掌握了所有阶层的人民,那么税收国家就将走完全程"[3],税收国家就会因此崩溃。熊彼特强调说,战争(特别是熊彼特写作时即将结束的第一次世界大战)未必会摧毁税收国家,在战争废墟上完全可能重建税收国家;真正摧毁税收国家的,是充满竞争精神的资本主义经济完成其历史使命,那样的话在现实中就会出现不可避免的经济发展放缓。在此时,私人企业失去了存在的社会意义,税收国家也就真正地走向终结。

---

[1] 马斯格雷夫、皮考克:《财政理论史上的经典文献》,上海财经大学出版社2015年版,第273页。

[2] 熊彼特:"税收国家的危机",载于格罗夫斯:《税收哲人——英美税收思想史二百年》,上海财经大学出版社2018年版。

[3] 同上。

（二）福利国家的危机

在20世纪逐渐成长起来的福利国家，也一再受到学者们的警告，认为它出现了严重的危机甚至即将要崩溃。

如第十五章所述，右派学者认为主要由福利给付构成的财政支出长期超过已大大提高了的税收，从而使财政出现了巨额的赤字和长期不可逆的债务。公债的存在推升了市场利率水平、威胁了金融的稳定并造成投资机会的减少；为支持高福利而征收的高税收，抑制了资本投资的动力、阻碍了市场正确有效地发挥作用；高福利还降低了劳动力的流动、放松劳动纪律，促成人的惰性。他们觉得，“福利国家应当为目前的两个危机负责：金融危机放缓甚至逆转了经济增长，并让全世界各经济体深陷泥潭；而债务危机正在影响欧洲、美国和其他一些国家”[1]。在他们的眼中，福利国家让福利依赖者掠夺勤劳有创造力的人，同时它“创造出一次又一次的危机，每一次危机都是一个愚蠢政策的意外结果，这些政策因为政治原因而被政客所采纳，但他们不用承担自己政策的后果”[2]。如第十五章所述，布坎南甚至强调，巨大的公共支出水平与政府规模还破坏了社会资本，造成道德的崩溃。因此，如果政府不改弦易辙，放弃福利国家（国家最多只承担济贫责任），或者至少用宪法规则来约束支出与税收的增长，那么福利国家的危机与现代国家的崩溃是不可避免的。

左派学者如詹姆斯·奥康纳等人，从另一个角度预言了福利国家的危机及其崩溃的命运。在《国家的财政危机》一书中，奥康纳阐述了国家要同时完成资本积累和合法化两个目标时的困境：国家既要为资本集中的垄断产业部门的资本家承担大量的社会化成本，如提供基础设施、实施城市改造、治理环境污染、资助科学研究等，以完成资本积累的使命；又要为劳动力集中的竞争产业部门中长期领取低廉工资的劳动力提供福利，以实现政权的合法性。可是，国家没办法从资本增值中增加税收（受到资本家的抵制以及资本外流的影响），又不可能从收入低微的劳动者身上获得税收。于是，财政支出的巨大与税收收入的有限，注定现代国家要陷入深重的财政危机之中，表现为要么财政破产（国家丧失合法性），要么公债额攀升（把财政危机延至将来）[3]。

[1] 帕尔默：《福利国家之后》，海南出版社2017年版，序言第23页。
[2] 同上书，第8页。
[3] 奥康纳：《国家的财政危机》，上海财经大学出版社2017年版，第8页。

(三) 预算国家的危机

日本学者大岛通义从另一个角度即财政管理方面探讨了现代国家的危机[1]。他认为,从中世纪领主国家成长起来的税收国家,之所以具有合法性或者说获得人民的认同,是因为采用了严格的预算管理形式,即由民众选举产生的代议机构(议会)对征税行为与支出安排进行严格的管控,这样在制度上可以落实预算责任。可以落实预算责任的国家,他称为"预算国家"。可是在现代世界的各个国家,都出现了明显的趋势,那就是议会对财政的管控越来越形同虚设。这是因为,随着常任制官僚从事的公共管理活动以及他们掌握的预算技术日益复杂,议会事实上很难再发挥真正的管控作用。而且,由于不受议会监控的中央银行活动范围扩大、各种中间组织为政府分担事务与责任、国家主权多元化(对地方分权、向跨国组织转移权力)、代际间负担转移等,预算的责任事实上无法真正地落实。就是说,仅靠议会的预算管理活动,事实上无法实现民众对政府的真正控制。于是,现代国家原来具有的公共性开始崩溃(或者至少出现了动摇),落实预算责任就成了奢望,预算国家陷入严重的合法性(或认同性)危机之中。大岛先生的原话是,"预算国家的危机的根本在哪里?在于国民对政府行为的'谅解'发生了动摇,并逐渐地崩溃。我们经常会提到'财政的可持续性',而财政的可持续性问题中最大的威胁正在这种'谅解'的动摇"[2]。

(四) 小结

确实存在着现代国家的可持续发展危机吗?应该说,以上从财政角度概述的几种危机,在一定程度上确实存在。但是化解这样的危机并谋求现代国家的进一步发展,可能仍然脱离不了国家制度的帮助以及对国家制度进一步地予以构造。

如导论所述,人作为物种在地球上的生存与繁荣,离不开政治的安排与国家的帮助;在人类未来的发展中,特别是人若要获得越来越大的自由的话,可能仍需要国家的积极作用。人的伟大在于创造并驯化了国家,人的幸福也有赖于被驯化的国家。像自由至上主义者说的那样尽可能地限制国家的作用,也许并非可取之道。重要的是,如何进一步构建有效且合法的工具性国家,在既服务又支配目的性国家的过程中,为人类自由的实现提供越来越大的可能。正像波兰尼

---

[1] 大岛通义:《预算国家的危机——从财政社会学看日本》,上海财经大学出版社 2019 年版,前言第 2 页。

[2] 同上。

批评自由主义经济学时说的，自由主义经济学幻想只要摆脱权力干预，市场就能为人类带来自由，但是“没有权力和强制存在的社会是不可能的，没有强力作用的世界也是不可能”，而且权力及其施加的强制实际上“是扩大和加强自由的唯一手段”，“规制和控制不只是使少数人，而是使所有人获得自由”[1]。波兰尼用下面句子点出自由与权力的辩证关系，“只要他是真诚地试图为所有人创造更多的自由，他就无须惧怕权力或计划会转而与他作对，并毁坏他以它们为工具正在建立的自由。这正是在一个复杂社会里自由的含义，它给了我们所有我们需要的确定性”[2]。这样的看法，同样可以用来描述财政制度在西方自中世纪以来国家制度建设中的作用，也可依此期许未来财政制度所能发挥的作用。

在现代国家的未来发展中，财政制度将继续作为工具性国家支配目的性国家、目的性国家驯化工具性国家的渠道，为化解或至少缓解现代国家中存在的危机服务，并为人的生存繁荣与自由发展发挥作用。至于在工具性国家与目的性国家的互动过程中，最终会产生出什么样的国家制度，目前的税收国家、生产国家与福利国家等制度是否会继续存在、在财政上何时会出现现代国家的终结，尚未可知。正如马克思所强调的：“无论哪一个社会形态，在它所能容纳的全部生产力发挥出来以前，是决不会灭亡的；而新的更高的生产关系，在它的物质存在条件在旧社会的胎胞里成熟以前，是决不会出现的。所以人类始终只提出自己能够解决的任务……”[3]

[1] 波兰尼：《大转型：我们时代的政治与经济起源》，浙江人民出版社 2007 年出版，第 217—218 页。
[2] 同上书，第 220 页。
[3] 《马克思恩格斯选集》(第 2 卷)，人民出版社 2012 年版，第 3 页。

参考文献

中文部分

1. 阿奎那:《阿奎那政治著作选》,马清槐译,商务印书馆 1963 年版。
2. 埃利亚斯:《文明的进程:文明的社会起源和心理起源的研究》(第 2 卷),袁志英译,生活·读书·新知三联书店 1999 版。
3. 埃特曼:《利维坦的诞生——中世纪及现代早期欧洲的国家与财权建设》,郭台辉译,上海人民出版社 2010 年版。
4. 艾柯:《感动一个国家的文字》,天津教育出版社 2006 年版。
5. 埃奇沃思:"税收的纯理论",载于马斯格雷夫、皮考克:《财政理论史上的经典文献》,刘守刚、王晓丹译,上海财经大学出版社 2015 年版。
6. 艾斯平-安德森:《福利资本主义的三个世界》,苗正民、滕玉英译,法律出版社 2003 年版。
7. 埃斯平-安德森:《转型中的福利国家》,杨刚译,商务印书馆 2010 年版。
8. 埃文斯、鲁施迈耶、斯考克波:《找回国家》,方力维、莫宜瑞、黄琪轩等译,生活·读书·新知三联书店 2009 年版。
9. 安德森:《绝对主义国家的系谱》,刘北成、龚晓庄译,上海人民出版社 2001 年版。
10. 奥菲:《福利国家的矛盾》,郭忠华译,吉林人民出版社 2006 年版。
11. 奥茨门特:《德国史》,中国大百科全书出版社 2009 年版。
12. 奥康纳:《国家的财政危机》,沈国华译,上海财经大学出版社 2017 年版。
13. 巴克豪斯:《西方经济学史》,莫竹芩、袁野译,海南出版社、三环出版社 2007 年版。

14. 巴利:《古典自由主义与自由至上主义》,竺乾威译,上海人民出版社 1999 年版。
15. 巴里:《福利》,储建国译,吉林人民出版社 2005 年版。
16. 坂入长太郎:《欧美财政思想史》,张淳译,中国财政经济出版社 1987 年版。
17. 邦尼:《欧洲财政国家的兴起(1200～1815 年)》,沈国华译,上海财经大学出版社 2017 年版。
18. 邦尼:《经济系统与国家财政》,沈国华译,上海财经大学出版社 2018 年版。
19. 鲍桑葵:《关于国家的哲学理论》,汪淑钧译,商务印书馆 1995 年版。
20. 鲍威尔:《新工党,新福利国家?:英国社会政策中的“第三条道路”》,林德山、李姿姿、吕楠译,重庆出版社 2010 年版。
21.《外国法制史》编写组:《外国法制史资料选编》(下),北京大学出版社 1982 年版。
22. 贝尔:“关于异化的辩论”,载于陆梅林、程代熙:《异化问题》,文化艺术出版社 1986 年版。
23. 比几斯可脱:《英国国会史》,[清]翰墨林编译印书局编译,刘守刚点校,中国政法大学出版社 2003 年版。
24. 伯克:《文明的冲突:战争与欧洲国家体制的形成》,王晋新译,上海三联书店 2006 年版。
25. 波兰尼:《大转型:我们时代的政治与经济起源》,冯钢、刘阳译,浙江人民出版社 2007 年出版。
26. 波齐:《国家:本质、发展与前景》,陈尧译,上海人民出版社 2007 年版。
27. 布莱克:《比较现代化》,杨豫、陈祖洲译,上海译文出版社 1996 年版。
28. 布鲁:《经济思想史》,焦国华、韩红译,机械工业出版社 2003 年版。
29. 布鲁斯、拉斯基:《从马克思到市场:社会主义对经济体制的求索》,银温泉译,上海三联书店、上海人民出版社 1998 年版。
30. 布鲁斯:《社会主义经济的运行问题》,周亮勋等译,中国社会科学出版社 1986 年版。
31. 布罗蒂加姆、菲耶尔斯塔德、摩尔主编:《发展中国家的税收与国家构建》,卢军坪、毛道根译,上海财经大学出版社 2017 年版。
32. 布罗代尔:《15 至 18 世纪的物质文明、经济和资本主义》(第 3 卷),顾良、施康强译,生活・读书・新知三联书店 1993 年版。
33. 布罗代尔:《资本主义的动力》,杨起译,生活・读书・新知三联书店 1997 年版。

34. 布伦南、布坎南:《征税权》,载于布伦南、布坎南:《宪政经济学》,冯克利等译,中国社会科学出版社 2004 年版。
35. 布坎南、瓦格纳:《赤字中的民主》,刘廷安、罗光译,北京经济学院出版社 1988 年版。
36. 布坎南、康格尔顿:《原则政治,而非利益政治》,张定淮、何志平译,社会科学文献出版社 2008 年版。
37. 蔡英文:《主权国家与市民社会》,北京大学出版社 2006 年版。
38. 大岛通义:《预算国家的"危机"——从财政社会学看日本》,徐一睿译,上海财经大学出版社 2019 年版。
39. 达尔:《民主理论的前言》,顾昕、朱丹译,生活・读书・新知三联书店 1999 年版。
40. 戴森:《西欧的国家传统:观念与制度的研究》,康子兴译,译林出版社 2015 年版。
41. 德霍斯:《知识财产法哲学》,周林译,商务印书馆 2008 年版。
42. 邓恩:《民主的历程》,林蒙等译,吉林人民出版社 1999 年版。
43. 邓利维、奥利里:《国家理论:自由民主的政治学》,欧阳景根、尹冬华、孙云竹译,浙江人民出版社 2007 年版。
44. 蒂利:《强制、资本和欧洲国家》,魏洪钟译,上海世纪出版集团 2007 年版。
45. 丁开杰、林义:《后福利国家》,上海三联书店 2004 年版。
46. 杜威等:《实用主义》,世界知识出版社 2007 年版。
47. 恩格斯:《反杜林论》,人民出版社 1972 年版。
48. 方纳:《美国自由的故事》,商务印书馆 2002 年版。
49. 方竹兰:《重建劳动者个人所有制论》,上海三联书店 1997 年版。
50. 弗莱施哈克尔:《分配正义简史》,吴万伟译,译林出版社 2010 年版。
51. 弗里登:《英国进步主义思想》,曾一璇译,商务印书馆 2018 年版。
52. 甘西:《反思财产——从古代到革命时代》,陈高华译,北京大学出版社 2011 年版。
53. 高锋、时红:《瑞典社会民主主义模式——述评与文献》,中央编译出版社 2009 年版。
54. 高夫:《福利国家的政治经济学》,古允文译,台湾巨流图书公司 1995 年版。
55. 高培勇、汪德华:"怎样评估本轮财税体制改革进程",《经济参考报》2017 年 2 月 10 日。

56. 格伦内斯特:《英国社会政策论文集》,苗正民译,商务印书馆 2003 年版。
57. 格罗夫斯:《税收哲人——英美税收思想史二百年》,刘守刚、刘雪梅译,上海财经大学 2018 年版。
58. 戈伊斯:《政治中的历史与幻觉》,黎汉基、黄佩璇译,江苏人民出版社 2017 年版。
59. 贡斯当:《古代人的自由与现代人的自由》,阎克文等译,商务印书馆 1999 年版。
60. 哈贝马斯:《合法化危机》,刘北成、曹卫东译,上海人民出版社 2000 年版。
61. 哈耶克:"知识在社会中的运用",载于哈耶克:《个人主义与经济秩序》,邓正来译,生活・读书・新知三联书店 2003 年版。
62. 哈耶克:"经济自由主义",载于杜威等:《自由主义》,世界知识出版社 2007 年版。
63. 哈耶克:《自由秩序原理》(下册),邓正来译,生活・读书・新知三联书店 1997 年版。
64. 哈耶克:《法律、立法与自由》(第 2、第 3 卷),邓正来、张守东、李静冰译,中国大百科全书出版社 2000 年版。
65. 哈耶克:《致命的自负——社会主义的谬误》,冯克利、胡晋华译,中国社会科学出版社 2000 年出版。
66. 赫希曼:《欲望与利益——资本主义走向胜利前的政治争论》,李新华、朱进东译,上海文艺出版社 2003 年出版。
67. 黑格尔:《哲学史讲演录》(第 1 卷),贺麟、王太庆译,商务印书馆 1959 年版。
68. 黑格尔:《哲学史讲演录》(第 4 卷),贺麟、王太庆译,商务印书馆 1978 年版。
69. 黑格尔:《法哲学原理》,范阳、张企泰译,商务印书馆 1961 年版。
70. 侯建新:《社会转型时期的西欧和中国》,济南出版社 2001 年版。
71. 黄范章:《瑞典福利国家的实践与理论》,上海人民出版社 1987 年版。
72. 黄小勇:《现代化进程中的官僚制——韦伯官僚制理论研究》,黑龙江人民出版社 2003 年版。
73. 霍布豪斯:《自由主义》,朱曾汶译,商务印书馆 1996 年版。
74. 霍布豪斯:《形而上学的国家论》,汪淑钧译,商务印书馆 1997 年版。
75. 霍布斯:《利维坦》,黎思复、黎廷弼译,商务印书馆 1985 年版。
76. 霍夫曼、诺伯格:《财政危机、自由和代议制政府》,储建国译,格致出版社 2008 年版。

77. 吉登斯:《民族—国家与暴力》,胡宗泽、赵力涛译,生活・读书・新知三联书店 1998 年版。
78. 卡多佐、莱恩:《为自由国家而纳税》,徐静等译,上海财经大学出版社 2018 年版。
79. 凯恩斯:《就业、利息和货币通论》,徐毓枬译,商务印书馆 1983 年版。
80. 考夫曼:《社会福利国家面临的挑战》,王学东译,商务印书馆 2004 年版。
81. 克里斯特曼:《财产的神话:走向平等主义的所有权理论》,张绍宗译,广西师范大学出版社 2004 年版。
82. 克罗利:《美国生活的希望》,王军英、刘杰、王辉译,江苏人民出版社 2006 年版。
83. 科斯:"企业的性质",载于科斯:《论生产的制度结构》,盛洪、陈郁译,上海三联书店 1994 年版。
84. 拉吉罗:《欧洲自由主义史》,杨军译,吉林人民出版社 2001 年版。
85. 莱斯诺夫等:《社会契约论》,刘训练、李丽红、张红梅译,江苏人民出版社 2005 年版。
86. 莱斯诺夫:《二十世纪的政治哲学家》,冯克利译,商务印书馆 2001 年版。
87. 勒帕日:《美国新自由主义经济学》,李燕生译,北京大学出版社 1985 年版。
88. 李工真:《德国现代史专题十三讲》,湖南教育出版社 2010 年。
89. 利瓦伊:《统治与岁入》,周军华译,格致出版社、上海人民出版社 2010 年版。
90. 李颜伟:《知识分子与改革:美国进步主义运动新论》,中国社会科学出版社 2010 年版。
91. 林毓生:"创造性转化的再思与再认",载于刘军宁:《市场逻辑与国家观念》,生活・读书・新知三联书店 1995 年版。
92. 刘娟凤:《福利国家》,国家行政学院出版社 2014 年版。
93. 刘守刚、刘雪梅:"经济立法自由化的新自由主义经济学背景",载于何勤华:《20 世纪外国经济法前沿》,法律出版社 2002 年版。
94. 刘守刚:《中国公共生产探源与政策选择》,上海财经大学出版社 2003 年版。
95. 刘守刚:"自然法学",载于何勤华:《外国法学流派撮要》,中国政法大学出版社 2003 年版。
96. 刘守刚:"西方财政立宪主义理论及其对中国的启示",《财经研究》2003 年第 7 期。
97. 刘守刚:"西欧宪政发展中的税收动因探究",《华东政法学院学报》2003 年第 6 期。

98. 刘守刚:“近代英法立宪主义之分野与融合”,《上海财经大学学报》2006 年第 2 期。
99. 刘守刚:《西方立宪主义的历史基础》,山东人民出版社 2005 年版。
100. 刘守刚:“财政类型与现代国家构建”,《公共行政评论》2008 年第 1 期。
101. 刘守刚:“家财型财政的概念及其运用”,《经济与管理评论》2012 年第 1 期。
102. 刘守刚:《家财帝国及其现代转型》,高等教育出版社 2015 年版。
103. 刘绪贻、李存训:《美国通史》(第 5 卷),人民出版社 2002 年版。
104. 刘玉安:《告别福利国家?:九十年代以来西欧社会民主党社会政策改革研究》,山东人民出版社,2015 年版。
105. 卢梭:《论人类不平等的起源和基础》,李常山译,商务印书馆 1962 年版。
106. 卢梭:《社会契约论》,何兆武译,商务印书馆 1980 年版。
107. 陆梅林、程代熙:《异化问题》(上下册),文化艺术出版社 1986 年版。
108. 罗尔斯:《正义论》,何怀宏、何包钢、廖申白译,中国社会科学出版社 2009 年版。
109. 洛克:《政府论》(下篇),叶启芳、瞿菊农译,商务印书馆 1964 年版。
110. 罗思坦:《正义的制度:全民福利国家的道德和政治逻辑》,靳继东、丁浩译,中国人民大学出版社 2017 年版。
111. 马德普:《西方政治思想史》(第五卷),天津人民出版社 2005 年版。
112. 马克思:《资本论》,人民出版社 1975 年版。
113. 马克思:《1844 年经济学哲学手稿》,人民出版社 2000 年版。
114. 马克思、恩格斯:《马克思恩格斯选集》(第 1 卷),人民出版社 1972 年版。
115. 马克思、恩格斯:《马克思恩格斯选集》(第 2 卷),人民出版社 1972 年版。
116. 马斯格雷夫:“财政原则简史”,载于奥尔巴克等:《公共经济学手册》(第 1 卷),经济科学出版社 2005 年版。
117. 马斯格雷夫、布坎南:《公共财政与公共选择:两种截然不同的国家观》,类承曜译,中国财政经济出版社 2000 年出版。
118. 马斯格雷夫、皮考克:《财政理论史上的经典文献》,刘守刚、王晓丹译,上海财经大学出版社 2015 年版。
119. 马斯泰罗内:《欧洲民主史》,黄华光译,社会科学文献出版社 1998 年版。
120. 马歇尔:《经济学原理》,朱志泰译,商务印书馆 1964 年版。
121. 迈尔:《社会民主主义的转型》,殷叙彝译,北京大学出版社 2001 年版。
122. 麦克法兰:《现代世界的诞生》,管可秾译,上海人民出版社 2013 年版。

123. 麦克里兰:《西方政治思想史》,彭淮栋译,海南出版社 2003 年版。
124. 曼:《社会权力的来源》(第 1 卷),刘北成、李少军译,上海人民出版社 2002 年版。
125. 曼斯菲尔德:《驯化君主》,冯克利译,译林出版社 2005 年版。
126. 孟德斯鸠:《论法的精神》,张雁深译,商务印书馆 1961 年版。
127. 孟广林:《英国封建王权论稿——从诺曼征服到大宪章》,人民出版社 2002 年版。
128. 米什拉:《资本主义社会的福利国家》,郑秉文译,法律出版社 2003 年版。
129. 密尔:《代议制政府》,汪瑄译,商务印书馆 1982 年版。
130. 摩尔:《民主和专制的社会起源》,拓夫、张东东等译,华夏出版社 1987 年版。
131. 莫尔:《乌托邦》,戴镏龄译,商务印书馆 1982 年版。
132. 穆勒:《政治经济学原理》,金镝、金熠译,华夏出版社 2013 年版。
133. 诺齐克:《无政府、国家与乌托邦》,何怀宏等译,中国社会科学出版社 1991 年版。
134. 诺斯、托马斯:《西方世界的兴起》,厉以平、蔡磊译,华夏出版社 1999 年版。
135. 帕尔默:《福利国家之后》,熊越、李扬、董子云等译,海南出版社 2017 年版。
136. 帕克:《城邦——从古希腊到当代》,石衡潭译,山东画报出版社 2007 年版。
137. 派普斯:《财产论》,蒋琳琦译,经济科学出版社 2003 年版。
138. 彭慕兰:《大分流——欧洲、中国及现代世界经济的发展》,史建云译,江苏人民出版社 2003 年版。
139. 蒲鲁东:《什么是所有权》,孙署冰译,商务印书馆 1963 年版。
140. 钱满素:《美国自由主义的历史变迁》,生活·读书·新知三联书店出版社 2006 年版。
141. 萨拜因:《政治学说史》(下卷),邓正来译,上海人民出版社 2008 年版。
142. 萨托利:《民主新论》,冯克利、阎克文译,东方出版社 1998 年版。
143. 萨伊:《政治经济学概论》,商务印书馆 1982 年版。
144. 森:《正义的理念》,王磊、李航译,中国人民大学出版社 2012 年版。
145. 施诚:“论中古英国‘国王靠自己过活’的原则”,《世界历史》2003 年第 1 期。
146. 施蒂格勒:《经济学家和说教者》,贝多广等译,上海三联书店 1990 年版。
147. 施特劳斯:《自然权利与历史》,彭刚译,生活·读书·新知三联书店 2003 年版。
148. 斯考切波:《国家与社会革命》,何俊志、王学东译,上海人民出版社 2007 年版。

149. 斯考切波:“找回国家”,载于埃文斯、鲁施迈耶、斯考切波:《找回国家》,生活·读书·新知三联书店 2009 年版。
150. 斯密:《国民财富的性质和原因的研究》(上卷),郭大力、王亚南译,商务印书馆 1981 年版。
151. 斯塔夫里阿诺斯:《全球通史——1500 年以后的世界》,吴象婴、梁赤民译,上海社会科学院出版社 1995 年版。
152. 苏力:“从契约理论到社会契约理论”,《中国社会科学》1996 年 5 月。
153. 詹姆斯·塔利:《论财产权:约翰·洛克和他的对手》,王涛译,商务印书馆 2014 年版。
154. 泰格、利维:《法律与资本主义的兴起》,纪琨译,学林出版社 1996 年版。
155. 唐顿:《公平税赋:1914—1979 年英国税收政治》,范泽思、李欣译,经济科学出版社 2017 年版。
156. 唐顿:《信任利维坦:英国的税收政治学(1799～1914)》,魏陆译,上海财经大学出版社 2018 年版。
157. 汤普逊:《中世纪经济社会史》(下册),耿淡如译,商务印书馆 1963 年版。
158. 涂纪亮:《杜威文选》,社会科学文献出版社 2006 年版。
159. 托克维尔:《论美国的民主》,董果良译,商务印书馆 1988 年版。
160. 王建勋:《驯化利维坦:有限政府的一般理论》,东方出版社 2016 年版。
161. 王萍:《从清教神坛到福利国家——美国工作伦理的演变》,中央编译出版社 2016 年版。
162. 王绍光:“从收支两方面改造公共财政”,《中国财经报》2002 年 8 月 30 日。
163. 汪行福:《分配正义与社会保障》,上海财经大学出版社 2003 年版。
164. 王云龙、陈界、胡鹏:《福利国家:欧洲再现代化的经历与经验》,北京大学出版社 2010 年版。
165. 温克、亚当斯:《牛津欧洲史Ⅲ》,贾文华、李晓燕译,吉林出版集团有限责任公司 2009 年版。
166. 武川正吾:《福利国家的社会学》,李莲花、李永晶、朱珉译,商务印书馆 2011 年版。
167. 武普照:《近现代财政思想史研究》,南开大学出版社 2010 年版。
168. 吴春华:《西方政治思想史》(第 4 卷),天津人民出版社 2006 年版。
169. 吴友法、黄正柏:《德国资本主义发展史》,武汉大学出版社 2000 年版。
170. 吴易风:《空想社会主义经济学说简史》,商务印书馆 1975 年版。

171. 夏皮罗:《政治的道德基础》,姚建华、宋国友译,上海三联书店 2006 年版。
172. 肖厚国:《所有权的兴起与衰落》,山东人民出版社 2003 年版。
173. 熊彼特:《资本主义、社会主义与民主》,吴良健译,商务印书馆 1999 年版。
174. 熊彼特:"税收国家的危机",刘志广、刘守刚译,附录于格罗夫斯:《税收哲人》,刘守刚、刘雪梅译,上海财经大学 2018 年版。
175. 休谟:《休谟政治论文选》,张若衡译,商务印书馆 2010 年版。
176. 休谟:《人性论》,关文运译,商务印书馆 1996 年版。
177. 徐红:《财政掌控与财政民主——英美议会财政权的政治学分析》,同济大学出版社 2014 年版。
178. 许田波:《战争与国家形成:春秋战国与近代早期欧洲之比较》,徐进译,上海人民出版社 2009 年版。
179. 亚里士多德:《尼各马可伦理学》,廖申白译,商务印书馆 2003 年版。
180. 于民:《坚守与改革——英国财政史专题研究》,中国社会科学出版社 2012 年版。
181. 詹姆斯:《实用主义:一些旧思想方法的新名称》,陈羽纶、孙瑞禾译,商务印书馆 1979 年版。
182. 张世鹏:《西欧社会民主主义政党指导思想的历史演变》,山东人民出版社 2014 年版。
183. 张馨等:《当代财政与财政学主流》,东北财经大学出版社 2000 年版。
184. 赵鼎新:《东周战争与儒法国家的诞生》,夏江旗译,华东师范大学出版社、上海三联书店 2006 年版。
185. 赵辉兵:《美国进步主义政治思潮与实践研究》,中国社会科学出版社 2013 年版。
186. 周弘:《福利国家向何处去》,社会科学文献出版社 2006 年版。

英文部分

1. W. M. Ormrod, Margaret Bonney, Richard Bonney edited, *Crisis, Revolutions, and Self-sustained Growth*, Shaun Tyas, 1999.
2. Jürgen G. Backhaus, Richard E. Wagner edited, *Handbook of Public Finance*, Kluwer Academic Publishers, 2004.
3. John L. Cambell, *The State and Fiscal Sociology*, Annual Review of Sociology (1993), Vol.19.

4. Jose Luis Cardoso & Pedro Lains edited, *Paying for the Liberal State: The Rise of Public Finance in Nineteenth-Century Europe*, Cambridge University Press, 2010.
5. Francis G. Castles etc. edited, *The Oxford Handbook of The welfare State*, Oxford University Press, 2010.
6. G. William Domhoff, *Who Rules America? Power and Politics in the Year 2000*, Mayfield Publishing Company, 1998.
7. Gøsta Esping-Andersen, *Politics Against Markets: The Social Democratic Road to Power*, Princeton University Press, 1985.
8. Harold Groves, *Tax Philosophers*, The University of Wisconsin Press, 1974.
9. Gertrude Himmelfarb, *The Idea of Poverty*, Alfred A., Knope, Inc., 1983.
10. Liam Murphy & Thomas Nagel, *The Myth of Ownership: Taxes and Justice*, Oxford University Press, 2002.
11. Evan S. Lieberman, *Taxation Data as Indicators of State-Society Relations: Possibilities and Pitfalls in Cross-National Research*, Studies in Comparative International Development, Winter 2002, Vol.36, No.4.
12. Sheldon D. Pollack, *War, Revenue, and State Building: Financing the Development of the American State*, Cornell University Press, 2009.
13. Rafael La Porta, Florecio Lopez-de-Silanes, Andrei Shleifer, *Corporate Ownership Around the World*, Harvard University Press, 1998.
14. Charles M. Radding, *The Origins of Medieval Jurisprudence*, Yale University Press, 1988.
15. Henry Roseveare, *The Financial Revolution: 1660 - 1760*, Longman Inc., New York, 1991.
16. Allen Schick, *Can National Legislatures Regain an Effective Voice in Budget Policy?* in *Evolutions in Budgetary Practice*, OECD, 2009.
17. Cameron G. Thies, *State Building, Interstate and Intrastate Rivalry: A Study of Post-Colonial Developing Country Extractive Efforts, 1975 - 2000*, International Studies Quarterly (2004) 48.
18. Charles Tilly edited, *The Formation of National States in Western Europe*, Princeton University Press, 1975.

19. Charles Tilly, *War Making and State Making as Organized Crime*, in *Bringing the State Back In*, edited by P. Evans, D. Rueschmeyer, and T. Skocpol, Cambridge University Press, 1985.
20. Martin Wolfe, *Jean Bodin on Taxes*: *The Sovereignty-Taxes Paradox*, reprinted in: J. H. Franklin ed., *Jean Bodin*, Ashgaten, 2006.
21. Francis D. Wormuth, *The Origins of Modern Constitutionalism*, Harper & Brothers Press, 1949.

文丛后记

筹划已久的“财政政治学文丛”终于问世了，感谢丛书的顾问、众多编委和复旦大学出版社帮助我们实现了这一愿望。

“财政政治学文丛”是“财政政治学译丛”的姊妹丛书。自2015年“财政政治学译丛”在上海财经大学出版社陆续出版以来，再出一套由中国学者作品组成的“财政政治学文丛”就成为周边很多朋友的期待。朋友们的期待就是我们的使命，于是我们设想用一套“财政政治学文丛”作为平台，将国内目前分散的、从政治视角思考财政问题的学者聚合在一起，以集体的力量推进相关研究并优化知识传播的途径。“财政政治学译丛”的许多译者成了“财政政治学文丛”的作者，我们还希望能够继续吸引和激励更多的学者加入到这一行列中来，以共同推进财政政治学的发展。

无论是对国内学界来说，还是对国外学界来说，“财政政治学”(fiscal politics)都不算是一个主流或热门的概念，甚至到目前为止都没有人专门考证过这个概念的提出者、提出的具体时间及其使用意图。从财政学发展史的角度看，至少早在19世纪80年代，意大利财政学者就将财政学划分为三个密切相关的分支学科：财政经济学(economia finanziaria)、财政政治学(politica finanziaria)和财政法学(diritto finanziario)。就今天来说，财政政治学在思想上主要源于财政社会学(fiscal sociology，译自德文Finanzsoziologie)，甚至可以说它和最初的财政社会学就是同义词。学界公认，美国学者奥康纳(James O'Connor)是20世纪70年代推动财政社会学思想复兴的重要代表，但他非常明确地在自己1973年出版的《国家的财政危机》一书中提倡“财政政治学”，而他所说的财政政治学可以说就是财政社会学，因为他在谈到财政政治学时提及的学者就是财政社会学的创立者葛德雪和熊彼特，而其引用的也主要是熊彼特在1918年所发表的《税收国家的危机》这篇财政社会学的经典文献。无独有偶，在国际货币基金组织2017年出版的《财政政治学》(*Fiscal Politics*)论文集的导论中，主编也明确地将书名溯源到熊彼特1942年出版的《资本主义、社会主义与民主》和1918年发表的《税收国家的危机》，这实际上也是将财政政治学的思想上溯到财政社会学，因为《税收国家的危机》一文不仅是财政社会学的创始文献之一，也是《资本主义、社会主义与民主》一书的思想源头。

在这里，我们有必要明确强调，初创时期的财政社会学之"社会学"和当前的财政政治学之"政治学"之间并无实质性区别。虽然在今天社会学和政治学分属两个独立的学科，但我们不能根据今天学科分化的语境想当然地将财政社会学作为社会学的子学科或将财政政治学作为政治学的子学科，尽管很多人往往顾名思义地这样认为，甚至一些研究者也是如此主张。无论是从社会学思想史，还是从创立者的研究目的来说，财政社会学的"社会学"更应该被看作是社会理论(social theory)而非社会学理论(sociological theory)。前者试图理解、解释或识别大规模社会变迁，关注的是起源、发展、危机、衰落或进步等主题，因而特别重视制度和长历史时段分析；后者主要是建立一个能系统地将实证研究结果组成对现代社会的综合理解的框架，因其集中关注的主要是那些经济学、政治学、管理学遗漏的地方，甚至被人称作是"剩余科学"。在今天，西方学术界自称或被称为"财政社会学"的研究中，事实上既包含财政社会学初创时期所指的社会理论的内容，又包含当前社会学学科所指的社会学理论的内容，而我们所说的财政政治学跟初创时期的财政社会学基本一致。

"财政是国家治理的基础和重要支柱"，我们理解的财政学就是揭示财政与国家治理的关系和后果，以及利用财政工具优化国家治理、推动政治和社会进步的学问。在此前提下，作为财政学分支的财政政治学，探讨的主要就是财政与国家之间的理论关系，就像熊彼特评论财政社会学时所说的，"它可以让我们从财政角度来考察国家，探究它的性质、形式以及命运"[1]。根据我们对财政政治学的理解以及试图实现的研究目标来说，财政政治学的"政治学"所体现的主要不是现代政治学的英美传统而是欧洲大陆传统。前者以英美的科学传统为基础，强调政治研究中的行为主义视角和量化方法；后者以欧洲的人文主义传统为

---

[1] 熊彼特："税收国家的危机"，刘志广、刘守刚译，载格罗夫斯著，柯伦编：《税收哲人》附录，中译本，刘守刚、刘雪梅译，上海财经大学出版社2018年版，第183页。

基础，强调政治研究中跨学科研究和质性研究的重要性。就欧洲社会科学研究传统而言，遵循欧洲大陆传统的政治学可作为今天的社会理论的组成部分，事实上，当政治学研究传统上溯至亚里士多德时，它本身就是我们今天所说的社会理论。

因此，尽管名称有差异，但财政政治学与财政社会学实际上并不是两类不同性质的研究，只不过财政政治学指的是财政社会学初创时期所指的社会理论范畴。考虑到国内普遍流行的是社会学理论而非社会理论，为避免将财政社会学研究局限于实证或"剩余科学"的范围内，同时也为了进一步突出并传播"财政是国家治理的基础和重要支柱"这一重要理念，我们的译丛和文丛都特别选择财政政治学为名。也可以说，"财政政治学"这一名称选择，它以英美用法为名，但以欧洲大陆传统为实。

在财政学研究传统的划分中，一种更为合理的标准是区分为交换范式财政学和选择范式财政学，这种区分与曾经流行的欧洲大陆传统—英美传统、旧式财政学—新式财政学、德语财政学—英语财政学等划分标准能够基本形成对应关系，但表述更为准确，既能突出不同研究传统的内核，也能够有效避免以地域、时期、国别、语言等分类标准所带来的困难。财政社会学产生于"一战"后期关于欧洲各国战后怎样重建的辩论之中，是交换范式财政学研究传统的典型代表，它与曾流行于欧洲大陆的官房学（cameralism）在思想上有很深的渊源，后者兴盛于政治碎片化下民族国家形成的历史过程之中。无论对财政社会学来说，还是对官房学来说，国家都被置于分析的中心，甚至官房学后来在德国的发展还被称为国家学（Staatswissenschaft）。在欧洲大陆，财政学被认为起源于官房学，而财政社会学也曾被认为就是财政学本身。但长期以来，对英美社会科学思想史来说，官房学都是被遗失的篇章，后来在官房学被译介到英美时，按照其时下的学科划分标准，即经济学主要研究市场问题，政治学主要研究国家问题，而社会学主要研究社会问题，官房学者因为其研究的中心问题是国家而被看作是政治学家而非经济学家或社会学家。事实上，一些研究者也将选择范式财政学研究传统的思想追溯到官房学，但与今天选择范式下基于各种假设条件的虚幻选择不同，官房学中的选择是真实的选择，因为官房学者必须为其选择承担责任，有时甚至会付出生命的代价。从根本上说，官房学着眼于民族国家的实际创立、生存、竞争与发展，更能反映着眼于国家治理的财政科学的完整萌芽，它与我们理解的主要探讨财政与国家关系的财政政治学取向是一致的。阳光之下无罕事，我们并不需要假装财政政治学主张具有原创性，它并不是要构建出一个全新的出发点，而是对财政学思想史中已有传统的新的思考与拓展。周期性地追根溯源及重新阐述研究任务，似乎正是推进社会科学发展的常规做法，而官房学显然可以成为财政政治学发展的重要思想源头。

“财政政治学文丛”的选题范围与财政政治学译丛并没有太大区别，其覆盖面同样广泛，既涉及财政与国家的基础理论研究，也涉及此领域的历史及其实证研究。当然，探讨中国的财政与国家关系、国家治理优化过程中财政工具的运用、从财政推动政治发展等内容，是其中最为重要的组成部分。这些研究是依主题的相似而不是方法的相同而聚合在一起的，研究中各自采用的方法主要依据研究内容而定。它们所要传递并深入研究的基本思想，实际上是葛德雪和熊彼特在其财政社会学的经典论著中所总结并奠定的。

虽然财政政治学还是一个比较新的边缘性的提法，但这恰恰是其意义与价值所在，因为对社会科学研究来说，正是新的边缘性概念及其发展为理论的创新与发展提供了前提条件。更何况，从思想源头上说，财政政治学所代表的财政学思想传统，曾经是财政学本身或财政学的主流，那就是“以国家为中心”。遗憾的是，在中国目前的财政学研究中，恰恰丢掉了国家。正如葛德雪强调的，“财政学主要关心的是国家的经费问题，但它从未停止过询问，谁才是国家?”[1]因此，与政治学界以斯考克波为代表的学者呼吁“找回国家”[2]相应，“财政政治学”的发展实际上就是在财政学领域“找回国家”的知识努力。这种知识的发展和深化，将使我们能够拨开各种迷雾，更好地洞见在有国家的社会中财政制度安排对塑造国家治理体系、治理能力以及背后的社会权利-权力结构的基础性作用。

需要指出的是，财政政治学在当前还不是一个学科性概念，我们愿意遵循熊彼特当年对财政社会学的定位，仍将财政政治学看作是一个特殊的研究领域，它涉及一组特殊的事实、一组特殊的问题以及与这些事实和问题相适应的特殊的研究方法。奥康纳在 2000 年为其《国家的财政危机》再版所写的序言中反复强调了财政政治学研究是政治经济学和政治社会学的结合，而国际货币基金组织出版的《财政政治学》论文集的主编也强调财政政治学试图复兴一种在政治经济学中将经济、社会和政治过程看作是共同决定和共同演进的传统。正是在这种研究取向中，我们可以努力地去实现马斯格雷夫对财政学发展的反思性主张，他认为，主流财政学满足于帕累托最优而忽略了公平正义、个人权利以及有意义的

[1] 马斯格雷夫、皮考克：《财政理论史上的经典文献》，刘守刚、王晓丹译，上海财经大学出版社 2015 年版，第 263 页。

[2] 斯考克波：“找回国家”，载埃文斯、鲁施迈耶、斯考克波编著：《找回国家》，生活·读书·新知三联书店 2009 年版。

自由概念等对一个国家的重要意义[1]。主流财政学的不足主要在于其研究所依赖的方法或技术导致人为地割裂了财政与国家间的历史性与制度性联系，从而使其研究偏离了财政学的真正研究主题。我们想要做的，就是努力使财政学重新回到对国家具有重要意义的议题的关注之上，并重塑其对社会的理解力和指导力，这一重塑是出于一种迫切且共同的需要，也就是在新的时代更恰当地去理解并推动国家治理优化与中国政治的发展。

当然，我们在此处并不是在否定财政政治学今后走向独立学科的可能性，事实上，我们正在为此做准备。但这需要一个很长的努力过程，需要有更多人能够积极且静心地投入进来。当我们能够从更多的研究确立的各项解释原则的相互关系中发现财政政治学的学科统一性时，建立财政政治学学科所要探讨的问题，将像罗宾斯在重新定义经济学时所说的一样"由理论统一中的缺口和解释性原理中的不足来提示"[2]。但对财政政治学的发展，最令人期待的结果并不在于形成像现代主流财政学那样统一且标准化的理论以对世界进行技术性或工具性控制，而在于通过财政政治学这种多元、开放的思想体系吸收和转化不同学科的研究成果，并将这种独到的综合性思考成果不断地融入到所要分析的主题中去，实现对国家治理和政治发展的更深层次、更广范围的反思性对话，从而促进优良政治与美好社会建设。我们也并不在意符合这里所说的财政政治学研究目的的研究是否都冠之以财政政治学之名，在"有名无实"和"有实无名"之间，我们会毫不犹豫地选择后者，因为这才是我们真正的追求。

因此，对本文丛感兴趣的研究者和读者，不必在意是否满意于"财政政治学"这一名称，也不必纠结于财政政治学是否有一个明确的定义，关键在于志同道合，即我们试图发展一个能让我们更好地理解历史与现实并指导未来的财政学，"财政政治学"就是我们的"集结号"！我们希望拥有更多的读者，也希望有更多研究者能够加入到这一研究团队中来，共同使"财政政治学文丛"不断完善并成为推动财政学科发展的一支重要力量，进而贡献于国家治理的优化与政治的现代化。

刘守刚　上海财经大学公共经济与管理学院
刘志广　中共上海市委党校经济学教研部
2019年8月

[1] 布坎南·马斯格雷夫：《公共财政与公共选择：两种截然不同的国家观》，类承曜译，中国财政经济出版社2001年版。
[2] 罗宾斯：《经济科学的性质和意义》，朱泱译，商务印书馆2000年版，第9页。

“财政政治学文丛”已出版书目

1. 中国古代治国理财经典阐释(刘守刚　林矗　宋浩天)
2. 县治的财政基础——基于县级基本公共服务提供的视角(陶勇)
3. 参与式治理的兴起——地方人大公共预算监督问责的模式与实践(王逸帅)
4. 超越控制的秩序——分税制产生的政治学分析(杨红伟)
5. 追寻教育公平——教育政策偏向与我国教育机会不平等(温娇秀)
6. 福利中国的初曙——近代养老金制度的建立与发展(林矗)
7. 西方国家的驯化——基于财政思想史的视角(刘守刚)

图书在版编目(CIP)数据

西方国家的驯化:基于财政思想史的视角/刘守刚著. —上海:复旦大学出版社,2021.10
(财政政治学文丛)
ISBN 978-7-309-15935-6

Ⅰ.①西… Ⅱ.①刘… Ⅲ.①财政-经济思想史-西方国家 Ⅳ.①F811.9

中国版本图书馆 CIP 数据核字(2021)第 182331 号

西方国家的驯化——基于财政思想史的视角
XIFANG GUOJIA DE XUNHUA—JIYU CAIZHENG SIXIANGSHI DE SHIJIAO
刘守刚 著
责任编辑/方毅超

复旦大学出版社有限公司出版发行
上海市国权路 579 号 邮编:200433
网址:fupnet@fudanpress.com http://www.fudanpress.com
门市零售:86-21-65102580 团体订购:86-21-65104505
出版部电话:86-21-65642845
江阴市机关印刷服务有限公司

开本 787×1092 1/16 印张 30 字数 522 千
2021 年 10 月第 1 版第 1 次印刷

ISBN 978-7-309-15935-6/F · 2831
定价:88.00 元